华南理工大学年鉴

二〇二二

《华南理工大学年鉴》编委会 编

·广州·

图书在版编目（CIP）数据

华南理工大学年鉴.2022/《华南理工大学年鉴》编委会编. —广州：华南理工大学出版社，2023.5
ISBN 978-7-5623-7379-7

Ⅰ.①华⋯ Ⅱ.①华⋯ Ⅲ.①华南理工大学-2022-年鉴 Ⅳ.①G649.286.51-54

中国国家版本馆 CIP 数据核字（2023）第 102941 号

Huanan Ligong Daxue Nianjian·2022
华南理工大学年鉴·2022
《华南理工大学年鉴》编委会 编

出 版 人：柯 宁
出版发行：华南理工大学出版社
（广州五山华南理工大学17号楼，邮编510640）
http://hg.cb.scut.edu.cn　　E-mail:scutc13@scut.edu.cn
营销部电话：020-87113487　87111048（传真）
责任编辑：袁 泽
责任校对：袁桂香
印 刷 者：广州一龙印刷有限公司
开 本：787mm×1092mm　1/16　总印张：28　插页：6　字数：755 千
版 次：2023 年 5 月第 1 版　印次：2023 年 5 月第 1 次印刷
定 价：128.00 元

版权所有　盗版必究　　印装差错　负责调换

《华南理工大学年鉴·2022》编委会

主　任：章熙春　张立群

委　员：王丹平　邹　浩　王　均　孙连坡　曾学敏　王德林
　　　　陈永强　朱泳媚　朱永东　项　聪　许　勇　林艺文
　　　　李石勇　李静蓉　姚　旻　刘　俊　郑小娟　陈永强
　　　　刘　哲　马红红　占友林　房俊东　益瑞涵　叶汉钧
　　　　关春兰　吴招胜　李华兵　解丽霞　张淑娟

主　编：孙连坡

副主编：曾江华

编　纂：赵　楷　赖扬华　覃　雷　刘道坚　徐静雅　蔡建华
　　　　王建昌　黄　磊

▶2021年9月25日，教育部党组书记、部长怀进鹏一行来校调研。怀进鹏部长高度肯定学校办学发展成绩和态势，希望学校把握广州国际校区在地国际化办学探索契机，聚焦党建工作、立德树人、服务国家重大战略等方面，深化高等教育改革创新，努力发挥示范引领作用。

▶2021年7月14日，学校发展座谈会暨校友捐赠仪式举行。广东省省长马兴瑞、广东省副省长王曦等领导出席座谈会。马兴瑞省长充分肯定学校为广东经济社会发展所提供的人才和科技支撑，表示省委、省政府将全力支持华工建设发展，全面落实各项保障措施，希望广大华工校友积极回馈母校。会上，学校校友李东生、刘石伦、李华、李永喜分别与学校签订捐赠协议，各向母校捐赠1亿元。

▶ 2021年1月11—16日，国务院联防联控机制2021年春节期间新冠肺炎疫情防控专项督查组组长、教育部副部长钟登华（左一）一行来校调研，并看望慰问中国工程院院士何镜堂。督查组对学校疫情防控工作取得的成效表示充分肯定。

▶ 2021年3月12日，华南理工大学党史学习教育动员部署会举行。学校党委书记章熙春对学校开展党史学习教育进行了动员部署。校长高松就学校各级党组织和广大干部师生学习领会会议精神，抓好贯彻落实提出要求。

▶ 2021年10月20日，学校广州国际校区工作座谈会举行，学校党委书记章熙春宣读了《关于成立广州国际校区管委会的通知》。10月28日，广州国际校区管委会会议召开，学校党委书记章熙春对国际校区管委会工作和校区发展提出具体要求。

▶ 2021年6月29日,学校"光荣在党50年"纪念章颁发仪式举行,学校为397位老党员颁发"光荣在党50年"纪念章。

▶ 2021年7月1日,学校召开庆祝中国共产党成立100周年表彰大会。学校党委书记章熙春强调要落实学校第十七次党代会决策部署,坚定不移、坚持不懈推进中国特色、世界一流大学建设。校长高松通报学校获得广东省、广东省教育系统优秀共产党员、优秀党务工作者和先进基层党组织表彰名单,宣读学校党委表彰决定。

▶ 2021年7月1日,学校庆祝建党100周年升旗仪式暨红色基因传承工程启动仪式举行。全体校领导共同启动红色基因传承工程,学校党委书记章熙春讲话,寄语广大青年学子以红色基因培根铸魂,早日成长为"大栋梁";寄语广大教师以红色基因立德树人,努力成为"大先生";期望全校上下以红色基因滋养精神,全力推进"大事业"。

泰晤士高等教育 2021年亚洲大学排名 中国大陆高校表现

大学名	2021亚洲大学排名	中国大陆区域排名
清华大学	1	1
北京大学	2	2
复旦大学	11	3
浙江大学	12	4
中国科学技术大学	15	5
上海交通大学	16	6
南京大学	17	7
南方科技大学	26	8
华中科技大学	34	9
北京师范大学	36	10
中山大学	=39	11
武汉大学	41	12
中南大学	44	13
同济大学	47	14
华南理工大学	**=50**	**15**
哈尔滨工业大学	=56	=16
南开大学	=56	=16

▶ 2021年6月2日，泰晤士高等教育发布亚洲大学排名，学校首次跻身50强，居中国内地高校第15位。

食品科学与工程

1	江南大学	中国
2	中国农业大学	中国
3	瓦格宁根大学	荷兰
4	**华南理工大学**	**中国**
5	浙江大学	中国
6	南京农业大学	中国
7	马萨诸塞大学-阿默斯特	美国
8	坎皮纳斯州立大学	巴西
9	南昌大学	中国
10	圣保罗大学	巴西

能源科学与工程

1	清华大学	中国
2	南洋理工大学	新加坡
3	麻省理工学院	美国
4	斯坦福大学	美国
5	洛桑联邦理工学院	瑞士
6	华中科技大学	中国
7	**华南理工大学**	**中国**
8	中国科学技术大学	中国
9	北京大学	中国
10	西安交通大学	中国

化学工程

1	麻省理工学院	美国
2	清华大学	中国
3	天津大学	中国
4	斯坦福大学	美国
5	佐治亚理工学院	美国
6	浙江大学	中国
7	北京化工大学	中国
8	**华南理工大学**	**中国**
9	德克萨斯大学奥斯汀分校	美国
10	华东理工大学	中国

▶ 2021年5月26日，上海软科发布2021"软科世界一流学科排名"，学校共有26个学科上榜。其中，3个学科跻身全球前10，并列中国内地高校第6位；9个学科全球排名前50，并列中国内地高校第15位；18个学科进入全球前100，并列中国内地高校第11位。

首批未来技术学院名单

序号	高校名称	学院名称
1	北京大学	未来技术学院
2	清华大学	未来技术学院
3	北京航空航天大学	未来空天技术学院
4	天津大学	未来技术学院
5	东北大学	未来技术学院
6	哈尔滨工业大学	未来技术学院
7	上海交通大学	未来技术学院
8	东南大学	未来技术学院
9	中国科学技术大学	未来技术学院
10	华中科技大学	未来技术学院
11	**华南理工大学**	**未来技术学院**
12	西安交通大学	未来技术学院

▶ 2021年5月20日，根据《教育部办公厅关于公布首批未来技术学院名单的通知》（教高厅函〔2021〕16号），学校未来技术学院成功入选。

知识产权	运动训练	商务英语	传播学
生物技术	工程力学	机械电子工程	工业设计
过程装备与控制工程	能源与动力工程	交通工程	环境工程
生物医学工程	食品质量与安全	工业工程	环境设计

▶ 2021年2月22日，教育部办公厅公布2020年度国家级和省级一流本科专业建设点名单，学校新增国家级一流本科专业建设点16个。

■ 吴硕贤　　　　　　　　　　　　　　　　　　　■ 詹怀宇

■ 黄石生

▶ 2021年10月12日，全国教材工作会议暨首届全国教材建设奖表彰会举行，学校获首届全国优秀教材高等教育类二等奖2项，1人获全国教材建设先进个人。

■ "翻译职业与发展"课程教学团队　　■ "高电压技术"课程　　　　■ "大学英语"课程

▶ 2021年6月1日，教育部正式公布课程思政示范项目名单，学校2门课程入选普通本科教育课程思政示范课程，学校入选教育部课程思政教学研究示范中心。

▶ 2021年3月5日，学校与华为技术有限公司举行人才联合培养签约仪式，并为"智能基座"产教融合协同育人基地揭牌。

▶ 2021年10月12—15日，第七届中国国际"互联网+"大学生创新创业大赛总决赛举行。学校获金奖3项、银奖6项，并获颁发"先进集体奖"。学校推荐的4个国际项目获3金1银，并获颁发"国际项目优秀组织奖"。

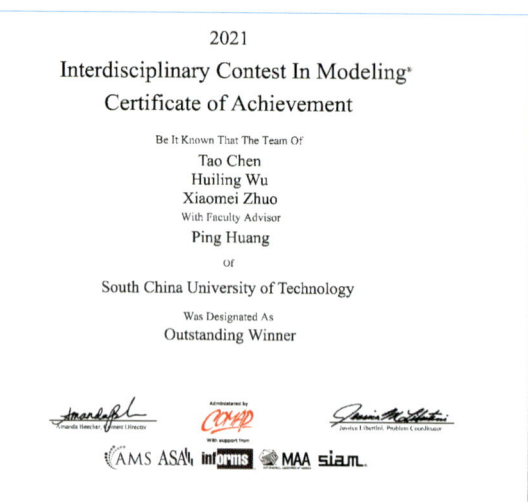

▶ 2021年4月24日，2021年美国大学生数学建模竞赛和交叉学科建模竞赛（MCM/ICM）成绩揭晓，学校获得大赛最高奖项Outstanding Winner 1项。

▶ 2021年1月11日，中央宣传部、教育部联合发布2020年"最美高校辅导员""最美大学生"先进事迹，学校第21届研究生支教团成员李莎入选。

▶2021年7月2日,学校举行2021届"云"毕业典礼暨学位授予仪式。党委书记章熙春为服务科技强军、乡村振兴毕业生代表和"李莎支教团"出征授旗,校长高松作题为《未来,从今天出发》的毕业致辞,全体毕业生实现"云"参与,在线观看人次达50余万。

▶2021年9月10日,学校举行2021级新生开学典礼。学校党委书记章熙春为学生代表佩戴校徽并赠送入学礼。校长高松发表题为《自主学习,自信成长》的致辞,希望学生学会合理选择,构建面向未来发展的知识体系;学会提出问题,培养助力成长的批判性思维;学会学以致用,锻造服务家国的干事创业本领。

▶2021年6月30日，学校党委书记章熙春为青年学生作题为《把握"两个大局"，认清历史方位，在学习党史中走好新时代长征路》的"思政第一课"，勉励学子们在实现第二个百年奋斗目标的新征程中，培养自己的学习力、思考力和行动力，用所学报效国家、贡献世界。

▶2021年6月10日，学校校长高松为学生作题为《赓续红色血脉，投身科技创新——让科学家精神引领未来前行之路》的"思政第一课"，勉励学子们肩负历史使命，坚定前进信心，立大志、明大德、成大才、担大任，不辱时代使命，不负人民期望，让科学家精神引领未来前行之路。

▶2021年10月15日，学校党委书记章熙春作题为《弘扬伟大建党精神，赓续百年红色血脉，争做新时代红色传人》的"思政第一课"，勉励学子们做坚定理想信念的传承者、砥砺家国情怀的担当者、勇于披荆斩棘的奋斗者、永远忠诚于党和人民的奉献者，牢记习近平总书记的殷殷嘱托，弘扬伟大建党精神，赓续百年红色血脉，坚定初心使命，争做新时代红色传人。

▶2021年11月3日，校长高松作题为《勇立潮头 勇担重任 勇于创新 奏响粤港澳大湾区的青春最强音》的"思政第一课"，勉励学子们坚定理想信念，筑牢精神之基；坚守科学精神，勇于跨界学习；增强创新意识，做到理性批判；敢于担当作为，锻造过硬本领。

■马於光

■傅正义

■王双飞

▶2021年11月18日,中国科学院、中国工程院公布2021年新当选的中国科学院院士和中国工程院院士名单,其中,学校材料科学与工程学院马於光教授当选中国科学院院士,傅正义校友、王双飞校友当选中国工程院院士。

▶2021年11月23日,国际电气与电子工程师学会(IEEE)公布2022年Fellow名单,学校电子与信息学院车文荃教授、章秀银教授当选。

■车文荃

■章秀银

▶2021年2月25日,全国妇联公布2020年度全国三八红旗手、全国三八红旗集体名单,学校食品科学与工程学院王永华教授被授予"全国三八红旗手"荣誉称号。

■ 研发的新材料应用于某特大桥

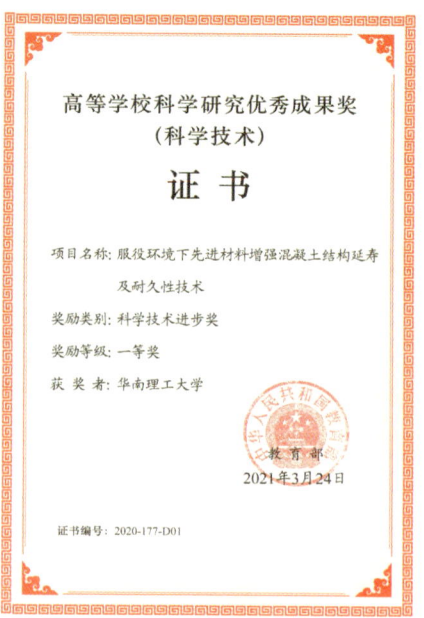

▶ 2021年3月26日，教育部公布2020年度高等学校科学研究优秀成果奖（科学技术）获奖名单，学校3项成果获奖，其中，一等奖2项（牵头1项）。

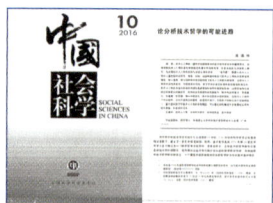

■ 部分获奖成果

▶ 2021年3月2日，教育部召开第八届高等学校科学研究优秀成果奖（人文社会科学）颁奖会。学校11项成果获奖，其中，著作论文奖二等奖5项、三等奖2项，青年成果奖4项。

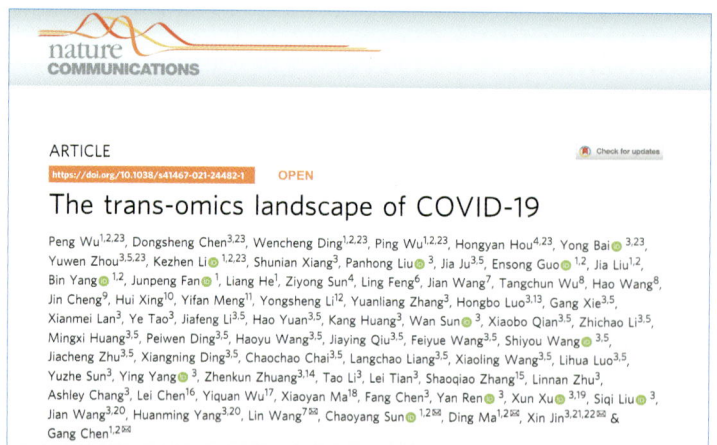

▶ 2021年7月27日，医学院金鑫研究员课题组联合华中科技大学同济医学院和深圳华大生命科学研究院的学术论文"The trans-omics landscape of COVID-19"在 Nature Communications 杂志在线发表，学校医学院金鑫研究员为共同通讯作者。

奖项	专利号	专利名称	专利授权人	发明人	所在学院
中国专利银奖	ZL201410023920.5	一种可调谐窄线宽单频线偏振激光器	华南理工大学	徐善辉、杨昌盛、杨中民、冯洲明、张勤远、姜中宏	材料科学与工程学院
中国专利银奖	ZL201710383966.1	高异频隔离宽带双频基站天线阵列	华南理工大学、京信通信技术（广州）有限公司	章秀银、薛成戴、吴裕锋	电子与信息学院
中国专利优秀奖	ZL201710614643.9	一种基于双环预测控制的切换型控制方法	华南理工大学	杜贵平、黎嘉健、柳志飞	电力学院
中国专利优秀奖	ZL201010250482.8	一种耐内压的PET热灌装瓶瓶底结构	广东星联精密机械有限公司、华南理工大学	谢国基、姜晓平、胡青春	机械与汽车工程学院

▶2021年6月24日，国家知识产权局公布《关于第二十二届中国专利奖授奖的决定》，学校获中国专利金奖1项、银奖1项、优秀奖4项。自2009年以来，学校以第一专利权人获奖总数38项（含2金3银），居全国高校首位。

▶2021年2月25日，全国脱贫攻坚总结表彰大会在人民大会堂举行。学校驻惠来县隆江镇孔美村扶贫工作队获评全国脱贫攻坚先进集体，是广东省唯一入选的高校驻村工作队。

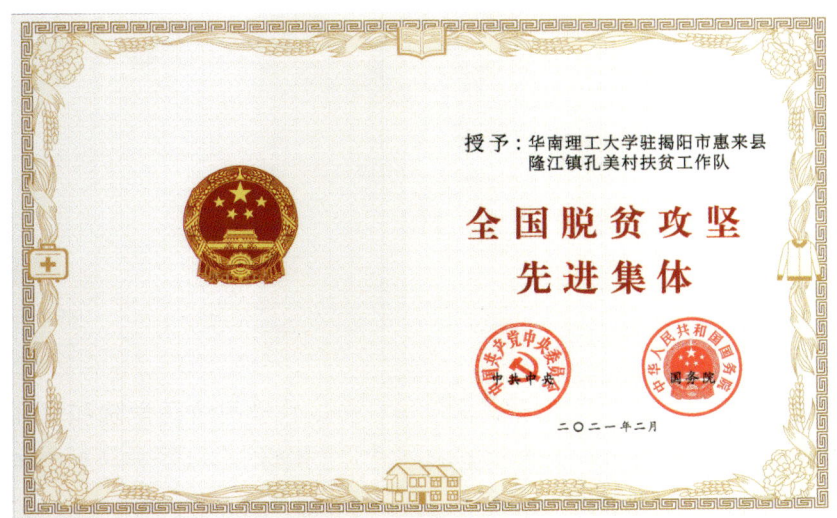

▶ 2021年1月17日,华南理工大学六大重点民生项目开工暨区校全面合作框架协议签署仪式举行,学校与天河区共同签署《广州市天河区人民政府与华南理工大学全面合作框架协议》。

▶ 2021年5月6日,学校和佛山市南海区人民政府签署合作办医协议。双方将把学校附属第六医院(南海区人民医院)打造成华南地区以肿瘤和急危重症诊疗研究为特色的一流大学直属附属医院,携手建设世界一流的综合癌症中心。

▶ 2021年10月13日,学校和意大利都灵理工大学"云签约""云揭牌"仪式举行,双方共同签署两校校级合作、学生项目等合作协议,并为互设的海外交流基地揭牌。

▶ 2021年11月15日,学校和英国兰卡斯特大学举行"云签约"仪式,双方共同签署两校海外访学及暑期项目协议。

目 录

学校概况

学校概况 ……………………………………………………………………（1）

特 载

华南理工大学"十四五"发展规划（2021—2025年）………………………（5）

党史学习教育

华南理工大学开展党史学习教育实施方案 …………………………………（39）
在全校党史学习教育动员部署会上的讲话 ………………………章熙春（47）
在全校党史学习教育推进会上的讲话 ……………………………章熙春（53）
胸怀"国之大者" 坚守立德树人
  让红色基因成为教育事业的鲜亮底色 …………………………章熙春（60）

学校工作总结和工作要点

华南理工大学2021年工作总结 ………………………………………………（69）
华南理工大学2022年工作要点 ………………………………………………（82）

重要讲话

以全面从严治党为引领 确保"十四五"开好局起好步
  勇当粤港澳大湾区高等教育发展排头兵 ………………………章熙春（93）
在2021年综合评价录取招生宣传动员培训会上的讲话 ……………高 松（99）
在庆祝建党100周年升旗仪式
  暨红色基因传承工程启动仪式上的讲话 ………………………章熙春（105）
跨学科研究和教育是时代发展的需求 ………………………………高 松（107）
"顶天立地"支撑科技强国建设 ……………………………………章熙春（111）
"F计划"：培育新工科领军人才 ……………………………………高 松（114）
附：2021年学校制定的重要文件和规章制度目录 …………………………（117）

学校机构及负责人

学校机构及负责人 ……………………………………………………………（119）

2021年学校成立或调整的部分机构 …………………………………………………（128）
2021年学校成立或调整的部分议事机构 ………………………………………（129）

党建与思想政治工作

组织工作 …………………………………………………………………………（131）
教职工思想政治工作和宣传工作 …………………………………………………（133）
党风廉政建设 ……………………………………………………………………（134）
统战工作 …………………………………………………………………………（135）

发展规划与学科建设

发展规划与学科建设 ……………………………………………………………（139）

教代会、工会和共青团工作

教代会与工会工作 ………………………………………………………………（142）
共青团工作 ………………………………………………………………………（143）

教育教学工作

学生思想政治教育和管理 ………………………………………………………（146）
本科生教育 ………………………………………………………………………（148）
研究生教育 ………………………………………………………………………（162）
继续教育 …………………………………………………………………………（176）
国际教育 …………………………………………………………………………（177）
招生与就业 ………………………………………………………………………（178）

科研与科技产业工作

自然科学研究工作 ………………………………………………………………（180）
人文社会科学研究工作 …………………………………………………………（192）
科技产业与成果转化 ……………………………………………………………（196）

队伍建设与人事管理

队伍建设与人事工作 ……………………………………………………………（198）
离退休工作 ………………………………………………………………………（200）

对外交流与合作

国际交流合作与港澳台工作 ………………………………………………… (202)
校友工作及交流与合作 ……………………………………………………… (203)

条件建设与后勤保障

实验室建设与设备管理 ……………………………………………………… (204)
财务工作 ……………………………………………………………………… (209)
审计工作 ……………………………………………………………………… (209)
资产管理 ……………………………………………………………………… (210)
基建工作 ……………………………………………………………………… (211)
安全保卫 ……………………………………………………………………… (212)
图书馆建设 …………………………………………………………………… (213)
出版工作 ……………………………………………………………………… (217)
档案与文博管理 ……………………………………………………………… (218)
学报编辑出版 ………………………………………………………………… (219)
后勤管理与服务 ……………………………………………………………… (220)
信息化建设 …………………………………………………………………… (221)
采购工作 ……………………………………………………………………… (222)
公共服务平台工作 …………………………………………………………… (223)
医疗保健 ……………………………………………………………………… (224)
中小幼教育 …………………………………………………………………… (225)

广州国际校区建设

广州国际校区建设 …………………………………………………………… (227)

党政综合管理

党政综合管理 ………………………………………………………………… (229)

学 院

机械与汽车工程学院 ………………………………………………………… (232)
建筑学院 ……………………………………………………………………… (233)
土木与交通学院 ……………………………………………………………… (235)
电子与信息学院 ……………………………………………………………… (236)

材料科学与工程学院 …………………………………………………………………………（237）
化学与化工学院 ……………………………………………………………………………（239）
轻工科学与工程学院 ………………………………………………………………………（240）
食品科学与工程学院 ………………………………………………………………………（241）
数学学院 ……………………………………………………………………………………（243）
物理与光电学院 ……………………………………………………………………………（244）
经济与金融学院 ……………………………………………………………………………（245）
旅游管理系 …………………………………………………………………………………（246）
电子商务系 …………………………………………………………………………………（247）
自动化科学与工程学院 ……………………………………………………………………（248）
计算机科学与工程学院 ……………………………………………………………………（249）
电力学院 ……………………………………………………………………………………（250）
生物科学与工程学院 ………………………………………………………………………（251）
环境与能源学院 ……………………………………………………………………………（253）
软件学院 ……………………………………………………………………………………（254）
工商管理学院 ………………………………………………………………………………（255）
公共管理学院 ………………………………………………………………………………（256）
马克思主义学院 ……………………………………………………………………………（257）
外国语学院 …………………………………………………………………………………（259）
法学院 ………………………………………………………………………………………（260）
新闻与传播学院 ……………………………………………………………………………（261）
艺术学院 ……………………………………………………………………………………（262）
体育学院 ……………………………………………………………………………………（263）
设计学院 ……………………………………………………………………………………（264）
医学院 ………………………………………………………………………………………（265）
生物医学科学与工程学院 …………………………………………………………………（266）
吴贤铭智能工程学院 ………………………………………………………………………（267）
前沿软物质学院 ……………………………………………………………………………（268）
微电子学院 …………………………………………………………………………………（269）
未来技术学院 ………………………………………………………………………………（270）

表彰与奖励

2021年获得市级以上表彰或奖励的部分单位和个人 ………………………………………（274）
2021年获得学校表彰或奖励的部分单位和个人 ……………………………………………（276）
2021年获得部省级以上奖励的部分教学科技成果 …………………………………………（306）
2021年学生课外学术科技创新竞赛成果（杰出贡献奖）……………………………………（312）

目 录

毕业生名单

2021届博士学位获得者 …………………………………………………（328）
2021届硕士学位获得者 …………………………………………………（333）
2021届同等学力硕士学位获得者 ………………………………………（351）
2021届全日制本科毕（结）业生名单 …………………………………（352）
2021届辅修学位毕业生名单 ……………………………………………（366）
2021届成人教育毕业生名单 ……………………………………………（367）
2021届网络教育毕业生名单 ……………………………………………（375）

大事记

2021年大事记 ……………………………………………………………（413）

学校概况

学 校 概 况[*]

华南理工大学是直属教育部的全国重点大学,坐落在南方名城广州。校园分为三个校区,五山校区位于天河区石牌高校区,大学城校区位于番禺区大学城内,广州国际校区位于番禺区国际创新城。校园历史悠久、古树繁花,37处人文景观和历史建筑错落其间,形成国内高校中独特的民国时期岭南建筑群落,是首届"全国文明校园"。

学校办学源远流长。最早可追溯至1918年成立的广东省立第一甲种工业学校(前身为广东工艺局附设工业学校),该校是广东最早开展工程教育的学校,也是华南地区早期传播马克思主义的重要阵地。校友中涌现出杨匏安、阮啸仙、刘尔崧、周文雍等中华民族的优秀分子,他们是中共广东党、团的创建者,是中国早期马克思主义思想的启蒙者和践行者,为新中国成立作出突出贡献,红色基因自此融入血脉、生生不息。学校正式组建于1952年全国高等院校调整时期,是以中山大学工学院、华南联合大学理工学院、岭南大学理工学院工科系及专业、广东工业专科学校为基础,后陆续调入湖南大学、武昌中华大学、武汉交通学院、南昌大学、广西大学等7省18所院校部分工科系及专业组建而成,为新中国"四大工学院"之一,堪为中国高等工程教育的探路者。

学校矢志不渝办中国特色、世界一流大学。1960年被列为全国重点大学,1981年经国务院批准为首批博士和硕士学位授予单位,1993年在全国高校开部省共建之先河,1995年、2001年先后进入国家"211工程""985工程"建设行列,2017年入选国家一流大学建设高校(A类)名单。学校分别于1999年、2007年先后两次以优秀成绩通过教育部本科教学工作水平评估,2017年通过教育部本科教学工作审核评估。自2012年起进入上海软科"世界大学学术排名"500强,2021年位列上海软科"世界大学学术排名"第178位。

学校坚持以学科建设为龙头,不断优化学科结构,加快提升学科水平,形成以工见长,理工医结合,管、经、文、法等多学科协调发展的综合性学科格局。学校设有36个学院(系),32个博士学位授权一级学科,39个硕士学位授权一级学科;5个博士专业学位授权类别,24个硕士专业学位授权类别,31个博士后科研流动站,86个本科专业。学校有7个国家重点学科,轻工技术与工程、机械工程、材料科学与工程、建筑学、化学工程与技术、环境科学与工程、食品科学与工程、管理科学与工程8个学科整体水平进入全国前10%,化学、材料科学、工程学、农业科学、物理学、生物学与生

---

[*] 文中数据统计至2021年12月31日。

物化学、计算机科学、环境科学与生态学、临床医学、社会科学总论等 10 个学科进入 ESI 全球排名前 1%，其中，工程学、材料科学、化学、农业科学 4 个学科领域进入 ESI 全球排名前 1‰。

学校全面落实立德树人根本任务，努力打造一流本科教育、卓越研究生教育和特色鲜明的来华留学生教育。2021 年底有各类学生 83 095 人，其中，博士、硕士研究生 22 497 人，本科生 26 495 人，继续教育学生 33 002 人，来华留学生 1101 人。学校深入推动新时代学生思政工作，积极构建"三全育人"工作体系。围绕家国情怀和全球视野兼备，"三力"（学习力、思想力、行动力）卓越的"三创型"（创新、创造、创业）人才培养目标，以创新创业教育、产学研合作教育和国际化教育为重点，实施"新工科 F 计划"。以"基因组科学创新班"为代表的人才培养模式，用"科学无起点"理念培养青少年科学家，学生连续在 *Nature*、*Science*、*Cell* 等国际顶尖学术刊物上发表文章，被誉为拔尖创新人才培养的"华工模式""华工现象"。建校以来，学校为国家培养了高等教育各类学生 57 万余人，一大批毕业校友成为我国科技骨干、著名企业家和领导干部，学校被社会誉为"工程师的摇篮""企业家的摇篮"和拔尖创新人才培养基地。

学校坚持以高层次人才队伍建设为重点，加强青年人才队伍建设，引进和培养并重，努力打造一流师资队伍。学校现有教职工 4585 人，其中，专任教师 2638 人，中国科学院院士 4 人，中国工程院院士 5 人，双聘院士 11 人，外国国家院士 4 人，国家教学名师 7 人，海外高层次引进人才 58 人，国家杰出青年科学基金获得者 39 人。研究生导师 2488 人，其中，博士生导师 1042 人。

学校瞄准世界科技前沿，聚焦国家和区域重大战略需求，筑高原，攀高峰，着力提升原始创新能力，大力推进高水平成果转化。学校拥有 28 个国家级、216 个部省级科研平台，以及国家甲级建筑设计研究院、国家大学科技园等。依托高水平科研平台，学校承担了一大批国家重大重点项目，2021 年学校实到科研经费 22.73 亿元；产出了一批高水平科研成果，2016 年以来共获国家科技奖 11 项，其中，一等奖 1 项（第一完成单位）。沿粤港澳大湾区重点城市布局"五院一园一室"协同创新体系，高度契合大湾区创新发展。学校知识产权授权量和有效发明专利总量连续多年居全国高校前 7 位，获国家专利金奖、优秀奖总数居全国高校首位。

学校不断拓展办学资源，为一流大学建设提供良好的条件和环境。校园占地面积 313.76 万平方米，校舍总建筑面积 223.86 万平方米。固定资产价值 90.77 亿元，其中，教学科研仪器设备总资产 37.59 亿元。学校建有一批国家级教学示范中心、基础教学实验中心和一批现代化实验中心。图书馆藏书 382.17 万册，电子图书 489.02 万册，初步建成数字化图书馆。学生文化体育设施齐全，建有高标准的田径、乒乓球、网球、羽毛球、室内恒温游泳池等各类场馆。学生课外科技学术活动和社会实践活动蓬勃发展，特色鲜明，成为提高学生综合素质的重要环节。

在新的历史发展阶段，学校将坚持以习近平新时代中国特色社会主义思想为指导，秉承"博学慎思 明辨笃行"校训，发扬"厚德尚学 自强不息 务实创新 追求卓越"的大学精神，深化"学术华工""开放华工""善治华工""幸福华工""大美华工"建设，坚持育人为本，突出高质量内涵式发展，着力推进"双一流"和广州国际校区建设，向着中国特色、世界一流大学建设目标奋勇前进。

资料 学校基本情况统计一览表

统计时点：2021 年 12 月 31 日

高层次人才		学生基本情况	
中国科学院院士	4	各类在册在校生数	83 095
中国工程院院士	5	一、本科生	26 495
外国国家院士	4	二、研究生	22 497
双聘院士	11	其中：博士生	4420
国家教学名师	7	硕士生	18 077
海外高层次引进人才	58	三、继续教育	33 002
国家杰出青年科学基金获得者	39	其中：成人教育学生	8359
国家优秀青年科学基金获得者	48	网络教育学生	24 643
国家自然科学基金创新研究群体	2	四、来华留学生	1101
科技部重点领域创新团队	3	其中：学历留学生	1012
教育部创新团队（含滚动支持）	18	学院及学科专业建设	
教职工基本情况		二级学院（系）	36
教职工总数	4585	ESI 前 1‰ 学科数	4
一、专任教师	2638	ESI 前 1% 学科数	10
正高级	1041	第四轮学科评估 A 类学科（个）	8
副高级	1058	博士学位授权一级学科数	32
研究生导师	2488	硕士学位授权一级学科数	39
其中：博士生导师	1042	博士专业学位授权类别	5
硕士生导师（含博硕导）	2488	硕士专业学位授权类别	24
二、行政人员	1003	本科专业	86
三、教辅人员	442	博士后科研流动站	31
四、工勤人员	34	国家教学团队	6
五、科研机构人员	150	国家特色专业	18
六、工程技术人员	55	卓越工程师教育培养试点专业	10
七、校办企业职工	163	国家级一流本科专业	40
八、其他附设机构人员（含附属中小幼教职工）	165	国家精品课程	21
		国家精品资源共享课	17
离退休人员	3373	国家精品视频公开课	14

续表

学院及学科专业建设		科研经费与成果		
国家双语示范课程	6	年度实到科研项目经费（亿元）		22.73
国家一流本科课程	33	其中：理工类纵向科研项目实到经费		11.15
教学基地（国家级）		理工类横向科研项目实到经费		10.32
国家级实验教学示范中心	6	人文社科类科研项目实到经费		1.26
国家级虚拟仿真实验教学中心/项目	7	年度授权专利（项）		2891
国家级人才培养模式创新实验区	2	其中：发明专利授权		2186
国家级大学生校外实践教育基地	8	年度获国家科学技术奖		0
国家双创示范基地	1	其中：技术发明奖		0
国家级教师教学发展示范中心	1	科技进步奖		0
科研基地（部省级及以上）		论文收录情况（2020年）（篇）	三大索引论文	8188
国家重点实验室	3		SSCI	182
国家工程研究中心	2			
国家工程技术研究中心	3		CSSCI	317
国家（地方联合）工程实验室（工程研究中心）	10	资产资源		
		校园面积（万平方米）		313.76
国家国际科技合作基地	1	总建筑面积（万平方米）		223.86
国家高端智库	1	其中：教学及辅助用房		109.10
高校思想政治工作创新发展中心	1	行政办公用房		10.34
教育部重点实验室	9	学生宿舍		51.57
		教工住宅及宿舍		22.31
教育部工程研究中心	5	办学经费（亿元）		54.94
广东省重点实验室	25	固定资产（亿元）		90.77
省级人文社科研究机构	49	教学科研仪器设备值（亿元）		37.59
国家大学科技园	1	馆藏图书（万册）		382.17
国家甲级建筑设计研究院	1	电子图书（万册）		489.02

特 载

华南理工大学"十四五"发展规划
（2021—2025 年）

第一章 发展形势

"十四五"时期是我国乘势而上开启全面建设社会主义现代化国家新征程、向第二个百年奋斗目标进军的第一个五年，也是学校在新百年办学的新起点上实现奋斗目标极为重要的基础建设期。本规划依据《中华人民共和国国民经济和社会发展第十四个五年规划和 2035 年远景目标纲要》《中国教育现代化 2035》《深化新时代教育评价改革总体方案》等文件精神，结合学校自身实际而编制，是指导学校未来五年建设和发展的纲领性文件。

一、发展基础

"十三五"期间，学校坚持社会主义办学方向，牢牢把握立德树人根本任务，以中国特色、世界一流为核心，以促进内涵发展为主线，以深化办学综合改革为动力，加快推进"双一流"建设和广州国际校区建设，办学格局深度拓展，办学质量快速提升，综合实力显著增强，学术声誉日益彰显，圆满完成"十三五"规划提出的目标任务，全面建成了国内一流、世界知名的高水平研究型大学。

（一）党建思政工作呈现新气象

坚持以政治建设为统领，坚决履行党委管党治党办学治校主体责任，认真开展"两学一做"学习教育，深入开展"不忘初心、牢记使命"主题教育，扎实推进学习教育常态化制度化。坚持和完善党委领导下的校长负责制，健全校院两级议事决策制度，实施意识形态工作"1337"系统工程，坚决守好意识形态安全"南大门"，获批教育部高校思想政治工作创新发展中心。实施基层党组织提升工程，实现教师党支部书记"双带头人"全覆盖，获批 1 个全国高校"双带头人"教师党支部书记工作室，2 个学院党委、4 个党支部分别入选全国党建工作"标杆院系""样板支部"培育创建单位，1 个学院团委获评"全国五四红旗团委"。贯彻落实好干部标准，推动干部选育管用环环相扣、科学规范，不断加大优秀年轻干部队伍建设力度，形成一支忠诚干净担当的高素质专业化干部队伍。全力做好精准扶贫，定点扶贫工作连续三年被国务院扶贫办评定为"好"，连续五年获评教育部直属高校精准帮扶典型项目，驻孔美村扶贫工作队获评全国脱贫攻坚先进集体。健全作风建设制度体系，严格落实中央八项规定精神，开展"四风"问题专项整治，党风政风持续向好。强化对权力运行的监督制约，从严从实推进两轮巡视整改，全面开展校内巡察，推动全面从严治党向纵深发展，向基层延伸。制订实施《思政工作提升行动（2017—2020）》，完善"三全育人"格局，获批全国"三全育人"试点院系，获批高校思想政治工作精品项目2项。培育和践行社会主义核心价值观，深入开展爱国主义教育，引导学生筑牢理想信念之基，入选中国大学生年度人物、全国高校百名研究生党员标兵各1人，入选中国大学生自强之星3人，入选中国青少年科技创新奖个人2名、集体1个。持续推进"两工程一计划一行动"，获批全国高校实践育人创新创业基地。不断完善思政工作队伍专业化职业化发展机制，1人获全国辅导员年度人物、1人入选高校思政中青年骨干队伍建设项目。在广州国际校区探索学生党建和思政工作新模式，获教育部首批"一站式"学生社区综合管理模式建设试点单位。

（二）办学发展布局实现新突破

与教育部、广东省、广州市共建广州国际校区，同城"一校三区"高水平办学新格局基本形成。以广州国际校区建设为契机，探索高等教育在地国际化办学新模式，布局新工科，引进一流师资，创新人才培养模式，致力于打造中国高等教育改革的"试验田""示范区"。"现代书院制"和"全员导师制"等方面的探索和成绩获国务院副总理孙春兰高度评价。依托涉医学科积淀，高起点布局，与广东省人民医院共建医学院，挂牌成立3家附属医院，探索"医工结合"模式，推进新医科建设，初步走出具有华工特色的高水平、研究型、国际化医科建设之路。附属广东省人民医院和附属第二医院入选广东"登峰计划"重点建设医院，与佛山市南海区人民政府合作共建华南理工大学附属第六医院（南海区人民医院）。医学院入选中国最佳医学院综合实力排行榜前50强，临床医学进入ESI前1%行列。

（三）学科综合实力迈上新台阶

围绕国家经济社会发展特别是广东现代产业体系建设需求，新增6个博士学位授权一级学科、5个博士专业类别，综合性学科布局更加优化，成功获批学位授权自主审核单位。推进实施"工科登峰、理科跃升、文科繁荣、医科跨越"四大学科行动计划，强化学科集群建设，以"4+2"优势学科群为引领，促进多学科交叉融合，建成了一批学科高地。11个学科进入US News世界大学学科排行榜全球百强，15个学科进入软科"世界一流学科排名"全球前100名；新增5个ESI前1%学科，总数达到10个，实现增长翻番；新增4个ESI前1‰学科，居全国高校前列。

（四）人才培养质量达到新高度

率先出台《一流本科行动计划（2018—2030）》，发布实施《新工科F计划》，全面落实"以本为本",探索招生、培养与就业联动机制,实行大类招生培养,不断深化协同育人机制,深入推进思政课程与课程思政建设,完善多样化人才培养模式,顺利通过教育部本科教学工作审核评估。聚焦提升学术创新能力和实践创造能力,推进研究生分类培养和质量保障体系建设,探索实施博士招生"申请—考核"制,不断深化研究生资助体系改革,持续强化以质量为导向的导师遴选聘任考核机制,研究生培养质量持续提升。教育教学改革成效显著,获国家级教学成果奖8项、中国学位与研究生教育学会研究生教育成果奖2项;获批40个国家级一流本科专业建设点、33门国家级一流本科课程;42人(45人次)入选2018—2022年教育部高等学校教学指导委员会,入选数量大幅提升;圆满承办第六届中国国际"互联网+"大学生创新创业大赛,并获金奖10项、银奖2项,创造历届"互联网+"大赛高校单校单届夺金纪录;毕业生总体就业率位居全国高校前列。入选全国首批深化创新创业教育改革示范高校、全国大众创业万众创新示范基地及全国创新创业典型经验高校。

(五)师资队伍建设取得新进展

加强教师思想政治工作,建立健全师德师风建设长效机制,将师德表现作为教师评价第一标准,强化高线引领和底线约束。创新高端人才引育机制,启动新一轮教师人事聘用制度改革,全面推行"预聘—长聘"制度。改革职称评审制度,探索代表性成果评价和分类评价。构建助力青年教师发展的工作机制,鼓励青年教师脱颖而出。新增高层次领军人才50人、优秀青年人才75人,实现了翻倍增长;2个团队入选国家自然科学基金委创新研究群体,3个团队入选科技部重点领域创新团队。有机高分子光电材料与器件教师团队获首批全国高校"黄大年式教师团队",华南软物质科学与技术高等研究院获"全国教育系统先进集体",何镜堂院士获"最美奋斗者",吴硕贤院士、黄平教授获"全国先进工作者",瞿金平院士获"全国创新争先奖",朱长江教授获"全国杰出教学奖",王永华教授获"全国三八红旗手"。

(六)科技创新水平实现新飞跃

承担重大基础研究任务的能力大幅增强,原始创新能力和关键核心技术攻关能力不断提升。获批国家级重大重点科研项目135项、基础科学中心项目1项,年均实到科研经费突破20亿元;获国家科技奖10项,其中,陈克复院士团队牵头获国家科技进步奖一等奖1项,实现广东高校零的突破。科研创新平台取得重大进展,新增国家级平台10个,总数达28个;牵头建设人工智能与数字经济广东省实验室(广州),新增部省级平台97个,总数达201个。哲学社会科学整体水平持续提升,承担国家级社科类重大重点项目32项,居全国同类高校前列;获高等学校科学研究优秀成果奖(人文社会科学)11项,创历史新高;1项成果入选"国家哲学社会科学成果文库",在《中国社会科学》《人民日报》等发表一批高水平文章,国家高端智库公共政策研究院等报送的多项政策建议获中央领导高度关注和重视。

(七)服务支撑能力实现新提升

率先出台支持科技成果转化的"华工十条",构建以体现知识价值为导向的科技成果转化激励制度，完善"应用成果培育—科技成果转化—科技企业孵化"全链条转化模式，形成以广州为创新源头、沿粤港澳大湾区重要城市布局"五院一园"科技成果转化体系。发明专利申请公开量、发明专利授权量、有效发明专利拥有量稳居全国高校前列，PCT 专利申请量跻身全球教育机构前五、中国高校前三；专利作价出资超过 2.4 亿元，合作创办高技术企业 18 家；获中国专利奖 16 项，自 2009 年中国专利奖改制以来，以第一专利权人共获中国专利奖 33 项（含 1 金 2 银），居全国高校第一。主导设计青岛上合组织会议中心、中国（海南）南海博物馆，参与港珠澳大桥、雄安新区等一批具有国际影响力的国家重大工程规划与建设。持续领衔在穗主要高校总体支撑指数排行榜，全面支撑地方经济社会发展。高质量推进对口帮扶单位广西大学、南昌大学、贵州民族大学、桂林理工大学、广东石油化工学院和广东海洋大学（阳江校区）的帮扶工作，顺利完成华南理工大学广州学院转设。入选首批国家知识产权示范高校、首批高等学校科技成果转化和技术转移基地。

（八）国际交流与合作打开新局面

加强与世界一流大学和学术机构的实质性交流合作，与密歇根大学、南洋理工大学等高校建立核心战略伙伴关系，与加州大学伯克利分校等近 50 所世界一流高校开展科技合作或学生联合培养，发起或参与 20 余个全球性或区域性教育联盟，合作伙伴由 100 多个增至 200 多个，全球合作网络不断完善。创新国际化人才培养模式，创建先进材料国际化示范学院、中澳学院等特色学院，与都灵理工大学联合开展国内首个城市设计硕士中外合作办学项目；海外合作交流项目增至 250 余项，每年派出学生约 1500 人次、教职工约 1000 人次。不断完善来华留学培养体系，提升留学生教育质量，学历留学生比例不断提升。推进 3 所海外孔子学院建设，提升中国文化软实力。每年逾 800 人次长短期外籍专家来校讲授学分课程或合作，现有全职高层次外籍专家近 100 人；新建 4 个学科创新引智基地、10 个国际科研合作平台。获批中国政府奖学金预科教育试点院校、教育部"中美青年创客交流中心"、高层次国际化人才培养创新实践基地、全国首批来华留学质量认证高校。

（九）文化与制度建设开启新篇章

推进文明校园创建活动，荣获首届全国文明校园、广东省文明校园。不断创新校园文化载体，丰富校园文化活动内容，打造校园文化特色品牌。"金秋木棉"研究生文化节获全国校园文化成果二等奖、广东省特等奖；李莎被追授"中国好人"、全国"最美大学生""全国巾帼建功标兵"等称号。传承学校"红色基因""创新基因"，话剧作品《红色甲工 血色浪漫》、合唱音画《听见广东》作品入选教育部"高校原创文化精品推广行动计划"，广东粤剧艺术传承基地获批教育部"中华优秀传统文化传承基地"。加强文化场所建设，丰富体育文化，打造文化核心区，美化校园人文景观。深入推进依法治校，形成以《华南理工大学章程》为核心的制度体系，获首批广东省依法治校示范校。深化"放管服"改革，启动"强院兴校"改革试点。加强学术委员会建设，完善教代会制度，推进共青团组织和学生会组织改革，推动党务公开、校（院）务公开和信息公开，民主监督不断加强。健全社会参与机制，成立大学理事会，成功举办首届全球校友代表大会，华工人全球"发展共同体"初具规模。

（十）条件保障能力再上新水平

多渠道筹集办学资金，建立全口径预算管理机制，完善内控建设，不断提高资金使用效益。办学经费从41亿元增长至约63亿元、固定资产值由65亿元增长至约77亿元、教学科研仪器设备从25亿元增长至约33亿元，分别增长53%、18%和32%。持续重点支持校园基础设施、教学楼、实验室、学生宿舍等建设与维修，投入基本建设维修改造费超10亿元，新增校园面积113万余平方米、校舍建筑面积约61万平方米（含广州国际校区），实现了办学空间的又一次巨大飞跃。加强图书馆、档案馆、网络资源、公共测试平台等教学科研公共服务保障体系建设，加强网络安全管理，数字化校园建设稳步推进。逐步改善在职和离退休教职工待遇，不断提升学生奖助学金水平，完成事业单位人员养老保险制度改革，建立大病医疗救助帮扶机制；全力做好常态化疫情防控，保障师生生命安全与身体健康；建成"一校三区"师生服务中心，推进公租房租赁、住宅楼电梯加建等惠民工作，完善校园基础设施、办学配套设施和便民生活设施建设，加强校医院、附属实验学校、附属幼儿园建设，不断优化师生学习、工作、生活环境，构建平安、和谐、绿色校园。

二、存在不足

经过"十三五"的建设与发展，学校已经全面建成了国内一流、世界知名的高水平研究型大学，正在朝着更高的目标迈进。但我们必须清楚地认识到，与党和国家事业发展需要相比，与中国特色、世界一流大学建设目标相比，与服务国家重大战略尤其粤港澳大湾区建设需求相比，学校还存在一些亟须解决的问题：

一是人才培养结构需进一步优化，"三创型"（创新、创造、创业）人才培养模式需进一步完善，"三全育人"改革成效有待进一步提高；二是学科专业布局和建设水平还不能强有力支撑国家战略，达到或接近世界一流的学科还不够多，新兴交叉学科建设还需进一步加强；三是师德师风长效机制还有待完善，具有国际一流水平的战略科技人才、科技领军人才创新团队还不够多，需进一步加大海内外高层次人才和中青年优秀人才的引育力度；四是解决国家重大战略需求和科学前沿问题的原始创新能力还不足，具有重大影响力的标志性成果还不够突出，科研的引领性和原创性还需进一步提升；五是对外开放办学的整体水平还不够高，留学生教育质量还有待提高，在地国际化办学模式还需进一步完善；六是改革的系统性、整体性和协同性需进一步加强，治理体系和治理能力现代化需进一步提高。

三、面临形势

"十四五"时期是我国新发展阶段的开启时期，是建设高质量教育体系的关键时期，也是学校进一步夯实发展基础、创新发展模式、提升发展质量、实现内涵发展的重要战略机遇期。

当今世界百年未有之大变局加速演进，国际环境错综复杂，世界经济陷入低迷期，全球产业链供应链面临重塑，不稳定性不确定性明显增加。新冠肺炎疫情影响广泛深远，逆全球化、单边主义、保护主义思潮暗流涌动。世界进入动荡变革期，科技创新成为国际战略博弈的主要战场，围绕科技制高点的竞争空前激烈。当前，新一轮科技革命和产业变革突飞猛进，科学研究范式正在发生深刻变革，学科交叉融合不断发展，科学技术和经济社会发展加速渗透融合。我们要保持强烈的忧患意识，准确识变、科学应变、主动求变，善于在科学驾驭复杂严峻形势中育先机、开新局，大力加强基础研究和原创性、引领性科技攻关，提升科技创新对国家发展的战略支撑能力，加快培育家国情怀和全球视野兼备、能够引领未来的一流人才，提高原始创新能力，自觉履行高水平科技自立自强的使命担当，更加坚定地走好中国特色、世界一流大学发展之路。

中华民族伟大复兴的战略全局正深入推进，我国已转向高质量发展阶段，制度优势显著，经济长期向好，发展韧性强劲，社会大局稳定，继续发展具有多方面优势和条件。同时，发展不平衡不充分问题仍然突出，重点领域关键环节改革任务仍然艰巨，创新能力不适应高质量发展要求。党和国家事业发展对高等教育的需要，对科学知识和优秀人才的需要，比以往任何时候都更为迫切。作为高水平研究型大学，我们要深刻认识我国社会主要矛盾变化带来的新特征新要求，在攻坚克难应对新矛盾新挑战中谋发展、创新路，把发展科技第一生产力、培养人才第一资源、增强创新第一动力更好地结合起来，优化同新发展格局相适应的学科专业结构、人才培养结构，系统协同推进以教育评价改革为引领的办学综合改革，加快实现高质量内涵式发展，成为基础研究的主力军和重大科技突破的生力军，为服务国家创新驱动发展战略、推动经济社会发展提供更有力的支撑和引领。

广东正在加快推进粤港澳大湾区和深圳中国特色社会主义先行示范区建设，持之以恒实施"1+1+9"工作部署，持续深化"一核一带一区"发展格局，加快推进前海深港现代服务业合作区、横琴粤澳深度合作区建设，携手港澳建设具有全球影响力的国际科技创新中心，在全面建设社会主义现代化国家新征程中走在前列，创造新的辉煌。广东以支持深圳同等力度支持广州改革发展，广州正在以"双区"建设、"双城"联动为战略引领，实施"1+1+4"工作举措，争创新时代高质量发展示范区，加快建设国际大都市，奋力实现老城市新活力，以"四个出新出彩"引领各项工作全面出新出彩。我们要抢抓机遇，更加主动积极作为，融入发展促发展，强化特色上水平，全面服务支撑粤港澳大湾区建设，对广东、广州发展作出更大贡献。

学校的发展与时代同向同行，与国家民族命运和大湾区经济社会发展紧密相连，必须深刻把握新形势新要求，立足中华民族伟大复兴战略全局和世界百年未有之大变局，心怀"国之大者"，把握大势，敢于担当，善于作为，想国家之所想、急国家之所急、应国家之所需，着力培养担当民族复兴大任的时代新人，勇于攻克"卡脖子"关键核心技术，打造国家战略科技力量，服务国家科技自立自强，在实现中华民族伟大复兴的进程中体现一流大学的使命担当。

第二章　战略思路

一、指导思想

高举中国特色社会主义伟大旗帜，深入贯彻党的十九大和十九届二中、三中、四中、五中、六中全会精神，坚持以马克思列宁主义、毛泽东思想、邓小平理论、"三个代表"重要思想、科学发展观、习近平新时代中国特色社会主义思想为指导，全面贯彻党的教育方针，按照"五位一体"总体布局和"四个全面"战略布局，立足新发展阶段、贯彻新发展理念、融入新发展格局，认真落实学校第十七次党代会提出的"一五三八一"战略部署，全面加强党的领导，践行"四个服务"，毫不动摇坚持社会主义办学方向，牢牢把握立德树人根本任务，以"双一流"建设和广州国际校区建设为"双引擎"，深化办学综合改革，推进治理体系和治理能力现代化，实现高质量内涵式发展，做粤港澳大湾区高等教育排头兵，为学校2035年"基本建成中国特色、世界一流大学"开好局、起好步，为全面建设社会主义现代化国家和实现中华民族伟大复兴作出新的更大贡献。

二、总体思路

秉承"博学慎思 明辨笃行"校训，弘扬"厚德尚学 自强不息 务实创新 追求卓越"大学精神，践行"融入发展促发展，强化特色上水平"办学理念，不忘立德树人初心，牢记为党育人、为国育才使命，深度融入社会发展进程，不断提升服务国家和区域发展战略水平，办好让党放心、让人民满意的大学。"十四五"时期，学校将坚持"以立德树人为根本，以队伍建设为核心，以学科交叉为重点，以院系建设为基础，以体制机制改革为动力"的办学思路，加快实现内涵式发展、高质量发展、特色化发展和可持续发展。

——**以立德树人为根本**。培养一流人才是一流大学的根本使命，要坚持为党育人、为国育才，牢牢抓住全面提高人才培养能力这个核心点，把立德树人成效作为检验学校一切工作的根本标准。创新人才培养理念，把握人才成长规律，运用科学合理的方法，让学生全面而有个性地发展。

——**以队伍建设为核心**。一流师资队伍是一流大学的核心要素，要坚持"四个面向"，深入推进人事制度改革及机制创新，建立合理的人才引进、培养、流动机制，突出质量、影响、贡献的绩效考核和评价机制，加强师德师风和校风学风建设，实现"近者悦，远者来"。

——**以学科交叉为重点**。一流学科体系是一流大学的基本格局，要用好学科交叉融合的"催化剂"，打破现有院系学科界限，大力支持跨学科学院或研究机构的建设，加强前沿基础交叉研究，重点布局和建设若干前沿交叉领域，打造若干学科高峰，构建可持续发展的学科体系。

——**以院系建设为基础**。院系建设是一流大学的重要基础，要积极推进院系和学科结构调整与优化，提高资源利用效率。强化"强院兴校"意识，加强院系权责，把人才培养落实在院系，学科建设主体放在院系，管理重心下沉到院系，切实赋予院系相应自主权，激发院系办学活力。

——**以体制机制改革为动力**。改革创新是一流大学的动力源泉，要持续推进人才培养体系改革、人事制度体系改革、治理体系改革、科研组织模式改革、学术评价体系改革、资源配置体系改革，释放办学活力，推动学校整体建设和发展。

三、基本原则

——**坚持党的全面领导**。贯彻党把方向、谋大局、定政策、促改革要求，深入学习贯彻习近平新时代中国特色社会主义思想，增强"四个意识"、坚定"四个自信"、做到"两个维护"。全面贯彻落实党的教育方针，加强和改进党的建设，坚持和完善党委领导下的校长负责制，不断提高贯彻新发展理念、构建新发展格局的能力和水平，为学校实现高质量发展提供根本保证。

——**坚持以师生为本**。坚持师生员工在学校发展中的主体地位，紧紧围绕师生员工的发展需要来谋划学校发展，做到发展为了师生、发展依靠师生、发展成果由师生共享，维护师生根本利益，充分激发师生员工的积极性、主动性、创造性，不断增强师生员工的获得感、幸福感、安全感。

——**坚持新发展理念**。立足新发展阶段国家对研究型大学创新人才培养的新要求，坚定不移将"创新、协调、绿色、开放、共享"发展理念贯彻于办学治校全过程和各领域，不断完善"一校三区"办学格局，持续优化办学结构，切实转变发展方式，加快推动质量变革、效率变革和动力变革，实现更高质量、更有效率、更可持续的发展。

——**坚持改革创新**。加强对改革的顶层设计，更加注重改革的系统性、整体性和协同性，以评价改革为牵引统筹推进办学综合改革。加强治理体系和治理能力现代化建设，破解学校高质量发展的瓶颈问题，加快构建充满活力、富有效率、更加开放、有利于学校科学发展的体制机制。

——**坚持开放办学**。加快和扩大新时代教育对外开放，统筹好国内国际两个大局，既面向社会开放，也面向世界开放，在对外交流合作中提升办学质量。积极探索国际交流与合作新形式，不断完善高等教育"在地国际化"模式，要认真吸收世界先进办学治学经验，更要遵循教育规律，扎根中国大地办学。

——**坚持系统观念**。加强前瞻性思考、全局性谋划、战略性布局、整体性推进，坚决服从服务国家发展大局。坚持全校一盘棋，着力固根基、扬优势，补短板，强弱项，统筹协调好人才培养、科学研究、社会服务、文化传承创新、国际交流与合作各项任务，实现发展质量、结构、规模、速度、效益、安全相统一。

四、发展目标

（一）2035年远景目标

展望2035年，学校各项办学指标和整体实力跻身世界一流大学行列，基本建成中国特色、世界一流大学。"三创型"（创新、创造、创业）人才培养质量显著提高，师资队伍整体达到世界一流水平，优势学科全面进入世界一流行列，科技创新支撑引领作用显著增强，服务社会发展能力显著提高，国际影响力和社会美誉度大幅提升，初步实现治理体系和治理能力现代化。

（二）"十四五"规划目标

"一校三区"办学格局全面形成，创造性人才培养体系持续完善，一流师资队伍不断扩大，综合性学科布局更加合理，服务国家和区域发展的能力大幅提升，全球学术影响力显著增强，中国特色现代大学制度优势更加彰显，为早日建成中国特色、世界一流大学奠定坚实的基础。

——**形成更高水平的人才培养体系**。保持本科生规模基本稳定，适度增加硕士生培养规模，积极扩大博士生培养规模。人才培养结构更加合理，人才培养模式更加多样，人才培养体系不断完善，人才培养质量持续提升，兼具家国情怀和全球视野、"三力"（学习力、思想力、行动力）卓越的"三创型"（创新、创造、创业）人才培养特色更加鲜明。

——**构建更加完善的一流学科体系**。"一校三区"学科发展格局不断优化，工科优势进一步增强，理科水平全面提升，文科特色鲜明，医科加快发展，学科交叉取得实质性进展，形成与新发展格局相适应的学科体系，一批领先学科进入世界一流学科前列，更多优势学科进入世界一流学科行列。

——**打造更高素质的一流师资队伍**。师德师风长效机制进一步健全，人事管理制度改革不断深化，师资队伍结构更为合理，高层次人才、创新团队和优秀青年人才规模明显扩大，建设一支政治素质过硬、业务能力精湛、育人水平高超的高素质专业化创新型教师队伍。

——**产出更高质量的一流创新成果**。加强"从0到1"基础研究，原始创新能力显著增强，关键核心技术攻关实现重要突破，重大创新成果不断涌现，产学研协同创新体系更加完善，科技成果转化效益更加显著，服务国家和地方决策、解决经济社会重大问题能力不断增强。

——**推动更加全面深入的开放合作**。拓展国际交流与合作的新领域，与世界一流大学和学术机构的实质性合作不断深入，长期稳定的全球核心战略伙伴持续增加。探索国际交流与合作新形式，"在地国际化"模式不断完善，形成更宽视野、更深内涵的开放办学新格局，国际声誉和国际影响力显著增强。

——**建设更加完备高效的治理体系**。大学制度体系不断完善，依法治校水平大幅提高，管理服务效能明显增强，构建起符合一流大学建设要求的体制机制，中国特色现代大学制度建设取得显著成效，治理体系和治理能力现代化加快推进。

表1 "十四五"时期主要发展指标

类别	指标	2020年	2025年	指标属性
人才培养	1. 在校本科生规模（人）	25 618	27 000	约束性
	2. 在校研究生规模（人）	21 185	25 000	约束性
	3. 国家一流本科专业建设点（个）	40	50～55	预期性
	4. 通过专业认证的专业（个）	17	20～25	约束性
	5. 国家一流本科课程（门）	33	50～55	预期性
	6. 研本比	83%	85%～90%	预期性
	7. 本科毕业生深造率	40%	50%	约束性
	8. 国家级教学成果奖（项）	5	5～6	预期性
	9. 国家教材奖（项）	—	4～6	预期性
	10. 学生学科竞赛获奖（项，五年累计）	466	500～550	预期性
学科建设	11. 学术型一级学科总量（个）	38	40	约束性
	12. 世界一流学科建设学科（个）	4	6	预期性
	13. 国内前2%或前2名学科（个）	1	2～3	预期性
	14. 国内前10%学科（个）	8	10～12	预期性
师资队伍	15. 专任教师规模（人）	2611	2900	约束性
	16. 拥有博士学位教师比例	81%	85%	预期性
	17. 拥有高级职称教师比例	76%	80%	预期性
	18. 拥有境外经历教师比例	39%	42%	预期性
	19. 高层次人才总规模（人）	237	380	预期性
科学研究	20. 年均科研经费（亿元）	20	23～25	预期性
	21. 新增国家级科研平台（含重大科技基础设施，个）	4	4～5	预期性
	22. 国家科学技术奖（项，五年累计）	3	3～5	预期性
	23. 高等学校科学研究优秀成果奖（人文社科）（近一届，项）	11	13～15	预期性
社会服务	21. 中国专利奖（项，五年累计）	16	16～18	预期性
	22. 年均技术转让收入（万元）	5000	5000～6000	预期性
对外交流	23. 国际教师比例	2%	2.5%～4%	预期性
	24. 学历留学生占比	2.5%	3%～5%	预期性
	25. 国际合作论文比例	23.5%	24%～26%	预期性

第三章 任务举措

一、坚持立德树人，面向未来培养一流人才

全面落实立德树人根本任务，突出为党育人、为国育才的使命担当，牢牢抓住全面提高人才培养能力这个重点，坚持以本为本，推进四个回归，持续深化研究生教育综合改革，全面提高人才培养质量，不断完善华工特色一流人才培养体系，着力培养家国情怀和全球视野兼备、"三力"卓越的"三创型"人才。

（一）完善思政工作体系

拓展新时代大学生思想政治教育的有效途径，推动习近平新时代中国特色社会主义思想进教材、进课堂、进头脑，把立德树人融入思想道德、文化知识、社会实践教育各环节，贯通学科体系、教学体系、教材体系、管理体系，构建全员全程全方位育人的大格局。坚持把理想信念教育摆在首位，加强党的理论学习，加强党史、新中国史、改革开放史、社会主义发展史教育，加强爱国主义、集体主义、社会主义思想教育，加强国情教育、形势政策教育、社会主义民主法治教育、国家安全教育和民族团结进步教育，在明理、共情、弘文、力行上下功夫。加强新时代马克思主义学院建设，推进思想政治理论课改革创新，加大思政课程教改项目支持力度，把思想政治理论课作为育人的关键课程；深化"明道育德"课程思政改革，把课程思政建设作为育人的关键环节；打造一批示范课程和示范团队，构建"思政课程＋课程思政"贯穿全过程培养体系，探索"多门类多学科＋思政"的课程思政新模式，形成思政课程与课程思政同向同行的育人新体系。完善思政课教师和专职辅导员职业发展体系和保障体系，配齐建强思政工作队伍。加强心理健康教育、职业规划和就业创业服务，高度重视体育工作，完善美育育人机制，加强劳动实践教育，促进五育有机融合，培养德智体美劳全面发展的社会主义建设者和接班人。

（二）打造一流本科教育

改革本科招生选拔机制。坚持科学、公正、公开原则，结合国家政策导向和各省（直辖市）高考综合改革进程，在广州国际校区探索建立多维度考核评价考生的招生模式，注重考查学生的能力和综合素质。深入总结基础学科招生改革试点经验，进一步提高生源质量。落实国家专项计划，关注贫困生发展，创造更多更公平的就学或上升机会。

加强专业内涵建设。对接国家和粤港澳大湾区经济社会发展需求，建立专业动态调整机制，以"智能＋"优化专业结构，加强国家级、省级一流本科专业建设，加快新工科、新文科、新医科专业布局，推动更多专业通过国际认证。瞄准人工智能、量子信息、集成电路、高端装备、智能制造、生命健康、脑科学、数字经济等前沿领域，推进跨学科新兴交叉专业建设，加大国家关键领域紧缺专业人才培养。实施"精品课程倍增计划"，重点建设学科前沿课、校企合作课、跨学科课程等新型特色课程，着力打造一大批一流课程。实施"精品教材建设计划"，提升教材建设质量。

深化教育教学改革。坚持以本为本，确保本科教育在人才培养中的核心地位和教育教学的基础地位，高质量做好新一轮本科教学审核评估工作。深入实施"一流本科行动计划"，坚持通识教育与专业教育相结合，启动文科本科教育改革，加大基础学科拔尖学生培养基地建设力度，加强理科专业及数学类、化学类、生物技术强基计划班建设，培养基础学科拔尖人才。实施"新工科F计划2.0"，以广州国际校区建设为契机推进新工科建设，探索跨学科人才培养体制机制。创新教学方法，推行"小班－探究式"教学，引导课堂从注重"教师教"向注重"学生学"转变，打造一流课堂。全面推动信息技术与教育融合发展，促进线上线下混合式教学，满足学生个性化学习需求，实现协同育人。

完善质量保障体系。强化质量要求，建设质量文化，践行学生中心、成果导向、持续改进的理念，围绕"教学决策—教学执行—教学评价—信息反馈"质量全链条，进一步完善由授课质量评价、专业认证/评估、学院教学年度评估、学校教学监测评估组成的"点线面体"相融合的本科教学内部质量保障体系，定期发布本科教学年度质量报告。遵循学生成长规律，合理提高课程学习挑战度，健全知识、能力、素养并重的多元化学业考核评价体系，更加注重培养学生爱国情怀、创新精神和健康人格。

（三）推进卓越研究生教育

深化研究生教育综合改革。瞄准科技前沿和关键领域，超前布局和加强国家关键领域急需高层次人才培养，优化研究生教育规模结构。完善研究生招生选拔机制，增加硕士生复试权重，探索工程博士项目制招生，做强科研经费博士研究生招生专项，全面实施博士生选拔"申请—考核"制。改革研究生资助制度，构建分岗位、按比例动态设置的研究生岗位奖助学金体系，提高奖助标准，保障研究生潜心研学。加强研究生培养过程管理，强化研究生资格考试、开题、中期考核、预答辩及答辩等关键环节质量监控，完善预警和多元化分流相结合的质量保障体系。科学制订学位授予标准，坚持多元分类评价，完善学位论文抽检方式，健全学术不端行为预防和处置机制，加大对学术不端行为的查处力度。

完善研究生分类培养机制。健全科教融合育人机制，加强学术学位研究生创新能力培养。全面修订培养方案，加强对课程建设的系统规划，建立本硕博一体化课程体系，完善本研共享课程体系和学分互认机制；开设系列跨学科核心前沿课程，全面推进全英课程、核心课程建设，编写一批高质量教材。强化产教融合育人机制，加强专业学位研究生实践创新能力培养。创新在线教学方式，加强案例教学示范课程建设；引导行业企业及协会等社会力量全方位参与专业学位研究生培养，建立企业需求和研究生实践需求的对接平台，构建研究生联合培养基地长效发展机制。

加强研究生导师队伍建设。强化导师岗位管理，全面落实育人职责，支持导师严格学业管理。规范导师指导行为，把更多精力放到育人上。加强导师遴选、培训、考核，将政治表现、师德师风、学术水平、指导精力投入等纳入导师评价考核体系，推动导师深入人才培养一线、思政教育一线、科学研究一线，切实提高导师"导学导研"意识和指导水平。完善导师岗位退出机制，对未能有效履行导师职责，在招生、培养、学位授予等环节出现严重问题的导师及时进行处理。加强对兼职导师、校外导师的选聘管理，切实提高导师队伍整体水平。

（四）深化创新创业教育改革

推动创新创业教育与专业教育深度融合，将创新创业教育融入人才培养全过程。构建以创新创业实践为驱动的课程体系，加大专兼结合的师资队伍引育力度，探索建立多方位协同育人模式，搭建"体验—实训—孵化"全链条的实践平台，建设创新创业训练和孵化基地，强化学生创新创业实践能力培养。进一步扩大与行业龙头企业深度合作，产学研协同、多学科交叉，加快推进未来技术学院、示范性产业学院建设，加强"创新工场"、百步梯创新学院和未来实验室建设，加快建设一批"本科—硕士贯通式培养"校外实践基地或联合培养基地。充分发挥大众创业万众创新示范基地、中美青年创客交流中心等作用，以中国国际"互联网+"大学生创新创业大赛为重要载体和平台，强化师生共创，深化创新创业教育改革，强化创新创业带动就业，形成良好的创新创业生态环境，促进毕业生更加充分更高质量就业。

专栏1　一流人才培养工程

01 深化"明道育德"课程思政改革

探索"多门类、多学科＋思政"的课程思政新模式，推进思想政治理论课改革创新，持续增强思想政治理论课的针对性、实效性、吸引力和感染力，打造一批示范课程和示范团队。依托国家级课程思政教学研究示范中心建设，构建全面覆盖、类型丰富、层次递进、相互支撑的课程思政体系。

02 实施"新工科F计划2.0"

推进跨学科交叉专业建设，实施双学士学位复合型人才培养项目，完善跨学科人才培养管理运行机制，加大跨学科复合型人才培养力度。在广州国际校区推进新工科人才培养试验区建设，强化多要素联动、多主体协同、多维度融合，加强工科学生艺术修养、人文社会科学素养和领导能力培养，提升学生的学习力、思想力和行动力，致力于培养新工科领军人才。

03 实施研究生卓越提升计划

加强学位点自我评估，积极探索开展国际评估，提升学位点建设质量。完善研究生招生选拔机制，增加免试攻读研究生比例，进一步提高生源质量。打通课程教学体系壁垒，建立本硕博一体化教学体系，开设系列跨学科核心课程，编写一批高质量研究生教材。深化培养模式改革，大力推进科教融合和产教融合育人，试点博士资格考试制度。打破研究生导师资格"终身制"，推动教师职称和导师资格"两岗合一"，促进高水平优秀青年导师脱颖而出。

04 培养国家急需高层次人才

瞄准科技前沿和关键领域，围绕国民经济和社会发展急需的重点领域，以重点领域重大理论创新和产业行业应用为方向，以实施"国家关键领域急需高层次人才培养专项计划"为契机，在集成电路、人工智能、量子信息、高端装备、智能制造、生命健康、脑科学、数字经济等学科专业加大高水平专业人才培养力度，促进科教融合、产教融合协同育人，通过扩大培养规模、打造高水平导师团队、建设校企科研合作平台等举措，加快人才培养速度，形成关键领域高端人才辈出新格局。

05 深化创新创业教育改革

以全国大众创业万众创新示范基地、中国国际"互联网＋"大学生创新创业大赛为重要载体和平台，加强创新创业教育教学体系和实践平台建设，推进双创教育与专业教育深度融合，加强学生创新创业实践能力培养，强化创新创业带动就业，形成良好的创新创业生态环境，培养新时代大学生"敢闯会创"的综合素质能力。

06 建设未来技术学院

以获批全国首批未来技术学院试点为契机，深化人才培养机制改革，探索面向引领未来发展需要的复合交叉型人才培养新模式，重点围绕人工智能前沿技术与跨学科交叉领域，努力打造高水平的人才蓄水池、能引领的创新动力源、强有力的创业助推器，培养一批掌握人工智能未来关键技术的工科领军人才，抢占未来科技发展先机，努力建设成为粤港澳大湾区未来技术学院的"领头羊"。

二、创新体制机制，突出优势建设一流学科

坚持"全面规划、突出重点，促进交叉、形成特色，优化结构、协调发展"的建设思路，进一步优化学科布局，强化学科优势特色，提升学科整体水平，构建起与一流大学建设相适应的学科生态体系，一批学科进入一流学科行列或前列。

（一）构建一流学科体系

瞄准科技前沿和关键领域，推进新工科、新文科、新医科建设，不断完善综合性学科体系，形成三个校区重点明确、层次清晰、结构协调、互为支撑、比肩并进、交相辉映的学科发展格局。

打造一流工科。加大传统工科升级改造力度，加快发展新工科，支持国家重点领域急需工科建设，着力打造轻工、食品、化工、材料、建筑、机械、环境、信息、生物医药等高峰学科，扩大优势学科在国际上的影响力，化学、材料、轻工、食品稳居世界一流学科前列，工学学科整体水平稳居国内高校前列，并跻身世界一流行列。

全面提升理科。突出和强化数学、物理、化学、生物学等理科的基础支撑作用，在制度保障和资金投入等方面采取特殊政策精准支持理科发展，加强理科与其他学科的交叉融合，进一步凝练学科方向，面向前沿突出特色，提升基础研究能力，力争在原创性、有国际影响力的学术成果上取得突破，理科整体水平进入国内先进行列，部分方向达到世界一流水平。

发展特色文科。遵循文科发展规律，坚持"规模适度、强化优势、突出特色"原则，重点支持管理科学与工程、工商管理等优势学科，产出高质量研究成果，全面提升学科社会影响力。进一步加强马克思主义理论学科建设，发挥马克思主义理论学科引领作用。加快建设新文科，大力推进文科与工科、理科、医科交叉融合，打造若干具有重大影响力的高端智库、文科实验室，持续提高解决经济社会发展的理论问题和现实问题的能力。

巩固拓展医科。探索完善医科发展新模式，着力发展新医科，鼓励医科与优势工科结合，加强医学和其他学科交叉，重点开展重大疾病预防与诊治为导向的基础和临床研究，使若干研究方向进入国际前沿，逐步形成学科优势。进一步理顺医科发展体制机制，完善医学学科布局，加快拓展直属附属医院，健全教学、科研、医疗和人才培养互动机制，实现医学教育创新发展。

（二）培育新兴交叉学科

打破学科壁垒，以一流学科建设学科为引领，优势学科为主干，加强学科协同交叉融合，着力打造先进材料、轻工食品、能源环境、智能制造、电子信息、智慧城市、生物医药等若干优势特色学科群，不断培育学科新的增长点。拓展新兴前沿方向，面向世界科技前沿和国家重大需求，聚焦人类健康和社会发展重大前沿科学问题，建立若干以问题为导向的跨院系交叉研究机构，汇聚多学科人才，组建跨学科团队，承担交叉学科重大项目，产出标志性原创性成果。完善交叉学科建设体制机制，健全跨学科研究机构建设与退出机制，建立跨院系教师双聘机制和跨学科研究生培养机制，优化教师教学科研成果评价和认定机制，解决人员流动和考核评价问题，营造有利于学科交叉融合的环境氛围。

（三）创新学科发展机制

坚持"服务需求、保证质量、前瞻引领、规范稳妥"原则，不断完善学位授权自主审核机制，严格把控新增学位点规模和质量。强化学院学科建设主体责任，落实学院学科建设自主权，激发学科发展的内在驱动力和活力。创新学科组织形式，突破学科和院系边界，建设跨学科学院或研究机构，促进交叉学科研究和人才培养。完善学科评估与发展状态监控机制，利用国际评估、国内评估、专业认证等评价手段，定期对学科建设与发展情况进行全面评价，综合考察人才培养质量、师资队伍水平、学术影响力和综合实力。建立基于学科评价结果的资源配置和调整机制，增强建设的有效性，推动学科持续进步和水平提升。加强学科公共平台建设，分校区重点支持若干符合学校重点发展方向、基础厚实、对接国家重大需求、学科覆盖面广的校级学科公共平台，提高资源使用效益。加强学科治理体系建设，充分发挥各类学术组织的作用，提升学科治理水平。

专栏2　一流学科体系建设工程

01 优化"一校三区"学科布局

发挥"一校三区"同城办学的集约优势，推动五山校区优势壮大、大学城校区活力倍增、广州国际校区高位布局，形成同新发展格局相适应的学科结构。五山校区加强马克思主义理论和数理化等基础学科、主流学科方向建设，强化数理化基础学科，轻工、食品、材料、建筑、机械、信息等优势工科和管理学科建设；大学城校区重点发展新文科、新医科和大数据、能源环境、人工智能等学科群；广州国际校区加快建设粤港澳大湾区未来产业发展需要的新工科。

02 实施一流学科集群建设

面向国家战略需求，瞄准科技前沿和关键领域，以化学、材料科学与工程、轻工技术与工程、食品科学与工程4个一流学科为核心，整合学校相关学科资源，推动学科交叉融合，巩固传统优势学科，培育新兴前沿学科，打造一流学科集群。通过一流学科集群建设，力争尽快涌现出2～3个国内顶尖的学科（前2%或前两名），加速实现一批学科率先进入世界一流学科（世界排名前100强），辐射带动相关学科高质量协同发展。

03 推进学科公共平台建设

瞄准国际科学技术前沿和国家区域发展重大需求，集中资源，重点建设若干设备先进精良、管理服务优质的一流学科公共平台，不断提高学科公共平台综合使用水平和效率，更好地服务学校高水平人才培养与科学研究的需要。根据学校各校区学科发展需要和现实条件，采用"1＋N＋X"（1指基础服务平台，N指学科领域平台，X指院级学科平台）建设模式，按照"成熟一个建设一个"原则，分批建设5～8个校级学科公共平台、若干院级学科公共平台。

04 推动前沿交叉研究院建设

创新学科组织模式和建设载体，在广州国际校区建设若干高水平前沿交叉研究院，研究院在"人、财、物"上具有相对独立自主权，学科方向上以发展新兴前沿交叉领域为主；师资队伍采取专聘、校内双聘相结合的方式；人才培养以招收和培养直博生、硕博连读生和博士生为主，根据需要确定招生方向和指标分配方案；科学研究聚焦"四个面向"，培育重大项目与重大成果；研究院建设期满进行验收，运行期每3年进行考核，实行准入退出机制。

三、推进人事制度改革，打造一流教师队伍

完善党管人才工作体系，强化教师队伍的基础性地位，全面加强师德师风建设，持续提升师资队伍水平，努力建设一支师德高尚、业务精湛、结构合理、充满活力的高素质专业化创新型教师队伍，培育堪当民族复兴大任的大国良师。

（一）加强师德师风建设

加强党委对教师思想政治工作和师德师风建设工作的领导，完善教师思政工作组织管理体系，充分发挥党委教师工作部的牵头抓总作用。加强思想政治引领，引导广大教师坚持"四个相统一"，争做"四有"好老师，当好"四个引路人"。规范人才引进，严把政治关、师德关，做到"凡引必审"。健全教师理论学习制度，开展教师教学能力提升培训，全面提升教师思想政治素质和育德育人能力。常态化推进师德培育涵养，创新师德教育方式，强化"四史"教育，健全教师荣誉制度，激励教师潜心育人，形成尊师重教的良好环境。把师德师风作为教师招聘引进、职称评审、岗位聘用、导师遴选、评优奖励、聘期考核、项目申报等的首要要求和第一标准，严格师德考核，对师德失范行为坚持"零容忍"。

（二）提升人才队伍水平

完善党管人才工作体系，以识才的慧眼、爱才的诚意、用才的胆识、容才的雅量、聚才的良方，创新人才队伍引进与培养机制。深入实施"预聘—长聘"制度，突出"高精尖缺"导向，加大海内外高层次人才迎纳力度，设立"杰出学者"和"青年学者"讲席岗位，着力引进优秀中青年人才。继续实施"兴华学者人才计划"，不断完善优秀人才脱颖而出的体制机制，着力培养具有国际影响力的科学家、学科领军人才和青年学术英才。改革团队组建方式，鼓励教师打破现有固化团队，对接国家和地方重大战略需求，以任务为牵引，组建交叉学科团队，增强协同创新能力，打造高水平创新团队。建立青年教师多元补充机制，大力吸引留学回国人员和外籍优秀青年人才，进一步扩大博士后规模，充分发挥其人才"蓄水池"和科研"生力军"作用。进一步加强各类专业技术岗位和党政管理岗位等人才队伍建设。

（三）改革人事管理制度

深化教师聘用制度改革，进一步完善教研系列进人标准"一院一策"方案，制定Tenure评估标准与办法。进一步优化教学科研、党政管理、实验技术、教辅等各系列教师队伍建设发展规划，完善岗位设置，强化岗位聘用管理，激发教师队伍活力，实现多系列队伍协同发展。推进教师职称制度改革，坚决破除"五唯"，根据不同学科、不同岗位特点，分类完善评审标准，强化教学导向，严格执行教授为本科生授课制度，强化一线学生工作，逐步完善同行评价，推行代表性成果评价。深化教师考核评价制度改革，加强考核评价体系整体设计，建立健全以师德考核为首要内容，以分类管理为基础，以业绩贡献和能力水平为导向的绩效考核指标体系。健全薪酬管理体系，建立综合

绩效评价制度，探索以绩效为导向的分配机制，切实发挥收入分配政策的激励导向作用。完善各类人才准入、晋升、转岗与退出机制，加强人才合理流动，实现人才队伍动态调整、结构优化，努力营造人人皆可成才、人人尽展其才的良好局面。

专栏3　一流师资队伍建设工程

01 完善"12362"教师思政工作体系

坚持党委统一领导，压实院系两级责任，落实三项引航举措，强化六大工作机制，推进两条主线建设。全面落实"师德师风是评价教师的第一标准"，突出全员全过程全方位师德提升，提升广大教师政治站位、法治意识、内生动力、育人本领，对师德失范行为"零容忍"，努力锤炼新时代高尚师德，引导广大教师成为有德有才的"大先生"。

02 全面实施"预聘—长聘"制度

进一步完善教研系列进人标准"一院一策"方案，制定Tenure评估标准与办法。突出"高精尖缺"导向，重点面向海外引进一批国际知名学者和青年拔尖人才。建立健全新聘教师分系列聘用体系，全面推进人才分类评价、分类聘用、分类发展。

03 加强博士后和专职研究队伍建设

拓展海内外引智渠道，大力吸引留学回国人员和外籍优秀青年人才。优化博士后招收引进和培养考核方式，强化学院和合作导师的主导作用，激发博士后队伍科研创新活力。聚焦重点学科领域，依托重点科研平台、重大科研项目或科研创新团队，聘用一批专职研究人员潜心研究，打造高水平专职研究人才队伍。

四、加强创新体系建设，产出一流学术成果

建设"学术华工"，坚持创新核心地位，面向世界科技前沿、面向经济主战场、面向国家重大需求、面向人民生命健康，深入实施创新驱动发展战略，勇攀科技高峰；致力于解决影响制约国家发展全局和长远利益的重大科技问题，着力攻克关键核心技术，产出一批原创性重大成果，进一步提升科技创新硬实力，支撑科技强国建设，推动实现高水平科技自立自强。

（一）增强科技创新引领能力

把提升原始创新能力摆在最重要位置，加强"从0到1"的基础研究，加大对多学科交叉创新研究、前沿基础研究的支持力度，培育前瞻性基础研究成果。遵循科学发现自身规律，尊重教师和学术共同体的学术判断，鼓励自由探索和重大科技问题带动结合，促进基础研究和应用研究协同发展。做大做强基础研究团队，大力推动重大基础研究平台建设，积极承担国家和省市重大基础研究、前沿交叉研究项目。探索培育和积极参与国际大科学计划、大科学工程，加快融入全球创新网络，为解决全球性科学问题和应对人类共同面临挑战贡献力量。

（二）加强关键核心技术攻关

聚焦重大现实问题，服务国家重大需求，深入推进以支持突破关键核心技术为目标的有组织科研攻关，积极开展"大平台+大团队+多学科"协同攻关和交叉研究，提升协同创新能力。瞄准人工智能、量子信息、集成电路、生命健康、脑科学等前沿领域，遴选一批需要提前布局的重点项目。主动对接国家和区域发展战略和重大需求，着力开展新材料技术、新一代信息技术、脑科学与人工智能、高端装备与智能绿色制造、新能源技术、生物技术、海洋技术等重点领域的关键核心技术攻关，力争在若干领域实现重大突破。优化科研平台建设布局，促进重点科研平台提质增效，推进国家重点实验室重组，优化提升国家工程研究中心，积极谋划建设国家重大科技基础设施，建设一批面向世界前沿、代表国家水平的科研创新平台，部署建设一批面向粤港澳大湾区主导产业的多层次、多维度、全链条布局的高水平创新平台体系。

（三）提高科技成果转化质量

坚持质量优先，不断完善"应用成果培育—科技成果转化—科技企业孵化"的链条式科技成果转化体系，提高服务社会能力。以提升专利质量为导向，建立多层级联动的知识产权工作机制，突出知识产权质量创造和高效益运用，以转移转化带动知识产权管理体系建设、知识产权质量提升，提高知识产权创造、保护、运用能力和转化效益。聚焦战略新兴产业，加大校企科技合作力度，探索与行业领军企业联合开展重大示范性项目，推进产业前沿技术协同攻关。以高新技术产业需求为导向，汇聚创新资源，进一步完善产学研协同创新体系，加强在粤港澳大湾区核心城市的布局，增强"五院一园"等科技成果转化示范区转化能力，推动更多科技成果服务粤港澳大湾区建设。

（四）提升哲学社会科学水平

深入实施"哲学社会科学繁荣计划"，加快建设特色鲜明的哲学社会科学学术体系。聚焦文科的基础性、前沿性、交叉性领域，发挥学术大师的凝才聚智与引领助推作用。抓住新文科建设重大机遇，推动多学科交叉研究，在科技创新与科技政策、突发事件与公共治理、扶贫减贫与乡村振兴、城市发展与治理、人工智能与公共决策等领域加快培育组建高水平文科实验室。着力推进国家高端智库公共政策研究院、教育部高校思想政治工作创新发展中心、粤港澳大湾区发展广州智库三大平台建设，打造华工特色哲学社会科学研究新高地。围绕党和国家战略部署以及经济社会发展现实问题，加大对哲学社会科学重大基础研究、交叉融合研究的组织实施力度，加强优秀成果培育，不断提高决策咨询服务质量和解决重大问题能力。

（五）深化科研体制机制改革

树立正确的科研评价导向，建立健全以创新质量和创新贡献为导向的科技分类评价制度。建立符合科学研究特点的评价标准，营造潜心治学、鼓励探索、宽容失败、求真求实的创新文化氛围。推进以实际贡献为导向的科技成果转化机制改革，完善科技成果转化政策体系，落实以增加知识价值为导向的科技成果收益分配机制。深化科研管理"放管服"改革，构建规范高效的科技管理服务体系，赋予科研人员更大的科研自主权，营造有利于潜心研究的优良环境，不断激发科技创新活力。统筹多方面资源，加快推进科研平台管理改革，加强专职科研队伍建设。推进国家重点实验室改革，赋予实验室"人、财、物"方面更大自主权，全面提升自身建设运行水平，实现高质量发展，成为国家科技创新重要战略支撑力量。推进科研组织形式创新，布局建设若干跨学科交叉研究平台，鼓励教师开展跨学科研究和人才培养。推进学术规范监督机制和科研诚信体系建设，严肃惩治学术不端行为，营造健康学术生态。

专栏4　一流成果产出工程

01 原始创新能力提升工程

加强基础学科前瞻布局，推动支撑关键共性技术的应用基础研究，攻克关键核心领域基础问题，鼓励自由探索，强化有组织科研，瞄准碳中和、人工智能、量子信息、集成电路、生命健康、脑科学等重点前沿领域，积极承担国家基础研究重大任务，持续产生"从0到1"的原创性成果，解决重大基础科学问题。

02 关键技术攻关能力提升工程

坚持需求导向和前瞻引领，聚焦国家急迫需要、长远需求和产业变革重大需求，重点加强在新材料、新一代信息、脑科学与人工智能、高端装备与智能绿色制造、新能源、生物、海洋等重点发展领域的核心关键技术、产业共性技术、新兴产业技术的攻关，力争在部分领域实现重大突破，推动破解"卡脖子"重大技术难题，助力国家实现高水平科技自立自强。

03 科技创新平台提升工程

围绕生命医学、人工智能、分子科学、海洋、微电子、智慧城市、数据科学、量子科技、碳中和等领域优化科研平台布局，推动国家重点实验室、国家工程研究中心、国家技术创新中心、前沿科学中心、技术集成攻关大平台、国际科技合作基地等重大科研平台建设。深入推进国家级科研平台改革试点相关方案，提升国家级科研平台建设成效。

04 校企合作示范工程

通过科技特派员派驻、校企联合实验室建设、重大产学研项目联合攻关等方式与行业龙头企业开展校企合作,将行业产业发展和工程技术人才培养有机结合,加速创新成果转化融入地方产业经济建设。

05 科技成果转化平台提质增效工程

围绕粤港澳大湾区重点产业领域发展,进一步完善五院一园"科研成果—中试放大—企业孵化—高新企业育成"转化服务体系和政策支持体系,开展中试放大、产业化验证、中小企业孵化、企业融资等方面的能力建设和提升,为区域经济产业发展提供直接生产力。

06 专利质量提升转化增效工程

以提升专利质量为导向,建立多层级联动的知识产权工作机制,突出知识产权质量创造和高效益运用,以转移转化带动知识产权管理体系建设、知识产权质量提升,提高知识产权创造、保护、运用能力和转化效益,高水平建设全国首批知识产权示范高校,成为粤港澳大湾区高校知识产权排头兵。

07 哲学社科平台体系建设工程

全力推进公共政策研究院、教育部高校思想政治工作创新发展中心、粤港澳大湾区发展广州智库等三大智库高质量发展,建设好习近平新时代中国特色社会主义思想研究中心,推进城市发展与治理研究院建设,积极推动数字经济与智慧金融实验室等文科实验室建设,探索建设哲学社会科学科研综合服务平台,为"双区"建设、"一核一带一区"等重要议题贡献华工智慧。

五、深化对外交流,推动更高水平的开放合作

建设"开放华工",深刻把握国内国际两个大局,紧抓新时代教育对外开放、"一带一路"和粤港澳大湾区建设等重要发展机遇,全面推进对外交流合作,创新对外开放途径,扩大对内开放办学,加强同世界一流高校的互容、互鉴、互通,积极参与全球竞争,共同应对全球性挑战,大幅提升国际学术声誉和学术影响力,推动形成更高质量、更宽视野、更深内涵的开放办学新格局。

(一)创新对外开放途径

完善全球合作布局,重点推进与国外高水平教育科研机构和跨国企业建立、巩固战略合作伙伴关系。以服务构建人类命运共同体为宗旨使命,继续推动中美教育科研交流合作,深化与俄罗斯全方位教育科研合作,巩固拓展与欧洲、亚洲国家教育交流合作。

服务"一带一路"教育行动计划,强化与"一带一路"沿线重要国家知名高校深度教育合作,拓展重点合作伙伴,加大各类学生联合培养,加强技术和教育输出。积极参与粤港澳大湾区联盟,牵头建设粤港澳相关专业学术联盟,探索湾区高校教育协同创新路径、开拓湾区人才培养新模式,继续与港澳高校开展本科双向双学位项目、研究生联合培养项目以及交流、实习、实践等交互合作。牵头组建或参与国际高等教育组织与合作联盟,重点支持和深度参与中俄工科大学联盟、中欧工程教育联盟,参与国际规则和标准制定,在全球治理中展现担当,传播华工声音。构建海外交流基地,让更多的学生拥有海外学习交流经历。推动建设国际合作基地、联合实验室等,建设国际科学研究试验区,搭建国际科技成果技术转移转化平台,提升国际科研合作水平。

(二)提升开放办学内涵

营造更加友好的国际工作环境,吸引和汇聚更多海外师资来校工作,引进海外优秀团队,稳步提高海外教师在师资队伍中的比例。支持师生参加国际学术活动、国际组织活动和到国际组织任职工作,参与更多的国际研究计划和科学工程,开阔国际视野和学术视野,积极主办(承办)国际学术刊物,提高国际学术话语权。推进中外合作办学项目或机构建设,做好双向交换生工作,开设更多全英专业和全英课程,建立国际先进教学体系,加快建设海外合作伙伴的在地教育基地,培养学生跨文化交流能力和参与全球治理能力,提高国际组织人才培养和输送能力。继续开展与海外知名大学学分互认、学位互授,完善丰富多元的学生海外项目集群,推动成建制的海外交流计划。深化国际人才培养特色学院建设,持续完善人才培养机制。加强孔子学院整体规划,完善孔子学院管理运行机制,促进孔子学院创新发展。不断优化来华留学生培养体系,吸引更多海外优秀青年来校学习深造,提高学历留学生比例。

(三)拓宽对内开放领域

积极服务国家和区域发展重大战略,强化对内开放办学,不断深化与政府、科研院所、行业领军企业、其他社会力量等开展全方位合作,探索推进多层次、多形式的高质量合作办学。进一步推动与国内一流大学建设高校、粤港澳大湾区高等教育集群的交流与合作,深入开展联合科研攻关和人才培养,促进优质教育资源共建共享。推进科教融合,拓宽合作领域,探索科教结合协同育人新机制、新模式,共同推进科技创新和高层次人才培养。推进产教融合,加强校企深度合作,围绕经济社会发展重点领域,布局建设一批国家产教融合创新平台、研究生联合培养基地、产教融合实训基地等。充分发挥学校学科、人才、技术优势,调动校内外各方力量,探索开展多渠道合作办学与协作共建,形成支撑学校高质量发展的新动力。

专栏5　对外开放与合作提升工程

01 深化粤港澳大湾区合作计划

探索粤港澳大湾区高等教育协同创新路径，深化与港澳地区交流与合作，深入开展本科双向学位项目、研究生联合培养项目、学生交流交换等，开拓湾区人才培养新模式。以服务国家及粤港澳大湾区发展重大战略需求为导向，建设一批面向粤港澳大湾区主导产业、代表国家水平的一流科研创新合作平台，牵头"粤港澳高校创新创业联盟"，促进港澳资源互联互通。

02 与东亚、东南亚区域国家深度合作计划

充分发挥学校相关学科优势，面向东亚和东南亚区域国家加强技术和教育输出。依托中新国际联合研究院、教育部国别和区域研究中心等，建设一批联合教研平台，积极推进学生建造交流营、特色人才培养、产学研合作等，开展高层次的国际学生联合培养和国际科研合作。

03 学生国际胜任力提升计划

以广州国际校区粤港澳大湾区国际化教育改革试点为契机，丰富和拓展师资、课程、环境等教学要素"在地国际化"内涵，大力培养具有全球视野和竞争力的新工科领军人才。探索实施"外语+（工科）专业"的复合型人才专班培养计划，依托高层次国际化人才培养创新实践基地，完善全球治理人才培养体系，加大国际组织人才输送和储备。

04 国际影响力提升计划

加大国际高影响力学者的引育力度，推动海外人才本土化和提升本土人才国际交流合作能力，支持教师加入高水平国际学术组织、行业组织或联盟，担任国际重要学术组织、高水平国际期刊的管理职务或学术职务。提升国际合作论文比例，鼓励青年教师参加重大国际学术会议并作会议报告，构建国际学术人际网络。争取主办（承办）国际学术刊物，提高国际学术话语权。丰富对外宣传的渠道和内容，塑造国际品牌，提升学校的国际影响力和知名度。

六、塑造价值认同，孕育更加繁荣的校园文化

建设"大美华工"，大力加强校园文化建设，以文化人、以文育人、以文培元，着力打造文明、和谐、美丽校园，充分发挥大学文化引领作用，进一步增强全体华工人的价值认同、使命认同和情感认同，形成支撑中国特色、世界一流大学建设的文化软实力。

（一）强化核心价值引领

紧紧围绕立德树人根本任务，把培育和践行社会主义核心价值观融入大学生思想政治教育工作和师德师风建设的全过程，综合运用教育教学、实践活动、文化熏陶、媒体宣传等方式，使广大师生员工将社会主义核心价值观内化于心、外化于行。弘扬民族精神和时代精神，大力宣传教书育人楷模、优秀学生典型、杰出校友等，发挥榜样力量，加强思想引领，激励引导广大师生员工爱国奋斗，塑造向上向善的校园新风。深入学习借鉴人类社会创造的一切文明成果，用中华优秀传统文化、革命文化和社会主义先进文化培根铸魂、启智润心，帮助广大师生员工树立正确的世界观、人生观和价值观，坚定中国特色社会主义道路自信、理论自信、制度自信、文化自信。

（二）创新发展校园文化

树立品牌战略意识，挖掘文化价值，塑造文化品牌，加大品牌传播力度，提升学校文化品牌形象。继续打造科技文化节、"金秋木棉"研究生文化节、校友返校日等校园文化特色品牌，进一步建设志愿服务、学生社团、文体活动等品牌项目。构建"大宣传"工作格局，讲好华园故事，传播好"华工声音"，唱响奋进凯歌，弘扬大学精神，凝聚发展力量。围绕学校红色基因、革命精神和百年办学文脉，以70周年校庆为契机，加强校史文化研究，鼓励大学文化精品创作，演好《红色甲工 血色浪漫》，推动红色文化传承，创新文化赓续。巩固提升全国文明校园创建成果。践行校训文化，弘扬优良学风，规范治学行为，遵守学术道德，推动形成积极进取、科学严谨、求实创新的学术生态。创新形式丰富内容，开展积极向上、格调高雅的校园文化活动，鼓励学院发展特色专业文化，形成"百花齐放"的文化格局。

（三）提升环境文化品质

系统规划建设符合中国特色、世界一流大学定位，充满文化底蕴的校园公共艺术空间，实现校园使用功能、审美功能和教育功能和谐统一。五山校区进一步推进"一轴一带一区"（校园中轴线、滨水景观带、文化核心区）文化景观建设，大学城校区规划建设以"黄氏民居（应麟黄公祠、雅乐黄公祠）、滨水带、图书馆"为核心的生态线、景观线、生活线，广州国际校区总体规划以东西向蜿蜒的带状水系和南北向由"校前区广场—图书馆—曲水流觞景观带—学生活动中心"为轴线，紧扣"中西合璧、博雅合璧、传统与现代合璧、科学与人文合璧"主旨，营造独具岭南特色并符合时代精神的校园环境，展示百年大学魅力。发掘校史馆、粤剧艺术传承基地、电子博物馆、当代艺术空间展览馆、图书馆藏品文化空间功能，积极筹建广州国际校区文博馆、剧院，打造三校区联动的文博育人平台。持续推进校园文物建筑、历史建筑的保护工作，美化五山校区和大学城校区校园环境，发挥人文景观春风化雨、润物无声的育人功能。

专栏6　校园文化繁荣工程

01 筹建华南理工大学博物馆

发掘藏品文化空间功能，筹建博物馆，让收藏在馆所里的文物、陈列在大地上的文化艺术遗产成为开展美育的丰厚资源，让广大学生在艺术学习的过程中了解中华文化变迁，触摸中华文化脉络，汲取中华文化艺术的精髓。通过举办陈列展览、专题讲座等形式，以文化底蕴的空间、文化厚重的藏品、文化浸润的典籍为依托，形成文博育人平台。

02 启动红色基因传承工程

充分挖掘校史中的党史，将主要办学源头之一——广东省立第一甲种工业学校（史称"红色甲工"）的历史作为党史学习教育的鲜活教材，通过排演原创话剧、校史宣讲、创作漫画、新媒体作品等形式讲好"红色甲工"故事。将校内泳池铭、民主广场等十个人文景观所蕴含的历史文化价值，创造性转化为红色育人资源，设计校园红色史迹和重要纪念地游览线路，发放游览景观手绘地图。

03 创新文化传播手段

加快融媒体中心升级建设，构建"一次采集、多种生成、多端发布"的全媒体传播新格局。开辟传播平台、拓展传播渠道、优化内容供给、创新话语体系，进一步促进校内外媒体联盟，加深与社会主流媒体的合作，横向发挥报、网、微、端、屏"全媒体"协同作战优势，打出文化传播"组合拳"，奏响"大合唱"。

04 实施"岭南文化传承研究计划"

重点建设建筑历史文化研究中心、广东省非物质文化遗产研究基地、广东粤剧艺术传承基地、广州文化和旅游融合发展研究基地等文化、科普平台，让岭南优秀传统文化"活起来"，推动优秀传统文化和革命文化、社会主义先进文化走出校园、融入社会。

七、加强校园基本建设，形成更加完善的支撑保障体系

建设"幸福华工"，围绕学校高质量发展需要，进一步完善校园规划和基本建设，统筹优化资源配置，加强服务支撑条件建设，构建与一流大学建设相适应的服务支撑和保障体系，不断提高服务质量，努力打造一流的育人环境。

（一）加强校园规划基本建设

统筹考虑学科发展、队伍建设和空间资源，进一步优化五山校区、大学城校区和广州国际校区功能定位，提高土地资源和建筑利用率，合理规划各类公共绿地和绿植搭配，实现校园可持续建设。加快推进医学院综合楼、广州国际校区二期建设、逸夫科学馆改扩建、27号楼扩建、科技创新大楼（一期）等重点建设项目，进一步改善教学科研条件。加强校园各项基础设施建设和维修管理，做好校区污水改造、给排水消防水管网改造、供电设施维修改造、公共楼宇厕所改造、停车场改造、路面改造、山体滑坡维修、南湖环境整治、东区运动场修缮等维修改造，有序推进学生宿舍维修改造。深入践行生态文明理念，开展绿色学校创建行动，推动新建绿色建筑和既有建筑绿色化改造，持续推进校园建筑整体节能减排、绿色环保，有计划地推进校园环境美化绿化工作，推进居民生活垃圾分类，加快建设"绿色校园"。

（二）提高办学资源使用效益

继续拓宽多元筹资渠道，在积极争取主管部门和政府投入的前提下，努力开拓和培育其他重要经费来源，不断提高产业收入、资金收益、资产收益，大力争取社会和校友捐赠，为学校事业发展提供财力保障。严格落实过"紧日子"要求，坚持勤俭办学、开源节流，推进全口径预算管理，建立健全预算绩效管理制度，提高资金使用效益。加强内控体系建设，健全审计制度及工作规范，强化审计结果运用，防风险、防"未病"。加强国有资产管理，优化资产配置，强化使用管理，规范资产处置，提高资产使用效益。聚焦教学科研主业，加快完成校企体制改革。

（三）加强服务支撑体系建设

升级改造信息化基础设施，加快推进校园5G高速网络和无线校园网络建设；加强信息整合和数据共享，促进信息技术与教学科研管理深度融合，推进面向移动终端的信息化服务，进一步提升用户服务水平，建设"智慧校园"。加强基础学科公共教学科研平台建设，建设一批资源集约开放共享的公共实验室，推进大型仪器设备开放共享和有偿使用，开展安全教育，建设绿色、健康、安全的实验室体系，提高仪器设备使用效率。做优做强图书出版，扩大社会效益。加强图书馆建设，深化学科知识服务，完善"一校四馆"整体规划，加强数字图书和档案资源建设，构建丰富完善的文献资源保障体系。

（四）推进民生民心工程建设

加快推进人才公寓、五山校区南北向下沉隧道、广州市科技图书馆、道明游泳馆等民生工程建设，推进学生宿舍建设，持续改善师生学习生活条件。努力保障和逐步提高在职教工、学生奖优助困和离退休人员待遇。完善医疗保障体系，做好职工基本医疗和大病救助保障工作，为师生员工提供更加便利的医疗服务。整合教育资源，加强附属实验学校和幼儿园建设，为教职工子女提供更优质的义务教育和学前教育。加快继续教育转型发展，着力发展非学历继续教育培训项目，服务学习型社会建设。倡导"为祖国健康工作五十年"，加大力度改善体育、卫生设施条件，开展全民健身运动，促进师生身心健康、阳光生活。关心关爱离退休教职工，支持办好老年大学，加快推进"幸福华工人居家养老模式"，提供更加温馨和便利的养老服务。加强后勤服务保障体系建设，着力提高住宿餐饮、环境卫生、交通出行等方面的服务质量和水平。贯彻落实总体国家安全观，增强科技安全忧患意识，强化国际科技合作安全，防范生物安全风险，推进"大安防"系统建设和保密安全教育，加强人防、物防、技防、制度防、信息防联动，健全校园周界智能安防系统，建立风险防范长效机制，筑牢高质量发展安全防线，大力建设"平安校园"。

专栏7　校园基本建设工程

01 推进校园规划基本建设

"十四五"新增7个基建项目，计划建筑规模221 262平方米，计划总投资143 184万元。加快推进人才公寓、27号楼扩建、逸夫科学馆改扩建、科技创新大楼（一期）、研究生宿舍建设，进一步改善师生学习生活条件。

02 推进政府投资项目建设

加快推进广州国际校区二期建设、广州市科技图书馆建设、五山校区南北向下沉隧道等地方政府投资项目建设，尽快建成移交学校使用。

03 实施"一张表"工程

以信息化优化管理服务流程，提升管理效能，通过跨部门数据采集，深度整合数据资源，打通数据孤岛，提升数据治理水平，形成支撑"双一流"建设的数据资源体系和数字资产体系。

04 实施"一张网"工程

加快推进校园"新基建"建设，校园网全面扩容，优化校园无线网络，规划部署物联网终端布局。实现校园内有线网络、无线网络和5G网络全覆盖。

八、完善现代大学制度，建设更加完备的治理体系

建设"善治华工"，坚持中国特色社会主义大学建设道路，全面推进依法治校，以《华南理工大学章程》为准绳，严格执行党委领导下的校长负责制，理顺党委领导与学校行政的关系，行政权力与学术权力的关系，科学决策、民主管理与有效监督的关系，建立健全权责明确、结构合理的内部治理体系，加快实现学校治理体系和治理能力的现代化。

（一）完善现代大学制度体系

立足学校新发展阶段，聚焦新形势新任务新要求，组织开展《华南理工大学章程》修订工作。完善学校党政决策机制，规范议事协调机构运行，强化议事规则执行，推进科学决策、民主决策、依法决策。完善校院学术治理体系，健全学术组织机构和运行机制，修订学校学术委员会章程，加强院系学术分委员会建设，加强学术监督委员会建设，使学术治理和行政管理相互协调、支撑促进。加快健全以教代会、学代会和研代会为基本形式的民主管理制度，丰富师生参与管理的有效方式。深入推进党务公开、校（院）务公开和信息公开，保障师生员工的知情权和监督权。健全大学理事会运行机制，协调好学校与政府、社会的关系，推进依法自主办学。强化领导干部的法治思维，加强学生和教师的宪法法治教育，加强法律风险防控，不断提高依法治校能力和水平。

（二）深化校院两级管理改革

树立"强院兴校"意识，推进实施"一院一策"，切实推动管理重心下移，激发院系基层组织活力。建立权责明晰的工作推进机制，明确学院和职能部门的主体责任清单和边界，在"放管服"中优化对学院的支持与服务，形成学校宏观管理、学院自主运行、责权利划分合理的校院两级管理体制机制。强化学院办学主体责任，提升学院治理能力，规范学院职责边界，完善学院党委会议、党政联席会、学术分委员会、学位评定分委员会、教学指导分委员会和二级教代会的协调运行机制。不断完善资源配置方式，建立多层次的监督约束机制，将激发活力与职责监管相结合，充分发挥学院在学术治理、学科发展、人才培养、队伍建设、社会合作、校友工作等方面的积极性和主动性，推动学院规范运行、科学发展。

（三）提升内部治理发展效能

坚持全校"一盘棋"，强化多校区协同管理。深化"放管服"改革，厘清职能结构，明确职能界限，建立健全上下衔接、左右协同、科学高效的运行机制。增强制度执行力，加强制度执行监督。积极探索更为有效的治理方式和手段，提高管理服务效能。深化内部资源配置改革，建立以实际贡献和发展需要相结合的竞争性资源配置机制，全面提高人力资源、科研资源和经费投入等资源配置的科学性、合理性和竞争性，使有限的办学资源发挥出最大效益。运用科学思维，不断完善应急管理体制机制，建立健全应急组织体系、应急预案体系、应急反应机制和应急救援机制，全面提升应急治理能力。

（四）推动教育评价改革落地生效

贯彻落实新时代教育评价改革方案，坚决破除"五唯"顽瘴痼疾，把立德树人成效作为根本标准，突出质量、特色、贡献，以教育评价改革为牵引，统筹推进育人方式、选人用人、科技评价等办学综合改革。改革人才培养评价，始终把德育和思想政治工作放在首位，坚决改变"唯分数"论做法，大力发展素质教育，加强和改进体育、美育和劳动教育，促进学生德智体美劳全面发展。改革教师评价，把师德师风作为第一标准，规范使用各类人才称号，改进教师科研评价，突出教育教学实绩，强化学生一线工作，推进践行教书育人使命。探索建立院系评估、学科评估、人才培养评价和教师评价政策联动机制，改进结果评价，强化过程评价，探索增值评价，健全综合评价，注重整体评价和个体评价相结合，加快构建符合学校实际、如实反映办学质量和水平的教育评价体系，推进学校高质量内涵式发展。

九、探索在地国际化办学，以一流标准建设广州国际校区

抓住部省市校四方共建华南理工大学广州国际校区重要契机，按照"卓尔不凡，臻至一流"的发展定位，扎根中国、融通中外，汇集全球创新要素，畅通创新链条，探索后疫情时代在地国际化办学的新模式，助力粤港澳大湾区国际化教育示范区建设，致力于把校区建设成为集聚国际高水平团队、培养新工科领军人才、开展深度国际合作、聚焦前沿科学研究、推进高端成果转化和创新创造创业的高地，为国家强盛、粤港澳大湾区高质量发展作出突出贡献。

（一）创新学科布局及产学研融合方式

重点布局引领世界前沿科技、对接国家重大需求、面向经济发展主战场的新工科。发挥现有学科优势，围绕高端制造、生命科学、新材料、新一代信息技术、人工智能与数据科学、海洋科学与工程等领域，创设"学院＋研究院"新型学科载体，构筑交叉学科群。强化基础研究，产出原创成果，大力开展关键核心技术、前沿引领技术、现代工程技术、颠覆性技术创新。促进产学研融通创新，打通科技成果转化"最后一公里"，全方位助推国家创新体系建设。

（二）创新国际合作及开放办学模式

按照"一对一""一对多"合作新模式，平等互鉴、互学互通，每个学院都与一所或若干所世界一流高校开展合作办学，建立点面结合、布局均衡的全球学术合作平台，营造浓厚的国际学术氛围。全面实施"新工科F计划"，突出跨学科导向的课程整体设计，建立"通识＋专业＋双创＋跨文化"四大课程群深度融合的课程体系，采用全英教学、小班授课，选用能反映专业学科发展前沿的境外优秀教材，进行本土提质增效，开展国际教学评估与认证，提供一流的全英教学环境和教学品质，致力于培养新工科领军人才。

（三）创新聘用制度及校院管理机制

推进与国际接轨的"预聘—长聘"人事聘用体系，以师资聘用方式改革推动人事制度综合改革。突出"高精尖缺"导向，积极吸纳海外高层次人才，打造"小而精"

的世界一流师资队伍。提升人才队伍服务水平，构建人才队伍分类管理体系，完善适合各系列岗位特点的职业发展体系，使人才进得来、留得住、干得好。大力推进"强院兴校"试点改革，探索实施校院管理体制机制综合改革，适时总结阶段性改革成效，为学校全面深化校院管理改革提供经验。

（四）创新校区管理及党建思政方式

推进构建部省市校四方议事协调机制，完善广州国际校区管委会工作制度和运行机制，理顺校区属地管理与学校延伸管理的关系，发挥高层次领军人才的学术引领和治学优势，建立健全校区各类机构内部治理体系。完善校区各学院二级党组织设置，创新党建思政模式，依托教育部高校思想政治工作创新发展中心，以教育部"一站式"学生社区综合管理模式建设为抓手，深入探索"现代书院制＋全员导师制"，推进"书院＋学院"通专融合，培育社区书院文化，提升育人成效。

专栏8　广州国际校区建设工程

01 推进新工科学院建设

加快推进智慧城市学院、海洋科学与工程学院、量子科学与工程学院、生态与环境学院、智能电网与新能源学院等的筹建，全面完成围绕粤港澳大湾区未来产业和战略性新兴产业发展需要的新工科布局。

02 构建现代治理体系

探索建立校院两级国际学术咨询议事机构，校区成立国际学术咨询委员会，各学院成立国际学术委员会，均由海内外知名学者担任，负责围绕学术战略规划、学术治理体系及运行制度等重大问题，提出宏观指导与建议思路。探索建立放权－监督－服务制度体系，建立多层次监督制约机制，加强对学院作为党委权力、行政权力、学术权力等多种权力聚集区的监管，完善学院党政联席会、二级教代会、学术委员会、教授会等制度，提升治理水平。

03 推行现代书院制

实行"现代书院制"，融入博雅文化、国际文化、创新文化，开设博雅知行课堂，打造高品质公共空间，构筑学生成长关怀系统。实行"全员导师制"，教学相长，学生由"被教育者"变为"同行者"，为每名学生配备辅导员、班主任、学业导师、成长导师、朋辈导生。强化主人翁意识，让学生深度参与书院建设，推动团学改革，搭建学生互助平台。

十、以政治建设为统领,坚定不移纵深推进全面从严治党

深入贯彻落实新时代党的建设总要求和新时代党的组织路线,持续推进全面从严治党,建立"不忘初心、牢记使命"主题教育学习制度,坚持把正确政治方向贯穿办学育人全过程,推动各级党组织全面进步、全面过硬,把学校党委建设成为坚持社会主义办学方向、善于管党治党办学治校、得到师生员工衷心拥护、经得起各种风浪考验的坚强领导核心,为学校办学发展提供坚强政治保障。

(一)把党的政治建设摆在首位

坚持旗帜鲜明讲政治,深入推进政治建设制度化和"两个维护"具体化,把政治标准和政治要求始终贯穿党的各项建设和学校各项工作,切实做到把方向过硬、管大局过硬、作决策过硬、抓班子过硬、带队伍过硬、保落实过硬。全面贯彻新时代党的组织路线,贯彻落实《中国共产党普通高等学校基层组织工作条例》,严格执行党委领导下的校长负责制,坚持学校党委对工作的全面领导,强化学院党委的政治功能和政治责任,发挥基层党支部的战斗堡垒作用,发挥群团组织的政治作用,切实把党的领导落实到办学治校全过程各方面。严格执行民主集中制,严肃党内政治生活,严明党的政治纪律和政治规矩,发展积极健康的党内政治文化。深化政治巡察,聚焦职责使命,实现二级党委巡察全覆盖;坚持系统观念,加强贯通融合,完善巡察整改监督和成果综合运用机制,以巡促改、以巡促建、以巡促治。

(二)把党的理论武装引向深入

把笃学笃行习近平新时代中国特色社会主义思想作为首要政治任务,坚持用马克思主义的立场、观点、方法武装头脑、指导实践、推动工作,做到学思用贯通、知信行统一。完善理论学习"第一议题"和党委中心组等制度,做强"华园讲坛"品牌,突出加强政治理论教育,深入开展党史学习教育,持续推进"两学一做"学习教育常态化制度化,发挥习近平新时代中国特色社会主义思想研究中心和党委讲师团作用,加强理论学习研究和宣传阐释。坚持守正创新、正本清源,加强意识形态工作规律性研究,深化意识形态管理改革,强化意识形态阵地管理,在落实意识形态工作责任制上持续发力,坚决守好意识形态安全"南大门"。

(三)加强干部队伍建设

坚持正确选人用人导向,突出政治标准,选拔更多理想信念坚定、符合新时代学校事业发展要求、想干事能干事干成事的好干部,努力实现干部队伍革命化、年轻化、知识化、专业化,建设忠诚干净担当的高素质专业化干部队伍。加大干部储备和培养力度,特别是"双肩挑"干部的培养任用,更加重视从一线工作、复杂任务和艰苦环境中培养锻炼年轻干部。大力推动干部交流,积极向外推荐和输送优秀干部。强化全程考核、全面考核,既从大事难事急事、也从长期性基础性工作中考察评价干部。健全激励机制和容错纠错机制，旗帜鲜明为敢于担当、踏实做事、不谋私利的干部撑腰鼓劲。增强干部培训针对性有效性，加强政治能力培训，着力提升党员干部政治判断力、政治领悟力、政治执行力。加强经常性干部监督管理，用严管厚爱为干部成长护航。做好党外干部工作，加强党外代表人士队伍建设。加强对二级单位领导班子的综合研判和动态调整，选优配强领导班子，增强整体功能。加强对人才的政治引领和政治吸纳，健全党组织联系服务专家工作制度。做好定点帮扶工作，强化科技赋能，持续精准用力，切实做好巩固拓展脱贫攻坚成果同乡村振兴有效衔接。

（四）深化基层组织建设

切实增强基层党组织政治功能，以完善上下贯通、执行有力的组织体系为重点，深入实施基层党组织提升工程，一体抓好塑形固本，推动党建和业务深度融合。创新优化党支部设置，规范做好党支部换届工作，扎实推进基本组织、基本制度、基本队伍、基本活动、基本保障等各项基础性建设，提升基层党建规范化和科学化水平。坚持把政治标准放在首位，进一步提高党员发展质量。加强对高知群体的政治引领和政治吸纳，扎实做好高知党员培养发展工作。加强党员教育管理，激励广大党员争当先锋模范。办好党代表工作室，支持党代表履职尽责，发挥党代表的桥梁纽带和示范表率作用。深化基层党建品牌建设，激发基层党建新活力。持续深入开展"对标争先"建设工作，着力培育一批基层党建工作品牌，建成一批全国、全省党建工作标杆学院和样板支部，带动基层党建质量全面提升。着力抓好党支部书记队伍、专职组织员队伍、特邀党建组织员队伍等"三支队伍"建设，建强基层党建工作队伍。深入推进"双带头人"培育工程，加强"双带头人"教师党支部书记工作室建设，切实推动基层党建工作与教学科研双促进、双提高。

（五）推进党风廉政建设

保持政治定力，发扬斗争精神，把严的主基调贯穿管党治校全过程，压紧压实"两个责任"，督促落实全面从严治党责任"三张清单"，持续营造风清气正的优良政治生态。持之以恒推动中央八项规定及其实施细则精神落实，驰而不息纠治"四风"和师生身边的不正之风，锲而不舍加强作风建设。紧紧围绕"两个维护"突出政治监督，保障上级决策部署和学校政策措施的贯彻落实。落实落细巡视整改监督，推动巡视巡察上下联动。强化日常监督，紧盯"重点领域""关键少数"，尤其加强对"一把手"和领导班子的监督，健全权力运行监督制约机制，一体推进与强化不敢腐、不能腐、不想腐意识。推动纪检监察监督与巡察监督、审计监督、信访监督等有效衔接，促进各类监督贯通融合，不断增强监督治理效能。严肃执纪问责，保持惩治力度不减，精准运用"四种形态"，坚持"三个区分开来"，持续深化以案促改，实现政治效果、纪法效果、社会效果相统一。完善与纪检监察体制改革相适应的工作体系，锻造忠诚干净担当的纪检监察队伍，充分发挥监督保障执行、促进完善发展作用。

(六) 团结凝聚各方力量

尊重师生办学主体地位，尊重师生首创精神，凝聚一切积极力量，调动一切积极因素，构筑最大同心圆。健全完善大统战工作格局，进一步做好新形势下的统战工作，加强民主党派和无党派人士、民族和宗教、出国和归国留学人员、港澳台侨工作，支持党外人士发挥积极作用。加强党对群团组织的领导，加强学生社团管理，深入推进团学改革，提升工会、共青团等组织的政治性、先进性和群众性。充分调动关工委、教督委、退（离）休教工协会、老教授协会等组织在学校建设和人才培养中的积极性。进一步加强校友工作和基金会工作，汇聚校友力量，充分发挥好"华工人全球发展共同体"作用。广泛团结关心支持学校改革发展的各界人士和海内外朋友，汇聚形成推动学校中国特色、世界一流大学建设的强大合力。

第四章　组织实施

"十四五"规划是学校的发展蓝图，要坚持党的全面领导，明确主体责任，构建统一规划体系，健全规划实施保障机制，加强评估监督，做好宣传动员，广泛凝聚共识，确保"十四五"规划目标任务圆满完成。

一、加强组织领导

把党的全面领导贯穿到"十四五"规划编制与实施的各领域和全过程，充分发挥全面从严治党引领保障作用，确保党中央重大决策部署贯彻落实。在学校党委的领导下，各职能部门、学院（系）以学校"十四五"总体规划为指导，编制好专项规划、院系规划，细化建设目标、任务和举措，以规划引领学校、学院及学科的建设和发展。各单位党政正职负责人是推进规划编制与实施的责任人，要明确责任分工，负责统筹制定年度工作计划，确保规划体系之间相互支撑、有机衔接。

二、完善规划体系

持续完善总体规划、专项规划和院系规划，建立以总体规划为引领，以专项规划、院系规划为支撑，定位准确、边界清晰、功能互补、有机衔接的规划体系，提高规划质量，强化政策协同，加强衔接协调，形成规划合力。构建"1＋10＋N"的学校"十四五"发展规划体系，即1个学校总体规划、10个专项规划、35个院系规划以及若干其他单位规划，实现校内各单位"全覆盖"。依托于学院的科研机构规划纳入院级规划内，专项规划和院级规划中未涉及的单位，参照专项规划或院级规划制定实施本单位"十四五"发展规划。

三、强化规划落实

明确规划实施责任，制定规划实施方案，推进规划与"双一流"建设相衔接，推进规划与学校工作要点、二级单位工作计划相衔接，按年度对规划提出的目标和任务进行分解，落实到执行部门。加强政策协调，各职能部门根据学校发展关键指标制订本领域具体行动计划和改革举措，对相关政策进行修订或调整。做好规划宣传解读，加大对规划的学习宣传力度，全校上下正确科学认识规划、关心规划和落实规划，增强全体华工人对学校发展思路的认同感和参与建设世界一流大学的热情，吸引广大校友和社会人士共同关心支持学校的发展事业，最大限度凝聚共识、汇聚力量。

四、加强评估监督

强化目标导向和过程监控，加大对规划年度目标和任务执行情况的动态监测力度，并纳入各职能部门、院系年度考核评价体系，将规划实施情况作为资源配置的重要依据。开展数据分析和定期评估，加强教育教学、师资队伍、科学研究、学科建设等方面的数据统计分析工作，围绕规划目标任务和举措定期开展自我评估，及时发布年度质量报告，全面检查规划实施效果。重视评估结果使用，及时公布规划实施进展与重大成效，主动接受各方参与规划实施情况的监督，通过评估发现问题，适时对规划进行调整。

华南理工大学将更加紧密团结在以习近平同志为核心的党中央周围，高举习近平新时代中国特色社会主义思想伟大旗帜，增强"四个意识"、坚定"四个自信"、做到"两个维护"，把握新发展阶段，贯彻新发展理念，融入新发展格局，加快高质量内涵式发展，坚定不移地走中国特色、世界一流大学建设之路，为全面建设高等教育强国和社会主义现代化国家、实现中华民族伟大复兴的中国梦作出新的更大贡献！

党史学习教育

华南理工大学开展党史学习教育实施方案

华南工〔2021〕22 号

2021年是中国共产党成立100周年。根据习近平总书记在党史学习教育动员大会上的重要讲话精神，按照中共中央、教育部党组和广东省委工作部署，现就学校开展党史学习教育，制定本方案。

一、总体要求

（一）深刻领会开展党史学习教育的重大意义

开展党史学习教育，是牢记初心使命、推进中华民族伟大复兴历史伟业的必然要求，是坚定信仰信念、在新时代坚持和发展中国特色社会主义的必然要求，是推进党的自我革命、永葆党的生机活力的必然要求。要认真学习领会习近平总书记关于党史的重要论述，把思想和行动统一到党中央重大决策部署上来，增强开展党史学习教育的政治自觉、思想自觉、行动自觉，凝聚建设中国特色、世界一流大学的智慧和力量。

（二）准确把握开展党史学习教育的目标要求

开展党史学习教育，要坚持以习近平新时代中国特色社会主义思想为指导，深入学习党的十九大和十九届二中、三中、四中、五中全会精神，坚持学习党史与学习新中国史、改革开放史、社会主义发展史相结合，与学习习近平总书记关于教育的重要论述相结合，与学习习近平总书记对广东重要讲话和重要指示批示精神相结合，做到学史明理、学史增信、学史崇德、学史力行，为建设教育强国作出更大贡献。

（三）突出抓好党史学习教育的学习重点

开展党史学习教育，要深刻铭记中国共产党百年奋斗的光辉历程，深刻认识中国共产党为国家和民族作出的伟大贡献，深刻感悟中国共产党始终不渝为人民的初心宗旨，系统掌握中国共产党推进马克思主义中国化形成的重大理论成果，学习传承中国共产党在长期奋斗中铸就的伟大精神，深刻领会中国共产党成功推进革命、建设、改革的宝贵经验，坚定发展信心，办好实事难事，凝聚磅礴力量，开启新的征程。

二、基本原则

（一）严格对标对表

深刻领会党史学习教育的目标要求，聚焦学习重点、坚持正确方向、传承红色基因、牢记初心使命，增强"四个意识"、坚定"四个自信"、做到"两个维护"。

（二）突出特色亮点

坚持学讲结合、学研一体、学用贯通，不断创新学习内容、形式和方法，充分展示校院两级在党的创新理论发展中的贡献，展示学校基层党组织建设做法，展示学校党员为党育人、为国育才的良好风貌，展示广大师生听党话跟党走的行动自觉。

（三）抓好分类指导

紧密结合学校百年办学实际，针对学校管理干部、教师、学生、离退休人员等的不同特点，分类提出学习教育任务要求，确保学有所获、学有所得、学有所为。

（四）坚持统筹推进

坚持党史学习教育与贯彻落实《中国共产党普通高等学校基层组织工作条例》、迎接中国共产党成立100周年、"四史"学习教育等工作相贯通，引导党员干部和师生员工在新的历史起点上，加快"双一流"和广州国际校区建设，为学校中国特色、世界一流大学建设作出贡献，为加快教育现代化、建设教育强国而接续奋斗。

三、工作安排

党史学习教育贯穿2021年全年，要融入日常、抓在经常。把学习习近平新时代中国特色社会主义思想贯穿始终，把学史明理、学史增信、学史崇德、学史力行贯穿始终，把学党史、悟思想、办实事、开新局贯穿始终。

（一）从动员大会到"七一"庆祝中国共产党成立100周年大会

以全面系统学习党史为重点，以时间为基本线索，专题学习新民主主义革命时期、社会主义革命和建设时期、改革开放新时期、党的十八大以来四个阶段历史，结合学习习近平总书记重要著作篇目，深化对马克思主义中国化成果特别是习近平新时代中国特色社会主义思想的理解。

（二）从"七一"庆祝大会到党的十九届六中全会

同中国共产党成立100周年庆祝活动贯通起来，重点学习习近平总书记在庆祝中国共产党成立100周年大会上的重要讲话精神，通过专题学习、交流研讨、理论阐释、宣讲宣传，掀起学习贯彻的高潮。

（三）从党的十九届六中全会到总结大会

同学习党的十九届六中全会精神结合起来，同系统总结学校百年办学历史结合起来,认真学习习近平总书记在党史学习教育总结大会上的重要讲话精神,不断深化对党的历史的系统把握,明确继承传统、立足当前、开创未来的实践要求。

四、重点任务

(一)开展专题学习

1. 党员自学

全校党员系统学习党的历史,深入学习习近平总书记在党史学习教育动员大会、庆祝中国共产党成立100周年大会、党史学习教育总结大会上的重要讲话精神。学好用好习近平《论中国共产党历史》《毛泽东、邓小平、江泽民、胡锦涛关于中国共产党历史论述摘编》《习近平新时代中国特色社会主义思想学习问答》《中国共产党简史》等指定学习资料和《中国共产党的100年》《中华人民共和国简史》《改革开放简史》《社会主义发展简史》等重要参考资料。深入学习《习近平总书记关于教育的重要论述摘编》《习近平总书记教育重要论述讲义》,跟进学习习近平总书记关于教育的重要论述,组织学生学习教育部组织编写的"四史"系列读本。

〔党委宣传部、党委组织部、各二级党组织〕

2. 集中研讨

在自学基础上,处级以上党员干部采取理论学习中心组学习、教职工政治理论学习、报告会、读书班等形式,按照三个学习阶段内容,强化专题集中研讨。学校党委领导班子专题学习研讨后,班子成员要深入分管部门和联系学院,开展联学、带头导学,指导学习、交流学习。师生党员要以"三会一课"、主题党日等形式,开展主题突出、特色鲜明、形式多样的学习活动。抓好教师每月党的创新理论学习,将党史作为重点学习内容。面向广大学生,在主题团日、主题班会等活动中融入党史。

〔党委宣传部、党委组织部、学生工作部(处)、校团委、党委教师工作部、各二级党组织〕

3. 专题党课

"七一"前后,学校党委领导班子成员、二级党组织书记、基层党支部书记、先进典型讲授一次党史学习专题党课。认真做好教育部"明理增信、崇德力行"庆祝建党百年示范"微党课"展播。

〔党委组织部、党委办公室、学生工作部(处)、党委教师工作部、关心下一代工作委员会、各二级党组织〕

(二)加强政治引领

1. 建好课堂阵地

把加强"四史"教育特别是党史学习教育有机融入学校思政课教学中,充分利用学校党史资源、校史资源、研究资源,开设"四史"类思政课选修课。将中央指定的学习读本和教育部编写的"四史"大学生读本作为"四史"类课程重要教学依据。在开学、毕业等重要时间节点,结合"典礼育人",组织师生共上"党史大课"。

〔教务处、研究生院、马克思主义学院、学生工作部(处)、各二级党组织〕

2. 加强宣讲教育

发挥华园讲坛、学校党委讲师团等的作用，广泛组织开展党史专题宣讲活动。充分挖掘学校百年发展史中蕴藏的"红色甲工"等红色基因，创新方式讲述革命先烈、当代英雄、身边榜样的故事，形成具有华工特色的"党史故事汇"，并在校内外新媒体平台传播。积极参与"网上重走长征路"党史故事百所高校接力讲述活动，积极参与"党在高校一百年——全国高校红色校史精品主题展"。突出抓好大学生群体，创作和展演党史题材文艺作品，公演原创多媒体全景式话剧《红色甲工 血色浪漫》，开展庆祝建党100周年系列活动，推动"四史"宣传教育有声有色、入脑入心。

〔党委宣传部、档案馆、校团委、艺术学院、高等教育研究所、各二级党组织〕

3. 深化理论研究

利用学科专业优势，发挥好学校习近平新时代中国特色社会主义思想研究中心等平台的作用，通过研讨会、座谈会等形式，组织研究力量，围绕中国共产党成立100周年开展研究阐释，总结提炼历史经验，推出一批高质量理论研究成果。

〔党委宣传部、党委统战部、社会科学处、马克思主义学院〕

（三）组织专题培训

1. 开展校内培训

把党史学习教育作为2021年党员干部教育培训重点任务，年内完成学校党员干部的全体轮训。围绕党史学习教育，精心设计课程，组织好对处级干部的专题培训。结合教师专业发展，积极开展专题培训。强化对入党积极分子、发展对象的党史教育培训，不断提高思想认识。

〔党委组织部、党委教师工作部〕

2. 参加示范培训

选派人员参加上级党组织的党员领导干部、党支部书记、辅导员、大学生党员骨干等示范培训、网络培训，接受党史专题教育。

〔党委组织部〕

3. 做好实地研学

按照本地本校原则，组织党员干部开展实践教学，强化党性修养。紧密结合广东丰富的红色资源和改革开放新实践，利用好中共三大会址、广州农民运动讲习所旧址等革命遗址遗迹、革命博物馆、红色教育基地、党员教育基地等资源，有针对性地开展现场学习等活动。充分用好学校红色资源，组织参观学校五山校区历史建筑和人文景观，以物明志、以史明智；结合"一校三区"各具特色的校园风貌与文化韵味，开展校史校情教育，促进师生知校、爱校、兴校、荣校。

〔党委组织部、档案馆、各二级党组织〕

（四）强化学做结合

1. 开展实践活动

紧紧围绕落实立德树人根本任务、促进学校高质量发展、解决师生切身利益的急难愁盼问题。开展"我为师生办实事"实践活动,针对管理干部、教师、学生、离退休人员等不同群体党员特点,分类明确实践任务和要求,列出活动清单。组织学生开展"永远跟党走"暑期社会实践活动,引导学生通过基层走访、田野调查、志愿服务等方式,体验新时代的巨大变化,了解习近平新时代中国特色社会主义思想的实践伟力,自觉传承红色基因、革命薪火。组织教师开展革命传统教育、国情社情考察、社会实践锻炼,开展师德师风警示教育,全面提高教师思想政治素质和育德育人能力。

〔党委组织部、学生工作部(处)、校工会、校团委、人事处(党委教师工作部)、离退休工作处、保卫部(处)、基建处、后勤处、各二级党组织〕

2. 推动落地见效

科学编制和组织实施学校改革与发展"十四五"规划,推动学校总体规划、专项规划和学院规划有机衔接、统筹推进。加大对马克思主义学院、马克思主义理论学科等的建设力度。深化思想政治理论课改革创新,全面推进课程思政建设。推进信息技术与教育教学融合,运用新媒体平台开发微党课网课。以新时代教育评价改革为动力,统筹推进育人方式、办学模式、人事体制、管理机制、保障机制等改革。坚持"四个面向",强化基础研究,增强原始创新能力和关键技术攻关能力,力争在部分"卡脖子"问题上取得突破。在广州国际校区深化"一站式"学生社区综合管理模式改革,推动学生社区成为"四史"学习的实践课堂、办实事的重要基地。挖掘学校百年办学史,特别是"红色甲工"时期的历史,传承红色文化,弘扬大学精神。加强党员干部思想淬炼、政治历练、实践锻炼。学校党委围绕以上重大问题,建立"学党史、助发展、开新局"工作台账,学习教育结束时由学校党委验收。同时,组织党员广泛开展"学党史、践承诺、见行动"活动,推动每名党员立足实际,从教学科研管理、学习生活服务等方面,为师生办实事。党员办实事事项报所在党支部备案,学习教育结束时由党支部验收。

〔党委办公室、党委组织部、党委宣传部、党委统战部、发展战略与规划处、学生工作部(处)、教务处、研究生院、人事处(党委教师工作部)、科学技术处、科技成果转化办公室、社会科学处、广州国际校区学生事务办公室、马克思主义学院、艺术学院、信息网络工程研究中心(信息化办公室)、各二级党组织〕

(五)巩固工作成果

"七一"前后,以党史学习教育为主题召开严肃认真、形式多样的专题组织生活会,领导干部严格执行双重组织生活会制度,以普通党员身份参加所在党支部或党小组组织生活。年底,校、院两级党委领导班子围绕党史学习教育召开专题民主生活会,认真进行党性分析,开展批评和自我批评,检验"我为师生办实事"实践活动成效。

认真做好党史学习教育总结收官工作,强化成果运用,丰富师生思想政治工作的现实教材,固化学习教育的好做法好经验,完善不忘初心、牢记使命的制度,不断提高政治判断力、政治领悟力、政治执行力。

〔党委组织部、各二级党组织〕

五、组织领导

（一）加强工作领导

学校党委成立党史学习教育工作领导小组和若干个工作组（见附件），统筹指导和推进全校党史学习教育的开展。领导小组下设办公室，设在党委宣传部，具体负责日常工作。各二级党组织要认真履行主体责任，做好工作安排，及时成立相应的领导小组和工作机构，高标准高质量完成党史学习教育各项任务。各二级党组织书记要带头学、带头讲、带头做，切实担起第一责任人责任。

〔党委宣传部、党委组织部、各二级党组织〕

（二）强化督促指导

坚持规定动作和自选动作相结合，创新载体方式，开展特色鲜明、形式多样的学习教育，力戒形式主义，防止浅尝辄止。学校党史学习教育领导小组向各二级单位派出巡回指导组，采取随机抽查、调研座谈、个别访谈等方式开展督促指导，及时发现和解决问题。学校领导班子成员加强对分管部门和联系学院的调研指导，落实一线规则，推进学习教育。学校将对开展党史学习教育消极对待、敷衍应付的进行严肃批评，对走形变样、问题严重的给予严肃处理。

〔党委宣传部、党委组织部、纪委办公室、巡察工作办公室〕

（三）把握正确导向

树立正确党史观，以我们党关于历史问题的两个决议和党中央有关精神为依据，准确把握党的历史发展的主题主线、主流本质，正确认识和科学评价党史上的重大事件、重要会议、重要人物等。管好各类意识形态阵地，旗帜鲜明反对历史虚无主义，加强思想引导和理论辨析，坚决抵制歪曲和丑化党的历史的错误倾向，更好地正本清源、固本培元，切实履行党建工作责任制、意识形态工作责任制。

〔党委宣传部、党委组织部、纪委办公室、巡察工作办公室、各二级党组织〕

（四）做好宣传报道

充分利用门户网站、"三微一端"等校园媒体，以工作简报、开辟专题专栏、刊发学习动态、宣传典型经验做法等师生喜闻乐见、易于接受的方式，开展形式多样的宣传报道，深入宣传党中央、教育部党组和广东省委有关部署，及时反映学校各单位学习贯彻进展情况、典型做法和实际成效，表扬一批先进基层党组织和共产党员，为学习教育营造良好氛围。

〔党委宣传部、党委组织部、各二级党组织〕

附件　华南理工大学党史学习教育领导小组和各工作组成员及职责

一、党史学习教育领导小组组成人员及职责

组　　长：章熙春
副组长：高　松　刘琪瑾　陶韶菁　麦均洪
　　　　其中，陶韶菁同志为常务副组长
成　　员：朱　敏　李　正　李卫青　邹　浩　王德林　雷育胜　吴树雄　晋　刚　谭　瑶
工作职责：在上级党组织领导下开展工作。学习贯彻习近平总书记重要讲话精神、重要指示批示精神；贯彻落实党中央、教育部党组和广东省委关于党史学习教育的部署要求；研究学校党史学习教育的重大事项；指导和推进学校党史学习教育，统筹解决遇到的重要问题；完成上级党组织交办的其他工作。

二、党史学习教育各工作组及职责

1. 办公室

组长单位：党委宣传部
参与单位：党委办公室（学校办公室）、党委组织部等
工作职责：在学校党史学习教育领导小组领导下，承担领导小组的日常工作；负责起草学校党史学习教育实施方案，结合实际要求，适时筹划并提出具体安排；起草学校党史学习教育动员大会、总结大会的讲话；编发学校党史学习教育相关会议纪要；完成领导小组交办的其他工作。

2. 协调组

组长单位：党委办公室（学校办公室）
参与单位：党委宣传部、大学城校区管委会、广州国际校区综合事务办公室等
工作职责：负责与上级党组织的有关沟通联络和接待工作；组织安排学校党史学习教育重要会议、重大活动；协调学校领导班子及成员工作；协调各工作组、各校区的活动；做好有关后勤保障工作；完成领导小组交办的其他工作。

3. 实践组

组长单位：党委办公室（学校办公室）
参与单位：党委组织部、机关党委、学生工作部（处）、校团委、发展战略与规划处、社会科学处、党委教师工作部、大学城校区管委会、广州国际校区综合事务办公室、马克思主义学院等
主要职责：负责结合学校改革发展实际，制定"我为师生办实事"实践活动方案，统筹安排各单位、各条线、各层面的实践活动；研究提出学校层面着力推进解决的重点事项；针对各单位着力推进解决的重难点问题，研究制定措施，形成工作台账，逐项推进落实；巩固落实党史学习教育成效；完成领导小组交办的其他工作。

4. 联络组

组长单位：党委组织部
参与单位：纪委办公室、巡察工作办公室、机关党委等
工作职责：负责组建学校巡回指导组，组织开展专项培训；研究制定巡回指导工作手册，明确任

务，细化工作，推动实施；视情况参加指导单位党史学习教育重要会议、重要活动，督促各单位认真落实学校党史学习教育的安排，挖掘典型经验，发现突出问题，提出工作建议；完成领导小组交办的其他工作。

5. **宣传组**

组长单位：党委宣传部

参与单位：党委组织部、党委统战部、学生工作部（处）、党委教师工作部、关心下一代工作委员会、大学城校区管委会、广州国际校区综合事务办公室、信息网络工程研究中心（信息化办公室）等

工作职责：负责学校党史学习教育的宣传报道、舆论引导和典型宣传，协调主流媒体宣传学校党史学习教育开展情况；在学校官网设立专题网站，在官方微信开辟专栏，开展宣传教育；组织开展理论学习；梳理各单位、各条线、各层面的经验做法，编发简报并向上级党组织报送；起草向上级党组织的汇报材料；完成领导小组交办的其他工作。

三、会议制度

领导小组组长不定期召集和主持工作会议，或者委托常务副组长召集和主持，传达学习上级指示精神和领导小组有关要求，部署安排重要工作等。

领导小组常务副组长定期召开工作协调会，听取各工作组情况汇报，研究重点工作安排等。

各工作组适时召开座谈会，了解工作进展，解决突出问题。

在全校党史学习教育动员部署会上的讲话

章熙春

（2021 年 3 月 12 日）

同志们：

在我们迎接和庆祝中国共产党成立 100 周年的重大时刻，在"十四五"规划开局起步阶段，在"两个一百年"奋斗目标历史交汇的关键节点，党中央在全党开展党史学习教育，正当其时，意义重大。

2021 年 2 月 1 日，习近平总书记在同各民主党派中央、全国工商联负责人和无党派人士代表共迎新春佳节时就指出，中共中央决定今年在全党开展中共党史学习教育。2 月 5 日，习近平总书记在听取贵州省委和省政府工作汇报后又强调，要结合即将开展的党史学习教育，从长征精神和遵义会议精神中深刻感悟共产党人的初心和使命。2 月 15 日，党中央印发了《关于在全党开展党史学习教育的通知》。2 月 20 日，党中央召开党史学习教育动员大会，习近平总书记发表重要讲话，深刻阐述了开展党史学习教育的重大意义，系统回答了"为什么学、学什么、如何学"的重大问题；习近平总书记重要讲话视野宏大、思想深邃，是开展党史学习教育的根本遵循，是学习党史最好、最生动的教材。2 月 23 日、3 月 5 日、3 月 9 日，广东省委、省委教育工委、教育部分别相继召开动员会，对学习教育进行了动员和部署，提出了要求和任务。

今天，我们召开学校层面的动员大会，就是要深入学习贯彻习近平总书记重要讲话精神，贯彻落实党中央决策部署和教育部、广东省的部署要求，紧密结合学校实际，对全校党史学习教育作出具体安排，推动全校上下迅速掀起热潮，让学习党史蔚然成风，成为校园新的风尚。现在，我讲五点意见。

一、充分认识党史学习教育的重大意义，确保站位更高、领会更深

我们党历来重视党史学习教育。毛泽东同志就曾指出："如果不把党的历史搞清楚，不把党在历史上所走的路搞清楚，便不能把事情办得更好。"在这次党史学习教育动员大会上，习近平总书记将党史学习教育的意义归纳为三个"必然要求"。全校各级党组织和广大党员干部都要提高政治站位，落实政治任务，把握政治要求，学懂弄通做实，坚决把思想和行动统一到习近平总书记重要讲话精神和党中央重大决策部署上来。

一是我们要把牢"方向盘"，不忘立德树人初心，牢记为党育人、为国育才使命。习近平总书记指出，我们党的百年历史，就是一部践行党的初心使命的历史，就是一部党与人民心连心、同呼吸、共命运的历史。不忘初心，方得始终。回望百余年的办学历程，我们在建设、发展、改革的不同时期，始终不改初心育一流人才，不忘来路建一流大学。现在，我们更要以史为镜、以史明志，让初心薪火相传，把使命勇担在肩，把初心和使命转变为开拓创新的魄力,升华为真抓实干的动力,按照学校第十七次党代会擘画的宏伟目标,接过历史的接力棒,在中国特色、世界一流大学建设的新征程中奋勇争先、阔步前行。

二是我们要拧紧"总开关",不断推动党的创新理论学习往高处攀、往深处走、往心里去、往实里落。

习近平总书记强调,我们党的历史,就是一部不断推进马克思主义中国化的历史,就是一部不断推进理论创新、进行理论创造的历史。坚持思想建党、理论强党是我们党的优良传统和政治优势。心有所信,方能行远。学校处在"两个前沿",思想活跃、文化多元,直接面对各种意识形态的渗透和较量。我们要通过党史学习教育,从党的非凡历程中深刻认识中国共产党为什么"能"、马克思主义为什么"行"、中国特色社会主义为什么"好",坚持不懈用党的创新理论最新成果武装头脑、指导实践、推动工作,筑牢信仰之基、补足精神之钙、把握思想之舵,努力为实现建设中国特色、世界一流大学目标凝聚最广泛的思想共识和价值认同。

三是我们要筑牢"防火墙",不断提高应对风险、迎接挑战、化险为夷的能力水平。

习近平总书记指出,要更好应对前进道路上各种可以预见和难以预见的风险挑战,必须从历史中获得启迪,从历史经验中提炼出克敌制胜的法宝。党的百年历史,也是我们党不断保持党的先进性和纯洁性,不断防范被瓦解、被腐化危险的历史。刚刚全面从严治党工作会上,大家也看到,学校党员干部思想不纯、作风不正的问题依然存在,失职、渎职现象仍有发生。我们要保持"赶考"的清醒,总结历史经验教训,始终坚持党要管党、全面从严治党不放松,以正视问题的自觉和刀刃向内的勇气,增强拒腐防变和抵御风险能力,把学校各级党组织锻造得更加坚强有力,引导广大党员干部进行常态化的自我净化、自我完善、自我革新、自我提高,永葆共产党人的生机活力。

二、深挖细掘百年党史丰富的政治营养,确保把得更准、学得更全

不忘本来,方能开辟未来。开展党史学习教育,意义非凡,目标深远。我们要把"学史明理、学史增信、学史崇德、学史力行"目标要求贯穿始终,学党史干实事,学党史解难事,学党史谋大事,学党史创新事,学党史长本事。

一是强化理论武装,做到学史明理。理论上的成熟是政治上坚定的基础。我们要通过各种平台、渠道和方式,深刻感悟马克思主义的真理力量和实践力量,深刻把握贯穿其中的坚定信仰信念、鲜明政治立场、强烈责任担当、求真务实作风和科学方法论,以成熟的理论思想武装头脑、指导实践、推动工作。

二是坚定理想信念,做到学史增信。我们要细学、细品、细悟党和国家事业的来龙去脉,保持政治定力,筑牢信仰之基,坚定对马克思主义的信仰,对社会主义、共产主义的信念,对实现中华民族伟大复兴的信心,不断提高政治判断力、政治领悟力、政治执行力,切实增强"四个意识"、坚定"四个自信"、做到"两个维护",增强学校建设中国特色、世界一流大学的信心。

三是赓续精神血脉,做到学史崇德。"为有牺牲多壮志,敢教日月换新天"。我们要继承弘扬党的光荣传统和优良作风,学习革命烈士和英雄人物的先进事迹,自觉践行社会主义核心价值观,大力弘扬以爱国主义为核心的民族精神和以改革创新为核心的时代精神,特别是要结合抗疫精神、脱贫攻坚精神,结合学校历史,深挖红色资源,发扬红色传统,传承红色基因,铸就赓续荣光、接续奋斗的忠诚之魂、赤子之心和高贵品德。

四是坚持知行合一,做到学史力行。"大道至简,实干为要。"我们要深刻总结党在不同历史时期成功应对各类风险挑战的宝贵经验,并灵活运用于新征程的各项办学事业中,不断提高自身把握大局大势、应对风险挑战、推进实际工作的能力水平,不断提高自身斗争本领和服务本领,在知行合一中长才干、立新功。

华工百年办学始终家国情深,始终与国家富强、民族复兴同向同行、同频共振。大革命时期,学校主要办学源头——广东省立第一甲种工业学校,是广东五四新文化运动蓬勃发展的重要根据地之一,师生中涌现出一批中华民族的优秀分子,如杨匏安、阮啸仙、周文雍、刘尔崧、周其鉴等,他们以"我以我血荐轩辕"的信念与担当,为新中国的成立作出了突出贡献,学校红色基因由此植入血脉。抗日战争期间,我们办学的另一重要源头——国立中山大学工学院先后迁徙至广东罗定、广西龙州、云南澄江、广东坪石等地。在烽火连天的年代,文化教育落后的粤北山区成为抗战时期的教育中心,向世人传达出抗战必胜的坚强信念。新中国成立后,学校在"学苏"中摸索,在探索中自强,在坚守中迎来科学的春天,15项科研成果获得全国科学大会奖,"办大学,就要创一流"更彰显出了生生不息的理想信念。改革开放以来,学校勇立潮头唱大风,开创共建和联合办学先河,率先提出"三创型"人才培养目标,成为南中国经济腾飞的重要支柱,被誉为"企业家的摇篮""工程师的摇篮"。进入新时代,学校入选"双一流"建设A类高校,进入世界大学学术排名200强,四方共建广州国际校区,着力培养引领未来的拔尖创新人才,全面开启世界一流大学建设新征程。

征途如虹,初心永恒。我们要把华园百年历史作为鲜活的教材学好用好,发挥学校办学历史、学科专业、师资队伍、文化传统等方面的资源和优势,线上线下、课内课外,立体化、全方位地丰富党史学习教育,确保有序、有力、有效地推进和展开。

三、对标对表学习教育的质量要求,确保行动更快、抓得更紧

确保党史学习教育取得实实在在的成效,必须高标准高质量完成各项任务。特别是做好党史学习教育与推动办学发展的"结合文章",引导广大党员干部修好用好这堂"必修课",真正在学习教育中破解学校改革发展难题,推动学习教育与事业发展融为一体。

一是感悟思想伟力,在学好新思想、用活"金钥匙"上出实效。我们要深刻领悟马克思主义是我们认识世界、把握规律、追求真理、改造世界的强大思想武器,系统学习和掌握我们党推进马克思主义中国化形成的重大理论成果,特别是习近平新时代中国特色社会主义思想的科学性真理性,认真研读习近平同志《论中国共产党历史》等学习材料,在学懂弄通做实上下真功夫、苦功夫、硬功夫,持续推动习近平新时代中国特色社会主义思想在华园落地生根、结出硕果。

二是把握历史规律,在认清新形势、增强主动性上出实效。当前,世界百年未有之大变局加速演变,我国发展仍然处于重要战略机遇期。学校办学发展的大环境正在发生

复杂深刻的变化。我们要保持战略定力，掌握发展主动，不断增强办学事业的系统性、预见性、创造性，准确识变、科学应变、主动求变，不断提高服务新发展格局的政治能力、战略眼光、办学水平，坚定不移扎根中国大地建设世界一流大学。

三是牢记初心使命，在为党育新人、为国育英才上出实效。新时代新形势对人才提出了新的要求。我们要从党和国家事业发展全局的高度，把党的初心宗旨内植于心、外践于行，把立德树人融入学校思想政治教育、文化知识教育、社会实践教育各环节，体现到学科体系、教学体系、教材体系、管理体系建设各方面。广大教师要把师德师风建设摆在首要位置，以赤诚之心、奉献之心、仁爱之心投身教育事业，引导广大学生读懂历史这部最好的教科书，努力成长为担当民族复兴大任的时代新人。

四是强化底线思维，在统筹大安全、应对新风险上出成效。我们要深刻总结运用党在不同历史时期成功应对风险挑战的丰富经验，全面学习近平总书记带领我们打过的一场场硬仗和关于防范化解重大风险的重要论述。特别是面对前所未有的机遇和挑战时，要清醒地认识到在众多风险挑战中，腐败是最大的风险，推动全面从严治党、党风廉政建设和反腐败斗争向纵深发展，增强拒腐防变和抵御风险能力。

五是发扬革命精神，在谋划大发展、展现新担当上出成效。我们要深刻把握中国共产党人精神谱系的思想内核，激励广大党员干部继承发扬改革开放精神、特区精神、抗疫精神、"三牛"精神、脱贫攻坚精神，传承学校百年文脉，弘扬华南理工大学精神，以"闯"的精神、"创"的劲头、"实"的特质、"干"的作风，锲而不舍地推进办学改革发展和民生民心工程，在新的历史征程上把学校各项事业推向前进。

六是做到"两个维护"，在站在"最前沿"、守好"主战场"上出成效。保证全党服从中央，维护党中央权威和集中统一领导，是党的政治建设的首要任务，必须常抓不懈。我们要从党史正反两方面经验教训中充分认识做到"两个维护"的极端重要性，从广东发展、湾区腾飞和学校发展的实践中，充分认识做到"两个维护"是做好一切工作的根本保证，自觉把"两个维护"贯彻到学校工作全过程各方面、落实到各级党组织和广大党员干部的行动上，进一步增强党的团结和集中统一，确保全校拧成一股绳，心往一处想、劲往一处使。

四、严格按照学习教育的工作安排，确保落得更细、效果更好

党史学习教育贯穿今年全年，面向全体党员，以处级以上领导干部为重点。学习教育分两个阶段，第一阶段，从动员大会到庆祝中国共产党成立 100 周年大会，以全面学习党史为重点；第二阶段，从庆祝大会到总结大会，以学习习近平总书记在庆祝中国共产党成立 100 周年大会上的重要讲话精神为重点。具体来说，我们要做到"五个坚持"。

一是坚持抓好专题学习。要围绕"六个进一步"重点要求，原原本本学习指定材料，学习习近平总书记关于教育的重要论述，及时跟进学习习近平总书记最新重要讲话精神。各二级党组织要在党员、干部自学为主的基础上，围绕学史明理、学史增信、学史崇德、学史力行等 4 个专题，开展集中研讨学习。领导干部要以上率下，原原本本学，全面系统学，融会贯通学，在学党史、讲党史、懂党史、用党史方面发挥示范带动作用。各基层党组织要以主题党日为载体，以"三会一课"为主要形式，发挥党小组、群团组织和离退休老同志优势,广泛开展丰富多彩的活动。"七一"前后,校、院两级党组织负责同志都要讲党课,检验学习成效,引领学习深化。

二是坚持抓好政治引领。加强对干部师生学习教育的政治引领,是确保活动取得成效的重要保证。我们要充分发挥好课程教材的主渠道作用,思政工作的主阵地作用,网络空间的主平台作用,研学实践的大课堂作用,党史学科建设和研究队伍的支撑保障作用,哲学社会科学科研项目和研究平台的引领带动作用,推出更多高水平学习研究成果。同时,我们要把握好教师和学生两个群体。习近平总书记在动员大会讲话中,对青少年学党史专门讲了一段,给我们提出了目标,布置了任务,我们一定要贯彻落实好,贴近学生需求,讲好党的故事、革命的故事、英雄的故事,引导他们听党话、跟党走。

三是坚持抓好专题培训。我们要把党史学习教育作为处级党员干部理论进修班、党支部书记培训班、党员发展对象培训班的重要内容,还要组织好教师党员、组织员、辅导员、大学生党员骨干等参加党史学习。红色资源是开展学习教育最生动的教材,要深挖学校红色资源,结合广东的红色教育基地等,增强学习的吸引力、感染力。网络是开展学习教育的有效形式,要依托网络资源,用好线上培训重要渠道。

四是坚持抓好实践活动。"我为群众办实事"实践活动是学习教育的重要内容。要瞄准制约学校高质量发展的短板弱项,从师生最急最忧最盼的问题抓起,谋划管理服务、后勤保障等方面实践活动,列出"我为师生办实事"活动清单,引导党员干部为师生办实事、办好事,不断提升广大师生的获得感、幸福感、安全感。

五是坚持抓好组织生活。召开严肃认真、形式多样的专题组织生活会,是学习教育的关键动作,是检验学习教育成效的一道必经程序、一项重要内容。我们要以党支部党小组为基本单位,严肃认真召开专题组织生活会,开展党性分析,交流学习体会。党员领导干部要严格执行双重组织生活会制度,以普通党员身份参加组织生活,一起学习讨论、一起交流心得、一起接受思想教育,确保取得扎实成效。

五、守正创新学习教育的形式内容,确保压得更实、做得更多

开展党史学习教育来不得半点"虚功",做不得一丝"假把式"。学校学习教育实施方案已经出台。各单位、各部门、各基层党组织要增强使命感、责任感、紧迫感,确保"规定动作"不走样,把"自选动作"做到位,彰显学习教育的特色成果。

一是压实责任、做实工作,扎扎实实开展党史学习教育。学校成立了党史学习教育领导小组,我担任组长,下设办公室及若干工作组。各二级党组织要抓好本单位的主体责任,主要负责同志要切实履行第一责任人责任,抓紧成立相应工作机构,抓实每个环节,抓好每个步骤。广大党员干部不管处在哪个层次、哪个岗位,都要全身心投入,做到学有所思、学有所悟、学有所得。

二是用活资源、搞活形式,生动鲜活开展党史学习教育。要注重方式方法创新,把校园内外丰富的红色资源"亮"起来,增强党史学习教育的精准性、实效性、趣味性,让干部师生在现场学习中感受百年的艰辛历程、巨大变化和辉煌成就。把老党员、老同志的先进事迹"树"起来,讲活党的故事、党的光荣传统和优良作风。要突出重点、拓宽渠道,充分利用校园全媒体平台,多角度、全方位、多频次开展宣传引导,宣传具有华工特色的亮点、品牌、作品,宣传各单位的好做法好经验,形成一批理论研究成果。

　　三是思想先行、融入日常，富有特色地开展党史学习教育。今年学校办学发展任务繁重、责任重大。要加强统筹兼顾，推动学习教育与各项工作紧密结合，特别是要与学校"双一流"和广州国际校区建设相结合，与常态化疫情防控和维护学校安全稳定相结合，与解决师生关心的实际问题相结合，与支撑"双区驱动""双城联动"相结合，一手抓学习教育，一手抓工作落实，坚决杜绝学习和工作"两张皮"。要把党史学习教育纳入庆祝建党 100 周年总体安排，纳入巩固拓展"不忘初心、牢记使命"主题教育成果总体安排，纳入基层党组织书记抓党建工作述职评议考核。学校也将加强监督检查，特别是要加强对形式主义、官僚主义的监督，助推学习教育成果更好地促进中心工作开展，以改革发展成绩检验学习教育成效。

　　同志们，历史是最好的教科书，也是最好的清醒剂。让我们坚持以习近平新时代中国特色社会主义思想为指导，从百年来我们党推进伟大革命的实践中汲取智慧和力量，在风雷激荡中挺立潮头，在勇毅笃行中写就华章，高标准高质量把党史学习教育组织好开展好，真正做到学党史、悟思想、办实事、开新局，以一往无前的奋斗姿态和风雨无阻的精神状态，全力推动中国特色、世界一流大学建设，为建设教育强国贡献"华工智慧"和"华工力量"，以优异成绩迎接建党 100 周年。

在全校党史学习教育推进会上的讲话

章熙春

（2021 年 7 月 15 日）

同志们：

当前，全校上下兴起学习宣传贯彻习近平总书记"七一"重要讲话精神的热潮。今天，我们在这里召开党史学习教育推进会，就是要学习好、宣传好、贯彻好习近平总书记"七一"重要讲话精神，系统梳理党史学习教育第一个阶段情况，对后两个阶段的学习教育作出新的要求和安排，以更高标准、更严要求、更大决心、更强力度，纵深推进学校党史学习教育，从百年党史中汲取源源不断的智慧和力量。

接下来，我主要讲三个方面的内容。

第一部分　前期工作进展

学校党委认真学习贯彻习近平总书记在党史学习教育动员大会上的重要讲话精神和习近平总书记关于党的历史的重要论述，按照党中央和教育部、广东省的部署，把开展党史学习教育作为重要政治任务扎实推进。学校党委第一时间召开常委会，成立党史学习教育领导小组和 5 个工作组，组建 11 个校内巡回指导组，举行动员会，发布学校《开展党史学习教育实施方案》《庆祝中国共产党成立 100 周年活动方案》，下发《开展"我为师生办实事"实践活动的通知》《二级单位党史学习教育工作手册》等，高标准、高质量谋划和推动。可以说，在学校党委领导下，校院两级思想同心，干部师生目标同向，校内巡回指导组督学同步，实现了良好开局，取得了阶段性成效，为把党史学习教育不断引向深入奠定了扎实基础。这一阶段的工作，可以用"四聚焦""四到位"来总结。

一、聚焦深学深悟，红色理论学习到位

一是引领示范带头学。学校党委认真履行主体责任，我切实担起第一责任人责任，召开了 8 次校级理论学习中心组学习会，落实"第一议题"制度，坚持先学一步、学深一层。学校领导班子及成员充分发挥"头雁"引领作用，收看习近平总书记"七一"重要讲话现场直播，第一时间学习讨论习近平总书记系列最新重要讲话精神，组织举办 4 场师生代表座谈会，带头参加教育部、广东省举办的多场辅导报告和动员大会，组织参加"党史百年""知史爱党""粤学党史·粤爱党"等网络学习培训，当好了标杆，作出了表率。

二是系统指导规范学。按照《校领导班子带头示范党史学习教育工作方案》和 26

条行动安排，班子成员担负双重任务，既抓自身，也抓基层，多次以普通党员身份参加所在党支部组织生活，带头学理论、带头谈体会、带头承诺践诺。学校党史学习教育领导小组多次召开推进会和巡回指导组培训会，指导"学什么""怎么学""怎么干"等工作。各二级党组织尽职不越位、指导不包办、创新促落实。比如：机关党委成立10个指导组，深入所属各党支部联学互学比学；食品科学与工程学院发布理论学习清单，审核把关支部计划，指导开展支部联建等。

三是全面铺开广泛学。各二级党组织成立相应工作机构，制定实施方案，一级抓一级、层层抓落实，确保党史学习教育"横向到边、纵向到底"，全面覆盖。比如：生物科学与工程学院推出分4个版块开展学习，相关推文达220篇；马克思主义学院教师党员不仅加强自身党史学习，还多次为校内单位作专题报告；纪监巡察联合党支部按照学习计划，开展了9次集中学习。不少师生党支部深入农讲所、广裕祠，以及杨匏安旧居陈列馆、阮啸仙烈士故居、周文雍陈铁军烈士陵园等教育基地，开展实地研学。目前，各级党组织累计开展学习超过2000次，主题党日活动超1600次。

二、聚焦主题主线，红色文化传播到位

一是课堂主阵地抓得好。推动党史融入思政课程，校领导带头讲党课12次，二级党组织书记和基层党支部书记讲党课700余次，听课学生万余人次。发挥典礼育人作用，将党史融入毕业典礼，上好"思政大课"。把党史学习教育作为重要一课贯穿教育教学计划，开展"党史思政课"备课，开设"四史"选择性必修课。发挥课程思政在党史学习教育中的作用，比如：旅游管理系教师党支部举办课程思政公开课，推出校园革命历史文化景观图。学校3门课程入选教育部课程思政示范课程，学校课程思政教学研究中心也成功入选，是华南地区唯一。我还代表学校在教育部课程思政建设工作推进会上作了交流发言。

二是宣讲大队伍讲得好。组建学校党史学习教育宣讲团，两位校领导为全校中层和科级干部集中轮训，多位宣讲团成员累计开展13场宣讲，1451人次参与学习。"华园讲坛""机关大讲堂"、物理与光电学院"党史讲坛"等校院两级平台邀请校内外专家宣讲党史校史近300场。"习语心传"学生党员宣讲团举办"党心述芳华"宣讲活动，推动习近平新时代中国特色社会主义思想进支部、进班级、进社区。离退休教工党委的20余个退休党支部，与在职教工党支部、学生党支部结对共建，开展30余次党日活动，100余名老党员参与。

三是全媒体平台建得好。坚持团结稳定鼓劲，学校党委建设专题网站，发布工作动态242条。通过"两微一端"等校内平台，以及强国号、央视频、抖音、快手等校外平台，全视角报道学校党史学习教育动态，经校外媒体发布70余篇，在学习强国平台、全国思政网、中国教育发布等平台上发布稿件200余篇，不断提高党史学习教育传播力。及时挖掘特色亮点，编发学校工作简报36期，被教育部和广东省采用10次，较好地宣介了学校党史学习教育情况。

三、聚焦党史校史，红色故事讲述到位

一是创作精品讲故事。深入挖掘校史中的党史，推出红色文化精品教育活动，启动

红色基因传承工程,发布校园红色史迹及重要纪念地游览路线,形成阅读红色经典、瞻仰红色遗迹、观看红色影视、唱响红色赞歌、讲好红色故事、致敬英雄模范等六大专题。艺术学院编排大型交响音诗《唱支山歌给党听》,广州国际校区举办柠檬音乐节等,用音乐歌颂党的百年辉煌。校团委牵头,多部门协同,创作舞台剧《红色甲工 血色浪漫》,已连续公演多场,超过8000名师生现场观看,《求是》杂志2021年第9期刊发了话剧的经典场景。

二是校园巡展讲故事。传承红色基因,以图文并茂的形式,展示建党百年的办学成就、先进人物等。比如:举办了"党在华工一百年"展览、"初心如磐 为霞满天"华工优秀老党员风采事迹展等;"追寻百年印迹 传承红色基因"百年党史知识巡展,逾千名学生现场参与;校工会还举办了党史专题书画展活动。

三是网络平台讲故事。学工处开展"我把青春献给党"活动,已有30个二级学院以网络接龙等形式,接力讲述了校史校情。校团委创作《理想》MV献礼建党百年,短短两天时间获点击量8.6万。土木与交通学院创作多期短视频《郭黎倾倾计》,讲述党史故事、党史人物,开展廉洁教育等,在B站、微信视频号广受好评。新闻与传播学院组织学生创作党史微电影《国际歌》,参评由国家广电总局主办的"理想照耀中国"活动。工商管理学院推出"百天打卡·致敬百年"系列活动,线上发布近百篇学习推文。

四、聚焦民生民心,红色使命担当到位

一是勇担先锋办实事。学校领导班子靠前站位、打好头阵,班子全员各自率队赴多地开展招生宣传,到学院、饭堂、实验室等走访调研、座谈交流,开门问策"十四五"。同时,学校正在加快推进广州国际校区二期、游泳馆、科技图书馆、人才公寓、南北(长江路)下沉隧道等重大工程建设,以及部分楼宇维修、饭堂升级改造、校园周界安防系统建设等民生工作,努力为师生创造更好的学习、工作、生活条件。自5月起,广州新冠疫情防控形势严峻,学校党委全线动员、全面部署、全力落实,班子成员深入前线指挥调度,落实落细核酸检测、疫苗接种等措施,组织带领党员突击队、青年突击队、校医院等力量,构筑起校园疫情防控的"红色防火墙"。截至上周末,学校已累计为师生员工及家属接种新冠疫苗近10万剂次,并且在较短时间高效开展了两次集中核酸检测,服务12万余名师生的身体健康,充分体现了"华工速度"。国务院联防联控广东工作组来校检查时,对学校疫情防控、师生健康管理、相关科研工作予以充分肯定。

二是立足岗位提质效。管理干部强化服务意识,关切师生利益,60个单位确定68个主题,开展"走基层、解难题、促发展"调研,推动解决了一些过去想解决但因各种原因没有解决的问题。比如:国际处以视频大赛、免费海外课程以及海外安全培训等形式,全方位为师生海外交流提供服务;保卫处开展"百日攻坚 护校安园"专项行动;后勤处统一维保五山校区公共楼宇电梯,清退20多年前的购房押金,改造部分后勤服务基础设施等;师生服务中心合并关联业务,提升"一站式"办事体验;档案馆构建"三校区线上线下联动、一网通办、一窗领取或快递到家"的档案利用新模式;图书馆启用"习近平新时代中国特色社会主义思想"阅读空间——研习书院,收藏理论著作及经典文献近3万册。

三是服务发展作贡献。教师群体按照5大重点、10项举措、16项内容和若干要点的清单,强化教育者先受教育,信仰者笃定信仰。比如:建筑学院教师志愿开展南粤古驿道、华南教育历史坪石研学基地等省级重要项目规划设计;体育学院教师带领学生团队,赴广州市少年宫开展自闭症群体运动公益康复训练;瞿金平院士团队解决了超薄高强地膜制造的国际技术难题,陈克复院士团队为造纸行业新旧功能转换和绿色制造提供了示范,驻惠来县隆江镇孔美村扶贫工作队获评全国脱贫攻坚先进集体等。

四是立德树人育英才。学生党员通过易班"实事日记"形式,开展网络实践打卡,4000余人次参与,打卡25 447条。弘扬志愿服务精神,3272人次学生志愿者参与22个批次的疫情防控相关工作。面向全体学生党员,开展"一面旗"党员先锋岗选树活动,80支申报队伍设计策划先锋岗,为同学开展修理电脑、帮扶学业、组织锻炼、美化宿舍等服务,在日常生活中亮身份、展形象。艺术学院研究生党支部联合小谷围来穗人员服务管理中心党支部党员,为21名来穗儿童开展了6期音乐、舞蹈兴趣班。

第二部分　存在的不足

对照初心使命,对照上级要求,对照师生期待,学校党史学习教育中仍存在一些薄弱环节,主要有四点。

一、学习教育的系统性还需要加强

有的不能较好地将党史学习教育与学习习近平新时代中国特色社会主义思想结合起来,对百年党史的学习还不够全面通透。有的学习还停留在看和读的层面,进展和成效还不够突出,还存在少数"打卡式""应景式"学习。还需要进一步投入精力和时间,加强学习、加强指导、加强监督。

二、学习教育的生动性还需要加强

有的思路还不够开阔、手段还不够新颖、方法还不够丰富,在抓关键节点、抓重要平台方面,还不够自觉主动,在一定程度上影响了学习成效。还需要进一步创新载体、丰富形式,让党史学习教育更贴近实际、深入人心。

三、学习教育的实效性还需要加强

有的深入师生、深入基层做得还不太够,信息传递不够及时,沟通交流不够耐心,有师生反映"办事时经常找不到领导"等;学习教育与师生福祉结合得还不够紧密,存在知行脱节现象。还需要下更大功夫,切实把实事办好、把好事办实、办到师生的心坎上。

四、学习教育的特色性还需要加强

有的单位思考不够深入,动力尚显不足,思想引领力不足,从想法到做法的转化有限。有的片面理解为搞活动,有的缺乏对工作的凝练,有的在明确特色、彰显优势方面还有待加强。还需要更深入思考、谋划，进一步挖掘特色、塑造典型。

第三部分　接下来的工作要求

同志们，我们已经迎来了党的百年华诞，学校上下通过多种形式开展了系列学习教育活动，营造了很好的氛围。接下来，我们要把学习宣传贯彻习近平总书记"七一"重要讲话精神作为重中之重，作为党史学习教育的核心内容，以更强的思想自觉、政治自觉和行动自觉，以更高的要求抓好党史学习教育，以学校高质量发展成绩和安全稳定大局检验学习教育成效。我在这里提四点要求。

一、提高政治站位，压紧压实责任，学出更坚定的忠诚信仰

旗帜鲜明讲政治，既是马克思主义政党的鲜明特征，也是我们党一以贯之的政治优势。"以史为鉴、开创未来，必须坚持中国共产党坚强领导。"讲政治，强党性，要紧紧围绕这一根本深入推进学习教育活动。

一是进一步提高政治能力水平。我们要通过党史学习教育，进一步加强对坚定正确政治路线、坚持正确政治方向等方面的学习理解，鲜明反对历史虚无主义，防止低级红、高级黑。要充分认识到只有保证全党服从中央，才能形成万众一心的磅礴力量，不断增强"四个意识"、坚定"四个自信"、做到"两个维护"，努力提高政治判断力、政治领悟力、政治执行力，更加自觉地在思想上政治上行动上同以习近平同志为核心的党中央保持高度一致。这一点我们脑子要特别清醒、眼睛要特别明亮、立场要特别坚定，决不能有任何含糊和动摇。

二是进一步协同推进各项任务。党史学习教育贯穿今年全年，涵盖了三个阶段，现在，第一个阶段已经结束。接下来，我们进入到后两个阶段，即，从"七一"庆祝大会到党的十九届六中全会是第二个阶段，从党的十九届六中全会到总结大会是第三个阶段。我们要严格把握进度，对照目标要求，确保按计划推进，把规定动作做到位，把自选动作做出彩。各工作组要在学校党委的总体指导、统筹协调下，各司其职、协同配合，各校内巡回指导组要抓好督促指导，因地制宜、分类指导，各级党组织要坚决压实责任，学以致用、全员共进。宣传部作为牵头部门，要整合宣传力量，用好校内外媒体，提炼典型做法和工作成效，打造出具有影响力的党史学习教育品牌活动，营造更加浓厚的氛围，让党史学习教育接地气、有声势、见实效。

二、增强历史自觉，夯实思想根基，学出更崇高的理想信念

思想建设是党的基础性建设，坚持理论强党是党的宝贵经验。党史学习教育第一任务就是加强思想理论武装，感悟党的真理力量。学习党史是一场固本培元的精神修炼，要把握重点，突出创新。

一是进一步突出理想信念教育。党员干部要带头学带头讲，自主学习要一以贯之、久久为功，专题学习要选好主题，聚焦实际，强化高度宽度厚度。特别要强调的是，习近平总书记"七一"重要讲话，是党的重要理论创新成果，特别是"三十二字"的伟大建党精神，这是中国共产党的精神之源，也是广大党员的力量之源和精神旗帜，非常有力量、非常有气势，非常值得大家反复学、深入学、持久学，从中接受洗礼、感悟初心、坚定信念，这是我们党史学习教育重中之重的任务，必须认认真真落实，努力在全校掀起新一轮党史学习教育热潮。

二是进一步突出方式方法创新。党史学习教育面向的群体不同，需求就不同、方法也不同，要分类指导、精准施策。要就近就便、用活用好党史校史资源，采用讲授式、情景式、访谈式、现场式等方式，讲好专题党课，增强吸引力、有效性。要进一步丰富学习载体，蓬勃开展学习经典、重温誓词、畅谈体会等教学和体验活动，做到学思用贯通、知信行统一。比如：除了学校已经设计出的校园红色史迹和重要纪念地游览线路，还将推出"红色甲工"系列文创产品，让"红色甲工"的知名度更大、影响力更广。要抓好课程教材主渠道、思政工作主阵地、网络空间服务平台，进一步发挥党员干部、专业教师和思政课教师等示范引领作用，优化课程设计，打造优质示范课程，推进习近平新时代中国特色社会主义思想进教材、进课堂、进头脑、进学科。特别是围绕习近平总书记"七一"重要讲话精神，围绕建党百年重大课题开展研究阐释，努力产出有高度、有深度的理论成果。要把握教师群体特点，在广大教师特别是青年教师、归国教师、高层次人才等群体中开展革命传统教育、中华民族共同体教育，组织国情社情考察，引导教师立志成为"大先生"。要组织好暑期研学实践大课堂，引导学生深入基层走访，开展田野调查，在社会实践中感悟百年成就，坚定理想信念，练就过硬本领，投身强国伟业。

三、聚焦急难愁盼，集中力量攻坚，学出更深厚的人民情怀

习近平总书记强调：江山就是人民，人民就是江山，打江山、守江山，守的是人民的心。利民之事，丝发必兴。"办实事"是党史学习教育"十二字"总要求的重要内容。民生建设是学校党委坚持不懈推动的重点建设，也是以人民为中心思想的生动践行。"我为师生办实事"实践活动，关键在于一个"实"字。

一是进一步深化党的宗旨认识。党史学习教育是强化宗旨意识的"催化剂"，我们的学习不能水是水、油是油，必须往下落、往下走，为师生办好一件实事，就会温暖一片人心，要将学习与办实事结合起来，抓具体、具体抓，努力干出党员的样子。要坚定站在师生立场，既立足眼前，解决师生急难愁盼的具体问题，又放眼长远，建立健全民生建设的体制机制，把为师生服务的"大文章"写好，贯穿于管党治党、办学治校全过程各方面，努力用党员干部的"辛苦指数"去提升师生的"幸福指数""安全指数"，争取更多师生的信任、拥护、支持。

二是进一步狠抓紧抓民生实事。前一阶段，学校通过师生点单、组织派单、党员接单、办结清单的形式，梳理1120项工作清单，已完成620项，正在开展448项；建立316项重难点台账，已完成87项，推进222项。还有一些事项因时间计划及受疫情影响尚未开展，大家要抓紧抓好，切实解决师生的操心事、烦心事、揪心事。下一步，管理干部、教师、学生、离退休人员等不同群体党员要在狠抓落实、兑现承诺上下功夫，要在紧扣重点、打造亮点上下功夫，建立清单动态调整机制，定期跟踪梳理，及时补充更新，项目化推进、台账式管理，倒排时间、挂图作战。年底，学校将检验"我为师生办实事"实践活动成效，看看干了哪些实事、办成了多少实事。另外，要再次提醒大家，办实事不能把正常应该做的工作装进工作清单，办实事更不能搞应景和作秀，要自警自省自查，有没有搞形式主义、官僚主义，是不是重"痕"不重"绩"，留"迹"不留"心"。这些问题我们都要坚决避免，千万不要给基层增加负担。

四、立足开局起步，瞄准世界一流，学出更强烈的使命担当

回望走过的奋斗路，是为了走好未来的奋进路。我们要将党史学习教育与事业发展有机结合，不断提高"立足新发展阶段、贯彻新发展理念、构建新发展格局"的能力，持续加强党的全面领导，着力推动高质量发展。

一是进一步加强党的全面领导。按照上级文件要求，7月到8月，要以党史学习教育为主题，坚持质量为上，开好专题组织生活会，领导干部要以普通党员身份参加所在支部党小组的组织生活，对查摆出的问题，要作出整改承诺，一项一项改进。年底，还要召开民主生活会，要将党史学习教育创造的经验、开发的资源、取得的成效，持续用于管党治党、办学治校的生动实践，进一步增强学校党委"六个过硬"作用。要发挥党建考核的"指挥棒"作用，以述学述职述廉为载体，将基层党组织党史学习教育成效纳入校内巡察、述职评议等评价工作，让每个党组织动起来，让每个党的细胞活跃起来。

二是进一步加快一流大学建设。2020年，学校第十七次党代会擘画了"一五三一"工作部署，明确了"到本世纪中叶，全面建成中国特色、世界一流大学"的奋斗目标。当前，抓好疫情常态化防控、深化教育评价改革、推动高水平科技自立自强、实施国际化教育改革试点、做好新形势下的重大民生工程，等等，都是要着力推进的重点工作和力争突破的关键任务。一流大学建设是一个长期的、持续的过程。在当前的关键时期，我们尤其需要把党史学习教育成果转化为攻坚克难、干事创业的强大动力，进一步形成党员干部敢担当、善作为，全校师生提振信心、接力奋斗的生动局面。

同志们，如果说历史是一面镜子，我们每走一步都应照照镜子；如果说历史是最好的教科书，我们每读一次都应得到启迪。让我们以最赤诚的热爱和最饱满的热情，以史为镜、以史明志，知史爱党、知史爱国、知史爱校，始终同师生想在一起、干在一起，风雨同舟、同甘共苦，汇聚加快建设中国特色、世界一流大学的奋进力量，为实现中华民族伟大复兴的中国梦昂首阔步、再立新功！

胸怀"国之大者" 坚守立德树人
让红色基因成为教育事业的鲜亮底色*

章熙春

（2022年1月13日）

尊敬的路钢组长、周学东副组长、刘永章副组长，同志们、老师们、同学们：

大家上午好！

2021年，中国共产党迎来百年华诞，党中央立足百年党史新起点、着眼开创事业发展新局面，作出在全党开展党史学习教育的重大战略决策。习近平总书记亲自谋划、亲自部署、亲自推动，为全党开展党史学习教育指明方向，激励全党以史为鉴、开创未来，埋头苦干、勇毅前行。

2021年12月24日，党中央召开党史学习教育总结会议，习近平总书记作出重要指示。12月27日至28日，习近平总书记主持召开中央政治局党史学习教育专题民主生活会并发表重要讲话，对深入学习贯彻党的十九届六中全会精神、推动党史学习教育常态化长效化提出明确要求，为总结好、巩固好、拓展好党史学习教育提供了根本遵循。

2022年1月11日，习近平总书记在省部级主要领导干部学习贯彻党的十九届六中全会精神专题研讨班开班式上发表了重要讲话。习近平总书记强调要深入研读和领会党的十九届六中全会决议，继续把党史总结、学习、教育、宣传引向深入，更好把握和运用党的百年奋斗历史经验，为实现第二个百年奋斗目标而不懈努力。

2022年1月7日，教育部召开党史学习教育总结会议。会议强调，要巩固深化党史学习教育成果，加快推进教育现代化，建设教育强国，办好人民满意的教育，以实际行动和优异成绩迎接党的二十大胜利召开。

今天，我们召开党史学习教育总结会，就是要深入学习贯彻习近平总书记重要讲话和重要指示批示精神，系统总结学校党史学习教育的做法、经验和成效，对深入学习贯彻党的十九届六中全会精神、巩固深化党史学习教育成果作出部署。

下面，我代表学校党史学习教育领导小组作总结。

第一部分 坚持"四个强化"，做到高起点谋划

学校在党中央、教育部党组、广东省委党史学习教育领导小组的坚强领导下，在教育部党史学习教育高校第九巡回指导组的悉心指导下，扛起主体责任，强化履职担当，

---

* 本文是校党委书记章熙春在全校党史学习教育总结会上的讲话。

将党史学习教育作为贯穿全年的重大政治任务抓紧抓实、抓出成效。

一、强化组织领导

学校第一时间召开常委会，专题研究部署，举行全校动员大会，成立由我担任组长的党史学习教育领导小组，设立"一办四组"工作机构，组建 11 个校内巡回指导组，制定一揽子实施方案、工作制度、工作手册等，并先后召开 20 次工作推进会，确保领导有力、组织有序、成果有效。

二、强化分类指导

学校围绕教师、学生、管理干部、离退休老同志等四类群体，分类提出学习教育任务要求，出台指导意见，发挥各群体独特优势，促进同向发力、精准发力。

三、强化特色优势

学校围绕主题主线，结合办学实际，循脉而行、向史而新，传承红色基因，梳理百年办学发展的历史经验，立足湾区发展，抓住深度融入湾区的区位优势，在落实立德树人、服务创新驱动、稳健开局起步等方面下功夫，努力将学习成果转化为推动教育改革发展的实际成效。

四、强化严督实导

学校领导班子带头，抽调 44 位同志组建校内巡回指导组，通过随机抽查、调研座谈、巡听旁听等方式加强对各二级单位的指导，做到事前加强指导，事中紧盯纠偏，事后开展"回头看"，当好党史学习教育的"监督者"。

第二部分　坚持"六个聚焦"，做到高效率推进

学校党委按照目标要求，聚焦"学""讲""悟""传""干""创"六个字，做到六个"贯穿始终"。

一、聚焦"学"，将学党史践初心贯穿始终

一是领导带头专题学。学校领导班子及时、准确、系统地带头学、带头讲、带头参加所在党支部专题组织生活会，召开理论学习中心组学习会 31 次，举办为期 2 天的党史学习教育专题读书班。校领导坚持学以致用，深入开展解读阐释，学早一步、学深一层。

二是主题培训沉浸学。学校将"走出去"和"引进来"相结合，组织干部师生参加部、省多场辅导报告，邀请校外专家学者来校讲解多场学习报告，并先后组织专题培训班 19 场，启迪党员干部自觉将学习观照现实。

三是师生党员生动学。学校依托线上线下平台，采取灵活的集体共学、领导带学、个人自学、导学联学、实践促学等形式，推动学习全覆盖。各级党组织配发各类辅导用书 3 万余册，通过"说""唱""写""拍""画"等形式，开展主题党（团）日活动

3600余次。机械与汽车工程学院"习语晨读"线上学习覆盖全体研究生党员；学工处"我把青春献给党"和"请党放心，强国有我"大接龙推送学习文章52篇。

党史学习教育以来，学校获《人民日报》、新华社、央视等中央及省级主流媒体报道242次，校内各网络平台发布报道4297篇次，在全校形成了以宣促学、以学带讲的"大学习"氛围。

二、聚焦"讲"，将悟思想强信念贯穿始终

一是党员干部带头讲，引领管理干部做善思善做的"实干家"。学校领导示范表率，为学生讲授党课、思政课27次，带动全校各级党组织负责人讲授党课、思政课千余次。各级党员干部通过"华园讲坛""党心述芳华""机关大讲堂"等"大课堂"，以及支部、班级、社区等"小课堂"，生动讲述光辉党史。

二是专业教师组团讲，引领教师做师德师风优良的"大先生"。学校遴选12名政治素质和理论水平过硬的专家学者组成"党史学习教育宣讲团"，围绕重大重要主题，面向二级单位宣讲63场，引导广大教师努力锤炼新时代高尚师德师风。

三是"五老"同志深情讲，引领老党员做初心如磐的"护航员"。学校举办华工优秀老党员风采展，宣传百余名老党员事迹，举办"光荣在党50年"庆祝活动，为397位党龄超过50年的老党员颁发纪念勋章。各二级党组织跟进宣传受勋老党员事迹，通过支部共建、联合考学、慰问座谈、讲授党课等形式，以老党员的如磐初心感化年青师生听党话、跟党走。

四是学生党员主动讲，引领学生做堪当民族复兴大任的"奋斗者"。通过"习语心传"朋辈宣讲导学，"求真读书会"分享研学等多样化学习教育模式，开展革命传统教育2500余次，覆盖师生逾10万人次。537支学生团队分赴21个省（市、自治区）开展暑期"三下乡"社会实践，举行党史学习交流活动200余场，党史宣讲线上直播20期，撰写调查报告100余份，覆盖青年学生1.5万余人。

三、聚焦"悟"，将讲政治强党性贯穿始终

一是专题组织生活会悟牢"党性宗旨"。学校编制《党史学习教育专题组织生活会工作指引》，以"三个一"，即制定一套工作指引，组织一批督导培训，进行一系列工作调度为抓手，推动各党支部按时按点、保质保量召开专题组织生活会。学校领导班子成员均以普通党员身份参加所在党支部的专题组织生活会，带动党员进一步认清身份、牢记使命。

二是整改落实专项行动悟深"自我革命"。学校各巡回指导组向每个支部派驻督导人员，开展基层党建工作专项检查，做到检查督导全面覆盖。学校坚持即知即改、立查立改的原则，组织开展整改落实"回头看"，实地查阅资料，开展师生座谈，追踪整改情况，推动专题组织生活会落到实处。

三是巡察把脉班子建设悟实"为民情怀"。学校综合运用8种方式，对15个二级单位进行校内专项巡察，召开座谈会31场，开展走访调研78次，深入师生开展个别谈话1385人次，谈话教工比例达60%以上。同时，学校推动"未巡先改"，针对在巡察过程中发现的与师生联系不够密切的"5个体现"，明确自查整改要求，整改效果受到

师生高度肯定。

四是专题民主生活会悟透"两个确立"。学校严格对标党中央关于开好党史学习教育专题民主生活会的要求，认真做好会前、会中、会后各个环节把关。"书记班"组织开展模拟教学，现场指导如何在"批评与自我批评"中体现"辣味"。目前，全校各二级单位领导班子已开展专题民主生活会73场次，学校领导班子将在今天下午召开专题民主生活会。

四、聚焦"传"，将赓续红色血脉贯穿始终

一是红色基因传承工程打造红色IP。学校将"红色甲工"的历史作为党史学习教育的鲜活教材，充分挖掘校史中的党史，创作推出一批精品文化作品，让"红色甲工"品牌传播更加立体生动。设计了校园红色史迹和重要纪念地游览线路，成立"一面旗"学生党员先锋岗"红色·追寻"讲解队，举办"党在华工一百年"主题展览，万余名师生学习观看；拍摄宣传视频《百年恰风华 世纪正青春》，在微信视频号上获6万次点赞；积极参与"党史故事百校讲述"接力活动，推出"甲工"校友周文雍烈士事迹专题视频，播放量超过110万。

二是建设"研习书院"传播红色经典。学校依托图书馆丰富的文化典籍，打造粤港澳大湾区首个融合中国传统书院空间模式的红色阅读基地——研习书院。自启用以来，先后举办了研读会、典籍展等形式多样的学习教育活动，为师生展出党史学习教育主题新书近2000册。

三是推动"四史四进"传响红色新声。学校深入推进"四史"进教材、进课堂、进头脑、进实践。开设4门"四史"选择性必修课，"马克思主义理论与实践"等将党史学习教育深度融入课程，将"四史"内容和党史声像作品融入教学计划，组织万名学子开展"乡村振兴调研"等实践活动，把学问做到群众心坎里。新闻与传播学院"新闻评论"课程组织学生以"献给建党百年"为主题书写课程作业，优秀作品被《人民日报》、新华网等主流媒体转载。设计学院举办"献礼建党百年·传承红色基因——经典美术作品中的党史"主题展览，通过美术作品讲好"四史"故事。艺术学院发挥专业优势，叙党史、唱党史、演党史，通过参加《伟大征程》等重大文艺演出实践，让学生坚定理想信念，积极向党组织靠拢。

五、聚焦"干"，将办实事办好事贯穿始终

一是敢啃"硬骨头"，加快推进重点工程。引进了代建制这一新的基建管理模式，医学院综合楼、道明游泳馆等建设提速增效。创造条件，改善学校办学条件，27号楼、逸夫科学馆改扩建在不具备扩大面积的情况下，学校主动沟通获得批准，以功能提升、空间扩大、设施设备优良，给学院以更好的发展空间，也使五山校区中轴线景观带、文化核心区更加和谐美丽。汇聚社会资源，争取政府支持，广州市科技图书馆、人才公寓、五山校区南门广场、广园东-五山路交通枢纽等重点民生工程等，争取了超16亿元的资金。强化安全文明施工管理，按照施工节点稳步实施，根据施工进度逐段推进，尽量减少对师生员工的影响，学校摆脱了"华南施工大学"的印象。除了国际校区外，在五山校区和大学城校区也首次引进"中"字头的施工头部企业，工程进度、施工质

量、现场管理均有大的提升。这些转变，使得学校的基本建设水平取得了跨越的进步，在2021年教育部直属高校基本建设工作评估中，项目管理和日常工作完成率两项指标居教育部直属高校第一位。

二是抓出"硬成效"，助力学生就业创业。学校领导班子带队赴省外宣传、调研，扩大学校就业"朋友圈"；累计组织招聘会16场，提供岗位逾15万个，发布宣讲及招聘信息近6000条，为3万余人次提供线上线下就业指导和一对一咨询；学校就业工作案例入选"全国普通高校毕业生就业创业工作典型案例"，截至目前，2021届毕业生毕业去向落实率为98.25%，毕业生深造率达42.16%。

三是练出"硬本领"，共建共享服务师生。关注"一老一小"，完善特殊老党员数据库，形成定人联系、定期慰问、定级帮扶的机制；启用西区门诊，就近解决五山校区离退休教职工就诊需求；改造幼儿园老旧设施；为大学城校区教职工子女申请属地公办中小幼学位提供支持等。满足师生需求，秉承"学生永远在C位"的理念，启用24小时"一站式"服务热线，100%回应学生诉求2万余次，打造广州国际校区版"枫桥经验"；一校三区师生服务中心同向发力，升级7*24小时自助服务区；医学院、工商管理学院、经济金融学院多方筹集经费，提升教师办公环境、增加学生学习卡座。提高福利待遇，在"过紧日子"的形势下，学校大幅削减管理经费，千方百计确保师生待遇。做细疫情防控，设立疫情防控专项经费360万元，圆满完成3轮约14万人次师生员工大规模核酸检测任务；组织3个校区近10万人次接种疫苗，随着加强针开打，数量还在持续上升。学校疫情防控成效获国务院联防联控工作组充分肯定。

六、聚焦"创"，将强服务开新局贯穿始终

一是创新课程思政，服务根本任务。学校紧紧围绕立德树人根本任务，构建思政课程"领道"、公共课程"闻道"、专业课程"同道"、实践研习"悟道"四大计划完善课程体系；创新"目标""师资""资源""平台""内容"五大机制，立项建设本科课程思政示范课程254门，实现课程思政本研、学科专业、校内与校外、线上与线下"四大融合"，推动构建全员全过程全方位育人大格局。

二是创新成果转化，服务国家战略。学校坚持"顶天立地"科技自立自强模式，围绕国家重大战略新兴产业所需，以"高精尖缺"为导向，顶好"天"，例如，发光材料与器件国家重点实验室团队助力攻克"卡脖子"问题，抢先布局聚合物太阳电池等新材料领域，多次刷新单结聚合物异质结太阳电池能量转换效率的世界纪录，入选"中国科学十大进展"。立好"地"，例如，道桥党支部实验室团队自主研发的"高韧超薄沥青磨耗层"技术实现实施厚度8～12毫米，打破了这一领域长期以来由国外技术与理念主导的局面；公共政策研究院、教育部思创中心提升服务决策咨询能力，150余篇报告获得上级批示或采用；各创新创业示范区累计孵化企业近250家，学生近两年在中国国际"互联网+"大学生创新创业大赛全国总决赛斩获13金8银。

三是创新人才培养，服务湾区建设。学校师生聚焦国家急需和创新创业等社会期盼，获批"广东省深化新时代教育评价改革试点校"及单项试点项目2项。在广州国际校区布局建设了一批新工科学院和研究院，全面实施"新工科F计划"，入选教育部首批未来技术学院建设单位（全国12所高校之一），获批教育部、工信部集成电路高

层次紧缺人才培养专项高校（全国18所之一）。教育部、广东省正式批准同意广州国际校区作为"粤港澳大湾区国际化教育改革个案试点"，首次启动综合评价招生，整体报考热度达2089%，取得"开门红"。

四是创新扶贫模式，服务乡村振兴。学校成立乡村振兴与发展研究院，探索乡村振兴帮扶新机制，构建助力乡村生态资源资产化的华工模式——"碳中和新乡村"，创建全国第一支"碳中和新乡村基金"，连续五年获评教育部直属高校精准帮扶典型项目。学校驻孔美村工作队编制孔美村乡村振兴建设方案和项目库，实施"我在孔美有三分地"农村土地创新项目，土地价值提升160倍，获得"全国脱贫攻坚先进集体"荣誉，作为全国唯一高校代表在教育部新闻发布会上介绍学校帮扶工作经验。

第三部分　坚持"六个促进"，做到高标准落实

前段时间，教育部高校党史学习教育第九巡回指导组对学校开展党史学习教育情况进行测评和评估，有97.5%的受访师生总体评价为"好"，99.5%评价为"好"和"较好"。在近一年的党史学习教育过程中，路钢组长及全体成员不辞辛苦、排除万难，先后来校召开专题座谈会10次，多次参加领导班子专题读书班、理论中心组学习、专题组织生活会，走进学生社区、实验室、工程现场，深入基层支部，随机访谈师生群众，全覆盖审核学校办实事清单，严格把关指导学校党委深化认识、梳理成效、查漏补缺、总结经验，为学校党史学习教育不断深化走实提供了重要帮助。在此，让我们以热烈的掌声对指导组表示最诚挚的敬意和最衷心的感谢！

通过开展党史学习教育，学校党委深刻领悟"两个确立"的决定性意义，增强了政治判断力、政治领悟力、政治执行力；各级党组织深入领会中国共产党为什么能、马克思主义为什么行、中国特色社会主义为什么好，增强了创造力、凝聚力、战斗力，广大党员干部全面学习百年党史的伟大成就与历史经验，坚定了听党话、感党恩、跟党走的自觉。

一、促进思想引领，为学习党的创新理论增进"华工自觉"

一是"两个确立"的坚定性不断加强。学校干部师生更加自觉做"两个确立"的坚决拥护者和"两个维护"的坚定践行者，学习贯彻习近平新时代中国特色社会主义思想在全校形成热潮。学校连续四年在全省高校党委书记抓基层党建述职评议考核中获得"好"（最高等次）；获批教育部第二批高校"双带头人"教师党支部书记工作室建设1个；向省里报送的"党史进校园"8个典型案例全部获奖；师生紧紧围绕"我们党是什么、要干什么"这个根本问题，撰写心得体会2万余篇。

二是理论武装的自觉性不断加强。各级党组织理论学习制度执行更加规范，干部师生在学懂弄通做实、在理论宣传宣讲研究上更加自觉。学校举办"伟大建党精神与中华民族伟大复兴"等高端论坛，产出了一批高质量理论成果。立项党史研究专项项目7个，2个相关课题申报2021年度国家社科基金重大项目；2门微党课获评全省教育系统"百部精品党课"，莫岳云教授获评全省"百名优秀党史宣讲员"。

三是课程思政的引领性不断加强。3门课程入选教育部课程思政示范课程；"华南

理工大学课程思政教学研究中心"作为华南地区唯一（全国15所），进入教育部课程思政教学研究示范中心名单；学校被列为"广东省课程思政改革示范高校"（全省4所）。

二、促进榜样示范，为巩固立德树人成效培育"华工典型"

一是教师师德师风建设持续加强。学校全面贯彻"师德师风是评价教师的第一标准"，2021年学校新增中科院院士1人，有3人分别获"全国三八红旗手""广东省五一劳动奖章"、广东"最美科技工作者"荣誉称号。

二是学生先锋模范作用持续发挥。先进典型白宇同学、"李莎支教团"等在青年学子中引发强烈反响。白宇捐献造血干细胞事迹被《人民日报》等报道后一度成为焦点，学生深受感召以行践诺，2021年造血干细胞捐赠人数同比增长68.7%。李莎被追评为"全国巾帼建功标兵"，"李莎支教团"在支教地广西龙胜积极开展党史宣讲进校园活动，服务2200余名中小学生。

三、促进党的建设，为纵深推进从严治党守好"华工底线"

一是正风肃纪推动党管干部。制定全面从严治党三个责任清单，持之以恒推动正风肃纪。完成392名科级干部的重新选拔任用，提拔任用和进一步使用61人，向外输送校级领导干部6人。

二是坚定不移深化政治巡察。扎实推动"未巡先改"，高质量完成15个二级单位的校内巡察，抓实巡察成果综合运用，推动全面从严治党向基层延伸。

三是守正创新压实安全底线。保持意识形态领域高压态势，深化实施具有华工特色的意识形态工作"1337"系统工程，既防"黑天鹅"，也防"灰犀牛"。学校从人防、技防、物防、信息防等多方面增强斗争本领，在多个敏感节点强化政治保障，"大安全"格局不断优化。

四、促进精神传扬，为红色江山代代相传注入"华工行动"

学校党委创造性地将办学资源、办学历史转化为红色教育资源，在传承与发扬"红色甲工"精神的过程中凝聚共识。结合校史深入挖掘研究马克思主义在广东的早期传播历史，出版《广东工业专科学校校史考（1910—1952）》，为百年办学历史追根溯源、理清脉络。与广东电视台联合拍摄党史纪录片《雏鹰展翅 红棉初心》，以"红色甲工四金刚"为历史人物主线，用一场跨越时空、致敬青春的特别对话，给师生上了一堂追寻初心、震撼灵魂的思政课。师生原创话剧《红色甲工 血色浪漫》入选"教育部高校原创文化精品推广行动计划"，已公演10场，观看人数逾1.1万，"刑场上的婚礼"被更多青年学子熟知，"红色甲工"精神浸润华工人的血液，红色基因得到传扬。

五、促进服务人民，为破解急难愁盼问题展现"华工担当"

学校充分认清发展大势和办学规律，把党史学习教育与解决师生实际问题相结合，不断增强攻坚克难的韧性，把"办好人民满意的教育"做进实事、干出成效。学校领导班子主动作为当好先锋，千方百计争取属地资源和校友支持，带头落实重难点任务

16 项；各基层党组织和党员干部上下齐心同向发力，列出 1192 件办实事清单，已办结 1175 件实事，完成率达 98.57%，未办结事项均为长期坚持且仍在持续推进中；列出 291 项重难点问题，已办结 253 项，按照进度持续推进 38 项。各行政单位 100% 设立党员先锋岗，全校师生党员累计参与志愿服务 1.6 万余次，累计为师生办实事 2 万余次，真正做到一个支部一个堡垒，一名党员一面旗帜，把学习教育成果转化为师生的获得感、幸福感、安全感。

六、促进质量提升，为推进一流大学建设贡献"华工力量"

学校充分利用党史学习教育契机，砥砺师生心怀"国之大者""大学之大者"，积极投身创建"双一流"建设的奋斗征程。

一是培养一流人才方阵。华南理工大学被社会誉为"工程师的摇篮""企业家的摇篮"，为社会创新发展提供强有力的人才支撑，TCL 董事长李东生等 4 名校友在党史学习教育期间向学校共计捐赠 4 亿元，用于设立奖学奖教基金，反哺助力学校人才培养和科技创新。

二是构建一流学科体系。学校用好学科交叉融合的"催化剂"，26 个学科上榜 2021 软科"世界一流学科排名"，其中 3 个学科跻身全球前 10，并列内地高校第 6 位。

三是产出一流科技成果。学校"五院一园一室"科技成果转化优势显著，获第 22 届中国专利奖 6 项（2009 年以来获国家专利奖总数 40 项，全国高校排名第一），获首批高校专业化国家技术转移机构建设试点、首批国家知识产权示范高校，连续三年居"中国高校专利实力 100 强"榜单前三位，为实现高水平科技自立自强贡献华工力量。

第四部分　推进"四个长效"，做到高质量巩固

学校党委将继续回望历史来路、汲取历史智慧，坚定历史自信、掌握历史主动，继续突出学史明理、学史增信、学史崇德、学史力行四个重点，推进党史学习教育常态化长效化制度机制建设，巩固拓展党史学习教育成果。

一、长效推进"学史明理"，持续学深悟透精髓要义

学校将把学习贯彻党的十九届六中全会精神不断引向深入，深刻领悟"两个确立"决定性意义，原原本本学习全会决议，持续学懂弄通党百年奋斗的光辉历程，学懂弄通党坚守初心使命的执着奋斗，学懂弄通党百年奋斗的历史意义和历史经验，学懂弄通以史为鉴、开创未来的重要要求，教育引导全校党员、干部和师生坚持唯物史观和正确党史观。深刻领会习近平总书记关于教育的重要论述，在坚持和完善党委领导下的校长负责制、推进二级党组织加强党建工作等方面持续发力，将学习教育成果转化为坚决捍卫"两个确立"、增强"四个意识"、坚定"四个自信"、做到"两个维护"。

二、长效推进"学史增信"，全面提升干事创业自信

学校将进一步将党史学习教育的经验转化为推动学校工作的行动指南，扎实推进"五个融入"机制，教育引导全校党员、干部和师生以习近平新时代中国特色社会主义

思想为指导，增加历史自信、增进团结统一、增强斗争精神。将党史学习教育融入理论学习日常，完善分众化学习机制，推进党的创新理论宣传宣讲对象化、大众化，研究阐释学术化、学理化；融入干部教育日常，完善干部教育培训机制，把党史学习教育作为党员、干部的必修课、常修课，引导党员干部经常用党史滋养初心，锤炼党性；融入师德建设日常，完善师德师风考核评价机制，强化立德树人，引导教师以党性自觉涵养情怀，争做"四有"好老师；融入人才培养日常，推动"四史四进"机制，引导学生树立正确的党史观、世界观和人生观；持续用好校内红色资源，进一步扩大在全社会开展党史学习教育的辐射面；融入依法治校日常，建立"办实事·解难题·减负担"长效机制，在狠抓落实、兑现承诺上下功夫，走好新时代党的群众路线，不断提升教育的人民性，办人民满意的教育。

三、长效推进"学史崇德"，落实立德树人根本任务

学校将充分把握学生成长规律，创新多样化学习教育模式，提升思想政治工作的亲和力和针对性。深入推进学校教师思想政治和师德师风建设"12362"工作，引导广大教师牢记为党育人、为国育才初心使命。持续纵深推进教师评价制度改革，"破五唯"与"立新标"并举，不断完善"1+4"教师综合评价体系，突出教书育人导向，突出质量和价值贡献。把握广州国际校区在地国际化办学探索契机，聚焦党建工作、立德树人、服务国家重大战略等方面，深化高等教育改革创新，努力发挥示范引领作用。推动"明道育德"课程思政教学改革、"三全育人"综合改革，红色基因传承工程，党建和思政力量进一步下沉一线，引导学生厚植家国情怀，学好本领，报效国家、服务社会。

四、长效推进"学史力行"，汇聚师生力量建功立业

学校将按照党中央、教育部、广东省决策部署，以及学校第十七次党代会提出的"一五三八一"工作部署，抢抓历史机遇，紧扣时代脉搏，积极承担一流大学使命责任，践行为党育人、为国育才使命，深化教育评价改革，实施在地国际化教育，持续打造科技创新人才高地，推动高水平科技自立自强，推进"双一流"和广州国际校区建设全面跃升，让师生的获得感成色更足、幸福感更可持续、安全感更有保障，切实把党史学习教育成果转化为攻坚克难、干事创业的强大动力。

同志们，集中学习教育有期限，践行初心使命无穷期。当代中国正在经历人类历史上最为宏大而独特的实践创新，改革发展稳定任务之重、矛盾风险挑战之多、治国理政考验之大都前所未有。我们要始终坚持以习近平新时代中国特色社会主义思想为指导，坚决捍卫"两个确立"，做到"两个维护"，大力弘扬伟大建党精神，赓续百年红色血脉，坚定信仰、信念、信心，总结好巩固好拓展好党史学习教育成果，推动党史学习教育常态化长效化，将学习成果转化为继续前进的勇气和力量，不断激发奋进新征程、建功新时代的内生动力，奋力开创中国特色、世界一流大学建设新局面，勇当粤港澳大湾区高等教育发展排头兵，以更加优异的成绩迎接党的二十大胜利召开！

学校工作总结和工作要点

华南理工大学2021年工作总结

2021年是党和国家历史上具有里程碑意义的一年，面对百年变局和世纪疫情交织，面对开局"十四五"、启航新征程的挑战，学校坚持以习近平新时代中国特色社会主义思想为指导，在党中央、教育部、广东省的正确领导下，深入学习贯彻党的十九大和十九届历次全会精神，奋力开启中国特色、世界一流大学建设新篇章。学校各项事业呈现蓬勃发展的良好局面，稳居软科"世界大学学术排名"全球前200强；跻身2021年度泰晤士高等教育亚洲大学50强，位列内地高校第15位；获批广东省深化新时代教育评价改革试点校及单项试点项目2项，迈好了"十四五"的第一步。

2021年9月25日，教育部部长怀进鹏上任后调研京外部属高校，第一站就来到华工，他高度肯定学校办学发展成绩和态势，勉励学校努力发挥示范引领作用。广东省委书记李希多次肯定鼓励华工，希望学校把国际校区建设成为引进顶尖人才的综合平台、培养创新型人才的高端基地、推进科技产业创新的重要引擎。时任广东省省长马兴瑞两次来校，对学校办学如数家珍，要求我们好好总结非常有特色和显示度的"华工模式"。

一、扎扎实实高质高效，全面开展党史学习教育

（一）精心谋划，明确要求

学校召开党委常委会专题进行研究和部署，成立党史学习教育领导小组，下设"一办四组"工作机构，组建11个校内巡回指导组，制定学校党史学习教育领导小组及办公室工作制度、巡回指导组工作手册等。先后召开动员大会、总结大会，以及20余次工作推进会，确保领导有力、组织有序、成果有效，顺畅运转。制定《华南理工大学党史学习教育实施方案》，明确责任单位和时限要求，做到活动安排流程化、时序可视化。制定《华南理工大学庆祝中国共产党成立100周年活动方案》，明确10个方面的主要安排。编制《党史学习教育专题组织生活会工作指引》，推动各党支部按时按点、保质保量召开专题组织生活会。教育部党史学习教育高校第九巡回指导组对学校党史学习教育给予充分肯定，认为学校开展党史学习教育的"氛围浓厚、特色鲜明、成效显著"，达到了学党史、悟思想、办实事、开新局的目的。

（二）丰富形式拓展内涵

学校领导班子带头学、带头讲，召开理论学习中心组学习会31次，举办为期2天的党史学习教育专题读书班，为学生讲授党课、思政课27次，带动全校各级党组织负责人讲授党课、思政课千余次。组建党史学习教育宣讲团，组织专题培训班，打造研习书院，开展"华园讲坛""党心述芳华""机关大讲堂"等"大课堂"，以及支部、班级、社区等"小课堂"等多样化学习教育2500余次、主题党（团）日活动3600余次，覆盖师生逾10余万人次。举办"光荣在党50年"庆祝活动，为397位党龄超过50年的老党员颁发纪念勋章。充分挖掘校史中的党史，设计校园红色史迹和重要纪念地游览线路，举办"党在华工一百年"主题展、优秀老党员风采展，拍摄宣传视频《百年恰风华 世纪正青春》，演出大型交响音诗《唱支山歌给党听》，与广州广播电视台共同完成党史纪录片《雏鹰展翅 红棉初心》等，推出"甲工"校友周文雍烈士事迹专题视频等。

（三）用心用情办好实事

按照学党史、干实事、解难事、谋大事、创新事、长本事的要求，深入组织开展"我为师生办实事"实践活动，制订工作方案，推进党史学习教育有力有效落实。围绕教师、学生、管理干部、离退休老同志四类党员群体，分类提出学习教育任务要求，出台指导意见，发挥各群体独特优势，促进同向发力、精准发力。分类制定"我为师生办实事"任务清单，高质量推动项目落实，已完成16项重点任务、1175件民生实事、253项重难点工作，真正把实事办到师生的心坎上。

二、踔厉奋发笃行不怠，交出办学发展亮眼答卷

（一）广州国际校区建设多点开花

1. 深化在地国际化人才培养

获批粤港澳大湾区国际化教育改革试点，全面开展综合评价招生工作，8个专业整体报考热度达2089%，招收总人数达435人，取得"开门红"。新增人工智能、数据科学与大数据技术、集成电路设计与集成系统3个专业。加大一流课程建设力度，引进海外名校合授课程，开设世界名校线上课程，增加人工智能通识教育，进一步推广基于项目式课程学习。建设"工程创新训练中心"（创新工场），高标准建成"创新工场2.0"实践创新平台，建设4家校外实习基地、12个校企联合实验室和创新实验室。引进海外优质教育资源，与罗格斯大学互建"罗格斯-华工海外教育（交流）基地"。加强本科生国境外交流，拓展一批本科及本硕双学位项目，9位学生被鲁汶大学"2+2"双学位项目录取（录取率全国最高）。深化"一站式"学生社区建设，成立铭诚书院，持续推进"现代书院制"和"全员导师制"。开设"博雅—博约—知行"系列课堂，开展150余期活动。打造学生工作"党建+"系列品牌。开展首届"生涯嘉年华"活动。

2. 加快学科和人才队伍发展

加大新工科布局力度，新建未来技术学院、海洋科学与工程学院、集成电路学院。未来技术学院建设抢占先机，入选教育部首批未来技术学院（全国12所高校之一、华南地区唯一），加快培养掌握未来关键技术的工科领军人才；与龙头企业共建5个未来创新实验室，总数达到12个。成立自旋科技研究院。建设战略前沿材料与制造、微纳电子中心、"生物医学＋"、人工智能与智能制造等4个学科公共平台。推进国际化师资队伍建设，建立健全人事人才制度体系，推进教研岗位分系列管理，创设实验技术人才队伍集约管理新模式。打通广州市高层次人才认定通道，努力兑现人才待遇。实施师资倍增计划，打造"悦见未来"引才品牌，推出广州国际校区国际学者论坛。全年全职引进高层次人才61人，改革以来已引进海内外高层次人才120余人；外专教师聘用计划、优选师资计划吸引教学师资58人；引进"信实教授"2人，"信实青年学者"3人；招收博士后22人。

3. 加强校区管理和基本建设

成立校区管委会，统筹管理校区建设、改革和发展各项工作。完善学院绩效考核指标体系，引入竞争性资源激励机制，设计专项绩效奖励方案。实施本科生学费管理模式改革，拓宽办学经费来源。加快推进广州国际校区二期工程，第一批次项目逐步进入竣工验收阶段，第二批次项目正在进行。完善校园保障系统，开发智慧后勤平台，提高精细化管理服务水平。

（二）一流学科建设硕果累累

制定实施"十四五"规划和新一轮"双一流"建设方案，4个一流学科顺利通过首轮建设评估，材料科学与工程入选一流学科培优行动计划。一批学科进入世界一流行列或前列，21个学科进入US News世界大学学科排名，其中食品科技、高分子科学和农业科学等3个学科位列全球前三，5个学科进入全球前十，15个学科进入全球百强；26个学科进入软科"世界一流学科排名"，其中食品科学与工程等3个学科进入全球前十，并列内地高校第6位，18个学科排名全球百强。医科建设取得新突破，新增药理学与毒理学进入ESI全球排名前1%，挂牌成立附属第六医院。

（三）一流人才培养质量稳步提升

1. 推进落实立德树人根本任务

推进全员全过程全方位"三全育人"，建设思政大课程，不断完善思政课程"领道"计划、公共课程"闻道"计划、专业课程"同道"计划、实践研习"悟道"计划的"四位一体"思政教育课程体系，确保每门课程都守好"一段渠"、种好"责任田"。开设4门"四史"选择性必修课，《马克思主义理论与实践》等将党史学习教育深度融入课程，组织万名学子开展乡村振兴调研等实践活动。学校获批教育部课程思政教学研究示范中心、全国高校思政课虚拟仿真体验教学中心、广东省课程思政示范校，3门课程入选教育部课程思政示范课程。以"百年接力 青春告白""百年风华 青春扬帆"为主题，精心策划开学典礼、毕业典礼，校院两级发力，大力培育和践行社会主义核心价值观。强化心理健康工作，组织"5·25"大学生心理健康活动季，启用"心易云"心理健康信息管理平台。建设第二批8个辅导员工作室，举办辅导员素质能力大赛，1人获评广东高校辅导员年度人物，2人获评2020年广东省研究生德育先进个人。李莎获评"全国巾帼建功标兵"称号，被广东省委追认为中共党员。1名学生获评第二届"百名研究生党员标兵"，1名学生获评2020年"广东大学生年度人物"。

2. 以本为本根基更加牢固

聚焦高质量本科教育建设，深化本科教育教学改革，全面提升"课堂、课程、专业、教师、培养模式、实践平台"六大核心要素质量，努力打造一流本科教育。"金专""金课"建设再创佳绩，33门课程入选国家级一流本科课程；16个专业入选国家级一流本科专业建设点，总数达到40个，占学校本科专业总数的48%。8个项目入选教育部首批新文科研究与改革实践项目（入选数量位居华南地区首位）。全年设立各类协同育人教改班31个，入选学生1000人。与华为签署"智能基座"产教融合协同育人基地合作协议，打造产教融合协同育人示范基地。设立"计算机科学与技术＋金融学""软件工程＋工商管理""自动化＋数学与应用数学"等3个双学位试点项目，探索跨学科人才培养新模式。基础学科拔尖学生培养实现突破，获批2个基础学科拔尖计划2.0基地，正式进入基础学科拔尖人才培养的"国家队"。教材建设实现突破，2种教材获得首届全国优秀教材奖。获2021年广东教育教学成果特等奖2项、一等奖3项、二等奖9项。"双创"教育氛围浓烈，2227人次学生在国内外大赛中获奖，同比增长35%。其中，在第七届中国国际"互联网＋"大学生创新创业大赛全国总决赛中获3金6银；在第十六届"挑战杯"中以项目总分第一，捧得"挑战杯"奖杯；在2021年美国大学生数学建模竞赛和交叉学科建模竞赛（MCM/ICM）中，再次获得大赛最高奖项——Outstanding Winner（特等奖）。

3. 卓越研究生教育质量保障体系更加健全

落实全国研究生教育会议精神，围绕内涵建设、质量提升核心任务，出台实施研究生教育高质量发展行动方案，研究生培养全过程管理保障体系进一步健全。强化"产教融合"，与30余家行业领军企业开展深度合作，推动工程博士跨领域产教融合协同育人项目。风景园林硕士培养模式被认定为"校企合作 双百计划"典型案例。加强联合培养基地建设，获批"广东省联合培养研究生示范基地"9个，累计达74个。国家建设高水平大学公派研究生项目录取114人，录取率达94%。学位点响应人才培养需求的能力大幅提升，获批国家集成电路人才培养专项高校、集成电路科学与工程一级学科博士点（全国18所高校之一、华南地区唯一），以及外国语言文学一级学科博士点。深化导师招生资格审核改革，强化对导师培养研究生基本条件的要求，引导导师追求科研卓越。2021年学术型博导一次通过率较2020年提高10%，达到73.86%。

4. "招生－培养" 一体化格局日臻完善

打造本科生招生链、培养链和创新链三链融合，实施"星链行动"计划，推进"繁星计划"。省内本科招生录取分数线继续保持高位，省外招生录取稳中向好，有所突破。全年组织各类招生宣讲会699场，同比增加200%，累计与400余所重点中学建立稳定关系，为326所重点中学授予优质生源基地，生源质量得到充分保证。试点科研博士,获批"科研经费博士研究生专项招生计划"试点高校,首批招收 99 名科研经费博士研究生。完善博士招生"申请—考核"制,博士招生数量达到 1138 人。硕士招生规模稳步扩大,达到 6275 人;推免生接收数量持续上升,推免比达到 34.2%。圆满完成 2021 年研究生招生,实现安全研考。

5. 来华留学教育质量持续向好

进一步加强来华留学教育教学能力、学科专业、师资队伍、教材和课程体系建设,教学、科研、服务和管理水平进一步提升。持续推进感知中国系列交流活动,培养来华留学生知华友华爱华。2021 年,学校留学生总人数为 1539 人,来自 117 个国家。生源质量和学生结构不断优化,学历生总数 1295 人,占学生总人数的 84%,创历史新高。

6. 加快推动继续教育转型升级

稳步推进继续教育科学、健康、有序转型,管好办好存量学历继续教育,确保办学稳定。按照"管办分离"原则,制定学校非学历教育管理规定系列文件,加强审核和监管,规范非学历教育办学。高端管理培训、出国留学培训、职业发展培训、自学考试组学培训稳步发展,教学质量和服务水平不断提升。

(四)一流师资队伍改革纵深推进

1. 教师思政工作和师德师风建设扎实推进

深入实施"12362"教师思想政治和师德师风工作,出台教师职业发展全过程思想政治与师德表现考察办法、师德考核实施办法等系列制度,推动师德师风建设常态化、长效化。全面落实"师德师风是评价教师的第一标准",建立"凡引必审""凡评必审"机制,进人、晋升、考核、报奖全流程考察机制进一步完善。强化高线引领,建立教师教学荣誉体系,用身边榜样传递师德力量,引导教师做育人"大先生"。加强底线约束,以"零容忍"态度严肃处理师德师风失范行为。2021 年,3 人分别获"全国三八红旗手""广东最美科技工作者""广东省五一劳动奖章"等荣誉称号。

2. 人事制度改革有力有为

全面实施一校三区"预聘—长聘"教职制改革,建立"双聘"人才共享机制,打通一校三区师资流转新通道。坚决破除"五唯"顽瘴痼疾,建立完善科学合理的教师评价体系。推进教师职称晋升改革,出台专业技术职务评审补充规定,进一步强化教学导向、质量导向和分类评价。推进绩效评价改革,实施"兴华学者"人才计划,突出教育教学实绩和学术贡献,建立完善重实绩、重贡献的激励机制。强化人才称号获得者的岗位管理,推进人才称号回归学术性、荣誉性。推进以"一院一策"为核心的引进人才评价改革,启动实施 28 个学院教研系列、5 个学院教学系列"一院一策"方案。在首届全国博士后创新创业大赛中获 1 金 3 铜。

3. 高层次人才引育卓有成效

面向全球延揽优秀人才,"预聘—长聘"制度实施以来,累计引进各类优秀人才 280 余人,其中 2021 年引进 170 人,包括引进长江讲席学者 5 人(位列全国高校第 9 位)、海外优青 10 人。人才培育工作创历史新高,马於光教授当选中科院院士,获批杰青、优青万人领军人才、青年拔尖人才等中青年国家级人才 46 人。

（五）科技创新能力显著增强

1. 重大原始创新和关键核心技术攻关能力全面提升

基础研究方面，组织申报国家自然科学基金项目1259项，获批279项，资助直接经费1.92亿元，较2020年增长17.9%，其中，获批杰出青年项目3项、优秀青年基金项目8项，人才类项目获批数创历史新高。牵头获批联合基金集成项目1项、重大项目课题1项、重点项目7项、联合基金重点支持项目4项、国际合作重点项目1项。获批广东省基础与应用基础研究项目292项，总经费4010万元，获批项目数和经费数分别较2020年增长42.1%和30.5%。应用研究方面，获批国家、省市各类科技攻关项目471项，经费4.11亿元。其中，牵头获批国家重点研发计划项目8项，课题53项，总经费共1.36亿元；获批广东省重点领域研发计划项目（含参与）26项，总经费近4400万元；牵头获批国家、广东省国际合作项目14项，总经费近1000万元。科技创新平台体系不断健全，推进国家级平台重组及优化整合工作，聚合物新型成型装备国家工程研究中心成功进入第一批新序列国家工程研究中心名单；人工智能与数字经济广东省实验室（广州）纳入鹏城实验室广州基地。2021年新增6个部省级科研创新平台，截至目前，学校共有193个自然科学类科研平台，其中国家级平台26个。科技成果质量稳步提升，获高等学校科学研究优秀成果奖（科学技术）3项，其中一等奖2项，获广东省科学技术奖22项（数量位居全省首位）。2021年省奖申报数达50项，创历史新高，较2020年增长25%。1人获"吴文俊人工智能杰出贡献奖"，1部作品获评科技部"2020年度全国优秀科普作品"，4种期刊获广东省高水平科技期刊建设项目，学术影响力进一步提升。

2. 科技成果转化方面取得重大突破

积极主动对接知名企业、地方政府、产业园区、转移服务机构等，拓展转化渠道，以选派科技特派员、校企横向科技合作、校企共建联合研发机构为抓手，推进产学研"点线面"全面提升。2021年，8个团队获批农村科技特派员项目资助，2人获"优秀农村科技特派员"称号；签订横向合同超1600项，合同总经费超过8亿元，其中500万以上的重大横向合同13项；与美的集团等企业共建25个联合实验室，获得研发经费超8000万元。"五院一园"科技成果转化示范区建设加速推进，国家大学科技园顺德创新园区顺利通过国家大学科技园绩效评价。获第二十三届中国专利奖6项（金奖1项、银奖1项、优秀奖4项），以第一专利权人获奖总数5项（并列全国高校首位）；获第八届广东专利奖3项（金奖2项、优秀奖1项，获奖数量并列广东首位）。全年通过专利许可、转让、作价出资方式转化合同99项，合同金额达4169万元。获首批高校专业化国家技术转移机构建设试点、首批国家知识产权示范高校，连续三年居"中国高校专利实力100强"榜单前三位。

3. 哲学社科发展水平实现稳步提升

大力实施哲学社会科学繁荣计划，加大重大项目的组织策划和支持力度，国家级重大、重点项目稳步增长，获批国家级社科重大项目4项，国家社科基金其他类别项目39项。获第六届全国教育科学研究优秀成果奖二等奖1项；获第九届广东省哲学社会科学优秀成果奖 26 项,其中,特等奖 1 项、一等奖 10 项,获奖总数和一等奖数量为历年之最。2021 年,学校获批 9 个部省级人文社科类科研平台,创历史新高。至此,学校共有 51 个部省级及以上人文社科类科研平台,其中国家级平台 2 个。决策咨询水平进一步提高,2 个案例入选 2021 年中国智库参考案例,公共政策研究院累计提交各类决策咨询报告 260 余篇,其中 11 篇获中央领导批示。

(六) 高水平教育对外开放持续推进

1. 持续拓展全球合作网络

与日本大阪大学、千叶大学,意大利都灵理工大学,美国罗格斯大学,英国兰卡斯特大学,西班牙加泰罗尼亚理工大学等一批重点合作院校举行"云签约""云揭牌"等 30 多场云上活动。保持与世界一流大学的联合培养、交流交换等项目不中断,与罗格斯大学互设海外教学/交流基地,接收罗格斯大学 151 名中国籍大一新生来校学习。作为创盟成员加入"碳中和世界大学联盟",参与中意校长论坛、中英大学工程教育与研究联盟各类线上活动,倡议发起成立"中欧人工智能大学联盟"。开展"国际交流月",提升活动层次和增加活动板块,1500 余师生参加 40 余场活动。获国家级引智经费 810 万元,广东海外名师项目 31 个(居广东高校首位)。

2. 不断强化校友组织网络

加强校友联系,汇聚合作力量,在省市领导的见证下,召开发展座谈会暨校友捐赠仪式,李东生、李华、李永喜、刘石伦等 4 位校友各向母校捐赠 1 亿元人民币,共 4 亿元,是学校组建以来获得的一次性最大捐赠收入。各地校友全方位支持综合评价招生和普通本科招生工作,提升学校的美誉度和社会影响力。进一步完善全球化组织布局,推动福州、揭阳等 2 个地区校友会成立,目前海内外共有 157 个校友组织。基金会获广东省社会组织等级评估 5A 级(最高级别认证)。

(七) 文明校园创建成效巩固深化

持续培育思想引领文化产品,大型原创多媒体全景式话剧《红色甲工 血色浪漫》专场演出共 6 场,精彩剧照登上《求是》杂志。持续以"青年月""科技文化节"为统领,倡导和支持各级团学组织广泛开展主题鲜明、内容积极的校园文化活动,举办校园文化品牌活动、社团活动近 670 余场,参与人数超过 5.5 万人次。发掘藏品文化空间功能,成立博物馆筹建工作领导小组,构建文博育人平台。推选文化精品案例,3 个案例获评省教育工委"庆祝建党 100 年·践行核心价值观"优秀案例。弘扬中华传统美德,开展"迎春送福"赠春联活动、礼敬中华传统文化成果征集活动等。实施公益广告品质化提升工程,修缮维护宣传栏,分阶段推进公益广告投放。

三、深化改革聚力发展,完善现代大学治理结构

(一) 内部治理水平不断提升

贯彻落实习近平法治思想,全面推进依法治校,完善全面加强法治工作的领导机

制，制定实施"法治建设年"和进一步优化法治工作实施方案。坚持和完善党委领导下的校长负责制，健全学校党委全委会、党委常委会和校长办公会等议事规则，规范上会程序和标准。加强院系内部治理，完善院系党组织会议和党政联席会议议事规则，推动二级单位"三重一大"集体决策制度落地落实。尊重师生员工主体地位和首创精神，建立教职工申诉机制，依法依规维护教职工权益。加强学生会组织改革，校级学生会组织及28个二级学生会、26个二级研究生会均已完成改革。推进学生社团改革，规范管理108个学生社团。开展"十大提案"征集活动，保障学生合法权益。进一步健全以学术委员会为核心的学术治理体系，明确学术委员会职能，成立和调整院系学术分委员会，学术生态持续优化。调整部分机构及职数，进一步理顺管理机制、优化资源配置、提高工作效能。开展规章制度"废改立"工作，提高制度供给水平和制度建设质量。

(二）基本办学条件不断优化

深化财务管理改革，落实过紧日子要求，优化支出结构，严禁无预算、超预算、超标准、不合理等支出，稳住收支基本盘。坚持学校利益最大化，大力推动银校合作，获合作银行新增4年投入9000万元合同。学校利息收入较上年增长11.7%。优化报销业务流程，升级网上酬金申报系统，扩大手机移动支付应用范围，已覆盖100多项与师生密切相关的缴费项目。按照"先编后审"模式，强化事前概算审计。开展校内7个二级单位负责人经济责任审计项目，加强审计整改对账销号全流程管理。全年开展各类审计项目54项，审计金额79.52亿元，工程审计核减金额2100余万元。解决26个工程结算项目约1.2亿元，较好地缓解修缮工程年底积压的风险。修订学校分散采购限额标准，进一步扩大科研设备采购自主权，简化流程，提高效率。全年完成各类采购项目1320个，成交金额5.75亿元，节约预算资金1992万元，节约率3.61%。在《中国政府采购报》评选活动中荣获年度创新奖。规范院级用房管理，强化大型仪器设备共享工作。新增仪器设备固定资产1.6万台（套）、总值2.36亿元；仪器设备固定资产总计达30.92万台（套）、总值42.47亿元。大力推进企业体制改革，推进38家企业剥离退出工作，100%完成企业体制改革任务。改革完成后，学校所属企业共28家。截至2021年底，全校资产合计128.51亿元。推进五山校区土地确权，五山校区北区3个地块完成"落宗"，解决历史遗留问题。大力开展公有住房专项整治，入户查房6000余套（次），收回公有住房98套。新增3个梯井，目前建成使用的电梯井共168个，约占已售住宅楼满足加建电梯单元总数的93%。

(三）公共服务体系不断完善

图书馆新增各类文献资料10万册，图书馆馆藏文献总量达864万册，电子数据库159个。通过国家数字档案室建设试点预验收，现有馆藏总量达27万卷（件），数字档案资源563万页。学报学术质量和办刊水平持续提升，学报（自然科学版）获广东省精品科技期刊，学报（社会科学版）进入综合性人文社科学术期刊Q1区。加强出版选题开发，全年图书生产码洋近1.47亿元，发行码洋1.5亿元，出版图书815种，教育部对出版社2020年度社会效益评价考核评分等级为优秀。加强分析检测能力建设，完成分析测试中心实验室管理信息系统二期建设,全年检测及时率为99.95%,差错率为0。完成医疗器械研究检测中心设备共享平台信息化系统一期建设,进行CNAS/CMA二合一扩项评审,扩充33个检测对象188个检测项目。升级改造校园网基础设施,进一步扩大校园无线覆盖范围。全校公共无线网络实现IPv6接入,IPv4总带宽扩容至40 G、IPv6总带宽达10 G,教学办公区人均带宽达50 Mbps。

四、聚焦聚力民生实事,持续增进校园民生福祉

(一)民生投入加强保障

落实工资待遇政策,补发在职人员基本工资调标差额5074万元,人均1.2万元;调整在职人员住房公积金缴存基数和住房改革补贴,人均增加282元/月,稳步改善教职工待遇。落实医疗待遇政策,全年公费医疗总支出5607万元;为99名教职工提供重大疾病医疗救助197万元,发放"困难补助"23人次、申请"大病医疗救助基金"。统筹工会费、福利费等,增加体检经费投入,提高在职人员体检标准。保障学生奖助学金投入,发放各类奖助学贷7.49亿元;对7省因洪涝灾害等致困的150名学生予以精准资助,总计发放12.65万元。召开装备制造行业就指委成立大会。建立全员化联动工作机制,全方位推进岗位供给、全程化做好就业服务。学校就业工作案例入选"全国普通高校毕业生就业创业工作典型案例",截至2021年底,应届毕业生毕业去向落实率98.25%,稳居全国高校前列;毕业生深造率42.16%,创历史新高。

(二)重点工程加快建设

重点工程实行政府代建制,六大民生工程取得重大突破。广州市科技图书馆获得8.18亿元的市级财政支持,拟于2022年7月开工;人才公寓争取到近5000万元市级财政支持,已取得施工许可证;南北向(长江路)下沉隧道和南门广场改造均已完成招标;广园东-五山路交通枢纽已完成施工招标;逸夫科学馆和27号楼的改扩建项目将在2022年3月前陆续竣工,不仅增加1400平方米的教学科研面积,也使五山校区中轴线景观带文化核心区更加和谐美丽。医学院综合楼竣工移交,获省市级4个奖项,入选广州市精品工程(房屋质量工程)项目库。道明游泳馆正式揭幕,投入使用后将结束学校没有室内游泳馆的历史。东区运动场维修改造、人防地坑道整治、学生宿舍维修等项目已陆续竣工或稳步实施。在2022年教育部直属高校基本建设工作评估中,项目管理和日常工作完成率两项指标均居教育部直属高校第一位。

(三)关心关爱加大力度

着眼师生健康,开展"师生健康提升计划",修缮体育设施设备,举办各类师生喜闻乐见的体育比赛,再次夺得第十四届全国学生运动会"校长杯"。改造幼儿园老旧设施,为大学城校区教职工子女申请属地公办中小幼学位提供支持。依托关工委和老教授协会等"五老"平台,让离退休教职工老有所养、老有所依、老有所为、老有所乐、老有所学。加强教学督导,开展老少支部结对。发放高龄安居服务包,建立定人联系、定期慰问、定级帮扶的机制，为老同志"量身定制"的多项举措温暖人心。启用西区门诊，就近解决五山校区离退休教职工就诊需求；师生服务中心设立"爱心专窗"，优先为离退休教职工服务。持续推进智慧养老平台建设，与五山街道办协调落实家庭养老床位建设与服务工作。学校获得全国教育系统关工委先进集体、2人获先进个人荣誉称号。

（四）和谐华园加速构建

压实校园疫情防控责任，落实"四精准""六分""一独立""三全""五管"防控举措，高效率完成3轮大规模核酸检测任务，接种疫苗13.3万余剂次，开展一校三区应急演练5次，切实保障了教育教学秩序正常有序，未发生校园聚集性疫情，防控成效获国务院联防联控工作组充分肯定。严格落实实验室安全责任，推进实验室安全隐患排查。加快"大安防"系统平台建设，升级校园交通智能化管控，完善消防安全管理系统建设。开展电动车专项治理，安装充电柜/桩共1946个充电口，引进电动车600辆，方便了师生出行。实施住宅小区清污分流工程，有计划地推进小区立管及分支管改造。新增3个A级食堂，完成建设改造项目9项，师生就餐满意度为88%，卫生满意度达96%。开设12个亚专科门诊，与周边三甲医院建立医联体、专科联盟等双向转诊绿色通道。积极落实医改惠民政策，减少患者用药负担。

五、始终坚持党的领导，坚持不懈全面从严治党

（一）思想政治建设抓紧抓实

学校党委把党的政治建设摆在首位，以党的政治建设为统领，引领带动党的建设质量全面提高，真正把"两个确立"转化为做到"两个维护"的思想自觉政治自觉行动自觉。坚持正确办学方向，全面贯彻党的教育方针，召开年度全面从严治党工作会议，纵深推进全面从严治党。严格落实党委理论学习中心组和"第一议题"制度，学校党委带头开展集中学习，形成"头雁效应"，带动"群雁齐飞"。严格对标党中央关于开好党史学习教育专题民主生活会的要求，学校领导班子和全校各二级单位领导班子开展专题民主生活会74场次。

（二）宣传思想引航动力强劲

1. 层层压实意识形态工作责任

深入推进学校意识形态工作"1337"系统工程，坚持统筹发展与安全，筑牢政治安全"防护墙"。制订《华南理工大学2021年政治安全意识形态安全工作方案》，召开意识形态工作联席会议10次，聚焦重要节点、任务，打好风险防范主动战。健全"校—院—党支部"三级意识形态责任体系，实施24小时在岗在班、"平安日报"、风险隐患月排查等制度，始终保持意识形态领域高压态势。修订《华南理工大学推进落实意识形态工作责任制实施方案》，制订《华南理工大学安全稳定工作责任书落实情况检查考核方案》。强化校园新媒体平台管理，开展"清风行动"5次，排查账号264个，

对 69 个网络平台实施整改，修正不规范表述 700 余处，排查、研判网络舆情近 66 万条，保障校园网络信息安全。

2. 做好新闻宣传，讲好华园故事

校级宣传平台形成"报网微端屏"融合的全媒体舰队，官方微信入选"首批高校思政类公众号重点建设名单"、2020—2021 年中国大学官微 50 强，获广东高校新媒体影响力一等奖。抖音、快手、B 站等视频平台累计推出 399 个视频作品，多次完成重大活动线上直播。新闻网发布稿件 1124 篇，发布校外媒体报道 831 条。校报共出版发行 24 期，策划 25 个专题（版）报道。打造宣传品牌，"新能源汽车界的黄埔军校""红色甲工"等品牌深入人心。在《人民日报》、新华社、央视、《光明日报》《中国教育报》五大权威媒体上的发稿 112 篇，年度增长近 40%。

（三）基层党组织建设持续强化

制订基层党组织建设新一轮三年行动计划，制定党支部工作规定等文件，加强顶层设计和制度规范。推动学生支部按学科专业纵向设置，教师支部按系所、实验室等教学科研实体设置，探索建立师生联合党支部和学生社团设立临时党支部。推动教师党支部书记由正高职称教师担任，比例达 100%，推动专业教师担任本科生、研究生党支部书记，比例分别达到 10%、29%。抓好基层党组织书记、专职组织员、特邀党建组织员三支党建工作队伍和党员队伍建设，实施专职组织员队伍能力提升计划。落实《严格党的组织生活规定》，举办党支部书记素质能力大赛、支部风采大赛、组织生活创新案例和主题党日评选等活动，统一标准为基层党组织建设 78 个"党员之家"。1 个微党课入选全国高校"两学一做"支部风采展示活动微党课优秀作品，1 个学院获评广东省优秀基层党组织。严把党员发展质量关，深入实施高知党员发展"领航计划"，2021 年培训入党积极分子 4162 人、发展对象 3550 人，发展党员 8540 人，其中高知党员 244 人。开展"两优一先"表彰，首次单设优秀党支部书记，表彰优秀共产党员、优秀党务工作者、优秀党支部书记共 806 人、先进基层党组织 72 个。学校全年党费上缴总额约 613 万元，支出党费约 245 万元。圆满完成天河区、番禺区人大代表选举工作。

（四）选人用人工作质量不断提升

完善选人用人机制，修订《党政领导干部选拔任用工作办法》，形成《中层领导人员选拔任用工作办法》。选出用准好干部，选任中层干部 30 名，其中提任 11 名、同级任用 19 名；在提任人员中，"双肩挑"干部 5 名、女干部 3 名、党外干部 1 名。大力弘扬有为才有位，4 名提任的"双肩挑"干部有校内挂职经历，6 位提任的管理干部有校外挂职或借调经历。全面加强过程管理，从严开展 7 名中层正职、25 名中层副职试用期满考核工作。有序开展科级换届，完成 392 名科级干部的重新选任，实现 135 名干部交流轮岗，提任和进一步使用 61 名干部，科级干部平均年龄下降 1.2 岁。持续做好青年教师校内挂职工作，选拔青年教师 33 人次到 19 个机关部处挂职，3 名挂职教师提任副院长，1 名"80 后"挂职教师提任党政职能部门副职。积极推荐优秀干部人才，向中管高校、省属本科高校等输送领导干部 4 名。选派 3 名中层正职、1 名海外高层次引进人才、10名教授，对口帮扶广东石油化工学院和广东海洋大学阳江校区，选派干部教师参加中央博士服务团、政府部门挂职借调等40余人次。

（五）良好政治生态有效巩固

1. 全面增强监督执纪效能

制定落实全面从严治党主体责任"三张清单"、学校纪委和二级单位纪委全面从严治党监督责任清单以及纪委委员联系二级党组织工作办法，推动四责协同。多措并举深化政治监督，综合运用列席会议、调研检查、提出建议等方式开展监督。严实深细抓好日常监督，组织新任中层干部一对一履新谈话与廉政承诺31人次；开展领导干部插手干预重大事项自查自纠，实行领导干部落实党风廉政建设责任制履责记实；开展基建工程相关领域警示教育和岗位风险对照检查，对招生考试、人事招聘、职称评审、招标采购等事项进行"嵌入式"监督。开展专项监督，对责任落实、工作机制、网格化管理等疫情防控工作跟进监督、精准监督、全程监督；对非学历教育、基础教育合作办学、校办企业、附属医院等四个领域开展防范治理腐败风险调研和专项清理整顿。进一步畅通举报渠道，办结群众信访129件，处置问题线索19件。实事求是运用"四种形态"，谈话提醒、批评教育和诫勉谈话等处理9人次，给予1人开除党籍和降低岗位等级处分。加大落实中央八项规定及其实施细则精神力度，督促落实中央八项规定有关制度自查自纠、违规发放津补贴或福利自查工作等，治理违规收受礼品礼金行为。开展经常性纪律教育，组织纪律教育学习月活动，分层分类开展党性党纪党规教育，组织毕业生廉洁教育，推动廉洁意识入脑入心。

2. 深化政治巡察提升巡察质效

建立健全巡察观测指标体系，高质量推进三轮校内巡察工作，共组织开展对13个学院和2个直属单位领导班子的政治体检，对90名领导干部进行个人画像，将"一把手"履行第一责任人职责和廉洁自律等情况在巡察报告中单独列出。完善"六步三审"巡察整改工作流程，推动第二、三轮被巡察单位根据发现的82个问题对照制定整改措施270条，对第一轮被巡察的个别单位进行"回头看"，建立突出问题"挂牌督办"制度。系统梳理中央巡视教育部党组和31所中管高校党委发现的问题、教育部巡视学校党委发现的问题以及校内巡察发现的问题，形成分析报告和对照清单，推动全校未巡先改。锻造巡察铁军，开展全方位业务培训，广大巡察干部在干中学、学中干，部分优秀年轻干部经过巡察历练后受到提拔任职或进一步使用。

（六）助力乡村振兴成效显著

构建"大教育帮扶"格局，形成扶智、扶产、扶民"三扶一体"的全方位帮扶体系，推动民智、民生、民志共同发展。选派5名干部到脱贫攻坚和乡村振兴一线，定点帮扶云县投入和引进帮扶资金共1313.76万元，培训基层干部、技术人员共1244人次，购买和帮助销售贫困地区农产品约3423万元。召开科技助力乡村振兴推进会，形成9类28项定点帮扶项目清单。成立华南理工大学乡村振兴与科技成果转化中心，开展碳汇资源考察与数据测算，打造中药材种植基地，促进科技成果转化。建设消费帮扶智慧体验馆，推动购买帮扶地区优质农特产品常态化、长效化。学校定点帮扶工作连续三年被国务院评为"好"（最高等次），帮扶项目连续五年被评为教育部"十大"典型项目，驻孔美村工作队被评为全国脱贫攻坚先进集体，作为全国唯一高校代表在教育部新闻发布会上介绍学校帮扶工作经验。

（七）对口支援工作扎实推进

深入推进与广西大学、贵州民族大学的人才联合培养，联合招收研究生16名，联合培养本科生56名。积极推进人员挂职工作，落实学校2名教授延长在广西大学挂职时间1年。接待广西大学、贵州民族大学来访调研对口支援工作，组织专家参加支援高校的学科评估及建设方案论证，开展学术交流。

华南理工大学 2022 年工作要点

华南工〔2022〕14 号

2022 年，是党的二十大召开之年，是华南理工大学组建 70 周年暨建校 105 年，意义重大、节点特殊。学校工作的总体思路是：以习近平新时代中国特色社会主义思想为指导，全面贯彻落实党的十九大和十九届历次全会精神，贯彻落实习近平总书记关于教育的重要论述，深刻把握"两个确立"的决定性意义，增强"四个意识"、坚定"四个自信"、做到"两个维护"，全面贯彻党的教育方针，紧紧把握国家和区域发展战略机遇，围绕学校"一五三八一"工作部署，深入实施学校"十四五"规划，持续加强党的建设，落实立德树人根本任务，扎实推进"双一流"建设和广州国际校区建设，持续保障和改善民生，加快建设中国特色、世界一流大学，以优异成绩迎接党的二十大胜利召开。

一、持续深入学习贯彻习近平新时代中国特色社会主义思想，确保学校始终成为坚持党的领导的坚强阵地

1. 学习宣传阐释党的创新理论

牢牢把握迎接党的二十大召开这一主线，把学习贯彻习近平新时代中国特色社会主义思想作为首要政治任务，深入学习贯彻习近平总书记关于教育的重要论述。深入学习贯彻党的十九届六中全会精神，推动全校上下深刻把握"两个确立"的决定性意义，从党的百年奋斗重大成就和历史经验中增长智慧、增进团结、增加信心、增强斗志。全力做好迎接党的二十大胜利召开和学习宣传贯彻，制订专门方案，开展专项行动，营造喜迎党的二十大的浓厚氛围。加强党委理论学习中心组学习和"第一议题"制度落实，夯实基层党组织理论学习主体责任，促进基层党组织理论学习规范化常态化。持续打造党委讲师团、华园讲坛品牌，提高宣讲覆盖面和引领力。深化"四史"教育，认真梳理、总结、提炼学校党史学习教育中的创新做法和成功经验，建立常态化长效化制度机制，不断巩固拓展党史学习教育成果。

〔党委宣传部、党委办公室、党委组织部、学生工作部（处）、校团委、党委教师工作部、马克思主义学院等〕

2. 全面加强基层党组织建设

贯彻落实《中国共产党普通高等学校基层组织工作条例》，健全党委领导下的校长负责制，深入实施《华南理工大学加强党的基层组织建设三年行动计划实施方案（2021—2023 年）》，制订实施基层党组织书记政治能力提升计划、教师党支部书记"双带头人"队伍质量攻坚计划、学生党支部书记骨干培养计划，深入推进"对标争先"建设计划、高知党员发展"领航计划"，办好党代表工作室，做好第二批新时代高校党建"双创"工作总结验收，培育基层党建工作品牌。加强学生党支部建设，建好

"一面旗"学生党员示范岗。加强离退休党建工作。

〔党委组织部、党委办公室、学生工作部（处）、党委教师工作部、各二级党委（党总支）等〕

3. 统筹推进干部队伍建设

坚持新时代好干部标准，树立正确选人用人导向，把党管干部、党管人才原则贯穿选人用人工作全过程、各方面。以中层干部换届为抓手，围绕学校事业发展需要，加大"双肩挑"干部、优秀年轻干部培养使用力度，进一步优化干部队伍结构，提升干部队伍整体战斗力。加强干部管理监督，完善考核评价机制，强化关心关爱，激励干部担当作为。

〔党委组织部、纪委办公室等〕

4. 坚定不移正风肃纪反腐

把政治监督摆在更加突出的位置，进一步严明政治纪律和政治规矩，推动政治监督更聚焦、更具体、更有力。聚焦"三张清单"，落实"两个责任"，深入推进"四责协同"机制建设。推进实施学校纪委同二级单位班子成员集体谈话、纪委书记定期与二级党组织书记谈话，加强对"一把手"和领导班子的监督。围绕招生考试、基建后勤、物资采购、合作办学等重点领域和关键环节，做实做细日常监督。严格监督执纪问责，加强对违纪违法案件的查处和通报曝光力度，做实案件查办"后半篇文章"。持续贯彻落实中央八项规定及其实施细则精神，一严到底纠治"四风"，密切关注苗头性、倾向性、潜在性问题，强化提醒监督、宣传教育和整治力度。建立健全不同类型巡察观测指标体系，扎实开展第五轮常规巡察，健全巡察整改长效机制，强化巡察成果运用。推动各类监督有效衔接、融会贯通，形成监督合力，不断增强监督治理效能。按照上级要求开展专项检查，扎实推动整改。

〔纪委办公室、党委巡察工作办公室、党委组织部、党委办公室、审计处、财务处等〕

5. 加强校园文化建设

以校庆为契机，加强校本和校史研究，鼓励各学科、专业整理办学历史，出版《"红色甲工"革命史》，编写校庆主题丛书。培育校园文化品牌，继续展演原创话剧《红色甲工 血色浪漫》，推出原创歌剧作品《刑场上的婚礼》，举办校庆办学成果主题展览；继续推进高雅艺术进校园，组织开展系列校园文化活动。大力弘扬社会主义核心价值观，引导鼓励青年学生创作、展示、传播一批思想性、艺术性、观赏性俱佳的文化精品。提升一校三区校园环境文化品质，推进五山校区"一轴一带一区"文化景观建设，加强校园历史建筑、文物的保护工作。

〔党委宣传部、校团委、基建处、资产管理处、高等教育研究所、艺术学院等〕

6. 切实维护校园安全稳定

树立底线思维，压实安全工作责任，统筹推进消防、交通、治安、实验室、生产、网络等领域安全管理，防范化解各类风险隐患，严防"黑天鹅""灰犀牛"事件。坚持马克思主义在意识形态领域的指导地位，严格落实意识形态工作责任制，落实意识形态工作考核办法。加强对网络意识形态阵地的建设管理，优化舆情监测、研判、报告、处置等流程机制，做好学校"三微一端"等阵地管理"云防护"，构筑网络综合治理体系。推进教育融媒体建设，建好管好用好各传播渠道，加强宣传内容供给，探索开展国际传播，形成正面舆论强势。完成周界安防项目，建立校园安全信息数据"天网"。强化保密宣传教育，推进保密系统能力建设。

〔党委办公室（学校办公室）、党委宣传部、学生工作部（处）、党委教师工作部、保卫部（处）、实验室与设备管理处、校团委、教务处、研究生院、社会科学处、国际交流与合作处、后勤处、大学城校区管委会办公室、国际校区综合事务办公室、信息网络工程研究中心（信息化办公室）等〕

二、完善一流人才培养体系，切实促进学生成长成才

7. 加强教师思想政治和师德师风建设

落实《关于完善高校教师思想政治和师德师风建设工作体制机制的指导意见》，完善教师思想政治和师德师风建设工作体系，制定"12362"工作体系实施办法。加强师德师风全过程考核，强化教师思想政治素质考察，坚决实行师德失范"一票否决"。强化"高线"引领和"底线"约束，选树、宣传和表彰优秀教师典型，持续做好师德教育，落实师德失范行为通报警示制度，加强警示教育。

〔党委教师工作部、国际校区人力资源与发展事务办公室、教务处、研究生院、纪委办公室等〕

8. 加强和改进学生思想政治工作

实施"筑梦铸魂"新时代立德树人工程，加强精准思政工作，深化"三全育人"综合改革，持续完善思政工作体系。推动落实习近平新时代中国特色社会主义思想进教材、进课堂、进头脑；实施"大思政课"建设行动，发挥思政课主渠道作用，推进"明道育德"课程思政改革，建好教育部课程思政教学研究示范中心、全国高校思政课虚拟仿真体验教学中心等平台，加强马克思主义学院建设。围绕"奋进新征程 建功新时代"主旋律，开展"青春献礼二十大 强国有我新征程""青春使命""学习新思想 做好接班人""开学第一课"等主题宣传教育活动。依托教育部思政课教师能力提升攻坚计划，加强思政课教师队伍建设。完善辅导员培训体系，提高辅导员综合素质和能力。落实全国高校心理健康工作推进会精神，加强和改进学生心理健康教育工作，制定实施学生心理健康促进计划，做好科学识别、实时预警、专业咨询和妥善应对。

〔学生工作部（处）、校团委、党委宣传部、教务处、研究生院、国际校区学生事务办公室、人事处、马克思主义学院等〕

9. 着力打造一流本科教育

深入实施《一流本科行动计划（2018—2030）》《落实"以本为本"实施方案》和《新工科F计划》，着力打造高水平人才培养体系。深化"招生—培养"一体化改革，落实"强基计划"，深入实施"星链行动计划""繁星计划"，多措并举加强本科招生工作，确保生源质量。加强专业内涵建设，落实教育部新版学科专业目录及管理办法，制定《本科专业建设管理办法》，开展新专业评估，做好工程教育专业认证工作。加强一流课程建设，稳步推进国家级、省级、校级一流课程以及校企合作课程、跨学院课

程、通识课程建设。加强精品教材建设，积极申报国家教材建设重点研究基地。完善实践教学体系，推进实施"名企实习计划"，加强产教融合协同育人基地建设。引进境外优质在线课程资源，拓展优质短期团组交流项目。创新教学方法，打造一流课堂。加强教学质量文化建设，进一步完善全链条多维度教学质量评价与保障体系。完善"双创"生态体系，加强"双创"平台建设，开展创业带动就业"校企行"专项行动，做好第八届中国国际"互联网＋"大学生创新创业大赛参赛工作。提升教师教学能力，推进实施教师三年轮训计划，加强校级示范教研室和院级教师教学发展中心建设，培育申报国家级教学成果奖。以承办广东省第十一届大学生运动会为契机，完善体育场地设施，提高学生身体素质，为祖国健康工作50年打下坚实基础；出台加强和改进劳动教育、美育的实施方案，把劳动教育和美育纳入人才培养全过程，促进学生德智体美劳全面发展。

〔教务处、国际校区教学事务办公室、学生工作部（处）、校团委、创业教育学院、国际交流与合作处、国际校区全球事务办公室、体育学院、艺术学院、设计学院等〕

10. 努力提升研究生教育质量

全面实施研究生教育高质量发展行动方案，深入推进研究生教育卓越提升计划。完善研究生考试招生制度体系，健全研究生招生计划动态调整机制，确保新增研究生招生指标向国家急需关键领域倾斜。系统开展研究生培养方案修订工作，强化分类培养，加强基础学科和学科交叉课程设置。加强质量保障体系建设，强化培养全过程管理，构建多主体多维度教学质量监督反馈机制，完善预警、分流淘汰机制。完善研究生资助体系，增加科研经费项目博士助研类别，严格落实助研缴费和导师招生资格审核挂钩。强化导师队伍建设，健全导师为研究生培养第一责任人的责权机制，完善导师分类评价考核和激励约束机制。科学设置学位授予质量标准，树立正确导向，营造追求卓越的学术氛围。

〔研究生院、学生工作部（处）等〕

11. 积极发展新形势下的留学生教育

积极参与落实"一带一路"教育行动工作，新建海内外国际学生优质生源基地，进一步提高生源质量。克服疫情影响，健全学历留学生线上教学协调机制，加强来华留学教育教学能力建设，进一步完善留学生国际化人才培养体系。推进来华留学生国情教育教材和课程建设，打造预科留学生品牌，培养知华友华留学生。

〔国际教育学院等〕

12. 稳步推进继续教育转型发展

贯彻落实《普通高等学校举办非学历教育管理规定（试行）》，做好非学历教育领域相关问题清理整改工作，进一步规范办学行为，完善办学机制，健全教学质量保障体系，促进非学历教育办学健康有序发展。稳妥推进学历继续教育停招。加强职业能力、出国留学、自考助学等培训工作。

〔学校办公室、继续教育学院等〕

三、加强重点领域改革创新,服务构建新发展格局

13. 大力培养国家急需一流人才

深化人才培养模式改革,推进"未来技术学院"、教育部基础学科拔尖学生培养基地建设,加强工科领军人才和基础学科拔尖创新人才培养;完善双学位试点项目管理机制,加强跨学科人才培养;加强科教融合,强化产教协同,大力推进卓越工程师培养改革,实施集成电路高层次紧缺人才培养专项,加强人工智能等关键领域核心技术人才培养,超常规加快培养一批高层次紧缺人才。

〔教务处、研究生院、相关学院等〕

14. 加快提升在地国际化办学水平

推动实施部省市校共建协议2.0版,持续探索在地国际化办学新路子。推进"631"综合评价招生改革,加大课程建设及教学方式的改革,引进海外优质教育资源,提高全英课程质量,推行基于项目的工程学习(PBL);开展专业国际认证与课程国际评估;建设基础教学中心,成立院级教师教学发展中心。深化国际合作,拓展优质海外学习交流项目,稳妥推进中外合作办学项目或机构建设。深化"一站式"学生社区建设,发挥书院、学院、研究院等育人主体作用,多措并举加强学生思想教育和引领。统筹规划学院、研究院和学科平台建设,建好四大学科平台二期项目,推进高端电镜中心建设,服务学校"双一流"建设。全面深化人事制度改革,健全分类管理和保障机制;把握全球人才流动窗口期,聚焦头部人才,加大高层次人才引进力度;不断提升博士后国际化水平。完成二期工程建设,全方位推进智慧校园建设,促进校园服务与管理的可持续发展。完善校区管委会议事决策制度,提高校区治理能力。

〔国际校区管委会、国际校区各办公室、学生工作部(处)、科学技术研究院、信息网络工程研究中心(信息化办公室)等〕

15. 强化顶层设计和学科建设

深入推进"十四五"规划实施,加快出台专项规划、院系规划,完善学校"十四五""1+10+N"规划体系。实施学校新一轮"双一流"建设方案,统筹推进五大建设任务和五大改革任务,加快推进4个一流学科群建设,优化资源配置,强化目标导向和绩效考核,推进资源向高水平强特色倾斜。聚焦国家和大湾区重点急需领域,进一步优化学科专业结构,鼓励传统优势工科转型升级,加快广州国际校区新工科布局,加强交叉学科建设,加大对基础学科的支持力度,完善医科发展新模式,发挥马克思主义理论学科引领作用,加快建设特色文科,形成可持续发展的学科生态体系。坚持以评促建,做好6个学位点专项合格评估和17个学位点周期性合格评估工作,完善学位授权点自主审核和动态调整机制。

〔发展战略与规划处、教务处、研究生院、科学技术研究院、社会科学处、各院系等〕

16. 加快汇聚一流师资队伍

贯彻中央人才工作会议精神,落实《关于加强和改进新时代高等学校人才队伍建设的意见》,完善党管人才工作体系。加强人才引育工作,集聚战略科学家、学术领军人才和高水平创新团队,加快培养一批具有国际竞争力的优秀青年人才。完善"一院

一策"引进人才评价方案体系,制订"一院一策"晋升方案,强化学院选人用人主体地位。坚决克服"五唯"顽疾,深入实施教师评价"1+4"制度改革,重点推进教师晋升晋级综合评价和考核评价改革。推动实施"兴华学者人才计划",完善具有华工特色的师资培养和支持体系。健全博士后管理制度,加强专职研究系列岗位人员管理,提高科研队伍实力。完善非教学科研岗位人员聘用制度。加强人才安全工作。

〔人事处(党委教师工作部)、国际校区人力资源与发展事务办公室、党委组织部等〕

17. 全力打造国家战略科技力量

落实《高等学校"十四五"和中长期科技发展规划》,建设培育前沿科学中心、集成攻关大平台,推进国家重点实验室重组优化工作,全面提升国家级科研平台建设成效,争取更多科研平台纳入国家级科研基地新序列。强化跨学院跨学科建设理念,布局一批"新工科+国际化"新型科研平台,形成多学科交叉、多产业汇聚、多学院联动的新型科研基地建设格局。面向国际科技前沿,以重大科学问题和重大战略需求为引导,以中央高校交叉学科项目资助为抓手,促进学科交叉融合,培育基础研究新增长极;以国际校区新工科建设为契机,加强国际科技合作,组织承担一批重大基础研究任务,加快产出"从0到1"的原创成果。聚焦产业关键问题及"卡脖子"技术难题,结合国家和广东省重大科技专项,围绕集成电路、医疗器械、人工智能等关键领域,加强从基础研究、关键技术、装备研制、成果转化到产业化的全链条设计、一体化部署;凝练一批3~5年内有望实现突破的"卡脖子"问题任务,整合优势学科力量开展集成攻关,着力提高解决产业共性关键问题能力,强化学校创新链整体效能。加强人工智能与数字经济广东省实验室(广州)建设。

〔科学技术研究院、各国家级科研平台等〕

18. 推进高水平科技成果转移转化

以教育部开展第一批高价值专利培育试点工作和高校专业化国家技术转移机构建设为契机,扎实推进"五院一园一室"协同创新平台建设,建立健全高价值专利培育机制,完善专业化技术转移服务机构和服务模式。建立多层级联动的知识产权工作机制,优化调整资助和奖励政策,确保知识产权质量和高效益运用。加强行业龙头企业、专精特新企业协同攻关,推进校企联合实验室建设,探索校企长效合作的科技成果转化新模式。积极推进南沙创新谷建设。

〔科学技术研究院、国家大学科技园、广州现代产业技术研究院、华南协同创新研究院、珠海现代产业创新研究院、中山现代产业技术研究院、中新国际联合研究院等〕

19. 持续提升哲学社会科学发展水平

深入推进实施哲学社会科学繁荣计划,加快建设特色鲜明的哲学社会科学研究体系。加强重大项目组织策划工作,积极培育一批影响大、显示度高的优秀成果。加强人文社会科学研究基地建设,建好建强教育部哲学社会科学实验室,推动文科实验室建设。加强公共政策研究院、思想政治工作创新发展中心等高端智库建设,进一步提高决策咨询能力。

〔社会科学处、公共政策研究院、思想政治工作创新发展中心等〕

20. 持续深化科技体制机制改革

落实"三评"文件精神,扎实推进科技评价改革落实落细。深入推进"破五唯",

树立正确的科技评价导向，进一步完善科研项目、科研经费、知识产权及成果转化、科研成果评价办法等系列管理制度，不断释放科研人员创新活力。加大"十不得、一严禁"违规事项监测和整改力度，落实哲学社科领域破除"唯论文"、正确认识高校人才称号等要求，突出创新质量和贡献的评价导向。

〔科学技术研究院、社会科学处、人事处等〕

四、持续深化开放合作，有力赋能学校高质量发展

21. 做好校庆组织工作

成立校庆组织机构，加强统筹协调，精心策划和实施发展大会、学术论坛、高峰论坛、办学成果展、校友返校季等重点项目和活动，推进立体宣传报道，深度挖掘梳理校史校情，全方位展示学校办学发展成就，进一步提升学校办学特色和水平，扩大办学美誉度和影响力，引领全体华工人爱校、兴校和荣校。积极做好校友联络和服务工作，完善校友服务体系，组织各地校友会开展校庆系列活动；深入挖掘校友资源，加强教育发展基金会工作，加大筹资工作力度，广泛凝聚全球校友力量，不断夯实"华工人命运共同体"。

〔党委办公室（学校办公室）、公共关系处（校友工作处）、党委宣传部、学生工作部（处）、校团委、发展战略与规划处、大学城校区管委会办公室、国际校区综合事务办公室、各院系等〕

22. 加强对外拓展合作

全方位加强与部省市区各级的沟通交流，全力争取各方支持。积极服务云县和隆江"十四五"规划，充分发挥学科人才优势，做好云县、孔美村等定点帮扶工作，进一步巩固脱贫攻坚成果，持续发力乡村振兴。推进与云南省人民政府的战略合作，深化与贵州民族大学、广西大学、南昌大学等高校的对口支援与合作，持续开展广东海洋大学阳江校区等高校定点帮扶，推进广东石油化工学院组团式帮扶工作。推进直属附属医院建设。

〔党委办公室（学校办公室）、党委组织部、发展战略与规划处、人事处、附属医院工作办公室等〕

23. 推进高水平国际交流与合作

夯实全球合作网络，以国家建交纪念活动为契机，与一批深度合作伙伴联合开展"合作交流纪念年"活动。完善学生海外项目集群和全链条管理服务体系，加强全英课程建设，开展中外联合授课，深化与罗格斯大学、都灵理工大学海外交流基地的合作，做实做优中外合作办学项目、学生双向交流和联合培养。加强"中美青年创客交流中心""国际组织人才培养创新实践基地"等在地国际化平台建设。加强引智工作，通过引智平台和"海外名师讲授学分课程资助计划""无界讲堂"等各级引智项目，打造高质量引智工作体系。支持师生参加国际学术活动、国际组织活动和到国际组织任职。做好孔子学院的转制建设及相关周年纪念活动。

〔国际交流与合作处、教务处、研究生院、国际教育学院、国际校区全球事务办公室等〕

五、全面推进依法治校，不断提升内部治理效能

24. 强化法治工作

深入学习贯彻习近平法治思想，修订《华南理工大学章程》，完善校院两级议事决策制度体系。以宪法教育为核心，以民法典教育为重点，制定学校"八五"普法规划，开展学生法治实践教育，不断提升法治宣传教育水平。推进《华南理工大学进一步加强法治工作实施方案》落实落地，常态化开展规章制度清理，加强制度合章性审查，优化制度供给。完善学校法律风险防控体系，加强合同管理，持续推进内部控制建设，提升法律事务规范化水平。

〔党委办公室（学校办公室）、党委宣传部、学生工作部（处）、人事处、财务处、法学院等〕

25. 加强民主管理和民主监督

开展校院两级教代会换届选举，进一步落实教代会职权；畅通民主管理和监督渠道，修订《教职工申诉处理办法》。推进校院两级学术治理体系建设，深化科研诚信教育，健全科技伦理体系，营造良好创新生态。加强团学组织规范建设，全面落实学生会组织改革，持续推进学生社团改革，严格执行社团年审制度。把握新时代统战工作规律，做好民主党派和无党派人士思想政治引领工作，着力发挥党外知识分子的作用。加强信息公开工作，不断完善信息公开工作机制。

〔校工会、科学技术研究院、学生工作部（处）、校团委、党委统战部、学校办公室等〕

26. 加强实验室与设备和教学科研用房管理

加强实验室条件建设，推进实施公共实验室项目库，开展智慧实验室项目试点。加强实验室安全工作，强化安全检查和隐患整改全过程管理，推进实验室安全管理信息化建设，建立实验室安全培训中心，增强师生实验室安全意识和应急处置能力。推进大型仪器设备全入网管理，优化报废处置审批方式；完善设备购置系统建设，实现设备购置管理全流程电子化。建立健全院级用房使用效益评价机制，进一步优化用房资源配置，提升资源使用效益。

〔实验室与设备管理处等〕

27. 加强财务管理

深化财务管理改革，完善"一校三区"财务管理机制。坚持勤俭办学方针，深入落实"过紧日子"要求，积极拓展多元筹资渠道，科学配置资源，规范财务核算，加强收支管理，确保教学、科研和民生支出。继续推进全口径预算管理，严格预算执行，强化预算和绩效"双约束"。加强财务内部控制体系的建设，补齐制度短板，防范财务风险。加快信息技术与财务管理融合创新，提高财务管理服务效率。

〔财务处等〕

28. 加强内部审计

探索建立现代内部审计模式，不断完善学校内部审计体系。紧盯高风险领域，依法依规开展审计工作，做好学校年度预算执行与决算审计工作，持续开展学校中层干部经济责任审计工作。继续推进内部控制评审和风险评估，加强对被审计单位整改工作的检查和后续审计，扩大审计成效。

〔审计处等〕

29. 全面加强国有资产监管

落实企业国资管理要求，完善公司法人治理结构，强化企业风险管理，建立健全激励约束机制，促进企业高质量发展。进一步健全以管资本为主的国有资产监管体制，推进监管理念、重点、方式、导向等多方位转变。建设学校智慧型房地产管理平台，加强房屋资产统筹管理，常态化查处转租转借行为，规范公有住房租赁。深挖存量，拓展增量，争取资金，缓解教职工住房困难。继续推进五山校区宗地界址坐标点"落宗"工作，做好土地边界巡查，保障学校权益。加强电梯加建工程监督管理。

〔资产管理处、资产经营有限公司等〕

30. 加强招标采购管理

以落实新修订的《政府采购法》为契机，完善学校采购系列制度，提升采购专业化水平。推进采购信息化建设，完善电子化采购平台功能、网上竞价系统功能，开发采购实施计划系统。加强采购培训指导，强化采购用户主体责任，提高采购需求的编制质量。加强招标代理机构管理。

〔招标中心等〕

六、积极回应师生关切，强化服务保障体系建设

31. 加强学生资助和就业工作

强化资助育人，深入开展"资助文化节""四暖行动"等活动，探索推进"隐形资助"。实施就业引导工程，制订就业引导目录，完善就业困难学生台账机制，健全就业工作督查、通报、约谈机制。制订就业指导课程教师队伍管理办法，完善生涯教育体系。发挥就业创业平台作用，依托装备制造行业就业指导委员会影响力，开展线上线下招聘会和重点单位对接会。

〔学生工作部（处）等〕

32. 做实做优离退休人员服务

加强高龄孤寡独居党员和群众的人文关怀，完善定人联系、定期慰问、定级帮扶机制。加快"幸福华工居家养老模式"建设，搭建"健康适老"服务平台，推进"家庭养老床位"建设。组织开展"念师恩助老服务"工作，提高"智慧助老"爱心服务水平。加强涉老组织建设，办好老年大学，充分发挥"五老"独特优势，推进教学督导、社会服务等工作。贯彻落实中共中央办公厅、国务院办公厅《关于加强新时代关心下一代工作委员会工作的意见》，推进新时代关工委建设，庆祝学校关工委成立30周年，

推动"一院一品牌"建设。

〔离退休工作处等〕

33. 加强校园基本建设

加快推进实施滨水景观带整体提升改造计划，推进园林景观专项改造工程，完成五山校区北区北校门环境改造、南门广场景观改造、百步梯维修以及大学城校区体育馆广场维修改造工程，完成27号楼改建工程、逸夫科学馆改扩建工程等项目。大力推进五山校区学生宿舍、大学城校区研究生宿舍、人才公寓、广州科技图书馆、五山路－广园路立交等重点项目建设。规范各类维修项目实施标准。完善代建模式，创新基建项目质量管控方式。

〔基建处、大学城校区管委会办公室、国际校区综合事务办公室等〕

34. 加强图书、档案、出版等工作

推进学校博物馆建设。完善"一校四馆"文献资源建设，优化图书资源分配，提高文献服务质量和服务效率，强化学科、图书情报、知识产权信息等服务。加强档案资源、利用、安全制度体系建设，做好特色档案资源立卷工作，加强数字档案建设，加快推进国际校区新馆建设。组建学报新一届编委会，加大专题（专栏）选题策划力度，构建国际化的用稿机制，进一步提高学报办刊质量和水平。开展"学术精品工程"建设，拓展新学科教材选题，策划出版具有自身特色和优势的大众图书，提升大众读物影响力指数。

〔党委宣传部、图书馆、档案馆、学报编辑部、出版社等〕

35. 提高分析检测服务水平

强化分析检测工作质量管控，完善CMA管理体系，推进分析测试信息化管理系统建设，做好学生操作技术培训。加强医疗器械研究检验中心建设，做好CMA/CNAS扩项，强化实验室资质认定流程规范管理，提高检测能力。

〔分析测试中心、医疗器械研究检验中心等〕

36. 推进数字校园建设和应用

推进落实"教育数字化战略行动"，加强新型信息基础设施建设，提高校园无线网络覆盖率，开通5G校园网专网和光网络覆盖试点，试点扩大校内CDN缓存能力，建设泛在接入、弹性可控的校园网。加强数据治理，建立数据中台，强化数据的集成与服务功能。深化信息技术与教育教学融合创新，建立教育信息化产品和服务进校园审核制度。推进后疫情时代线上线下融合式教学，加强智慧教学建设和在线开放资源建设，促进线上线下混合教学创新和质量提升。加强轻应用建设，开发教师填表平台，提高"一站式"信息化服务质量。强化关键信息基础设施保障，提升个人信息保护水平。

〔信息网络工程研究中心（信息化办公室）、教务处、研究生院等〕

37. 优化校园后勤服务保障

加快食堂餐饮项目建设，提高饮食服务质量。推进垃圾分类工作，加强校园绿化养护和节能管理，持续改善校园环境，建设"绿色校园"。加强物业监管，提升物业服务水平。加强车辆管理，建设"三校联通车辆管理系统"；加强校园电动自行车管理，推进充电装置建设，规范共享电动车管理，提高师生交通出行便捷性和安全性。改善就医条件和水平，提高诊治能力，完善门诊、住院信息系统，提升医疗服务质量。

〔后勤处、保卫部（处）、大学城校区管委会办公室、国际校区综合事务办公室、校医院等〕

38. 抓好校园常态化疫情防控

贯彻落实上级和属地疫情防控部署要求，按照"三全""五管"工作要求，坚持人、物、环境同防，聚焦重点环节，查短板、强弱项，压实责任，确保疫情防控措施和要求落地落实；强化人员摸排和健康管理，严格执行"日报告""零报告"制度；健全应急预案，加强应急演练和培训，提升应急处置能力，坚决防止疫情进入校园，坚决杜绝聚集性疫情的发生。

〔校内各单位〕

重要讲话

以全面从严治党为引领　确保"十四五"开好局起好步 勇当粤港澳大湾区高等教育发展排头兵*

章熙春

（2021 年 3 月 12 日）

同志们：

刚刚过去的 2020 年，非同寻常、极其难忘。面对百年未有之大变局，面对百年不遇之大疫情，面对"十三五"收官的艰巨任务，在中央和地方的有力支持和深切关怀下，学校党委以强大的定力和底气，带领各级党组织和干部，贯彻落实新时代党的创新理论，强化政治建设引领作用，着力推进全面从严治党，增强"四个意识"、坚定"四个自信"、做到"两个维护"，为实现疫情防控和办学发展"双胜利"提供了坚强保证。下面，围绕会议主题，我主要讲四点内容。

一、坚定不移全面从严治党，推动践行"两个维护"具体化

回顾过去一年全面从严治党工作，成果丰硕，成效显著。体现在十个方面。

一是胜利召开第十七次党代会，擘画了"一五三八一"战略部署（即高举一面旗帜、深化五大建设、实现三个领先、推动八项重点任务、强化一个政治保障），极大地提振了全校师生干事创业的精气神，全面开启了中国特色、世界一流大学建设新征程。

二是抓实疫情防控这一首要政治任务，始终把师生生命安全和身体健康放在第一位，打好了一场惊心动魄的"大战"，参加了一次艰苦卓绝的"大考"，上好了一堂激荡人心的"大课"，实现零确诊、零疑似、零密接、零无症状感染者"四个零"目标。

三是持续强化用党的创新理论武装头脑、指导实践、推动工作，严格落实"第一议题"制度，打造"党委讲师团""华园讲坛"两大品牌，校院两级党政主要领导坚持带头上思政课，"头雁效应"逐步彰显。"同心战疫 众志成城"新学期云升旗、云思政，吸引近 200 万师生与网友在线参与。

四是深入实施基层党组织提升工程，创新开展党建活动，组织建设基础工作更加规范、品牌特色更加鲜明，新增全国和全省党建"双创"项目 12 个。教师党支部书记实

---

* 本文是校党委书记章熙春在 2021 年学校全面从严治党工作会议上的讲话（节选）。

现"双带头人"全覆盖，其中正高职称比例达98%。

五是贯彻落实好干部标准，坚持事业为上，持续推动干部选育管用环环相扣、科学规范，不断加大优秀年轻干部队伍建设力度，忠诚干净担当的高素质专业化干部队伍加快形成。全年向外推荐3位中层干部到省市任校级领导，选任中层干部37人，其中提任28人、同级任用9人；选任科级干部49人，其中提任37人、同级任用12人。

六是筑牢守好安全防线，深入推进意识形态工作"1337"系统工程，统筹推进治安、交通、消防、实验室安全，完善风险防控和应急管理工作机制，确保了校园总体安全稳定。充分发挥教育部高校思政创新中心作用，14份决策咨询报告得到中央批示。

七是持续推进"三全育人"综合改革试点工作，"十大育人"体系更加健全，"三全育人"格局更加完善。加快推进课程思政、思政课程创新，实施网络思政"七个一工程"，上好疫情防控"爱国主义大课"，强化典礼礼仪教育。李莎同学在支教期间不幸遇难，学校将研究生支教团更名为"李莎支教团"，弘扬李莎精神。打造就业"免疫模式"，落实就业"一把手"工程，我和校长亲自抓就业，靠前指挥，2020届总体就业率97.80%，在"双一流"高校名列前茅。

八是强化党管人才，以更大的力度引育人才，以更高的水平做好人才服务。推动深化人事制度改革，具有华工特色的教研系列"预聘—长聘"制度全面落地；学校党委一对一联系服务专家，多次看望慰问院士；召开引进人才座谈会和青年教师座谈会，建立"一站式"服务、专人专班响应等机制，及时有效协调和解决教师遇到的困难和问题。学校克服重重困难，千方百计推进民生工程，包括人才公寓在内的六项重点民生工程今年将取得突破性进展。着力加强教师思想政治与教育，强化教师思想政治与师德表现考察，将考察贯穿职业发展全过程，形成了上下联动的考察机制，明确师生交往行为负面清单，组织开展"师德师风建设月"活动，突出全员全过程全方位师德提升。

九是为脱贫攻坚伟大胜利贡献华工力量，学校定点扶贫工作受到各方高度认可。驻孔美村扶贫工作队获评全国先进集体（为广东省唯一入选的高校驻村工作队），定点扶贫工作连续3年被国务院扶贫办评定为"好"（最高等次），连续4年获评"教育部直属高校精准扶贫精准脱贫典型项目"，《人民日报》《中国教育报》报道学校定点扶贫工作成效和经验做法。

十是持之以恒正风肃纪反腐，紧盯疫情防控、立德树人、思想政治、意识形态、师德师风、脱贫攻坚等重点领域，以及党员领导干部这个"关键少数"，强化政治监督，做细日常监督，抓实作风建设，深化运用"四种形态"，高标准高质量推进校内巡察，改革纪检体制，学校良好的政治生态进一步巩固发展。

党的领导全面加强，校园生态风清气正，助力学校办学发展强势攀升。2020年，学校在世界公认的四大大学排行榜的表现更加亮眼。我们承办的中国国际"互联网+"大学生创新创业大赛异常精彩、圆满成功，创下了多个纪录；广州国际校区探索在地国际化办学新路子成效初显，校区二期工程顺利开工，构建可持续发展的投入机制取得突破性进展；"双一流"周期建设圆满完成，一批学科进入世界一流行列或前列。1项科技创新成果被列为全球化学领域年度十大新兴技术，1人获第二届全国创新争先奖。依托学校建设的人工智能与数字经济广东省实验室（广州）列为鹏城国家实验室广州基地。入选"强基计划"试点高校，学生在多个全球大赛中登顶夺冠。

2020年11月，国务院副总理孙春兰来校视察调研，充分肯定了学校成绩。广东省委书记李希、省长马兴瑞、教育部部长陈宝生等全程陪同指导。孙春兰副总理尤其点赞了"互联网+"大赛和国际校区建设。她要求，学校要深化改革创新，加快新工科建设，在"书院制"和"全员导师制"方面加强探索，实现内涵式发展，勇当粤港澳大湾区高等教育发展的排头兵，全面提升服务区域和国家发展的能力。

这些成绩的取得，最根本的是习近平新时代中国特色社会主义思想的指引，最重要的是教育部、广东省、广州市的合力支持，最关键的是各级党组织和干部的担当作为，最给力的是全体师生员工的倾情投入。在此，我代表学校党委、代表高校长，向各级领导和广大师生表示衷心的感谢！

二、应对办学环境复杂变化，深刻把握"大学之大者"

习近平总书记在不同场合多次提及，党员领导干部要对"国之大者"心中有数、了然于胸。对我们来说，还要对"大学之大者"眼明心亮、运筹帷幄。做好今年的全面从严治党工作，尤其要清醒认识和精准把握以下三点。

一是要清醒认识今年这一特殊节点。2021年是一个非常重要的时间节点，是中国共产党建党100周年，是"十四五"规划开局之年，也是开启全面建设社会主义现代化国家新征程的第一年。这个特殊节点上，如何统筹发展与安全，增强忧患意识，树立底线思维，筑牢安全防线，确保正确政治方向？我们要保持高度警惕，要做好充分应对准备。

二是要清醒认识面临的特殊挑战。当前，我国发展仍处于重要战略机遇期，世界百年未有之大变局进入加速演变期，教育改革发展的内外部环境和宏观政策环境发生了深刻变化，对教育改革发展带来了新挑战新要求。可以说，不确定性成为学校办学发展的新常态，对我们管党治党、办学治校提出了不少新课题。我们必须保持战略定力，准确识变、科学应变、主动求变，于危机中育先机、于变局中开新局，切实办好自己的事。

三是要清醒认识高质量发展的特殊任务。党的十九届五中全会明确要"建设高质量教育体系"，2035年建成教育强国。教育是新发展格局的优先要素和内生变量。处于"两个一百年"历史交汇期的高等教育，进入了整体抓质量的新阶段，"高质量"这一主题更加突显，"改革创新"这个根本动力更加突显。学校第十七次党代会前瞻性谋划了高质量发展的路线图，"十四五"规划要把目标、框架、任务定下来，要一刻不停地推动改革和发展深度融合，为高质量发展增活力添动力。

三、着眼办学发展新形势，深入查摆差距和不足（略）

四、聚焦政治建设，纵深推进全面从严治党

习近平总书记近期在多个重要场合反复强调，要善于从政治上看问题，善于把握政治大局，不断提高政治判断力、政治领悟力、政治执行力。这是我们管党治党、办学治校必须回答的重大考题。学校全面从严治党工作中存在的差距和不足，从根本上看，是政治建设的差距和不足。做好今年的工作，要增强全面从严治党，首先是政治上自觉，坚持把党的政治建设摆在首位，坚决做到"两个维护"，确保学校始终成为坚持党的领

导的坚强阵地。

一是聚焦政治站位，着力强化党的创新理论武装。学懂弄通做实习近平新时代中国特色社会主义思想是我们必须坚持的长期政治任务，是推动"两个维护"具体化的首要任务。要严格落实"第一议题"学习制度，持续发挥校党委理论学习中心组"领头雁"作用，打造更多学习品牌，完善各项学习制度，尤其是二级党组织理论学习制度，要加强指导和督查，进一步推动理论学习常态化制度化长效化。开展党史学习教育是今年重大政治任务，广东省、教育部相继召开了动员会，等下我们也要进行专门的动员和部署。其实相关活动和工作我们在去年就安排和启动了，接下来要在全校迅速掀起学习教育的热潮，并贯穿全年。

二是聚焦政治功能，全面推进基层党组织建设提质增效。党的基层组织是党全部工作和战斗力的基础。要进一步增强基层党组织政治功能，旗帜鲜明讲政治抓政治，严肃党内政治生活，在建党100周年庆祝活动和党史学习教育等学校中心工作、重大任务中淬炼组织力，强化基层组织在其中的政治引领、督促落实、监督保障作用。要进一步做好基层党支部工作，以党支部换届为契机，优化党支部设置，从机制上确保党支部发挥政治把关作用，落实党支部职权，加强在高知识群体中发展党员，提升支部书记特别是教师党支部书记抓党建工作的能力，真正把党的"神经末梢"强起来。今年支部书记正高要达到100%。要进一步加强基层党建品牌建设，扎实推进基层党建规范化建设，持续推进党建示范创建和质量创优"双创"工作，切实提升学校基层党组织的政治领导力、思想引领力、群众组织力、师生号召力、队伍战斗力，坚定不移把党的全面领导落实到最基层。

三是聚焦政治能力，持续加强干部队伍建设。从2019年3月到2021年3月，两年时间，习近平总书记4次到中央党校参加中青年干部培训班的开班式，并发表重要讲话，对年轻干部们提出不同层面上的期待与要求。归根结底，我们的党员干部必须增强政治判断力、政治领悟力、政治执行力，才能推进学校高质量发展和个人事业发展。提升政治判断力，要求我们的干部要站稳立场，自觉用党的创新理论武装头脑，提高政治站位，增强政治意识，善于用政治眼光观察和分析学校改革发展问题，工作部署、工作推进要把握政治判断标尺，遇事多看政治得失、政治风险。提升政治领悟力，要求我们的干部要及时跟进学习党中央精神，深刻认识和领会党中央关于高等教育的重大决策部署，领会教育部党组、广东省委的贯彻落实要求，经常对标对表，切实做到上级提倡的坚决响应、上级决定的坚决执行、上级禁止的坚决不做。提升政治执行力，要求我们的干部把上级政治要求创造性转化为推进工作的具体措施，自觉把学校的事、学院的事、部门的事，与国家、与粤港澳大湾区发展结合起来，找到切入点、着力点、突破点，主动融入和参与新发展格局的构建，在新时代新征程中建功立业、奋勇争先。

四是聚焦政治安全，推动建设更高水平的平安校园。统筹发展和安全，筑牢防范化解各类风险的"铜墙铁壁"，要抓实责任制度，要抓好研判预警，要抓强应急处突。抓实责任制度，要严格落实意识形态工作责任制，严格落实安全生产责任制，强化责任制落实的考核，并在追责问责上作出明确规定和要求，让责任制"长出牙齿"。抓好研判预警，要用好教育部思政工作创新发展中心，坚持定期开展综合研判，加强重大决策风险评估，把握意识形态领域的前沿动向。抓强应急处突，要管好阵地和平台，管好重点人群，加强与网信部门沟通，完善网络舆情工作机制，狠抓安全巡查和应急演练。今年学校将投入专项资金，强化校园周界安防建设，增强校园出入口、学生宿舍、楼宇技防能力。我们的党员干部特别是学校领导要真正深入基层联系学生，到社团、到宿舍、到课堂、到实验室去，这个要从体制机制上确保。特别是，要树立底线思维，凡事从最困难、最坏处准备，一旦发生突发事件，要以最快的速度第一时间处置，决不能让局部风险演化为系统性风险，决不能让"黑天鹅""灰犀牛"事件阻滞学校改革发展进程。

五是聚焦政治监督，持之以恒正风肃纪反腐。强化政治监督的根本任务就是"两个维护"，核心就是保障习近平总书记重要指示精神和党中央重大决策部署落地落实。做好政治监督，关键是不仅要看说了什么、做了什么，更要看做到了什么、做到位没有，推动监督机制规范化、监督内容精准化、监督措施体系化、监督成效最大化。监督重点要更聚焦，围绕学校第十七次党代会重点任务落实、重大民生工程进展、全面落实立德树人情况等，制定政治监督清单，开展"政治扫描"，进行全面诊断。监督方法要更完善，找准政治监督与业务工作的结合点和切入口，综合运用走访、调研、督查等多种方式把政治监督融入日常、形成常态。我们的监督效果要更突出，坚持结果导向，既问"药方"又问"疗效"，对重点人、重点事、重点问题和整改工作旗帜鲜明提出意见，推动监督、整改、治理有机贯通，着力发现和推动解决存在的突出问题，切实发挥监督治理效能。

党风廉政建设和反腐败斗争永远在路上，必须把严的主基调长期坚持下去，按照"三不"一体理念持续推动正风肃纪反腐。一要从严推进作风建设。对违反中央八项规定及其实施细则精神的行为露头就打、反复敲打，对贯彻上级决策部署做选择、搞变通、打折扣等形式主义、官僚主义问题毫不妥协、靶向纠治，既防止不作为慢作为，又防止乱作为假作为。二要从严规范执纪问责。严查"重点事"，对政治问题和经济问题交织的腐败案件，以及利用招生考试、基建后勤、项目评审、资金分配、科研管理等搞以权谋私、利益输送的腐败问题严肃查处。严格执行问责条例，对抓党建失职失责、推进全面从严治党不力、巡察整改弄虚作假等情形严肃问责。三要从严整治师生身边腐败和不正之风。继续紧盯重要时间节点强化提醒监督，不断加强艺术类和高水平运动队等特殊类招生监管，深入纠治入党推免、评优评先以及奖助学金和补贴发放等涉及学生切身利益领域的"微腐败"问题。

今年巡察工作力度要加大。中纪委、驻部纪检组最新精神要求，要通过巡察发现问题、形成震慑、推动改革、促进发展。接下来要进一步完善巡察工作体制机制。制订巡察全覆盖工作规划，不断巩固和完善党委履行主体责任的体制机制，强化巡视巡察上下联动，将教育部巡视发现的问题作为巡察监督的重要内容，优化巡察工作规程和观测体系。要进一步推动巡察整改落实和成果综合运用。写好巡察工作"后半篇文章"，建立定期听取被巡察单位主要负责人整改情况汇报机制，建立巡察整改日常联合监督机制，将巡察结果和整改情况作为干部选拔任用、考核评价、评先评优重要参考等。

学校党委支持纪委坚持"三个区分开来"，对受到失实检举控告的干部及时澄清，为敢担当善作为的干部撑腰鼓劲，让他们轻装上阵，稳步前进，全力投入。打铁必须自身硬。学校纪委机构和干部要加强政治和业务学习培训，在实践中提高主动发现、精准查处问题的意识和能力，力争在政治素质、专业能力、斗争艺术和斗争水平等方面有大的提升。

六是聚焦立德树人，有力促进师德师风建设常态化长效化。中央和教育部党组高度重视教师思想政治与师德师风建设工作，将师德师风建设列入年度工作要点，列入"奋进之笔"攻坚行动。学校要把这项工作提到新的高度，作为重点任务抓实抓好。一是加强校院两级协同。学校党委将加强对师德师风建设工作的全面领导，压实二级单位主体责任，尤其是学院党委责任；压实"一岗双责"主体责任，切实发挥学院党委的政治核心作用。二是加强部门和学院联动。相关部门和学院要严把师德师风关口，全过程评价、全过程考察，严把入口关、考核关、监督关、惩处关，形成集督促机制、考评制度、奖惩制度、多位监督为一体的监督保障体系。三是加强激励和约束并重。建立师德表彰奖励制度，对师德表现优秀的教师给予奖励宣传，树立良好模范，对违反师德的行为坚决给予处罚。

这里要特别强调研究生导师队伍建设。导师是研究生培养第一责任人。今后，导师遴选、聘任和认定必须坚持师德师风是第一标准，导师招生资格审核要突出落实立德树人首要职责要求，导师培训等日常管理要将师德师风建设作为核心任务，这也是学校研究生教育改革创新的着力点之一。请在座的学院书记传达到教师党支部，传达到每一位研究生导师。同时，请学院书记、院长要眼观六路、耳听八方，及早发现隐患和问题，及时处置。

七是聚焦"两个责任"，汇聚全面从严治党的大合力。做好全面从严治党工作，必须牢牢牵住责任制这个"牛鼻子"。一要全面落实主体责任。严格落实《党委（党组）落实全面从严治党主体责任规定》，压紧压实全面从严治党的责任链条，各级党组织和党员干部要对责任清单了然于胸，照"单"落实、照"单"考核、照"单"问责。这里包括三个层面的清单：校院两级党组织主体责任清单，书记第一责任人职责清单，班子其他成员"一岗双责"清单。二要切实强化监督责任。学校纪委要盯住重点人重点事，发挥专责监督作用。要紧盯主体责任落实，从责任分工、责任落地、责任考核和监督追责全过程入手，督促党组织落实主体责任、"一把手"落实第一责任人责任、班子成员落实"一岗双责"。要紧盯关键少数，突出"一把手"、领导班子成员和重点岗位、关键部门负责人，督促依法履职、廉洁从业。要紧盯关键领域，强化对人、财、物和权力集中部门和易发生问题环节的监督，督促完善权力运行制约和监督机制建设，健全廉政风险防控机制，推动监督下沉、监督落地、监督于问题未发之时。三要促进各类监督贯通融合。要把党委全面监督、纪委专责监督、党的工作部门职能监督、党的基层组织日常监督、党员民主监督等有机结合起来。要完善工作协调机制，推动纪检监察与巡察、审计、信访监督等有效衔接，形成常态长效的监督合力。

同志们，今年是开局之年，是又一个政治大年、改革大年。学校各级党组织和干部要更加紧密地团结在以习近平同志为核心的党中央周围，牢记为党育人、为国育才初心使命，锚定学校第十七次党代会擘画的发展蓝图，以政治建设为引领，坚定不移推进全面从严治党向纵深发展，确保学校"十四五"开好局起好步，以新气象、新成绩庆祝中国共产党成立 100 周年。

在2021年综合评价录取招生宣传动员培训会上的讲话

高 松

(2021年4月6日)

老师们,同志们:

今天,学校召开综合评价录取招生宣传动员培训会,就2021年综合评价录取招生宣传工作做专门的安排部署,主要有三点考虑:

一是综合评价录取是招生制度改革的重要内容。2020年10月出台的《深化新时代教育评价改革总体方案》,明确提出要"加快完善初、高中学生综合素质档案建设和使用办法,逐步转变简单以考试成绩为唯一标准的招生模式"。今年,教育部发布的《做好2021年普通高校招生工作的通知》进行了具体的安排和部署。我们学校要积极稳妥推进考试招生制度改革,特别是要抓好综合评价录取工作,确保公平、安全、有序实施。

二是综合评价录取是高考综合改革的重要内容。今天早上8点,学校刚刚发布了今年五省市(上海、广东、山东、江苏、浙江)综合评价报名的通知,以及上海、广东的综合评价招生简章,已经向社会公布了具体的细节。值得注意的是,今年第三批高考综合改革一共涉及8个省市,实行新高考,江苏、广东在这其中,这里面有点双重改革的味道。因此,大家要详细了解高考综合改革的文件,认真研读学校发布的招生通知。只有自己清楚了,才能把今年的综合评价录取工作切实开展好。

三是综合评价录取是学校办学改革的重要内容。广州国际校区经过两年的试运行,以其扎实的成效获得了各方的高度认可。经过教育部、广东省政府批准,自今年起,广州国际校区开始承担粤港澳大湾区国际化教育改革试点工作,招生改革是试点工作的重要内容,也是学校创新人才选拔、推动办学改革的重要抓手之一。今年最大的不一样,就是综合评价只面向广州国际校区,只在广州国际校区的专业内进行,这跟往年覆盖学校3个校区的部分专业非常不同,大家一定要不断增强对工作的认识和对校区的体验,在招生宣传的时候才能讲清楚、讲到位。

基于这三点,我们今天的会议,既是工作部署会,更是招生动员会,还是培训学习会。接下来,我结合今年招生的新变化,谈三点意见。

一、适应新变化,做好广州国际校区招生工作

2020年11月19日,中共中央政治局委员、国务院副总理孙春兰来学校调研,对学校办学改革发展尤其是广州国际校区建设提出了殷切期待和要求。为了进一步贯彻落实孙春兰副总理有关指示精神,我们在广州国际校区探索深化招生培养一体化改革。

2021年广州国际校区本科招生有很多新的变化，我简单归纳了一下，主要有"五个新"。

一是新的招生模式。广州国际校区2021年在广东、山东、上海、江苏、浙江等五省市，开展"631"综合评价招生录取，模式与往年非常不一样，全新的招生录取模式给广州国际校区的招生宣传工作提出了更高的要求。

二是新的招生规模。广州国际校区2021年本科高考招生规模达400人，是2020年的近两倍，其中250人在广东省录取，150人在其他4个省市录取，这对我们学校的录取工作，尤其是在广东录取排位将带来比较大的冲击。

三是新的招生专业。我们今年年初在广州国际校区成立了未来技术学院，新增了人工智能、数据科学与大数据技术2个本科招生专业，再加上微电子学院恢复招生的集成电路设计与集成系统专业，广州国际校区2021年本科招生专业总数达到了8个，比上年多了3个。

四是新的培养特色。作为粤港澳大湾区国际化教育改革试点，广州国际校区加快推进以"三制三化"为特色的在地国际化办学理念和路径创新，其中，"三制"是指导师制、书院制和学分制，"三化"是指个性化、交叉化和国际化。"三制三化"非常亮眼、别具一格，这也是招生宣传时要重点推介的地方。

五是新的学费标准。广州国际校区将执行新的本科生学费标准，为9.5万元每生每学年。这个学费标准是在教育部和广东省的国际化办学试点指导意见下，参考国内其他国际化办学高校制定的，是经过了充分的调研和科学论证的，是与国际校区的办学特色、模式、软硬件条件相匹配的。当然，新的学费标准对招生工作提出了新的挑战，对人才培养工作也提出了新的更高要求。

二、发展新举措，深化广州国际校区培养改革

为保证广州国际校区综合评价录取生源质量，从今年起，我们开始在广州国际校区实施"星链行动"计划。这是新的计划，最大的特色就是把人才培养目标定位为新工科领军人才的"未来之星"。为了培养更多更优秀的"未来之星"，需要以招生培养一体化改革为切入点，打通中学和大学之间、招生和培养之间、教学和科研之间的隔阂，实现招生链、培养链和创新链的有机融合，探索基于高考的综合评价招生录取模式以及与之相适应的招生宣传工作方式，有效提升生源质量和人才培养质量。在"星链行动"计划实施过程中，需要重点关注3个方面。

（一）通过完善招生链，优化综合素质测试环节

学校实行的"631"综合评价招生录取模式，是按照6∶3∶1比例，即学生高考成绩占综合成绩的60%、学校综合素质考核成绩占30%、高中学业水平合格性考试换算成绩占10%，最终构成考生的综合成绩。其中，占30%的学校综合素质考核成绩是关键。我们要通过制定科学合理并符合实际的综合评价考核标准，细化考核实施办法，建立科学规范的综合素质评价体系，打造有效的和多元化的人才评价选拔机制。

一方面，要优化综合评价测试的考核标准，确保科学、精准地遴选到优质生源。参

加面试的评委，无论是谁，都要作风正派、责任感强，秉持一颗公心，怀揣一份热心；专业教师要在相关领域有卓越的表现，学生思政管理人员要有丰富的学生工作经验，在面试工作前都要参加系统的岗前培训。在面试现场，要能结合科学设计的题目内容，全面考查学生的综合素质，重点考查学生的知识水平、能力素养、性格品质、理想信念、学术志趣以及发展潜质等，让优秀学生脱颖而出。

另一方面，要加强综合素质测试的规范管理，确保测试环节平稳有序。要严格执行教育部关于特殊类型考试招生工作相关规定，把实施招生"阳光工程"要求贯穿综合评价测试全过程。要按照国家教育考试安全保密工作要求，参照高考考务管理工作规定，确保命题、考试、评价全程都安全、公平、公正。要建立和完善招生、纪检、专家等集体决策和相互监督的招生工作机制，重点强化对考生资格审核、测试过程、录取环节的监督检查，确保程序公开、结果公正。

（二）通过打通培养链，稳步推进"繁星计划"

大学和中学在人才培养方面如何加强合作，如何衔接得更好，是我们长期以来思考的问题。以往我们和部分中学有零星合作，但还不成体系、不够全面，这次"星链行动"中首次提出了"繁星计划"，目的就是要在优质生源基地中学签订合作协议，通过推进实施"8个1"，切实打通"中学—大学"的培养链，搭建大学与中学德育要素融通一体、学段衔接贯通一体、德育实践协同一体的工作机制。

"繁星计划"的"8个1"包括：挂1个华南理工大学"繁星计划"培养基地暨优质生源基地牌；按各"繁星计划"合作中学特色与需求，共建1个实验室或实践活动室；为中学推荐至少1名优秀讲座（讲课）教授；共同开展1次大中学思政一体化教学；共同编辑或出版1个（本）面向中学生的科普知识视频或书籍；帮助中学组织开展1个品牌学科活动；组织安排1个面向中学教师的课程培训；共同制作1部"繁星计划"培养基地介绍视频。

我们要顺利实施"繁星计划"，一方面需要招生办公室和各宣传队加强和目标中学的沟通，落实活动开展具体事宜，另一方面也需要全校各院系大力配合，派出知名教授、骨干教师到中学开设讲座、授课、出版书籍、开展学科活动等。人事部门要考虑研究把教师承担"繁星计划"任务情况计入工作量，免除教师的后顾之忧。这是一项全校联动的工作，要集聚强大的合力推进。

（三）通过强化创新链，深入实施"两类项目"

一类项目是STEM先修营。STEM的概念最早由美国国家科学委员会在1986年提出，这里的"S"是指Science（科学），"T"是指Technology（技术），"E"是指Engineering（工程），"M"是指Mathematics（数学）。STEM先修营主要面向广州市所有高中高一年级学生，为学有余力的高中生提供一个自由选择、自主探索的创新教育机会，发掘开展科学和工程创新的潜力。学生可以利用周末的时间来校选修科学、技术、工程、数学等相关学科优秀课程，与名师面对面，获得跟科技和工程相关的学习体验，为今后大学的专业选择和工程学习打下稳健的基础。

另一类项目是科技特训营。这个项目主要面向具有浓厚科技兴趣的全国优秀高中学生，以高二年级学生为主。学校组织合作中学的优秀学生，利用寒暑假期来校参加"科技特训营"活动，各学院设立应用性高、寓教于乐的学科特色实验项目或适合高中生的研究型项目作为活动主题，为中学生提供提前走进大学实验室的机会，让学生亲历学科魅力，激发研究学习兴趣。

通过实施 STEM 先修营和科技特训营项目，一方面可以开阔中学生的眼界和知识面，激发和培育他们对科学技术的兴趣，增进他们对我们学校的了解，有助于发现和挖掘有潜力的好苗子，为我们提前锁定优秀生源；另一方面也可以启迪中学生的创新思维，培养学生的实践动手能力、自主思考能力、批判性思维以及团队协作能力，培育学生形成正确的世界观、人生观和价值观，为他们进入大学后的学习生活打下良好基础。与此同时，这两类项目的实施需要投入不少人力、财力和物力，尤其是在人力投入方面，面向高一学生开设的科学、技术、工程、数学等相关课程，以及面向高二学生开设的特色实验项目和研究项目，都要根据中学生的知识结构、能力水平等进行重新设计。教师在授课和指导学生方面，相关管理部门和各院系在活动组织方面也要投入大量的时间和精力。招生办公室要牵头制定相应的激励和约束机制，充分调动各院系和教师参与这两类项目的积极性，确保项目实施取得预期的成效。

三、汇聚新力量，推动广州国际校区招生结出硕果

老师们，同志们，我们今天召开培训动员会，标志着广州国际校区本科招生宣传工作全面启动。为打好这场 3 个月的招生"持续战"，打赢"十四五"发展的"开局战"，做好粤港澳大湾区国际化教育改革试点工作，在这里，我提三点要求。

一是提高政治站位，充分认识综合评价的重要意义。教育评价事关党的教育方针全面贯彻落实，事关教育发展方向。习近平总书记高度重视，先后就深化教育评价改革作出系列重要指示批示。在 2018 年全国教育大会上，习近平总书记明确提出要健全立德树人落实机制，扭转不科学的教育评价导向，从根本上解决教育评价指挥棒问题，扭转教育功利化倾向；提出要改革学生的评价体系，要坚决改变简单以考试成绩评学生的做法。作为新中国第一个关于教育评价系统性改革的文件，《深化新时代教育评价改革总体方案》明确，要深化考试招生制度改革，逐步转变简单以考试成绩为唯一标准的招生模式，是改革学生评价机制，促进学生德智体美劳全面发展的重要内容。今年，广州国际校区所有专业全面推行"631"综合评价招生录取模式，这种招生录取模式把促进学生健康成长、科学选才、公平公正作为出发点和落脚点，是学校深化新时代教育评价改革的先手棋，各级管理干部和全体师生务必统一思想认识，提高政治站位，确保广州国际校区综合评价招生录取顺利实施。

二是树牢大局意识，形成综合评价招生宣传的合力。一流的生源是大学一流人才培养和持续发展的基础条件，没有一流的生源，就难以创造一流的成绩，建设中国特色、世界一流大学也将受到严重影响。我们务必要全校"一盘棋"，从改革发展大局出发，以主人翁精神参与到招生宣传工作中去，为广州国际校区招生宣传工作贡献一分力量。根据广州国际校区招生宣传工作需要，学校成立了以章熙春书记和我为组长的本科招生宣传领导小组，负责顶层设计、统筹把关。设立了4个专项工作组，每个组要按照承担的工作，把措施和方案制定好，逐项逐条把任务落实好。设立了12支宣传队，包括广东8个片区和江苏、山东、浙江、上海4个片区，每支队伍都是由一位学校领导负责，带头做好片区招生工作，同时，各支宣传队都配备了精干的领队，各个领队作为本队招生宣传工作的第一负责人，要精准分析、精准定位，合理分解工作任务，明确人员分工职责，确保招生宣传工作深入中学、深入班级，贴近家长、贴近考生。

此外，招生办公室、党委宣传部作为牵头部门，要进一步加强联动、加大力度，大力营造良好的舆论氛围，把全校师生员工的思想统一到最新的招生宣传工作要求上来，广泛形成人人关心招生、人人参与宣传的良好局面。广州国际校区各办公室、各学院作为专项工作组和宣传队的重要参与单位，要主动对接，加强协调，推动全员参加到招生宣传工作。学校其他单位和部门也要通力协作、各尽其责，全面增强工作合力。

同时，根据招生办公室的同志介绍，以往学生写"个人自荐信"，在说到自己为什么报考华南理工大学的时候，很多学生都说是因为自己的家人、亲戚、老师等认识的人推荐，所以他们对华工有了认识、产生兴趣，愿意报考华工，希望考上华工。正是这种口口相传的方式，每年给我们带来了一大批优质生源。我们要创新方式，积极动员，充分发挥好学校各地方校友、学生家长、在读本科生、对口联系中学、关心支持学校发展的社会各界人士等队伍的作用，让他们成为广州国际校区招生的重要推介者。

三是做细做实做精，取得招生宣传工作良好的成效。学校已经制定了广州国际校区招生宣传工作方案，但招生宣传工作成效如何，关键还要看落实。从现在的宣传到录取完成，大概有3个月的时间，有一系列的工作任务要推进，这里面包括了两个"关键窗口期"。第一个时期，从现在起到5月18日综合评价录取报名结束，只有短短一个半月的时间，如果学生没有报名，就没有参加综合评价录取的机会，这段时间我们要加大宣传力度，创新宣传方式，包括线下举办"书记校长面对面""院士名师手把手"、新闻发布会、招生说明会等活动，线上创新开播"云端直播""云游校园"等方式，充分把握好招生宣传工作的"关键窗口期"。第二个时期，从高考结束到学生完成志愿填报，是招生宣传的另一个"关键窗口期"。这个时期，几乎所有的一流大学都在积极吸纳优质生源，我们要实施好"志愿填报人盯人"策略，确保获取信任，抢得先机。这个工作量非常大，需要大家一起努力。所以，今年广州国际校区的招生宣传工作任务异常繁重，同志们要克服困难、敢于拼搏，以饱满的热情和积极的风貌，高质量、高效率地开展好工作，把招生宣传工作做细、做实、做精。

最后，为了保证全校招生宣传工作的秩序，我强调一下工作纪律。一是今年是中国共产党成立100周年，是政治大年，志愿填报的时候恰是"七一"前后，安全稳定是第一要务，各单位和个人都要增强政治责任，加强对学校招生政策、人才培养特色、所在省份高考政策以及专业填报方式的研究和学习，避免发布错误招生宣传信息等不当行为，引发舆情事件，影响稳定局面。二是学校召开的各类招生宣传工作会议，相关人员不得缺席或擅自由他人替代出席，确因特殊情况不能出席的，须在会前向会议主办单位办理请假手续，经批准后方可由他人替代出席，且在会后须及时了解会议精神和相关工作安排，确保准确掌握和解读招考政策。三是严格遵守招生宣传纪律，不得违规宣传、虚假宣传，不得违规争抢生源、违规承诺录取，更不得以任何理由接受考生或家长的钱物及宴请。对于违反工作纪律，不服从学校领导小组以及各专项工作组、宣传队工作安排，妨碍学校招生宣传工作正常开展的单位和个人，将实行问责制，追究责任，严肃处理。

"千淘万漉虽辛苦，吹尽狂沙始到金。"老师们，同志们，广州国际校区是学校发展的"新引擎"，希望大家以高度负责的态度、爱校敬业的精神，全校一盘棋、校内外联动，积极投身广州国际校区建设和发展中，为把广州国际校区建设成为粤港澳大湾区乃至全国的"新工科教育"试验田和"在地国际化"示范区作出更大的贡献。我相信通过我们的共同努力，一定能延续往年录取的良好态势，圆满完成2021年广州国际校区以及全校的本科招生工作，为学校实现"十四五"良好开局奠定重要基础。

在庆祝建党100周年升旗仪式暨红色基因传承工程启动仪式上的讲话

章熙春

（2021年7月1日）

老师们，同学们，同志们：

今天是个"大日子"，伟大的中国共产党迎来百年华诞，马上，庆祝大会将在北京隆重举行，习近平总书记将发表重要讲话。在这个历史性时刻，我们齐聚于此、隆重集会，举行升旗仪式暨红色基因传承工程启动仪式，用最赤诚的热爱与力量，共同祝福我们的党——生日快乐！

一个政党，百年风雨，成就昭如日月的伟大事业。百年来，我们的党，这个"史上最牛的创业团队"、一群"最强的中国合伙人"，团结带领人民，跋涉千山万水，穿越激流险滩，精神如炬、信念如磐，用实干成就伟业，用奋斗写就诗篇。

一所大学，百年传薪，谱写一流大学建设的精彩华章。百年来，我们的大学，与党的事业和国家发展同向同行、同频共振，坚守"办大学，就要创一流"的信念，自强不息、追求卓越，心怀天下、服务家国，打造了"一校三区高水平办学"的崭新格局，迈入了四大全球大学排行榜的实力阵营。

一叶红船，百年流光，激荡风云变幻的世纪征程。一寸山河一寸血，一抔热土一抔魂；华夏大地，一处处红色坐标，是最美最浓的色彩。习近平总书记强调，要用好红色资源，把红色基因传承好，把红色江山世世代代传下去。今天，我们启动红色基因传承工程，将党史和校史有机融合，将身边教材与党史教育有机融合，用好用活红色资源、生动传播红色文化，这对学党史、悟思想、办实事、开新局，对育时代新人、建一流大学，都具有深远的教育意义和重要的现实意义。

红色资源是华园的"活教材"。在我们身边，红楼耸立、碑铭铿锵，至今仍然很好地保留了41处历史文化建筑和人文史迹。东湖边的民主广场、笃行楼前的泳池铭，以及5号楼、青砖堡等10处红色史迹和重要纪念地，彰显着革命运动和抗战时期留下的精神力量。今天，这本镌刻着沧桑印迹的"活教材"，正无声地讲述着学校党的故事、革命的故事、英雄的故事。这本"活教材"，让华工人引以为豪，它是信念的召唤，更是无言的教诲，我们应当也必须用好这本"活教材"。

红色资源是华园的"大课堂"。我们借助多元手段，创新教学方式，深入挖掘校园红色史迹和重要纪念地背后的故事，讲述创校宗旨、立校根本、兴校历程、强校路径，推动红色资源开发利用和应用转化，就是为了让华园红色资源"活"起来。我们不断增强课堂教学的有效性趣味性，就是为了让广大师生从一幕幕革命场景、一个个红色故事中唤醒内心、穿越岁月，追寻百年印迹，弘扬优良传统，做到明理悟道、增信强志、崇德修身、力行报国。

一段段刻骨铭心的红色记忆，不仅蕴藏着我们"从哪里来"的精神密码，更标定了我们"走向何方"的精神路标。在这里，我提几点期许和希望。

一、希望青年学子，以红色基因培根铸魂，早日成长为"大栋梁"

百年前，创造和成就建党伟业的，正是家国情深的热血青年，这其中，也有早期华工校友的贡献。1921年3月，陈独秀主持成立广州共产主义小组，这是中共正式成立前国内第6个地方组织，9位成员中有5人为我校早期的校友。其中的张善铭、黄学增、黄居仁、周文雍，他们英勇就义时的平均年龄，只有29.6岁。在华工人的精神谱系里，国与家休戚相关，大我与小我命运与共。希望年轻的华工人，将小我融入大我，把个体价值的实现与国家民族的命运联结在一起，坚定理想信念，勇于担当奉献，敢想敢闯敢干，努力成长为家国情怀和全球视野兼备、"三力"卓越的"三创型"人才，在第二个百年的新征程中续写华工传奇。

二、希望广大教师，以红色基因立德树人，努力成为"大先生"

习近平总书记一直对好老师给予很高的期望，他把好老师比作打造中华民族"梦之队"的"筑梦人"。从组建初期百川归海引领高起点办学，到新时代栽下梧桐树引来金凤凰，从老一辈先贤栉风沐雨，到新一代良师为学至勤，华工学人治学问、求真理、育英才，为服务国家发展、助力湾区腾飞作出了突出的贡献。"三尺讲台系国运，一生秉烛铸民魂"。希望华园的"筑梦人"，铭记红色记忆，善用红色资源，从对历史的回望与思考中，砥砺奋进力量；从对未来的观照与践行中，扛起时代重任，努力做"四有"好老师，成为人人点赞的"大先生"。

三、希望全校上下，以红色基因滋养精神，全力推进"大事业"

知所从来，方明所去。红色资源的珍贵价值，不仅在于其历史光辉，更在于其持久的精神滋养。站在新百年办学的新阶段，全校上下要用红色基因筑牢理想信念、用红色资源凝聚奋斗力量，牢牢把握立德树人根本任务，以"双一流"和广州国际校区建设为"双引擎"，按照学校第十七次党代会擘画的"一五三八一"工作部署，乘势而上、接续奋斗，在立足新发展阶段、贯彻新发展理念、构建新发展格局的进程中谱写加快一流大学建设的新篇章。

老师们，同学们，同志们，对历史最好的致敬，就是创造新的历史。在寻根中扎根，在可为中有为，在追梦中圆梦，华工人一定能创造不负前辈先贤期望、无愧历史和人民的新的更大业绩。

跨学科研究和教育是时代发展的需求

高 松

（2021 年 4 月 28 日）

开展跨学科研究不仅符合知识生产的内在逻辑，也是新时代科学和技术发展的重要特征。20 世纪中后期以来，知识生产模式呈现出目的市场化、主体多元化、生产场域的社会化等特征。作为知识生产的载体，学科之间的边界日渐模糊，学科发展呈现出不断交叉、融合、渗透的趋势，学科体系从高度精细化向综合化和整体化发展。随着第四次科技革命的发展演进，人类面临的科学挑战日趋艰深和复杂，问题涉及面和复杂度都超过了某个单一学科所能处理的范围，单一学科视角越发显露出天然的局限性。世界各国都在抢先布局人工智能与大数据、量子科技、生物医学、新材料与新能源等新兴前沿领域，力争取得新突破，跨学科研究已经成为当前重要的研究范式。据诺贝尔奖官网统计资料显示，"1901—2016 年间诺贝尔自然科学奖跨学科研究成果获奖数共计 210 项，而具有不同学科背景的合作奖人数占比也从 1901 年的 35% 增长至 2016 年的 87.6%"。航天探索、基因测序、病毒研究等为人类历史作出重要贡献的科研突破，充分说明跨学科研究在解决科技社会重大问题方面的优势和重要性。

一、跨学科研究和教育是全球高等教育的普遍共识

在新一轮科技革命和产业变革快速发展背景下，开展跨学科研究已经成为全球高等教育的普遍共识，世界一流高校通过设立跨学科研究基金、组建跨学科研究平台等方式推动跨学科研究。我国"双一流"建设对促进学科交叉融合提出了明确要求，教育部在《关于高等学校加快"双一流"建设的指导意见》中指出，高校应立足学校办学定位和学科发展规律，打破传统学科之间的壁垒，以"双一流"建设学科为核心，以优势特色学科为主体，以相关学科为支撑，整合相关传统学科资源，促进基础学科、应用学科交叉融合，在前沿和交叉学科领域培植新的学科生长点。为积极应对科研范式变革和人才培养需求，2020 年 8 月教育部提出将设立交叉学科门类，成为我国第 14 个学科门类；2020 年 11 月国家自然科学基金时隔 11 年再次成立新的科学部——交叉科学部，显示了国家政策层面对于跨学科研究和教育的重视。

大学的学科建设既要考虑现有基础和优势，更应着眼未来学科前沿和社会经济发展需求，布局和发展新领域和新方向，即便是传统优势学科，也需认真分析研判其未来发展前沿与方向。大学特别是研究型大学的学科和学术发展，既要服务支撑当下的经济社

---

* 本文是学校校长高松 2021 年 4 月 28 日刊发于《学习时报》的文章。

会发展需求，更要引领未来行业和新产业的发展。而学科的建设和发展，不仅需要大学层面的战略规划与布局，更需要基层学术组织主动变革，不断创新组织结构和功能，以稳定支持大学开展更为基础长远和专业艰深的研究和教育，灵活适应多学科和跨学科融合研究和教育的趋势和迫切需求。面对新形势发展需求，加强跨学科学术组织建设和创新是"双一流"建设的重要课题，加快推进跨学科学术组织机构建设对于学校完善学术治理体系和治理结构、培育新的学科增长点具有十分重要的现实意义。

二、跨学科学术组织促进跨学科研究和教育

中世纪以来，大学逐渐形成以学科为基础的院系组织治理结构，在今天国内外许多大学里，院系结构仍然占据主导地位，这种结构对于系统地传授和传播学科知识有其优势，但在应对科学研究高度交叉融合发展的趋势，促进多学科交叉研究和教育等方面则存在明显不足。近 20 年来，国内外很多研究型大学为此进行了许多积极有益的探索，比较普遍的做法是在大学的传统院系之外，新成立一些跨学科的研究中心、研究院所或者研究集群，这些跨学科学术组织既有实体也有虚体，教授聘用和学生（更多是研究生）培养机制较为灵活多样，在促进跨学科研究和教育方面发挥了积极作用。但面临的主要问题是如何解决好与传统院系的交叉融合和协调发展，从而充分激发大学的活力。

传统的学术组织结构，以传统的学科划分为基础，以专业教育为中心，学科界限分明，主要为方便培养专业人才尤其研究生而设立。在成员组织架构方面，研究型大学的院系等传统学术组织，成员相对固定，是一种以永久成员 PI（固定成员）为核心的组织，流动性成员以博士后和研究生为主，Co-PI 即便有也是永久成员组内的非独立成员。这种组织最大的特点是稳定性强，有利于长线学科特别是基础学科的发展，并且有利于保持某一学科领域的高学术水平和标准。此外，院系相对固定的长聘教职，一直是吸引优秀学术人才的岗位。年轻学者对于工作岗位稳定性的心理期望，在国内表现尤其明显。因此，妥善解决好"事业编制"问题，至今仍是我国大学学科与队伍建设不得不面对的体制性问题。

而跨学科学术组织，常以方向和问题为导向，以跨学科研究和（或）教育为目标，有少数新机构未来有可能发展成为一个院系，有些则需要周期性调整研究领域和方向，有些则在完成阶段性任务后终止。国内外许多大学基本上通过"做加法"来新建这类学术组织，但是如何有序稳妥终止，还鲜有可借鉴的案例。这类组织的成员聘用采用多种模式，比较常见的有联合聘任（joint appointments）、共同资助聘任（co-funded hiring）和集群聘任（cluster hiring）等，大多采用"永久成员+流动成员（校内其他院系的永久成员）+专聘研究人员（含博士后研究人员）"模式，比较好地兼顾到本科生项目（含课程、课程模块、证书、辅修等）和研究生培养项目。也有少数未设永久成员，采用"正式研究员（聘任校内其他院系的永久成员 3～4 年）+访问研究员（聘任校外相关院系的永久或非永久成员 1～2 年）+专聘研究员（含博士后研究人员）"模式，阶段性地聚焦于某些选定的新的研究领域和方向的开拓性研究，同时培养研究生并为本科生开设一些跨学科课程。

相较于传统的院系学术组织，跨学科学术组织具有更好的适应性和灵活性，有利于大

学发展新的领域和方向，促进跨学科教育与研究，也有利于吸引和募集社会资金设立讲席岗位（faculty fellow）和访问岗位（visiting fellow），因而受到研究型大学的普遍重视。

三、加快跨学科学术组织结构建设的对策建议

在新一轮科技革命和产业变革快速发展背景下，跨学科研究是取得重大科学发现和实现引领性原创成果重大突破的重要方式，也是提升创新能力的重要途径。面向世界科技前沿、国家重大战略需求的重大科学问题，现有的学科组织模式、学术评价制度、资源分配模式等难以适应和承载跨学科研究的发展需求。成立跨学科学术机构是推进跨学科研究和教育的有效途径，可以融合汇聚校内外相关学科优势资源，开展具有开创性和前瞻性的研究，激发创新活力，产生一批国际一流成果。

第一，多元融合：加强跨学科研究和教育的顶层设计。教育部在学科目录中新增交叉学科门类为第14个学科门类，国家自然科学基金成立交叉科学部，显示了国家跨学科研究和教育的战略提升及建设紧迫性。大学从事跨学科研究和教育往往跨越了传统单一院系，多采用新建组织机构的方式进行，在校级层面要成立相应的管理机构。比如学科建设委员会下设交叉学科分委员会，具体负责交叉学科建设的统筹谋划与指导；学位评定委员会下设交叉学科学位评定分委员会，具体负责交叉学科人才培养学位授予；科技指导委员会下设交叉研究分委员会，对全校跨学科交叉研究工作提出战略规划，负责完善促进跨学科研究的关键制度和支撑体系等；教学指导委员会推动交叉学科专业的建设和复合型人才培养等。委员会挂靠具体业务部门，负责交叉学科或交叉学科研究机构设置、交叉学科人才培养项目、交叉学科研究项目等的管理和运行。同时，为了统筹开展好交叉学科建设相关工作，学校层面应出台促进学科交叉融合发展的指导性文件。浙江大学、西安交通大学等高校都出台了促进学科交叉融合发展的意见，西安交通大学还出台了鼓励机关、学院副职交叉任职的文件。

第二，有机衔接：兼顾现有学科基础和学科新生长点。开展跨学科研究是经济社会发展的客观需求，也是学科发展到一定阶段的自然产物，难以通过相关学科专业的机械组合完成，绝不是标新立异，也不是赶时髦，为了交叉而交叉。国内外高校构建跨学科组织大多以现有的高水平学科为基础，统计显示国内高校设置的142个交叉学科均有学科评估排名前30%的一级学科作为支撑。由于学科的演替与更新，跨学科研究同时应着眼于未来，在根植优势特色的同时有重点地引进国际杰出学者，开展前沿性、引领性研究，着力培育面向未来的学科生长点和创新源，积极应对科技革命和产业变革的需要以及新经济发展的趋势。跨学科学术机构无论是内嵌于传统院系中或建设独立建制的外延式机构，都需要避免"铺摊子"，结合学科发展阶段和优势特色选择发展载体。

第三，样态创新：多模式循序渐进推进跨学科机构的建设。从国内外高校的实践中可看出，跨学科学术机构的组织模式灵活多样，既有小规模的种子基金项目也有辐射全校的独立建制机构，需要与学校"双一流"建设、"十四五"规划结合起来，设定明确的战略目标。在早期阶段，可设立跨学科研究种子基金，用于识别具有重大发展前景、资助具有明确跨学科研究内容和研究目标的项目，促进院系和学科间交叉融合。对于在学院层面已经粗具规模、发展势头良好的交叉领域和方向，试点设立实体或虚体等不同层次的跨学科研究机构，突破传统院系"校—院—系"的纵向点线科研组织范式，构

建扁平化"矩阵式"合作网络。对于拟发展的国际上新的前沿交叉领域和方向，可结合国家重点实验室重组和设立前沿科学中心进行建设，组建跨学科科研团队，积极申报和承接交叉学科重大项目，开展学科交叉研究，产出重大原创性成果。

第四，制度保障：建立健全跨学科学术组织制度体系。跨学科学术机构的顺利运行和可持续发展需要与之匹配的制度体系作为保障，需要在人员聘任模式、学术成果评价、资源配置机制等方面进行适应性创新，有效发挥学术组织的主动性，激发组织内成员的内生动力。在教师聘任制度方面，通过 PI 制吸引国际领军人才，以课题组负责的独立实验室为基本研究和人才培养单元，通过双聘、集群聘任等模式打破僵化的单位制聘任结构，促进教师在院系和跨学科机构间的良性互动。在科研成果评价方面，贯彻落实《深化新时代教育评价改革总体方案》要求，制定跨学科学术成果评价制度，构建跨学科合作的学术评价和成果互认机制，激发教师从事跨学科研究的内在动力。在资源配置机制方面，前期做大增量，避免与传统院系竞争，对跨学科机构进行引导性经费支持；后期要发挥跨学科机构的自我造血功能，吸引外部资源投入。此外，要加强学科公共平台建设，推进大型仪器设备的开放共享和共用。

"顶天立地"支撑科技强国建设

章熙春

(2021年10月25日)

世界百年未有之大变局正加速演进,科技创新是其中的关键变量和重要力量,也是国际战略博弈的主要战场。突破"卡脖子"技术限制,保证关键核心技术的自主可控,既是实施创新驱动发展战略的题中之义,也是从根本上保障国家安全、提升国家综合实力的内在要求。

党的十九届五中全会提出,坚持创新在我国现代化建设全局中的核心地位,把科技自立自强作为国家发展的战略支撑。一流大学是基础研究的主力军和重大科技突破的策源地,必须强化使命担当,主动回应科技创新的重大时代命题,产出一流学术成果,培养一流人才,努力成为世界科技强国建设的重要支撑。

作为以工见长的"双一流"建设A类高校,华南理工大学把握高校科技创新所处的历史方位和肩负的责任使命,发挥自身特色优势,"顶天立地",以一系列研究成果和应用转化,展现科技创新发展中的"华工担当"。

用好"指挥棒"——健全科学的评价体系

科研评价改革是一项基础改革。遵循科技创新规律,建立健全以科技创新质量、贡献、绩效为导向的分类评价体系,用好评价这个"指挥棒",才能更好地激发人才创新活力,实现人才个人发展与推动科技创新的同向共赢。

华南理工在全国高校中,率先出台推进科技成果转化和创新创业的"华工十条",激励科研人员把沉睡专利转化为生产利器。学校规定,对全、兼职到试验区开展创新创业的科技人员,设立成果推广类高级职称评聘系列和晋升通道,将成果转化纳入"标志性成果",并在政府扶持资金、科研团队建设方面给予支持。在试验区内实施股权转化的科技成果,其无形资产所形成的股权分配比例由学校决定,成果完成人及其团队可占股份的70%~95%。"华工十条"打破了科研与转化"两张皮"的困局,点燃了广大教师"把论文写在祖国大地上"的热情,促进大量科技成果转化落地。

科技创新力的源泉在人。华南理工大学着力推进教师队伍"1+4"评价体系建设,努力在全球范围内吸引人才、留住人才、用好人才。学校建立"凡评必审""凡引必审"机制,全面落实"师德师风是教师评价第一标准";以"预聘—长聘""一院一策"聘用制度改革为突破口,全面构建专业技术职务评价体系、教师考核评价体系和人才分类评价体系,突出品德、能力、质量和贡献导向,将"破五唯"和"立新标"

---

* 本文是学校党委书记章熙春2021年10月25日刊发于《中国教育报》的文章。

并举,引导科研人员回归使命、服务发展、追求卓越。

敢闯"无人区"——深入前沿引领性研究

习近平总书记强调:"关键核心技术是要不来、买不来、讨不来的。"过去很长一段时间,我们进行了大量跟随式、模仿式的科学研究。进入新时代,我国对前沿引领性技术的需求越来越多、越来越迫切,我们必须走引领性创新之路,积极抢占科技高地,争当科技领跑先锋。

今年5月,教育部公布首批未来技术学院名单,华南理工大学成为广东唯一进入该名单的高校。建设未来技术学院,这是学校为适应时代、产业和区域重大需求,培养一批掌握未来关键技术、能与国际接轨的工科领军人才,作出的又一战略性布局。一直以来,华南理工大学坚持"四个面向",围绕高水平科技自立自强,不断加强重大基础前沿和关键核心技术的顶层设计与前瞻布局,努力在更高起点上探索国际国内的"蓝海区""无人区",填补科学研究的"空白区",实现了前瞻性基础研究、引领性原创成果的重大突破。早在20世纪90年代,华南理工大学曹镛院士团队就开始布局聚合物太阳电池等新材料领域,多次刷新单结聚合物异质结太阳电池能量转换效率的世界纪录,入选"中国科学十大进展",其所在的发光材料与器件国家重点实验室成为这一研究领域的全球学术重镇。

目前,学校有7个学科位居全国高校前10位,工程学、材料科学、化学、农业科学4个学科领域进入ESI(基本科学指标数据库)全球排名前1‰,工科排名居全球第22位,国家级科研平台、部省级科研平台数量居全国前列、广东省第一。依托这些优势学科和重大平台,学校深入实施基础研究"登峰计划"、创新平台"两峰一升工程",着力加强"从0到1"的基础研究,牵头承担70余项国家重点研发计划等国家重大科技项目和课题,从源头上为国家和大湾区产业变革提供科学与技术支撑。

在广州国际校区这一全新的国际化教育示范区,学校正积极推进跨学科研究机构的建设,在基础性、战略性、前沿性科学研究方面聚力发力,努力在高端装备制造、微电子、数据科学、人工智能、新材料和生物技术等领域取得原创性突破。

能啃"硬骨头"——突破行业性重大问题

重大创新性问题解决不了,核心技术就掌握不了,科技水平和科研产品附加值也就很难上得去。高校必须增强使命感和责任感,努力破解国家发展最紧急、最迫切的问题,研"堵点"、瞄"痛点"、解"难点",为国计民生重要领域攻克"卡脖子"关键技术问题。

对此,华南理工大学立足专业特色,强化协同优势,把发展科技第一生产力、培养人才第一资源、增强创新第一动力更好地结合起来,从产业创新的服务者转变为引领者,用"创新星火"驱动传统行业脱胎换骨、新兴产业加速崛起。

新能源汽车是我国战略性新兴产业之一,有望助力"中国制造"实现弯道超车。华南理工大学建立了一批高水平科研机构,在动力电池、电机、充电以及智能控制系统等领域取得技术突破,应用于广汽集团、宁德时代、比亚迪、大洋电机、欣旺达等国内知名企业。学校更有大批毕业生成为小鹏、威马、创维等新能源汽车企业的创始人和技术骨干，学校因此被誉为"新能源汽车界的黄埔军校"。

华南理工大学陈克复院士团队扎根造纸行业数十年，致力于解决我国日益严峻的造纸行业水污染问题，其技术革新在国际上达到领先水平，不少创新成果成为世界第一，获得了2019年国家科技进步一等奖，为造纸行业摘掉"排污大户"的帽子作出了突出贡献。目前，他又率领团队再出发，致力于打赢造纸行业碳达峰、碳中和的科技硬仗。

共建"生态圈"——推进产教研深度融合

2020年，在长期研发合作的基础上，广东星联科技有限公司以超2000万元的价格，向华南理工大学购买瞿金平院士发明的"基于拉伸流变的高分子材料塑化输送方法及设备"专利技术，抢占新材料制备及加工产业发展先机。

推进产教研深度融合，真正将科研成果转化为现实生产力，才能发挥科技对经济发展的支撑引领作用。要将政府、市场、企业、高校或科研院所的力量融合在一起，形成创新合力，进而打造创新创业的协同"生态圈"，从根本上激发经济发展的原动力。

在产教研深度融合上，华南理工大学一直走在全国前列，有着"星期六工程师起源地"的美誉，科技特派员数量居全国高校首位。学校积极构建"学院+研究院+研发中心+行业联盟"的产教研融合方式，有效推进科技成果由体制内循环向"内外双循环"转变。

学校打造"点线面"结合的产教研合作模式，以"点"对接，派遣科技特派员入驻企业，共建校企联合研发中心；以"线"结合，组建产教研战略联盟；以"面"辐射，在粤港澳大湾区前瞻性布局科技园、地方研究院等高水平科研平台和成果转化示范区。党的十八大以来，学校已与行业龙头企业共建100多个校企研发中心，承担超1.4万项企业委托项目，总经费超50亿元；已形成以广州为创新源头、沿粤港澳大湾区核心城市重点布局的"五院一园一室"协同创新体系，推动国家重大战略、粤港澳大湾区产业发展需求与学校科技成果的有效对接。

科技成果转化的背后是专利技术的支撑和转移。华南理工大学着力推进知识产权管理和运营工作，发明专利申请量和授权量、有效发明专利拥有量、专利合作条约和国外授权专利等指标大幅增长。2009年以来，学校累计获中国专利奖数量排名全国高校第一。在中国大学专利技术转让、在穗主要高校总体支撑指数等排行榜中，华南理工大学多次位居榜首，连续4年位居路透社"亚洲最具创新力大学榜单"前十，充分展示出为国家和区域创新驱动发展聚力赋能的深厚底蕴和一流水平。

"F计划"：培育新工科领军人才*

高 松

（2021年3月29日）

2019年5月，华南理工大学正式发布实施"新工科F计划"。"F"代表"Future（未来）"。两年来，学校聚焦未来技术，通过理念再深化、平台再拓展、机制再突破、教学再创新，努力探索新工科人才培养的新路径。

"三力"卓越，确立新理念

教育要面向未来培育人才。如何培养学生拥有解决未知问题的能力，这是古今中外教育者面临的重大难题之一。

难，体现在两个方面。第一，其实我们并不确切知道未来世界的样态，如何才能带领学生理解一个还没出现的世界？第二，即使我们能够把未来世界展示给学生，过去的知识该如何转换成解决未来问题的能力？这种迁移又是如何发生的？我们至今并不十分清楚。

关于未来，人们的共识是，它将远比现在更具复杂性和综合性。人工智能、大数据、量子信息和生物技术等新科技催生新产业新业态，重构全球创新版图，重塑全球经济结构，全球已进入科技、制度与人才的全方位竞争时代。这些变化都将从根本上影响和重塑教育。当前，培养引领未来的人，已成为世界一流大学的共识。

在我看来，面对未来世界的多样性和不确定性，引领未来的人应具有以下特质：首先，具备强大的自我学习能力。未来的不确定性需要学生自己去探索，教育要帮助学生在面对新问题时、想要学习时，能够实现自我学习。其次，拥有强大的思想力。思想形成判断，判断凝聚共识，共识带来确定。正是在不断思考、探索和质疑的过程中，人们才能不断发现新问题，实现新突破，产生新创造。再次，能够在真实世界里采取有效行动。学习和思考很重要，但最终改变世界的是人们的实践与行动。

只有拥有学习力、思想力和行动力的人，才能在未来的不确定性中找到前行的方向。同时，这三者不是简单地相加，而是相乘，其结果便是创造力。即：创造力 = 学习力 × 思想力 × 行动力。

为培养"三力"卓越的工科领军人才，要树立三个理念。一是"以学生成长为中心"的教育理念。把"三个最大限度"作为人才培养质量的评价标准：最大限度激发学生学习积极性、主动性、创造性和好奇心，最大限度培养学生自主学习、分析和解决问题的综合能力，最大限度地促进学生的个性发展与学生主体性的构建、弘扬与提升。

二是"为未知而教，为未来而学"的教学理念。教师教学要从传授知识，转为帮学生学会如何学习、工作、合作、生存，从而适应未来不确定性所带来的挑战。学生的

---

* 本文是学校校长高松2021年3月29日刊发于《中国教育报》的文章。

学习目标要从应付考试，转为通过个性化自主学习，使自己在德、智、体、美、劳等方面得到全面、和谐、充分的主动发展。

三是"实践驱动"的学习理念。实践是认识的来源和目的，更是认识发展的动力。学生在"实践"中，可以提升问题意识、批判性思维、独立思考能力，提升动手能力和沟通合作能力，锻炼坚韧意志品质。随着"实践"的复杂性逐渐提高，学生的知识、能力和素质可以形成"螺旋式发展"，并最终取得自我突破。

开放融合，构建新平台

新工科人才不但要在某一学科专业领域学业精深，还要具有"学科交叉融合"的特征。传统的学科划分能够让更多人在有限时间内，较快地学习、掌握某一学科专业的基本范式、知识能力。但这种教育模式往往过于强调专业和细节，学生的知识和思维容易局限在专业空间里，不利于培养创造性人才，已越来越不适应社会发展的需求。"新工科"建设首先要打破学科壁垒，构建一个多学科交叉、开放融合的学科专业平台，引导学生培养跨学科思维，帮他们练就在多学科空间观察、思考、解决问题的能力。具体来说，我们采取了三个办法。

一是建设跨学科学院。学校把广州国际校区定位为"工科领军人才培养试验区"，聚焦国际前沿，围绕国家和粤港澳大湾区战略新兴产业所需，整合学科资源，主动布局了一批新工科学院。这批新工科学院不再以传统学科划分来设置专业，而是面向世界科技前沿和未来产业发展的新兴交叉领域，包括智能制造、集成电路、生物医药、量子科技、新材料、新能源等新兴工科。学校对这些学院充分赋权，一院一策，突出"高精尖缺"导向。学校面向全球招引人才，实行具有中国特色的预聘—长聘终身教职制，打造国际一流的师资队伍。

二是促进学科交叉融合。产业向价值链高端发展，对创新创业人才提出新需求。学校通过加强理科基础和开放共享，促进已有工科专业交叉发展。如"医学影像学"专业通过"工学＋医学"的学科交叉，培养具有医工结合特色和科研发展潜能的医学影像诊断人才。

三是打造一批微专业。学校瞄准未来技术、未来产业与数字经济，开办了人工智能、大数据技术等微专业。每个微专业设置约5门课程，鼓励学生辅修，为学生未来发展创设更多可能性。

协同育人，集聚资源优势

在现代社会，大学早已不再是知识生产的单一主体，大学、政府、市场以及企业、社会公众，都已成为知识生产、培养新工科人才的重要主体。我们积极推进产学研协同育人，形成了特色鲜明的人才培养"华工模式"。根据新工科人才培养要求，我们又对"华工模式"进行了进一步完善。

做实科教深度融合。学校将科研平台全部面向本科生开放，通过强化科研渗透教学，平台建设支撑人才培养，课题研究驱动高质量学习。同时，广州国际校区通过"学院＋高端研究院"，探索科教深度融合新模式。学校以高端研究院为平台，吸引高层次国际化人才。这些高层次人才一方面依托"高端研究院"，开展前沿交叉研究、培养研究生；另一方面，依托"学院"开展本科生教学，研发新兴交叉学科课程，从而形成"科研—教学—学习"连接体。本科生在大二就开始参加教授们的课题组，大三就可以选修研究生的必修课；研究生则通过至少一年的本科助教经历，训练课堂教学基本技能，为日后胜任教学科研岗位夯实基础。

深度拓展校企协同。学校与地方经济产业发展联系紧密，引入企业资源，校企共建专业、共创平台、共育优才。比如：引入产业资源建设微电子学院和软件学院，形成以"工程认知—校企模块课程—企业学习"为进阶的课程群。与科大讯飞、大疆等龙头企业，共建联合实验室和"未来创新实验室"，搭建多学科交叉融合的科学猜想平台，激励学生探索未知。与龙头企业合作设立"特色教改班"，校企共同制定培养目标、建设课程体系和教学内容，共同实施培养过程、评价培养质量，共同培养新工科人才。

创新国际协同育人。学校广州国际校区每个学院均采用"中方为主、国际协同"方式，携手全球排名前100或学科排名前50的世界一流大学，开展"一对一""一对多"深度合作，培养具有国际视野的新工科人才。一方面，积极引进国际先进教育教学理念和教学资源，构建国际同质等效的课程体系；另一方面，积极探索现代书院育人模式，全面实施"学业导师+成长导师"制，构建"学院+书院"的育人一体化格局。

支持师资融合发展。为让学生真刀实枪地提升实践、技术创新能力，学校大力支持教师双聘，要求每一位教师在每一个聘期至少指导一个双创项目，接收至少一名本科生，鼓励教师把课堂建在企业上、生产线上。学校还将成功企业家、产业投融资专家、资深工程师请上讲台，开设校企联合创新班、校企合作课程等。

个性多元，完善教学新体系

在人工智能赋能教育发展的背景下，教育将发生"三个转变"：一是教育范式从"教师教什么"转变为"学生学什么"；二是教师角色从知识讲授者转变为学习指导者，教师主要通过精心设计学习活动、资源、问题、工具等，帮学生深刻理解和内化知识；三是学生从知识的被动接受者转变为自主学习者。

我们充分用好课堂教学这一主阵地，努力为所有学生提供个性化成长路径。

创新教学内容。人工智能是推动和引领新一轮科技革命和产业变革的基础性要素。学校加强人工智能通识教育，强化人工智能基本技能培养。如面向全体学生开设"小白学人工智能"通识课程，使学生能够从数据、算法和计算力三个方面来理解人工智能的发展，体验和理解深度学习的原理和特点，了解人工智能行业的最新应用和发展趋势。学校还要求专业课程增加"+大数据""+人工智能"等跨学科教学内容。

让线上线下混合式教学成为"新常态"。今后，高校的课堂将会更多地采取"线下教学+线上教学"的混合式教学场景切换模式。这种方式既可以保留传统教育所特有的大规模班级结构特点，又能够满足学生的个性化学习需求，教育公平、因材施教兼而得之。

借鉴人工智能深度学习的范式。人工智能深度学习范式指的是，人工智能通过深入挖掘分析数据、破解问题、表达数据、提取特征，掌握"特征"和"任务"之间的关联，并从简单特征中提取复杂的特征。学校将这一学习范式移植到课堂教学和学生科研训练中，提升学生的学习、思维能力。如在第一课堂大力推行探究式教学，在第二课堂构建"国家—省级—校级—学院"四层次大学生创新创业训练计划项目体系，以及以"一院一赛"为核心的学科竞赛体系，鼓励和引导学生基于问题、项目、竞赛开展学习。

附：2021年学校制定的重要文件和规章制度目录

序号	文号	文件或规章标题
1	华南工〔2021〕16号	关于印发《华南理工大学教师职业发展全过程思想政治与师德表现考察办法（试行）》的通知
2	华南工〔2021〕22号	关于印发《华南理工大学开展党史学习教育实施方案》的通知
3	华南工〔2021〕40号	关于印发《华南理工大学庆祝中国共产党成立100周年活动方案》的通知
4	华南工〔2021〕44号	关于印发《华南理工大学"法治建设年"实施方案》的通知
5	华南工〔2021〕49号	关于印发《华南理工大学开展师德专题教育工作方案》的通知
6	华南工〔2021〕52号	关于印发《华南理工大学进一步加强法治工作实施方案》的通知
7	华南工〔2021〕89号	关于印发《华南理工大学加强党的基层组织建设三年行动计划实施方案（2021—2023年）》的通知
8	华南工〔2021〕90号	关于印发《华南理工大学党委落实全面从严治党主体责任清单》等3个清单的通知
9	华南工校〔2021〕1号	关于印发《华南理工大学广州国际校区教学系列岗位管理办法（试行）》的通知
10	华南工校〔2021〕20号	关于印发《华南理工大学贯彻落实〈深化新时代教育评价改革总体方案〉实施方案》的通知
11	华南工发〔2021〕2号	关于印发《华南理工大学"十四五"发展规划（2021—2025年)》的通知
12	华南工学〔2021〕18号	关于印发《华南理工大学本科生综合测评及奖励办法（2021年修订）》的通知
13	华南工教〔2021〕11号	关于印发《华南理工大学教师教学能力提升计划（2021—2023年）》的通知
14	华南工教〔2021〕21号	关于印发《华南理工大学百步梯创新学院建设方案》的通知
15	华南工教〔2021〕27号	关于印发《华南理工大学关于加强本科实践教学工作的若干规定》的通知
16	华南工教〔2021〕33号	关于印发《华南理工大学本科课程建设与管理办法》的通知
17	华南工教〔2021〕35号	关于印发《华南理工大学推荐优秀应届本科毕业生免试攻读研究生管理办法》等5个文件的通知

续表

序号	文　号	文件或规章标题
18	华南工教〔2021〕36号	关于印发《华南理工大学广州国际校区全日制本科学生学籍管理办法》等4个文件的通知
19	华南工教〔2021〕37号	关于印发《华南理工大学广州国际校区全日制本科学生参加国（境）外交流项目管理办法》等3个文件的通知
20	华南工教〔2021〕46号	关于印发《华南理工大学"教师教学荣誉体系"实施方案（2021年修订）》的通知
21	华南工教〔2021〕50号	关于印发《华南理工大学本科教学指导委员会议事规则》的通知
22	华南工研〔2021〕16号	关于印发《华南理工大学工程类博士专业学位研究生跨领域产教融合协同育人项目实施办法（试行）》的通知
23	华南工研〔2021〕18号	关于印发《华南理工大学加强研究生培养过程管理实施办法》的通知
24	华南工研〔2021〕19号	关于印发《华南理工大学学位授权点自我评估实施方案》的通知
25	华南工研〔2021〕20号	关于印发《华南理工大学全面推进研究生教育高质量发展行动方案》的通知
26	华南工研〔2021〕30号	关于印发《华南理工大学研究生招生计划管理办法（2021年修订）》的通知
27	华南工研〔2021〕31号	关于印发《华南理工大学研究生重点课程建设项目实施办法（2021年修订）》的通知
28	华南工研〔2021〕32号	关于印发《华南理工大学研究生管理规定（2021年修订）》等2个文件的通知
29	华南工研〔2021〕34号	关于印发《华南理工大学学术学位研究生培养管理办法（2021年修订）》等4个文件的通知
30	华南工研〔2021〕37号	关于印发《华南理工大学硕士学位论文评审办法（2021年修订）》的通知
31	华南工人〔2021〕7号	关于印发《华南理工大学教师校外兼职管理办法（试行）》的通知
32	华南工人〔2021〕12号	关于印发《华南理工大学教职工退休管理办法》的通知
33	华南工科〔2021〕3号	关于印发《华南理工大学国家知识产权示范高校建设工作方案（2020—2023年）》的通知
34	华南工外〔2021〕5号	关于印发《华南理工大学中国政府奖学金年度评审办法》的通知
35	华南工外〔2021〕15号	关于印发《华南理工大学涉外合作协议管理办法》的通知
36	华南工基〔2021〕2号	关于印发《华南理工大学基本建设管理办法（2021年修订）》的通知
37	华南工资〔2021〕56号	关于印发《华南理工大学派出董、监事管理办法（2021年修订）》的通知

学校机构及负责人

学校机构及负责人[*]

一、中共华南理工大学第十七届委员会

书　　记：章熙春
副 书 记：高　松　刘琪瑾（女）　陶韶菁（女）　麦均洪
常　　委：章熙春　高　松　刘琪瑾（女）　陶韶菁（女）　麦均洪　朱　敏　李　正
　　　　　李卫青（女）　王丹平（女）　邹　浩　王　均
委　　员：（以姓氏笔画为序）
　　　　　马红红（女）　王　均　王丹平（女）　叶代启　朱　敏　刘　俊　刘琪瑾（女）
　　　　　孙连坡　麦均洪　李　正　李卫青（女）　李远清　扶　雄　吴　波　邹　浩
　　　　　张卫国　张建功　张宪民　林艺文　项　聪　徐向民　高　松　陶韶菁（女）
　　　　　黄国清　章熙春

二、华南理工大学校长、副校长

校　　长：高　松
副 校 长：朱　敏　李　正　李卫青

三、中共华南理工大学纪律检查委员会

书　　记：刘琪瑾（兼）
副 书 记：曾学敏
委　　员：（以姓氏笔画为序）
　　　　　丁　勇　占友林　叶汉钧　司聚民　邬　智　刘琪瑾（女）　张卫平
　　　　　张正国　房俊东　晋　刚　曾学敏（女）

四、校长助理

张　明　苏　成　房俊东

五、副首席信息官

陆以勤

---

[*] 机构负责人均为2021年12月31日在任。

六、中共华南理工大学机关委员会

书　记：雷育胜（兼）
副书记：曾学敏（兼）
委　员：（以姓氏笔画为序）
　　　　　王丹平　叶汉钧　吴树雄　何剑桦　曾学敏　雷育胜

七、学校党政职能部门及负责人

1. 党委办公室（学校办公室）

主　任：雷育胜　　　　　　　　　**副主任**：苏秋斌（常务）　郑小娟　曾江华
机关党委办公室（挂靠）
保密委员会办公室（挂靠）
师生服务中心（挂靠）
非学历教育管理办公室（挂靠）

2. 纪委办公室、监察处

主　任：曾学敏
监督检查一室　　　　　　　　　　　**主任**：张卫平
监督检查二室　　　　　　　　　　　**主任**：胡一平

3. 党委巡察工作办公室

主　任：曾学敏　　　　　　　　　**副主任**：许业河

4. 党委组织部

部　长：麦均洪（兼）　　　　　　**副部长**：王德林（常务）　陈占炬
党校办公室（挂靠）

5. 党委宣传部（新闻中心）

部　长：（空缺）　　　　　　　　**副部长**：邹　浩（常务）　张　征　蒋连霞
　　　　　　　　　　　　　　　　　　　　　　柯　宁（兼）

6. 党委统战部

部　长：王丹平

7. 学生工作部（处）（党委研究生工作部、武装部）

部（处）长：晋　刚　　　　　　　**副部（处）长**：李华兵（常务）　温志雄
　　　　　　　　　　　　　　　　　　　　　　　　林文展　鲁　明　吕　行
　　　　　　　　　　　　　　　　　　　　　　　　孟　勋（兼）
学生就业指导中心（挂靠）
心理健康教育与咨询中心（挂靠）
学生资助管理中心（挂靠）

8. 校工会

主　席：刘琪瑾（兼）　　　　　　**副主席**：何剑桦（常务）　刘少萍
计划生育委员会办公室（挂靠）
附属中小幼管理办公室（挂靠）

附属实验学校（代管）
幼儿园（代管）
家属委员会（代管）

9. 校团委

书　记：孟　勋　　　　　　　　　**副书记**：朱泳媚　梁　劲　吴耀华（兼）

10. 发展战略与规划处（发展战略与政策研究中心）

处　长：朱永东　　　　　　　　　**副处长**：付　晔　杜　娟

学科建设办公室（挂靠）
"双一流"建设办公室（挂靠）

11. 教务处

处　长：项　聪　　　　　　　　　**副处长**：赵红茹（常务）　林镜亮　陈小平
教材管理办公室（挂靠）　　　　　　**主　任**：张　皓
考试中心（挂靠）　　　　　　　　　**主　任**：张　皓（兼）
评估中心（挂靠）　　　　　　　　　**主　任**：陈小平（兼）
教育技术中心（挂靠）　　　　　　　**主　任**：刘泽奖
招生办公室（挂靠）　　　　　　　　**主　任**：赵红茹（兼）
　　　　　　　　　　　　　　　　　副主任：王亚楠（常务）

教师教学发展中心（挂靠）

12. 研究生院

院　长：李　正（兼）　　　　　　**副院长**：许　勇
专业学位办公室　　　　　　　　　　**主　任**：熊　玲
培养办公室　　　　　　　　　　　　**主　任**：黄志文
学位办公室　　　　　　　　　　　　**副主任**：谢文君
大学城校区办公室　　　　　　　　　**主　任**：谢茂华
研究生招生办公室　　　　　　　　　**主　任**：阮向前
国家公派研究生工作办公室（挂靠）

13. 科学技术研究院

院　长：朱　敏（兼）　　　　　　**副院长**：林艺文（常务）　江　海　蒋兴华
科技规划与综合处　　　　　　　　　**副处长**：郑文杰（兼）
基础研究与基地建设处　　　　　　　**处　长**：蒋兴华（兼）
重大项目与高新技术处　　　　　　　**处　长**：蒋兴华（兼）
　　　　　　　　　　　　　　　　　副处长：杨　杰
科技合作与转化处　　　　　　　　　**处　长**：江　海（兼）
知识产权处　　　　　　　　　　　　**处　长**：江　海（兼）
　　　　　　　　　　　　　　　　　副处长：葛瑞明
先进技术处　　　　　　　　　　　　**处　长**：林艺文（兼）
　　　　　　　　　　　　　　　　　副处长：许　宏
学术委员会办公室（挂靠）　　　　　**副主任**：郑文杰
科学技术协会办公室（挂靠）　　　　**副主任**：凌　贵

工业技术研究总院（挂靠）
国家大学科技园（挂靠）
专利事务中心（代管）

14. 社会科学处

处　　长：李石勇　　　　　　　　**副处长**：（空缺）
智库建设管理办公室（挂靠）　　　　**副主任**：刘金程（兼）

15. 人事处（党委教师工作部）

处长（部长）：吴树雄　　　　　　**副处长**：李静蓉（常务，兼）　刘晓翔
　　　　　　　　　　　　　　　　　　　　　　　叶志锋　王　娟

党委教师工作部　　　　　　　　　　**副部长**：孙　峰
人才交流服务中心（挂靠）
高层次人才工作办公室（挂靠）
院士工作办公室（挂靠）
博士后管理办公室（挂靠）

16. 国际交流与合作处（港澳台事务办公室、中外合作办学办公室）

处　　长：姚　旻　　　　　　　　**副处长**：杨浩松　黄　非（兼）
中外合作办学办公室　　　　　　　　**副主任**：黄　非
引智项目管理办公室（挂靠）

17. 公共关系处（校友工作处）

处　　长：刘　俊　　　　　　　　**副处长**：陈　艳（兼）　赖何季　麦冬宁
教育发展基金会办公室（挂靠）　　　**常务副秘书长**：陈　艳
大学理事会工作办公室（挂靠）

18. 离退休工作处（离退休教工党委）

处　　长：谭　瑶　　　　　　　　**副处长**：林　伟　孙树民
离退休教工党委　　　　　　　　　　**副书记**：周鹏飞
关心下一代工作委员会办公室（挂靠）

19. 保卫部（处）

部（处）长：陈永强（阳江挂职）　**副部（处）长**：李绍强（常务）　吴益平
　　　　　　　　　　　　　　　　　　　　　　　　陈伟兴（兼）

20. 实验室与设备管理处

处　　长：（空缺）　　　　　　　**副处长**：刘　哲（负责工作）　殷　姿　李　娟

21. 财务处

处　　长：马红红　　　　　　　　**副处长**：米卫华　彭晓虹　黄淦元　肖向晨
　　　　　　　　　　　　　　　　　　　　　　　刘　为（兼）

科研经费管理办公室（挂靠）

22. 审计处

处　　长：占友林　　　　　　　　**副处长**：汤贺凤

23. 基建处

处　　长：徐　兵（阳江挂职）　　**副处长**：沈　涛（负责工作）　吴　旭

24. 资产管理处
处　　长：益瑞涵　　　　　　　　副处长：尹光明　王　虹
25. 后勤处
处　　长：孙连坡　　　　　　　　副处长：洪梦晓　张秋琴　金朝霞
26. 附属医院工作办公室
主　　任：（空缺）

八、大学城校区管理委员会及下设办公室和负责人

1. 大学城校区管理委员会
主　　任：朱　敏（兼）　　　　　副主任：叶汉钧（常务）
2. 大学城校区管委会办公室
主　　任：叶汉钧（兼）　　　　　副主任：陈伟兴　桑成好　肖　洒

九、广州国际校区工作机构及负责人

1. 广州国际校区党委
书　　记：陶韶菁（兼）　　　　　副书记：关春兰（常务）　陈翠峰
2. 广州国际校区纪委
书　　记：（空缺）
3. 综合事务办公室
主　　任：关春兰　　　　　　　　副主任：陈华强　何丽云　赵　宏
　　　　　　　　　　　　　　　　　　　　黄淦元（兼）
4. 人力资源与发展事务办公室
主　　任：李静蓉　　　　　　　　副主任：黄　磊
5. 教学事务办公室
主　　任：项　聪（兼）　　　　　副主任：毛爱华
公共基础实验中心（挂靠）
基础教学中心（挂靠）
6. 全球事务办公室
常务副主任：吴招胜
7. 学生事务办公室
主　　任：李华兵（兼）　　　　　副主任：陈翠峰（兼）　吴耀华（兼）
8. 峻德书院
院　　长：程正迪（兼）　　　　　院务主任：陈翠峰（兼）
副院长：徐雪妙
9. 铭诚书院
院　　长：何镜堂　　　　　　　　院务主任：吴耀华
副院长：（空缺）

十、院系及负责人

1. 机械与汽车工程学院
党委书记：晋　刚（兼）　　　　　　**副书记**：李　嘉
院　　长：张宪民　　　　　　　　　**副院长**：上官文斌　李　琳　陆龙生
　　　　　　　　　　　　　　　　　　　　　　　　洪晓斌

2. 建筑学院
党委书记：司聚民　　　　　　　　　**副书记**：陈　莹
院　　长：孙一民　　　　　　　　　**副院长**：肖毅强　张宇峰　王世福　彭长歆

3. 土木与交通学院
党委书记：郑存辉　　　　　　　　　**副书记**：王　磊
院　　长：吴　波　　　　　　　　　**副院长**：温惠英　季　静　姚小虎
　　　　　　　　　　　　　　　　　　　　　　　　陈　珣（行政）

4. 电子与信息学院
党委书记：（空缺）　　　　　　　　**副书记**：张　健（常务）　周　军
院　　长：薛　泉　　　　　　　　　**副院长**：章秀银　靳贵平　余翔宇

5. 材料科学与工程学院（先进材料国际化示范学院）
党委书记：（空缺）　　　　　　　　**副书记**：吴妙娴（常务）　彭树立
院　　长：彭俊彪　　　　　　　　　**副院长**：张广照　殷素红　任　力　欧阳柳章
　　　　　　　　　　　　　　　　　　　　　　　　李碧梅（行政）

6. 化学与化工学院
党委书记：许国民　　　　　　　　　**副书记**：刘才刚
院　　长：张正国　　　　　　　　　**副院长**：李雪辉　李映伟　楼宏铭　胡建强

7. 轻工科学与工程学院
党委书记：张建功　　　　　　　　　**副书记**：谭循恩
院　　长：（空缺）　　　　　　　　**副院长**：刘传富（常务）　李　擘　李　军

8. 食品科学与工程学院
党委书记：谭志伟　　　　　　　　　**副书记**：李　昀
院　　长：（空缺）　　　　　　　　**副院长**：娄文勇（负责行政工作）　王永华
　　　　　　　　　　　　　　　　　　　　　　　　李晓玺

9. 数学学院
党委书记：孙国忠　　　　　　　　　**副书记**：邹　敏
院　　长：朱长江　　　　　　　　　**副院长**：杨启贵　周胜林　温焕尧

10. 物理与光电学院
党委书记：张淑娟　　　　　　　　　**副书记**：曾嘉华
院　　长：张勤远　　　　　　　　　**副院长**：陈武喝　李志远　文德华

11. 经济与金融学院
党委书记：黄国清　　　　　　　　　**副书记**：勾海林

院　　　长：（空缺）　　　　　　　　副院长：孙坚强（负责行政工作）　徐　枫
　　　　　　　　　　　　　　　　　　　　　　　魏冰影（行政）

12. 旅游管理系
党总支书记：郭志军　　　　　　　　**副书记**：杨　阳
行政工作负责人：江金波　　　　　　**副系主任**：（空缺）

13. 电子商务系
党委书记：刘祥富　　　　　　　　　**副书记**：（空缺）
行政工作负责人：左文明　　　　　　**副系主任**：（空缺）

14. 自动化科学与工程学院
党委书记：郭祥瑞　　　　　　　　　**副书记**：刘　博
院　　　长：（空缺）　　　　　　　　　副院长：俞祝良（负责行政工作）　王孝洪
　　　　　　　　　　　　　　　　　　　　　　　罗家祥

15. 计算机科学与工程学院
党委书记：林　智　　　　　　　　　**副书记**：陈浩文
院　　　长：陈俊龙（代理）　　　　　　副院长：高　英　陈伟能

16. 电力学院
党委书记：丁　勇　　　　　　　　　**副书记**：许中华
院　　　长：唐文虎　　　　　　　　　　副院长：杨向宇　廖艳芬　荆朝霞

17. 生物科学与工程学院
党委书记：张蔚洁　　　　　　　　　**副书记**：王燕林
院　　　长：林　影　　　　　　　　　　副院长：吴振强　王菊芳

18. 环境与能源学院
党委书记：陈航宇　　　　　　　　　**副书记**：吴红慧
院　　　长：叶代启　　　　　　　　　　副院长：朱能武　胡　芸　陈　燕

19. 软件学院
党委书记：（空缺）　　　　　　　　**副书记**：李石槟（负责党委工作）　詹郁生
院　　　长：许　勇（兼）　　　　　　　副院长：杨晓伟　黄　敏　陶　乾

20. 工商管理学院（创业教育学院）
党委书记：胡亦武　　　　　　　　　**副书记**：陈　强
院　　　长：张卫国　　　　　　　　　　副院长：周永务　李志宏　黄嫚丽　许　治

21. 公共管理学院
党委书记：周　勤　　　　　　　　　**副书记**：黄艳华
院　　　长：（空缺）　　　　　　　　　副院长：李胜会（负责行政工作）　黄　岩

22. 马克思主义学院
党委书记：李良成　　　　　　　　　**副书记**：刘开频
院　　　长：解丽霞　　　　　　　　　　副院长：张国启　王晓丽

23. 外国语学院
党委书记：刘应思　　　　　　　　　**副书记**：赵水东

院　　长：钟书能　　　　　　　　副院长：武建国　朱献珑　徐　鹰

24. 法学院（知识产权学院）

党委书记：朱文建　　　　　　**副书记**：韦　萍

院　　长：蒋悟真　　　　　　　　副院长：夏正林　张友好　陈红彦

25. 新闻与传播学院

党委书记：冯向阳　　　　　　**副书记**：刘　涛

院　　长：苏宏元　　　　　　　　副院长：曹小杰

26. 艺术学院

党委书记：施亚玲　　　　　　**副书记**：黄　佳

院　　长：梁　军　　　　　　　　副院长：陈刚毅　宋维佳

艺术教育中心（挂靠）　　　　　　副主任：常敬峰（常务）

27. 体育学院

党委书记：梁大为　　　　　　**副书记**：黄广发

院　　长：樊莲香　　　　　　　　副院长：高晓波　唐建倦　万发达

28. 设计学院

党委书记：欧阳斌　　　　　　**副书记**：（空缺）

院　　长：张　珂　　　　　　　　副院长：梁明捷　张瑞秋　王枫红

29. 医学院（生命科学研究院）

党委书记：何东清　　　　　　**副书记**：曹家富

院　　长：（空缺）　　　　　　　副院长：谢克平（常务）　刘　佳　张文清
　　　　　　　　　　　　　　　　　　　　辛学刚　江新青（兼）　林展翼（兼）
　　　　　　　　　　　　　　　　　　　　蒋开球（行政）

30. 国际教育学院

院　　长：王庆年　　　　　　　　副院长：胡贵平　潘　俊（行政）

31. 生物医学科学与工程学院

院　　长：王　均　　　　　　　　副院长：叶玉嘉（行政）

32. 吴贤铭智能工程学院

院　　长：（空缺）　　　　　　　副院长：谢龙汉　李巍华

33. 前沿软物质学院（华南软物质科学与技术高等研究院）

院　　长：程正迪　　　　　　　　副院长：王林格

34. 微电子学院

院　　长：薛　泉　　　　　　　　副院长：李　斌　王彦杰

35. 未来技术学院

院　　长：徐向民　　　　　　　　副院长：舒　琳

36. 海洋科学与工程学院

院　　长：程　亮　　　　　　　　副院长：（空缺）

37. 集成电路学院

院　　长：薛　泉（兼）　　　　　副院长：（空缺）

十一、直属单位及其他单位和负责人

1. 继续教育学院（网络教育学院、公开学院）
党委书记：叶伟雄　　　　　　　　　　**院　　长**：邬　智
　　　　　　　　　　　　　　　　　　　副院长：王全迪　林文岳　吴远东　淡瑞霞

干部教育培训中心（挂靠）
出国留学预备学院（挂靠）

2. 图书馆（科技图书馆）
党总支书记：吴　垒　　　　　　　　　**馆　　长**：范家巧
科技图书馆副馆长：王丽萍　蒋春林（兼图书馆大学城校区分馆馆长）
　　　　　　　　　　　　　　　　　　　副馆长：乔　丽　童燕青

知识产权信息服务中心（挂靠）

3. 档案馆
馆　　长：（空缺）　　　　　　　　　**副馆长**：黄　玲（负责工作）

4. 分析测试中心
主　　任：向兴华

5. 校医院
党总支书记：王　健
院　　长：（空缺）　　　　　　　　　**副院长**：刘　冰（负责行政工作）　孙江文

公费医疗管理办公室（挂靠）

6. 资产经营有限公司（华工大集团）
党委书记：张坚雄　　　　　　　　　　**总 经 理**：（空缺）
　　　　　　　　　　　　　　　　　　　副总经理：符浩剑　张　玲

7. 出版社（出版社有限公司）
社　　长：卢家明　　　　　　　　　　**副社长**：柯　宁
总编辑（总经理）：卢家明（兼）　　　**副总编辑**：周莉华

8. 信息网络工程研究中心（信息化办公室）
主　　任：季　飞　　　　　　　　　　**副主任**：潘伟锵

9. 学报编辑部（自然科学版、社会科学版）
主　　任：张乐平　　　　　　　　　　**副主任**：刘淑华　潘宜玲

10. 招标中心
主　　任：王飞雁　　　　　　　　　　**副主任**：孙培清

11. 高等教育研究所
所　　长：（空缺）　　　　　　　　　**副所长**：余新科

12. 公共政策研究院
理事长：（空缺）
执行院长：张　锋　　　　　　　　　　**副院长**：刘金程（行政）

13. 广州现代产业技术研究院
院　　长：章熙春（兼）　　　　　　　**行政工作负责人**：张　凡

14. 华南协同创新研究院
院　　长：朱　敏（兼）　　　　　　　**副院长**：张　明（常务，兼）赵　敏　刘　为

15. 珠海现代产业创新研究院
院　　长：章熙春（兼）　　　　　　副院长：房俊东（常务，兼）　张　凡
16. 医疗器械研究检验中心
主　　任：（空缺）　　　　　　　　副主任：徐昕荣（负责工作）　任　力（兼）
17. 中新国际联合研究院
院　　长：朱　敏（兼）　　　　　　副院长：谢兴华（常务）
18. 附属广东省人民医院
党委书记：周　琳　　　　　　　　　院　　长：余学清
19. 附属第二医院
党委书记：曹　杰　　　　　　　　　院　　长：曹　杰
20. 附属第六医院
党委书记：巫祖强　　　　　　　　　院　　长：关紫云

2021年学校成立或调整的部分机构

序号	成立或调整的机构名称	成立（调整）时间	批准文号	备注
1	未来技术学院	2021年1月14日成立	华南工校〔2021〕5号	
2	教务处招生办公室、研究生院研究生招生办公室	2021年3月11日调整	华南工校〔2021〕9号	撤销招生工作办公室
3	铭诚书院	2021年4月7日成立	华南工〔2021〕27号	
4	科学技术研究院	2021年4月7日组建	华南工校〔2021〕14号	整合科学技术处、科技成果转化办公室、学术委员会办公室、科学技术协会办公室、工业技术研究总院、国家大学科技园等机构职能组建
5	中共人工智能与数字经济广东省实验室（广州）委员会	2021年9月3日成立	华南工〔2021〕58号	
6	非学历教育管理办公室	2021年9月3日成立	华南工校〔2021〕34号	
7	教育部高校思想政治工作创新发展中心（华南理工大学）办公室	2021年9月15日设立	华南工校〔2021〕35号	
8	海洋科学与工程学院	2021年9月28日成立	华南工校〔2021〕36号	
9	广州国际校区管委会	2021年10月22日成立	华南工〔2021〕72号	
10	集成电路学院	2021年11月16日成立	华南工校〔2021〕39号	

2021 年学校成立或调整的部分议事机构

一、华南理工大学国家重点实验室建设管理领导小组（2021 年 4 月 23 日成立）
组　　长：章熙春　高　松
副组长：陶韶菁　麦均洪　朱　敏　李　正　李卫青
成　　员：党委办公室（学校办公室）、党委组织部、发展战略与规划处、研究生院、科学技术研究院、人事处、实验室与设备管理处、财务处、资产管理处等单位主要负责人

二、华南理工大学深化教育评价改革工作领导小组和工作小组（2021 年 4 月 26 日成立）
（一）学校深化教育评价改革工作领导小组
组　　长：章熙春　高　松
成　　员：刘琪瑾　陶韶菁　麦均洪　朱　敏　李　正　李卫青
（二）学校深化教育评价改革工作小组
组　　长：高　松
牵头单位：发展战略与规划处
成员单位：党委办公室（学校办公室）、党委组织部、党委宣传部、学生工作部（处）、人事处（党委教师工作部）、教务处、研究生院、科学技术研究院、社会科学处、国际交流与合作处、财务处、广州国际校区人力资源与发展事务办公室、广州国际校区教学与全球事务办公室、广州国际校区学生事务办公室、新闻与传播学院、艺术学院、体育学院、设计学院等

三、华南理工大学定点帮扶工作领导小组（2021 年 5 月 26 日调整）
组　　长：章熙春　高　松
副组长：刘琪瑾　陶韶菁　麦均洪
成员单位：党委办公室（学校办公室）、党委组织部、党委宣传部、党委统战部、学生工作部（处）、校工会、校团委、科学技术研究院、社会科学处、人事处、公共关系处、离退休工作处、实验室与设备管理处、财务处、资产管理处、后勤处、继续教育学院、图书馆、校医院、资产经营有限公司

四、华南理工大学校园规划委员会（2021 年 6 月 4 日调整）
主　　任：章熙春　高　松
总 顾 问：何镜堂　倪　阳

常务副主任： 陶韶菁
副　主　任： 麦均洪　朱　敏　苏　成
成员单位： 党委办公室（学校办公室）、校工会、发展战略与规划处、保卫部（处）、实验室与设备管理处、基建处、资产管理处、后勤处、大学城校区管委会办公室、广州国际校区综合事务办公室
其他成员： （按姓氏笔画排列）
　　　　　　王世福　韦　宏　孙一民　陆　琦　罗建河　郑力鹏　袁奇峰
　　　　　　符锌砂　靳文舟　潘　泓

校园规划委员会下设办公室，设在基建处，负责校园规划委员会日常工作。

五、华南理工大学课程思政建设工作领导小组和课程思政教学指导委员会（2021年7月15日成立）

组　　长： 章熙春　高　松
副组长： 李　正　陶韶菁
成　　员： 教务处、研究生院、学生工作部（处）、校团委、党委组织部、党委宣传部、党委教师工作部、马克思主义学院、离退休工作处等部门主要负责人

领导小组下设课程思政教学指导委员会，开展课程思政研究、咨询、指导、评估和服务等工作，由李正副校长担任该教学指导委员会主任，教务处、研究生院、马克思主义学院等部门主要负责人担任副主任，各院（系）分管本科教学副院长担任委员。

六、华南理工大学博物馆筹建工作领导小组（2021年7月26日成立）

组　　长： 章熙春　高　松
副组长： 麦均洪　朱　敏
成　　员： 党委办公室（学校办公室）、党委宣传部、社会科学处、财务处、基建处、资产管理处、广州国际校区综合事务办公室、图书馆、档案馆、外国语学院等相关单位主要负责人

党建与思想政治工作

组 织 工 作

【基层党组织建设】制定基层党组织建设新一轮三年行动计划，健全院系党组织、支部书记抓党建述职评议考核体系。以基层党支部集中换届为契机，推动学生党支部按学科专业纵向设置，教师党支部按系所、实验室等教学科研实体设置，探索建立师生联合党支部和在学生社团设立临时党支部。截至2021年底，学校共有二级党委（党总支）38个，党支部679个，其中，教工党支部219个、学生党支部386个、离退休教工党支部74个。推动教师党支部书记由正高职称教师担任比例达100%，推动专业教师担任本科生、研究生党支部书记比例分别达到10%、29%。实施专职组织员队伍能力提升计划，常态化开展业务培训和工作指导。建立二级党组织党建工作联络机制，聘请新一批校院两级特邀党建组织员。严格规范党内基本活动，举办党支部书记素质能力大赛、组织生活创新案例评选等，推动支部联建共创，对基层党建经费、主题党日时间、党建活动场所等作出明确规定。建设"党员之家"78个。高质量开展人大代表选举工作，麦均洪、何慧当选天河区第十届人民代表大会代表，许勇、易翔当选番禺区第十八届人民代表大会代表。学校基层党建工作在全省高校党组织书记抓基层党建述职评议考核中获评"好"（最高等次）。作为全国4所高校之一，在2021年全国高校组织部长培训班上介绍经验做法。

持续实施高知党员发展"领航计划"、校领导"一对一"联系发展教师党员制度，组织骨干教师参加入党领航培训38名，发展高知党员128名，其中专任教师6名。开展"两优一先"表彰，首次开展优秀党支部书记表彰，共表彰优秀共产党员712名、优秀党务工作者36名、优秀党支部书记58名、先进基层党组织72个。为397名老党员颁发"光荣在党50年"党员纪念章，慰问老党员、困难党员476名。

【干部队伍建设】持续完善选人用人机制，坚持在精准制定、严格落实制度中推进干部工作。出台《中层领导人员选拔任用工作办法》（下称《办法》），推动上级政策法规与学校工作实际有机衔接。建立健全与《办法》相配套的重点程序工作规程，加强干部选任关键环节精细化管理，构建系统完备、科学规范、运行有效的制度体系。

以实干担当为导向，坚持事业为上、突出政治标准，选任中层干部30名，其中，提任11名、同级任用19名；在提任人员中，"双肩挑"干部5名、女干部3名、党外干部1名。全面加强过程管理，从严开展7名中层正职、25名中层副职试用期满考核工作，调研56名科级及以下干部履职情况。有序开展科级换届，坚持重心向下，将学院办公室统一调整为

"党政办公室",在规模较大学院独立设置"教学科研办公室",完成392名科级干部的重新选任,实现135名干部交流轮岗,提任和进一步使用61名干部。科级干部平均年龄下降1.2岁。

搭建大平台,选拔青年教师33人次到19个机关部处挂职,加强"双肩挑"干部和优秀年轻干部培养储备。拓宽干部成长空间,向中管高校、省属本科高校等输送领导干部4名。用好实践锻炼平台,选派3名中层正职、1名海外高层次引进人才、10名教授,对口帮扶广东石油化工学院和广东海洋大学阳江校区,选派5名干部到脱贫攻坚和乡村振兴一线锻炼,选派干部教师参加中央博士服务团、政府部门挂职借调等40余人次;遴选干部参加党史学习教育、校内巡察、档案审核等专项工作100余人次。

【干部监督】干部监督突出常态长效,推进干部监督工作具体化规范化实效化,制定《中层领导人员个人有关事项报告工作实施办法(试行)》,完善查核认定处理程序,用好登记备案人员因私出国(境)审批和干部兼职审批2个信息化平台,审批因私出国(境)8人次、兼职39人次。创新实施"五个一"工作法,提高个人事项报告工作质量,2021年查核一致率为93%;及时督促不符合规定持有企业股份的干部办理退出或转让手续。综合运用提醒(7人次)、函询(7人次)和诫勉(1人次)等方式,增强纪律约束。坚持"凡提必谈",通过"任职通知书"等方式,强化干部任职仪式感和使命感。强化审计成果运用,完成对中层正职的任期经济责任审计。

【党校工作】完善学校党校机构设置,实施课程体系、师资队伍、规范管理、质量评估"四位一体"培训新模式。以"铸魂""砺剑""培英""强基"四个常规班次为主体,主体班、专题班、远程在线学习、上级调训四大系列常规培训为基本,构建党校培训新格局。

增强干部培训针对性,举办党史学习教育专题轮训班、"强化基层党建"专题培训班、"双肩挑"干部履职能力提升专题培训班、科级干部"第六期青年管理干部培训班"等。全年共举办各类干部培训16个班次,培训干部3363人次,同比增长92%。扎实开展入党培训,全年举办学生发展对象入党培训领航班3期,结业学员3350名,培训教工入党领航班学员38名,"入党积极分子在线学习网络平台"网上培训班培训学员4162名。深入实施"经典读书工程",在干部培训、入党培训中增设"好书共读"等板块,购置学习书籍、编印学习资料2100余册。

【定点帮扶工作】超额度高质量完成帮扶指标,定点帮扶云县,投入和引进帮扶资金1313.76万元,培训基层干部和技术人员1244人次,购买和帮助销售贫困地区农产品3422.59万元,指标任务完成情况在75所教育部直属高校中名列前茅。

召开科技助力乡村振兴推进会,形成9类28项定点帮扶项目清单。成立华南理工大学乡村振兴与科技成果转化云县中心和惠来中心。在校内建设消费帮扶智慧体验馆,推动购买帮扶地区优质农特产品常态化、长效化。立足地方实际,构建"大教育帮扶"格局,坚持以重教扶智塑造内生动力、以兴业扶产增强发展活力、以振乡扶民强化持续能力,形成了扶智、扶产、扶民"三扶一体"的全方位帮扶体系,推动民智、民生、民志共同发展,为精准帮扶模式的高校探索贡献"华工方案"。

教职工思想政治工作和宣传工作

【理论学习与思想教育】持续加强理论武装工作，推动习近平新时代中国特色社会主义思想落地生根。制定《关于2021年全校各级党组织理论学习中心组和教职工理论学习的意见》，学校党委以"第一议题"、理论学习中心组学习等形式开展集体学习31次。加强理论学习常态化制度化长效化建设，编制《理论学习中心组工作手册》，突出对二级党组织的指导和检查，要求学习有记录、季度有统计、年度有总结，形成"学习计划—规范过程—总结特色"的闭环。依托"华园讲坛"，邀请知名专家做报告5场，参与人数达1700余人。

压实意识形态工作责任，推进意识形态工作"1337"系统工程，修订《华南理工大学推进落实意识形态工作责任制实施方案》，落实"校—院—党支部"三级体系。落细意识形态工作责任考核，制订《华南理工大学安全稳定工作责任书落实情况检查考核方案》。实施24小时舆情监测、"平安日报"、风险隐患月排查等制度，做到一日一报、一情一报。召开意识形态工作联席会议10次，聚焦重要节点、任务，打好风险防范主动战。抓好《华南理工大学校园新媒体平台建设和管理办法》的落实，理顺校内新媒体平台备案管理。全年开展"清风行动"5次，对69个网络平台实施整改，排查、研判涉校敏感网络舆情近66万条，保障校园网络阵地信息内容安全。

【宣传工作】校级宣传形成"报网微端屏"融合的全媒体平台。创新传统平台，校报出版24期，策划25个专题（版）报道，推出"奋斗百年路 启航新征程"系列报道。优化网站平台，新闻网发布稿件1124篇，发布校外媒体报道831条，中文主页"华园聚焦"以轮播形式发布35期。拓展新媒体平台，常态化更新强国号、教育号，学校官方微信用户年增10万余人，总数近30万；在抖音、快手、B站、微信视频号等平台上累计推出399个视频作品；多次完成重大活动线上直播。华南理工大学官方微信入选"首批高校思政类公众号重点建设名单"、2020—2021年中国大学官微50强，获广东高校新媒体影响力一等奖。

塑形象、树典型，深挖杨匏安、周文雍、"甲工四金刚"等校史故事，将《刑场上的婚礼》男主人公原型、甲工校友周文雍的故事发布专题推送、视频17篇（部），新华网首页专题视频播放量超过110万，《党史故事百校讲述》接力视频播放量超110万；《求是》杂志、《光明日报》《中国青年报》等报道原创话剧《红色甲工 血色浪漫》公演。"新能源汽车界的黄埔军校"在新华社、《光明日报》《瞭望》《中国教育报》等17家主流媒体进行深度报道。"广州国际柠檬校区"结合"华南鲤工芒果莲雾好就业大学"宣传，助力学校综合评价招生取得"开门红"。

校园新闻报道频登权威平台，在《人民日报》、新华社、央视、《光明日报》《中国教育报》等权威媒体发稿112篇，年度增长近40%。参与电视电影录制，包括央视纪录片《生死与共——周文雍 陈铁军》、广东台纪录片《刑场上的婚礼》、广州台纪录片《血色浪漫 红棉初心》和湖南卫视节目《遇见闪亮的自己》，组织机器人战队参演国庆主旋律影片《我和我的父辈》。

【精神文明与校园文化建设】实施《华南理工大学文化建设"十四五"规划》，推进"大美华工"建设行动。出版校史著作《广东工业专科学校校史考（1910—1952）》，发布校园红色史迹和重要纪念地手绘游览线路图，举办"党在华工一百年"展览等。成立华南理工大学博物馆筹建工作领导小组，构建文博育人平台。推选文化精品案例，3个案例获评省委教育工委优秀案例。巩固提升文明校园创建成效，实施公益广告品质化提升工程，分阶段推进主干道公益广告投放，开展文明行为规范及疫情防控等宣传。

【师德师风建设】召开教师思想政治和师德师风建设工作会议暨师德专题教育部署会，成立华南理工大学师德专题教育领导小组，印发《华南理工大学开展师德专题教育工作方案》。构建教职工思政和师德师风建设"12362"工作体系，即"坚持党委统一领导、压实校院（系）两级责任、落实三项引航举措、强化六大工作机制、推进两条主线建设"。突出全员全过程全方位师德提升，开展"师德师风建设月"活动，完成师德主题宣讲33场。深入开展警示教育，严惩师德失范行为，建立师德违规"三级通报"制度。

党风廉政建设

【党风廉政教育】把纪律教育和党史学习教育有机结合，通过专题讲座、学习研讨、网络视频、参观体验等方式，分层分类开展"学党史悟思想、守纪律铸忠诚"纪律教育学习月系列活动。对168名新入职教职工和新提拔"双肩挑"干部开展廉洁教育，组织新任中层干部一对一履新谈话31人次。深入开展廉"结"你我活动，组织"厉行节约、反对浪费"宣传，发放"廉"心粽，展播"清廉好家风"等微视频。通报典型案例，印发《关于三起交通违法典型案例的通报》，用身边事教育身边人。组织毕业生廉洁教育，通过发送廉洁倡议书、发放学习资料、制作廉洁微视频等形式，帮助毕业生扣好"第一粒扣子"。

【巡察工作】开展两轮校内常规巡察，涉及8个二级单位，发现主要问题57个、领导干部个人在履职和作风等方面问题129个，发出《立行立改通知书》10份，提出意见35条。建立健全"六步三审"巡察整改工作流程，第二、三轮被巡察单位制定整改措施270条并开展集中整改。对28个突出问题进行挂牌督办，75%已落实整改。抓实巡察成果运用，做好未巡先改，将巡察结果作为选人用人、考核评价的重要参考。深化巡视巡察上下联动，完善巡察观测指标体系，编撰54万字的说明书。

【作风建设与廉政建设】开展科研经费"突击花钱"专项监督检查，督促落实中央八项规定有关制度自查自纠、违规发放津补贴或福利自查工作等。利用元旦、春节等节点，向全体中层干部进行廉洁提醒，推送专题文稿，规范礼品礼金上交和处理程序。督办转办转送群众诉求

28件，办结28件，监督推动解决一批师生急难愁盼的实事。

制定学校党委和二级党组织落实全面从严治党主体责任清单，以及学校纪委和二级单位纪委全面从严治党监督责任清单、纪委委员联系二级党组织工作办法等，推动四责协同。实行党风廉政建设履责纪实制度。督促二级党组织用好"第一种形态"，开展日常谈心谈话1413人次。编印发放《党风廉政建设工作手册》。

【监督检查】综合运用列席会议、调研检查、提出建议等方式，强化对政治生态、立德树人、意识形态等工作的政治监督，督导民主生活会、组织生活会等29场。紧盯领导责任、工作落实、学风情况等开展监督检查，督促各单位高质量开展党史学习教育。持续跟踪督办教育部巡视整改的责任落实、任务完成等情况，全程监督校内巡察整改，深入被巡单位开展"回头看"。建立健全党员领导干部廉政档案，出具党风廉政意见2698人次，把好选人用人政治关、廉洁关。

开展领导干部插手干预重大事项自查自纠、单位使用公有住房专项监督、基建工程相关领域警示教育和岗位风险对照检查，对非学历教育、基础教育合作办学、校办企业、附属医院等四个领域开展防范治理腐败风险调研和专项清理整顿，对招生考试、人事招聘、职称评审等开展"嵌入式"监督60余次，制发纪律检查建议书和工作建议书5份，推动解决问题8个。下沉疫情防控一线，对责任落实、工作机制、网格化管理等疫情防控工作跟进监督、精准监督、全程监督。

【信访与案件】完善信访举报和问题线索集体研判制度，建立"走读式"谈话"六必知"以及应急处置工作机制，制定《监督检查执纪审查措施使用管理办法》和常用文书样式，规范线索处置各环节工作。受理信访举报140件，办结群众信访129件，处置问题线索19件，谈话提醒、批评教育和诫勉谈话等处理11人次，给予1人开除党籍和降低岗位等级处分，收缴违纪违规款1.98万元。约谈4名责任落实不到位、压力传导不够有力等的领导干部（单位）。对受到处分处理的教职工开展回访教育。

统战工作

【民主党派建设】丰富党史学习教育形式，举办"同舟讲坛"，集中学习习近平总书记系列重要讲话精神，解读十九届六中全会精神，举办《中国共产党统一战线工作条例》培训班、"学党史、悟思想、办实事、开新局"为主题的中青年党外知识分子骨干培训班等。开展"学党史、忆侨情"活动。

学校现有7个民主党派基层组织，成员共522名，其中，担任各民主党派中央委员4名、省委副主委2名、省委常委4名、省委委员5名。全年学校各民主党派共发展新成员7名，其中，副高职称以上5名。民革、民建、九三学社三个基层组织完成换届。民革总支获民革省委会"反映社情民意信息工作先进集体二等奖"，致公党基层委获致公党省委会"参政议政工作优秀组织"，九三学社基层委获九三学社省委会"参政议政工作先进集体奖",12人获省级以上先进个人表彰。

【团体与无党派人士工作】 学校侨联现有会员122名,做好老归侨安居康养工作。学校港澳联现有会员94名,开展多场茶话会。学校党外知识分子联谊会有45名理事,推荐7名无党派人士作为省知联会理事。学校归国留学人员436名,其中,副高职称以上270名;推荐10名优秀归国留学人员担任省欧美同学会理事,其中,名誉副会长1名、常务理事3名、理事6名。

【参政议政与建言献策】 支持建言献策,学校政协委员在广东省政协会议上共提交11份提案。牛保庄主笔的提案获"2020年优秀提案",李汴生获2020年履职优秀委员。组织统一战线专家赴云浮科技企业开展主题调研和科技咨询服务。

【综合工作】 学校统战理论研究课题共立项16项,政协理论研究课题共立项12项。5篇论文获"广东省统战理论政策研究创新成果奖",7篇论文在广东省人民政协"永远跟党走——更好发挥人民政协专门协商机构作用"主题研讨会征文中获奖。出版《同心·筑梦——华南理工大学统战理论研究文集》《求索·务实·创新——华南理工大学人民政协理论研究文集》。民主党派成员和无党派人士"双岗建功",1人当选中国科学院院士,2人获得国家杰出青年科学基金。民建会员朱宝璋向学校捐赠4吨消毒液共计20万元。举办"华南理工大学统一战线献歌给党听、永远跟党走"快闪活动。

资料1 华南理工大学各级人大代表、政协委员、政府参事名单

第十三届全国人大代表
安 然 无党派,中国侨联常委、华工侨联主席,国际教育学院教授

第十三届全国政协委员
邓文基 民盟广东省委会副主委,物理与光电学院教授

第十三届广东省人大常务委员
吴克昌 致公党中央委员、广东省委会副主委,公共管理学院教授

第十三届广东省人大代表
章熙春 中共党员,校党委书记,研究员

第十二届广东省政协常委
邓文基 民盟广东省委会副主委,物理与光电学院教授
倪 阳 民进中央委员、省委会常委、华南理工大学基层委员会主委,建筑设计研究院董事兼总经理,建筑学院教授
李汴生 九三学社广东省委会常委、华南理工大学基层委员会主委(至2021.11),食品科学与工程学院教授

第十二届广东省政协委员
王丹平 中共党员,校党委常委、统战部部长,研究员
牛保庄 民革广东省委会委员、华南理工大学总支副主委,工商管理学院教授
张 珂 民盟华南理工大学委员会委员,设计学院院长,教授
王幼松 民建广东省委会委员、华南理工大学支部主委(至2021.10),土木与交通学院教授
林章凛 农工党广东省委会委员、华南理工大学总支主委,生物科学与工程学院教授
马於光 九三学社社员,中国科学院院士,材料科学与工程学院教授

李志远　无党派，物理与光电学院副院长，教授
裴海龙　无党派，自动化科学与工程学院教授

第十五届广州市人大代表

叶　君　民盟华南理工大学委员会副主委，轻工科学与工程学院教授
刘　江　无党派，环境与能源学院教授

第十三届广州市政协委员

刘桂雄　中共党员，机械与汽车工程学院教授
俞祝良　民盟中央委员、广东省委会常委、华南理工大学委员会主委，自动化科学与工程学院副院长，教授

第十届天河区人大常务委员

何　慧　九三学社华南理工大学基层委副主委，材料科学与工程学院教授

第十届天河区人大代表

麦均洪　中共党员，校党委副书记，研究员

第十八届番禺区人大代表

许　勇　致公党华南理工大学基层委主委，研究生院副院长，软件学院院长，教授
易　翔　民革党员，微电子学院教授

第九届天河区政协委员

祝诗发　无党派，华南理工大学知联会副会长，化学与化工学院教授

第十五届番禺区政协委员

李　平　九三学社华南理工大学基层委主委，环境与能源学院教授

第二十届南村镇人大代表

董学会　九三学社华南理工大学基层委委员，前沿软物质学院教授

广东省人民政府参事

沙振权　民革党员，工商管理学院教授
邓飞其　民盟盟员，自动化科学与工程学院教授
田秋生　民进会员，经济与贸易学院教授
张　波　民进会员，电力学院教授

广州市政府参事

魏德敏　九三学社社员，土木与交通学院教授
潘伟斌　无党派，环境与能源学院副教授

资料2　华南理工大学各民主党派基层组织主要负责人名单

中国国民党革命委员会第一届华南理工大学总支

主　委：车文荃
副主委：宋慧宇　龚模松　牛保庄
委　员：陈　荣　金　华

中国民主同盟第二届华南理工大学委员会

主　委：俞祝良
副主委：叶　君　胡郁葱　付时雨　周智恒
委　员：宁更新　林　中　张　珂　张伟德　徐　勇　黄凤辉　贾海平

中国民主建国会第六届华南理工大学支部

主　委：杨雄文
副主委：贺建风　罗晓春

委　员：赵　翔　吴　凡

中国民主促进会第一届华南理工大学基层委员会

主　委：倪　阳

副主委：陈　利　左保河　刘仲武　徐昕荣

委　员：杨　灿　李　中　王　波　冼楚华

中国农工党第六届华南理工大学总支

主　委：林章凛

副主委：刘伟铭　李碧梅　王永华

委　员：温丽琦　罗文结　黄　洪　利　锋　钱　奇

中国致公党第一届华南理工大学基层委员会

主　委：许　勇

副主委：周锐波　曾德炉　余宇翔

委　员：刘齐香　张　红　冯春华　陈昌勇　李旭东

九三学社第五届华南理工大学基层委员会

主　委：李　平

副主委：何　慧　孙为正　孙江文　靳贵平

委　员：梁振兴　高克昌　吴　凯　董学会　陈征楠　叶　虹

资料3　华南理工大学统战团体主要负责人名单

第九届华南理工大学归国华侨联合会

主　席：安　然

副主席：陈　玲　汪双凤　王仁曾

秘书长：张立新　曹尚卿

委　员：李　斌　张立新　黄向健　张伟德　曹尚卿　张学武　赵　毓

第十一届华南理工大学港澳联谊会

会　长：胡国清

副会长：凌志新　吴晓黎

委　员：苏　丹　邓超群　李　静

华南理工大学党外知识分子联谊会第一届理事会

名誉会长：何镜堂

会　长：黄　飞

副会长：祝诗发　闫军威　温焕尧　蔡　毅　杜金志

秘书长：谢从珍

副秘书长：李宗涛　董力瑞

发展规划与学科建设

发展规划与学科建设

【学科建设】打造更多学科高峰。优化资源配置，推进优势学科建设，26个学科进入软科"世界一流学科排名"，其中，食品科学与工程等3个学科进入全球前十，18个学科排名全球百强；21个学科进入US News世界大学学科排名，其中，食品科技、高分子科学和农业科学3个学科位列全球前三，5个学科进入全球前十，15个学科进入全球百强；14个学科进入QS世界大学学科排名，7个学科进入THE世界大学学科排名，14个学科进入泰晤士高等教育中国学科评级A类。ESI前1%学科总数保持10个，其中，材料科学、农业科学、化学、工程学4个学科稳居ESI全球排名前1‰。2021年学校综合水平和办学声誉稳步提升，稳居软科"世界大学学术排名"全球前200强、US News世界最好大学排名前300强、自然指数榜单全球百强。

加快推进一流学科建设。4个一流学科顺利通过首轮"双一流"建设评估，材料科学与工程入选一流学科培优行动计划，农学获批变更为食品科学与工程；以4个一流学科为核心，整合优势学科资源，重点打造4大学科群，编制完成新一轮一流学科建设方案并顺利通过专家评审。

谋划推进学科公共平台建设。出台学校学科公共平台建设与运行管理办法，成立学科公共平台建设管理委员会，制订学科公共平台建设规划，完成广州国际校区4个学科公共平台的论证并启动相关建设工作，提高学科公共平台综合使用水平和效益。

【发展规划】科学制订学校发展规划。开展学校"十四五"规划的前期预研、"我为'十四五'规划建言献策"等活动，召开师生座谈会，广泛征集意见建议，凝聚发展共识，编制完成学校"十四五"发展规划。

推进教育评价改革。坚决贯彻"破五唯"要求，组织制订《华南理工大学贯彻落实〈深化新时代教育评价改革总体方案〉实施方案》，成功入选广东省深化新时代教育评价改革试点校。

加强信息统计分析。持续跟踪研究第三方机构发布的各类排行榜，撰写排名分析报告，围绕学科评估、全球高被引科学家、办学绩效评价等主题完成专项调研报告。出台《华南理工大学统计工作管理办法》，规范统计管理，提升数据治理水平。完成年度"高校快报表""高等教育基层统计调查表及高基附一、附二表"等统计上报，定期编印年中、年度办学数据统计等。

【"双一流"建设】科学编制学校新一轮"双一流"建设方案。紧密衔接"十四五"规划和"双一流"首轮建设，突出培养一流人才、服务国家战略需求和争创世界一流的导向，高质量编制完成学校新一轮"双一流"整体建设方案。

开展"双一流"建设项目资金申报和绩效评价。完成2021年中央专项资金绩效、广东省"冲补强"特色专项资金绩效、广东省财政资金管理使用和绩效等自评工作，完成中央专项资金项目、广东省"冲补强"专项资金项目、广东省重大项目等各类项目的申报以及中央专项资金执行监控等数据填报。

抓好"双一流"建设项目过程管理。完善"双一流"建设项目管理系统，持续优化"双一流"项目及管理流程，组织开展"双一流"建设政策宣讲活动，提高项目管理的科学化、规范化水平。

资料1　华南理工大学国家重点学科名单

序号	学科代码	学科名称	学科类型
1	0805	材料科学与工程	一级学科国家重点学科
2	0822	轻工技术与工程	一级学科国家重点学科
3	081001	通信与信息系统	二级学科国家重点学科
4	081701	化学工程	二级学科国家重点学科
5	083201	食品科学	二级学科国家重点学科
6	080201	机械制造及其自动化	国家重点培育学科
7	081302	建筑设计及其理论	国家重点培育学科

资料2　华南理工大学广东省重点学科名单

序号	学科代码	学科名称	学科类型
1	0805	材料科学与工程	攀峰重点学科
2	0822	轻工技术与工程	攀峰重点学科
3	0810	信息与通信工程	攀峰重点学科
4	0817	化学工程与技术	攀峰重点学科
5	0832	食品科学与工程	攀峰重点学科
6	0802	机械工程	攀峰重点学科
7	0813	建筑学	攀峰重点学科
8	0811	控制科学与工程	攀峰重点学科
9	0814	土木工程	攀峰重点学科
10	0831	生物医学工程	攀峰重点学科
11	1201	管理科学与工程	攀峰重点学科

续表

序号	学科代码	学科名称	学科类型
12	0301	法学	优势重点学科
13	0701	数学	优势重点学科
14	0703	化学	优势重点学科
15	0710	生物学	优势重点学科
16	0801	力学	优势重点学科
17	0807	动力工程及工程热物理	优势重点学科
18	0808	电气工程	优势重点学科
19	0809	电子科学与技术	优势重点学科
20	0812	计算机科学与技术	优势重点学科
21	0823	交通运输工程	优势重点学科
22	0830	环境科学与工程	优势重点学科
23	0833	城乡规划学	优势重点学科
24	1202	工商管理	优势重点学科
25	1204	公共管理	优势重点学科

教代会、工会和共青团工作

教代会与工会工作

【教代会工作】 履行教代会职能，参与民主管理。召开第九届教代会暨第十五届工代会第六次会议。会议审议通过《2021年学校工作报告》《学校财务工作报告》《第九届教代会暨第十五届工代会第六次会议工作报告》《第九届教代会第六次会议提案工作报告》《学校"十四五"规划编制报告》。会议征集提案40件，其中，10件为重点督办立案提案。

优化提案办理机制，健全提案办理的督促检查和信息反馈制度，加大重点提案跟踪办理力度。发挥"双代会"各类委员会作用，推选各类上级评优评先活动候选人，对学校重要政策文件提出意见建议等。

【工会工作】 组织教职工参与国家和广东省评优评先工作，食品科学与工程学院王永华教授获"全国三八红旗手"称号，土木与交通学院吴波教授获"广东省五一劳动奖章"；获批广东省女教职工委员会"营养与健康"女职工创新工作室；4个基层工会获批省教科文卫工会"职工小家"。与东北大学、华中科技大学等高校工会开展交流；参加第十一届卓越大学联盟高校工会工作研讨会。

丰富文体活动。组织教职工乒乓球赛，吸引400名教职工参加。举办学校党史学习教育书画展活动。组织营养与健康、服装搭配艺术等讲座庆祝"三八"国际劳动妇女节。开设12个兴趣班，成立匹克球协会，支持舞蹈、声乐等协会开展活动。

加强人文关怀。为在职教职工发放166万元的传统节日慰问礼包；为78位退休教工发放慰问品和"荣休"证书；为23位在职教工办理学校教职工重大疾病医疗救助基金申请，获救助基金67万元；为教职工办理1653份职工医疗互助保障计划（甲种版）、964份女职工安康互助保障计划（甲种版）的参保。为9位患病教职工申请互助保障金22万元。为3486位教职工免费办理泰康养老意外保险。开展心肺复苏急救培训、与社区结对共建上门探访慰问义务兵家属等活动。

【计生工作】 通过广州市人口与计划生育目标管理责任制考核。为应届毕业生就业办理婚育证明3965人次；完成男教工计生函调工作415人次、女教工回函112份。做好1231名在职女教工生殖健康检查；为794名教职工办理"计划生育少儿综合保险"。加强与社区居委会合作，运用互联网、宣传栏等线上线下平台开展计生宣传。

共青团工作

【思想和组织建设】 开展党史学习教育。制订学校《共青团"学党史、强信念、跟党走"学习教育暨庆祝中国共产党成立100周年活动方案》，开展各类学习69次，全校团支部100%开展"6+3+1"组织化党史学习教育。实施红色基因传承工程，举行"七一"升旗仪式暨红色基因传承工程启动仪式，组织百个团支部的千名团员参观华园红色史迹和重要纪念地。制作演绎《理想》MV献礼建党百年，视频点击量超21万次。

强化主流价值引领。落实理论学习"第一议题"制度，组织青年师生代表学习习近平新时代中国特色社会主义思想和党的理论方针，撰写学习心得。组织参与"青年大学习"，总参学比达72.55%。持续开展"高举团旗跟党走"青年月系列活动，组织开展10项校级重点活动，经费支持院级（院际）活动114项，立项支持团支部活动128项，呈现"校级活动出品牌，院级活动强特色，团支部活动重参与"的良好格局。

深化实施"青马工程"，修订《青年马克思主义者培养工程实施方案》，突出理想信念教育和政治工作本领提升。推动网络新媒体工作提质增效，开设青春木棉直播间、开通视频号，华工青年公众号关注量超10万。大型原创多媒体全景式话剧《红色甲工 血色浪漫》专场演出6场，作品获评广东省教育厅"庆祝建党100周年·践行核心价值观"优秀案例二等奖。

深入推进全面从严治团。召开学校共青团十九届二次全会。严格落实共青团改革基本要求，出台学校《共青团组织工作手册》。持续以智慧团建为抓手，促进团员政治意识和身份意识回归。2021年发展新团员190名，转出毕业生团员10 260人。截至2021年底，学校有二级团委（团总支）33个，团支部1345个，团员37 792人，其中，本科生团员22 921人、研究生团员14 871人。深入推进学生会组织改革，校级学生会组织、28个二级学生会和26个二级研究生会均完成改革，顺利通过团省委和省学联的评估验收。深入推进学生社团改革，撤销社团联合会，成立社团管理部，坚持实行常态化年审制度。

表彰一批先进集体和个人。开展"七色的彩虹，榜样的力量"学生工作创先争优"标杆工程"评选活动，评选"十大共产党员、共青团员标兵"。组织评选学校先进团委14个、先进团支部87个、优秀共青团干部253名、优秀共青团员1049名、十佳团支部书记等，19个集体和个人获省级及以上"五四"表彰。1人获评"全国优秀共青团员"，李莎支教团获评"广东青年五四奖章提名奖"，1人获评"中国大学生自强之星"。机械与汽车工程学院车辆工程专业2018级二班团支部获评"高校活力团支部"，电子与信息学院信息工程专业2017级冯秉铨实验班团支部、电力学院电气工程及其自动化专业2017级5班团支部获评"广东省五四红旗团支部",10人获评"广东省优秀共青团员",1人获评"广东省优秀共青团干部",1人获评"广东省百佳团支部书记"。学校学生会获评"广东省优秀学生会",2人获评"广东省优秀学生干部"。

【社会实践活动】组织团员科学参与疫情防控志愿工作。建立校园疫情防控志愿服务队,组织3872人次学生志愿者协助开展疫情防控工作,累计工作时长19 000余小时。持续开展春运志愿者等服务项目,1个集体获评第十三届中国青年志愿者优秀组织奖。截至2021年底,学校共有注册志愿者68 228名,志愿服务项目7577个,累计服务时数达390万小时。

开展"坚定跟党走 奋进新时代"主题寒假社会实践和"永远跟党走·新时代"暑期"三下乡"社会实践活动,评选出12个优秀实践团队、17名优秀指导教师和1525名社会实践先进个人。参加组织暑期社会实践各级重点团队176支,吸引学生15 000多人次参与。学校获评"广东省'三下乡'社会实践活动优秀单位","材子'乡'约寻迹未来"实践队获评全国暑期社会实践活动优秀团队。

持续开展"西部计划",组织22名志愿者奔赴广西、云南开展服务和支教工作;继续开展"温暖回家路""你是我的阿拉丁神灯"等项目,累计关爱返乡农民工、留守儿童及贫困学生900余人次。

【校园文化活动】召开第四十次学生代表大会暨第三十二次研究生代表大会,完善《华南理工大学学生会章程》《华南理工大学研究生会章程》。开展"十大提案"征集工作,收集提案269份,响应提案259条,响应率96%。学校现有校学生会、研究生会、百步梯学生创新中心、青年志愿者指导中心、学生记者团、学生科学技术协会等6大学生组织和108个学生社团。

精心打造校园文化特色品牌活动。持续开展"科技文化节"活动,立项校级活动10项、院级(院际)活动90项、团支部活动97项。举办校园歌手大赛、高雅艺术进校园、党史知识竞赛、"三走"体育嘉年华等品牌活动近70场,参与人数超2.5万人次;举办各类社团活动600余项,参与人数超3万人次。

【科技创新活动】资助学生科技创新。调整实施百步梯攀登计划,立项资助70项。获广东省攀登计划立项资助25项,资助经费63.5万元,获评项目数和经费资助额排名广东省第一。持续实施研究生专业竞赛和社会实践调研,资助17项。

组织参加"挑战杯"大学生课外学术科技作品竞赛,在省赛中,获特等奖14项、一等奖15项、二等奖1项、三等奖2项,学校以团体总分第一捧得"挑战杯",并获优秀组织奖;在全国赛中,获一等奖2项、二等奖2项、三等奖2项,学校捧得"优胜杯",并获优秀组织奖。组织参加第七届中国国际"互联网+"大学生创新创业大赛青年红色筑梦之旅赛道,在省赛中获2金1银,在总决赛中获1金1银。组织参加中国研究生创新实践系列竞赛,获国赛二等奖2项。组织学生参加美国大学生建模竞赛、全国大学生结构设计竞赛、中国研究生机器人创新设计大赛等国内外重要赛事,均取得优异成绩。

资料　共青团华南理工大学第十九届委员会

书　　记：孟　勋
副 书 记：朱泳媚　梁　劲　游丽君（挂）　谢　宇（挂）　李凯凯（兼）　郑咏佳（兼）
常务委员：孟　勋　朱泳媚　梁　劲　游丽君　谢　宇　李凯凯　郑咏佳　石春亮　王燕林
委　　员：（以姓氏笔画为序）
　　　　　　王延顼　王燕林　邓　晶　石春亮　申宏宇　吕萱萱　朱泳媚　李凯凯　陆　莹
　　　　　　陈炜强　林胜德　郑咏佳　孟　勋　黄小婷　梁　劲　游丽君　谢　宇　蔡娟云
　　　　　　冀早早　穆彦丁　魏　争

教育教学工作

学生思想政治教育和管理

【思想政治教育和管理】坚持用习近平新时代中国特色社会主义思想铸魂育人，持续完善"三全育人"机制。建设育人大课程，深化课程育人。突出探究性学习，不断完善思政课程"领道"计划、公共课程"闻道"计划、专业课程"同道"计划、实践研习"悟道"计划"四位一体"思政教育课程体系。3门课程入选教育部课程思政示范课程，获批教育部课程思政教学研究示范中心（全国仅15所本科高校）、全国高校思政课虚拟仿真体验教学中心（全国仅5所高校）、广东省课程思政示范校（全省仅4所高校）。"实施'明道育德'课程思政，培养引领未来的时代新人"案例获广东省委教育工委"庆祝建党100周年·践行核心价值观"优秀案例一等奖。把握历史大事件，深化典礼育人。组织"百年接力 青春告白"毕业典礼和"百年风华 青春扬帆"开学典礼。校院两级领导为学生上党课130余次，听课学生37 460人次。善用社会大课堂，深化实践育人。结合党史学习教育，开展师生"思岭南先烈 忆红色甲工"活动，组织"追寻百年印迹 传承红色基因"百年党史知识巡展，举办"党史故事我来讲"，组织"我最钦佩的共产党员""学党史·励青春"征文和"一封家书"朗读者活动等，"习语心传"学生党员宣讲团开展"党心述芳华"党史专题宣讲12场、"星火聊园"基层微宣讲66场。组织"我为师生办实事"打卡活动25 000余条。1名学生获评第二届"百名研究生党员标兵"。1名学生获评2020年"广东大学生年度人物"。

【学生工作队伍建设】以培促学，以赛代练，提升辅导员学生工作技能。建设第二批8个辅导员工作室，开展5场学生教育管理论坛，组织135名辅导员参加全国高校辅导员网络培训。举办"学党百年史 为党育新人"辅导员素质能力大赛，举办首届"凝心聚力 携手同行"辅导员趣味运动会，凝聚育人合力。

辅导员队伍建设成果丰硕。1人获评广东高校辅导员年度人物，2人获评2020年广东省研究生德育先进个人，1人获第八届全国辅导员素质能力大赛三等奖，获广东省辅导员素质能力大赛一等奖、二等奖、三等奖各1人。获评2020年度广东高校学生工作优秀案例一等奖4项、二等奖1项、三等奖3项、优秀奖3项。

学校现有一线专职辅导员（含"2+3"辅导员、少数民族学生辅导员）136人，配备学生兼职辅导员205人，专职辅导员岗位与在校全日制学生的师生比为1∶197。

【奖助学工作】夯实精准资助基础，

构建"奖、贷、助、补、免、勤、偿"资助体系。全年评审和发放本科生国家奖学金、国家励志奖学金、学校奖学金、校级社会捐赠奖学金及新疆籍、西藏籍少数民族学生奖学金共计1630.35万元，奖励学生5156人次。发放4266名学生校园地国家助学贷款及生源地信用助学贷款5120.02万元。精准认定家庭经济困难本科生3647人，发放本科生各类资助金2762.53万元，其中，国家助学金及捐赠助学金额1167.9万元、勤工助学薪酬1181.02万元、各类补助（救助）金413.61万元。持续推进研究生资助体系改革，评审和发放研究生国家奖学金、校长奖学金、校级社会捐赠奖学金、博士生及硕士生助研岗位奖学金共计43 854.33万元。发放研究生"三助"（助管、助教、助研）金额共计19 514.37万元。引导学生服务国防建设和赴中西部基层建功立业，发放退役士兵学生、基层就业学生学费补偿贷款代偿金及学费减免134.54万元。

深化资助育人，将"扶困"与"扶智""扶志"有机结合。开设新生入学绿色通道，组建第二期"大学生阳光成长团队"；举办2021年春季学期大学生形象提升班，400余名学生参加个人形象、网球、钢琴、古筝、声乐等11门课程的学习。举行"2021资助文化节"，开展各类活动28项。

【学生宿舍管理】做好学生宿舍疫情防控工作。制订学生宿舍疫情防控返校工作方案，组织物业进行疫情防控演练培训，开展学生宿舍疫情防控演练63场。

完善学生宿舍硬件设施建设。完成西十二、西十三宿舍家具安装和验收，西八、西十四及研五等宿舍书桌购置和更换。完成五山校区东区、西区、北区学生宿舍及继续教育学院宿舍生活设施更新更换。完成五山校区53栋宿舍门禁系统安装。改造16间大学城校区宿舍考研自习室，建设社区学生健身活动空间。投入近220万元将大学城校区65间教师公寓和85间留学生公寓改造成新生学生宿舍，增加近600个床位。完成国际校区A4学生宿舍竣工验收。

做好日常管理与服务工作。开展学生宿舍电动车违规充电专项整治行动，加强宿舍安全隐患和卫生检查。加强学生宿舍文化建设，编写"每月一主题"黑板报，组织63场主题社区文化活动。做好学生住宿安排和搬迁等工作。完成大学城校区、广州国际校区2020级本科生回迁五山校区。统筹一校三区宿舍资源，制订2021年学生住宿安排方案。

【学生档案管理】理顺一校三区学生档案存放归属问题，按学院所在校区进行档案分类整理。提高档案信息化水平，上线新版学生管理系统研究生档案管理板块。建立档案借阅和利用登记制度，确保档案安全保密和有效利用。2021年转递毕业生档案11 700余份，收集审核毕业研究生登记表约8000份。现存学生档案约53 100份，其中，五山校区36 500份、大学城校区和广州国际校区共约16 600份。

【国防教育】一校三区同时开展军训，顺利完成2021级6868名本科生（含补训、重修）军训工作。利用"智慧树"网上授课平台开展军事理论课教学，完成2020级本科生国防教育教学任务。多渠道开展国防教育、征兵宣传，完成大学生征兵任务，全年入伍学生16人（含直招军官5人），其中，毕业生14人、在校生2人。

【心理咨询与健康教育】围绕教学、测评、咨询、危机干预、队伍建设等核心工作，构筑"护心"工程，维护学生心理健康。普及心理健康知识，面向2021级本科新生开设"大学生心理健康教育"必修课程；面向研究生新生开设"心理学与生活"选修课程。完善学生心理成长档案，开展2021级新生心理健康测评和回访工作，测评完成率99.77%。完善咨询服务，举办"心海航灯"学生团体辅导活动18场，开展系列讲座37场。启用"心易云"心理健康信息管理平台。组织开展2021年"学史明心 健康同行——5·25大学生心理健康活动季"，上线5个线上心理知识科普视频，全年个体心理咨询服务总量2398人次。强化危机干预，重点关注返校学生心理健康，定期开展学生心理健康工作研讨会，制订"一人一策"重点关注方案。持续提升心理健康服务队伍心理专业能力，开展6场"育心树人"辅导员工作坊，举办心理专题知识技能培训10场和团体心理辅导活动8场。

本科生教育

【**教学改革**】全面实施"一流本科行动计划"和"新工科F计划"，提升专业、课程、实践等核心要素质量，打造一流本科教育。

强化专业内涵建设。新增人工智能、数据科学与大数据技术、集成电路设计与集成系统等3个新工科招生专业。16个专业入选国家级一流本科专业建设点（总数达到40个）。8个项目入选教育部首批新文科研究与改革实践项目。以专业认证（评估）为抓手，推进一流本科专业建设，能源化学工程、交通运输、轻化工程等3个专业顺利通过教育部工程教育专业认证，组织车辆工程、生物工程、机械电子工程、过程装备与控制工程等4个专业申请2022年教育部工程教育专业认证。

加强一流课程和教材建设。33门课程入选首批国家级一流本科课程，立项建设全英语教学课程25门（累计建设295门）、通识教育课程11门（累计建设323门）、校级线上一流课程11门（累计建设120门），校级线下、线上线下混合式、社会实践一流本科课程共11门（累计建设80门）。开展本科精品教材专项建设项目立项工作，立项资助本科精品教材建设项目32项。严把教材选用关，开展境外原版教材"一本双查"，审查新增境外原版教材122种。2种教材获首届全国优秀教材高等教育类二等奖，1名教师获评全国教材建设先进个人。

创新拔尖人才培养模式。设立各类协同育人教改班31个，入选学生约1000人。在数学类、化学类、生物技术专业推进基础学科拔尖学生培养。设立计算机科学与技术+金融学、软件工程+工商管理、自动化+数学与应用数学等3个双学位试点项目。获批2个基础学科拔尖计划2.0基地，标志学校正式进入基础学科拔尖人才培养的"国家队"。

深化产学研合作教育。与行业龙头企业共建集成电路、智能系统、未来数学技术与大数据等5个"未来创新实验室",总数达到12个。与中国建设银行广东省分行共建"建行金融科技菁英班",打造校企联合培养金融科技复合型人才的全新模式;与华为签署人才联合培养协议,共建"智能基座"产教融合协同育人基地;成立未来技术学院,入选教育部首批未来技术学院建设单位(全国仅12所高校),培养人工智能前沿技术和跨学科交叉领域的未来领军人才。制定《华南理工大学百步梯创新学院建设方案》,推进百步梯创新学院建设和拔尖创新人才培养。

【实践教学】实施以"一院一赛"为核心的学科竞赛资助计划,推进竞教结合。完善"国家—省级—校级—院级"四层次本科生创新创业训练计划项目体系,立项校级以上创新创业训练计划项目1051项,立项建设"探索性实验项目"39项(累计建设325项)。创新创业孵化基地新增28支团队入驻,在孵团队总数达117支,其中,11个项目团队成功获得融资,总融资额达1635.5万元。加强中美青年创客交流中心建设,与谷歌中国教育合作实施中美青年创客交流中心课程资助计划。

2021年,共有2227人次本科生在重大学科竞赛获奖,比2020年(1648人次)增长35.13%。其中,在第七届中国国际"互联网+"大学生创新创业大赛总决赛中,学校获3金6银成绩;在系列重大国际法律赛事中,学校代表队先后获得2021年Willem C. Vis East Moot国际商事仲裁模拟仲裁庭比赛全球第19名、2021年"杰赛普国际法模拟法庭比赛"全球35强;在2021年美国大学生数学建模竞赛和交叉学科建模竞赛中,再次获得大赛最高奖项——Outstanding Winner(特等奖)。本科生以第一作者发表论文132篇,获专利授权149项,获软件著作权登记47项。

【教学管理】加强教务及学籍的全过程管理,做好排课排考、专业分流、转专业、毕业资格审查、推荐免试攻读研究生等日常运行工作。完成全日制普通本科毕业班学生总计6095人(其中辅修学位309人)的毕业资格审查及证书发放工作,实现"零差错率"。开展2021届本科毕业生教学问卷调查,持续改进教学管理工作。组织全国大学英语四、六级考试,2017级学生四、六级考试最终通过率分别达到93.82%、66.77%,保持稳中有升。完善教学约束机制,认定和处理本科二级教学事故9起。坚持开展试卷质量抽查,抽查385门课程22 813份试卷,严把考试命题和阅卷质量关。

加强教师教学能力培训。开展新教师教学技能培训、职称待提升教师教学能力培训、信息化教学培训、"以英语为媒介的教学"(EMI)培训等系列活动,约2000人次教师参加。制定《华南理工大学教师教学能力提升计划(2021—2023年)》,启动教师教学能力提升三年轮训。举办"本科教学创新大讲堂"7场、教学午餐会13场、优秀本科教学示范课34节,营造人人关注课堂教学、教师积极投入教学的良好氛围。遴选建设14个校级示范教研室,推进院级教师教学发展中心建设,鼓励基层教学组织自主开展教学研讨与交流活动。

资料1 华南理工大学全日制本科专业设置及在校学生一览表

学院	专业	2017级	2018级	2019级	2020级	2021级	总计
机械与汽车工程学院	安全工程	0	33	10	13	0	56
	材料成型及控制工程	0	0	25	23	0	48
	材料成型及控制工程（高分子材料成型及控制）	0	19	0	0	0	19
	材料成型及控制工程（金属材料成型及控制）	0	18	0	0	0	18
	车辆工程	0	113	118	133	0	364
	过程装备与控制工程	0	0	62	55	0	117
	过程装备与控制工程（化工装备与控制工程）	0	25	0	0	0	25
	过程装备与控制工程（轻工装备及塑料模具）	0	21	0	0	0	21
	机械电子工程	0	104	84	78	0	266
	机械工程	0	134	143	142	0	419
	机械工程（卓越双语班）	0	24	20	24	0	68
	机械类	0	0	0	0	552	552
	机械类（创新班）	0	27	26	28	29	110
建筑学院	城乡规划	50	61	60	61	59	291
	风景园林	29	31	31	31	31	153
	建筑学	95	110	93	110	90	498
土木与交通学院	船舶与海洋工程	0	47	49	43	0	139
	工程管理	0	37	33	35	0	105
	工程力学（创新班）	0	31	25	28	27	111
	交通工程	0	28	46	52	0	126
	交通运输	0	36	39	55	0	130
	交通运输类	0	0	0	0	123	123
	水利水电工程	0	32	45	0	0	77
	水务工程	0	0	0	46	0	46
	土木工程	0	0	0	143	0	143
	土木工程（道路与桥梁工程）	0	55	62	0	0	117
	土木工程（地下结构）	0	31	36	0	0	67

续表

学院	专业	2017级	2018级	2019级	2020级	2021级	总计
土木与交通学院	土木工程（建筑工程）	0	95	45	0	0	140
	土木工程（绿色智能建造方向）	0	0	31	0	0	31
	土木工程（卓越全英班）	0	38	41	42	44	165
	土木类	0	0	0	1	305	306
电子与信息学院	电子科学与技术	0	99	0	0	0	99
	电子科学与技术（卓越班）	0	37	0	0	0	37
	信息工程	0	230	254	262	235	981
	信息工程（创新班）	0	50	48	54	50	202
	信息工程（中法菁英班）	0	16	11	0	0	27
材料科学与工程学院	材料化学	0	32	0	0	0	32
	材料科学与工程	0	0	100	111	0	211
	材料科学与工程（金属材料科学与工程）	0	35	0	0	0	35
	材料科学与工程（无机非金属材料科学与工程）	0	52	0	0	0	52
	材料类	0	0	0	0	350	350
	材料类（全英创新班）	0	64	34	35	40	173
	电子科学与技术（电子材料与元器件）	0	45	43	0	0	88
	高分子材料与工程	0	110	119	119	0	348
	功能材料	0	0	0	85	0	85
	光电信息科学与工程（光电器件）	0	49	44	0	0	93
	生物医学工程（生物医学材料）	0	27	0	0	0	27
	生物医学工程（生物医学电子）	0	21	0	0	0	21
化学与化工学院	化工与制药类	0	0	0	0	272	272
	化学工程与工艺	0	79	86	95	0	260
	化学类（创新班）	0	25	25	0	0	50
	化学类（强基计划班）	0	0	0	28	30	58
	能源化学工程	0	49	43	49	0	141
	应用化学	0	78	71	76	0	225
	制药工程	0	25	30	35	0	90

续表

学院	专业	2017级	2018级	2019级	2020级	2021级	总计
轻工科学与工程学院	轻工类	0	0	0	0	104	104
	轻化工程	0	47	45	53	0	145
	资源环境科学	0	19	26	19	0	64
食品科学与工程学院	食品科学与工程	0	60	58	72	0	190
	食品科学与工程（食品营养与健康）	0	23	21	25	0	69
	食品科学与工程类	0	0	0	0	144	144
	食品质量与安全	0	26	36	41	0	103
数学学院	数学类	0	0	0	0	252	252
	数学类（创新班）	0	25	22	0	0	47
	数学类（强基计划班）	0	0	0	28	30	58
	数学与应用数学	0	59	63	66	0	188
	数学与应用数学（统计学）	0	66	62	68	0	196
	信息管理与信息系统	0	46	56	59	0	161
	信息与计算科学	0	47	61	62	0	170
物理与光电学院	光电信息科学与工程（光电信息）	0	78	91	96	0	265
	物理学类	0	0	1	0	146	147
	应用物理学	0	39	46	49	0	134
	应用物理学（严济慈英才班）	0	28	24	26	25	103
经济与金融学院	"金融学＋计算机科学与技术"双学位试点项目	0	0	0	0	50	50
	国际经济与贸易	0	90	39	0	0	129
	金融学	0	164	124	0	0	288
	金融学（汇丰金融科技精英班）	0	29	0	0	0	29
	金融学（金融科技）	0	0	60	0	0	60
	经济学	0	48	56	0	0	104
	经济学（创新班）	0	23	21	25	25	94
	经济学类	0	0	2	284	261	547
旅游管理系	会展经济与管理	0	33	27	26	0	86
	旅游管理	0	24	31	23	0	78
	旅游管理（国际班）	0	1	0	0	0	1
	旅游管理类	0	0	0	0	62	62

续表

学院	专业	2017级	2018级	2019级	2020级	2021级	总计
电子商务系	电子商务	0	66	87	73	0	226
	电子商务类	0	0	0	0	123	123
	物流工程	0	53	44	48	0	145
自动化科学与工程学院	"自动化+数学与应用数学"双学位试点项目	0	0	0	0	30	30
	智能科学与技术	0	61	81	83	0	225
	自动化	0	200	191	194	0	585
	自动化（创新班）	0	28	25	42	24	119
	自动化类	0	0	0	0	257	257
计算机科学与工程学院	计算机科学与技术	0	161	170	166	0	497
	计算机科学与技术（全英创新班）	0	43	29	36	41	149
	计算机科学与技术（全英联合班）	0	9	30	18	30	87
	计算机类	0	0	1	2	293	296
	网络工程	0	39	53	63	0	155
	信息安全	0	68	49	68	0	185
电力学院	电气工程及其自动化	0	295	256	281	0	832
	电气工程及其自动化（"3+2"中澳班）	0	4	42	32	0	78
	电气工程及其自动化（卓越班）	0	80	32	52	40	204
	电气类	0	0	0	0	350	350
	核工程与核技术	0	23	21	0	0	44
	核工程与核技术（核电站方向）	0	1	0	0	0	1
	能源与动力工程	0	64	72	81	0	217
生物科学与工程学院	生物工程	0	31	38	0	0	69
	生物技术	0	45	49	0	0	94
	生物技术（强基计划班）	0	0	0	30	30	60
	生物科学类	0	0	0	106	146	252
	生物制药	0	42	40	0	0	82

续表

学院	专业	2017级	2018级	2019级	2020级	2021级	总计
环境与能源学院	给排水科学与工程	0	40	0	0	0	40
	环境工程	0	46	49	40	0	135
	环境工程（"3+2"中澳班）	0	0	14	6	4	24
	环境工程（全英班）	0	33	15	11	14	73
	环境科学	0	20	0	0	0	20
	环境科学与工程	0	0	55	65	0	120
	环境科学与工程类	0	0	0	0	141	141
软件学院	"软件工程+工商管理"双学位试点项目	0	0	0	0	42	42
	软件工程	0	288	244	259	251	1042
	软件工程（"3+2"中澳班）	0	5	37	38	27	107
	软件工程（卓越班）	0	94	47	46	50	237
工商管理学院（创业教育学院）	财务管理	0	59	64	0	0	123
	工商管理	0	1	30	0	0	31
	工商管理（全英班）	0	33	34	37	35	139
	工商管理（体尖）	0	31	38	34	28	131
	工商管理类	0	0	0	175	165	340
	工业工程	0	40	39	0	0	79
	会计学	0	86	83	81	73	323
	人力资源管理	0	42	37	0	0	79
	市场营销	0	40	41	0	0	81
公共管理学院	行政管理	0	65	73	69	85	292
外国语学院	日语	0	18	20	22	25	85
	商务英语	0	85	78	65	80	308
法学院（知识产权学院）	法学	0	120	97	104	0	321
	法学（卓越法律班）	0	28	31	29	31	119
	法学类	0	0	0	0	131	131
	知识产权	0	25	36	32	0	93
新闻与传播学院	传播学	0	71	65	54	0	190
	传播学（"2+2"联合班）	0	2	2	24	27	55
	广告学	0	20	42	34	0	96
	新闻传播学类	0	0	0	0	120	120
	新闻学	0	33	26	33	0	92

续表

学院	专业	2017级	2018级	2019级	2020级	2021级	总计
艺术学院	舞蹈学	0	33	35	50	48	166
	音乐表演	0	67	78	74	69	288
	音乐学	0	8	8	8	10	34
体育学院	运动训练	0	39	34	36	46	155
	运动训练（优秀运动员）	0	6	15	10	3	34
设计学院	产品设计	0	54	50	50	51	205
	服装与服饰设计	0	23	41	40	40	144
	工业设计（实验班）	0	27	28	34	0	89
	工业设计.	0	54	52	60	78	244
	环境设计	0	54	49	51	50	204
医学院（生命科学研究院）	临床医学	0	0	26	67	57	150
	医学影像学	35	53	20	30	29	167
生物医学科学与工程学院	生物医学工程	0	0	68	80	41	189
吴贤铭智能工程学院	机器人工程	0	0	45	47	50	142
	智能制造工程	0	0	47	54	48	149
分子科学与工程学院	分子科学与工程	0	0	41	35	39	115
微电子学院	集成电路设计与集成系统	0	0	0	0	55	55
	微电子科学与工程	0	0	163	162	57	382
未来技术学院	人工智能	0	0	0	0	72	72
	数据科学与大数据技术	0	0	0	0	73	73

资料2　2021届本科毕业生各专业毕业、结业人数统计表

学院	专业	毕业	毕业学生中 辅修	毕业学生中 双学位	结业	合计
机械与汽车工程学院	安全工程	32	1	6	2	34
	材料成型及控制工程	56	2	1	3	59
	车辆工程	122	4	0	4	126
	过程装备与控制工程	48	3	2	3	51
	机械电子工程	90	2	0	1	91
	机械工程	118	13	6	3	121
	机械工程（创新班）	26	0	0	0	26
	机械工程（卓越双语班）	24	0	0	2	26

续表

学院	专业	毕业	毕业学生中		结业	合计
			辅修	双学位		
建筑学院	城乡规划	62	1	0	1	63
	风景园林	34	1	0	0	34
	建筑学	87	2	1	0	87
土木与交通学院	船舶与海洋工程	29	2	0	0	29
	工程管理	35	5	2	0	35
	工程力学（创新班）	26	0	1	1	27
	交通工程	33	2	1	2	35
	交通运输	29	6	0	2	31
	水利水电工程	48	0	2	2	50
	土木工程	149	2	0	7	156
	土木工程（卓越全英班）	40	1	1	1	41
电子与信息学院	电子科学与技术	73	0	0	10	83
	电子科学与技术（卓越班）	30	0	0	1	31
	信息工程	211	6	0	8	219
	信息工程（冯秉铨实验班）	41	1	0	0	41
材料科学与工程学院	材料化学	19	0	1	1	20
	材料科学与工程	78	8	2	4	82
	材料科学与工程（全英创新班）	33	1	0	1	34
	电子科学与技术（电子材料与元器件）	47	2	1	1	48
	高分子材料与工程	102	13	2	6	108
	光电信息科学与工程（光电器件）	45	1	0	2	47
	生物医学工程	48	1	0	2	50
化学与化工学院	化学工程与工艺	91	13	3	2	93
	能源化学工程	48	3	1	1	49
	应用化学	63	3	2	2	65
	应用化学（创新班）	22	1	0	0	22
	制药工程	27	2	1	0	27
轻工科学与工程学院	轻化工程	46	5	2	5	51
	资源环境科学	18	0	0	0	18

续表

| 学院 | 专业 | 毕业 | 毕业学生中 | | 结业 | 合计 |
			辅修	双学位		
食品科学与工程学院	食品科学与工程	91	2	7	2	93
	食品质量与安全	27	0	3	2	29
数学学院	数学与应用数学	109	4	0	3	112
	数学与应用数学（创新班）	17	0	0	2	19
	信息管理与信息系统	55	1	0	2	57
	信息与计算科学	42	0	1	0	42
物理与光电学院	光电信息科学与工程（光电信息）	69	4	0	2	71
	应用物理学	31	2	1	4	35
	应用物理学（严济慈英才班）	21	0	2	0	21
经济与金融学院	国际经济与贸易	77	15	5	1	78
	金融学	179	9	5	5	184
	经济学	42	5	3	1	43
	经济学（创新班）	22	1	0	0	22
旅游管理系	会展经济与管理	31	2	4	3	34
	旅游管理	41	4	6	1	42
	旅游管理（"2+2"联合班）	1	0	0	0	1
电子商务系	电子商务	58	7	1	1	59
	物流工程	61	7	5	0	61
自动化科学与工程学院	智能科学与技术	45	0	0	4	49
	自动化	177	1	0	11	188
	自动化（创新班）	22	0	0	1	23
计算机科学与工程学院	计算机科学与技术	129	0	0	3	132
	计算机科学与技术（全英创新班）	29	0	0	1	30
	计算机科学与技术（全英联合班）	23	0	2	0	23
	网络工程	46	0	0	1	47
	信息安全	43	0	0	1	44
电力学院	电气工程及其自动化	244	20	4	11	255
	电气工程及其自动化（"3+2"中澳班）	14	0	0	0	14
	电气工程及其自动化（卓越班）	37	0	0	0	37
	核工程与核技术	21	1	0	0	21
	能源与动力工程	56	6	4	3	59

续表

学院	专业	毕业	毕业学生中		结业	合计
			辅修	双学位		
生物科学与工程学院	生物工程	39	3	4	4	43
	生物技术	38	3	0	1	39
	生物制药	33	1	2	0	33
环境与能源学院	给排水科学与工程	29	0	1	1	30
	环境工程	30	1	2	3	33
	环境工程（"3+2"中澳班）	12	0	0	0	12
	环境工程（全英班）	24	1	1	0	24
	环境科学	12	0	3	2	14
软件学院	软件工程	252	1	3	14	266
	软件工程（"3+2"中澳班）	11	1	0	0	11
	软件工程（卓越班）	40	0	1	1	41
工商管理学院	财务管理	67	5	10	0	67
	工商管理	56	1	4	0	56
	工商管理（"2+2"联合班）	2	0	0	0	2
	工业工程	35	3	1	0	35
	会计学	77	8	13	2	79
	人力资源管理	36	0	5	1	37
	市场营销	35	2	4	0	35
公共管理学院	行政管理	78	11	21	0	78
外国语学院	日语	14	4	1	0	14
	商务英语	74	15	23	0	74
法学院（知识产权学院）	法学	111	12	16	2	113
	法学（卓越法律班）	25	5	4	0	25
	知识产权	26	2	11	1	27
新闻与传播学院	传播学	68	3	10	1	69
	传播学（"2+2"联合班）	6	0	0	0	6
	广告学	25	3	5	2	27
	新闻学	29	3	14	0	29
艺术学院	舞蹈学	19	0	9	2	21
	音乐表演	65	5	14	1	66
	音乐学	7	0	4	1	8

续表

学院	专业	毕业	毕业学生中		结业	合计
			辅修	双学位		
体育学院	运动训练	43	2	6	4	47
设计学院	产品设计	54	1	14	2	56
	服装与服饰设计	24	0	3	2	26
	工业设计	81	5	3	2	83
	环境设计	56	6	6	0	56
医学院	医学影像学	27	1	0	0	27
总计		5650	306	309	194	5844

资料3　2021年入选基础学科拔尖学生培养计划2.0基地一览表

序号	类别	基地名称
1	化学	化学拔尖学生培养基地
2	计算机科学	计算机科学拔尖学生培养基地

资料4　2021年获批国家级一流本科专业建设点一览表

序号	专业名称	所在学院
1	知识产权	法学院
2	运动训练	体育学院
3	商务英语	外国语学院
4	传播学	新闻与传播学院
5	生物技术	生物科学与工程学院
6	工程力学	土木与交通学院
7	机械电子工程	机械与汽车工程学院
8	工业设计	设计学院
9	过程装备与控制工程	机械与汽车工程学院
10	能源与动力工程	电力学院
11	交通工程	土木与交通学院
12	环境工程	环境与能源学院
13	生物医学工程	生物医学科学与工程学院
14	食品质量与安全	食品科学与工程学院
15	工业工程	工商管理学院
16	环境设计	设计学院

资料5 2021年获批省级一流本科专业建设点一览表

序号	专业名称	所在学院
1	广告学	新闻与传播学院
2	信息与计算科学	数学学院
3	信息安全	计算机科学与工程学院
4	智能科学与技术	自动化科学与工程学院
5	能源化学工程	化学与化工学院
6	交通运输	土木与交通学院
7	安全工程	机械与汽车工程学院
8	工程管理	土木与交通学院
9	市场营销	工商管理学院
10	人力资源管理	工商管理学院
11	物流工程	电子商务系
12	会展经济与管理	旅游管理系
13	产品设计	设计学院

资料6 2021年获批省级一流本科课程一览表

序号	项目名称	负责人	所在单位	备注
1	High Voltage Engineering	刘　刚	电力学院	线下一流课程
2	人工智能	王　敏	自动化科学与工程学院	线下一流课程
3	材料科学基础	欧阳柳章	材料科学与工程学院	线下一流课程
4	大气污染控制工程	付名利	环境与能源学院	线下一流课程
5	英语演讲	荣　榕	外国语学院	线下一流课程
6	计算机网络	黄　敏	软件学院	线下一流课程
7	汉英翻译	钟书能	外国语学院	线下一流课程
8	无机非金属材料工艺学	殷素红	材料科学与工程学院	线下一流课程
9	有机化学	林东恩	化学与化工学院	线下一流课程
10	工程认知	胡青春	机械与汽车工程学院	线上一流课程
11	批判性思维	张　铁	机械与汽车工程学院	线上一流课程
12	数据新闻	吴小坤	新闻与传播学院	线上一流课程

资料7 2021年获批教育部首批新文科研究与改革实践项目一览表

序号	项目名称	项目负责人	所在单位
1	理工科院校全球治理人才培养的探索与实践	钟书能	外国语学院
2	基于大数据管理与应用的电子商务专业建设实践研究	左文明	电子商务系
3	工文结合、校企合作、产教融合，培养金融科技新文科人才	徐 枫	经济与金融学院
4	政产学研协同创新卓越法治人才培养机制	张友好	法学院
5	"服务科学与管理"专业建设探索与实践	张卫国	工商管理学院
6	新文科背景下创新创业教育课程体系与师资队伍建设	许 治	工商管理学院
7	大学生运动健康智能学习平台建设与实践	樊莲香	体育学院
8	新文科建设背景下融合现代信息技术的教师教学方法创新与实践研究	李 擘	轻工科学与工程学院

资料8 2021年获批广东省本科高校教学质量与教学改革工程建设项目一览表

序号	项目名称	项目负责人	所在单位
1	华南理工大学－南海中南机械有限公司、马记实业有限公司实践教学基地	梁 良	机械与汽车工程学院
2	华南理工大学－广东科技企业孵化器协会、广东大智汇控股集团有限公司实践教学基地	许 治	工商管理学院（创业教育学院）
3	华南理工大学－广州白云山医药集团公司白云山化学制药厂产教融合大学生实践教学基地	叶 勇	化学与化工学院
4	华南理工大学－广东省广告集团股份有限公司实践教学基地	韩红星	新闻与传播学院
5	华南理工大学－中船黄埔文冲船舶有限公司实践教学基地	樊天慧	土木与交通学院
6	"中国传统文化"教研室	黄有东	新闻与传播学院
7	"计算机组成与体系结构"教研室	毛爱华	计算机科学与工程学院
8	"化工原理"联合教研室	郑大锋	化学与化工学院
9	"工程训练"教研室	郑志军	机械与汽车工程学院

续表

序号	项目名称	项目负责人	所在单位
10	"钢结构"教研室	王湛	土木与交通学院
11	"基础力学课程群"教研室	张晓晴	土木与交通学院
12	"机械设计基础课程"教研室	李静蓉	机械与汽车工程学院
13	"大学英语"教研室	韩金龙	外国语学院
14	"马克思主义理论与实践"教研室	尹建华	马克思主义学院
15	"全英微积分Ⅰ"教研室	杨启贵	数学学院
16	化学拔尖人才培养计划	胡建强	化学与化工学院

研究生教育

【培养工作】落实全国研究生教育会议精神，围绕内涵建设、质量提升核心任务，加强研究生培养能力建设。制定实施《华南理工大学全面推进研究生教育高质量发展行动方案》，制订或修订《华南理工大学工程类博士专业学位研究生跨领域产教融合协同育人项目实施办法（试行）》《华南理工大学加强研究生培养过程管理实施办法》《华南理工大学研究生招生计划管理办法》《华南理工大学研究生重点课程建设项目实施办法》等系列文件，深化研究生教育全链条改革。

实施教学质量工程。完善研究生思政体系，启动首批校级研究生课程思政示范课程建设，"翻译职业与发展"获批2021年度教育部课程思政示范课程。完善课程体系建设，建设MOOC课程7门、校企合作课程5门，立项建设11本精品教材；推进实践案例教学，6篇教学案例入选中国专业学位案例中心或中国管理案例共享中心案例库。

健全质量保障体系。加强培养全过程管理，明确研究生课程考核、学位论文开题、中期考核、预答辩及学位答辩等培养环节的质量标准，强化各培养环节质量要求，加大考核力度，构建"全链条"监控的研究生培养质量过程管理体系。严肃学籍管理，集中清理超过在校最长学习年限研究生。完善学术评价标准，按照不同学位类型分类制定学术成果要求。

深化协同育人机制。强化产教融合，与30余家行业领军企业开展深度合作，推动工程博士跨领域产教融合协同育人项目，近80名工程博士研究生参与。开展关键领域急需人才培养专项，在集成电路领域获批国家级、省级人才培养项目各1项。加强联合培养基地建设，获批"广东省联合培养研究生示范基地"9个，累计获批74个。风景园林硕士培养模式被认定为"校企合作 双百计划"典型案例。深化国际融合，国家建设高水平大学公派研究生项目学校被录取114人，录取率达94%。

截至2021年底，在校学历研究生共有22 497人（同比增长0.24%），其中学术学位博士生3756人（同比增长

2.26%)、工程类专业学位博士生 664 人（同比增长 45.61%）、学术学位硕士生 7169 人（同比增长 0.72%）、全日制专业学位硕士生 7205 人（同比增长 5.17%）、非全日制专业学位硕士生 3703 人（同比增长 4.55%）。

【学位工作】加强研究生学位质量保障体系建设。开展学位论文"双盲"评审工作，在 20 个学院开展博士学位论文"双盲"评审，在 25 个学院开展硕士学位论文"双盲"评审。加强硕士学位论文事后抽检等环节把关力度，抽检论文 288 篇，优良率达 85.4%。全年授予博士学位 659 人（含工程博士 11 人），硕士学位 5266 人。

【导师队伍建设】健全导师育人责权机制。深化导师招生资格审核改革，强化对导师培养研究生基本条件的要求，在一校三区全面实施"预聘—长聘"人员导师资格直接认定制度，引导导师追求科研卓越。完善全覆盖、多维度、信息化导师招生资格审核体系，构建导师年度招生资格审核线上工作平台，实现招生资格审核信息化和便捷化。出台《华南理工大学研究生指导教师培训管理办法》，构建校院两级联动、线上线下互补的导师培训与交流体系。

2021 年新增 187 名学术型博士生导师、178 名学术型硕士生导师、188 名专业学位硕士生导师，其中，33 名副教授破格担任博士生导师、5 名教师破格担任硕士生导师、95 名高层次引进人才担任研究生导师。截至 2021 年底，现有在岗博士生导师（含博硕导）1139 名，在岗硕士生导师（含博硕导）2686 名，同比分别增加 50 名和 60 名。博士生生师比为 3.91（同比增长 0.54），硕士生生师比 5.24（同比下降 0.07）。

资料1　2021 年华南理工大学博士、硕士学位授权学科

一、博士学位授权一级学科

所属门类	序号	学科代码	学科名称	授权时间	所在学院
经济学	1	0202	应用经济学	2015 年 11 月	经济与金融学院 法学院（知识产权学院）
法学	2	0305	马克思主义理论	2018 年 3 月	马克思主义学院
文学	3	0502	外国语言文学	2021 年 10 月	外国语学院
理学	4	0701	数学	2011 年 3 月	数学学院
理学	5	0702	物理学	2018 年 3 月	物理与光电学院
理学	6	0703	化学	2011 年 3 月	化学与化工学院 材料科学与工程学院 前沿软物质学院
理学	7	0710	生物学	2011 年 3 月	生物科学与工程学院 生物医学科学与工程学院 医学院（生命科学研究院）

续表

所属门类	序号	学科代码	学科名称	授权时间	所在学院
工学	8	0801	力学	2018年3月	土木与交通学院
	9	0802	机械工程	2003年9月	机械与汽车工程学院 吴贤铭智能工程学院
	10	0805	材料科学与工程	1998年6月	材料科学与工程学院 机械与汽车工程学院 前沿软物质学院 生物医学科学与工程学院
	11	0807	动力工程及工程热物理	2018年3月	电力学院 机械与汽车工程学院
	12	0808	电气工程	2003年9月	电力学院
	13	0809	电子科学与技术	2006年1月	电子与信息学院 物理与光电学院 微电子学院 材料科学与工程学院
	14	0810	信息与通信工程	2003年9月	电子与信息学院
	15	0811	控制科学与工程	2003年9月	自动化科学与工程学院 吴贤铭智能工程学院
	16	0812	计算机科学与技术	2011年3月	计算机科学与工程学院
	17	0813	建筑学	2003年9月	建筑学院
	18	0814	土木工程	2006年1月	土木与交通学院
	19	0817	化学工程与技术	1998年6月	化学与化工学院
	20	0822	轻工技术与工程	1998年6月	轻工科学与工程学院 食品科学与工程学院 生物科学与工程学院
	21	0823	交通运输工程	2011年3月	土木与交通学院
	22	0824	船舶与海洋工程	2018年3月	土木与交通学院
	23	0830	环境科学与工程	2006年1月	环境与能源学院
	24	0831	生物医学工程	2006年1月	生物医学科学与工程学院 材料科学与工程学院 医学院
	25	0832	食品科学与工程	2003年9月	食品科学与工程学院
	26	0833	城乡规划学	2011年8月	建筑学院
	27	0834	风景园林学	2011年8月	建筑学院
	28	0835	软件工程	2011年8月	软件学院

续表

所属门类	序号	学科代码	学科名称	授权时间	所在学院
管理学	29	1201	管理科学与工程	1998年6月	工商管理学院 电子商务系
	30	1202	工商管理	2011年3月	工商管理学院 旅游管理系
	31	1204	公共管理	2018年3月	公共管理学院
交叉学科	32	1401	集成电路科学与工程	2021年10月	微电子学院

二、硕士学位授权一级学科

所属门类	序号	学科代码	学科名称	授权时间	所在学院
经济学	1	0202	应用经济学	2011年3月	经济与金融学院 法学院（知识产权学院）
法学	2	0301	法学	2006年1月	法学院（知识产权学院）
	3	0305	马克思主义理论	2006年1月	马克思主义学院
教育学	4	0403	体育学	2011年3月	体育学院
文学	5	0502	外国语言文学	2006年1月	外国语学院
	6	0503	新闻传播学	2011年3月	新闻与传播学院
理学	7	0701	数学	2006年1月	数学学院
	8	0702	物理学	2006年1月	物理与光电学院
	9	0703	化学	2006年1月	化学与化工学院 材料科学与工程学院 前沿软物质学院
	10	0710	生物学	2006年1月	生物科学与工程学院 生物医学科学与工程学院 医学院（生命科学研究院）
工学	11	0801	力学	2006年1月	土木与交通学院
	12	0802	机械工程	2003年9月	机械与汽车工程学院 吴贤铭智能工程学院
	13	0805	材料科学与工程	1998年6月	材料科学与工程学院 机械与汽车工程学院 前沿软物质学院 生物医学科学与工程学院
	14	0807	动力工程及工程热物理	2006年1月	电力学院 机械与汽车工程学院

续表

所属门类	序号	学科代码	学科名称	授权时间	所在学院
工学	15	0808	电气工程	2003年9月	电力学院
	16	0809	电子科学与技术	2006年1月	电子与信息学院 物理与光电学院 微电子学院 材料科学与工程学院
	17	0810	信息与通信工程	2003年9月	电子与信息学院
	18	0811	控制科学与工程	2003年9月	自动化科学与工程学院 吴贤铭智能工程学院
	19	0812	计算机科学与技术	2006年1月	计算机科学与工程学院
	20	0813	建筑学	2003年9月	建筑学院
	21	0814	土木工程	2006年1月	土木与交通学院
	22	0817	化学工程与技术	1998年6月	化学与化工学院
	23	0822	轻工技术与工程	1998年6月	轻工科学与工程学院 食品科学与工程学院 生物科学与工程学院
	24	0823	交通运输工程	2006年1月	土木与交通学院
	25	0824	船舶与海洋工程	2006年1月	土木与交通学院
	26	0830	环境科学与工程	2006年1月	环境与能源学院
	27	0831	生物医学工程	2006年1月	生物医学科学与工程学院 材料科学与工程学院 医学院
	28	0832	食品科学与工程	2003年9月	食品科学与工程学院
	29	0833	城乡规划学	2011年8月	建筑学院
	30	0834	风景园林学	2011年8月	建筑学院
	31	0835	软件工程	2011年8月	软件学院
	32	0837	安全科学与工程	2011年8月	机械与汽车工程学院
医学	33	1002	临床医学	2015年11月	医学院
管理学	34	1201	管理科学与工程	1998年6月	工商管理学院 电子商务系
	35	1202	工商管理	2006年1月	工商管理学院 旅游管理系
	36	1204	公共管理	2006年1月	公共管理学院

续表

所属门类	序号	学科代码	学科名称	授权时间	所在学院
艺术学	37	1302	音乐与舞蹈学	2011年8月	艺术学院
	38	1305	设计学	2011年8月	设计学院
交叉学科	39	1401	集成电路科学与工程	2021年10月	微电子学院

三、目录外二级学科

序号	学科代码	学科名称	所涉一级学科	授权级别	备案年度	所在学院
1	0301Z1	知识产权	法学	硕士	2012	法学院
2	0811Z1	电气与计算机工程	控制科学与工程	硕士	2012	自动化科学与工程学院
3	0831Z1	生物医学材料	生物医学工程	博士硕士	2018	生物医学科学与工程学院
4	0831Z2	细胞和组织工程	生物医学工程	博士硕士	2018	生物医学科学与工程学院
5	1204Z1	应急管理	公共管理	博士硕士	2020	公共管理学院

四、交叉学科清单

序号	学科代码	学科名称	所涉一级学科	授权级别	备案年度	所在学院
1	99J1	绿色能源化学与技术	环境科学与工程 材料科学与工程 化学 化学工程与技术	博士硕士	2015	环境与能源学院
2	99J2	纳米医学与分子影像	生物医学工程 材料科学与工程 生物学	博士硕士	2018	生物医学科学与工程学院
3	99J3	软物质科学与工程	材料科学与工程 物理学 化学 生物学	博士硕士	2018	前沿软物质学院

资料2　2021年博士生指导教师名单

专业代码	专业名称（主岗）	导师姓名					
0202	应用经济学	巴曙松	陈镇喜	邓可斌	丁焕峰	冯健鹏	贺建风	黄亮雄
		黄忠顺	胡明	雷玉桃	李合龙	林峰	刘长兴	蒋悟真
		石俊志	孙坚强	孙希芳	王仁曾	肖崎	徐枫	许林
		徐淑芳	颜波	杨春鹏	杨科	姚灿中	张彩江	钟永红
0305	马克思主义理论	解丽霞	亢升	刘社欣	齐磊磊	苏宏元	王晓丽	吴国林
		武建国	谢加书	闫坤如	张步中	张国启		
0502	外国语言文学	李昀	雷霄	刘喜琴	苏娉	武建国	钟书能	周建新
		朱献珑						
0701	数学	陈武华	景乃桓	李兵	李群宏	李用声	林俊宇	凌黎明
		刘锐	刘深泉	马东魁	潘少华	孙太祥	唐西林	韦华全
		韦增欣	夏立	温焕尧	熊瑛	徐尚进	杨启贵	袁功林
		曾德炉	郑驻军	周富军	周胜林	朱长江		
0702	物理学	邓文基	冯兆庆	黄学勤	巨文博	李锋	李润华	李志远
		梁文耀	刘江涛	刘涛	李鹏程	卢义刚	梅军	韦小明
		文德华	万牛	王伟超	谢波荪	杨小宝	杨中民	姚尧
		余光正	於黄忠	虞华康	赵彦明	赵宇军	钟小丽	
0703	化学	蔡羽轩	曹德榕	陈立宇	程正迪	崔志明	董传帅	邓远富
		丁恩勇	董学会	傅志勇	高松	何春茂	洪良智	胡建强
		黄精美	黄良斌	江焕峰	蒋凌翔	蒋尚达	蒋星	孔宪
		李白滔	郎超	李秀华	李映伟	李子刚	梁振兴	刘海洋
		刘锦斌	刘平	龙波	马志强	彭晓宏	戚朝荣	汪凌云
		王海水	王黎明	王立世	王秀军	伍婉卿	王宇	王号兵
		叶建山	叶勇	殷盼超	尹标林	袁高清	岳衍	曾伟
		展树中	张珉	张维	张伟德	周嘉嘉	赵俊鹏	周礼楠
		祝诗发						
0710	生物学	陈庭坚	崔堂兵	邓伟豪	杜红丽	段金柱	费继锋	顾兵
		郭俊	黄恺	侯宝华	胡炎伟	贾林	李健潮	李杉
		李刚	李爽	李泰辉	李勇	梁卓斌	林蒋国	林炜铁
		林展翼	林章凛	凌飞	刘城	刘国龙	刘海英	刘辉
		刘慧姝	刘建军	罗立新	罗晓春	蒋宇扬	马海清	孟倩丽
		潘力	彭琴	石晓钟	隋海心	唐啸宇	王菊芳	王俊
		王坤	王领	王文健	魏坤	魏新华	吴海珍	吴清平
		伍勇	肖波涛	谢克平	闫致强	杨焕明	尹成骞	于晨
		张春玉	张浩岳	张辉	张雷	张美佳	张庆玲	张秀清
		张玉霞	张镇海	周海榆	周雷	朱伟		

续表

专业代码	专业名称(主岗)	导师姓名						
0801	力学	黄怀纬	蒋震宇	李春雷	刘逸平	汤立群	王炯	姚小虎
		张晓晴	韩强	樊学军	方岱宁	罗胜年	白以龙	伍小平
		杨宝						
0802	机械工程	蔡敢为	曹彪	陈吉清	陈扬枝	陈忠	邓文君	杜群贵
		韩昌骏	何和智	贺德强	洪晓斌	胡国清	胡青春	黄汉雄
		黄沿江	黄智聪	蒋宏杰	瞿金平	雷劲骋	李迪	李海
		李静蓉	李巍华	李勇	李宗涛	廖维新	廖小平	刘桂雄
		刘旺玉	卢少锋	陆龙生	罗玉涛	倪军	潘敏强	邱志成
		屈盛官	石永华	汤勇	唐建华	涂善东	万加富	万珍平
		王恒	王迪	王念峰	王清辉	王英俊	王振民	吴凯
		夏琴香	谢晋	谢龙汉	谢小鹏	谢正超	薛家祥	杨永强
		姚锡凡	殷小春	袁伟	喻婷婷	臧孟炎	张宏	张勤
		张仕伟	张铁	张宪民	张英杰	张勇	赵学智	钟俊培
		钟勇	曾子倩	周照耀	周奕彤	上官文斌	Sergej Fatikow	
		Vyacheslav Trofimov						
0805	材料科学与工程	曹贤武	曹镛	陈江山	陈军武	陈玉坤	陈中华	褚衍辉
		邓文礼	董国平	杜军	段春晖	冯光雪	冯彦洪	付志强
		高岩	龚湘君	巩雄	顾成	郭宝春	何光建	何慧
		何维	何志才	贺晓慧	胡捷	胡仁宗	胡蓉蓉	黄飞
		季小红	贾志欣	姜中宏	蒋果	解增旗	晋刚	康志新
		孔纲	匡同春	兰林锋	李国强	李开畅	李烈军	李伟善
		李伟洲	李小强	凌志远	刘芳	刘江文	刘军	刘岚
		刘琳琳	刘卅	刘述梅	刘允中	刘仲武	卢秉恒	马春风
		马东阁	马文石	马於光	宁洪龙	牛泉	彭俊彪	彭小彬
		钱奇	秦安军	邱定蕃	邱万奇	饶平根	任碧野	税安泽
		苏峰华	苏仕健	唐本忠	王辉	王林格	王平	王志明
		王智	韦江雄	文韬	吴宏滨	吴宏武	吴水珠	吴为敬
		夏志国	肖志瑜	徐清华	严玉蓉	杨超	杨黎春	姚向东
		叶柿	叶轩立	殷素红	应磊	俞钢	袁斌	曾德长
		曾钫	曾幸荣	湛永钟	张安强	张大童	张广照	张勤远
		张睿	张水洞	张同生	张卫文	张新平	张泽	张志杰
		赵海东	赵建青	赵祖金	钟喜春	周博	周克崧	周时凤
		周曦亚	朱敏	朱旭辉	欧阳柳章	欧阳义芳	G. C. Bazan	
0807	动力工程及工程热物理	蔡杰进	陈国华	董美蓉	甘云华	韩光泽	黄豪中	黄思
		简弃非	李根	李泽宇	梁友才	廖艳芬	刘金平	刘雪峰
		卢志民	罗小平	马晓茜	唐玉婷	巫江虹	许雄文	肖舒
		姚顺春						

续表

专业代码	专业名称（主岗）	导师姓名						
0808	电气工程	陈皓勇	陈艳峰	戴栋	杜贵平	管霖	韩永霞	郝艳捧
		季天瑶	荆朝霞	康龙云	李海锋	李立浧	李晓华	李志刚
		林舜江	刘刚	刘明波	刘永强	丘东元	唐文虎	汪娟娟
		王钢	王学梅	谢从珍	谢运祥	阳林	杨苹	杨向宇
		余涛	曾君	张波	张俊勃	张勇军	钟庆	周孝信
		朱继忠	朱建全					
080901	物理电子学	陈熹	程静	黄丹	刘正猷	彭健新	王洪	徐善辉
080902	电路与系统	刘雄英	杨春玲					
080903	微电子学与固体电子学	陈荣盛	李斌	刘玉荣	卢振亚	王彦杰	姚若河	姚恩义
		易翔	周长见	邹毅	朱浩慎			
080904	电磁场与微波技术	陈海东	车文荃	陈付昌	涂治红	谢泽明		
0810	信息与通信工程	陈芳炯	丁长兴	杜明辉	官权升	贺前华	胡斌杰	胡永健
		黄惠芬	黄双萍	季飞	贾亚晖	贾奎	靳贵平	金连文
		李融林	李陶深	李艳雄	李园春	廖绍伟	刘徐迅	刘元
		刘晔	陆以勤	牛田野	区俊辉	潘咏梅	秦华标	史景伦
		孙季丰	覃团发	唐杰	陶大程	王高才	韦岗	温森文
		徐向民	薛泉	余华	章秀银	赵建	周智恒	
0811	控制科学与工程	陈琳	崔巍	戴诗陆	邓飞其	高红霞	顾正晖	贺霖
		黄道平	康文雄	李向阳	李远清	梁家荣	刘俊峰	刘乙奇
		刘永桂	林远	刘屹	刘伟	彭云建	裴海龙	史步海
		苏为洲	田联房	田森平	王聪	王敏	魏武	吴畏
		吴玉香	肖兵	谢立华	谢巍	杨辰光	姚智伟	俞祝良
		张智军						
0812	计算机科学与技术	蔡宏民	陈庆锋	陈伟能	董守斌	杜广龙	高英	龚月姣
		韩国强	何克晶	何盛烽	李桂清	林伟伟	刘发贵	陆璐
		吕建明	马千里	毛爱华	蒙祖强	王林	文贵华	沃焱
		吴斯	吴永贤	夏大文	肖南峰	徐雪妙	许勇	杨林峰
		俞鹤伟	余志文	詹志辉	张凌	张通	张平	张幸林
		张星明	钟诚	钟竞辉				
081301	建筑历史与理论	冯江	彭长歆	郑力鹏				
081302	建筑设计及其理论	杜宏武	郭昊栩	郭卫宏	何镜堂	李晋	刘宇波	冒亚龙
		孟建民	倪阳	孙一民	汤朝晖	王静	王扬	肖毅强
		张春阳	朱小雷					
081303	建筑技术科学	何江	王红卫	吴硕贤	张宇峰	赵越喆		

续表

专业代码	专业名称（主岗）	导师姓名						
0814	土木工程	陈光明	顾 明	韩小雷	侯 爽	胡 楠	黄炎生	姜立春
		赖远明	刘庭金	牛富俊	潘建荣	魏 鹏	苏 成	王幼松
		吴 波	吴建营	谢琳琳	谢壮宁	颜全胜	张海燕	周 浩
		赵俊贤	赵仕威	周小文	朱位秋	Anil Misra		
0817	化学工程与技术	常 杰	陈 凯	程 江	丁良鑫	董新法	杜 丽	樊栓狮
		方晓明	方玉堂	傅和青	高学农	黄 洪	江燕斌	瞿金清
		李 灿	李 静	李理波	李雪辉	刘美凤	刘伟峰	龙金星
		楼宏铭	马彤梅	皮丕辉	钱 勇	綦戎辉	邱学青	沈 葵
		宋慧宇	陶文亮	汪双凤	王素清	王燕鸿	魏嫣莹	文秀芳
		奚红霞	夏启斌	肖 静	肖新颜	严宗诚	杨东杰	余 皓
		袁文辉	张会平	张 磊	张立志	张心亚	张正国	章莉娟
		郑大锋	周 健	欧阳新平	Jürgen Caro			
082201	制浆造纸工程	陈 港	陈广学	陈克复	方志强	侯 轶	胡 健	李海龙
		李继庚	李 军	梁 云	刘梦茹	满 奕	沈文浩	唐 敏
		田君飞	王 斌	王 宜	熊勤钢	徐 峻	曾劲松	张春辉
		赵光磊						
082202	制糖工程	陈 玲	姜建国	李 冰	李晓玺	山崎伸二	徐振波	
082203	发酵工程	韩双艳	黄 和	林 影	吴振强	杨 博	叶健文	郑穗平
		朱明军						
082301	道路与铁道工程	胡迟春	汪益敏	徐国元	虞将苗	张 园		
082302	交通信息工程及控制	林培群	刘伟铭	卢 凯	马莹莹	徐建闽	许伦辉	
082303	交通运输规划与管理	温惠英						
0824	船舶与海洋工程	陈超核	程 亮	程香菊	黄国如	利 锋	温鸿杰	王兆礼
		杨乐乐	周斌珍	朱良生				
0830	环境科学与工程	陈光需	陈礼敏	陈培榕	陈 宇	陈元彩	程建华	党 志
		邓 洪	冯春华	付名利	郭楚玲	胡勇有	胡 芸	黄碧纯
		黄建林	黄少斌	黄伟林	赖森潮	李芳柏	李 平	李 荣
		林 璋	刘炜珍	刘则华	卢桂宁	马邕文	牛晓君	秦玉洁
		丘勇才	邱光磊	任 源	石 林	石振清	苏梓学	宿新泰
		万金泉	汪晓军	王 艳	韦朝海	吴锦华	吴军良	吴平霄
		熊训辉	徐建铁	严克友	杨 琛	叶代启	易筱筠	袁自冰
		赵伯特	张小平	张颖仪	张永清	赵 云	朱能武	朱 云
		邹定辉	欧阳自远					

续表

专业代码	专业名称（主岗）	导师姓名						
0831	生物医学工程	边黎明	曹 杰	曹晓东	陈纯波	陈寄梅	陈汝福	单志新
		邓春林	邓医宇	董 华	杜 昶	杜国庆	杜金志	杜 欣
		段玉友	冯颖青	付晓玲	付良兵	高 平	耿庆山	郭圣文
		韩志海	何善阳	侯 珺	胡 昊	蒋兴垭	江新青	兰 月
		李 欣	廉哲雄	梁长虹	梁锦荣	梁 鸣	梁馨苓	刘大渔
		刘 佳	刘双信	刘再毅	陆敏强	罗建方	聂立铭	聂玉强
		宁成云	彭旗宇	乔贵宾	邱 琇	任 力	邵 丹	沈 松
		施雪涛	石 鹏	舒海华	谭 宁	王昌俊	王朝阳	王 凡
		王 键	王 均	王丽娟	王 琳	王迎军	魏亚明	翁建宇
		吴 刚	吴 健	巫林伟	夏慧敏	谢华锋	辛学刚	熊梦华
		徐 进	徐光青	许从飞	薛玉梅	杨蕊梦	杨显珠	姚学清
		余洪华	余学清	袁友永	曾红科	张朝军	张宏陆	张继辉
		张琨雨	张文清	张绪超	张译月	张 余	张玉虎	张 元
		张云娇	钟诗龙	钟世镇	钟惟德	钟文昭	周 清	周永健
		朱 平	庄 建	Gregga L. Semenza				
0832	食品科学与工程	蔡俊鹏	陈 谷	成军虎	崔 春	陈 文	扶 雄	高群玉
		郭新波	韩 忠	胡松青	黄明涛	黄 强	黄泽波	蓝东明
		李 理	李 宁	李晓凤	林恋竹	刘冬梅	刘国琴	刘宏生
		娄文勇	罗志刚	孟赫诚	蒲洪彬	齐军茹	任娇艳	申 益
		苏国万	苏健裕	孙宝国	孙大文	孙为正	唐传核	王方华
		王永华	魏 东	吴 虹	吴 晖	吴晓玲	肖凯军	肖性龙
		熊 犍	闫 鹤	杨继国	杨晓泉	尹寿伟	游丽君	余以刚
		曾新安	张 斌	张 霞	张学武	赵海锋	赵谋明	赵强忠
		赵振刚	郑建仙	周非白	朱思明			
0833	城乡规划学	刘玉亭	孟庆林	田银生	王世福	魏 成	袁奇峰	赵渺希
		周剑云						
0834	风景园林学	方小山	郭 谦	李 琼	梁明捷	林广思	潘 莹	唐孝祥
		王国光	袁晓梅	赵立华				
0835	软件工程	蔡 毅	陈 健	黄 翰	李 东	梁浩锋	梁俊斌	刘 飞
		宋恒杰	谭明奎	王小航	王振宇	吴庆耀	奚建清	杨 磊
		杨晓伟	叶 进	喻 昕	Oliver Martin Deussen			
1201	管理科学与工程	崔耀东	谷 斌	何 平	黄伟祥	兰继斌	李牧南	李怡娜
		李志宏	廖军华	刘 芳	刘勇军	罗嘉雯	牛保庄	王爱虎
		王 创	王和勇	吴应良	吴志才	谢 维	徐维军	许小颖
		杨建辉	杨 雷	杨 磊	叶 飞	张卫国	张智勇	赵龙文
		钟慧玲	钟远光	周文慧	周永务	朱文斌	左文明	

续表

专业代码	专业名称（主岗）	导师姓名						
120201	会计学	梁彤缨	万良勇					
120202	企业管理	安 然	晁 罡	段淳林	葛淳棉	黄嫚丽	简兆权	李 敏
		李卫宁	刘善仕	沙振权	宋光辉	宋铁波	王红丽	王雁飞
		叶广宇	曾 萍	张振刚	张 麟			
120203	旅游管理	戴光全	江金波	汪秀琼	余传鹏			
120204	技术经济及管理	樊 霞	王志强	谢惠加	许 治	张协奎	周 霞	朱桂龙
1204	公共管理	陈 娟	范 旭	方 俊	高晓波	管 兵	韩莹莹	黄 岩
		李海滨	李胜会	李文彬	王福涛	文 宏	吴克昌	夏正林
		阳义南	杨丽君	吴小坤	叶贵仁	叶 托	章熙春	赵庆年
		郑方辉	郑永年	周建青				
0822Z2	生物质科学与工程	谌凡更	付时雨	蓝 武	刘传富	李晓云	彭新文	祁海松
		任俊莉	王小慧	王小英	武书彬	项舟洋	杨仁党	钟林新
99J1	绿色能源化学与技术	陈少伟	陈 燕	蒋仲杰	康雄武	黎立桂	刘 江	唐正华
		杨成浩						
99J3	软物质科学与工程	程义云	陈 坤	郭子豪	黄明俊	刘一流	邱文丰	孙桃林
		夏剑辉	唐 雯	王 辉	文 韬	于倩倩	张勃兴	张 睿
		张荣纯	Satoshi Aya					

资料3 2021年工程类专业学位研究生招生领域

一、博士专业学位授权类别（领域）

序号	学位类别码	专业学位类别	领域名称	招生学院	授权时间
1	0854	电子信息	电子工程	电子与信息学院、微电子学院、物理与光电学院、医学院（生命科学研究院）、自动化科学与工程学院	2019年5月
			计算机与软件工程	电子与信息学院、计算机科学与工程学院、软件学院、生物科学与工程学院、自动化科学与工程学院	
			智能控制与电气工程	电力学院、自动化科学与工程学院	

续表

序号	学位类别码	专业学位类别	领域名称	招生学院	授权时间
2	0855	机械	车辆工程	机械与汽车工程学院	2019年5月
			高端制造技术及装备	机械与汽车工程学院、土木与交通学院	
			机械电子工程	机械与汽车工程学院	
3	0856	材料与化工	材料工程	材料科学与工程学院、机械与汽车工程学院、轻工科学与工程学院、生物医学科学与工程学院、物理与光电学院、医学院（生命科学研究院）	2019年5月
			化学工程	化学与化工学院、轻工科学与工程学院、生物科学与工程学院、食品科学与工程学院	
4	0857	资源与环境	环境与生态工程	环境与能源学院、机械与汽车工程学院、生物科学与工程学院、食品科学与工程学院	2019年5月
			生物质资源工程	生物科学与工程学院、食品科学与工程学院	
5	0859	土木水利	建筑工程	建筑学院	2019年5月
			土木工程	土木与交通学院	

二、硕士专业学位授权类别（领域）

序号	学位类别码	学位类别	领域名称	招生学院	授权时间
1	0251	金融		经济与金融学院	2010年9月
2	0254	国际商务		经济与金融学院	2014年5月
3	0351	法律		法学院（知识产权学院）	2007年5月
4	0352	社会工作		马克思主义学院	2014年5月
5	0452	体育		体育学院	2014年5月
6	0551	翻译	英语笔译	外国语学院	2010年9月
			日语笔译		
7	0552	新闻与传播		新闻与传播学院	2014年5月
8	0851	建筑学		建筑学院	1996年1月
9	0853	城市规划		建筑学院	2011年10月

续表

序号	学位类别码	学位类别	领域名称	招生学院	授权时间
10	0854	电子信息	电子与通信工程	电子与信息学院	2019年5月
			集成电路工程	微电子学院	
			计算机技术	计算机科学与工程学院	
			控制工程	自动化科学与工程学院	
			软件工程	软件学院	
11	0855	机械	车辆工程	机械与汽车工程学院	2019年5月
			机械工程	机械与汽车工程学院、吴贤铭智能工程学院	
			工业设计工程	设计学院	
12	0856	材料与化工	材料工程	材料科学与工程学院、分子科学与工程学院、机械与汽车工程学院、生物医学科学与工程学院	2019年5月
			化学工程	化学与化工学院	
			轻工技术与工程	轻工科学与工程学院	
			生物医学工程	生物医学科学与工程学院	
13	0857	资源与环境	安全工程	机械与汽车工程学院	2019年5月
			环境工程	环境与能源学院	
14	0858	能源动力	电气工程	电力学院	2019年5月
			动力工程		
15	0859	土木水利	建筑与土木工程	土木与交通学院	2019年5月
16	0860	生物与医药	生物工程	生物科学与工程学院	2019年5月
			食品工程	食品科学与工程学院	
17	0861	交通运输	交通运输工程	土木与交通学院	2019年5月
18	0953	风景园林		建筑学院	2005年6月
19	1051	临床医学		医学院	2021年10月
20	1055	药学		生物科学与工程学院、医学院、生物医学科学与工程学院	2015年11月
21	1251	工商管理		工商管理学院	1993年12月
22	1252	公共管理		公共管理学院	2003年9月
23	1253	会计		工商管理学院	2010年9月
24	1256	工程管理	工程管理	土木与交通学院、工商管理学院、经济与金融学院、旅游管理系、电子商务系	2010年9月
			工业工程与管理		
			物流工程与管理		

继续教育

【招生与教学】按照学历教育停招时间表，管好办好存量学历继续教育，稳妥做好学历教育停招后的教学管理工作。严格按照既定专业人才培养方案做好在籍学生的培养，确保日常教学、学生管理、考核评价、学习支持服务等质量不降低。加强对校外机构的指导和管理，妥善处理与校外机构的合作。完成现代远程教育（网络教育）试点总结性评估工作。截至2021年底，学历继续教育在籍学生共33 002人，其中，网络教育学生24 643人、成人教育学生8359人；学历继续教育毕业学生19 673人，获得学士学位2113人。

【培训工作】全年非学历教育共开设346个班，培训15 810人次。

拓宽高级管理培训发展路径。持续推进产教融合，开展金融行业各类人才培训；开拓各行业干部培训与师资培训领域，获批广东省2021年高素质农民培育省级示范基地，开展涉农乡村振兴人才培训，培养首届劳模工匠学生51人。全年举办管理干部培训班74期，培训人数4049人，培训学员来自全国23个省份。

出国留学培训取得进展。新增"1+3"英国名校留学项目、"1+3"世界艺术名校留学项目，现有品牌项目7个，在校生293人。以提升培训质量为主线，强化学生学习管理和个性化指导。2021届结业学生全部获海外大学录取，24名培训结业学生入读新南威尔士大学、悉尼大学等世界排名前60名校。

自考助学培训规模持续稳定。自考助学培训规模达12 192人，其中，助学班9216人、课程培训班2976人。自考统考课程通过率为56%，委托考试及实践课程通过率为98%，毕业论文（设计）合格率为81%，学位英语通过率为38%，毕业生学士学位授予率为43%。

职业技能培训稳步推进。重点打造以就业为导向的行业职前培训，开设航空服务、大数据、造纸工艺等长训项目，拓展华为ICT认证培训项目。职业培训人数468人，其中脱产培训班393人。

推进国家级专业技术人员继续教育基地建设。获批1个国家级、3个省级高级研修项目。获批广东省2022、2023年度"三支一扶"示范培训项目承担单位。"华南理工培训在线"平台成功对接省人力资源和社会保障厅监管服务平台、省会计行业专业技术人员培训系统。加强精品课程建设，推动专业技术人员远程培训。举办专业技术人员培训班31期，培训人数1760人。

【管理工作】坚持"在规范中发展，在发展中规范"的继续教育办学理念，牵头组织开展非学历教育自查整改工作，推动全校非学历教育办学资源整合，停办项目29个，整改合作办学项目10个，追回应收未收款79.75万元；制订或修订非学历教育管理文件3个。

加强继续教育信息化建设。建成网络教育平台（财务管理模块）、高端培训系统、出国留学培训系统、综合管理系统等

12个继续教育管理平台。加强网络安全工作,制定落实网络安全责任制实施办法,明确网络安全的主要目标、基本要求和工作任务。

资料 2021年继续教育学院在籍学生一览表

类别	毕业生数			在校生数		
	小计	本科	专科	小计	本科	专科
成人教育	3153	2743	410	8359	7422	937
网络教育	16 520	6935	9585	24 643	15 200	9443

国际教育

【招生工作】顺应疫情防控形势,充分利用"云"技术和平台开展直播宣传和招生咨询,扩大海外招生宣传力度。开展与英国、美国、德国、日本、越南、印度尼西亚和泰国等国合作高校及教育机构在学历和非学历教育项目方面的合作,与越南商业大学签署旅游管理、国际经济与贸易专业"2+2"本科生联合培养协议。举办首届"汉语桥——创新:中国粤港澳大湾区"线上团组交流项目,全球150名国际学生参加。

2021年,学校留学生总数为1539人,来自117个国家,其中,学历生1295人,占学生总人数的84%。

【教学工作】加强来华留学教育教学能力建设。留学生课程全部转为线上教学,共计312门。加强科研教学,科研项目立项18项,其中,国家级项目3项、部省级项目10项、其他5项;发表论文13篇,其中,SCI论文1篇、SSCI论文1篇、其他11篇;出版专著、教材共6种。

学生培养质量不断提高。中国政府奖学金预科项目累计培养预科生130人,其中,2020—2021年预科生结业考试汉语通过率分别为97.8%和98.2%。2018级加纳籍博士研究生Amakye William Kwame,发表论文12篇,最高影响因子为56.27,申请专利2项。2017级巴基斯坦籍博士研究生Muhammad Rafiq,以第一作者发表论文2篇,最高影响因子为5.58。2017级加纳籍博士研究生Okae James,在SCI和EI发表论文共2篇。2021年全日制学历留学生毕业179人,其中,本科生131人、硕士生37人、博士生11人。非学历留学生结业131人。

【孔子学院建设】英国兰卡斯特大学孔子学院和德国奥迪英戈尔施塔特孔子学院完成转隶并获国际中文教育基金会正式授权。原美国爱达荷大学孔子学院转型为爱达荷大学-华南理工大学亚洲研究中心,继续开展汉语教学和文化交流活动。英国兰卡斯特大学孔子学院团队获兰卡斯特大学突出贡献奖。续签德国奥迪英戈尔施塔特孔子学院合作协议,与兰卡斯特大学签署交换生合作协议。

【留学生管理】做好留学生疫情防控工作。建立留学生网格化管理体系,分层次对境外留学生、住校留学生、在华校外留学生进行差异化管理，形成常态化疫情防控机制。

持续推进"感知中国"系列交流活动，培养来华留学生知华友华爱华。组织开展"探华园寻校史"学习教育、"感知中国——岭南文化一日行"等活动，组织留学生参加中外青年"粤美乡村 友我同行"广东乡村行活动，举办"中外文化分享日"跨文化交流系列活动，促进中外学生交流互鉴。

加强留学生人文关怀。改造留学生宿舍楼环境，开展留学生"文明宿舍评比"活动。建立留学生心理健康预警机制，做好留学生心理危机事件干预处理。

做好留学生安全教育工作。组织线上线下讲座和演练，覆盖疫情防控、签证、禁毒、消防、考勤、网络诈骗、实验室安全等方面，维护校园安全稳定。

资料　2021年学校春季、秋季留学生情况一览表

学生类别	春季		秋季		毕（结）业人数
	学生总数	招生人数	学生总数	招生人数	
语言生	179	61	63	242	131
专业生	1012	0	257	1297	179
合计	1191	61	320	1539	310

招 生 与 就 业

【招生工作】打造本科生招生链、培养链和创新链三链融合，实施"星链行动"计划，推进"繁星计划"，招生录取稳中向好，有所突破。全年组织各类招生宣讲会699场，同比增加200%，累计与400余所重点中学建立稳定关系，为326所重点中学授予优质生源基地，生源质量得到充分保证。开展综合评价招生改革试点，整体报考热度达2089%，取得"开门红"。

2021年学校本科招生计划6950人，实际录取6895人，其中，广东省录取3476人、广东省外录取3419人。涉及招生类别13类，其中，普通类考生5325人，综合评价395人，强基计划90人，外语保送生13人，高校专项"筑梦计划"124人，艺术专业生267人，高水平运动队28人、运动训练专业生49人；西藏、新疆生57人，少数民族预科生78人，港澳台生68人；国家专项贫困计划399人，民委专项2人。招生录取分数排名在全国各省份整体平稳，在广东省外录取的本科生中，理科最低录取分数线超过当地重点线100分以上的有20个，与2020年持平，占23个招生省市的86.9%；文科最低录取分数线超过当地重点线50分以上的有18个，比2020年增加2个，占19个招生省市的94.7%。

牢固树立"招生考试也是育人"的理念，严格研究生考试招生制度的执行，精简自命题科目数量。组织网络远程复试，实现应考尽考、平安研考。获批

"科研经费博士研究生专项招生计划"试点高校，首批招收99名科研经费博士研究生。2021年录取全国硕士研究生6275人，其中，通过全国统考录取4287人，推荐免试录取1973人、港澳台联考录取考生15人；录取博士研究生1138人，其中，通过本科直博录取33人、硕博连读录取356人、申请考核制录取749人。录取对口支援高校计划、少数民族骨干计划、援疆计划、思政骨干计划等专项计划考生25人。

【就业工作】持续打造就业工作"免疫"模式，2021届毕业生就业实现高就业落实率、高就业质量和高就业满意度。学校2021届毕业生总体毕业去向落实率98.25%，其中，本科生97.54%、硕士研究生99.19%、博士研究生97.63%。42.16%的本科生选择继续深造，就业学生中在世界500强和中国500强企业就业人数占比41.05%。李莎同学入选"全国就业创业年度新闻人物"，学校就业工作案例"深入挖掘自身潜力 拓展岗位稳就业"入选教育部100个"全国普通高校毕业生就业创业工作典型案例"。

打造全员化联动机制。建立"从上到下"压力传导机制，学校党委常委会会议专题研究2021届毕业生就业工作方案。发布《关于做好华南理工大学2021届毕业生就业创业工作的通知》，推出21条就业工作举措。建立"从前到后"过程跟踪机制，制定就业"分步走"计划，开展3次毕业生就业情况摸查，做好日报、周报、月报等各项就业数据统计报送工作，编写《2021届毕业生就业工作学院总结汇编》。建立"从进到出"利益攸关机制，发布毕业生就业质量报告，建立把就业状况与调整学科专业结构挂钩，与院系、导师招生指标挂钩机制。

全方位推进岗位供给。拓展市场化岗位，推进校地、校企、校校、校院合作，组织跨学校、跨区域线上线下招聘会49场，企业总数逾25 100家，提供岗位逾80万个。"就业在线"网站发布宣讲会信息1026场次，发布招聘信息7130条，向社会共享招聘岗位36万余个。召开央企或其下属企业宣讲会117场，提供岗位10万余个。用好政策性岗位，强化校地互动，学校主要领导分赴广西壮族自治区党委组织部、安徽省委组织部调研走访。2021届被录用选调生超300人，1人赴国际组织就业，14人参军入伍，22人参加"西部计划"，5人参加"三支一扶"。挖掘自有岗位，扩大科研助理岗位，规模达768个。作为装备与制造行业就业创业指导委员会秘书处单位，召开装备制造行业就指委成立大会，10个项目入选教育部供需育人项目。与南方电网东莞供电局等9家单位共建就业实习基地。与江苏省盐城市达成人才交流合作协议，设立"盐城市驻华南理工大学引才工作站"。

全程化开展就业服务。建设就业"金课"。制定就业指导课程教师队伍建设及管理办法，开设通选课程"生涯规划与求职技巧"。首次举办全校职业生涯规划教学比赛，1门课程入选"2021年广东省高校就业创业金课"。建好第二课堂，推进"职业启航活动月""青春逐梦职场活动月"活动，举办第五届"勇往职前"职场菁英挑战赛等活动，全年举办工作坊、沙龙、企业参访等活动171场，覆盖学生25 182人次。帮扶重点群体，成功通过"广州市就业创业e站"建站认定，为家庭经济困难、残疾学生申领发放求职创业补贴254.1万元。加强少数民族群体帮扶，开展新疆、西藏籍少数民族毕业生座谈会。对未就业毕业生进行拉清单式摸查，建立就业工作台账。

科研与科技产业工作

自然科学研究工作

【科研项目与经费】 2021年新增自然科学类科研项目2951项，实到经费21.47亿元，其中，纵向实到经费11.12亿元、横向实到经费10.35亿元。基础研究方面，获批国家自然科学基金项目279项，直接经费1.91亿元，同比增长17.9%，其中，国家自然科学基金杰出青年项目3项、优秀青年基金项目8项、重大项目课题1项、重点项目7项、联合基金重点支持项目4项、国际合作重点项目1项；获批广东省基础与应用基础研究基金项目292项，总经费4010万元，其中，广东省自然科学基金杰出青年项目15项、面上项目233项、粤桂联合基金项目3项、区域联合基金项目38项。应用研究方面，获批各类国家科技计划项目及课题155项，总经费2.75亿元，其中，牵头承担国家重点研发计划等国家重大科技项目8项、课题（子课题）53项，总经费1.36亿元；承担各类省市科技计划项目316项，总经费2.03亿元。国际合作方面，牵头获批国际科技合作项目14项，其中，政府间国际科技创新合作专项3项、广东省国际科技合作项目9项。

【科研成果与奖励】 2021年获广东省科学技术奖22项，其中，一等奖11项（牵头6项），居广东省首位。1人获"吴文俊人工智能杰出贡献奖"，2人获第十六届丁颖科技奖。1篇SCI论文入选"2020年度中国百篇最具影响国际学术论文"，1篇论文入选"2020年度中国百篇最具影响国内学术论文"，6篇论文入选中国精品科技期刊顶尖学术论文，12篇论文在 Nature 子刊上发表，1种科普丛书获2020年度全国优秀科普作品。发表"卓越科技论文"（包括卓越国际论文和卓越国内论文）3524篇，同比增长20.3%，在全国高校中排名第16位；SCI学科影响因子前1/10的期刊论文784篇，在全国高校中排名第13位。2020年度发表三大索引论文8188篇，其中，SCI索引收录4174篇，同比增长12.5%，在全国高校中排名第17位；EI索引收录3701篇，同比增长10.8%，在全国高校中排名第11位；CPCI-S索引收录313篇。12名学者14人次以第一单位入选2021年全球高被引科学家，入选人次在全国高校中排名第12位。

全年学校专利申请量3168项，其中，发明专利申请量2794项，占比88.2%；专利授权量2802项，其中，发明专利授权量2186项，占比78%。截至2021年底，有效发明专利拥有量达9902项，占比75.8%。申请PCT专利84项，进入国家阶段78项，授权国外专利89项。获第八届广东专利奖3项，其中，金奖2项、优秀奖1项，获奖总数并列全国高校首位；获第三届粤港澳大湾区高价值专利培育布局大赛金奖；获第二十五届全国发明展览会"发明创业奖·项目奖" 4 金 1 铜。

【科研基地建设】2021 年新增 6 个部省级科研平台，其中，1 个国家药品监督管理局科学研究基地、1 个广东省重点实验室、1 个国际联合研究中心、1 个广东省药监局重点实验室、1 个广东省教育厅重点实验室、1 个广州市重点实验室。截至 2021 年底，学校共有上级主管部门批准建设的自然科学类科研机构 193 个，其中，国家级科研机构 26 个，逐步构建起集基础研究、技术攻关、国际合作的全链条科技创新平台体系。推进国家级平台重组及优化整合工作，聚合物新型成型装备国家工程研究中心成功进入第一批新序列国家工程研究中心名单。人工智能与数字经济广东省实验室（广州）被列为鹏城实验室广州基地。

【产学研合作】2021 年与美的集团、广汽集团等规模以上企业共建 25 个校企联合实验室，累计经费达 9481.7 万元；联合相关行业龙头企业在智能制造、绿色低碳、生物医药等领域建立 5 个省市级产业技术创新联盟以及 3 个行业协同创新平台；2 项高新科技成果以作价入股方式，合计以 2427 万元市场评估值与社会资本创办 2 家极具市场潜力的高科技型公司。8 个团队获批广东省及广州市农村科技特派员项目，三年累计派出 20 个团队对接 24 个省定建档立卡贫困村，辐射带动约 9000 农户受益，带动农业投资上千万元。获国家知识产权局、教育部正式授牌国家知识产权示范高校（全国 30 家）；获首批高校专业化国家技术转移机构建设试点；学校科技成果转化工作模式被列入《中国科技成果转化年度报告》工作案例。

【科研交流】采取线上会议、线上线下相结合等方式，主办（承办）第三届国际微生物被膜会议、聚集体科学国际研讨会暨聚集诱导发光研究 20 周年、第十一届国际电磁学研讨会、第三届纳米纤维素材料国际会议、首届粤港澳大湾区（广州）氢能论坛、第七届先进设计制造青年论坛等大型学术会议。

资料1　2021 年各单位获国家自然科学基金资助情况

单位	获批项目类型（项）											资助经费（万元）
	重点	联合基金	重大项目	杰青	优青	面上	青年	国际合作	外国学者	专项项目	总计	
材料科学与工程学院	1	2		1	4	16	12				36	4483.4
土木与交通学院				1		17	10	1		1	30	1691
机械与汽车工程学院	1	1				12	11	2			27	1624.8
化学与化工学院	1				2	12	5			1	21	1566
食品科学与工程学院						15	6	1	1		23	1092
医学院	1					4	4	2			11	990
华南理工大学附属第二医院						10	10				20	862.7

续表

单位	获批项目类型（项）											资助经费（万元）
	重点	联合基金	重大项目	杰青	优青	面上	青年	国际合作	外国学者	专项目	总计	
环境与能源学院		1				5	8	1			15	800
电力学院	1					6	4				11	767
物理与光电学院	1					6	2			1	10	735
工商管理学院				1		6	2				9	620
建筑学院						8	3				11	555
电子与信息学院			1			3	2	1			7	535.4
生物医学科学与工程学院	1					2	3				6	493
数学学院					1	2	5			1	9	479
计算机科学与工程学院		1				2	3				6	454
分子科学与工程学院					1	2	2				5	380
轻工科学与工程学院						4	3				7	328
生物科学与工程学院						4					4	241
自动化科学与工程学院						3					3	174
吴贤铭智能工程学院						1	1				2	85
微电子学院						1	1				2	77
公共管理学院						2					2	60
旅游管理系						1					1	54
经济与金融学院						1					1	30
总计	7	5	1	3	8	142	100	7	2	4	279	19 177.3

资料2　2020年度学校各单位三大索引论文统计表

单位	SCI			EI	CPCI-S	合计
	合计	其中SCI学科影响因子前1/10论文	其中卓越国际论文			
材料科学与工程学院	608	131	393	579	6	1193
化学与化工学院	436	80	293	395	1	832
机械与汽车工程学院	378	51	208	429	19	826
食品科学与工程学院	351	104	248	233	10	594
电力学院	237	28	125	332	22	591

续表

单位	SCI			EI	CPCI-S	合计
	合计	其中SCI学科影响因子前1/10论文	其中卓越国际论文			
环境与能源学院	267	104	200	273	2	542
土木与交通学院	207	21	92	278	12	497
电子与信息学院	169	22	80	208	56	433
计算机科学与工程学院	178	31	83	182	27	387
华南理工大学附属广东省人民医院	322	13	85	12	51	385
轻工科学与工程学院	178	66	124	166	2	346
自动化科学与工程学院	126	23	71	148	55	329
物理与光电学院	85	3	42	113	7	205
医学院	151	11	51	21	7	179
生物科学与工程学院	114	16	49	62		176
数学学院	79	17	38	43	2	124
软件学院	52	12	25	61	7	120
工商管理学院	48	16	30	40	2	90
建筑学院	38	7	11	32	4	74
分子科学与工程学院	37	15	27	31		68
华南理工大学附属第二医院	37	3	15	3		40
吴贤铭智能工程学院	18	2	7	17	2	37
经济与金融学院	13	3	8	8	1	22
设计学院	3		0	2	15	20
电子商务系	9	3	4	10		19
微电子学院	7		5	8	1	16
生物医学科学与工程学院	4	2	3	4		8
公共管理学院	3		1	2		5
旅游管理系	2		0	1		3
未来技术学院				2		2
其他	17		3	6	2	25
总计	4174	784	2321	3701	313	8188

资料3　学校部省级及以上科研机构一览表（自然科学类）

序号	名称	级别类型	负责人	批复时间
1	制浆造纸工程国家重点实验室	国家级	李映伟	1989年
2	亚热带建筑科学国家重点实验室	国家级	肖大威	2007年
3	发光材料与器件国家重点实验室	国家级	马於光	2011年
4	国家金属材料近净成形工程技术研究中心	国家级	张卫文	2009年
5	国家人体组织功能重建工程技术研究中心	国家级	王迎军	2009年
6	国家移动超声探测工程技术研究中心	国家级	韦岗	2013年
7	国家热带特色健康食品示范型国际科技合作基地	国家级	扶雄	2017年
8	造纸与污染控制国家工程研究中心	国家级	胡健	1996年
9	聚合物新型成型装备国家工程研究中心	国家级	瞿金平	1998年
10	挥发性有机物污染治理技术与装备国家工程实验室	国家级	叶代启	2016年
11	风电控制与并网技术国家地方联合工程实验室	国家级	杨苹	2012年
12	汽车零部件技术国家地方联合工程实验室	国家级	张宪民	2015年
13	半导体显示与光通信器件研发国家地方联合工程研究中心	国家级	汤勇	2017年
14	有机光电功能材料器件研究学科创新引智基地	国家级	马於光	2006年
15	建筑物理环境与建筑节能学科创新引智基地	国家级	孙一民	2007年
16	制浆造纸工程学科创新引智基地	国家级	陈克复	2011年
17	新型生物医用材料及其组织修复学科创新引智基地	国家级	王迎军	2012年
18	食品营养与健康学科创新引智基地	国家级	赵谋明	2016年
19	软物质科学与技术学科创新引智基地	国家级	程正迪	2017年
20	功能分子工程学科创新引智基地	国家级	高松	2020年
21	塑料改性与加工国家工程实验室	国家级	瞿金平	2008年
22	TFT-LCD工艺技术国家工程实验室	国家级	彭俊彪	2008年
23	医用植入器械国家工程实验室	国家级	王迎军	2009年
24	小麦和玉米深加工国家工程实验室	国家级	李琳	2011年
25	农田土壤污染防控与修复技术国家工程实验室	国家级	党志	2016年
26	AMOLED工艺技术国家工程实验室	国家级	彭俊彪	2017年
27	国家药品监督管理局创新生物材料医疗器械研究与评价重点实验室	部省级	王迎军	2021年

续表

序号	名称	级别类型	负责人	批复时间
28	国家药品监督管理局医疗器械监管科学研究基地	部省级	王迎军	2019 年
29	人体组织功能重建省部共建协同创新中心	部省级	王迎军	2018 年
30	先进轻质功能材料省部共建协同创新中心	部省级	胡　健	2018 年
31	聚合物成型加工工程教育部重点实验室	部省级	冯彦洪	2000 年
32	传热强化与过程节能教育部重点实验室	部省级	张立志	2000 年
33	生物医学材料与工程教育部重点实验室	部省级	杜　昶	2003 年
34	亚热带建筑教育部重点实验室	部省级	何镜堂	2005 年
35	工业聚集区污染控制与生态修复教育部重点实验室	部省级	党　志	2008 年
36	金属材料高效近净成形技术与装备教育部重点实验室	部省级	张卫文	2008 年
37	自主系统与网络控制教育部重点实验室	部省级	裴海龙	2009 年
38	湿法无纺布及膜功能材料教育部重点实验室	部省级	胡　健	2018 年
39	大数据与智能机器人教育部重点实验室	部省级	蔡　毅	2019 年
40	金属材料成形及装备教育部工程研究中心	部省级	张卫文	2006 年
41	淀粉与植物蛋白深加工教育部工程研究中心	部省级	李　冰	2006 年
42	精密电子制造装备教育部工程研究中心	部省级	胡跃明	2007 年
43	近距离无线通信与网络教育部工程研究中心	部省级	章秀银	2009 年
44	人体数据感知教育部工程研究中心	部省级	徐向民	2019 年
45	先进功能材料国际合作联合实验室	部省级	彭俊彪	2015 年
46	合成生物与药物制备国际合作联合实验室	部省级	张　雷	2017 年
47	大数据与机器人智能粤港澳联合实验室	部省级	蔡　毅	2017 年
48	前沿医药技术监管科学体系项目研究重点实验室	部省级	王　均	2021 年
49	广东省汽车工程重点实验室	部省级	罗玉涛	1997 年
50	广东省高性能与功能高分子材料重点实验室	部省级	罗远芳	2001 年
51	广东省计算机网络重点实验室	部省级	许　勇	2002 年
52	广东省金属新材料制备与成形重点实验室	部省级	陈维平	2003 年
53	广东省绿色化学产品技术重点实验室	部省级	楼宏铭	2004 年
54	广东省发酵与酶工程重点实验室	部省级	林　影	2005 年
55	广东省绿色能源技术重点实验室	部省级	刘明波	2008 年
56	广东省生物医学工程重点实验室	部省级	施雪涛	2009 年
57	广东省天然产物绿色加工与产品安全重点实验室	部省级	李　冰	2010 年

续表

序号	名称	级别类型	负责人	批复时间
58	广东省短距离无线探测与通信重点实验室	部省级	陈芳炯	2010年
59	广东省燃料电池技术重点实验室	部省级	梁振兴	2010年
60	广东省创新方法与决策管理系统重点实验室	部省级	朱桂龙	2011年
61	广东省大气环境与污染控制重点实验室	部省级	付名利	2011年
62	广东省精密装备与制造技术重点实验室	部省级	陈忠	2011年
63	广东省先进储能材料重点实验室	部省级	朱敏	2012年
64	广东省光纤激光材料与应用技术重点实验室	部省级	张勤远	2013年
65	广东省能源高效清洁利用重点实验室	部省级	马晓茜	2013年
66	广东省功能分子工程重点实验室	部省级	江焕峰	2015年
67	广东省计算智能与网络空间信息重点实验室	部省级	陈俊龙	2017年
68	广东省高分子先进制造技术及装备重点实验室	部省级	瞿金平	2018年
69	广东省毫米波与太赫兹重点实验室	部省级	薛泉	2019年
70	广东省分子聚集发光重点实验室	部省级	唐本忠	2019年
71	广东省功能与智能杂化材料与器件重点实验室	部省级	程正迪	2019年
72	广东省固体废物污染控制与资源化重点实验室	部省级	林璋	2020年
73	广东省现代土木工程技术重点实验室	部省级	吴波	2021年
74	大数据与计算智能粤港联合创新平台	部省级	陈伟能	2018年
75	智能工程国际联合研究中心	部省级	谢龙汉	2018年
76	粤港澳光电磁功能材料联合实验室	部省级	高松	2019年
77	现代食品新型加工与智能控制国际联合研究中心	部省级	孙大文	2019年
78	低升糖健康食品国际联合研究中心	部省级	黄强	2021年
79	高性能橡胶塑料与复合材料广东普通高校重点实验室	部省级	曾幸荣	2001年
80	计算机网络广东普通高校重点实验室	部省级	张凌	2001年
81	工业生物技术广东普通高校重点实验室	部省级	林影	2005年
82	农产品资源绿色加工广东普通高校重点实验室	部省级	李冰	2006年
83	精密制造技术与装备广东普通高校重点实验室	部省级	张宪民	2007年
84	污染控制与生态修复广东普通高校重点实验室	部省级	韦朝海	2008年
85	无线通信网络与终端广东普通高校重点实验室	部省级	余华	2008年
86	新能源技术广东普通高校重点实验室	部省级	杜丽	2009年
87	表面功能结构先进制造广东普通高校重点实验室	部省级	汤勇	2009年

续表

序号	名称	级别类型	负责人	批复时间
88	能源高效清洁利用广东普通高校重点实验室	部省级	马晓茜	2010年
89	风工程广东普通高校重点实验室	部省级	苏 成	2011年
90	清洁能源材料广东普通高校重点实验室	部省级	朱 敏	2011年
91	跨媒体大数据与机器智能广东省普通高校重点实验室	部省级	谭明奎	2020年
92	广东高校现代道路工程技术研究中心	部省级	王端宜	2008年
93	广东高校半导体照明工程技术研究中心	部省级	王 洪	2008年
94	广东高校大气污染控制工程技术研究中心	部省级	叶代启	2009年
95	广东高校现代交通工程技术研究中心	部省级	卢 凯	2010年
96	广东高校音视频图文智能信息处理工程技术研究中心	部省级	金连文	2010年
97	广东高校绿色校园节能与控制工程技术研究中心	部省级	闫军威	2011年
98	广东高校工业废弃物资源化利用工程技术研究中心	部省级	江焕峰	2012年
99	广东高校海量大数据的智能信息处理与安全工程技术研究中心	部省级	韩国强	2013年
100	广东高校脂类研发与应用工程技术研究中心	部省级	王永华	2015年
101	粤港澳交通基础设施创新联合实验室	部省级	胡迟春	2021年
102	广州市有色金属铸造行业技术研究中心	部省级	李元元	2007年
103	广州纳米生物材料与技术工程研究中心	部省级	王迎军	2005年
104	广州市平板显示行业工程技术研究中心	部省级	彭俊彪	2010年
105	广州市智能无损检测行业工程技术研究中心	部省级	贺前华	2012年
106	广州市水资源与水环境行业工程技术研究中心	部省级	党 志	2012年
107	广州市景观建筑重点实验室	部省级	孙一民	2013年
108	广州市机器人软件及复杂信息处理重点实验室	部省级	闵华清	2015年
109	广州市脑机交互关键技术及应用重点实验室	部省级	李远清	2015年
110	广州市人体数据科学重点实验室	部省级	徐向民	2016年
111	广州市能源材料表面化学重点实验室	部省级	杨成浩	2017年
112	广州市宽禁带半导体芯片及应用系统重点实验室	部省级	王 洪	2018年
113	广州市农产品智能感知与品质控制重点实验室	部省级	孙大文	2021年
114	广东省功能材料工程技术研究开发中心	部省级	张广照	1996年

续表

序号	名称	级别类型	负责人	批复时间
115	广东省绿色精细化学产品工程技术研究开发中心	部省级	邱学青	2009 年
116	广东省人体组织功能重建工程技术研究开发中心	部省级	王迎军	2010 年
117	广东省金属材料近净成型工程技术研究开发中心	部省级	张卫文	2010 年
118	广东省船舶与海洋工程技术研究开发中心	部省级	陈超核	2010 年
119	广东省城市空调节能与控制工程技术研究开发中心	部省级	闫军威	2011 年
120	广东省光电工程技术研究开发中心	部省级	王洪	2012 年
121	广东省特种光纤材料与器件工程技术研究开发中心	部省级	杨中民	2012 年
122	广东省大数据分析与处理工程技术研究中心	部省级	许勇	2013 年
123	广东省建筑材料低碳技术工程技术研究中心	部省级	余其俊	2013 年
124	广东省环境风险防控与应急处置工程技术研究中心	部省级	叶代启	2013 年
125	广东省节能与新能源绿色制造工程技术研究中心	部省级	万珍平	2013 年
126	广东省食品绿色加工与营养调控工程技术研究中心	部省级	赵谋明	2013 年
127	广东省智能交通信息与控制工程技术研究中心	部省级	卢凯	2013 年
128	广东省生物酶与工业绿色加工工程技术研究中心	部省级	林影	2014 年
129	广东省航空航天先进材料与结构工程技术研究中心	部省级	姚小虎	2014 年
130	广东省汽车检测工程技术研究中心	部省级	黎杰	2014 年
131	广东省社会媒体处理与软件开发工程技术研究中心	部省级	王振宇	2015 年
132	广东省热能高效储存与利用工程技术研究中心	部省级	张正国	2015 年
133	广东省智能系统控制工程技术研究中心	部省级	杨辰光	2015 年
134	广东省脂类科学与应用工程技术研究中心	部省级	王永华	2015 年
135	广东省信息访问与传输安全工程技术研究中心	部省级	陆璐	2015 年
136	广东省天线与射频工程技术研究中心	部省级	褚庆昕	2015 年
137	广东省电子封装材料与可靠性工程技术研究中心	部省级	张新平	2015 年
138	广东省半导体照明与信息化工程技术研究中心	部省级	李国强	2015 年
139	广东省现代建筑创作工程技术研究中心	部省级	何镜堂	2015 年

续表

序号	名称	级别类型	负责人	批复时间
140	广东省先进储能材料工程技术研究中心	部省级	欧阳柳章	2016年
141	广东省建筑节能工程技术研究中心	部省级	孟庆林	2016年
142	广东省亚热带道路工程技术研究中心	部省级	王端宜	2016年
143	广东省可持续建筑与城市设计工程技术研究中心	部省级	孙一民	2016年
144	广东省先进涂层工程技术研究中心	部省级	瞿金清	2016年
145	广东省冷链食品智能感知与过程控制工程技术研究中心	部省级	孙大文	2016年
146	广东省能源高效低污染转化工程技术研究中心	部省级	陆继东	2016年
147	广东省环境纳米材料工程技术研究中心	部省级	邓 洪	2016年
148	广东省人机交互设计工程技术研究中心	部省级	姜立军	2016年
149	广东省人体数据科学工程技术研究中心	部省级	徐向民	2016年
150	广东省供应链金融工程技术研究中心	部省级	邓可斌	2016年
151	广东省特种焊接技术与装备工程技术研究中心	部省级	石永华	2016年
152	广东省机器人及系统集成工程技术研究中心	部省级	张 铁	2016年
153	广东省无人机系统工程技术研究中心	部省级	裴海龙	2016年
154	广东省智能能源网微自动化工程技术研究中心	部省级	吴青华	2016年
155	广东省创新制药工艺和过程控制工程技术研究中心	部省级	王学重	2016年
156	广东省过滤与湿法无纺复合材料工程技术研究中心	部省级	陈广学	2016年
157	广东省交通电子支付工程技术研究中心	部省级	范崇贵	2016年
158	广东省生物医学传热工程技术研究中心	部省级	李 静	2016年
159	广东省特种纸与纸基功能材料工程技术研究中心	部省级	陈 港	2017年
160	广东省特种酶工程技术研究中心	部省级	崔 春	2017年
161	广东省大数据与计算广告工程技术研究中心	部省级	段淳林	2017年
162	广东省智能网络通信与计算工程技术研究中心	部省级	傅予力	2017年
163	广东省智能无人船与系统工程技术研究中心	部省级	洪晓斌	2017年
164	广东省生态透析环境治理工程技术研究中心	部省级	黄少斌	2017年
165	广东省金属材料表面功能化工程技术研究中心	部省级	匡同春	2017年
166	广东省智能传感器与专用集成电路工程技术研究中心	部省级	李 斌	2017年
167	广东省软件开发与服务工程技术研究中心	部省级	李 东	2017年

续表

序号	名称	级别类型	负责人	批复时间
168	广东省电化学能源工程技术研究中心	部省级	梁振兴	2017年
169	广东省风景园林工程技术研究中心	部省级	林广思	2017年
170	广东省柔性OLED显示工程技术研究中心	部省级	彭俊彪	2017年
171	广东省多媒体智能营销工程技术研究中心	部省级	宋恒杰	2017年
172	广东省植物纤维高值化清洁利用工程技术研究中心	部省级	万金泉	2017年
173	广东省香蕉精深加工与综合利用工程技术研究中心	部省级	王娟	2017年
174	广东省智慧城市规划工程技术研究中心	部省级	王世福	2017年
175	广东省智能焊接制造装备及机器人工程技术研究中心	部省级	王振民	2017年
176	广东省人工智能中医工程技术研究中心	部省级	文贵华	2017年
177	广东省智能与康复装备工程技术研究中心	部省级	谢龙汉	2017年
178	广东省能源材料表面化学工程技术研究中心	部省级	杨成浩	2017年
179	广东省金属增材制造工程技术研究中心	部省级	杨永强	2017年
180	广东省生物制药工程技术研究中心	部省级	张雷	2017年
181	广东省水利工程安全与绿色水利工程技术研究中心	部省级	周小文	2017年
182	广东省乡村振兴与旅游大数据工程技术研究中心	部省级	吴志才	2018年
183	广东省宽禁带半导体芯片及应用工程技术研究中心	部省级	王洪	2018年
184	广东省低升糖健康食品工程技术研究中心	部省级	扶雄	2018年
185	广东省先进绝缘涂料工程技术研究中心	部省级	袁文辉	2020年
186	广东省印刷OLED材料及显示技术工程实验室	部省级	彭俊彪	2010年
187	广东省电动汽车整车技术工程实验室	部省级	兰凤崇	2010年
188	广东省风电控制与并网工程实验室	部省级	杨苹	2011年
189	广东省功能结构与器件智能制造工程实验室	部省级	陆龙生	2015年
190	广东省高端芯片智能封测装备工程实验室	部省级	胡跃明	2018年
191	广东省第三代半导体材料与器件工程实验室	部省级	王洪	2018年
192	广东省农产品智能冷链物流装备工程实验室	部省级	孙大文	2019年
193	乐百氏-华工大植物蛋白工程研究中心	部省级	杨晓泉	1999年

资料4 2021年各学院专利申请和授权情况

学院	专利申请量（项）		专利授权量（项）	
	申请总数	其中发明专利	授权总数	其中发明专利
机械与汽车工程学院	578	445	372	209
材料科学与工程学院	454	444	450	430
电子与信息学院	272	257	298	249
化学与化工学院	272	269	253	245
土木与交通学院	198	126	182	86
计算机科学与工程学院	192	192	152	147
自动化科学与工程学院	185	165	104	81
食品科学与工程学院	181	179	180	166
电力学院	174	152	170	136
环境与能源学院	109	101	103	95
轻工科学与工程学院	82	73	151	137
生物科学与工程学院	62	61	31	31
软件学院	55	54	27	26
设计学院	55	9	67	3
建筑学院	39	24	27	7
分子科学与工程学院	33	32	12	12
物理与光电学院	30	27	47	34
吴贤铭智能工程学院	27	27	9	6
生物医学科学与工程学院	17	16	3	2
微电子学院	16	14	18	15
医学院	14	13	16	13
数学学院	3	3	0	0
电子商务系	1	1	1	1
工商管理学院	1	1	0	0
新闻与传播学院	1	1	0	0
经济与金融学院	0	0	2	1
体育学院	0	0	4	0
其他	117	108	123	54
总计	3168	2794	2802	2186

人文社会科学研究工作

【研究项目与经费】 2021年新增哲学社会科学项目749项，合同经费1.51亿元，实到经费1.2亿元。其中，纵向项目403项，合同经费4958万元，实到经费4862万元；横向项目346项，合同经费10 155万元，实到经费7776万元。获批国家级社科重大项目4项，其中，国家社科基金项目重大专项2项、冷门绝学研究专项学术团队项目1项（全省唯一获批项目）、教育部哲学社会科学研究重大课题攻关项目1项。获教育部哲学社会科学研究后期资助重大项目1项。国家社科基金其他类别项目共计39项，其中，重点项目3项，一般及青年项目、后期资助及优秀博士论文出版项目、中华学术外译项目等36项。

【研究成果与奖励】 获第六届全国教育科学研究优秀成果奖二等奖1项；获第九届广东省哲学社会科学优秀成果奖26项，其中，特等奖1项（全省仅7项）、一等奖10项，获奖总数和一等奖数量分别较上届增长18%、267%。

2020年发表人文社科类论文1000余篇，其中，SSCI 196篇、CSSCI 317篇。出版著作39种。

【智库建设与咨政服务】 2021年新增9个部省级平台，首次获批广东省哲学社会科学普及基地。在广东省社科联研究基地检查中，3个基地获评"优秀"、2个基地获评"良好"；学校获评广州市人文社会科学重点研究基地建设"先进单位"。

决策咨询成果影响力进一步扩大。全年提交各类决策咨询报告260余篇，其中152篇获上级批示。获"2021年中国智库综合评价研究项目组织参与奖"（全国仅19家），2个案例入选2021年中国智库参考案例。

聚焦脱贫攻坚、乡村振兴、大湾区建设等主题，在中央"三报一刊"发表文章21篇；联合主办第四届粤港澳大湾区发展广州智库论坛，获多家官方主流媒体报道。

【学术交流】 通过"线上+线下"模式，举办"马克思主义在广东的早期传播"研讨会、"伟大建党精神与中华民族伟大复兴"高端论坛、"多元主义、多边主义与世界秩序"IPP国际会议、"新时代基层社会治理：使命与趋势"年会等高端学术论坛、学术讲座活动等160余场。

【高等教育及相关领域研究】 新增主持项目7项，其中，部省级项目3项、市级项目1项、其他项目3项。发表学术论文7篇，其中，CSSCI 1篇、核心期刊3篇。推进校史研究，完成《广东工业专科学校校史考（1910—1952）》出版。加强《华南高等工程教育研究》组稿和约稿，调整刊物栏目，完成刊物出版及年审工作。

资料1 2021年学校社科类新增科研项目及实到经费情况

单位	项目数（项）	实到经费（万元）
建筑学院	117	4287
经济与金融学院	60	594
旅游管理系	26	741
电子商务系	21	336
工商管理学院	77	745
公共管理学院	76	855
马克思主义学院	45	219
外国语学院	39	171
法学院	63	620
新闻与传播学院	30	357
艺术学院	4	18
体育学院	27	182
设计学院	36	335
国际教育学院	20	85
高等教育研究所	5	26
公共政策研究院	21	1176
其他学院及机关部（处）	82	1213
合计	749	11 960

注：本年度实到经费未含中央高校基本科研业务费。

资料2 2020年CSSCI、SSCI收录论文情况

单位	CSSCI	SSCI	合计
建筑学院	21	14	35
经济与金融学院	33	21	54
旅游管理系	5	4	9
电子商务系	3	8	11
工商管理学院	61	44	105
公共管理学院	51	4	55
马克思主义学院	34	0	34
外国语学院	6	1	7
法学院	39	2	41
新闻与传播学院	31	2	33
艺术学院	1	0	1
体育学院	7	3	10
设计学院	4	3	7

续表

单位	CSSCI	SSCI	合计
国际教育学院	1	0	1
高等教育研究所	1	0	1
公共政策研究院	2	1	3
其他学院及机关部（处）	17	89	106
总计	317	196	513

资料3　学校部省级以上科研机构一览表（人文社科类）

序号	科研机构名称	批准部门	批复年份
1	公共政策研究院	中宣部	2015
2	教育部高校思想政治工作创新发展中心（华南理工大学）	教育部	2019
3	印度巴基斯坦研究中心	教育部国际交流与合作司	2017
4	印度洋岛国研究中心	教育部国际交流与合作司	2017
5	香港研究中心	教育部国际交流与合作司	2021
6	广东省社会治理研究中心	广东省委宣传部	2017
7	政府绩效评价中心	广东省委宣传部	2017
8	中国企业战略研究中心	广东省教育厅	2003
9	建筑历史文化研究中心	广东省教育厅	2005
10	金融工程研究中心	广东省教育厅	2007
11	广东地方法制研究中心	广东省教育厅	2007
12	政府决策与绩效评价研究所	广东省教育厅	2010
13	广东省新媒体与品牌传播创新应用重点实验室	广东省教育厅	2013
14	公共外交与跨文化传播研究基地	广东省教育厅	2015
15	互联网行为科学实验室	广东省教育厅	2016
16	跨境金融创新研究中心	广东省教育厅	2020
17	广东省公众健康风险监测与信息传播中心	广东省教育厅	2020
18	非传统安全与应急管理研究基地	广东省教育厅	2020
19	广东省城乡高质量发展研究中心	广东省教育厅	2021
20	广东省软科学重点研究基地	广东省科技厅	2012
21	科技革命与技术预见智库	广东省科技厅	2016
22	重大科技项目与平台实施效果第三方评估智库	广东省科技厅	2017

续表

序号	科研机构名称	批准部门	批复年份
23	哲学与科技高等研究所	广东省社会科学界联合会	2017
24	国家治理研究中心		2017
25	习近平新时代中国特色社会主义思想研究中心		2017
26	广东旅游战略与政策研究中心		2018
27	新时代网络文明研究中心		2021
28	数字乡村与文旅可持续发展实验室		2021
29	广东省音乐舞蹈类非物质文化遗产研究与科普基地		2021
30	红色版画美育普及基地		2021
31	中国陶瓷文化教育基地		2021
32	中华造纸术与文化科普基地		2021
33	广州国家创新型城市发展研究中心	广州市社会科学规划领导小组办公室	2020
34	广州金融服务创新与风险管理研究基地		2020
35	粤港澳大湾区规划创新研究中心		2020
36	广州数字创新研究中心		2020
37	中国特色社会主义思想与广州实践研究中心		2020
38	岭南文献保护研究中心		2020
39	广州城市风险治理与应急管理研究中心		2020
40	广州财税治理现代化研究中心		2020
41	广州数字商务与智慧供应链研究基地		2020
42	广州文化和旅游融合发展研究基地（共建基地）		2020
43	广东省非物质文化遗产研究基地	广东省文化厅	2013
44	广东省中小企业研究咨询中心	广东省中小企业局	2003
45	广东省技术创新评估中心	广东省经贸委	2004
46	广东省体育产业发展研究基地	广东省体育局	2005
47	广东现代服务业研究基地	广东省发改委	2011
48	广东省地方立法研究评估与咨询服务基地	广东省人大常委会	2013
49	法治评价与研究中心	广东省法学会	2015
50	粤港澳大湾区发展广州智库	广州市委宣传部、市社科联	2018
51	广州市决策咨询研究基地	广州市委宣传部、市委政研室、市社科联	2021

科技产业与成果转化

【科技产业工作】资产经营有限公司完成营业收入224 891.51万元，实现税前利润64 549.28万元，归属学校所有者权益50 264.97万元。上交财政部国有资本收益4826.77万元，上交学校投资收益3000万元，上交学校房屋租金970.58万元，返纳学校事业编制人员工资5715.92万元。资产经营有限公司下属全资控股企业获科研经费4551万元；获国家、省部、市级及其他奖项129项；申请发明专利37项；获批计算机软件著作权2项、软件产品登记证书2项。

推进校办企业体制改革。按期完成106家校办企业体制改革任务，顺利通过教育部对学校校办企业改革验收。学校在教育部直属高校所属企业体制改革推进会议上作经验交流。

【国家大学科技园】园区新增孵化企业15家、新增认定国家高新技术企业10家、入库科技型中小企业26家；推动3项学校科技成果作价401.82万元入股科技企业1家；新引进人才团队8个；新申请专利118项（其中发明专利66项、实用新型专利45项、外观设计专利6项、国际专利1项），新获授权专利125项，新登记软件著作权55项。截至2021年底，科技园资产总值（含参控股企业的所有者权益）7526.62万元，净资产3548.86万元；科技园参控股企业共13家。园区获批2021年度"广东省小型微型企业创业创新示范基地"。

【广州现代产业技术研究院】加强科研平台建设，推进"广东省先进封装测试工程技术研究中心"建设，获评广州市合作共建新型研发机构A类机构。

2021年新增纵向科研项目32项，其中重大重点专项15项；国家重点研发计划项目"高性能长寿命燃料电池发动机系统的开发研制"顺利通过科技部验收。与海天味业、国家电网、无限极等120多家行业龙头企业建立产学研合作关系，签订横向项目102项。申请专利101项，其中，发明专利82项，PCT专利3项；授权专利89项。4项成果获第二十三届中国国际高新技术成果交易会"优秀产品奖"。

促进孵化企业稳步发展。累计孵化企业总数达49家，其中，认定国家高新技术企业7家、认定国家级专精特新重点"小巨人"企业1家、认定国家科技型中小企业22家。5项创新产品分别入选工信部工业节能技术应用指南与案例、国家发改委绿色技术推广目录、广东省高新技术产品。

【华南协同创新研究院】连续四年获评东莞松山湖园区"先进新型研发机构"。加强队伍建设，引进人工智能教育研究开发团队，获批广东省"珠江人才计划"引进创新创业团队1个、东莞市引进创新科研团队6个。

2021年新增各类科技计划项目35项，合同经费超1200万元；获授权专利31项，开发新产品19个，发表高水平论文13篇，转化专利成果64项、估值3000余万元。获批广东省高性能橡胶材料工程技术研究中心，挂牌松山湖国际社区"高分子材料创新工场"。校企合作项目获第六届中国创新挑战赛创新奖和优胜奖；科研团队孵化企业获2021年松山湖创新创业大赛新材料专场第一名，团队核心成员获2021年创新东莞科学技术奖（新材料类项目共2个）。

启动建设世界首条卷对卷印刷有机光伏器件制备中试线，累计建成有机光电功能材料等中试线21条。开展科技特派员和科技创新项目，组织技术培训与交流33次，服务企业近200家；与行业企业新建2个院企研发中心；组建广东省茶油联盟。

孵化器获国家科技企业孵化器运营良好（B级）评价；新增国家高新技术企业3家，新增在孵企业8家，通过科技型中小企业认证10家，在孵企业产值同期实现翻倍增长，总额达5000万元，在孵企业共获投融资9000万元。研究院63项专利作价3000万元入股在孵企业，占股30%，在孵企业已完成A轮7000万元融资。

【珠海现代产业创新研究院】获批建设珠海市科普教育基地，新增改造投入使用研发、中试及产业化场地2000平方米。新引进创新创业团队2个、高层次人才5人。

2021年获批省、市科研项目9项，实到科研经费约650万元；申请专利超30项，获授权近20项（含5项国际专利）；创新团队相关成果获中国专利奖1项、广东省科技进步奖一等奖1项；与珠海20多家企业新签订成果转化项目近40项；新增孵化企业2家，高新技术企业1家，军工保密资质企业1家，主要在孵企业产值6000多万元。

承办"第十三届天线、电波传播和电磁理论国际会议"等学术会议6场次；组织参加"第二十三届中国国际高新技术成果交易会""第二十三届中国国际光电博览会（CIOE 2021）"等国内外大型展览展示活动10余场次。

【中新国际联合研究院】2021年共申请国内外专利46项，获授权24项；完成5项海外知识产权许可转让。发表高水平论文60篇，其中，1项研究成果在 Science 发表。新引进18个产业化项目。

推动产学研协同发展，与广州呼吸健康研究院、新加坡百吉生物、广电运通等多家行业龙头企业达成战略合作。签订横向技术合同18项，合同金额约800万元。新孵化企业10家，其中，获评国家级高新技术企业1家、广东省科技型中小企业2家，在孵企业营收总额实现连年增长80%。加强基础设施建设，优化科技创新资源配置，新购置一批科研仪器，完成新大楼移交及进场装修工作。

【中山现代产业技术研究院】2021年申请国内专利30项，其中，发明专利25项；获授权专利24项，其中，发明专利5项；新孵化高技术企业1家，新增入库科技型中小企业2家，累计孵化高科技企业共13家。完成"新材料表面技术"和"第三代半导体材料及器件"等研发平台中试线升级改造。组织"大湾区科技创新论坛分场""华南现代中医药城校企对接会"等产学研活动，累计服务企业、机构400余家。

队伍建设与人事管理

队伍建设与人事工作

【高层次人才队伍建设】持续提升高层次人才引进质效。新增海外高层次引进人才17人。全面实施"预聘—长聘"制度，从世界一流大学或科研机构引进人才共67人。

加强人才队伍建设。1人当选中国科学院院士；4人入选国家杰青，20人入选万人计划青年拔尖人才、国家优青等各类国家级青年人才项目；31人次入选各类省级标志性人才项目。

【人事管理改革】深入推进人事制度改革。完善教研系列"预聘—长聘"制度配套体系，出台《华南理工大学教研系列引进人才待遇实施细则》《华南理工大学工商管理学院预聘—长聘岗位院级待遇实施办法》。推动教师分系列管理体系建设，出台《华南理工大学新聘教学系列岗位管理办法（试行）》《华南理工大学新聘专职研究系列岗位管理办法（试行）》等系列文件。

强化人才引进分类评价导向，持续推进各学院制订并实施教研系列、教学系列"一院一策"岗位选聘方案。落实论文评价代表作制度，发布《高水平期刊和高水平学术会议目录制定工作指引》，引导学院按学科制订高水平期刊目录和高水平学术会议目录，鼓励发表高质量论文，让论文回归学术本质。

完成2021年专业技术职务评审工作，共304人申请参加评审，通过正高评审43人、副高评审54人和中级评审17人。

【博士后工作】持续推进博士后队伍高质量发展。全年共招收各类博士后271人，在站博士后人数突破900人。组织参加第一届全国博士后创新创业大赛，获金奖1项、铜奖3项、优胜奖3项。1名博士后入选"澳门学者"人才项目，35名博士后入选广东省博士后人才引进和派出项目。在站博士后获各类科学基金项目165项，其中，国家自然科学基金青年项目70项、国家社科基金青年项目5项。强化专职研究系列队伍，在学校重点学科领域、重点科研平台和科研创新团队中，新聘23名专职研究系列岗位人员。

【教职工培训与交流】优化岗前培训，通过线上视频同步直播，为学校三个校区、三所附属医院及广州城市理工学院335名新教职工开展20多门课程培训。组织申报2021年国家公派项目，10名教师获得公派留学资格。选派5名教职工完成援疆、援蒙工作，完成2名援派干部考核，做好援派干部服务工作。

资料1 2021年全校教职工人数统计表

单位：人

人员类别	总计	专任教师	行政人员	教辅人员	工勤人员	专职科研人员	其他附设机构人员	附属实验学校幼儿园
总计	4661	2638	995	450	34	150	318	76
其中：女	1875	834	531	211	10	28	202	59
正高级	1114	1047	25	13	0	16	13	0
副高级	1433	1080	84	107	0	65	81	16
中级	1546	501	518	227	4	61	184	51
初级及以下	568	10	368	103	30	8	40	9

资料2 2021年专任教师学历结构情况统计表

单位：人

学历	总计	博士研究生	硕士研究生	本科
专任教师	2638	2162	393	83
其中：女	834	619	183	32
正高级	1047	988	50	9
副高级	1080	910	127	43
中级	501	263	208	30
初级及以下	10	1	8	1

资料3 2021年专任教师年龄结构情况统计表

单位：人

年龄	总计	35岁及以下	36~40岁	41~45岁	46~50岁	51~54岁	55~59岁	60岁及以上
总计	2638	300	408	609	480	336	420	85
其中：女	834	78	126	251	179	120	68	12
正高级	1047	47	125	189	183	156	263	84
副高级	1080	173	199	273	184	128	123	0
中级	501	75	83	147	109	52	34	1
初级及以下	10	5	1	0	4	0	0	0

离退休工作

【党建工作】 加强离退休党员思想淬炼。每月召开"两委"委员专题学习例会，组织"两委"委员参加党史学习教育专题辅导报告会。推动理论学习，组织130名老党员参加专题辅导会；在"华工老党员之家"公众号开设党史学习专栏等。充分发挥"红色资源"作用，30余个退休党支部与教工、学生党支部联合开展党日活动50余次，200余名老党员为师生讲述入党初心故事。组织840余名老同志为乡村振兴捐款13.6万余元，166人认购"爱心米"。

开展庆祝建党100周年系列活动。组织学校"光荣在党50年"纪念章颁发仪式，440位老党员获得纪念章。开展老党员"以我初心、向党表白"征言活动，举办"我看建党百年新成就"座谈会、关工委名师报告团年会暨师生座谈会，畅谈初心使命。举办"红色诗文朗诵会"、庆祝建党百年主题旗袍秀，展现老年风采。举办华工优秀老党员风采展，展出百余名老党员的先进事迹；举办专题诗词书画摄影作品展，展出老同志书画、诗词摄影作品。

【管理服务工作】 开展公益活动。为老同志开设核酸检测、疫苗接种绿色通道共10场次，协助1600余名老同志完成疫苗接种工作。与五山街道华工社区党支部结对开展共建活动，为老同志提供微服务；举办3期公益讲座、老同志法律知识义务讲座及现场咨询活动。组织"念师恩大学生支援为老服务队"上门探访80岁以上老人40人次、担任老年大学助教服务30次、义工服务10次。

开展慰问及困难帮扶工作。提高部分离休干部医疗待遇、生活补贴标准、护理费标准，扩大发放范围。为老同志发放"困难补助"23人次，共计7.2万元；协助77位老同志申请"大病医疗救助基金"，共计发放133万元；疫情期间为100位高龄老同志发放高龄安居服务包。完善特殊老党员数据库，建立定人联系、定期慰问、定级帮扶机制。在重要节假日慰问老同志400余人次，上门看望离退休干部65人次；协助医疗报销约80人次。

做好老年大学办学工作，共开班158个，上课学员约4740人次。

【关工委工作】 组织"五老"发挥优势，助力青年师生成才成长。校院两级特邀党建组织员共计86位，参与督导36个二级党组织的基层党支部换届大会和党支部书记述职大会，覆盖率达97.4%。名师报告团成员参与教育宣传活动80余场；思想教育与理论研究组编写党课材料2份、上党课8节、撰写文章22篇；校园文化传承组面向师生作讲座11场，策划出版书籍3种；阳光成长顾问团队与20名本科生结对开展帮扶。在"关工委"公众号发布推送近100篇推文，被教育部关工委公众号采用5篇。积极参与教育部关工委"读懂中国"主题教育活动。

学校关工委名师报告团获全国教育系统关工委先进集体，伍德昌同志和曾惠典同志分别获全国教育系统先进工作者和突出贡献者称号；学校获教育部关心下一代工作委员会《心系下一代》杂志社宣传工作优秀组织奖。

【老教授协会工作】老教授助力教学督导。2021年完成日常听课约4000节、博士中期考核巡视177次；老教授协会会长黄石生获首届"全国教材建设先进个人奖"，并上榜中国老科技工作者协会"100名优秀老科技工作者党员事迹"。

资料1 2021年离退休人员结构情况表

单位：人

共 计		按人员类别		按年龄划分		
离退休人员	其中：中共党员	退休人员	离休人员	70岁以上	80岁以上	90岁以上
3347	1150	3306	41	2168	1056	121

资料2 2021年离退休人员变化情况

单位：人

项目与内容	离休干部	退休人员	合计
2021年内增加数	0	78	78
2021年内减少数	2	71	73
2021年对比2020年	-2	7	5

资料3 2021年老年大学情况一览表

项目与数量	专职教师（人）	兼职教师（人）	开设课程（门）	学员数（人次）
2021年上学期	0	44	72	2399
2021年下学期	0	46	69	1786
2021年全年	0	90	141	4185

对外交流与合作

国际交流合作与港澳台工作

【国际合作】 加强对外交流合作。2021年签署各类合作协议61份，同比增长50%，与日本大阪大学和千叶大学、意大利都灵理工大学、美国罗格斯大学、英国兰卡斯特大学、西班牙加泰罗尼亚理工大学等一批重点合作院校举行"云签约""云揭牌""云会谈"等30多场校级云上活动，与100多所合作院校保持定期线上会谈、研讨或信函联络。作为创盟成员加入"碳中和世界大学联盟"，加入中日大学校长论坛平台。2021年继续接收美国罗格斯大学2批共151名中国籍大一新生来校学习，开展教学体系和课程的互融共建。举办线上线下国际会议11场，国内外参会代表2300多人。

【因公派出与外事接待工作】 完善因公派出工作。搭建信息化平台，优化教学科研人员因公临时出访审批程序以及管理流程。2021年派出各类因公临时出国（境）人员119人次（含线上）；本科生项目派出362人次，研究生131人次。推出各类"云端在线课程"，首次将年度"国际交流周"扩容为"国际交流月"，增设"全球图片展""外交部进校园""国际学术前沿说"等，全校1500余人参加40余场活动。依托教育部首批"高层次国际化人才培养创新实践基地"，引进一批全球治理课程，2名学生获国家留学基金委资助赴国际组织实习实践。完成与都灵理工大学建筑学（城市设计）硕士教育项目的部省级办学评估考核，首届30名学生顺利赴意大利就读。

完善外事规章制度体系。编制《华南理工大学"十四五"国际化发展专项规划》，制定出台《华南理工大学涉外合作协议管理办法》《华南理工大学短期外专来访管理办法》。

【引智工作与外籍专家工作】 构建线上线下联动的国家级—省级—校级引智网络，实施"海外名师讲授学分课程资助计划""国际学者无界讲堂"等各类引智项目109个，打造以国际化课程为核心，讲座、论坛、国际会议等为支撑的引智体系。获批国家级引智经费810万元，广东省海外名师项目31个。

【港澳台交流与合作】 持续深化与港澳台高校合作。签署各类合作协议10余份，与香港城市大学、香港科技大学等开展博士联合培养，与澳门大学、香港理工大学等开展本科双学位联合培养。实施"教育部港澳师生交流计划"，开展项目10余项，300余人次参与。

全面加强港澳台学生国情教育工作。以"融入祖国"为主线，开设专题课程、线上学习平台，坚持理论与实践、线上与线下、讲授与自学相结合，打造全过程港澳台侨学生国情教育体系。

协力打造湾区科技共同体。通过建设粤港澳联合平台、专业学术联盟等方式，持续拓展与港澳合作空间，"香港研究中心"获批备案教育部国别与区域研究中心。作为主要成员，发起成立"粤港澳工科联盟"。

校友工作及交流与合作

【校友工作】建立健全校友工作机制，制定完善《备案校友组织成立或换届工作流程》《华南理工大学校友会关于加强备案校友组织管理工作的规定（试行）》等规章制度。进一步完善校友组织全球化布局，推动福州、揭阳等2个地区校友会成立；指导梅州、柳州、济南、海南、网球俱乐部等5个校友组织顺利完成换届工作。截至2021年底，学校在海内外共有157个校友组织。校友数据库更新校友信息1.2万余条，收录校友信息增至46万余条。

持续推动"线上+线下"品牌校友活动。举办2021年云校庆、云返校活动；邀请智光电气、鹿山新材等10余家校友企业参加科创沙龙、上市经验分享报告会等活动；组织"威马汽车""创维汽车"体验营、校友网球交流赛、校友足球邀请赛等；邀请黄宏生、韩国强等杰出校友回校开展讲座报告。

加强校友资讯推送及宣传工作。出版《华工人（2021）》，编印3期《校友会、基金会会刊》，制作《如歌岁月，美美与共》校友返校日纪念画册，推送校友资讯2万余条。整合"招贤纳才""微福利""创业帮"等服务项目，为近百家校友企业发布免费宣传信息近200条。

紧密联系各地校友。召开校友会理事会视频会议。走访粤芯半导体、亿纬锂能、赛莱拉、信立泰、顺络电子等100余家校友企业，拜访蔡建中、李东生、刘石伦、李华、李永喜、廖清清、麦伯良、易贤忠、王乐康、袁金钰、刘毅翔等100余名杰出校友。

【教育发展基金会工作】规范社会捐赠冠名管理，修订《华南理工大学接受社会捐赠冠名管理办法》。2021年累计接受捐赠到账1.14亿元，签署捐赠协议151份，新增立项54项，合计合同金额4.77亿元，其中校友捐赠协议额为4.44亿元，占比93%。2021年，教育发展基金会获广东省社会组织等级评估5A级认证。

【大学理事会工作】召开大学理事会通讯会议，通报学校建设发展情况，就学校未来规划、学科建设、人才培养、科学研究及社会服务等重要工作征求意见和建议。加强联系合作，密切联系理事会成员，调研兄弟院校大学理事会工作。

【对口支援工作】深入推进与广西大学、贵州民族大学人才联合培养，联合招收研究生16名，联合培养本科生56名。积极推进人员挂职工作，2名教授延长在广西大学挂职时间1年。接待广西大学、贵州民族大学来访调研对口支援工作，组织专家参加支援高校的学科评估及建设方案论证，开展学术交流。

条件建设与后勤保障

实验室建设与设备管理

【实验支撑条件】加强实验室建设。新认证各类公共实验室11个。其中,基础教学公共实验室（A类）3个、学科专业公共实验室（B类）3个、科研共享公共实验室（C类）5个。立项支持实验室建设项目29项,经费800万元,其中,公共实验室建设重点项目5项、更新项目7项、引导项目1项、本科教学日常更新项目16项。

加强院级用房管理。审批院级用房装修（改造）工程业务63项；优化院级用房使用费核算,将隔年核算调整为当年即算。完成大学城校区教育科研楼分配方案制订、环境与能源学院改建扩建工程验收与交接、院级用房资源配置建议方案、北区和东区相关实验用房摸排调整方案等专项工作。

加强实验队伍建设。修订实验系列聘期考核表及年度考核表。现有实验技术人员399人。

【仪器设备购置与资产管理】加强年度仪器设备与科教耗材合同管理。推进仪器设备购置管理信息化建设,推进合同电子化,签订电子合同32份,合同金额400万元。审核签订仪器设备购置合同819份,合同金额3.29亿元。完善合同档案归档制度,完成819份合同档案归档和400份招标合同档案移交工作。

加强外贸代理与免税进口管理。完成年度外贸代理服务考核,制定通过银行办理减免税货物税款担保应急预案,办理80台进口仪器设备免税申报工作,节省税费1221万元。

推进大型仪器设备开放共享。实现设备入网到结算全业务周期管理,平台管理仪器设备超过1000台,其中70%为大型仪器设备。在科技部大型仪器开放共享考核中,学校大型仪器共享工作再次获评良好等级,获国家财政后补助奖励经费85万元。

完成仪器设备购置论证和验收。组织单价40万元及以上或批量总价80万元及以上仪器设备购置论证84项（金额2.18亿元）。完成41台（套）进口仪器设备开箱点货工作,468台（套）10万元及以上贵重仪器设备验收工作,其中40万元及以上大型仪器设备86台（套）。

完成仪器设备资产日常管理。新增仪器设备固定资产1.6万台（套）,总值2.36亿元。完成12批次、共计4426台（套）、总值约7345.58万元仪器设备资产报废审批、下账及回收工作,组织完成3批报废物资竞价拍卖,处置收入34.33万元。学校仪器设备固定资产总计达30.92万台（套）、总值42.47亿元,分别比上年同期增长6.15%和6.52%。

【实验技术安全管理】加强实验室安全管理。制定《实验用反应釜类设备安全管理规范》《华南理工大学剧毒化学品安全管理规范》等实验室安全管理制度5项，在部分学院配备专职安全员，组织开展安全知识竞赛、微视频大赛、安全专题讲座、生物安全论坛、应急演练等实验室安全月系列活动，为2021级新生发放《实验室安全手册》8200册。组织校级实验室安全大检查12次，完成教育部现场检查提出的19大项隐患问题整改，对全校153台气体泄漏监测报警装置和107台压力容器进行专项检查。在广东高校中率先完成实验室压力容器合规化，完成辐射设备及相应岗位4批次34名师生培训并获取证书。加强危化品全生命周期管理，共审批通过管制化学品采购订单3610份、气体订单8589份。做好实验废物回收处置，实现了"历史存量零库存、新增危废零积压、动态清零"的回收目标，2021年共回收处置实验废物352吨。

资料1　学校公共实验室一览表

序号	实验中心（室）	类别	依托单位	负责人	获认证年份
1	工程训练中心	A	机械与汽车工程学院	郑志军	2020
2	化工原理实验教学中心	A	化学与化工学院	李琼	2020
3	物理实验教学中心（大学城校区）	A	物理与光电学院	黄绍江	2020
4	物理实验教学中心（五山校区）	A	物理与光电学院	叶晓靖	2020
5	电子工艺实验教学中心	A	物理与光电学院	谢再晋	2020
6	电工电子实验教学中心（五山校区）	A	电力学院	余艳青	2020
7	电工电子实验教学中心（大学城校区）	A	电力学院	张廷锋	2020
8	计算中心	A	软件学院	谭明奎	2020
9	信息工程专业实验室	B	电子与信息学院	章秀银	2020
10	材料科学与工程专业实验室	B	材料科学与工程学院	彭成红	2020
11	软件工程专业实验室	B	软件学院	黄敏	2020

续表

序号	实验中心（室）	类别	依托单位	负责人	获认证年份
12	生物医学专业实验室	B	生物医学科学与工程学院、生物科学与工程学院	王 均	2020
13	大学城检测检验中心	C	大学城检测检验中心	徐昕荣	2020
14	聚合物成型加工工程中心	C	机械与汽车工程学院	冯彦洪	2020
15	材料平台院级学科公共平台	C	材料科学与工程学院	欧阳柳章	2020
16	化学与化工院级学科公共平台	C	化学与化工学院	李 琼	2020
17	生命科学院级学科公共平台	C	生命科学研究院	都小姣	2020
18	实验动物中心	C	生命科学研究院	曲莉芝	2020
19	生物医学院级学科公共平台	C	生物医学科学与工程学院	王 均	2020
20	机械基础实验教学中心	A	机械与汽车工程学院	何 军	2021
21	电子信息实验教学中心	A	电子与信息学院	秦慧平	2021
22	基础化学实验教学中心	A	化学与化工学院	胡建强	2021
23	功能材料专业实验室	B	材料科学与工程学院	苏世键	2021
24	食品科学与工程专业实验室	B	食品科学与工程学院	娄文勇	2021
25	智慧媒体专业实验室	B	新闻与传播学院	苏宏元	2021
26	工程结构与抗震公共实验平台	C	土木与交通学院	吴建营	2021
27	储能材料测试公共实验平台	C	材料科学与工程学院	朱 敏	2021
28	制浆造纸工程公共实验平台	C	轻工科学与工程学院	李 军	2021
29	生物科学与工程公共实验平台	C	生物科学与工程学院	吴振强	2021
30	华南软物质科学与技术公共实验平台	C	前沿软物质学院	王 晶	2021

资料 2 2021 年教学科研仪器设备增减变动情况表

金额单位：万元

单位名称	年初数			当年增加		当年减少（报废/报失/退库）		年末数		其中单价10万元以上	
	合件数	金额	其中单价10万元以上 金额（合件数）	合件数	金额	合件数	金额	合件数	金额	合件数	金额
全校合计	169 021	354 052.89	4684 / 214 948.92	13 777	28 392.51	3424	6507.78	179 374	375 937.62	5018	228 372.38
教务处	8586	7109.31	51 / 997.76	176	112.61	0	0	8762	7221.93	51	997.76
科学技术研究院	156	144.19	2 / 28.50	1	1.00	0	0	157	145.19	2	28.50
大学城校区管委会	220	1034.53	21 / 780.41	23	15.67	0	0	243	1050.20	21	780.41
机械与汽车工程学院	12 116	33 544.24	563 / 21 325.42	802	1880.40	327	570.74	12591	34 853.90	600	22 101.60
建筑学院	6473	9838.33	116 / 5061.04	480	465.21	161	279.20	6792	10 024.35	116	4991.31
土木与交通学院	7726	19 200.35	206 / 12 269.94	738	2233.85	112	71.83	8352	21 362.38	237	13 875.51
电子与信息学院	8656	11 368.22	151 / 4436.40	616	878.90	704	923.23	8568	11 323.90	154	4434.00
材料科学与工程学院	16 129	64 928.90	907 / 49 050.31	1294	3145.59	256	775.71	17167	67 298.77	955	50 339.79
化学与化工学院	11 273	21 073.80	331 / 11 999.01	1424	1531.98	336	613.28	12 361	21 992.50	350	12 293.60
自动化科学与工程学院	6410	7900.81	90 / 2643.77	387	479.17	151	220.35	6646	8159.63	96	2815.04
计算机科学与工程学院	6488	14 325.19	97 / 9046.82	415	655.29	69	82.45	6834	14 898.03	104	9198.74
电力学院	8470	11 860.66	147 / 5654.71	616	531.31	200	159.02	8886	12 232.95	154	5778.84
生物科学与工程学院	3737	9397.92	161 / 5526.39	213	534.18	43	225.87	3907	9706.24	174	5629.45
环境与能源学院	5929	14 750.31	233 / 9007.50	401	1197.47	91	71.95	6239	15 875.83	252	9803.64
软件学院	6162	5324.48	55 / 917.42	563	471.79	19	8.98	6706	5787.30	58	974.22
工商管理学院（创业教育学院）	3029	2528.02	13 / 286.94	214	145.22	40	24.29	3203	2648.94	14	301.53
马克思主义学院	461	264.32	0 / 0	60	27.92	8	2.77	513	289.46	0	0
公共管理学院	613	416.14	2 / 68.90	109	68.82	20	8.27	702	476.69	2	68.90
外国语学院	617	376.13	0 / 0	30	22.00	0	0	647	398.13	0	0
法学院（知识产权学院）	488	235.64	0 / 0	58	28.69	0	0	546	264.33	0	0
新闻与传播学院	1124	1160.83	7 / 260.84	47	48.22	20	244.06	1151	964.99	4	52.87
艺术学院	1348	1672.63	15 / 394.95	39	15.30	0	0	1387	1687.93	15	394.95

续表

单位名称	年初数				当年增加		当年减少（报废/报失/退库）		年末数			
	合件数	金额	其中单价10万元以上		合件数	金额	合件数	金额	合件数	金额	其中单价10万元以上	
			合件数	金额							合件数	金额
体育学院	1429	1964.68	17	917.04	75	96.58	0	0	1504	2061.26	19	967.94
设计学院	1719	1315.52	6	142.99	106	79.87	0	0	1825	1395.39	6	142.99
国际教育学院	269	200.08	2	31.44	10	4.02	3	1.71	276	202.38	2	31.44
数学学院	1117	726.49	0	0	122	265.70	0	0	1239	992.20	7	180.50
物理与光电学院	6133	10519.32	111	6339.01	337	798.35	150	58.81	6320	11258.86	119	6767.22
医学院（生命科学研究院）	3339	15029.89	213	11550.16	310	2035.29	0	0	3649	17065.18	233	13208.57
轻工科学与工程学院	4339	18993.72	277	14234.05	304	844.28	158	691.91	4485	19146.09	275	14298.45
食品科学与工程学院	5303	13580.85	246	8563.30	376	715.48	102	247.87	5577	14048.46	256	8834.42
吴贤铭智能工程学院	860	2235.21	30	1342.88	587	832.37	0	0	1447	3067.58	46	1875.78
生物医学科学与工程学院	965	3235.59	27	2354.52	935	1366.34	0	0	1900	4601.93	61	3230.90
前沿软物质学院	2691	6269.09	75	3385.73	447	2771.62	2	1.54	3136	9039.17	103	5610.82
微电子学院	970	1815.25	35	988.84	645	725.98	0	0	1615	2541.23	38	1080.90
经济与金融学院	951	557.70	0	0	37	26.81	68	21.16	920	563.35	0	0
旅游管理系	179	122.24	0	0	38	19.99	1	0.16	216	142.07	0	0
电子商务系	926	770.09	15	201.66	26	22.71	27	16.29	925	776.51	15	201.66
未来技术学院	0	0	0	0	1	0.51	0	0	1	0.51	0	0
自旋科技研究院	0	0	0	0	22	169.00	0	0	22	169.00	2	154.30
分析测试研究中心	451	9544.75	75	9174.63	19	177.75	6	692.86	464	9029.64	74	8649.41
信息网络工程研究中心	9713	12708.35	187	7552.98	118	102.32	213	376.64	9618	12434.03	186	7411.92
高等教育研究所	37	29.87	0	0	4	1.23	0	0	41	31.10	0	0
华南协同创新研究院	2	1.96	0	0	0	0	0	0	2	1.96	0	0
公共政策研究院	126	106.96	1	23.89	13	7.51	0	0	139	114.47	1	23.89
广州现代产业技术研究院	1773	3819.45	59	2191.21	1	1.78	63	72.09	1711	3749.14	59	2191.21
珠海现代产业创新研究院	2	0.64	0	0	0	0	0	0	2	0.64	0	0
医疗器械研究验中心	500	3500.82	49	3013.22	63	2488.38	0	0	563	5989.20	65	5428.19
其他	9016	8549.40	91	3184.34	475	348.02	74	44.75	9417	8852.68	92	3221.20

财 务 工 作

【财务收入】 2021年总收入549 378.08万元，较上年减少35 767.09万元，减少6.11%。其中，财政拨款预算收入总额184 192.02万元，减少2.89%；事业收入225 112.60万元，增加3.11%；其他收入140 073.47万元，减少20.93%。

【财务支出】 2021年总支出534 326.60万元，较上年增加36 101.78万元，增长7.25%。按支出功能构成分类，教育支出487 299.04万元，科学技术支出9490.14万元，住房保障支出37 537.42万元。按照主要经济支出构成分类，事业支出中基本支出320 339.55万元，项目支出213 987.05万元。

【财务管理】 落实"过紧日子"要求，加强收支管理。将学校各类收支全部纳入预算，强化各单位收入责任，加大各类资金统筹力度；大力压减非急需、非刚性支出，优化支出结构，将绩效完成情况作为预算安排重要依据。加强预算执行和绩效约束，严格支出审核，严禁无预算、超预算、超标准、不合理等支出，不断提高资金使用效益。

落实"放管服"，为科研人员松绑减负。贯彻落实国办发〔2021〕32号文件精神，修订规章制度，简化预算编制，直接费用从9个科目简化为3个；下放预算调剂权，除设备费外，其他直接费用科目预算调剂权全部下放至项目负责人，减轻科研人员事务性负担。

加强内部控制，规范财务管理。制定和修订决算管理、教育收费管理、科研项目预算及结余经费管理等3项制度，弥补制度短板。推行内部稽核常态化，对落实"过紧日子"等重点情况进行专项稽核；收回委派会计，优化岗位设置，防范财务管理风险。

加强信息化建设，优化服务和提高效率。优化报销业务流程，简化财务报销填报单据，新增国际差旅费、会议费等网上报销功能，减少师生"跑腿"；升级网上酬金申报系统，进行项目额度控制，减少"退单"情况；升级财务处网站，让师生更高效便捷地掌握政策、办理业务；扩大手机移动支付应用范围，新增师生服务中心打印复印费、国际校区商户营业收款、会议费、招聘会场租费等移动支付功能。

审 计 工 作

【审计业务】 2021年开展各类审计项目54项，审计金额79.52亿元，提出审计建议33条。

【工程审计】 开展基建工程结算审计

项目8项，审计金额1.05亿元，审计核减金额798.19万元；开展基建工程概算审计1项，审计金额3965.76万元，审计核减金额786.67万元；开展修缮工程结算审计项目35项，审计金额5270.62万元，审计核减金额517.90万元，审减率9.83%。工程审计核减金额合计2102.76万元。

【经济责任审计】开展机关部处、学院和直属单位等二级单位负责人经济责任审计项目7项，审计金额19.03亿元。充分发挥通过内部审计促进二级单位加强内部控制，规范财务管理，提高对干部队伍权力运行监督的制约作用。

【内部控制审计】开展校级内部控制评审和风险评估工作2项，完成后勤处内部控制评审，梳理不足和风险点，提出解决与防范建议。做好"经济体检"，发挥"治已病、防未病"作用，有效防控风险。

【审计队伍建设】加强审计队伍建设。1名审计专家参与教育部对2所大学4个领域腐败检查工作。委派1名审计专家参与教育部对直属高校审计整改情况报告的检查。组织审计人员参加广东省教育厅对省属高校巡察工作，共3人次。

资 产 管 理

【资产管理】完成年度国有资产报告、行政事业单位国有资产报告等4套报告（报表）的编报。按月完成资产账与财务账的核对，计提固定资产折旧、无形资产摊销。

建立"一站式"国资统筹管理与服务平台。拓展"国资统筹管理与服务平台"业务范畴，全面打通从采购申请到财务报账的全链条业务办理通道，实现各类资产业务网上办理、网上审批，达成国资业务办理"一网、一门、一次"的服务目标。完成"资采通"微信公众号与国资管理平台的接口建设，启用微信端移动管理服务平台。

完成年度资产处置、出租出借事项报批报备工作，报批报备率100%。向教育部报备已达年限设备类资产报废事项7批，涉及仪器设备4246台（件），账面原值7093.58万元；未达年限设备类资产报废事项5批，涉及仪器设备180台（件），账面原值252.01万元；报损3台仪器设备，账面原值165.02万元；报备资产出租出借事项15批。

完成房屋及构筑物的报增与免办业务。办理房屋及构筑物报增业务70余笔，主要包括大学城校区新建医学院综合楼、五山校区东区运动场等原有部分房屋及构筑物的大型维修改造，以及已投入使用的在建工程暂估转增。审核办理房屋及构筑物免报增业务20余笔，涉及维修费用近1000万元。

完成企业体制改革任务。完成学校所属一级企业清理注销，完成12项企业国有资产评估备案。加强作价出资入股股权跟踪管理，加强财务情况运行监测，2021年作价出资入股转化2起，涉及科技成果

6 项，金额 2400 万元。

【房产工作与土地管理】 开展公有住房专项整治工作，严肃查处转租转借行为，稳妥处理各类历史遗留问题。组织入户查房 6000 余套/次，解决各类历史遗留问题 77 宗，收回公有住房 98 套，并根据实际情况制订空房分配方案。

建设住户信息收集系统，完善学校住户信息。完成五山校区个人产权房、公有住房住户信息收集系统建设及首批信息采集。与政府部门加强沟通，完成五山校区北区 3 个地块土地界址点"落宗"。

鼓励已售既有住宅依法依规加建电梯。推动已售既有住宅加建电梯井 3 个，累计建成并投入使用的电梯井共计 168 个，约占学校已售既有住宅符合加建电梯条件单元总数的 93%。

做好各类用地管理工作。严查私搭乱建，依法依规处理五山校区部分违规用地、违章建筑等。管理好各类工程临时用地，清理学校基建项目用地。定期开展校区土地边界巡检，及时发现并维修边界围墙，消除安全隐患，妥善处理与周边单位交接的边界围墙维修工程等。

基 建 工 作

【基建项目与工程】 持续推进市区校合作重点工程。广州科技图书馆项目完成初步设计及概算编制；五山校区人才公寓首期完成施工招标，取得施工许可证，完成临设搭建；五山路与广园路立交工程完成绿化迁移、国立中山大学石牌坊文物评估和交通疏解方案制订，完成施工招标。推进城市发展与治理研究院、大学城校区研究生宿舍、五山校区学生宿舍、五山校区人才公寓（二、三期）等重点项目，以及东区 7 栋教授住宅（二期）、南湖及周边环境整治工程、海丽文体中心中央空调系统换新及房屋修缮工程等维修项目的前期工作。

全年施工总建筑面积 145 929 平方米，总投资 8.1883 亿元，包括人才公寓、道明游泳馆、逸夫科学馆改扩建工程、27 号楼改建工程、华南理工大学－华南农业大学中心应急避护场所设施建设等在建项目，以及医学院综合楼、东区 7 栋教授住宅修缮工程（一期）、东区运动场修缮工程、环境与能源学院实验楼改扩建工程、岭南建筑学术交流展示中心修缮工程（民居工程）、西十二与西十三学生宿舍维修工程、早期地坑道人防工程安全隐患整治工程等竣工交付使用项目。全年竣工工程总建筑面积 44 842 平方米，竣工总投资 2.8195 亿元。

【基建管理】 加强制度建设，修订基建管理文件，规范项目实施流程。强化基建项目全过程管理，医学院综合楼、道明游泳馆、人才公寓等重点工程推行代建制，力求确保工程质量、投资和工期。注重对施工单位的日常管理，约谈项目中标施工企业法人代表、项目经理等主要负责人；成立质量控制小组，对交付的部分工程进行质量回访；加强对设计、施工、监理及其他服务单位的管理。

编制完成2021年基建投资调整计划和2022年基建投资建议计划。申请中央高校2022年修购专项资金1673万元，全年使用修购资金3098万元。教育部中央预算内资金到账3553万元。五山校区人才公寓取得奖补资金4952万元，到账资金3919万元。申请文物修缮资金160万元，到账50万元。华南理工大学-华南农业大学中心应急避护场所设施建设项目批复资金862万元，到账520万元。

做好基建工程项目的预算审核工作，完成工程招标预算审核6项，金额34 966万元。全年审核服务预算15项，送审金额148万元，审核后金额127万元，核减率14.19%。做好基建工程结算审核工作，全年审核工程结算10项，送审金额9760万元，审核后金额7734万元，核减率20.75%。

安 全 保 卫

【治安综合治理】2021年破获案件16宗，组织参与抓获各类嫌疑人员7人。构建疫情防控常态化下的校门管理体系，五山校区完成门禁系统建设，实现一校三区门禁系统全覆盖。设立最小应急单元17个，指导中小幼开展疏散演练14次。加强校园从业人员背景审查，筛查人员1034人。扩大天网监控覆盖面，在五山校区公共区域和学生宿舍布控有效监控点位2418个。提升接警及安保能力，全年接拨报警电话2万余次，车辆信息查询4600次，通过查阅监控协助破获案件7起，出动安保力量540人次。

【交通消防管理】修订、制定学校《校园交通安全管理办法》《消防安全管理规定（修订）》《校门秩序管理规定（试行）》《校园视频监控系统使用管理规定（试行）》《电动自行车管理办法（试行）》等安全管理制度。

提升交通服务信息化水平。上线运行校外车辆预约入校系统。优化门岗车道系统，采用全车牌识别过车方式，提高车辆进出车道效率。整治校园交通秩序，联合交警开展路面清查联合执法行动4次。开展电动车专项治理，安装充电柜/桩充电口1946个，引进电动车600辆。

完成消防检查、设施联网及相关设备维修、物品新增审批工作。开展消防检查500余次，检查楼栋100余栋。订制室外消防器材箱39个。累计安装无线烟感器2616个，覆盖21栋楼栋，联网监控率达82%。线上审批校内新建、扩建、装修、装饰工程85宗。审批购买危险化学药品3600余单、气体8400余单。

【窗口服务工作】网上办事大厅上线无犯罪记录证明政审业务，实现交通、政审、户籍统一归集线上办理。五山校区系统登记车辆约8000辆，全年新增月保车辆338辆；办理车辆更换、缴费等业务3500余人次；办理临时进校车辆、大型车辆报备审批9300余车次，处理列入黑名单车辆400余辆。办理户籍借出、迁移7400余人次。

【校园安全教育】加强防诈骗安全教

育，建立一校三区警务通报机制，及时通报电信诈骗警情。推进国家反诈APP注册，印制新生入学安全提示、反诈承诺书等，组织举办反诈专题宣讲，累计开展宣讲活动近300场。组织、指导消防安全培训、应急疏散及灭火演练15场次，培训师生员工4500余人次。

图 书 馆 建 设

【馆舍和文献资源建设】完善一校三区图书馆整体规划，在五山校区、大学城校区、广州国际校区分设3馆，总面积6.6万平方米。其中，五山校区图书馆面积2.3万平方米，阅览座位2459个；大学城校区图书馆面积4.2万平方米，阅览座位2150个；广州国际校区图书室面积1400平方米，阅览座位210个。

加强文献资源建设。新增纸质中外文图书40 416册，电子图书25 765册。研习书院建成启用，收藏习近平新时代中国特色社会主义思想等相关主题书刊近3万册及《中共党史·中国国史》等电子数据库。全校馆藏文献总量达到895.2825万册，其中，纸质文献406.2576万册。现有数据库159个，电子文献489.0249万册（件）。

【读者服务】2021年接待各类读者189万人次，其中，五山校区约96万人次，大学城校区约88万人次，广州国际校区约5万人次。图书借还量约25万册，实现三校区图书通借通还，完成全国范围馆际文献传递508件。

精准服务教学科研。全年完成科技查新561项，同比增长22%；查询论文收录篇数3.6万篇，查询论文引用26万次；完成面向第三方科技成果评价的技术检索分析服务10余项；完成论文学术不端检测6340篇次，审核电子版学位论文17 453篇（条），分编纸质论文6019种（册）；完成全校通识课程"信息检索与利用"授课；推出《高校专利申请前评估》信息素养教育微动画。

【内部建设与管理】进一步强化政治建设、班子建设和党风廉政建设，贯彻落实民主集中制，完善制度建设和人才队伍建设。全力配合做好广州科技图书馆和广州国际校区图书馆的筹建工作。优化图书馆文化环境和阅读氛围，线上线下举办"中国共产党为什么能"求真读书会、五山地区历史文化建筑图片展、"华园情浓、薪火相传"开学季活动、研墨学堂"半月有约"等系列文化品牌活动38场次，发挥图书馆"以文育人"作用。

资料1 2021年图书馆概况一览表

			五山校区			大学城校区			国际校区
业务机构			馆长室　流通部　信息咨询部　办公室　采访部 阅览部　编目部　技术部　数字资源部 发展规划与文化建设部　知识产权与学科服务部			办公室　文献资源服务部 参考咨询服务部 信息技术服务部			图书室
工作人员情况	行政业务人员	职称	五山校区	大学城校区	国际校区	学历情况	学历层次	五山校区	大学城校区	国际校区	
		研究馆员	4				博士	3	0		硕士以上学历人员占正式职工总数比例为52.2%； 本科以上学历人员占正式职工总数比例为100%
		副研究馆员	22	2			硕士	43	8	5	
		馆员	51	20			本科	39	15		
		助理馆员	7	1	1		专科	0	0		
		工人	1				中专以下	0	0		
		暂无职称			4		小计	85	23	5	
		小计	85	23	5						
职工总数						五山校区				91
						大学城校区				23
						国际校区				5
馆舍情况（平方米）			五山校区图书馆建筑面积							23 000
			大学城校区图书馆面积							42 300
			国际校区图书室面积							1400

资料 2 2021 年图书馆文献经费、文献资源建设情况一览表

经费	文献购置费		实际支付经费		2563.661 512 万元	
馆藏纸质文献			当年进书量		馆藏累积量	
	中文图书	共计	21 234 种	27 473 册	90.4553 万种	290.2509 万册
	外文图书	共计	1702 种	1835 册	18.6702 万种	26.294 万册
	中文报刊	期刊	668 种	3099 册	0.5379 万种	17.9373 万册
		报纸	0 种			
	外文报刊	期刊	402 种	2066 册	0.4874 万种	22.2155 万册
		报纸	0 种			
	非书资料		0 种		1.8995 万种	5.4387 万册
	学位论文		5932 种	5943 册	7.8447 万种	12.4887 万册
	当年入藏文献：2.9938 万种 4.0416 万册①（不含院系资料室）					
	馆藏文献总量：138.4058 万种 406.2576 万册②（含院系资料室：18.5108 万种 31.6325 万册）					
馆藏电子资源			当年入藏量		电子馆藏累积量	
	电子图书		25 765 种	25 765 册	1 347 043 种	1 408 661 册
	电子期刊		579 种	579 册	52 074 种	52 074 册
	电子学位论文		391 200 种	391 200 册	3 429 514 种	3 429 514 册
	会议论文		38 235 种	38 235 册		
	合计		455 779 种	455 779 册	4 828 631 种	4 890 429 册
	引进	续购	国外数据库	42 个	国内数据库	39 个
		新增	国外数据库	0 个	国内数据库	1 个
	当年新增数据库		1 个	图书馆数据库总计数		159 个
	本校学位论文数据库			文摘		79 856 条
				全文		72 165 条

备注：①当年入藏文献量：为图书、期刊合订本、学位论文、非书资料等所有文献的种数及册数之和；
②馆藏文献总量：为图书、学位论文、非书资料的种数及册数之和＋期刊合订本新增种数及册数。

资料3　2021年图书馆读者服务情况一览表

服务项目				五山校区	大学城校区	国际校区
基本服务	接待读者	进馆人数（万人次）		95.7546	87.8557	5.0193
		合　计（万人次）		188.6296		
	书刊年流通量（万册次）			24.5784		
	阅览座位数（个）（加自修位）			2459	2150	210
	最大周开放时数（小时）			100	98	98
	图书预约处理（册次）			532	981	72
	通借通还服务（册次）			1696	1561	321
	装订册数			5986	2885	0
参考咨询服务	解答读者咨询（人次）			14 600		
	专/定题服务		单位（个）	3		
			项目数（项）	8		
	信息检索	论文收录查询	个人（人次）	5371		
			大型收录引用（课题）	392		
		论文收录引用	论文收录（篇次）	41 381		
			论文引用（次数）	332 813		
	科技查新		国内/国外（次）	412/149		
	文献传递		文献传递量（篇次）	508		
用户教育	文献检索课教学、实习		班次/学时	6/32		
			人次	660		
	读者培训		场次/人次	10/1571		
	嵌入式教学		场次/人次	0		
网络信息服务	访问本馆主页（万人次）			366.6		
宣传展览	专题展览（期）			25		
	讲座培训（场次）			9		

出 版 工 作

【出版业务】2021年销售图书码洋15 000万元，同比增长73%；营业收入3830万元，同比增长31%。上交学校50万元，支付房租145.41万元，返纳工资758.87万元，缴纳税金201.6万元。根据中宣部社会效益评价体系测评，2021年教育部对学校出版社2020年度社会效益评价考核评分为90.5分，等级为优秀。

出版图书816种，比上年增加124种，其中，新版376种，比上年增加106种；再版、重印439种，比上年增加18种。出版《广东工业专科学校校史考（1910—1952）》《华园抗疫》《黄宏生创业谈》《华园记忆》等一批作品，丰富校园校史文化。《世纪叙事：中国连环画创作百年大系》《自然环境中磷化氢的循环及环境效应》等2个项目入选2021年度国家出版基金。《中央性前置胎盘分型及手术图谱》《自然环境中磷化氢的循环及环境效应》入选新闻出版署"十四五"国家重点图书出版规划。"科技创新与发展研究丛书"入选2021年全国高校出版社主题出版项目，《信息技术哲学》获第八届高等学校科学研究优秀成果奖（人文社会科学）。《国际前沿技术发展研究》《反垄断中道：从欧盟和中国实践经验迈向一般经济法理论》等2种图书入选中共广东省委宣传部原创精品重点资助项目。《新时代 新大纲：普通高等学校军事课教程》入选广东省教育厅"军事理论课"指定教材。《英德年鉴2020》被广东省地方志办公室评为2021年广东省优秀年鉴一等奖。

【内部建设与管理】坚持党管出版原则，加强内部制度建设，制定出版社"十四五"发展规划，打造一流文化产品，把出版社建设成为华南地区领先的学术与教材出版重镇。调整图书结构，加强质量管理，创新市场营销，持续拓展出版上下游业务。实施图书生产全过程质量管理，提高全体编校人员的业务能力。完善财务管理制度，完善固定资产管理规定，规范采购流程和报废手续。积极承担社会责任，向新疆喀什、广东工程职业技术学院、广东交通职业技术学院等捐赠总价值逾50万元的图书。

资料 2021年出版图书分类统计表

分类	本版图书种类（种）	
	合计	其中：新出
总数	816	376
A. 马克思列宁主义、毛泽东思想	0	0
B. 哲学	8	2
C. 社会科学总论	19	5
D. 政治、法律	22	12

续表

分类	本版图书种类（种）	
	合计	其中：新出
E. 军事理论	3	0
F. 经济	46	19
G. 文化、科学、教育、体育	383	210
H. 语言、文字	25	4
I. 文学	10	9
J. 艺术	36	16
K. 历史、地理	24	24
N. 自然科学总论	2	0
O. 数理科学和化学	27	3
P. 天文学、地球科学	3	0
Q. 生物科学	5	1
R. 医学、卫生	20	14
S. 农业科学	5	3
T. 工业技术	148	33
U. 交通运输	8	3
X. 环境科学、安全科学	7	3
Z. 综合性图书	15	15

档案与文博管理

【档案业务】 馆藏档案总量27.37万卷（件），数字档案资源总量562.16万页。

档案利用上，上线21项服务，校内外师生校友均可在线上完成档案查询。2021年共计服务4037人次，调阅档案11 339卷，查阅电子档案14 020页，复印、打印档案14 160张，拍照、发送电子版及拷贝档案13 280件。

档案立卷上，案卷排架长度新增492.11米，各类纸质档案新增立卷25 287卷，新编档案目录32本，编制专题汇编11本（含续编）。接收、征集或自行下载电子文件9993份，录入电脑条目480 371条，其中，案卷级11 628条、文件级468 743条。

完善数字档案室建设，开展业务系统电子文件归档功能开发，统一管理各门类电子档案和传统载体档案，顺利通过国家第一批数字档案室建设试点预验收。馆藏电子目录 2 850 569 万条，挂接电子原文 990 543 个，馆内电子原文件总量 4.89 TB。

全年接待参观校史馆、博物馆、校园人文景观、人文馆办学成就展等 3212 人次，接待集体预约参观 88 次；完成"党在华工一百年"主题展览中的"殷切关怀""血脉赓续""奋楫启航"3 个部分的编写。

【内部建设与管理】推进国际校区二期档案馆舍及信息化建设，建设智能档案馆库房综合管理系统。完善档案安全建设，利用馆内 10 台云主机、5 台服务器和 3 台磁盘阵列，业务系统实现双套部署并互备；数据实现备份服务器、本地硬盘和异地硬盘的三套制备份。

学报编辑出版

【学报编辑出版业务】坚持正确办刊导向，加强办刊规范化建设，规范组稿、审稿、编辑、校对等工作流程，所有论文均严格执行双向匿名审稿和"三审制"，顺利通过年检和年度社会效益评价。

学报（自然科学版）共刊发论文 195 篇（其中校内来稿占 47%），稿件采用率为 25%。2021 年度总被引频次为 4030 次，影响因子 0.865，基金论文比为 100%；被美国 EI Compendex、Scopus、EBSCO，英国 INSPEC 等 30 余个数据库/文摘刊物收录，EI 收录率 100%；获广东省精品科技期刊，获批 2020—2021 年度广东省高质量科技期刊建设项目。获广东省高校学报研究会优秀青年编辑 1 人、南粤笔耕贡献奖 2 人；获中国高校科技期刊研究会"银笔论著"1 篇，广东省高等学校学报研究会优秀编辑学论著一等奖 1 篇，广东省期刊协会优秀论文一等奖 2 篇、二等奖 1 篇、三等奖 1 篇。

学报（社会科学版）全年刊发论文 73 篇，同比减少 2 篇；校内第一作者占比为 47.9%，同比增加 9.2%。2021 年度总被引频次为 1093 次，复合影响因子为 1.494，同比提高 45.9%，在全国 626 家"综合性人文、社会科学"类期刊中排序 106，同比提升 30 名，进入综合性人文、社会科学学术期刊 Q1 区；基金论文比为 93%，同比增长 5%。加强专题研究板块建设，邀请知名学者撰稿，精心策划组织"庆祝中国共产党成立 100 周年""学习习近平总书记'七一'重要讲话精神""粤港澳大湾区发展""民法典""公共卫生风险防控""数字政府""人工智能"等 7 个专题，刊发论文 14 篇，占总发文量的 19.2%。4 篇文章被《新华文摘》转载（摘），创历史新高；2 篇文章被《高等学校文科学术文摘》转载（摘）；3 篇文章被人大复印报刊资料全文转载。获全国理工农医院校社科学报"四优"评比"优秀编辑部奖"，1 人获"优秀主编奖"，1 人获"优秀编辑奖"。《经济与管理前沿探索》栏目获广东省高校学报研究会 2021 年度"品牌栏目"。

【内部建设与管理】落实"第一议题"制度，深入学习贯彻习近平总书记给《文史哲》编辑部全体编辑人员重要回信精神等。加强党支部建设，举行党支部活动 68 次。加强网站、网刊、采编系统建设，与中国知网签订网络首发协议，完善过刊浏览链接，扩大传播。落实党风廉政建设及意识形态安全、网络安全责任制，做好治安、消防等安全管理，全年未发生责任事故。

后勤管理与服务

【后勤管理】加强内部规范建设工作。修订和完善后勤处规章制度和办事程序，建立供应商库，统一制订供应商合同范本。加强对建筑水电材料、饮食物资等日常采购价格的审核和跟踪，不断完善内部治理体系。

加强后勤安全卫生工作。做好员工健康监测和疫苗接种，加强食堂物资管理，规范食堂食材、食品及餐厨用具的存放、保管。加强进货渠道的监管，物资采购严格落实索证索票。严格执行食堂加工、售卖、储存食品安全操作规范，确保餐具、用具按疫情防控要求消毒后使用。加强公共场所的通风换气和物表消毒，组织专业消杀公司做好中央空调的清洗消毒。

【校园服务】实施食堂维修改造项目。完成大学城校区二饭堂三楼、南区饭堂、国际校区D5等9项工程项目改造，新增3个A级食堂。2021年接待就餐师生2521万人次，师生就餐满意度88%，卫生满意度96%，无食品安全事故。

加强交通安全管理。2021年完成学校各项交通运输任务，车辆安全行驶39万公里，派遣9640余车次，往返五山校区至大学城校区交通车4000余班次。校园穿梭巴出车2.5万班次，乘坐35万余人次。

多措并举助力扶贫工作。参与教育部等部委组织的线上扶贫采购活动，在农校对接消费平台、"832"扶贫采购平台采购相关扶贫物资；采购学校对口扶贫点云南云县特产云南米线10万余元，在食堂开通"云南米线专窗"；采购云县帮扶企业的"扶贫爱心水"48万元。

【校园管理】加强校园环境整治工作。完成五山校区公共道路的日常清扫与保洁，全年清运垃圾11 436吨。更换第二代共享电动自行车，引进哈啰电动车600辆；安装充电柜、充电桩共1946个。

加强校园绿化管理。完成五山校区绿化面积的统计工作，绿化面积为57.2万平方米，绿地率31.24%；完成五山校区北区化机2号楼绿地种植和改造工程；修剪、砍伐、迁移存在安全隐患的树木1181株。开展大学城校区绿化景观改造，新种植各类花木313棵、各类灌木14 000余株、铺设草皮4000平方米。广州国际校区新栽种各类树木400余棵。

【水电和基础设备管理维护】完善水电设施，保障校园水电供应。五山校区2021年供电量8568万千瓦时，同比增长2395万千瓦时，上升38.8%；供水量461万立方米，同比增长20万立方米，上升4.54%。

提高维修保障服务能力。全年完成维修工程项目24 720项，其中，日常维修工程项目24 670项、单项维修项目44项、专项维修工作6项；完成五山校区公共楼宇电梯（65部）统一维保服务工作，降低维保费30%。

积极推进清污分流工程。推进五山校区（北区除外）清污分流工程建设，改造管网总长度30公里，基本解决污水流入东湖、中湖、西湖问题；经天河区水务局等单位测试，湖水水质达标。

【节能减排工作】积极开展"绿色学校"创建工作，通过"广东省绿色学校"认定。

开展节能工程改造。实施重大节能及计量工程改造，推广使用绿色节能产品，推动技术节能。开展公共照明设施节能改造，建设校级节能三级监管系统，实行多级集中监控和管理。

加强宣传教育。利用后勤官方微信公众号、学校新闻网平台，围绕世界环境日、植树节等重要时间节点开展生态文明主题文化活动，提高师生的环保意识和节能意识。

信 息 化 建 设

【信息化建设规划与发展】升级改造网络基础设施。完成国内最大的校级数据中心——广州国际校区数据中心的建设，形成三校区三数据中心格局。目前全校虚拟服务器约400个，云计算体系平台总物理存储池扩充至2.5 PB、总计算核心达2000个。扩大无线网络覆盖范围，近200间宿舍开通无线网络，完成多栋宿舍楼网络设备更新，多栋教学楼无线网络上行链路扩容至10 G，校园网出口物理链路扩容至40 G。增强网络承载能力，推出学生宿舍校园网"1+2"上网新模式（1个上网账号允许1个有线终端和2个无线终端同时接入网络）。

完善信息化服务。推进网上办事大厅四期建设，新上线服务22项。采用企业微信"客户服务"。

提升服务区域能力。升级省教科网和国家重大科研基础设施未来网络广州超核节点，省教科网出口带宽由50 G扩容至80 G，省教科网CDN资源带宽扩容至120 G。学校入选中央网信办和工信部指导的"IPv6规模部署和应用优秀案例"，获广东省教育厅"IPv6推进工作特殊贡献单位"，为广东省唯一获奖学校。

【网络安全】筑牢网络安全防护网。提升校园网出口防火墙、数据中心反向代理和Web应用安全云防护等防护水平，构筑立体网络安全防护体系。强化漏洞扫描系统、信息资产监测系统、安全态势感知系统、黑客攻击蜜罐系统等建设，构筑安全漏洞监测和发现体系。开展全校网络安全自查和整改，清理违规网站内容290处，监测校园网内撞库行为44台次，监测及处置挖矿病毒392台次。全年处置教育行业漏洞报告平台通报漏洞15个、教育系统网络安全工作管理平台通报漏洞5个、网警通报漏洞3个。

开展网络安全教育。组织8名专业技术人员参加专业技术继续教育培训。组织二级单位信息系统管理员和学工干部参加网络安全专题培训。组织全校教职工参加网络安全知识培训。

【教育技术条件建设】满足疫情防控常态化下混合式教学需求，改造多媒体课室线路和设备，升级在线教学软件，优化课室线上线下同步教学效果。购置教学用计算机 356 台、投影机 68 台、中央控制器 44 台等设备，改善学校部分多媒体课室和语言实验室教学条件。畅通信息化服务渠道，通过多渠道为师生开展多媒体教学技术支持与服务。全校共建有多媒体课室 380 间，总座位 41 241 个；多功能语言实验室 32 间，总座位 1930 个；智慧教室 97 间。

加强教学平台及资源建设。做好教学平台的维护、课程管理及技术支持等工作，提升优质资源服务能力，助力 MOOC 建设和线上、线上线下混合、虚拟仿真实验等一流本科课程建设。截至 2021 年底，在爱课程、学堂云、超星、智慧树等 MOOC 和 SPOC 平台上线课程 365 门，开课 1213 轮次，校内外累计选课 214.7099 万人次；在粤港澳大湾区高校课程联盟上线课程 90 门。推进"慕课西行"计划，从技术上支持学校对接喀什大学、贵族民族大学开展同步课堂系列教学活动。获广东省本科高校在线开放课程指导委员会 2021 年在线教学优秀课程案例一等奖 4 项、二等奖 6 项；获高校在线开放课程联盟联席会慕课与线上线下混合式教学优秀案例 4 个。获批粤港澳大湾区高校在线开放课程联盟 2021 年教育教学研究和改革资助项目 3 项，自筹项目 9 项。

加强教师教育技术培训。开展 14 期教师培训，累计培训 1205 人次；完成 68 次信息化教学 1 对 1 咨询，内容包括教学创新设计、微视频制作、翻转课堂教学等专题；建设"PPT 学习与交流"网站和"雨课堂支持的课堂互动教学"SPOC 网站。

采 购 工 作

【采购业务】2021 年完成各类采购项目 1320 项，预算金额 57 551 万元，成交金额 55 559 万元，节约资金 1992 万元。采购项目类型上，货物类 209 项，服务类 66 项，工程类 21 项，竞价类 712 项，中央集中采购 312 项；其中，完成广州国际校区采购项目 225 项，预算金额 16 758 万元，成交金额 14 980 万元。完成五山校区 27 号楼改建工程、五山和大学城校区物业管理服务、国际校区工程创新训练中心设备、食堂伙食物资、食堂引入社会餐饮服务等一批重点项目的采购。

学校科研设备协议供货平台获 2021 中国政府采购系列奖之年度创新奖。1 人获中国教育会计学会高校政府采购分会 2021 年度高校政府采购十佳个人。学校被推选为广东省教育招投标协会副会长单位，1 人入选中国教育会计学会政府采购分会常务理事。

【采购管理】加强采购规范化建设。完善采购管理制度，规范采购行为，发布《关于贯彻执行〈政府采购需求管理办法〉有关事项的通知》，落实采购需求调查和实施计划管理要求。修订《华南理工大学中央集中采购目录及学校分散采购限额标准（2021 版）》，除中央集采要求范围外，全面放开 3 万元以下集中采购目录内设备采购，扩大科研设备采购自主权。发布《关于落实〈政府采购促进中小企业发展管理办法〉相关规定的通知》及《华南理工大学面向中小企业采购品目表（2021 年版）》，配合落实中小企业预留份额的实施。出台《华南理工大学科研设备协议供货采购实施办法》，简化科研仪器设备采购流程。完善工程及工程相关服务采购申报指引，制订建设工程定向采购指引，提高校内50万～120万元工程施工项目的采购效率。重新遴选8家货物与服务项目招标代理机构和5家工程项目招标代理机构。

加强采购信息化建设。国内高校首创全新运作模式的科研设备协议供货平台正式上线运行，搭建制造商与采购用户直接沟通的桥梁。采购管理与电子招投标系统实现系统归集文档与档案馆电子档案管理系统的数据对接，实现实时点对点数据推送。网上竞价系统完成与国有资产全生命周期管理系统的对接，竞价数据自动推送到资产系统，减少采购用户录入信息的工作量。

资料 2021年各类采购项目情况统计表

项目	货物类	服务类	工程类	竞价类	中央集中采购	合计
完成项目数（项）	209	66	21	712	312	1320
预算金额（万元）	27 762	13 779	7740	7547	723	57 551
成交金额（万元）	26 776	13 254	7585	7225	719	55 559
节约金额（万元）	986	525	155	322	4	1992
节约率（％）	3.55	3.81	2	4.27	—	3.46

公共服务平台工作

【分析测试业务】2021年测试样品数9万余件，为华南地区的高校、科研院所和企业提供1327批次测试服务，检测及时率100%，检测差错率0%，分析测试收入900余万元。大型仪器设备平均使用机时超过1400小时/年。截至2021年底，分析测试中心现有大型仪器设备42台（套），仪器设备总值5987万元；大化类学科公共平台大型仪器设备19台（套），仪器设备总值2000万元。

加强专业检测实验平台建设。推进部分老旧设备更新换代，三重串联四极杆气质联用仪投入使用，光电子能谱仪完成采购，直读光谱仪完成设备采购可行性论证；更新和增购UPS、空调、除湿机等一批环境控制设施；完成X射线衍射仪、气质联用仪、ICP-MS等实验室的改造。完成实验室管理信息系统二期建设。举办分析测试技术应用讲座7场。

加强对气瓶、危险化学品等的控制和管理。完善日常巡查工作，实行24小时巡查制。组织师生参加实验室安全、消防安全、网络安全等培训及演练。

加强分析检测队伍建设。7名教师参

加国家认证认可监督管理委员会高校评审组组织的分析型透射电镜二元化合物薄样品元素定性定量分析、未知有机化合物结构鉴定的实验室间比对活动;2名教师晋升副高职称,2名教师在职攻读博士学位,23人次参加评审员和内审员培训、检测技术培训和学术研讨会;参与起草和主持制定行业、地方标准2项,主持科研项目1项,发表与测试相关的论文14篇,申请国家发明专利、实用新型专利2项,获得授权1项,参与中国合格评定国家认可委员会(CNAS)评审2次,参与中国分析测试协会、全国高校分析测试分会、广东省分析测试协会和相关学会的工作和活动,多名成员担任理事、主任委员、委员。

【医疗器械研究检验业务】2021年测试样品24 459件,出具报告1313份,测试收入1243万元,其中,校内测试收入503万元、校外测试收入740万元。开展分析仪器应用技术培训17场,培训学生152人次。大型仪器使用机时超过1154小时/年,全年检测及时率99.50%,检测差错率0.50%。

加强检验检测能力建设。通过国家检验检测机构资质认定(CMA)及中国合格评定国家认可委员会(CNAS)实验室能力扩项,新扩33个大类、188项参数,达76个大类、778项参数的检验检测能力。

完善专业检测实验平台。力学实验平台新增电磁式疲劳试验机4台,动物实验中心新增大动物饲养设备、手术显微镜和手术显微镜录像系统、超纯水机、玻片激光书写仪、组织盒激光书写仪等仪器设备。完成业务办公室装修和大门改造,新增办公面积100多平方米,新增仓库面积60平方米。

扩大行业影响力。积极开展医疗器械监管新工具、新标准和新方法的研究,承担科研项目6项,主持参与制定标准8项、医疗器械产品审查指导原则2项;参与《高等学校仪器分析方法通则及校准规范(一)》等30个教育部行业标准的编写及出版工作,承办多场行业会议;承担医疗器械注册自检现场检查程序、指导原则以及《胶原蛋白白皮书》等草案编写。

加强内部建设与管理。成立党支部,完善党组织机构。制订或修订医疗器械研究检验中心绩效考核管理办法等10项规章制度。

医 疗 保 健

【医疗服务】2021年提供诊疗服务253 713人次,其中,门诊239 901人次、急诊13 601人次、收治住院患者184人次、托老病人27人次。提供康复理疗26 034人次,天灸900人次,医学检验检测117 217人次,其中,检查(验)98 115人次、B超检查8837人次、放射检查10 265人次。提供各项医疗保健保障服务1400余场次。完成体检13万余人次,其中,教职工(含退休)体检2万余人次、各类学生体检10万余人次。

【预防保健工作】做好基本公共卫生服务。服务高血压患者1980人,糖尿病患者653人,社区精神病患者228人,恶性肿瘤患者228人。接种新冠疫苗77 373剂次，65岁人群免费流感629剂次，新生入学验证700余人，接种免规、非免规疫苗4883剂次，全年无接种差错事故。做好校园内其他传染病防控管理，上报传染病病例84例，无迟报、漏报情况。及时有效处理并终止华工社区辖区内手足口病与疱疹性咽峡炎混合聚集性疫情1起、流感样病例暴发疫情1起。建立家庭医生签约团队，累计完成签约32 823人，其中，普通人群30 574人、重点人群2249人。完成门诊自费核酸采样及社区管理的重点人群免费核酸采样37 797人次。

【医疗管理】做好大病救助和公费医疗管理工作。全年公费医疗总支出5607万元，其中，药品返还539万元，实际支出5068万元。落实国家药品集采政策，科学减少药品费用。重大疾病医疗救助99人，救助总金额197万元。

做好学生医保工作，完成2022年医保年度34 298名学生参保和1606名困难学生的免费参保工作。推进民生工程建设，完成西区门诊维修工程；方便慢性病患者，继续延长处方至6周用药量。

中小幼教育

【附属实验学校】附属实验学校共有教职工120人，教学班42个，学生1687名。学校获2021年广州市教育教学信息化创新应用评奖优秀组织单位、广州市教育技术论文优秀组织单位，以及2020届天河区初中教育质量绩效评估工作一等奖。中学部中考成绩取得突破，年级前50名平均分711分，示范高中录取线以上占73%。

加强师德师风建设。组织开展评选"最美班主任"活动，树立师德典范，增强教书育人责任感；通过师徒结对、建立"骨干教师工作室""名班主任工作室""智慧课堂教学研究室"等机制，做好骨干教师、优秀青年教师的管理和培养。新增天河区首批民办中小学骨干教师17名。教师获省级及以上奖励16人次，市区级72人次；学生获省市区级个人奖励255人次，团体奖28项。

优化教育教学管理。落实"双减"政策，制定作业管理方案、校内课后430社团开办方案、手机管理规定、校园课外读物审核制度和全面提高学生身体素质实施方案等。开展学历案研究工作，通过集体备课和研讨等，改变教学理念和方式，制定学历案。强化"教会、勤练、常赛"体育课程理念，调整作息，延长午休时间，保障学生每天校内、校外各1小时体育活动时间，增强学生体质。开设基础托管和个性化课程，延长看管服务时间，解决家长后顾之忧。

加强安全健康教育。落实安全教育计划以及课时、教材、师资等要求，全年开展6次疏散演练；组织学生观看安全专题教育片，开展安全知识竞赛，利用国旗下讲话、课间操、班团课、黑板报等加强宣传，提高学生的安全意识；定期开展心理健康教育，配备法治副校长，开展防治校园欺凌和暴力工作。

【幼儿园】幼儿园现有东园、西园、北园3个园区，教职工109人，幼儿班24个，幼儿600名。学校获评广州市安全文明校园、广州市无烟单位。

加强幼儿教育研究。申报省级课题 1 项，完成 1 项省级课题结题验收。教师获各级奖项 21 人次、发表论文 8 篇。现有硕士研究生学历或学位 6 人，本科及以上学历 61 人，副高职称 1 人，一级职称 18 人，二级职称 20 人；广州市骨干教师 4 人，天河区骨干教师 3 人，天河区名园长 1 人，天河区名教师 2 名、天河区教育责任督导 2 名，保教人员均持有相应的岗位任职资格证。

统筹疫情防控与保教。严格落实疫情防控措施，定期开展演练，做好排查摸底，做好幼儿保育教育。创新幼儿教育教学方法，优化幼儿户外混龄科学自主游戏。挖掘理工科大学资源，建设科学特色园所文化，打造华工幼儿教育品牌。

做好建设与条件保障工作。做好广州国际校区幼儿园前期各项筹备工作。开展幼儿放学后"无偿"托管，多次组织幼儿接种疫苗专场。改造东园盥洗室、厨房电路及西园消防，北园通过消防验收工作。

广州国际校区建设

广州国际校区建设

【党建工作】加强党的基层组织建设，成立生物医学科学与工程学院党总支、微电子学院党总支、未来技术学院教工党支部；做好基层党支部换届和成立工作，将国际校区办公室党支部拆分为4个党支部，国际校区党委现有23个党支部。2021年新发展党员71人，其中，教工党员4人、研究生党员49人、本科生党员18人。扎实开展党史学习教育，开展党史专题学习88次、专题研讨7次，讲授专题党课53次，梳理"我为师生办实事"活动清单154项和重难点问题工作台账34项，完成率均为100%。

【基本建设】提升广州国际校区一期工程环境品质，新增会议室及接待室7间，完成网球场改造等；二期工程第一批次项目（F1校区服务中心、D6体育馆、E3图书馆、E5双创中心、F3公共教学楼、G5人才公寓、河涌景观工程）等进入竣工验收阶段；第二批次项目开工建设，A5医院及G1、G2、G3学院楼等部分建筑完成结构封顶。

【人才培养】广州国际校区整体实施综合评价招生改革，8个专业共招收本科生435人（含二次选拔生）。完善管理制度，修订2021级国际校区人才培养计划，出台《华南理工大学"新工科人才培养试验区"管理办法》《广州国际校区全日制本科学生学籍管理办法》等系列制度。加大一流课程建设力度，与罗格斯大学合作开设"海外名校合授课程""学术英语与科技交流课程"；引进"国际教育与跨文化交流"课程，举办寒暑期国际顶尖高校线上课程以及关于"全球治理""国际组织人才培养"等课程；推进基于项目的深度学习改革，将PBL课程"工程导论""战略前沿材料与智造"列入新生公共基础必修课程。首次开设"全球胜任力提升"系列云讲座；建立英语强化提升常态机制，帮助学生更好适应在地国际化教学。

推进"一站式"学生社区建设，成立铭诚书院。开展"博雅学堂""博约讲堂""知行课堂"等品牌活动近70期，开展学生午餐茶话会近20场，100%回应学生诉求逾500项。强化学生工作队伍素质能力提升，开展5期辅导员UP计划、学生工作研讨会等，建设辅导员工作室1项。2021届研究生毕业去向落实率100%。

【师资队伍】全面实施"师资倍增计划"，利用社会捐赠资金，设立首个冠名教授岗位"信实教授"和"信实青年学者"，出台相应管理办法和实施细则。强化师资队伍建设，制订实施《广州国际校区外专教师聘用计划》《广州国际校区优选师资计划》；打通研究系列人员经费供给通道，出台《广州国际校区研究系列岗位管理细则（试行）》；探索全新的博士后管理制度，出台《广州国际校区博士后工作管理办法（试行）》；拓宽引才渠道，联合广州市面向全球推出2021年"悦见未来"海内外英才云招聘活动。

全职引进教研系列人才65人，到岗47人，引进人才100%具有国际一流高校或科研机构教育及工作经历。以多种灵活聘用方式吸引教学师资58人，有效补充国际校区全英教学力量。招收博士后22人，新建5个博士后创新实践基地。开展4批次管理岗位人员招聘，招录38人。

【学科科研】完善广州国际校区学科布局，新成立未来技术学院、海洋科学与工程学院、集成电路学院等3个新工科学院和自旋科技研究院、碳中和研究院、未来技术前沿交叉研究院等3个交叉学科研究院。持续推动学科平台建设，成立广州国际校区学科平台建设工作推进专班，完成4大学科公共平台基础实验平台建设。推进"工程创新训练中心"（创新工场）建设，建成包括"人工智能机器人""智能网联汽车""无人机"等一批新工科实训室，形成"一工厂三平台一工坊"（智能制造微工厂，AI赋能创新平台、先进制造创新平台、基础实训平台，果壳工坊）架构的国内一流的新工科工程创新训练中心，为广州国际校区教学体系提供优质实验平台。

持续推进"强院兴校"改革试点，探索建立学院考核绩效激励机制，通过竞争性奖励激发学院主体化运行动能，逐步形成以贡献求支持的学院建设良性循环。完成2021年学院建设绩效考核，重点优化人才培养考核指标设计；完成校区学院、研究院2022年学科平台建设绩效指标制订及2021年预算经费立项，组织学院、研究院完成2021年经费使用计划编制及备案；完成2022年校区学院、研究院预算经费及行政职能部门人员经费编制；进一步规范和完善学院、研究院预算经费使用管理。

【国际交流】拓展优质国际交流平台，与多所世界一流大学推进一批新的本科及本硕双学位项目，如英国爱丁堡大学"2+2"本科双学位项目，美国阿克隆大学、凯斯西储大学"3+2"本硕双学位项目和新加坡国立大学"3+1+1"本硕双学位项目等；9名学生被比利时鲁汶大学"2+2"双学位项目录取。建立健全出国交流管理制度，制定校区全日制本科生参与国外交流项目管理办法、资助办法和学分（学位）认定办法等。多措并举引入海外优质教育资源，与美国罗格斯大学互建"罗格斯－华工海外教育（交流）基地"，举办罗格斯大学ROSE项目，接收数百名因疫情无法赴罗格斯大学的中国籍大一新生来校学习。

【综合管理】获批粤港澳大湾区国际化教育改革个案试点单位、粤港澳大湾区国际教育交流合作改革试点单位。完善机构设置，成立国际校区管委会，统筹管理校区改革发展稳定的各项工作，统一管理国际校区机关、书院、学院、研究院等各类机构；将校区教学与全球事务办公室拆分为教学事务办公室和全球事务办公室。持续推进校区信息化建设，不断完善智慧服务管理系统，新上线房屋管理、会议室预约、交通车预约、"线上键对键"等多个子系统。优化校区宣传平台，完成校区中文网站改版。持续传播扩大校区影响力，共计接待政府部门、国内外高校、科研院所、社会各界人士来访195次，累计3000余人次。加强常态化疫情防控，门岗检查外来人员和校内工作人员共计4万余人次，组织疫情防控应急演练8次、全员核酸检测4次。

党政综合管理

党政综合管理

【重大专项工作】扎实推进党史学习教育，协助学校党委做到高起点谋划、高效率推进、高标准落实、高质量巩固。围绕总体目标要求，聚焦"学""讲""悟""传""干""创"六个方面，将学党史、悟思想、办实事、开新局贯穿始终。协助出台学校党史学习教育实施方案、庆祝中国共产党成立100周年活动方案、"我为师生办实事"实践活动方案等，成立机关党委10个党史学习教育指导组，参与制作"党在华工一百年"展览，系统梳理推进全校办实事的清单和重难点问题台账，2021年学校累计完成"我为师生办实事"1000余项，其中重难点工作300余项，有力提升广大师生的安全感、幸福感和获得感。

扎实做好学校新冠肺炎疫情防控工作。坚持"外防输入、内防反弹"总策略，严格落实"四早"要求，坚持常态化防控和应急处置相结合，切实落实常态化疫情防控措施，有效确保师生生命安全和身体健康。严格落实"三全""五管"工作要求，坚持人、物、环境同防，聚焦重点环节，查短板、强弱项，因应疫情形势变化，通过加强师生员工健康管理、强化校门管理、开展校园环境整治、持续推进疫苗接种、开展疫情防控应急演练等，压实疫情防控工作责任，筑牢校园疫情防控防线。

全力做好教育部党组书记、部长怀进鹏来校考察调研，广东省省长马兴瑞来校参加学校发展座谈会暨校友捐赠仪式以及为师生讲授思政课等部省市各级领导的接待工作，高质量完成调研方案、重要文稿、接待方案等工作，有力展示学校百年办学成绩，得到各级领导的高度肯定和认可。

【公文管理与服务】严控发文规格，发文数量持续下降，发文质量进一步提升。2021年共发文964份，比2020年（1125份）减少161份，同比下降14.31%。办理流转公文3800份，面向全校各单位阅办外来公文2万余份（次）。加强文稿工作，起草重要文稿在内的各类文稿380余篇，约100万字。完成学校年鉴2019的编辑出版工作，完成《中国教育年鉴》《广东年鉴》《广州年鉴》供稿工作，学校年鉴2018获广州市年鉴质量评价通报表扬。加强业务培训交流，围绕公文处理规范、年鉴撰写、调查研究等主题，深入二级单位开展业务培训交流会9场次。推进规章制度规范化建设，开展规章制度"废改立"工作。

【会议管理与服务】加强会务管理与服务，优化会务和接待业务流程。2021年牵头组织各类会议90余次，其中，组织召开党委常委会会议17次、校长办公会会议7次；落实各类大型活动30余次，协调学校党政领导出席各类公务活动70余次，完成公务接待40余次。上线会议管理系统，加强场馆管理，承办各类会议2240场次。

【综合事务管理】加强师生服务工作，扩展"一站式"服务，真正实现让师生办事"最多跑一次"。一校三区师生服务中心新增设服务窗口7个，新增35项线上服务事项，共有16个部门进驻，79个窗口向全校师生提供294项窗口服务事项，累计引入各类自助设备50台，自助办理的不见面审批服务事项达85项。2021年线上线下办事大厅累计服务师生28万余人次，师生满意度达99.93%。全年加盖学校各类印章约40万次，用印人数14 000人（次），刻制印章27枚，废止旧印章11枚。

【信访督办和维稳工作】加大督办落实力度，六大重点民生工程取得重要进展。梳理总结"我为师生办实事"实践活动经验，向教育部、广东省委教育工委报送实践活动优秀典型案例超60篇。畅通信访渠道，回应师生关切和诉求，2021年校长信箱收到信件257封，同比增长170%；编制校长舆情专报8期。优化校领导接待日受理程序，提高接待效率，全年共接到各类信访件62项，办结58项。

【保密工作】加强保密工作，推进保密检查和保密自查自评工作常态化。开展保密宣传教育，组织保密业务培训，强化师生保密意识。加强涉密载体管理，严格把控涉密人员岗前审查、离职离岗管理、脱密期管理、因公或因私出国（境）管理等环节，筑牢保密防线。

【法律事务工作】推进依法治校，出台《进一步加强学校法制工作的实施方案》、"法制建设年"实施方案等。成立学校专家法律顾问团，打造高水平法治工作队伍。加强普法宣传教育，组织全体中层干部参加学法考试。加强合同管理，审核重大合同110余份。积极应对诉讼案件，协调办理诉讼案件7件，均取得较好的判决结果，有效维护学校合法权益。

【信息报送】编制《高等教育周报》17期。加强教育信息报送，2021年共向教育部报送65篇，其中，专题报送党史学习教育信息10篇；获采用5篇次：教育部简报单篇采用1篇，教育部网站"战线联播"单篇采用2篇，教育要情综合采用2次。向教育部、广东省报送各类决策信息130余篇，获采用36篇次，获批示24次，为上级科学决策提供强有力的智力支持。学校连续四年获广东省党委系统信息工作先进单位。

【信息公开工作】加强制度建设，调整更新信息公开指南。提升工作效能，持续完善信息发布协调机制、保密审查机制、依申请公开工作机制等。启动学校信息公开网站改版，对网站布局、栏目和内容进行全面升级。拓展公开工作路径，在师生服务中心设置信息公开查询一体机，方便师生查询；设置综合咨询服务窗口，开通对外咨询专线，受理服务事项咨询。

【机关党委工作】强化组织建设，采取集中换届的形式，完成34个支部委员会换届工作。加强政治引领，成立10个机关党委党史学习教育指导组，加强对基层支部的指导；组织"机关大讲堂"，组织党员参观中共三大会址纪念馆等系列红色研学实践活动，深化学习实效。认真开展"我为师生办实事"实践活动，建立基层支部办实事清单285项。加强机关作风建设，加强日常巡查，推进机关作风建设规范化、常态化和长效化。

【大学城校区管理与服务】加强统筹协调，落实疫情常态化防控措施。完善校区疫情防控工作总体方案及消毒、垃圾分类、物资领取、防控演练等20多个相关方案，形成校区疫情常态化防控的有效机制。充分发挥"疫情防控党员突击队大学城校区分队"在校园管理、核酸检测、疫苗接种、迎新等工作中的先锋模范作用。加强门岗管理，实行校外人员及车辆预约审批进校制度；开展新冠疫情防控应急演练，整体及分区演练17次；组织一线服务人员进行防控知识培训30余次；加强专业消杀和传染病防控，开展形式多样的防疫宣传；牵头组织6场大规模核酸检测和12场新冠疫苗集中接种，有效筑牢校区师生新冠病毒免疫屏障。

加强校园日常运行管理。成立大学城校区反诈宣传志愿者先锋队，开展200余场形式多样的反诈教育和培训活动。日常治安巡查11 000多人次，处理遗失、盗窃案件报案17起。开展急救知识讲座和实操培训，投放部署AED设备10台。规范院系消防档案建设，组织消防培训和疏散逃生演练9场。建设电动自行车室外集中充电站3处共88个充电位，投放共享单车、共享电动车，方便师生出行。美化校园环境，加强环境整治，全面推动实施生活垃圾分类投放；提升图书馆卫生间环境。服务教学科研，保障设施运行，完成校区办公楼B4、B6、图书馆及教育科研楼用电增容项目；协调兴建第二人行天桥，解决多年未能解决的教学区与生活区之间行人安全通道问题；完成A5教学大楼部分公共课室维修改造；新引入多家品牌服务网点；完成教学区小型维修2万余宗，学生宿舍小型维修近3万宗；提供场馆服务760余场次，完成学术大讲堂外部天花板的紧急维修、学术大讲堂舞蹈练功房和体育馆羽毛球场的木地板维修。

圆满完成小谷围街第十八届区人大代表换届选举工作。制定校区选举相关工作方案，按就近原则设置14个投票站点，本选区选民14 277名，参选率91.8%。

学 院

机械与汽车工程学院

【党建与思想政治工作】2021年共发展党员211名，其中，本科生81名、研究生130名。学院共有党员1076名，其中，教工党员233名、学生党员843名（本科生党员107名、研究生党员736名）；共有党支部28个，其中，教工党支部9个、本科生党支部5个、研究生党支部14个。坚持党建引领，开展党史学习教育，制订学院党史学习教育计划，理论学习中心组开展专题学习17次，向全体党员发放指定学习材料2446本，组织讲授专题党课35场，开展"我为师生办实事"实践活动100余项。学院党委"全省党建工作标杆院系"和"全国党建工作标杆院系"顺利进入验收阶段。开展纪律教育月活动，加强教职工师德师风建设。学院党委书记和院长组织开讲"思政第一课"，紧扣时代主题，结合专业发展前景，引导学生树立正确的政治方向和价值导向。学院入选教育部"三全育人"综合改革试点单位。

【学科与队伍建设】围绕一流学科建设要求，凝炼学科特色，形成先进制造装备设计理论与方法等4个学科发展特色方向。完成全国第五轮学科评估中机械工程、安全科学与工程一级学科的调查问卷等工作。加强人才引育，招收各类博士后25名。新入职教工8名。1人获广东省自然科学杰出青年基金资助，1人入选国家"万人计划"。晋升正高级职称3人、副高级职称1人。

【教学工作】本科教学方面。机械电子工程、过程装备与控制工程专业获批国家级一流本科专业建设点，安全工程获批省级一流本科专业建设点。完善本科课程及项目配套资助制度，激励教师深度参与本科教学改革。持续推进机械工程、车辆工程等国家级专业认证工作，优化专业课程体系及教学质量监督改进体系。获批校级教研教改项目6项、创新创业课程培育项目2项、社会实践一流课程1门、质量工程项目4项、示范教研室1项、校企合作课程2门、课程思政校级示范课程2门、探索性实验项目6项、精品教材建设项目3项、校级教学成果奖1项。1人获评首届全国教材建设奖（教材建设先进个人）、5个项目获批教育部产学研协同育人项目。学生在第七届中国国际"互联网+"大学生创新创业大赛全国总决赛中，获1金2银1铜成绩。在2021年"攀登计划"广东大学生科技创新培育专项资金立项中，获批2个项目，其中，重点项目1个。

研究生教学方面。关心青年导师成长，面向15位新增导师及优秀青年博导开展培训。5名研究生获校级"专业硕士实践优秀研究生"，1名教师获校级"教学优秀奖"，4名校外专家获校级"专业硕士课程行业专家上讲台"项目资助。新增省级校外研究生培养基地1个，2名教师获校级研究生教材建设项目资助。在广东省硕士学位论文抽检、全国博士学位论文抽检中，均无"存在问题学位论文"。

【科研工作与对外学术交流】2021年实到科研经费17 987.99万元，其中，纵向经费12 106.57万元、横向经费5881.42万元。新增科研项目408项，其中，国家重点研发计划17项、国家自然科学基金28项、广东省科技计划项目、部省产学研等各类省级项目75项，其他288项。申请专利591项，其中，发明专利456项、实用新型专利135项；获授权专利384项，其中，发明专利218项、实用新型专利166项；软件版权登记51项。出版专著2种。发表三大索引论文1105篇，其中，SCI论文480篇、EI论文625篇。获部省级以上科技奖励4项。

加强对外学术交流。深化与新加坡国立大学、日本早稻田大学等本硕联合培养项目合作，新签署香港理工大学"2+2"本科联合培养项目。学生参加公派研究生项目赴国外合作高校留学20名，参与联合培养或交流项目24名。累计举办国内外学术报告会22场次。

【综合管理】完善学院党委会会议、党政联席会议议事规则。召开党委会会议11次、党政联席会议24次，讨论决议事项共212项，涉及"三重一大"事项共46项。学院单位在库资产17 615台件，总价值3.49亿元。其中，10万元以上设备600台件，总价值2.19亿元；40万元以上设备125台件，总价值1.23亿元。新增设备901台件，总价值1985.2万元。其中，10万元以上设备49台件，总价值1170.6万元；40万元以上设备5台件，总价值364.1万元。机械基础实验教学中心获学校基础教学公共实验室（A类）认证。

建 筑 学 院

【党建与思想政治工作】2021年共发展党员104名，其中，本科生49名、研究生55名。学院共有党员665名，其中，教工党员86名、学生党员579名（本科生党员93名、研究生党员486名）；共有党支部33个，其中，教工党支部5个、研究生党支部25个、本科生党支部3个。组织开展党史学习教育，以"内培外学"的方式举办系列活动，开展学校党史学习教育宣讲团辅导报告会2场次。聚焦师生急难愁盼问题，办实事办好事。持续深化党建引领作用，坚持领导班子及理论学习中心组成员带头学，严格落实"第一议题"制度，做强做实"建院筑梦"党建品牌项目。加强教职工师德师风建设，召开师德师风建设座谈会。落实党委书记和院长"思政第一课"。"建筑学院党建园地"公众号入选全国首批高校思政类公众号重点建设名单。学院党委获评2021年"广东先进基层党组织",获评云南省脱贫攻坚先进个人1人;获评广东省先进基层团支部1个,获评广东省优秀共青团干部1人。

【学科与队伍建设】组织建筑学、城乡规划学、风景园林学3个学科参加全国第五轮学科评估,完成相关材料申报等工作。

推进人事制度改革,新聘预聘助理教授2人、建筑教师1人。晋升正高级职称2人、副高级职称5人。1人获评2021年"广东最美科技工作者",1人获评2021年"南粤优秀教师"。

【教学工作】本科教学方面。引入分时段实习理念,加强学生专业能力学习与生产实践相结合,探索教学新模式。加强实践教学,与34个知名企业、设计机构签订本科实习基地协议。获批住建部"十四五"规划教材13项,《建筑声学设计原理(第2版)》获首届全国优秀教材高等教育类二等奖,获批校级精品教材3项。学生获批"国家级大学生创新创业训练计划"项目3项。获国际太阳能十项全能竞赛中东赛区总成绩第一名,获同济大学国际高校建造节一等奖,获北林国际花园建造周一等奖;获第十六届"挑战杯"广东大学生课外学术科技作品竞赛特等奖2项、一等奖1项。

研究生教学方面。加强研究生导师队伍建设,全面落实研究生导师立德树人实施细则,导师数量稳步增长。修订硕士研究生、工程类博士专业学位研究生申请学位取得学术成果规定。获批广东省研究生教育创新计划项目9项。

【科研工作与对外学术交流】2021年实到科研经费17 706.6万元,其中,纵向经费2044.4万元、横向经费15 662.2万元。立项项目186项,项目经费9167.8万元,其中,国家级项目15项、部省级项目16项。申请发明专利23项、实用新型专利15项,软件著作权5项,国际专利2项;获授权专利20项,其中,发明专利7项、实用新型专利13项。发表SCI论文21篇、EI论文10篇。获广东省第九届哲学社会科学成果一等奖、二等奖各1项。广东省城乡高质量发展研究中心获批广东省普通高校特色新型智库。获2019—2020年度中国建筑学会建筑设计奖7项,中国风景园林学会规划设计奖2项,中国城市规划学会优秀组织奖1项。《南方建筑》连续10年被评为中国科技核心期刊,2021年入编《中文核心期刊要目总览》。

加强对外学术交流。中意合作办学城市设计硕士项目连续两年完成招生指标,通过教育部中期评估,第一届学生已赴意大利开展境外学习。2021年通过各类交换项目出国学习学生9名。召开线上线下外籍专家讲座6场,举办"海峡两岸都市设计联合工作坊"。

【综合管理】修订学院党委会会议、党政联席会议议事规则,以及"三重一大"决策制度实施细则,落实重大事项党委会前置审议制度,2021年召开党政联席会议31次,党委会会议25次。定期开展消防安全检查,消除安全隐患。推进27号楼升级改造工程。试运行实验室、公共场所网上预约系统。开展春茗校友联谊等系列校友活动。

土木与交通学院

【党建与思想政治工作】 2021年共发展党员216名,其中,本科生114名、研究生102名。学院共有党员871名,其中,教工党员164名、学生党员707名(本科生党员154名、研究生党员553名);共有党支部32个,其中,教工党支部8个、本科生党支部5个、研究生党支部19个。推动党史学习教育走实走深,开展各类活动近400次,完成"我为师生办实事"实践活动清单及重难点问题工作台账建设。严格落实"第一议题"制度,理论学习中心组学习17次。持续推进"砼星愿"党建品牌建设,实施高知党员发展"领航计划",教工党支部书记实现"双带头人"全覆盖;提升党员干部工作能力,举行培训5次。申报国家级党建项目1项,省"党建工作样板支部"完成验收,签署院企党建共建协议6项。建立风险隐患月排查机制,全年召开意识形态工作研讨会6次。全方位做好师生思想动态管理,通过开展座谈交流、讲座等形式,在师生中厚植爱党、爱国、爱社会主义情感。举办师德师风建设专题宣讲会,做好师德典范人物的选树与宣传,弘扬为人师表、率先垂范的高尚品格。

【学科与队伍建设】 完成土木工程、交通运输工程、力学、船舶与海洋工程4个一级学科的全国第五轮学科评估材料撰写、申报和交流等工作。推进力学、船舶与海洋工程2个一级学科博士授权点专项评估工作。加强人才引育,为青年人才创造良好的教学科研环境,1人获批国家杰出青年科学基金项目、1人入选国家级青年人才、2人获批广东省杰出青年科学基金项目。1人获广东省南粤优秀教师。晋升正高级职称2人、副高级职称4人。

【教学工作】 本科教学方面。修订2021级本科综合培养方案。获批国家一流专业建设点3个、省级一流专业建设点4个;国家级一流本科课程2门,省级一流本科课程4门。推进新工科建设,申办并获批3个本科新工科专业;交通运输专业通过教育部工程教育专业认证,土木工程专业积极准备教育部工程教育认证中期考核材料。获2021年广东省教学成果二等奖1项,获省级课程思政示范团队1个、示范课堂1个。学生获第七届中国国际"互联网+"大学生创新创业大赛全国金奖1项、银奖1项,获首届全国大学生工业化智慧建造竞赛一等奖1项、三等奖3项,获第十四届全国大学生结构设计竞赛二等奖1项等。

研究生教学方面。加强各类研究生教研教改等项目申报,获批广东省研究生教育创新计划项目立项2项,获批学校行业专家上讲台项目13项,获批国家公派项目攻读博士学位5人。

【科研工作与对外学术交流】 2021年到校科研经费12 983万元,同比增加25.4%。新增科研项目437项,其中,国家级项目29项(含国家杰出青年基金项目1项、国基面上项目17项、青基10

项、专项基金项目1项），同比增长11.8%。申请专利201项，其中，发明专利110项、实用新型专利5项、外观设计专利1项、软件著作权26项、其他59项。授权专利156项，其中，发明专利79项、实用新型专利77项。发表三大索引论文431篇。以第一完成单位获2021年广东省科学技术一等奖2项、二等奖1项。获批广东省现代土木工程技术重点实验室。

加强对外学术交流。与美国伊利诺伊大学厄巴纳-香槟分校（UIUC）签署联合培养协议。举办SIR Frontier系列线上学术讲座，邀请世界顶尖大学学者分享前沿研究33场。全年举办学术报告会60余场。

【综合管理】强化制度建设，完善学院党委会会议、党政联席会议、"三重一大"议事规则，制定或修订规章制度5项。全年召开党委会会议14次，党政联席会议13次。开展实验室建设，完成道路实验室通风系统改造、交通大楼负一楼排水系统改造、智能建造创新实验室物理空间规划。完善实验室安全管理制度建设，签订消防安全责任书。持续改造和提升学院办公设施及环境。搭建校友交流沟通和合作平台，做好校友信息管理和更新。

电子与信息学院

【党建与思想政治工作】2021年共发展党员141名，其中，教工1名、本科生85名、研究生55名。学院共有党员599名，其中，教工党员89名、学生党员510名（本科生党员124名、研究生党员386名）；共有党支部28个，其中，教工党支部6个、研究生党支部18个、本科生党支部4个。扎实开展党史学习教育，制定学院党史学习教育计划，深入开展"我为师生办实事"活动。抓好理论学习，严格落实"第一议题"制度和教职工理论学习制度。完成党支部换届，选优配强党支部书记。加强教职工师德师风建设，在进人、考核、评奖、职称评审等环节严把师德关。加强学生思想引领，推动学风建设，做好心理健康教育工作，形成"学生—辅导员/班主任—家长"三位一体协同育人工作机制。1人获广东省优秀共产党员，1人获云南省脱贫攻坚先进个人，1个团支部获广东省五四红旗团支部。

【学科与队伍建设】加强学科建设，成立专班小组，完成全国第五轮学科评估的信息核查与公示异议结果反馈、同行专家学者交流、专家评议等工作。

完善师资队伍培育体系，对照教师队伍发展规划和教研系列岗位学术选聘条件，瞄准学科重点突破方向，加快引进高层次人才与优秀青年人才。新增教工7人，入选中国高被引学者4人，入选IEEE Fellow 2人。晋升正高级职称2人。

【教学工作】本科教学方面。推进教育教学改革，获批广东省本科高质量工程建设项目1项、校级教研教改项目面上一般项目2项、探索性实验项目2项，获校级教学成果奖2项。开展课程思政建设，虚拟现实智慧思政平台入选国家级培育项目，1门课程获评广东省课程思政示范课堂，1门课程获批校级课程思政示范课。推进信息工程专业教育部工程教育专业认证。1名教师获学校教师教学荣誉体系教学优秀奖，1名教师获华南理工大学－华为"智能基座"产教融合协同育人基地项目课程奖教金。学生获批国家大学生创新创业计划项目5项，广东省大学生创新创业计划项目3项。学生获省级以上荣誉151人次，其中，获国家/国际级奖项56人次、省级奖项95人次，包括APMCM亚太地区大学生数学建模竞赛国际级一等奖、第五届全国大学生集成电路创新创业大赛国家级一等奖等。

研究生教学方面。落实导师岗位责任制，实现招生资源优化配置，完成年度招生资格审核。1门课程获批校级研究生重点课程建设项目（校企合作特色课程）。1名博士生获2021年度中国图象图形学学会优秀博士学位论文奖。新增广东省联合培养研究生示范基地1个。

【科研工作与对外学术交流】2021年实到科研经费8204.48万元，其中，纵向经费5866.29万元、横向经费2338.19万元。立项项目119项，项目经费6368.71万元，其中，国家级项目10项、部省级项目21项、其他88项。申请发明专利248项、实用新型专利15项、国际专利10项。获授权专利311项，其中，发明专利249项、实用新型专利61项、外观设计专利1项。发表SCI论文260篇、EI论文46篇、ESI论文30篇。获中国电子学会科技进步奖二等奖1项，获广东省技术发明奖一等奖1项，获广东省科技进步奖二等奖1项，获第八届广东专利奖金奖1项，获中国图象图形学学会科技进步奖二等奖1项，获广东省电子信息科学技术奖一等奖1项。1套科普丛书获全国优秀科普作品奖。与地方政府、知名企业建立联合实验室共2个。

加强对外学术交流。承办1场国家级竞赛和2场国际学术会议，获批"海外学术大师来访资助项目"2项。本科生22人次参与国际交流项目，3名研究生获批国家建设高水平大学公派研究生留学项目。

【综合管理】完善学院党委会会议、党政联席会议、"三重一大"议事规则，严格执行学院党委会会议和党政联席会议制度，讨论决定学院重大事项。2021年召开党委会会议11次、党政联席会议24次。推进逸夫科学馆整体修缮工程。组织消防疏散演练，对新生、新教工进行安全培训。首次组织教职工荣休座谈会，慰问探访退休教职工。举办校友返校日活动。

材料科学与工程学院

【党建与思想政治工作】2021年共发展党员176名，其中，教师1名、本科生69名、研究生106名。学院共有党员987名，其中，教工党员230名、学生党员

757名（本科生党员75名、研究生党员682名）；共有党支部43个，其中，教工党支部10个、研究生党支部29个、本科生党支部4个。开展党史学习教育，制定学院党史学习教育计划，深入开展"我为师生办实事"活动。充分发挥党支部品牌示范作用，强化"党建+"品牌建设，成立"红色追寻"一面旗党员先锋岗。紧扣立德树人根本任务，学院党委书记、院长讲授"思政第一课"4场次。策划"党旗领航"等专题，在学院多个新媒体平台打造网络育人共同体。发挥全国高校黄大年式教师团队思政资源，开展18场讲座。举办"彩愿"材料节等多层次多形式的学生品牌活动，组建学生党员志愿队赴广西龙胜开展暑期"三下乡"社会实践活动。1人获广东省教育工委优秀党员，1人获校级"学史增信、崇德力行"基层党支部书记素质能力大赛学生组一等奖。

【学科与队伍建设】材料科学与工程学科ESI排名居全球前0.259‰，在软科"世界一流学科排名"升至第28位，国内外学术影响力进一步提升。

加强人才引育力度。马於光教授当选中国科学院院士，获批国家杰青1人、国家优青4人，入选全球高被引学者3人。晋升正高级职称3人、副高级职称3人。

【教学工作】本科教学方面。获批省级一流本科专业建设点1个，获批省级课程思政示范课程2门，获批省级一流本科课程2门。推进工程教育专业认证，材料科学与工程专业顺利完成教育部工程教育专业认证中期审核。编写教材1种。获批各类教研教改项目4项，其中，省级1项、其他3项；获批校级探索性实验项目3项。1人获校级教学优秀奖。获广东省教学成果奖一等奖1项、二等奖2项，校级教学成果一等奖、二等奖各1项。学生创新创业方面，获国家级大学生创新创业训练计划13项、广东省科技创新战略专项资金（"攀登计划"）3项；参与各级"互联网+"大学生创新创业竞赛项目41项；获各类学科竞赛奖37项，其中，国际级4项、国家级11项、部省级22项。

研究生教学方面。强化"产教融合"育人机制，邀请5人开展行业专家上讲台活动。提升专业学位研究生培养质量，加快发展工程博士教育，新增1个广东省研究生联合培养基地。加强研究生教育质量管理，严格学位授予质量标准。

【科研工作与对外学术交流】2021年实到科研经费2.61亿元，其中，纵向经费2.12亿元、横向经费4878万元。新立项项目318项，项目合同经费1.98亿元，其中，国家级项目47项、部省级项目84项、其他187项。申请发明专利417项，获授权专利434项。发表SCI论文1050篇、EI论文1016篇、CPCI论文3篇。获第二十二届中国专利奖银奖1项，广东省专利奖金奖1项，广东省自然科学奖一等奖1项，中国有色金属工业科学技术奖1项，美国化学学会Sparks-Thomas奖1项，美国陶瓷学会Ross Coffin Purdy奖1项，广东省材料研究会青年科技奖1项。获批部省级教学科研平台1个。

加强对外学术交流。获批科技部高端外国专家引进计划1项、外国青年人才计划1项。举办"聚集体科学国际研讨会暨聚集诱导发光研究20周年"等百余场学术会议及讲座。与新加坡国立大学签订学生联合培养协议；5名学生获全额奖学金赴阿卜杜拉国王科技大学攻读"3+2"联合培养项目,1名学生赴英国曼彻斯特大学攻读"3+2"联合培养项目。

【综合管理】完善学院党委会会议、党政联席会议议事规则,贯彻落实"三重一大"决策制度实施细则,召开学院党委会会议20次、党政联席会议18次。强化实验室安全管理,2个公共实验平台获校级公共实验平台认证。推进基本条件改造工程,完成25号楼局部修缮工程,新建2个研究生公共自习室。在学院主要楼栋配备AED自动除颤仪5台。举办2021年校友年会暨校企协同育人交流会,举行"吴小兰最高荣誉学位奖"颁奖典礼,引进"集泰股份奖学金"等各类捐赠金74万元。

化学与化工学院

【党建与思想政治工作】2021年共发展党员158名,其中,教工2名、本科生67名、研究生89名。学院共有党员861名,其中,教工党员176名、学生党员685名(本科生党员84名、研究生党员601名);共有党支部38个,其中,教工党支部6个、研究生党支部28个、本科生党支部4个。扎实推进党史学习教育,制定学院党史学习教育计划,开展"我为师生办实事"实践活动22项,制订重难点问题工作台账8项。推行理论学习"领学制",开展理论学习中心组学习9次。优化党支部设置,以纵向为主、横向补充的模式成立党支部,新成立的教工支部由系主任担任支部书记,学生支部书记由各系教师党员或辅导员担任。加强师德师风建设,举办师德师风建设专题宣讲会。加强学生思想引领,推动学风建设,做好心理健康教育工作。开展"我读党史精彩瞬间"图书角活动、对口支援贵州民族大学"慕课西行—同步课堂"活动、"身边的化学"之百年诺贝尔化学奖西湖长廊展科普宣传活动、"声享视界"视障人士志愿活动等特色活动。完成"全省党建工作样板支部"中期验收。

【学科与队伍建设】聚焦国际学术前沿和国家重大需求,不断促进化学与化工学科的交叉融合。推进化学工程与技术和化学两个学科的评估工作,组织专家论证会,制定化学第二轮"双一流"学科建设方案。

坚持引育并举,扩充高层次人才队伍。全年新增国家优青2人、海外优青1人,引进教师5人,引进各类博士后6人。晋升正高级职称3人、副高级职称1人。

【教学工作】本科教学方面。应用化学专业入选教育部"基础拔尖人才培养2.0基地",能源化学工程通过教育部工程教育专业认证。化学"强基计划"班参与美国加州大学戴维斯分校课程及共享优质教学资源。加强课程思政建设,获省级课程思政示范团队1个、省级本科高校课程思政改革示范课程1门,获全国高等院校化工类教师课程思政大赛特等奖1项、全国高等学校化工类专业优秀课程思政案例评选二等奖1项。与深圳信立泰药业等多家上市企业签订本科实习合作基地。学生获美国大学生数学建模竞赛和交叉学科建模竞赛国际二等奖，获全国大学生化工安全设计大赛金奖，推荐的国际项目在第七届中国国际"互联网+"大学生创新创业大赛中获季军。

研究生教学方面。落实申请考核制招生要求，制定学院2022博士研究生招生申请考核制实施细则。获批校级行业专家上讲台计划资助项目3项、研究生在线开放课程建设项目1项、教材建设项目1项。

【科研工作与对外学术交流】2021年实到科研经费9218.19万元，其中，纵向经费7099.67万元、横向经费2118.52万元。新立项项目176项，项目经费8473.13万元，其中，国家级项目24项、部省级项目48项、其他104项。申请发明专利230项、实用新型专利3项；获授权专利230项，其中，发明专利222项、实用新型专利8项。发表SCI论文513篇。获广东省技术发明一等奖1项。

加强对外学术交流。举办"首届粤港澳大湾区（广州）氢能论坛""电化学能源交流会"等学术会议，邀请国内外知名专家29人次开展学术讲座，举办全国大学生化工实验大赛中南赛区选拔赛，营造良好学术氛围。

【综合管理】完善学院党委会会议、党政联席会议议事规则，贯彻落实"三重一大"决策制度。2021年召开学院党委会会议10次、党政联席会议13次。加强公共环境及实验室安全建设，完成有机化学和化工原理实验室改造项目、15号楼通风系统建设工程、教学实验室修复改善工程、北区化机3号楼综合修缮工程等。加强实验室安全管理，组织全院教师参加实验室例行安全巡查，开展各类培训与演习，承办相关安全主题活动等。全年召开教职工大会8次，慰问探访困难教职工、老党员和退休教师40人次。组织校友返校日活动，募集捐款45万元。

轻工科学与工程学院

【党建与思想政治工作】2021年共发展党员63名，其中，本科生31名、研究生32名。学院共有党员394名，其中，教工党员82名、学生党员312名（本科生党员47名、研究生党员265名）。扎实开展党史学习教育，开展"我为师生办实事"系列实践活动，完成重难点问题工作台账整改。抓好理论学习，严格落实"第一议题"制度和教职工理论学习制度。加强师德师风建设，举办师德师风建设专题宣讲会。丰富"三全育人"校外实践活动，密切联系社区、企业、社会机构，持续开展"纸为你服务"等系列党建品牌活动。

【学科与队伍建设】加强学科顶层设计，召开轻工技术与工程一流学科建设方案论证会、轻工技术与工程一流学科建设周期自评会，进一步明确学科发展定位。

加强师资队伍建设。实施青年教师提升计划，通过出台人才配套方案、制定博士后项目指南、推行传帮带机制、改善人才办公实验条件等举措，营造人才发展良好环境。2021年新增海外高层次引进人才1人、海外优青1人。获批专职研究岗位人员6人，招收各类博士后8人。入选中国高被引学者1人。晋升正高级职称1人。

【教学工作】本科教学方面。完成2021级本科综合培养方案修订，轻化工程专业工程教育认证通过专家在线考核。获批国家级教研教改项目1项、省级教研教改项目1项、省级课程2门、校级精品教材3项、校级教研教改项目4项。获首届全国优秀教材高等教育类二等奖1项、校级教学成果二等奖1项。举行校级本科课程教学示范课1次，教学研讨会4次。学生在第十六届"挑战杯"广东大学生课外学术科技作品竞赛中获得特等奖。

研究生教学方面。修订研究生培养相关文件，鼓励研究生发表高水平论文，在奖学金评定、学位论文免盲审和学位申请等方面给予优先支持。全面实施研究生招生指标按绩效分配，加大对高质量成果和学科短板的引导支持。新增省级联合培养研究生示范基地1个。

【科研工作与对外学术交流】2021年实到科研经费8593.45万元，其中，纵向经费6444.02万元、横向经费2149.43万元。申请专利75项，其中，发明专利66项、实用新型专利9项；获授权专利138项，其中，发明专利128项、实用新型专利10项；专利转化4项。发表三大索引论文527篇。出版教材、英文专著等共6种。造纸与污染控制国家工程研究中心工程化实验基地落成，是国内首条、国际领先的先进造纸与纸基功能材料工程化验证示范线。"中华造纸术与文化科普基地"获批广东省人文社会科学普及标准基地。成立蚌埠－华南理工大学生物材料先进制造研发中心。

加强对外学术交流。主办第三届纳米纤维素材料国际会议、纤维素材料学术前沿线上研讨会、SKLPPE-BPI首期线上研讨会等学术交流活动，营造良好学术氛围。

【综合管理】完善学院党委会会议、党政联席会议、"三重一大"议事规则，严格执行学院党委会会议和党政联席会议制度，讨论决定学院重大事项。2021年召开学院党委会会议10次、党政联席会议19次。改善实验室工作环境，完成造纸国家重点实验室局部及外围环境改造工程。制浆造纸工程公共实验平台获学校基础教学公共实验室（C类）认证。完善实验室三级准入培训，加强危化品管理、实验气体安全管理等。做好统一战线和关工委工作，慰问离退休老同志。加强校友联系，走访优秀校友企业。

食品科学与工程学院

【党建与思想政治工作】2021年共发展党员101名，其中，本科生52名、研究生49名。学院共有党员688名，其中，教工党员91名、学生党员597名（本科生党员69名、研究生党员528名）；共有党支部24个，其中，教工党支部5个、研究生党支部18个、本科生党支部1个。加强政治理论学习，以"理论领学、原著诵读、研究讨论"相结合的方式开展集中理论学习21次。推进党史学习教育走深走实，实施"学习篇""感悟篇""行动篇"三个专题教育环节，开展"我为师生办实事"实践活动23项，以及重难点工作7项。落实学院党委书记和院长"思政第一课"，共讲授党课5次。加强师德师风建设，开展师德师风建设专题辅导报告。落实立德树人根本任务，推进"岭南追梦"大学生社会主义核心价值观教育实践行动，构建"三全育人"工作体系。1人获评广东省脱贫攻坚先进个人。

【学科与队伍建设】完成轻工食品与生物技术学科群首期建设任务。完成"双一流"建设学科调换及论证工作以及新一轮建设方案编制、论证工作。农业科学ESI学科排名升至0.25‰，位列全球第25。在软科"世界一流学科排名"中，食品科学与工程学科排名稳居全球第4位，国内第3位；在US News世界大学排名中，食品科学与技术学科全球排名位列榜首。

加强队伍建设。引进海外高层次人才1人，培育广东省杰出青年基金获奖者1人。1人获评全国三八红旗手。5人入选全球高被引学者。晋升正高级职称1人、副高级职称1人。

【教学工作】本科教学方面。强化实践教学，加强学生探究式学习能力和理论与实践结合能力的培养，获国家级创新训练项目5项、省级创新训练项目3项，签订校企实习基地协议3个。加强课程思政建设，制订《专业课程思政建设实施方案》《专业课程思政教学设计编制指南》。提升教师教学能力，组织教学研讨会3次，组织开展"工程设计指导能力提升"专项培训。教师获省级教学成果二等奖1项、校级教学成果奖2项。

研究生教学方面。改进研究生课程体系及培养模式，通过调整毕业论文开题和中期考核时间节点等，加强培养环节过程管理。以"公开、公正、择优"为原则，优化研究生奖学金评定细则，明确学术导向。创新研究生学术交流平台，举办"华园·食梦"博士论坛。开设全英课程6门，支持优秀研究生前往国外一流大学联合培养或攻读学位22人。

【科研工作与对外学术交流】2021年实到科研经费6533万元，其中，纵向经费4182万元、横向经费2351万元。新立项项目186项，项目经费8326万元，其中，国家级项目30项、部省级项目50项。申请国内发明专利159项、实用新型专利3项，PCT国际专利10项；获授权发明专利166项、实用新型专利14项。发表三大索引论文594篇，其中，89篇入选ESI高被引论文。

加强对外学术交流。利用线上线下相结合的方式，主办国际会议1场、学术报告会30余场，20余位外国专家受邀讲学，16人获省级和校级海外名师引智项目资助。推动大食品学科东南亚高校联盟建设工作。第三届全英硕士留学生班开班，在读留学生53名。

【综合管理】完善学院党委会会议、党政联席会议、"三重一大"议事规则，召开学院党委会会议17次、党政联席会议18次。加强实验室安全管理，完善制度体系，实现风险防控、过程管理、应急处置和责任追究全链条有制可依。召开师生代表座谈会6场，走访慰问老党员，为党龄50年以上的10名老党员颁发"光荣在党50年"纪念章。

数 学 学 院

【党建与思想政治工作】2021年共发展党员60名,其中,教师1名、研究生15名、本科生44名。学院共有党员221名,其中,教工党员65名、学生党员156名(本科生党员63名、研究生党员93名);共有党支部11个,其中,教工党支部5个、本科生党支部2个、研究生党支部4个。推进党史学习教育,开展"我为师生办实事"系列实践活动,完成重难点问题工作台账整改。抓好理论学习,严格落实"第一议题"制度和教职工理论学习制度。完成支部换届,选齐配强党支部书记。加强教职工师德师风建设,在进人、职称评审等环节严把师德关。强化"三全育人",举办数学文化节,推动学风建设,做好心理健康教育工作。

【学科与队伍建设】完善全国第五轮学科评估申报材料,利用学术会议、考察调研、访问交流等形式与国内兄弟高校进行深入交流,提升数学学科水平和声誉,确保学科排名稳中有进。

加强师资队伍建设。实施人事聘用制度改革"一院一策"措施,启动四批次人才引进工作,引进预聘助理教授4人。1人获批国家自然科学基金优秀青年基金,1人获批广东省自然科学基金杰出青年基金,1人获评"南粤优秀教师"。晋升正高级职称4人、副高级职称2人。

【教学工作】本科教学方面。完成全校27 000学时的教学任务,学生网上评教分数继续保持高位。获批教育部产学合作协同育人项目和广东省课程思政建设改革示范项目各1项。出版教材2种。获广东省教学成果奖二等奖1项。承担大学生数学、数模竞赛的组织和培训指导工作,获美国大学生数模竞赛特等奖1项、特等提名奖10项、一等奖31项,全国大学生数学竞赛数学类一等奖1项、二等奖1项。学生获广东省"挑战杯"特等奖2项、一等奖1项。

研究生教学方面。通过线上复试的形式开展招生工作,招收硕士研究生60人、博士研究生17人。研究生发表SCI论文30余篇,5名博士研究生在国(境)外进行国家公派出国留学项目联合培养。完成2021年第十八届中国研究生数模竞赛承办工作。

【科研工作与对外学术交流】2021年实到科研经费534.6万元,其中,纵向经费516.6万元、横向经费18万元。全年获批纵向科研项目32项,其中,国家自然科学基金9项(优青项目1项、面上项目2项、青年项目5项、其他项目1项),国家社科基金1项、部省级项目22项。发表三大索引论文184篇,其中,SCI论文140篇、EI论文15篇、其他29篇。获批广州市量子精密测量重点实验室。

加强对外学术交流。继续推进与英国伯明翰大学、爱丁堡大学等世界知名高校建立"3+1+1""2+2"联合培养项目。邀请国内外专家作学术报告99场、系列学术报告9个,引智项目短期讲学3次,开展学术讨论班50余个;教师参加国内外学术会议40余人次,参加短期学术交流7人次,应邀作学术报告32场。

【综合管理】完善学院党委会会议、党政联席会议、"三重一大"议事规则,严格执行学院党委会会议和党政联席会议制度，召开学院党委会会议10次、党政联席会议15次。宣传预防电信诈骗，实现国家反诈中心APP学生全员注册，电信诈骗零事件。开展院级用房隐患排查和电动车安全检查，提高全员安全意识。通过座谈会、节日走访、帮困慰问等多种形式关心教工生活，增强凝聚力。

物理与光电学院

【党建与思想政治工作】2021年共发展党员88名，其中，教师1名、本科生65名、研究生22名。学院共有党员266名，其中，教工党员69名、博士后党员7名、学生党员190名（本科生党员84名、研究生党员106名）；共有党支部10个，其中，教工党支部4个、本科生党支部2个、研究生党支部4个。以开展党史学习教育为契机，完成"我为师生办实事"107项。推进理论学习常态化制度化，举行理论学习30场次。强化思想政治引领，坚持党员自学和集中研讨相结合，举行专题集中研讨11场次，学院党委书记、党支部书记、先进典型讲党课共23场。举办"百年奋斗启征程 立德树人担使命"师德专题教育活动，开展师德师风专题辅导报告3场次。强化学做结合，开展"砥砺奋进·格物致理"思想政治教育品牌系列活动，组织师生参加学校党委讲师团宣讲3场次、红色基地实地研学3场，参加学校专题培训17人次。

【学科与队伍建设】物理学科进入QS世界大学学科排名榜，位居全球401~450区间。

加强人才引育。引进青年教师5人，招收博士后6人。1人入选国家重大人才工程，培育国家级青年人才。晋升正高级职称1人。

【教学工作】本科教学方面。顺利完成大学物理、大学物理实验、电子工艺实习三门公共基础课的教学任务，2个本科专业共开设63门课程。提升教师教学能力和水平，开展"优秀教师谈教学"工作坊及教师教学午餐会活动，组织课程思政系列和名师系列教学示范课活动3场次，优秀率和评教分数逐年上升，教师获各类教研项目共52项。学生获第七届中国国际"互联网+"大学生创新创业大赛全国银奖1项，获第十七届广东省"挑战杯"全国大学生课外学术科技作品竞赛省赛一等奖1项。

研究生教学方面。加强研究生导师队伍建设，新增硕导2人、硕博导4人。强化研究生培养过程管理，明确研究生学习期间的学术成果要求。研究生培养成效稳步提升，学生发表论文49篇，其中，*Nature*子刊2篇、*Physical Review Letter* 1篇。

【科研工作与对外学术交流】2021年实到科研经费2057万元，其中，纵向经费1640万元、横向经费417万元。新增科研项目46项，合同总经费2057万元，其中，国家自然科学基金9项，研究经费705万元；广东省自然科学基金8项，研究经费260万元；广州科创委基础研究项目5项；其他24项。发表三大索引论文172篇，其中，SCI论文155篇、EI论文17篇。申请专利31项，其中，发明专利25项、实用新型专利6项；获授权发明专利2项。获2021年度广东省自然科学一等奖1项。

加强对外学术交流。选派4名学生参加国外一流高校"3+1+1"联合培养项目。继续主办多场次国际、国内学术研讨会，营造良好学术氛围。

【综合管理】完善学院党委会会议、党政联席会议、"三重一大"议事规则，召开党委会会议12次、党政联席会议26次。组织教工参加各类文体活动，关心教职工身心健康。开展慰问帮扶离退休老同志等127人次。改善办公和工作环境，改造升级专业实验室。加强校友联系，开展"校友返校日"等活动。

经济与金融学院

【党建与思想政治工作】2021年共发展党员117名，其中，本科生87名、研究生30名。学院共有党员308名，其中，教工党员65名、学生党员243名（本科生党员96名、研究生党员147名）；共有党支部13个，其中，教工党支部4个、本科生党支部4个、研究生党支部5个。开展党史学习教育，邀请专家学者讲党课，举办"求是学堂"4场；开展"我为师生办实事"实践活动，聚焦师生"急难愁盼"问题，梳理重点难点问题6项，列出清单15项。优化基层党支部设置，将7个研究生党支部优化为5个；教师党支部实现支部书记"双带头人"全覆盖。金融系教师党支部通过广东省高校第三批样板党支部立项建设中期考核。结合纪律教育学习月，开展师德师风建设座谈会。建立"三进"长效机制，落实"岭南追梦"系列教育实践活动，1人获广东省优秀共青团员。

【学科与队伍建设】开展应用经济学、金融硕士、国际商务硕士学科评估。应用经济学在软科"中国大学专业排名"中，居第35位。

加强师资队伍建设。推荐5人次申报各级各类人才项目，1人获评广州市高层次金融人才。晋升正高级职称2人、副高级职称1人。

【教学工作】本科教学方面。健全本科教学管理制度，制定学院本科生实践教学经费使用办法。3个专业获批广东省一流本科专业。开设"金融学+计算机"双学位特色班，第二届建行金融科技菁英班开班。获教育部首批新文科研究与改革实践项目1项，获广东省本科高校课程思政示范课堂1项，2人获卓越大学联盟高校教师教学创新大赛二等奖；1人获中国首届高校教师教学创新大赛省赛三等奖。学生在第七届中国国际"互联网+"大学生创新创业大赛中获银奖1项，在美国大学生数学建模竞赛中获特等奖1项，在第十一届全国大学生市场调查与分析大赛中获一等奖1项、二等奖1项、三等奖6项。

研究生教学方面。完善研究生招生制度和激励办法，确保安全招生。开办华南地区首届金融MBA，首批招收97人。新增2名博士研究生导师、2名硕士研究生导师，增聘8名校外专业硕士研究生导师。

【科研工作与对外学术交流】2021年实到科研经费843.81万元，其中，纵向经费 465.37 万元、横向经费 378.44 万元。新增纵向项目 41 项，其中，国家自然科学基金 1 项、国家社科基金 5 项、部省级项目 17 项、其他 18 项；新增横向项目 25 项。发表各类期刊文章 120 篇，其中，SSCI/SCI 索引论文 25 篇、CSSCI 索引论文 34 篇、其他 61 篇。

加强对外学术交流。举办"经济与金融前沿论坛"12 场、"学术午餐沙龙"6 次。组织师生参加中国经济学年会、中国金融学年会、广东省经济学年会等重要学术会议。

【综合管理】完善学院党委会会议、党政联席会议议事规则及"三重一大"实施细则，推行办公室工作例会制度，召开学院党委会会议 16 次、党政联席会议 29 次。开展安全专项自查，组织安全知识培训和应急疏散演练。打造学院特色视觉形象系统，提升学院文化形象。完成中英文网站建设和上线。完成教师办公室、智慧教室改造装修，推进圆柱楼、党员之家、智享空间、教工之家等民生项目建设。

旅游管理系

【党建与思想政治工作】2021 年共发展党员 28 名，其中，本科生 22 名、研究生 6 名。学院共有党员 81 名，其中，教工党员 19 名、研究生党员 28 名、本科生党员 34 名；共有党支部 4 个，其中，教工党支部 2 个、研究生党支部 1 个、本科生党支部 1 个。开展党史学习教育，向党员发放党史辅导教材 247 册，开展"第一议题"集中学习研讨 14 次，党支部通过线上线下等多种方式开展专题理论学习 40 余场次。开展"我为师生办实事"活动 15 项，解决重难点问题 3 项。与惠州市周田村党总支开展结对共建活动，建立就业创业实践基地。加强师德师风建设，举办师德师风专题辅导报告会。1 人获广东省教育厅师德主题征文二等奖。开展"岭南追梦"系列教育实践活动，持续增强学生思想政治教育的时代感和吸引力，博罗县上良村"公共利益-公共空间-公共精神""三公一体"的陪伴式乡村建设体系帮扶项目获评教育部"旅游帮扶十大优秀典型案例"。

【学科与队伍建设】在软科"中国大学专业排名"中，旅游管理专业获评 A+、会展经济与管理专业获评 A。

加强师资队伍建设。制定"一院一策"人才引进方案，启动高层次人才招聘工作。晋升正高级职称 1 人、副高级职称 1 人。

【教学工作】本科教学方面。会展经济与管理专业获批省级一流本科专业建设点。获广东省高等教育教学改革项目立项 1 项。获 2021 广东省本科高校在线教学优秀课程案例二等奖 1 项。获校级大学生创新创业训练计划立项 8 项。15 人在大学生绿色会展创新创意挑战赛中获全国赛一等奖 2 项、三等奖 1 项；18 人在第六届"尖烽时刻"酒店管理模拟大赛全国赛中获二等奖 1 项、三等奖 4 项；1 人获第六届全国大学生"发现传统村落"调研大赛全国赛三等奖。

研究生教学方面。推行博士研究生指标按绩效分配，修订、完善研究生申请毕业、申请学位学术成果要求，加大学位论文质量监控力度。完善研究生管理制度，加强对报名、初试、复试和录取各关键环节的程序规范。

【科研工作与对外学术交流】2021年实到科研经费735.06万元，其中，纵向经费129.61万元、横向经费605.45万元。新立项项目5项，项目经费117.8万元，其中，国家级项目2项、部省级项目3项。发表论文45篇，其中，SSCI论文3篇、CSSIC论文6篇、SCIE论文1篇、其他35篇。新增省级科研平台2个。获第九届广东省哲学社会科学优秀成果奖一等奖1项。

加强对外学术交流。与澳门旅游学院座谈交流学术、学科建设等问题。举办"文旅融合与城乡高质量发展"学术会议。

【综合管理】完善系党总支会议、党政联席会议、"三重一大"议事规则，严格执行学院党委会会议和党政联席会议制度，召开系党总支会议19次、党政联席会议13次。完成B10栋一楼大厅改造和教师办公室搬迁。完成中文网页设计并上线运行。落实安全消防责任，做好消防安全巡查。设立"天露山奖学金"，获捐赠5万元。

电子商务系

【党建与思想政治工作】2021年共发展党员50名，其中，本科生38名、研究生12名。学院现有党员149名，其中，教工党员29名、学生党员120名（研究生党员84名、本科生党员36名）；共有党支部6个，其中，教工党支部3个、学生党支部3个。开展党史学习教育，制定党史学习教育工作方案，落实"第一议题"学习制度，开展集中理论学习30次；完成"我为师生办实事"36项、重难点问题工作台账3项。开展师德师风建设活动，举办师德师风专题宣讲会。开展对口支援，1名教师前往新疆喀什大学挂职。加强学生思想政治教育工作队伍建设，形成党建、团学、学科竞赛、就业提升等四轮驱动的学工体系。

【学科与队伍建设】完善学科发展建设方案，召开多场学科建设发展讨论会，凝练和确定学科发展方向。

加强师资队伍建设，完成"一院一策"人事聘用制度改革方案，引进1名预聘助理教授。晋升副高级职称1人。

【教学工作】本科教学方面。开设电子商务（大数据管理与应用）微专业，开设本科生实验课程40门，开设实验项目112个。获广东省本科高校在线优秀教学案例一等奖、二等奖各1项，获广东省物流管理与工程类专业教学成果奖1项，立项校级国家创新创业计划2项、SRP项目17项。与交通银行广东省分行共同创办大数据与智慧银行产教融合基地，启动广东交行大数据管理精英培养项目。设立巨杉数据库管理与应用奖学金，举办2021年"有信云杯"大数据管理与应用创新大赛之乡村振兴专题赛。

研究生教学方面。完善博士考核制招生方案，进一步精细招生工作的管理、流程、过程、操作、监控等环节。完善学位论文质量监控体系，修订《硕士学位论文同行专家匿名评审办法实施细则》《硕士、博士研究生申请毕业、学位取得学术成果基本要求》等制度。严格审查导师招生资格,修订《电子商务系研究生招生指标分配办法》。

【科研工作与对外学术交流】2021年实到科研经费412.2万元,其中,纵向经费312.8万元、横向经费99.4万元。新立项科研项目24项,其中,部省级及以上项目7项、其他17项。发表学术论文30篇,其中,SSCI/SCI论文10篇、EI论文6篇、CSSCI论文2篇、其他12篇。获授权发明专利5项。获批广州市人文社会科学重点研究基地1个。

加强对外学术交流。开设"数据百言堂之学术论坛、实务论坛"等讲座10余场。承办第十八届全国计算机模拟与信息技术学术会议暨华南理工大学跨学科"博学沙龙",组织42场主题报告。承办"数字经济时代的企业数字化转型与供应链优化"高端学术研讨会。

【综合管理】制定系党委会会议、党政联席会议议事规则,贯彻落实"三重一大"决策制度实施办法,修订系绩效考核及奖酬金发放管理办法,召开学院党委会会议23次、党政联席会议32次。完成7间行政办公室和教师办公室搬迁工作。分级落实实验室消防安全,组织消防安全演练。

自动化科学与工程学院

【党建与思想政治工作】2021年共发展党员65名,其中,本科生36名、研究生29名。学院共有党员364名,其中,教工党员66名、学生党员298名(研究生党员242名、本科生党员56名);共有党支部13个,其中,教工党支部3个、研究生党支部8个、本科生党支部2个。坚持党建引领,开展党史学习教育,制订学院党史学习教育计划,理论学习中心组开展专题学习17次,带头讲党课6次;面向学生召开党史学习教育推进会4次;开展"党史故事我来说""书香浩然"读书会等活动,覆盖全部学生党员。推进"我为师生办实事",开展专业交流、就业指导、心理健康教育、消防知识普及等活动60场次。结合纪律教育学习月活动,深入推进师德师风建设。完善一个中心、两个校区、三支队伍、四个平台、五大板块、六项精品活动的"AU+"学生工作体系,打造"AU师生同乐"等系列品牌活动。

【学科与队伍建设】控制科学与工程学科位列软科"中国最好学科排名"第27位。

加强师资队伍建设。引进预聘助理教授2名,长聘副教授1名,招收博士后1人。1人入选广东省高校青年科研人才国际培养计划,1人入选全球高被引学者。选派1名教师对口支援广东石油化工学院,2名教师借调市级政府挂职。晋升正高级职称3人、副高级职称1人。

【教学工作】本科教学方面。推进省级自动化专业核心课程群教学示范团队课程思政建设。获省级教育教学改革项目1项,校级教改项目14项。获广东省教学成果二等奖1项,校级教学成果奖2项。学生获国家级科技竞赛奖项36人次,省级奖项35人次。承办"赛元杯"智能科技竞赛。

研究生教学方面。修订硕、博研究生申请毕业和申请学位取得学术成果要求，稳步推进研究生毕业与学位授予分离。加强硕士学位论文质量监督，实行"学位办送审—学院盲审—免盲审"三级送审制度；严格执行导师回避的博士学位论文预答辩制度。新增研究生课程3门。获批2021年校级研究生教材建设项目1项。

【科研工作与对外学术交流】2021年实到科研经费4313万元，其中，纵向经费2721万元、横向经费1592万元。新立项科研项目90项，项目经费4787万元，其中，国家级项目4项、部省级项目14项、其他72项。申请专利89项，其中，发明专利84项、实用新型专利5项。获授权专利102项，其中，发明专利79项、实用新型专利23项。发表SCI论文158篇、EI论文77篇。获教育部高等学校科学研究优秀成果奖（科学技术）一等奖1项，广东省自然科学奖二等奖1项，中国图象图形学学会科技进步奖二等奖1项，中国机械工业科学技术奖三等奖1项。

稳步推进对外学术交流。线上线下组织国内外专家开展系列学术讲座，多位教师线上参加境外学术会议并作学术报告。组织悉尼科技大学大数据线上海外名师课程，开展行业专家上讲台活动4次。

【综合管理】加强制度建设，制定学院党委会会议、党政联席会议议事规则及"三重一大"决策制度，召开学院党委会会议17次、党政联席会议24次。加强学院楼宇设施维护和更新，每月进行消防安全检查、开展消防演练。推动设立学生奖助学金项目，包括广发期货公司设立奖助学金10万元，绿米联创公司捐赠学生发展基金15万元，金溢科技捐赠"毛宗源奖助学金"120万元等。召开教职工大会3场、教师代表座谈会2场；组织工会活动4次。

计算机科学与工程学院

【党建与思想政治工作】2021年共发展党员61名，其中，教工5名、本科生23名、研究生33名。目前，学院共有党员355名，其中，教工党员62名、学生党员293名（本科生党员74名、研究生党员219名）；共有党支部17个，其中，教工党支部6个、研究生党支部8个、本科生党支部3个。制定党史学习教育方案，落实"第一议题"学习制度，开展党委中心组学习12次，书记讲党课3次，专题调研1次；发放"四史"系列读本，开展"我为师生办实事"主题党日活动35次。结合纪律教育学习月活动，深入推进师德师风建设。开展"两工程一计划一行动"，严格学风管理，以班风带动学风。

【学科与队伍建设】计算机科学与技术学科在ESI全球排名继续稳步提升，位列ESI排名前1%。

加强师资队伍建设。制订学院"一院一策"人事制度改革方案，获批引进青年教师3人，Ⅱ类博士后11人。1人入选全球高被引学者，1人获IEEE计算智能学会杰出青年奖，1人获吴文俊人工智能优秀青年奖。晋升正高级职称1人。

【教学工作】本科教学方面。完成2021级培养方案及新教学大纲修订。"计算机科学拔尖学生培养基地"入选教育部基础学科拔尖计划2.0基地。加强毕业设计质量监控，实施100%全员审查制度。完成教育部－华为智能基座项目年度验收。获批国家级教研项目2项，获广东省教学成果奖二等奖1项、校级各类教研项目20项。出版教材1种。本科生138人次获国际、国家级和省级竞赛奖项75项，获科技创新项目46项。

研究生教学方面。按照研究生导师科研团队研究方向进行分组，对培养环节进行管理与考核。加强研究生课程理论基础建设，调整专业学位硕士、本博创新班必修课程。优化研究生指导费用标准，对研究生论文送审费用、研究生毕业论文答辩费用进行调整。加强博士生导师培训与交流。

【科研工作与对外学术交流】2021年实到科研经费3346万元，其中，纵向经费2163万元、横向经费1183万元。新立项科研项目45项，项目经费3501万元，其中，国家级项目6项、部省级项目13项、其他26项。获授权专利139项，其中，发明专利134项、实用新型专利5项。发表SCI论文265篇、EI论文45篇。获广东省科技进步一等奖2项、二等奖1项。签订校企产学研合作协议2份。

加强对外学术交流。组织多名研究生出访参与学术交流。举办"2021 Kap-0kCTF信息安全竞赛"。

【综合管理】制定党委会会议、党政联席会议、学院"三重一大"决策制度，召开学院党委会会议9次、党政联席会议19次。落实实验室安全工作，修订实验室管理相关规章制度，开展消防安全大演练、安全培训、安全巡查和整改等工作。关爱教职工，组织教职工参加运动会、体检等活动，走访慰问患病教职工及离退休老同志。

电 力 学 院

【党建与思想政治工作】2021年共发展党员241名，其中，研究生49名、本科生192名。学院共有党员828名，其中，教工党员119名、学生党员709名（本科生党员257名、研究生党员452名）；共有党支部33个，其中，教工党支部9个、研究生党支部17个、本科生党支部7个。开展党史学习教育，举行"百年党史与中共三大"等讲座5次，开展"我为师生办实事"近100项。完成党支部换届，完善"支部建在团队"和"双带头人"机制。加强师德师风建设，开展师德师风警示教育2次，通报违反师德师风典型案例。深入开展"岭南追梦""领航计划"等活动，增强学生思想政治教育的时代感和吸引力。1人获评"广东省百佳团支部书记"，1个团支部获"广东省五四红旗团支部"。

【学科与队伍建设】电力电子工程学科居软科"世界一流学科排名"第64位。

加大人才引育力度，引进海外优青1人、青年人才4人，进站博士后7人。晋升正高级职称2人、副高级职称1人。

【教学工作】本科教学方面。1门课程获教育部课程思政示范项目，2门课程获校级本科课程思政示范课程。制订学院教学成果培育立项支持方案，立项资助7项。获校级教学成果奖一等奖、二等奖各1项。本科生获第七届中国国际"互联网+"大学生创新创业大赛（国际赛道）铜奖2项、第十六届"挑战杯"广东大学生课外学术科技作品竞赛特等奖2项、节能减排大赛国赛三等奖4项。

研究生教学方面。举办线上夏令营，持续提升生源质量。开展工程博士联合培养项目2个。新增省级研究生联合培养基地1个。5人获评校级专业实践优秀研究生。研究生获节能减排大赛国赛三等奖1项。

【科研工作与对外学术交流】2021年新增科研项目173项，合同经费9635万元，其中，纵向项目立项57项，合同经费2270万元；横向项目立项116项，合同经费7365万元。获国家自然科学基金项目13项，获广东省科研项目23项。申请发明专利154项，实用新型专利21项，软件著作权16项，国际专利4项；获授权专利169项，其中，发明专利136项、实用新型专利33项。发表科研论文551篇，其中，SCI论文239篇、EI论文160篇、其他152篇。获第二十二届中国专利奖优秀奖1项，获中国机械工业科学技术二等奖2项；获中国电力科技创新奖一等奖1项，获中国仪器仪表学会科学技术进步一等奖1项，获中国电力优秀科技工作者奖1项，获中国电力科学技术进步三等奖1项；获广东省科技进步二等奖1项，获第八届广东专利奖优秀奖1项。作为主要单位成立华南理工大学碳中和研究院，筹建华南理工大学－南方电网联合研究院。

加强对外交流。选派师生6人次参加国际交流或国际会议，举办第三届国际科技创新学术交流大会暨IEEE PES智慧楼宇、负载和客户系统技术委员会（中国）成立大会。承办1场国家级科技赛事。举办学术讲座26场。

【综合管理】完善内部治理，完善学院党委会会议、党政联席会议、"三重一大"决策制度，修订学院突发事件应急预案，召开学院党委会会议10次、党政联席会议11次。完成9号楼门窗修缮保护工程，新建博士后公共办公区。召开5次教职工大会，组织工会活动8次，建设"职工小家"。举办李立涅南方电网教育基金首届颁奖仪式和康德威奖学金十周年颁奖仪式。

生物科学与工程学院

【党建与思想政治工作】2021年共发展党员72名，其中，本科生32名、研究生40名。学院共有党员391名，其中，教工党员53名、学生党员338名（本科生52名、研究生286名）；共有党支部16个，其中，教工党支部5个、研究生党支部8个、本科生党支部3个。开展党史学习教育，开展理论学习37次，推出"建党百年，回望初心，奋进未来"学习专题、百部红色电影展播等活动，开展

"我为师生办实事"实践。完成党支部换届，实现教师党支部"双带头人"100%覆盖。加强师德师风建设，组织学习《师德师风》手册。推进"岭南追梦"大学生社会主义核心价值观教育实践活动，增强学生思想政治教育的时代感和吸引力。支持乡村振兴，选派1名干部担任孔美村驻村第一书记。

【学科与队伍建设】生物学与生物化学学科全球ESI排名百分位逐年提升，位列全球排名29.45%。完成生物学全国第五轮学科评估信息填报及信息核查工作。

加强师资队伍建设。制订专职研究系列岗位招聘方案，聘请双聘院士1人，引进预聘助理教授1人、专职研究系列副研究员1人、Ⅱ类博士后1人。晋升正高级职称1人。

【教学工作】本科教学方面。开设本科生各类课程60门，54名教师授课达110门次，教授授课率达100%。生物制药专业入选省一流本科专业建设点，启动生物工程专业工程教育认证工作。获省级教改项目1项，校级教改项目3项，校级课程建设项目4项；获国家级和省级大学生创新创业训练计划项目34项。新增校企本科教学实习基地1个。建立"教授－研究生－本科生"三级科研指导体系，本科生科研参与率达100%。学生获iGEM（国际基因工程机器大赛）全球银奖1项，获第十六届"挑战杯"广东大学生课外学术科技作品竞赛省级一等奖1项，获全国大学生生命科学竞赛国家级三等奖1项，获广东省大学生生命科学竞赛三等奖2项。

研究生教学方面。分类修订研究生培养相关文件，提升研究生培养质量。强化研究生培养过程管理，组织开展研究生中期检查、中期考核等工作。通过举办专场宣讲、"云端夏令营"等加大招生宣传，研究生生源质量稳步提升。严把学位论文"质量关"，扩大论文送审及盲审比例。1人获广东省优秀学生（研究生阶段）。

【科研工作与对外学术交流】2021年实到科研经费2528.6万元，其中，纵向经费1678.6万元、横向经费850万元。新立项项目55项，项目经费2725.45万元，其中，国家级项目10项、部省级项目11项、其他34项。申请发明专利34项、软件著作权9项；获授权专利31项。发表SCI论文150篇、EI论文95篇。完成教育部"合成生物学与药物制备"国际合作联合实验室验收工作。与广东省微生物所组建微生物安全与健康创新研究院。

加强对外学术交流。举办线上海外优青论坛1场，线上学术论坛2场，知名专家学者专题报告会2期，学术沙龙5场。与广东省人民医院等附属医院、广东省微生物研究所、深圳华大基因研究院、中粮集团等企事业单位开展深度合作。

【综合管理】完善内部治理，制定或修订学院党委会会议、党政联席会议、"三重一大"决策制度等规章制度11项，召开学院党委会会议12次、党政联席会议18次。召开教职工大会6次，组织开展"师生有约"座谈会4场。严格执行实验室安全准入制度，通过教育部实验室安全现场检查。组织"专家上讲台""生物安全论坛"、师生消防演练等安全教育培训与应急专项演练。慰问退休教职工3次，组织工会活动2次，参与教工130余人次。新增校友基金3项，获捐赠47.25万元。

环境与能源学院

【党建与思想政治工作】2021年共发展党员75名,其中,本科生34名、研究生41名。学院共有党员539名,其中,教工党员89名、学生党员450名(研究生389名、本科生61名);共有党支部21个,其中,教工党支部6个、研究生党支部14个、本科生党支部1个。开展党史学习教育,开展理论学习中心组学习14次,组织师生参观革命遗址遗迹等革命传统教育活动13次,开展"我为师生办实事"实践14项。落实教师党支部书记"双带头人"要求,严把教师党支部书记选配关。加强师德师风建设,开展师德师风警示教育。深入开展"岭南追梦"大学生社会主义核心价值观教育实践活动,形成积极向上的学习生活氛围。学院党委通过第三批全省"双创"工作标杆院系、样板支部中期考核。

【学科与队伍建设】推进全国第五轮学科评估的信息填报及信息核查工作。加快环境学科建设,举办碳中和目标下污染控制化学前沿论坛暨环境与能源学院学科建设发展研讨会,谋划学科未来发展方向。

加强人才引育。继续推行人事聘用制度改革,引进预聘副教授1人、预聘助理教授1人、专职研究系列2人、实验技术人员1人、兼职辅导员2人,进站博士后10人。举办海内外优秀青年学者论坛2场。晋升正高级职称1人、副高级职称2人。

【教学工作】本科教学方面。完善本科教学绩效奖励办法。获批国家级一流本科专业建设点1个,省级课程思政示范课程1门、省级本科教研教改项目8项,校级"思政示范课程"项目3项。校级SRP项目顺利通过验收26项,新立项30项。获"国家级大学生创新创业训练计划"项目立项12项、"广东省大学生创新创业训练计划"项目立项8项。获广东省教学成果奖二等奖1项。本科生获第十六届"挑战杯"广东大学生课外学术科技作品竞赛特等奖1项。

研究生教学方面。分类修订研究生培养相关文件,提升研究生培养质量。获国家建设高水平大学公派研究生项目资助5人,获校级教学成果奖一等奖1项。研究生获第七届中国国际"互联网+"大学生创新创业大赛广东省赛区银奖1项。

【科研工作与对外学术交流】2021年实到科研经费7488.45万元,其中,纵向经费4304.02万元、横向经费3184.43万元。新立项项目132项,项目经费5499.25万元,其中,国家级项目15项、部省级项目30项、其他87项。申请发明专利56项;获授权专利97项,其中,发明专利95项、实用新型专利2项。发表SCI论文486篇、EI论文56篇、ESI论文439篇。出版学术专著3种。获广东省2020年度科技进步奖一等奖(第一单位)1项、二等奖(第二单位)1项,获第二十二届中国专利奖金奖1项、银奖1项。"挥发性有机物污染治理技术与装备国家工程实验室"建设顺利通过验收。签订校企产学研合作协议3份。

加强对外交流。举办国内学术会议2场，邀请7位海外专家开展线上讲座。与英国兰卡斯特大学环境中心开展学术交流。

【综合管理】完善内部治理，制定或修订学院党委会会议、党政联席会议、"三重一大"决策制度，召开学院党委会会议15次、党政联席会议17次。完成实验楼扩建工程。加强实验室安全建设，制定管制类化学品平台管理和运行方案、实验室安全管理细则等文件，开展各类安全检查9次。完善奖学奖教体系，完成雪迪龙奖学金和奖教金评选。加强校友日常联络，编制季度信息简报定期向校友推送。

软件学院

【党建与思想政治工作】2021年共发展党员91名，其中，本科生66名、研究生25名。学院共有党员299名，其中，教工党员48名、学生党员251名（研究生党员152名、本科生党员99名）；共有党支部13个，其中，教工党支部2个、研究生党支部8个、本科生党支部3个。开展党史学习教育，党支部共开展"三会一课"等组织生活329次、专题学习研讨83次、支部书记讲党课14次、主题党日82次，开展"我为师生办实事"35项。开展师德师风建设月活动，组织师德师风宣讲4次。举行庆祝建党百年系列活动，组织师生党员参与"微长征——百名党员走万里长征路"健步走、红色电影观影等活动。加强阵地建设，举办软件文化节等41项活动。

【学科与队伍建设】完善学科建设激励机制，自筹经费190万元支持学科建设。推进全国第五轮学科评估的信息填报及信息核查工作。

完善人事制度改革，引进预聘副教授1人，引进博士后2人。晋升正高级职称1人。

【教学工作】本科生教学方面。制订教育管理类文件8个，修订软件工程专业方向培养方案3个。新增1个双学位实验班。软件工程专业正式通过教育部工程教育认证。获批教育部第二批新工科研究与实践项目1项、教育部协同育人项目6项、广东省教学质量改革项目2项。与IBM公司共建产业学院，启动"双创"梦工厂建设。推进校企协同实践教学创新，建设实训课程（教学班）10门（个），新建教学实习基地18个。本科生获国际大学生程序设计竞赛国内区域赛1金4银5铜，获国际大学生程序设计竞赛东亚大陆总决赛1银1铜。

研究生教学方面。研究生发表高水平论文90篇，同比增长80%。研究生获APWeb-WAIM 2021会议最佳学生论文和最佳论文亚军奖各1项，获中国研究生数学建模竞赛二等奖1项、三等奖2项。

【科研工作与对外学术交流】2021年实到科研经费1879万元，其中，纵向经费1020万元、横向经费859万元。新立项科研项目31项，项目经费1315.2万元，其中，国家级项目2项、部省级项目18项、其他项目11项。合作承担省重点研发计划项目2项。申请发明专利38项、实用新型专利1项，软件著作权113项；获授权专利29项，其中，发明专利28项、实用新型专利1项。发表SCI论文75篇。获批国防创新特区项目1项，国家级青年人才项目1项；参与国家重大科技专项2项；合作承担国家重点研发计划课题1项、广东省重点研发计划项目1项。获广东省科学技术进步奖二等奖1项。建立校企联合实验室2个。

加强对外学术交流。举办学术讲座20余场、国际学术会议2场。组织师生参加线上国际学术会议。

【综合管理】完善内部治理，制定或修订学院党委会会议、党政联席会议、"三重一大"决策制度，召开学院党委会会议12次、党政联席会议19次。完成61台服务器整体搬迁和3间服务器机房的加固改造工作。改善实验教学条件，购置FPGA开发板100套、多媒体教学功放器5套。关心关爱离退休人员，组织慰问困难老教师。做好困难学生帮扶和心理辅导。组织网络安全培训，加强防诈骗宣传。建立软件学院校友微信群，密切校友联系。

工商管理学院

【党建与思想政治工作】2021年共发展党员137名，其中，本科生84名、研究生53名。学院共有党员642名，其中，教工党员108名、学生党员534名（研究生党员410名、本科生党员124名）。共有党支部25个，其中，教工党支部8个、研究生党支部13个、本科生党支部4个。开展党史学习教育，召开中心组集中学习及"第一议题"学习各17次，组织讲授党史学习教育系列专题党课49次，开展"我为师生办实事"实践活动。优化基层党支部设置，实现教师支部书记"双带头人"全覆盖。开展师德师风建设月活动，组织师德师风宣讲会。深入开展"岭南追梦"大学生社会主义核心价值观教育实践活动，形成积极向上的学习生活氛围。组织开展微党课比赛等活动，获学校优秀征文6篇、教师党支部书记素质能力大赛三等奖1人。完成省样板党支部创建1个。

【学科与队伍建设】管理科学与工程、工商管理在软科"中国最好学科排名"中稳中有进，均进入全国前10%。

加强人才引育。引进教师11人（含预聘助理教授5人）、讲座教授1人，获批国家杰青3人。入选中国高被引学者2人。晋升正高级职称1人。

【教学工作】本科教学方面。获批国家级和省级一流本科专业建设点共5个。获评省级一流本科课程1门。获批教育部首批新文科研究与改革实践项目2项、省级课程思政改革示范项目1项、校级各类项目24项、校级教学成果奖1项。设立双学位试点班，首次招生42人。开设创业通识课12门17班次，受众学生超1200人次。新增全英课程5门，总开课数量位居学校前列。获第十届广东省高等学校教学名师奖（本科）、学校青年教师本科课堂教学竞赛二等奖各1人。在第七届中国国际"互联网+"大学生创新创业大赛中获金奖3项、银奖6项，在第十三届"挑战杯"中国大学生创业计划竞赛中获金奖1项、银奖4项。

研究生教学方面。制定《2022年博士研究生招生申请考核制实施细则》等制度6项。获批省级研究生示范课程建设校级研究生在线开放课程、校企合作特色课程、校级研究生课程思政示范课程项目各1项。

专业学位教育及培训方面。MBA、ME、MPAcc项目录取501人，开设广汽工商管理研修班和第八届发展中国家班。EMBA项目录取49人。MBA项目获得"2021年度中国商学院最佳MBA项目TOP100"第25名，获评"2021中国最佳产教融合实践商学院"及"2021年度MBA创新前沿院校"。

【科研工作与对外学术交流】 2021年获批科研总经费1643.32万元，其中，纵向经费1040.7万元、横向经费602.62万元。获批国家级项目11项，其中，国家自然科学基金杰青项目1项、面上项目6项、青年项目2项、国家社科基金一般项目2项。获批部省级项目29项，其中，教育部人文社科项目3项、省自然科学基金项目11项、其他省级项目15项。发表三大索引论文200篇，其中，SSCI收录论文70篇、SCI论文20篇、EI论文90篇、其他20篇。获评省哲学社会科学优秀成果奖5项，其中，一等奖3项。

加强对外学术交流。提交EQUIS认证材料，举办培训和模拟座谈27场次，完成初次线上评审。启动AAPEQ认证。派出学生参加国际交流7人次。邀请近60名国内外知名学者作学术报告，资助教师参加国内外学术会议12人次。

【综合管理】 修订学院党委会会议、党政联席会议议事规则及"三重一大"决策制度实施细则，召开学院党委会会议18次、党政联席会议19次。完善消防设施，落实安全责任，开展专项检查6次。改善教学科研学习办公环境，升级改造博士生工作室、教学档案室等。加强人文关怀，组织教职工体检165人次，组织教职工参加学校乒乓球比赛并获团体冠军。开展走访校友企业、拜访校友活动，接受校友捐赠20万元。

公共管理学院

【党建与思想政治工作】 2021年共发展党员72名，其中，本科生39名、研究生33名。学院共有党员246名，其中，教工党员51名、学生党员195名（研究生143名、本科生52名）。共有党支部14个，其中，教工党支部4个、研究生党支部9个、本科生党支部1个。扎实开展党史学习教育，在日常教学中把"四史"教育有机融入课堂思政教学，开展"我为师生办实事"实践活动。组织"第一议题"学习21次，召开16次理论中心组学习会议。公共管理与公共政策研究所党支部顺利通过全省首批"双带头人"教师党支部验收。结合纪律教育学习月活动，深入推进师德师风建设。开展"两工程一计划一行动"，增强学生思想政治教育的时代感和吸引力。

【学科与队伍建设】公共管理学科在软科"中国最好学科排名"中，位居第15，排名全国前8%。

加强师资队伍建设。组织2场师资面试，新增预聘助理教授2人。2人获评2021年"全国优秀MPA教师"，1人获评"全国优秀MPA教育管理者"。晋升副高级职称1人。

【教学工作】本科教学方面。完成2021年本科培养计划和教学大纲修订。获批校级本科课程思政示范课程立项1项。获批"国家级大学生创新创业训练计划"项目立项3项、"省级大学生创新创业训练计划"项目立项1项。新增校企本科教学实习基地2个。获学校"教师教学荣誉体系"本科教学优秀奖1人。

研究生教学方面。建立健全研究生培养制度体系，制定或修订多个制度文件，完善研究生培养方案和招录方案。选派MPA学生参加2021年"中国研究生公共管理案例大赛"，连续三年提交案例数位居全国参赛队伍前列，2支队伍获全国一等奖、1支队伍获全国二等奖。

【科研工作与对外学术交流】2021年获批立项科研总经费901万元，其中，纵向经费623万元、横向经费278万元。新增国家级项目8项，其中，国家社科基金项目5项（含重点项目2项）、国家自然科学基金项目3项；新增部省级项目14项，厅局级项目6项、其他纵向项目14项，各类横向项目25项。发表高水平论文74篇，其中，A类重要论文成果1篇、A类一般3篇、B类19篇、C类14篇、D类37篇。获广东省第九届哲学社会科学优秀成果奖一等奖1项、二等奖2项。社会治理研究中心和国家治理中心两个省级研究基地在省社科联智库考核中获评优秀等级。

加强对外学术交流。举办"公共管理大讲堂"1讲，"公共管理学术工作坊"7期，"MPA大讲堂"6讲。非传统安全与应急管理研究基地承办"总体国家安全观视野下国家安全教育与学科建设研讨会"，社会治理研究中心承办"2021年广东社会科学学术年会之'新时代基层社会治理：使命与趋势'分会暨第二届社会治理学术研究工作坊"和"2021年两岸城乡社区服务交流互鉴会"。

【综合管理】修订学院党委会会议、党政联席会议议事规则及"三重一大"决策制度实施细则，召开学院党委会会议21次、党政联席会议23次。改善办学和办公条件，新增汽车科技大楼310平方米办公场地。组织工会活动2次，参与教工90余人次。组织开展校友返校日等活动。

马克思主义学院

【党建与思想政治工作】2021年共发展党员68名，均为研究生。学院共有党员258名，其中，教工党员56名、学生党员202名（均为研究生）。共有党支部12个，其中，教工党支部6个、研究生党支部6个。扎实开展党史学习教育，围绕"思、教、践、悟"四个方面学好党的理论、讲好党的故事、传好红色基因、唱好时代新声，努力将党史学习教育成果辐射至课堂、学校、地方和社会。学院党委理论学习中心组和党支部以"三会一课"、报告会、实地研学等形式开展活动近150场。学院教师深入党政机关、企事业单位、学校和社区，开展党史学习教育宣讲活动百余场。师生获评全省教育系统党史学习教育优秀理论成果特等奖1项、一等奖1项、二等奖2项、三等奖3项；获评校级党史学习教育优秀理论成果特等奖2项、一等奖3项、二等奖3项、三等奖7项。获评省委组织部百部精品党课百名优秀党史宣讲员1人，获评广东省优秀党务工作者1人，获评2021年度全省高校基层党建工作创新案例二等奖1项，获学校基层党支部书记素质能力大赛（教师组）二等奖1项，获高校思政课党史教育优质课例展示一、二、三等奖各1项。加强教师思想政治工作，对师德失范行为"零容忍"。2020级硕士生白宇捐献造血干细胞，受到《人民日报》《光明日报》、央视新闻等多家媒体的关注与报道。

【学科与队伍建设】完成2021年全国马克思主义理论学科年度发展报告调研，制定2022年学科交流计划等。

加强师资队伍建设。招收教师2人，校内选聘专任思政课教师18人。晋升副高级职称1人。获评南粤优秀教师1人。

【教学工作】本科教学方面。获批马克思主义理论本科专业。加强教学管理，定期举行教研室集体备课会和教学示范课。学院教师承担全校本科公共基础课教学任务共计19 496学时。丰富实践教学渠道，将爱国主义教育、理想信念教育和生命观教育等内容融入思政课教学。承办2021年广东省马克思主义基本原理课程骨干教师培训班。获批教育部教学项目1项，获批校级质量工程项目1项、校级示范性教研室1个、校级本科线上线下混合一流课程1项、校级其他教学项目8项。获评校级教学成果奖特等奖1项、二等奖1项，校级本科教学优秀奖1项。

研究生教学方面。加强课程管理，规范研究生课程考试考核方式。新增学术型硕士生导师1人，学术型博士生导师2人。学院教师承担专业研究生教学任务共计2304学时，承担全校硕士研究生公共基础课教学任务共计3068学时，承担博士研究生公共基础课教学任务共计216学时。

【科研工作与对外学术交流】2021年实到科研经费134.4万元，其中，纵向经费97.5万元、横向经费36.9万元。新立项项目41项，其中，国家级4项、部省级5项、其他项目32项。发表论文53篇，其中，A类论文1篇、B类论文4篇、E类以上论文33篇、其他15篇。出版专著2种。华南理工大学哲学与科技高等研究所、习近平新时代中国特色社会主义思想研究中心、广州市青年马克思主义理论人才培养研究重点基地均顺利通过年度基地考核，其中，习近平新时代中国特色社会主义思想研究中心被评为"优秀"。获评广东省第九届哲学社会科学优秀成果奖2项。

加强对外学术交流。举办"华南人文论坛"2讲，举办学术会议5次，邀请国内外著名专家学者来院讲学。

【综合管理】修订学院党委会会议、党政联席会议议事规则及"三重一大"决策制度实施细则，召开学院党委会会议12次、党政联席会议19次。组织师生开展消防安全培训和疏散灭火演练。慰问高龄、困难教师共计48人次。组织开展校友返校日等活动。

外国语学院

【党建与思想政治工作】2021年共发展党员51名，其中，本科生32名、研究生19名。学院共有党员211名，其中，教工党员56名、学生党员155名（研究生92名、本科生63名）。共有党支部8个，其中，教工党支部5个、研究生党支部2个、本科生党支部1个。加强政治理论学习，全年开展党委理论学习中心组学习10次，开展"第一议题"学习8次。扎实开展党史学习教育，认真开展"我为师生办实事"实践活动。成立学院师德师风建设工作组，开展师德师风建设学习教育和讨论共4次。深入开展"岭南追梦"大学生社会主义核心价值观教育实践活动，组织学生开展暑期社会实践活动。获学校基层党支部书记素质能力竞赛二等奖1项，大学英语第一党支部获推荐申报省和国家"双创党支部"。

【学科与队伍建设】获批外国语言文学一级学科博士授权点。外国语言文学学科位列软科"中国最好学科排名"第33位，跻身全国高校外国语言文学学科前20%。

队伍建设方面。引进预聘副教授1人、讲师2人、Ⅰ类博士后1人，教师晋升副教授2人。1人获评南粤优秀教育工作者。晋升副高级职称2人。

【教学工作】本科教学方面。商务英语专业获批国家级一流本科专业建设点。获批首批教育部课程思政示范课程及团队共2个，获批省本科高校课程思政示范课程1门，获批学校课程思政项目5项，成立思政课程"中华优秀传统文化国际传播教研室"。1人获省首届本科高校课程思政教学大赛第一名。获批校级本科精品教材立项4项。1人获第二十三届"外研社·国才杯"全国大学生英语辩论赛华南地区复赛二等奖，1人获美国大学生数学建模竞赛（美赛）国际二等奖，1人获2021外研社英语辩论公开赛（第三期）暨外研社英语辩论秋令营二等奖；1人分别获得2021年广东省健美操锦标赛混合双人操成年组第一名、2021年广东省健美操锦标赛有氧健身操舞青年组第一名。

研究生教学方面。举办研究生夏令营，开展招生宣讲等，提高生源质量。加强课程管理，规范研究生课程考试考核方式。加强研究生培养环节的管理，严格研究生中期考核、学位论文开题等环节要求。1名研究生获广东省优秀研究生，4名研究生获学校优秀毕业论文奖。

【科研工作与对外学术交流】2021年实到科研经费268.89万元，其中，纵向经费231.89万元、横向经费37万元。新增国家社科基金项目6项，累计经费200余万元。发表SSCI、A&HCI、CSSCI来源高水平科研论文21篇。印度洋岛国研究中心被教育部认定为"高水平建设单位"，入选"中国智库索引"（CTTI）来源智库。《智库建设驱动下的国别和区域人才培养探索与实践》成功入选"2021年中国智库参考案例（内部治理创新）"。

对外学术交流方面。举办国内学术交流会议2次，5人受邀到国内其他高校讲学。

【综合管理】完善内部治理，制定或修订学院党委会会议、党政联席会议、

"三重一大"决策制度，召开学院党委会会议20次、党政联席会议18次。抓实消防安全，做好教学实验室安全管理、电动自行车管理等。密切联系退休教职工，建立问题台账，为老同志解决实际问题。组织开展校友返校日等活动。

法 学 院

【党建与思想政治工作】2021年共发展党员90名，其中，本科生59名、研究生31名。学院共有党员314名，其中，教工党员63名、学生党员251名（研究生178名、本科生73名）。共有党支部16个，其中，教工党支部8个、研究生党支部6个、本科生党支部2个。扎实开展党史学习教育，党委理论学习中心组开展专题学习13次，党支部开展专题理论学习109次，支部书记讲专题党课45次，开展主题党日活动94次，学院书记、院长为学生讲"思政第一课"4次；开展"我为师生办实事"实践活动，完成实践活动清单24项。持续加强师德师风建设和教风学风建设，构建分层次、全程化、重实践的"三全育人"学生教育培养体系。

【学科与队伍建设】通过校内自评拟新增法学一级学科博士学位授权点，已报教育部审批。

队伍建设方面。实施学院人事聘用制度改革方案，晋升副教授2人，入选第二批广东省立法工作人才2人。晋升正高级职称2人。

【教学工作】本科教学方面。获批国家级一流本科专业建设点2个。法学专业核心课程入选广东省课程思政案例库。深化教学改革创新，获批国家级、部省级教改项目、教育部首批新文科建设项目各1项，获校级教改项目3项，获学校教学优秀奖（本科）1项。本科学生在国内外赛事中获奖8项。

研究生教学方面。加强博士生教学管理工作，召开博士生导师座谈会，强化博士生课程设置和教学管理工作。严格选题和开题报告管理程序，强化监督管理研究生学位论文质量。获学校教学优秀奖（研究生）1项。

【科研工作与对外学术交流】2021年实到科研经费418.2万元，其中，纵向经费258.5万元、横向经费159.7万元。新增科研项目55项，其中，国家社科基金项目5项、部省级项目17项、其他33项。发表CSSCI论文24篇，其中，CLSCI论文17篇、其他8篇。出版学术著作3种。获广东省年度哲学社科优秀成果奖2项、"董必武青年法学成果奖"三等奖1项。新增华南理工大学香港研究中心、广州财税治理现代化研究中心。

对外学术交流方面。选派学生参加日本、加拿大寒假交流项目2人，参加国际组织人才在线课程3人。邀请2名海外专家开设线上课程。获批校级引智项目1项。举办学术会议及讲座共14场。

【综合管理】加强内部治理，完善党委会会议、党政联席会议议事制度，严格执行"三重一大"决策制度，召开学院党委会会议15次、党政联席会议13次。获广东明思律师事务所捐赠300万元，设立"明思法学发展基金"。组织开展校友返校日等活动。

新闻与传播学院

【党建与思想政治工作】2021年共发展党员65名，其中，本科生37名、研究生28名。学院共有党员219名，其中，教工党员44名、学生党员175名（研究生党员103名、本科生党员72名）。共有党支部8个，其中，教工党支部4个、学生党支部4个。扎实开展党史学习教育，举办党史知识竞答大赛，组织开展专题讲座和"三会一课""主题党日"活动，开展党史学习教育暨毕业生廉洁教育专题党课。获广东省教育厅"第十届师德主题征文及微视频征集活动"本科组征文一等奖、三等奖各1项。开展暑期志愿服务活动，引导青年学子坚定理想信念。

【学科与队伍建设】新闻传播学科位列软科"中国最好学科排名"第12位，同比上升15位，进入前10%。在软科"中国大学新闻传播学专业排名"中，新闻学获评A级，位列全国第30位；传播学获评B+级，位列全国第10位。

队伍建设方面。引进长聘副教授1人，预聘助理教授1人，博士后1人。

【教学工作】本科教学方面。获批国家级一流本科专业建设点1个，获批省级一流本科专业建设点1个。获批教育部一流本科课程2门、省级一流本科课程3门。获省级高等教育教学改革项目1项、省级产教融合实践教学基地1个、省级课程教研室1项。加强教师教学能力建设，举办青年教师座谈会1场，组织教师参加PBL（一种项目式的学习方法）培训3人次、教育部第十三期马工程重点教材培训7人次、高校教师课程思政教学能力培训10人次。学生获国家级奖项20项、省级奖项24项。

研究生教学方面。继续举办优秀大学生夏令营，生源质量稳步提高。研究生发表各类论文59篇。研究生获2021年全国新闻与传播专业学位优秀案例三等奖1项。

【科研工作与对外学术交流】2021年实到科研经费270.2万元，其中，纵向经费151.4万元、横向经费118.8万元。新立项项目31项，项目经费364.2万元，其中，国家级项目5项、部省级项目9项、其他17项。发表CSSCI论文21篇，SCI和SSCI论文共7篇。发表决策咨询成果3项，出版专著、译著、教材共12种。获广东省哲学社会科学优秀成果奖一等奖、二等奖各1项。获批建设粤港澳大湾区网络视听创研中心。

对外学术交流方面。承办第二届"粤港澳大湾区健康传播高校联盟"健康传播学术论坛暨研究生论坛。教师参加各类学术会议26人次。

【综合管理】坚持民主集中制，落实党政联席会议制度和"三重一大"决策制度，召开党委会会议17次、党政联席会议22次。建成新闻传播图书馆、网络直播实验室。召开2次教职工大会，慰问探访教职工12次。举办校友返校日活动。

艺术学院

【党建与思想政治工作】2021年共发展党员32名，其中，本科生25名、研究生7名。学院共有党员99名，其中，教工党员36名、学生党员63名（研究生28名、本科生35名）。共有党支部4个，其中，教工党支部2个、研究生党支部1个、本科生党支部1个。扎实开展党史学习教育，发挥专业优势，叙党史、唱党史、演党史，圆满参与完成庆祝中国共产党成立一百周年文艺演出《伟大征程》演出任务，获国家文旅部通报表扬。党委理论学习中心组开展专题学习14次，组织召开3次师德师风专题教育活动。教工第一党支部获学校先进基层党组织，教工第二党支部书记和研究生党支部书记分别获得基层党支部书记素质能力大赛二等奖。"艺起学先锋队"被评为学校"一面旗"党员先锋岗星级团队。组建美育浸润行动工作组，深入粤东普宁市5所乡村中小学，开展美育课程、艺术社团定点帮扶。

【创作展演与队伍建设】以原创作品为引擎，带动学科建设与人才培养，创作和演出大型交响音诗《唱支山歌给党听》，原创合唱作品音乐会《粤韵新声·听见广东》在广州大剧院上演，舞蹈原创作品《守护》获广东省高校艺术征集展演活动艺术表演类一等奖，举办"艺术·青春"专业实践音乐会，提高学生舞台表演能力。

队伍建设方面。修订人才引进制度2项。引进声乐教授1人、博士1人。

【教学工作】音乐表演入选广东省一流本科专业建设点，音乐学入选学校微专业。完成艺术硕士专业学位授权点申报工作以及音乐与舞蹈学一级学科学位点评估工作。加强教风学风建设，坚持学院领导班子查课制度，每周进行课堂考勤统计与通报。定期召开本科教学工作会和研究生导师工作会。教师获奖方面，4人获广东省首届美育教师教学基本功比赛一等奖，1人获学校青年教师本科课堂教学竞赛二等奖。指导学生获全国第六届大学生艺术展演活动艺术表演类乙组二等奖3项；获广东省第十四届大中专院校"百歌颂中华"歌咏活动歌手大赛二等奖1项、优秀指导教师奖1项；获第十六届广东大学生舞蹈大赛一等奖1项；1名学生获"广东大学生校园十大歌手"。

【科研工作与对外学术交流】2021年实到科研经费7.8万元，全部为纵向经费。获批广东省音乐舞蹈类非物质文化遗产研究与科普基地，参与教育部人文社会科学重点研究基地中央音乐学院音乐学研究所基地重大自主课题1项。发表论文11篇。出版专著4种。依托教育部中华优秀传统文化传承（粤剧）基地，选用位于大学城校区的传统民居黄公祠作为华南理工大学粤剧艺术陈列室。

对外学术交流方面。邀请知名学者、名师举办大师课、学术讲座。邀请海外名师线上授课。原创室内乐组曲《秦粤时空》专场音乐会受邀参加第十届中国-东盟音乐周。

【综合管理】加强内部治理，完善党委会会议、党政联席会议制度，严格执行"三重一大"决策制度，召开党委会会议22次、党政联席会议27次。召开教职工大会8次，积极开展工会工作，慰问探访生病生育以及退休教职工16人次。开展每月常态化安全检查，开展消防应急演练。

体育学院

【党建与思想政治工作】2021年共发展党员27名，其中，本科生21名、硕士研究生6名。学院共有党员120名，其中，教工党员56名、学生党员64名（研究生党员40名、本科生党员24名）；研究生党员占研究生总人数的39%，本科生党员占比15%。共有党支部7个，其中，教工党支部4个、研究生党支部2个、本科生党支部1个。加强政治理论学习，党委理论学习中心组开展集体学习16次。开展党史学习教育，开展"康健华园"党建品牌活动、"我为师生办实事"之体育技能培训等。学院党委获评学校2021年先进基层党组织，公共体育系党支部被评为学校先进基层党组织。1人获2021年学校党支部书记素质能力大赛学生组三等奖。结合纪律教育学习月，开展师德师风建设学习研讨会，坚持思政工作面对面，定期专访学生宿舍，举办学生座谈会等。"动友公益"特殊类人群运动帮扶青年志愿服务队获第十三届"中国青年志愿者优秀组织奖"。

【学科与队伍建设】召开学科和专业建设研讨会，加强运动训练专业和体育专业硕士学位点建设。

队伍建设方面。聘任国内知名篮球教练1人、知名足球教练员1人担任兼职教授。引进教师2人。晋升副高级职称3人。

【教学工作】本科教学方面。完善运动训练专业本科生培养计划，增加副项教学和普修课学分比例。修订学生体质测试管理办法。运动训练专业获批国家、广东省一流本科专业建设点。完成全校826个班、26 432学时的公共体育教学任务。落实教育部学生体质健康测试要求，常规体质测试试行"大一大二随堂测试、大三大四集中测试"。1人获"2021年度卓越大学联盟高校教师教学创新大赛"总决赛中级组第二名。

研究生教学方面。拓宽招生渠道，加大招生宣传，提升生源质量。提升研究生科研能力，组织学生参加各类学术会议和各类学术沙龙。

【科研工作与对外学术交流】2021年实到科研经费269.6万元，其中，纵向经费106.8万元、横向经费162.8万元。新立项项目38项，其中，国家级项目3项、部省级项目6项、其他29项。申请实用新型专利4项、软件著作权2项；获授权实用新型专利4项。发表SCI论文1篇，EI论文2篇。成立学校体育影像制作与分析中心。初步建成运动康复中心。

对外学术交流方面。通过线上线下多种形式开展学术报告、学术沙龙、专题研讨等对外学术交流活动，活跃学术氛围。

【群众体育】开展"师生健康，中国健康"校园体育活动，举办"金阳光杯"单项品牌赛事，千余名师生参与。举办首届学生趣味运动会，组织全校学生田径运动会，开展2022年耐克高校精英公路接力跑选拔赛等体育活动，创建良好校园体育文化氛围。

【竞技体育】田径、篮球、足球、乒乓球、游泳5个高水平运动队和网球、羽毛球、排球、健美操、武术等12个项目代表队，在省级及以上大型体育竞赛中共获82项冠军、34项亚军、32项季军。11名教练员、36名学生代表广东省参加第十四届全国学生运动会，学生独立或联合参赛共获12金4银6铜，学校连续八届捧得"校长杯"。承担第十四届全国学生运动会广东省代表团大学组田径、乒乓球和中学组乒乓球组队工作，获广东省表彰。

【综合管理】加强内部治理，完善党委会会议、党政联席会议制度，严格执行"三重一大"决策制度，召开学院党委会会议17次、党政联席会议30次。推进民主监督工作，发挥二级纪委、工会教代会监督作用。推进五山校区东区运动场修缮、道明游泳馆和广州国际校区体育场馆建设。

设 计 学 院

【党建与思想政治工作】2021年共发展党员72名，其中，本科生50名、研究生22名。学院共有党员217名，其中，教工党员49名、学生党员168名（研究生102名、本科生66名）。共有党支部9个，其中，教工党支部4个、研究生党支部3个、本科生党支部2个。扎实开展党史学习教育，组织集中学习17次，筹办"献礼建党百年 传承红色基因 经典美术作品中的党史"展览，依托展览组织开展形式多样的党史学习教育。结合纪律教育学习月活动，深入推进师德师风建设。推进学生思想政治工作，学院书记、院长为学生上思政课4次、讲授专题党课2次。

【学科与队伍建设】在软科"中国最好大学学科排名"中，工业设计位居全国第8名。以全国第五轮学科评估为契机，完成艺术硕士专业学位的申报，并报教育部审批。

队伍建设方面。引进教师5人。获聘正高级专业技术职务1人，副高级专业技术职务1人，博士后副研究员1人。1人获评广东省南粤优秀教师。晋升正高级职称1人、副高级职称1人。

【教学工作】本科生教学方面。对接区域产业人才需求，调整本科人才培养计划。创新教学模式，开设网络课程42门。加强课程思政建设，获校级课程思政示范课2门，获省级思政教学团队1个、省级示范课程1门。学生在第十四届"高教杯"全国大学生先进成图技术与产品信息建模创新大赛中，获团体二等奖、产品建模个人一等奖1项。1人主讲的课程获广东省特等奖、全国二等奖。

研究生教学方面。举办优秀大学生夏令营，严把研究生招生入口关，提升生源质量。以赛促研，研究生获省级以上奖项4项。

【科研工作与对外学术交流】2021年实到科研经费249.4万元，其中，纵向经费52万元、横向经费197.4万元。新立项目19项，项目经费56万元，其中，部省级项目9项、其他10项。申请发明专利2项、实用新型专利40项、软件著作权2项；获授权专利44项，其中，发明专利5项、实用新型专利39项。发表SCI论文20篇、EI论文13篇。获批广东省人文社会科学普及美育实践基地2个。

对外交流方面。邀请国内外知名学者来校讲学10次。推进与日本千叶大学联合培养项目。

【综合管理】落实党政联席会议、党委会会议、"三重一大"集体决策制度，召开学院党委会会议11次、党政联席会议16次。改善办学环境，完成A5栋22间专业教室翻新工程。完善实验室安全管理体系，优化防疏结合的实验室网格化管理。加强实验室安全教育和宣传，组织师生进行消防安全演练。召开教职工大会7次，召开教师座谈会3次。

医 学 院

【党建与思想政治工作】2021年共发展党员36名，其中，本科生党员13名、研究生党员23名。学院共有党员265名，其中，教工党员45名、学生党员220名（本科生党员24名、研究生党员196名）。共有党支部9个，其中，教工党支部2个、研究生党支部5个、本科生党支部2个。开展党史学习教育，制订党史学习教育工作方案，组织党员参观广州农民运动讲习所旧址、观看爱国主义影视剧等，弘扬伟大建党精神。以纪律教育学习月为契机，举办师德师风主题宣讲会。加强学风建设，通过举办学习交流主题班会、专业介绍讲座、交流分享会等方式，营造良好学习氛围。

【学科与队伍建设】完成临床医学专业全国第五轮学科评估工作。获批临床医学专业学位硕士点。申报基础医学博士点进入教育部备案环节。

队伍建设方面。引进长聘教授1人、预聘副教授1人、预聘助理教授2人。晋升正高级职称1人、副高级职称2人。新增硕士研究生指导教师63人、博士研究生指导教师12人，新增兼岗硕士研究生指导教师15人、博士研究生指导教师4人，新增专业学位硕士研究生指导教师12人。

【教学工作】本科教学方面。获批校级一流课程2门、校级教研教改项目4项、校级探索性实验项目1项、国家级大学生创新创业训练计划项目2项。教师获广东省高校教师教学创新大赛二等奖1项。学生在第七届中国国际"互联网+"大学生创新创业大赛全国总决赛中获银奖1项，在第七届全国大学生基础医学创新研究暨实验设计论坛中获全国赛银奖、铜奖各1项。完成对附属广东省人民医院临床教学基地的评审工作。

研究生教学方面。发挥附属医院临床特色优势，增设特色专业课程。坚持临床与基础贯通、医学与工科融合的联合培养思路，持续完善医学学士—硕士—博士人才培养体系。

【科研工作与对外学术交流】2021年实到科研经费622万元，其中，纵向经费620.24万元、横向经费1.76万元。获批国家自然科学基金项目11项，其中，重点项目1项、国际（地区）合作与交流项目2项、其他8项。获授权专利16项，申请公开专利22项。发表科研论文84篇。成立临床医学研究院、生物医药材料创新技术与应用研究所，与清远市人民医院合作成立胰腺癌联合实验室。

加强对外学术交流。开展线上海外名师讲授学分课程以及国际学科无界讲堂等项目，师生参与国内学术交流并做学术报告10次。

【综合管理】贯彻落实"三重一大"决策制度，制定或修订医学院学术成果署名规范、医学院印章管理规定、医学院仪器设备资产调配调拨实施细则等系列文件，推进管理工作制度化、规范化。召开学院党委会会议17次、党政联席会议15次。

【附属医院建设与管理】学校与佛山市南海区人民政府、南海区人民医院签署合作协议，南海区人民医院成为华南理工大学附属第六医院，与南海区人民政府合作共建华南理工大学综合癌症中心，打造国内一流、世界知名的综合癌症示范中心。建立与附属第二医院联合申报科研项目的合作机制，推动附属医院和合作医院科研成果署名规范化工作。

生物医学科学与工程学院

【党建与思想政治工作】2021年共发展党员13名，其中，本科生5名、研究生8名。学院共有党员94名，其中，教工党员19名、学生党员75名（研究生党员69名、本科生党员6名）。共有党支部4个，其中，教工党支部1个、研究生党支部3个。成立生物医学科学与工程学院党总支。开展党史学习教育，组织开展各类学习活动80多次，开展"我为师生办实事"10项。定期召开教师大会、教师队伍建设交流会等，提升师德素养。探索思政教育新形式，抓好理想信念教育，打造"生医思政学堂""开学第一课""院长邀约"等系列活动。

【学科与队伍建设】生物医学工程进入软科"世界一流学科排名"51～75区间，"中国最好学科排名"保持前10%。

队伍建设方面。2人入选国家级青年人才项目，2人入选省级青年人才项目。引进预聘副教授1人、预聘助理教授1人；教研系列教师到岗4人，流动站博士后入站3人，企业博士后入站5人。晋升正高级职称1人。

【教学工作】本科教学方面。首次以"631"综合评价方式招生，满额完成招生计划。获批国家级一流本科专业建设点1个。在本科生培养方案中增设"生物医学工程探索与设计"导论课，培养学生运用科学和工程知识解决问题的能力。新增工程创新训练实践课、集中实践课程等9门。新增生物医学领域本科联合培养基地1个。加强教学质量保障体系建设，成立教学质量监督小组。

研究生教学方面。强化研究生培养过程管理，修订更新硕博研究生申请毕业和学位学术成果要求，完善研究生助教制度。强化校企协同培养，试行研究生"分类"培养和"分类"评价，专业硕士推行双导师制，联合校外实习基地单位招收硕士，联合深圳市药品检验研究院等招收工程博士。新增生物医学领域研究生联合培养基地1个。

【科研工作与对外学术交流】2021年实到科研经费1903.03万元,其中,纵向经费1782.36万元、横向经费120.67万元。新立项项目32项,项目经费2606.5万元,其中,国家级项目6项、部省级项目15项、其他11项。申请发明专利17项,国际专利2项;获授权专利11项。发表SCI论文50篇、EI论文2篇、ESI论文1篇。推动产业转化,实现成果转化1项。获部省级科学技术类奖项4项,其中,广东省自然科学奖一等奖1项。

对外交流方面。选派1名学生参加国家基金委项目,1名学生参加鲁汶大学"2+2"联合培养项目,5名学生完成暑期境外线上课程项目。师生参加全国性学术活动并作学术报告43次,举办海内外优秀青年学者云论坛2场,举办国内外学术报告会6场。

【综合管理】全面进驻广州国际校区C1栋楼,完成26间实验室和研讨室改造。推进学院分析测试中心、创研创新实验中心(2021年9月启用)和模式动物中心3个分中心建设,生物医学学科公共平台初具雏形。强化内部治理,制定或修订各类规章制度9项,召开学院院务会议10次、党政联席会议4次。

吴贤铭智能工程学院

【党建与思想政治工作】2021年共发展党员9名,全部为研究生。学院共有党员74名,其中,教工党员9名、学生党员65名(全部为研究生);研究生党员占研究生总人数的88%。共有党支部5个,其中,教工党支部1个、研究生党支部4个。扎实开展党史学习教育,举办庆祝建党100周年主题党日活动,开展专题学习24次、领导班子读书日活动4次,为师生办实事10件。创新支部设置,按科研方向纵向设置党支部,将支部建立在科研团队中,由团队负责人担任党支部书记。组织党总支书记、党支部书记上党课,1人获学校基层党支部书记素质能力竞赛三等奖。1人获全国高校"百名研究生党员标兵"。加强师德师风建设,召开师德师风宣讲会。结合"开学第一课"等,引导学生扣好"第一粒扣子"。

【学科与队伍建设】加强新工科交叉学科建设,学科领域涉及人工智能、机器人、智能制造、智能医疗等多个方向。

加强人才引育。成立学院人才引进师德师风评估小组,通过多种途径对引进的人才进行综合评估。2021年引进各类人才14人,其中已到岗7人。1人获评广州市高层次人才。

【教学工作】本科教学方面。开设机器人工程和智能制造工程2个本科专业。首次以"631"综合评价方式招生,满额完成招生计划。为本科新生配备学业导师,在学业上、思想上引导学生全方位成长。建设校级一流本科课程1门、广州国际校区一流本科课程1门。学生获美国大学生数学建模竞赛一等奖3人,获全国大学生数学建模竞赛一等奖9人,获全国大学生机械工程创新创意大赛初赛一等奖5人。

研究生教学方面。聚焦智能制造等学

科方向的前沿科技和研究领域，开设6门研究生特色专业课程、2门线上线下混合课程。激发研究生科研兴趣，加强研究生前沿科研领域指导。

【科研工作与对外学术交流】2021年实到科研经费589.5万元，其中，纵向经费171万元、横向经费418.5万元。新立项项目14项，其中，国家级项目2项、部省级项目5项、其他项目7项。申请发明专利25项；获授权专利15项，其中，发明专利8项、实用新型专利2项、国际专利5项。发表SCI论文32篇，EI论文3篇。筹建华工－中集智能制造联合实验室。

对外交流方面。教研人员参加IEEE国际会议等学术会议17场，邀请国际专家来校讲座讲学2次。

【综合管理】加强内部治理，召开学院党政联席会议15次。规范业务流程，实施办公室人员外出公务登记制度、管理人员请假审批制度和公务用章审批备案制度。开展实验室安全讲座，制定实验室管理制度和应急预案，实施实验室负责人制，责任落实到人。完成3个本科教学实验室、4个实践实验室及5个科研实验室建设。

前沿软物质学院

【党建与思想政治工作】分子科学与工程学院党总支更名为前沿软物质学院党总支。2021年共发展党员22名，其中，教工党员1名、学生党员21名（全部为研究生）。学院共有党员125名，其中，教工党员23名、学生党员102名；共有党支部5个，其中，教工党支部1个、研究生党支部4个。扎实开展党史学习教育，制定工作方案，开展各类活动15次。教工党支部与佛塑科技工程中心党支部开展"学党史齐发展，助力协作创新"结对共建，推进党建工作和业务工作深度融合。教工党支部获广东省教育系统"先进基层党组织"。加强师德师风建设，召开师德师风宣讲会。结合学院特色，开展系列丰富多彩的活动。

【学科与队伍建设】对标世界一流大学，以"学院＋高端研究院"为新型学科载体，推动"软物质科学与工程"交叉学科发展。

加强人才引育。推动国际校区聘用制度与研究院原有教师人员管理制度及聘用方式的并轨。召开2021年国际学术委员会线上评审会议，引进海外人才7人。

【教学工作】本科生教学方面。修订学院本科教学大纲，新开设"战略前沿材料与智造""计算材料学"等20门专业课。加强本科生创新课程的竞赛指导，学生获第七届中国国际"互联网＋"大学生创新创业大赛奖项5项，获第十三届全国大学生数学竞赛省赛一等奖1项，获第八届粤港澳台大学生创新创业大赛二等奖1项。

研究生教学方面。开设软物质结构与表征等25门研究生专业课。创新研究生考评标准，实施"研究生累积考试"。研究生在国际高水平刊物上发表文章近40篇。

【科研工作与对外学术交流】2021年实到科研经费5270万元，其中，纵向经费5189万元、横向经费81万元。新增获批各类项目28项,其中,首次获批国家自然科学基金优青项目。申请专利28项,获授权专利12项,申请国际PCT 2项。发表高水平论文近60篇。创刊的Giant国际期刊被SCOPUS和ESCI收录。

加强对外学术交流。举行学术报告、短期讲学以及国际会议共25次,邀请多位外籍院士和外国专家深入交流。

【综合管理】建立健全管理制度体系,制定人才、学科、行政等各类管理制度共35项。加强大型仪器平台建设,新增大型仪器平台设备3台(套),价值919.82万元。召开学院(研究院)管理委员会会议2次、全体教授会议3次。

微电子学院

【党建与思想政治工作】成立微电子学院党总支。学院共有党员66名,其中,教工党员19名、研究生党员47名。共有党支部3个,其中,教工党支部1个、研究生党支部2个。扎实开展党史学习教育,制定工作方案,全年开展专题学习20余次。加强思想政治和师德师风建设,开展师德师风建设月活动,包括开展学院师生座谈会,组织全体老师学习贯彻习近平总书记给全国高校黄大年式教师团队代表重要回信精神,开展海外引进教师师德师风学习研讨会等。打造学院特色文化品牌活动——IC科技文化节,开展微芯学堂等丰富多彩的活动。

【学科与队伍建设】获批粤港澳大湾区唯一一个集成电路科学与工程一级学科博士点,获批省高层次集成电路人才培养创新项目。校级微纳电子学科公共平台建设方案通过专家论证,总投资3.79亿元。

加大人才引育力度。引进预聘副教授和预聘助理教授各1名,新增4位客座教授和3位兼职教授。现有教师26人,83%成员具有海外学习或工作背景,多名成员具有在国际顶级企业及研究中心超过10年的研发经验。

【教学工作】本科生教学方面。开设22门学科基础课、8门选修课,教授、副教授为本科生授课率达100%。集成电路设计与集成系统专业恢复招生。微电子科学与工程申报国家级一流专业,半导体器件申报校级一流课程。完成校级微电子科学与工程专业核心课程群教学示范团队建设,建设6门专业核心课程。全面推进全英专业、全英课程和双语课程建设,新开设6门全英课程。获批教育部产学合作协同育人项目1项。本科实验平台建设完工验收。本科生合计61支队伍133人次参加2021年美国大学生数学建模竞赛、2020 APMCM亚太杯数学建模竞赛、2021年全国大学生电子设计竞赛等多项比赛,获得市级以上特等奖及特等奖提名奖3项、一等奖9项、二等奖19项、三等奖22项、优秀奖8项。

研究生教学方面。新增博士课程1门、硕士课程4门,与工业和信息化部电子第五研究所联合开设研究生课程1门。新增工程博士跨领域产教融合协同育人项目合作企业3个,新增专业硕士联合培养项目合作企业2个。研究生合计21支队伍62人次参加第五届全国大学生集成电路创新创业大赛、2021年广东省集成电路 EDA 开发应用技能竞赛等多项比赛，获市级以上特等奖 1 项、一等奖 3 项、二等奖 9 项、三等奖 8 项。

【科研工作与对外学术交流】2021 年实到科研经费 498.81 万元，其中，纵向经费 197.1 万元、横向经费 301.71 万元。新增纵向项目 16 项，合同经费 719.5 万元，其中，国家级项目 2 项、部省级项目 7 项、其他政府项目 7 项；新增横向项目 14 项，合同经费 189.42 万元。获授权专利 37 项，发表 SCI/EI 论文 25 篇。强化产学研合作，新增与行业领军企业广州粤芯半导体技术有限公司等合作项目 3 项，与高新技术企业普源精电科技股份有限公司等合作项目 6 项，与知名研究机构中国科学院光电技术研究所等合作项目 3 项。"GaN 核心器件研究"等 6 项科研成果成功转化。获 2021 年中国电子学会科技进步二等奖 1 项。

加强对外学术交流。选派 2 名学生参加线上国际学术会议并做口头报告。8 名本科生参加鲁汶大学"2+2"联合培养双学位项目。16 名学生参加与 UIUC、伊利诺伊大学等合作举办的暑期课程。

【综合管理】推进建章立制，制定"三重一大"决策制度等 10 多项管理制度，召开院务会 17 次。加强管理队伍建设，完善管理人员配置，强化岗位职责。加强学院网站和公众号"华南理工微电子"运营。

未来技术学院

【党建与思想政治工作】学院现有党员 8 名（均为教工），党支部 1 个。扎实开展党史学习教育，制定工作方案，开展支部共建活动，开展理论学习、专题研讨会等。开展师德师风教育，引导教师做学生健康成长的指导者和引路人。加强学生理想信念教育，通过开学第一课、新生引导课、院长讲党课、主题班会等多种形式引导学生树立正确的人生观、价值观。

【学科与队伍建设】探索学科交叉融合发展新机制，围绕人工智能前沿技术和跨学科交叉领域，在数字人与未来生活、数字基建与未来社会 2 个方向开展研究。建立未来技术前沿交叉研究院，举办前沿交叉科技论坛和前沿交叉科技设计大赛，推动学科发展。

加强师资队伍建设。引进校内外合作师资，与校内 28 名兼岗导师达成合作意向；聘请校内外金融、医学、企业等领域专家为兼职教授。

【教学工作】本科教学方面。加强本科招生宣传，通过招生宣讲会、线下咨询等，吸引优秀生源。制定人工智能和大数据专业培养方案。人工智能、数据科学与大数据技术 2 个本科专业获教育部批准。建立跨学科学业导师制度，遴选 23 位跨学科学业导师，助力学生全方面发展。实施项目制实践教学及课外竞赛等教学改革，完成 27 个开放式项目课题申报。建立教学质量监管制度，现场听课与常规教学中期检查相结合，提高教学质量。

研究生教学方面。加强研究生招生宣传，开展研究生夏令营等。获批工程类博士专业学位研究生跨领域产教融合协同育人项目。完成首期人工智能硬件实验室、大数据综合实验室（百度）、混合现实与智能交互实验室等研究生教学平台建设。

【科研工作与对外学术交流】建设跨学科交叉的"数字孪生人"创新科研平台，申报2022年度广东省"数字孪生人"重点实验室。申请发明专利21项。发表高水平论文2篇，推进"华南理工大学－京东""华南理工大学－金赛"2个联合实验室共建项目。与无锡经济开发区、无锡市科技局签署共建未来技术学院的合作协议。

加强对外学术交流。推动与意大利都灵理工大学在人工智能、大数据领域的联合人才培养项目和海外交流基地建设。组织8场交叉学科海外名师讲堂，邀请国际顶级名校教师开展讲座。

【综合管理】优化内部管理，成立学术分委员会等7个管理机构，制定17项管理制度。组建安全管理工作小组，制订实验室安全巡查制度，落实实验室安全责任人，排除安全风险隐患。

资料　院（系）2021年情况一览表

院（系）名称	学科与专业（个）					教职工（人）				学生（人）			
	博士后流动站	一级博士学位授权点	博士学位授权点	硕士学位授权点	本科专业	教授（正高）	副教授	高级工程师或其他副高	教职工总数	博士生	硕士生	本科生	学生总数
机械与汽车工程学院	3	6	6	7	6	97	65	24	304	340	1250	2088	3678
建筑学院	3	3	4	7	3	42	49	6	149	244	874	943	2061
土木与交通学院	4	4	6	6	9	61	81	8	225	251	1400	1822	3473
电子与信息学院	2	2	2	2	1	41	41	17	153	230	742	1345	2317
材料科学与工程学院	2	4	5	5	8	107	50	46	278	489	1129	1514	3132
化学与化工学院	2	3	11	11	4	99	63	1	237	328	885	1094	2307
轻工科学与工程学院	1	1	2	2	2	34	14	33	110	149	383	313	845
食品科学与工程学院	1	1	7	7	2	53	28	12	129	280	716	501	1497
数学学院	1	1	1	1	3	28	55	0	110	66	168	1061	1295

续表

院（系）名称	学科与专业（个）					教职工（人）				学生（人）			
	博士后流动站	一级博士学位授权点	博士学位授权点	硕士学位授权点	本科专业	教授（正高）	副教授	高级工程师或其他副高	教职工总数	博士生	硕士生	本科生	学生总数
物理与光电学院	2	1	2	2	2	37	29	12	110	83	170	649	902
经济与金融学院	1	1	1	5	3	22	27	1	85	56	479	1301	1836
旅游管理系	0	0	1	2	2	5	9	0	26	15	68	227	310
电子商务系	1	1	1	3	2	10	13	0	41	22	302	516	840
自动化科学与工程学院	1	1	1	1	2	36	26	6	110	142	551	1213	1906
计算机科学与工程学院	1	1	1	2	4	32	39	1	122	147	570	1418	2135
电力学院	2	2	3	3	3	48	37	13	141	197	883	1725	2805
生物科学与工程学院	1	1	1	2	3	25	24	3	74	137	482	581	1200
环境与能源学院	1	1	2	2	6	55	16	13	98	263	587	553	1403
软件学院	1	1	1	1	1	14	14	1	72	80	428	1436	1944
工商管理学院	2	2	2	7	6	49	46	0	159	186	1893	1359	3438
公共管理学院	1	1	1	1	1	21	20	0	62	70	1040	293	1403
马克思主义学院	1	1	1	2	0	17	22	0	62	78	422	0	500
外国语学院	0	1	1	2	2	16	22	0	105	0	172	393	565
法学院（知识产权学院）	1	1	1	8	2	23	26	—	75	14	607	664	1285

学 院

续表

院（系）名称	学科与专业（个）					教职工（人）				学生（人）			
	博士后流动站	一级博士学位授权点	博士学位授权点	硕士学位授权点	本科专业	教授（正高）	副教授	高级工程师或其他副高	教职工总数	博士生	硕士生	本科生	学生总数
新闻与传播学院	1	0	0	2	3	20	18	1	60	0	314	580	894
艺术学院	0	0	0	1	3	4	20	2	57	0	58	488	546
体育学院	0	0	0	1	1	13	30	1	81	0	111	189	300
设计学院	0	0	0	2	4	18	26	0	86	0	1105	306	1411
医学院	0	0	0	1	2	20	13	1	104	180	499	317	996
生物医学科学与工程学院	2	4	4	5	1	9	6	0	44	71	136	189	396
吴贤铭智能工程学院	1	0	0	2	2	2	17	0	28	44	92	290	426
前沿软物质学院	0	0	0	0	1	22	7	1	65	115	149	115	379
微电子学院	1	2	3	2	2	8	9	3	38	26	198	437	661
未来技术学院	0	0	0	0	2	2	3	1	11	0	0	145	145
合计	40	48	71	107	92	1090	965	207	3611	4303	18 863	26 065	49 231

注：统计时点为2021年12月31日。

表彰与奖励

2021年获得市级以上表彰或奖励的部分单位和个人

一、获得表彰与奖励的单位

授奖部门	获奖称号	获奖单位
中共中央　国务院	全国脱贫攻坚先进集体	华南理工大学驻孔美村扶贫工作队
共青团中央	第十三届中国青年志愿者优秀组织奖	"动友公益"特类人群运动帮扶青年志愿服务队
共青团中央	2021年全国大中专学生志愿者暑期"三下乡"社会实践活动优秀团队	"材子'乡'约寻迹未来"实践队
教育部关工委	全国教育系统关工委先进集体	华南理工大学关工委名师报告团
中共广东省委	广东省先进基层党组织	建筑学院党委
广东省委宣传部　广东省文明办　共青团广东省委员会　广东省教育厅　广东省学生联合会	广东省暑期"三下乡"社会实践活动优秀单位	华南理工大学
共青团广东省委员会	广东省五四红旗团支部	电气工程及其自动化专业2017级5班团支部
	2020—2021年度"广东省五四红旗团支部"	电子与信息学院信息工程专业2017级冯秉铨实验班团支部、电力学院电气工程及其自动化专业2017级5班团支部
共青团广东省委员会　广东省青年联合会	第二十三届"广东青年五四奖章"提名奖集体	李莎支教团
广东省青年联合会	广东省优秀学生会	华南理工大学学生会
广东省教育厅	广东省绿色学校	华南理工大学

表彰与奖励

续表

授奖部门	获奖称号	获奖单位
中共广东省委教育工委	广东省教育系统先进基层党组织	机械与汽车工程学院党委、分子科学与工程学院软物质研究院教工党支部、轻工科学与工程学院教工第二党支部

二、获得表彰与奖励的个人

授奖部门	授奖称号	获奖者
共青团中央	全国优秀共青团员	李 莎
教育部办公厅	百名研究生党员标兵	蔡思祺
教育部关工委	全国教育系统先进工作者	伍德昌
教育部关工委	全国教育系统突出贡献者	曾惠典
国家教材委员会	全国教材建设先进个人	黄石生
中华全国妇女联合会	全国三八红旗手	王永华
中共广东省委	广东省优秀共产党员	苏秋斌
中共广东省委	广东省优秀党务工作者	王晓丽
中共广东省委	全省百名优秀党史宣讲员	莫岳云
广东省人民政府	广东省脱贫攻坚先进个人	苏健裕
云南省人民政府	支援云南省脱贫攻坚先进个人	周雪松 鲁 明 毛善超
云南省人民政府	云南省脱贫攻坚先进个人	张 健 刘卫忠
共青团广东省委员会	广东省百佳团支部书记	谢泽宇
共青团广东省委员会	广东省优秀共青团员	魏凤凤 冼家进 郑炽彬 王翠华 徐 哲 兰雨潇 林曼婷 张 博 李心雨 张恩恺
共青团广东省委员会	广东省优秀共青团干部	申宏宇
广东省青年联合会	广东省优秀学生骨干	许静姝 杨彦青 凌 浩

续表

授奖部门	授奖称号	获奖者
广东省总工会	广东省五一劳动奖章	吴波
广东省乡村振兴局	广东省脱贫攻坚突出贡献个人	苏秋斌 韩红操 张玉彪
中共广东省委教育工委	广东省教育系统优秀共产党员	王迎军 韦岗
	广东省教育系统优秀党务工作者	欧阳斌 魏争
中共广东省委教育工委 广东省教育厅 广东省人力资源和社会保障厅 广东省总工会	南粤优秀教师	邓雪 姜立军 苏平 王晓丽 张晓晴
	南粤优秀教育工作者	朱献珑
广东省学位与研究生教育学会德育工作委员会	广东省研究生德育工作先进个人	蒋连霞
广东省科学技术协会	广东"最美科技工作者"	何镜堂

2021年获得学校表彰或奖励的部分单位和个人

一、获得表彰与奖励的单位

华南理工大学先进基层党组织

轻工科学与工程学院党委
食品科学与工程学院党委
电力学院党委
环境与能源学院党委
体育学院党委
广州国际校区党委
资产经营有限公司党委
新冠肺炎疫情防控党员突击队临时党委
机关党委保卫处党支部
机关党委组织统战党支部
机关党委财务处党支部
机械与汽车工程学院本科生第三党支部
机械与汽车工程学院汽车工程系党支部
建筑学院研究生2018级建筑学硕党支部
建筑学院建筑技术教师党支部
土木与交通学院交通运输工程党支部

土木与交通学院本科生船海水工党支部
电子与信息学院办公室党支部
电子与信息学院2018级硕士3班党支部
材料科学与工程学院光电材料党支部
材料科学与工程学院办公室党支部
材料科学与工程学院本科生第一党支部
化学与化工学院教工第三党支部
化学与化工学院2018级硕士研究生第三党支部
化学与化工学院教工第五党支部
轻工科学与工程学院教工第一党支部
轻工科学与工程学院教工第六党支部
食品科学与工程学院本科生党支部
食品科学与工程学院轻化工研究所教工党支部
食品科学与工程学院办公室实验室教辅人员党支部
数学学院应用数学本科生党支部
物理与光电学院应用物理系党支部

经济与金融学院金融学系教师党支部	公共管理学院区域发展与治理评价中心党支部
经济与金融学院本科生金融第一党支部	马克思主义学院基础教研室党支部
经济与金融学院办公室党支部	马克思主义学院2018级硕士生党支部
旅游管理系办公室党支部	外国语学院印度洋岛国研究中心党支部
电子商务系物流专硕党支部	法学院法学（民商与知识产权）硕士党支部
自动化科学与工程学院教工第二党支部	新闻与传播学院品牌传播系教工党支部
自动化科学与工程学院教工第一党支部	新闻与传播学院网络传播系党支部
计算机科学与工程学院教工第五党支部	艺术学院教工第一党支部
计算机科学与工程学院本科生第三党支部	体育学院公共体育系党支部
电力学院办公室党支部	设计学院本科生党支部
电力学院2018级博士党支部	医学院教师党支部
生物科学与工程学院发酵工程博士党支部	广州国际校区办公室党支部
生物科学与工程学院生物工程系党支部	继续教育学院教工第二党支部
环境与能源学院办公室党支部	图书馆第一党支部
环境与能源学院新能源研究所党支部	校医院第三党支部
软件学院本科生第一党支部	资产经营有限公司建筑设计院公司党委
工商管理学院工业工程系党支部	离退休教工党委无机材料退休党支部
工商管理学院管理学系党支部	离退休教工党委计算机学院退休党支部
工商管理学院本科生第一党支部	离退休教工党委化工所党支部
公共管理学院公共管理与公共政策研究所党支部	附属中小幼党总支附属实验学校党支部

2020—2021学年度校园十佳班集体

建筑学院	2019级建筑学2班
土木与交通学院	2019级工程力学创新班
电子与信息学院	2018级信息工程创新班
材料科学与工程学院	2018级材料类全英创新甲班
数学学院	2019级数学与应用数学（统计学）班
经济与金融学院	2020级经济学类3班
电力学院	2019级电气工程及其自动化5班
工商管理学院（创业教育学院）	2019级财务管理班
艺术学院	2019级舞蹈学班
分子科学与工程学院	2019级分子科学与工程班

2020—2021学年度先进班集体

机械与汽车工程学院

2018级材控（金属）	2018级车辆工程1班
2018级车辆工程2班	2018级机械电子1班
2018级机械工程卓越双语班	2019级机械工程1班
2019级机械工程卓越双语班	2020级机械工程卓越双语班

建筑学院

2019级城乡规划1班	2020级城乡规划2班
2020级建筑学1班	

土木与交通学院
 2019 级道路与桥梁工程 1 班   2019 级交通工程 1 班
 2019 级土木卓越全英班   2020 级工程力学创新班
 2020 级土木卓越全英班

电子与信息学院
 2019 级信息工程 1 班   2019 级信息工程 6 班
 2019 级信息工程创新班   2020 级信息工程 5 班

材料科学与工程学院
 2018 级电子材料科学与技术（电子材料与元器件） 2019 级高分子材料与工程 1 班
 2019 级电子材料科学与技术（电子材料与元器件） 2020 级材料类 4 班
 2020 级材料类全英创新班

化学与化工学院
 2018 级能源化学 2 班   2019 级化学类创新班
 2019 级应用化学 1 班   2019 级应用化学 2 班
 2020 级化学类（强基计划班）

轻工科学与工程学院
 2018 级资源环境科学   2020 级轻工类 1 班

食品科学与工程学院
 2018 级食品科学与工程（食品营养与健康） 2020 级食品科学与工程类 3 班

数学学院
 2019 级数学类创新班   2020 级数学类 2 班

物理与光电学院
 2019 级应用物理学（严济慈英才班）

经济与金融学院
 2019 级经济学创新班   2019 级经济学类 5 班
 2020 级经济学类 5 班

旅游管理系
 2020 级旅游管理类 2 班

电子商务系
 2019 级电子商务类 2 班   2019 级电子商务类 1 班

计算机科学与工程学院
 2020 级计科全英创新班   2020 级计科全英联合班
 2019 级计算机科学与技术 1 班

电力学院
 2020 级电气工程 1 班   2018 级电气工程卓越 1 班
 2019 级电气工程及其自动化 4 班   2018 级电气工程 2 班

生物科学与工程学院
 2018 级生物技术班   2019 级生物技术班

环境与能源学院
 2019 级环境工程中澳班

软件学院
　　2019 级软件工程卓越班　　　　　　　　2019 级软件工程 2 班
　　2020 级软件工程 3 班　　　　　　　　　2020 级软件工程 1 班

工商管理学院（创业教育学院）
　　2018 级会计学 1 班　　　　　　　　　　2019 级工商管理类 1 班
　　2019 级工商管理类 3 班　　　　　　　　2020 级会计学 1 班

公共管理学院
　　2019 级行政管理 1 班

外国语学院
　　2019 级商务英语 2 班　　　　　　　　　2020 级商务英语 2 班

法学院
　　2019 级法学 2 班　　　　　　　　　　　2019 级法学卓越班

新闻与传播学院
　　2019 级传播学 2 班　　　　　　　　　　2019 级传播学"2＋2"联合班

艺术学院
　　2020 级舞蹈学班

设计学院
　　2019 级工业设计实验班　　　　　　　　2019 级环境设计 2 班
　　2020 级工业设计 1 班　　　　　　　　　2020 级产品设计 2 班

医学院（生命科学研究院）
　　2020 级医学影像学班

生物医学科学与工程学院
　　2019 级生物医学 1 班

吴贤铭智能工程学院
　　2020 级智能制造班

2020—2021 学年度共青团组织先进集体

先进团委
　　建筑学院团委　　　　　　　　　　　　　计算机科学与工程学院团委
　　土木与交通学院团委　　　　　　　　　　电力学院团委
　　电子与信息学院团委　　　　　　　　　　生物科学与工程学院团委
　　材料科学与工程学院团委　　　　　　　　工商管理学院团委
　　食品科学与工程学院团委　　　　　　　　公共管理学院团委
　　经济与金融学院团委　　　　　　　　　　外国语学院团委
　　自动化科学与工程学院团委　　　　　　　艺术学院团委

先进团支部
机械与汽车工程学院
　　2017 级车辆工程 2 班团支部　　　　　　2018 级车辆工程 2 班团支部
　　2018 级机械工程（卓越双语班）团支部　 2019 级机械工程（卓越双语班）团支部
　　2018 级车辆 1 班团支部

建筑学院
2018 级城乡规划 1 班团支部
2018 级风景园林专业第一团支部
2019 级城乡规划专业 2 班团支部
2019 级建筑学院建筑学 2 班团支部

土木与交通学院
2018 级土木工程 2 班团支部
2018 级土木工程 1 班团支部
2018 级交通运输班团支部
2019 级工程力学创新班团支部
2019 级交通工程 2 班团支部
2019 级交通工程 1 班团支部

电子与信息学院
2018 级信息工程专业 6 班团支部
2018 级信息工程专业 3 班团支部
2019 级信息工程专业 3 班团支部
2019 级信息工程专业 1 班团支部
2019 级信息工程专业中法班团支部

材料科学与工程学院
2019 级硕士 3 班团支部
2018 级材料化学专业材料化学班团支部
2018 级高分子材料与工程专业 2 班团支部
2019 级光电材料与器件专业 2 班团支部
2019 级电子材料与器件班团支部
2018 级材料类创新 1 班团支部

化学与化工学院
2019 级化学类专业创新班团支部

轻工科学与工程学院
2018 级资源环境科学班团支部
2019 级轻工类专业 2 班团支部

食品科学与工程学院
2018 级食品科学与工程第三团支部
2019 级食品科学与工程第一团支部
2019 级食品科学与工程（营养与健康）团支部
2020 级食品科学与工程第三团支部

数学学院
2019 级数学与应用数学专业统计班团支部
2018 级数学与应用数学专业统计班团支部
2020 级数学类 3 班团支部
2020 级数学类 4 班团支部

物理与光电学院
2020 级物理学类 3 班团支部

经济与金融学院
2018 级经济学专业创新班团支部
2019 级经济学类第五团支部
2019 级经济学创新班团支部
2020 级本科生第三团支部
2019 级经济学类第四团支部

旅游管理系
2018 级旅游管理系会展班支部委员会
2020 级旅游管理系旅游管理专业 2 班支部委员会

自动化科学与工程学院
2019 级自动化专业创新班支部委员会

计算机科学与工程学院
2019 级计算机技术专业专硕班团支部
2019 级计算机科学与技术专业 1 班团支部
2019 级计算机科学与技术专业全英联合班团支部

电力学院
    2017 级电气工程及其自动化专业 5 班支部委员会
    2017 级电气工程及其自动化专业卓越班支部委员会
    2018 级电气工程及其自动化专业卓越 1 班支部委员会
    2019 级电气工程及其自动化专业 5 班支部委员会
    2019 级电气工程及其自动化专业 3 班团支部
    2020 级电气类专业卓越班支部委员会

生物科学与工程学院

2018 级生物技术班团支部	2019 级生物技术班团支部
2018 级生物制药班团支部	

环境与能源学院
    2019 级环境工程专业全英班支部委员会

软件学院

2018 级软件工程专业四班团支部	2019 级软件工程专业 3 班团支部

工商管理学院

2018 级财务管理团支部	2019 级工商管理类第一团支部
2018 级工业工程团支部	2020 级会计第一团支部
2018 级会计第一团支部	

公共管理学院

2020 级研究生团支部	2020 级行政管理专业 1 班团支部

马克思主义学院
    2019 级学术型硕士班团支部

外国语学院

2019 级商务英语专业 2 班团支部	2019 级研究生团支部
2019 级商务英语专业 3 班团支部	

法学院

2018 级卓越法律班团支部	2018 级法学专业法学第一团支部委员会

艺术学院

2018 级舞蹈学专业舞蹈班支部委员会	2019 级音乐表演专业 1 班支部委员会

体育学院
    2018 级运动训练专业运动训练班支部委员会

设计学院

2018 级产品设计专业第一团支部	2020 级服装与服饰设计专业第二团支部
2018 级环境设计专业第二团支部	2020 级工业设计专业第一团支部
2019 级工业设计专业第三团支部	

医学院
    2017 级医学影像学团支部

广州国际校区
    峻德书院 2019 级生物医学 1 班团支部

峻德书院 2019 级机器人班团支部
峻德书院 2019 级分子工程 1 班、2 班团支部
峻德书院 2019 级微电子 3 班团支部

二、获得表彰与奖励的个人

优秀共产党员

机关党委

于　荣　马燕婷　王　娟　王　喆　王亚南　王建昌　王建荣　王德林　邓　婷　石志锋　占友林
卢开聪　卢庆雷　叶　敏　叶汉钧　叶钦媚　吕　行　朱泳媚　朱富楠　刘　俊　刘　哲　刘卫华
刘晓翔　刘湘雯　江宗彬　严　冬　李　娟　李石勇　杨　琼　杨贤锋　吴　瀚　吴红慧　吴志辉
吴益平　余莞婷　汪　昉　沈　涛　张　茵　张玉彪　张娜娜　陆　莹　陈永强　陈师琪　林文展
林胜德　益瑞涵　罗礼卿　金效琦　项　聪　胡　高　胡明星　胡贵平　洪梦晓　姚　旻　袁传思
徐　兵　殷　姿　凌　贵　唐亚男　资智洪　容　蓉　黄心德　黄金河　梁权森　梁志罡　彭晓虹
覃柯敏　曾学敏　曾琦错　温志雄　谢　妍　雷育胜　简智聪　詹志城　蔡雪芍　潘　瑛　欧阳丽芳

机械与汽车工程学院党委

教工：
王　迪　王惜慧　方　文　冯彦洪　刘新育　汤桂香　许华忠　李烈军　肖刚锋　肖国权　肖　舒
宋长辉　张宪民　张桂珍　张　鹤　周云郊　郑志军　郑锐奇　赵克刚　姜　明　徐志佳　徐铭遥
黄裕斌　谢颖熙　蔡盼盼
学生：
王瑞松　冯华渊　许晓通　李小军　吴臻锋　张伟鹏　张欣欣　陈浩强　罗琛南　周晓宇　郑兴旺
胡宇虹　姚尹城　徐　勇　姬学欢　黄令苇　谢卫规　廖婧雯

建筑学院党委

教工：
王勤琴　申宏宇　刘卫忠　刘玉亭　李莉萍　李　琼　何天宇　陈纪鑫　潘　莹　魏宗财
学生：
王　丹　朱榴奕　刘　爽　汤雪儿　祁乾龙　许家铖　肖　遥　陈崇文　罗　诚　赵楠楠　侯思佳
高文静　高金华　高富丽　唐　璇　黄潇楠　焦　玮　蔡治文　戴明琪　王若瑾希

土木与交通学院党委

教工：
王恒昌　王　磊　王燕林　石秋萍　苏　图　吴　波　余晓琳　张丽娟　陈　哲　陈逸新　季　静
姚小虎　程香菊　靳文舟　甄晓霞　樊天慧　潘建荣　魏　鹏
学生：
马文千　任婧璇　苏　延　李金祥　陈昌润　林静聪　林韬略　罗子媛　胡　赫　姜　莉　贺玉婷
程赵德

电子与信息学院党委

教工：
杨俊美　何晓喜　余翔宇　张　健　陈冰琼　陈芳炯　周　军　赵小兰　贺前华　秦慧平　高　学
黄星华　章秀银　穆彦丁

学生：
吴迪斯　张不已　张亚芳　张家乐　陈川旭　姚钰滢　黄奕铭　詹俊瑶　黎宝柱

材料科学与工程学院党委
教工：
王　丹　兰林锋　朱小科　麦其鹏　李红强　李柱铭　李　俭　吴　刚　吴笑梅　吴溢铃　张安强
陈　炤　郑志雯　郑奕娜　胡仁宗　殷素红　彭树立　税安泽　童　真　廖燕菲　欧阳柳章
学生：
卢　杰　田文章　任　浩　任蒙蒙　刘君洁　刘　昊　许晓庆　许嘉鑫　杜星阳　李爽杰　肖　民
佀　涵　张志煌　张诗雨　陈　敏　郑龙珠　郑昱林　祝席文　钱俊杰　高云鹏　梁栩桐　谢纪伟
樊家佳　戴文韬

化学与化工学院党委
教工：
王　锋　刘才刚　刘　历　阮　涛　杜　丽　巫剑伶　李秀喜　李映伟　李雪辉　佘建伟　余　皓
张正国　郑大锋　赵小芳　胡剑峰　钱　勇　陶　佳　黄良斌　黄锦浩　程　江　潘　祥
学生：
刘红豆　李飞云　杨文龙　杨翠婷　余　仪　张艾程　陈正松　陈福林　陈碧玉　武文鹏　周　良
周程亮　姚青林　涂文超　黄圣欣　曾　佳　雷　杨　熊康宁

轻工科学与工程学院党委
教工：
王钦雯　庄军平　祁海松　李兵云　杨　柳　张春辉　陈广学　赵凤光　赵　静　谭循恩
学生：
丁　宁　方　滔　祁　石　何　甜　张诗曼　贺万里

食品科学与工程学院党委
教工：
成军虎　阮　征　扶　雄　李丹丹　李　昀　李晓凤　杨晓泉　娄文勇　黄　强　曾新安　刘周慧子
学生：
尹　霞　冯　坤　向文娟　沈少丹　张　冰　罗　婷　庞亚星　姚烷梓　钱兢菁　徐子惠　黄艳蓉
黄　燚　傅金凤

数学学院党委
教工：
邓乐天　朱长江　朱远鹏　吴　敏　沙红霞　林　郁　高文华　黄玲莉
学生：
孙　暄　郑伊楠　彭　昊

物理与光电学院党委
教工：
邓华秋　李志巧　余光正　郑立贤　唐国武　黄学勤　谢汇章
学生：
朱震霄　张定昌　陈剑锋

经济与金融学院党委
教工：
牛　佳　勾海林　许　林　孙坚强　张馨之　黄国清　曹建云　赖伟娟　雷玉桃

学生：
王思聪　石小惠　江　奕　孙小哲　李慧鑫　何佳秋　陈顺婷　周　雨

旅游管理系党总支
教工：
吴志才　庞　华　魏　卫
学生：
刘娴娴　沈连婧

电子商务系党委
教工：
王和勇　张智勇
学生：
王一帆　杨清汶　范芳芳

自动化科学与工程学院党委
教工：
王　敏　杜启亮　李远清　李　旺　张　梅　郑莉娟　崔　巍　戴诗陆
学生：
马荣华　王昭霖　王聪聪　任　闯　李世鹏　周方华　胡启帆　高　炜　黄钰柱　谢坤浩

计算机科学与工程学院党委
教工：
毛爱华　张见威　陈伟能　郑运平　洪家龙　聂勇伟　黄　明　曾庆蓬
学生：
刘　艳　刘玉薇　孙奇伟　吴烘锐　但婷婷　张翘楚　孟　珂　程田田　黎建宇

电力学院党委
教工：
王延玥　朱建全　刘金平　许中华　孙云飞　余艳青　余　涛　武志刚　罗建锋　季天瑶　钟　庆
蔡杰进　廖艳芬
学生：
马维喆　韦　杰　卢治霖　苏晗辰　李运龙　李泽华　张思毅　罗江诚　荣　超　胡嘉铭　莫飗旻
殷珊珊　郭珊珊　谢小瑜　谢楷俊　黎观海

生物科学与工程学院党委
教工：
王　领　罗剑飞　郑美洁　黄　琳　崔思颖　韩双艳
学生：
陈彬睿　赵难难　胡清秀　彭思琪　路云清　缪玮珉　魏浩林

环境与能源学院党委
教工：
马伟文　叶代启　乐向晖　朱能武　邱光磊　张　立　张永清　范丽雅　唐正华
学生：
邝海楠　苏　明　杜晓冻　李晓飞　李　梅　杨俊杰　肖智方　钟文烨　贺晓晗　翁长周　高景恒
黄倩晖　蓝　欣

软件学院党委
教工：
杜　卿　应伟勤　罗　婵　詹郁生
学生：
刘　旭　汤晓岚　许守恺

工商管理学院党委
教工：
卢丽娟　朱桂龙　余建军　宋铁波　张卫国　张　麟　陈　明　徐维军　黄伟祥　黄　铖　葛淳棉
蒋连霞　赖　伟
学生：
王楠熙　户安涛　李传举　汪　浩　陆炜聪　黄光于　董少军　董　健

公共管理学院党委
教工：
刘　源　李文彬　李　翔　余亮亮　范璐璐　黄艳华
学生：
朱绍棠　李丽萍　吴书含

马克思主义学院党委
教工：
王玉龙　尹建华　白新欢　钟　健　莫银福　谌艳梅　赖怡芳
学生：
王宇星　赵　鑫　徐慧玲　崇瀚文

外国语学院党委
教工：
方久华　朱献珑　刘应思　欧媛媛　战双鹃　钟书能　崔珺熠　薛荷仙
学生：
王翠华　卢泳琳　罗　晨　徐　晗

法学院党委
教工：
韦　萍　林志毅　徐　树　程思慕　曾庆醒　谢惠加
学生：
马志尚　丘　洁　冯柄豪　吴佩珊　陈逸彤

新闻与传播学院党委
教工：
付　佳　刘小妮　刘兴东　邱欣乔　张庆园　曹小杰
学生：
邓显宽　詹　恬

艺术学院党委
教工：
刘　丁　刘　波　陈刚毅　陈青丽　黄　佳
学生：
陈彩凤　袁乞涵

体育学院党委
教工：
孙　会　杨杰林　张新江　张瞻铭　陈　丹　黄广发　樊莲香
学生：
王碧蓉　张智建

设计学院党委
教工：
闫嘉骏　杨　静　吴夏曦　陈　亮　林晓婧　谢冠一
学生：
张楚琼　陈诗冰

医学院党委
教工：
王　眉　李庆涛　张译月　曹家富　魏先鹏
学生：
刘守培　何培坤　姚　旺

广州国际校区党委
教工：
文　韬　卢彦琦　叶玉嘉　关春兰　李　斌　李静蓉　欧黎明　黄　磊　康德飞
学生：
周程辉　胡晓峰　黄雪连　廉卫珍　霍　勇

继续教育学院党委
邬　智　李黎莉　吴远东　陈滔滔　林文岳　周　超　胡　侠

图书馆党总支
王丽萍　庄仁心　李　晶　吴　琛　陈　奕　黎子辉　曾　琛

校医院党总支
王　健　吕　平　张　磊　姚　芳　彭桂福

资产经营有限公司党委
王荷英　王智峰　刘飞雄　刘　迎　江　毅　汤朝晖　寿劲秋　李彬彬　吴孙雷　邱瑞鑫　张　玲
陈伟侠　罗冬梅　罗英奇　周汉香　郑金海　胡继英　柯　宁　袁绍祥　夏　晟　高　飞　郭　嘉
唐　号　黄冠南　符浩剑　韩红操

离退休教工党委
区浩光　邓九京　吕廷秀　伍德昌　任鸿烈　刘正义　刘兴瑜　刘树道　刘继红　刘焕彬　刘登坤
汤　清　孙　萍　李本祥　李伯天　吴斯桃　何少怀　何应发　何施慧　何笑评　宋公德　张刚能
张国莉　张美珠　张娟娟　陈　红　陈铁群　陈维英　陈善光　林大铨　林彩琴　林福兰　罗月花
周嘉农　周霭如　郑求真　官家伦　侯　迈　胡惠兰　姚国兴　骆桂海　袁　键　栗志东　郭　勇
郭璇华　黄月兰　黄石生　黄汉光　黄联胜　黄新耀　黄　群　曹国平　彭兆蕲　彭建勋　彭新一
曾惠典　温凤娇　廖奕水　黎炳娇　黎翠霞　魏兴钊

附属中小幼党总支
田芷铭　朱　盛　刘少萍　吴颂欣　郑君仪　郑春燕　钟治春

优秀党务工作者

丁　勇　　马莹莹　　文　宏　　司聚民　　刘　涛　　许业河　　孙连坡　　阴志慧　　李伟群　　李　嘉　　肖　英
吴耀华　　何东清　　邹　敏　　张卫平　　张坚雄　　张建功　　陈占炬　　陈　莹　　陈　强　　陈翠峰　　林艺文
易　振　　罗建河　　周鹏飞　　赵　楷　　赵建仓　　耿予欢　　莫鸿强　　晋　刚　　徐向民　　黄嫚丽　　曹慧萍
谢先法　　樊　丽　　潘碧章

优秀党支部书记

教工：

丁焕峰　　万芝力　　马红红　　王艺翔　　王贤钏　　邓远富　　达　珊　　吕晓婷　　伍凤平　　任俊莉　　刘　伟
孙中林　　苏达根　　杜　军　　杜树芬　　李　兵　　李　爽　　杨　阳　　吴宏滨　　张松明　　张俊英　　张洪林
张振辉　　张益良　　陈华强　　陈丽苗　　范　旭　　尚琳琳　　易红英　　金　芸　　周文慧　　周恒洋　　赵越喆
郝艳捧　　胡松青　　段淳林　　徐淑芳　　高　英　　高惠君　　郭瑞玉　　陶　宇　　黄小婷　　阎　虹　　蒋开球
蒋仲杰　　韩金龙　　曾抒姝　　曾雪梅　　温惠英　　谢　巍　　楼宏铭　　黎　群

学生：

刘洋量　　李智鹏　　吴　亮　　赵楚伊　　徐　彤　　黄振洪

2021年度"教师教学荣誉体系"奖

终身成就奖

　　数学学院　　　　　　　　　　朱长江

教学卓越奖（南光卓越教学奖、校级教学名师）

　　机械与汽车工程学院　　徐　晓　　　　马克思主义学院　　　　　　解丽霞
　　数学学院　　　　　　　杨立洪　　　　法学院（知识产权学院）　　夏正林
　　自动化科学与工程学院　高红霞　　　　工商管理学院（创业教育学院）周文慧

教学优秀奖

　　机械与汽车工程学院　　黄沿江　　　　　　生物科学与工程学院　　　　王菊芳
　　建筑学院　　　　　　　王　璐　　　　　　软件学院　　　　　　　　　杜　卿
　　土木与交通学院　　　　陈庆军　王晓飞　　环境与能源学院　　　　　　任　源　吴平霄
　　电子与信息学院　　　　向友君　涂治红　　轻工科学与工程学院　　　　张春辉
　　材料科学与工程学院　　彭成红　　　　　　工商管理学院（创业教育学院）陈　明　牛保庄
　　化学与化工学院　　　　林东恩　张　震　　公共管理学院　　　　　　　吴业国
　　食品科学与工程学院　　袁尔东　　　　　　马克思主义学院　　　　　　亢　升　杜宁宁
　　数学学院　　　　　　　梁　勇　　　　　　外国语学院　　　　　　　　屈　薇　金　华
　　物理与光电学院　　　　程运华　　　　　　法学院（知识产权学院）　　黄旭东　徐　树
　　经济与金融学院　　　　谷　任　　　　　　新闻与传播学院　　　　　　曹小杰
　　旅游管理系　　　　　　李沐纯　　　　　　艺术学院　　　　　　　　　陈刚毅
　　电子商务系　　　　　　顾一妙　万艳春　　体育学院　　　　　　　　　柳　娟
　　自动化科学与工程学院　赵俊红　邓飞其　　设计学院　　　　　　　　　王　雁
　　计算机科学与工程学院　袁　华　　　　　　医学院　　　　　　　　　　冯　英　吕凤娟
　　电力学院　　　　　　　廖艳芬　肖文勋　　国际教育学院　　　　　　　梁珊珊

分子科学与工程学院	殷盼超	未来技术学院	舒 琳
微电子学院	周绍林		

教学新秀奖

化学与化工学院	伍婉卿	外国语学院	蔡苏露
医学院	刘 伟	工商管理学院	张 峰
土木与交通学院	杨海兵	艺术学院	潘 谊

2020—2021学年度十大三好学生标兵

机械与汽车工程学院	陈新睿	经济与金融学院	李步升
建筑学院	林宇栋	自动化科学与工程学院	黄林仪
材料科学与工程学院	陈心渝	电力学院	林思奇
轻工科学与工程学院	赵 凯	工商管理学院（创业教育学院）	卢国辉
数学学院	唐薇靖	吴贤铭智能工程学院	赵宸伟

2020—2021学年度三好学生

机械与汽车工程学院

陈碧仪	陈 峰	陈庆伦	陈泽凯	黄威远	李林旭	李沐云	林伟达	倪雨晨	王文强	张文远
郑文亮	朱冠新	何金庆	黄诗婷	赵文誉	周昶圻	高婷钰	何滢政	孔 淇	涂承鹭	吴 熠
叶志成	郭家豪	洪国钊	柳俊晨	王国荣	陈博远	陈兆铮	洪家威	洪立铭	黄 朴	雷家盛
李孟丹	马海伟	韦梦华	翁凯航	杨 超	姚松青	张钰奇	朱家炜	陈博文	陈贤华	方道鑫
郭浩锐	洪 聪	黄享豹	梁家泳	邱壹铧	王 沛	王宇鑫	魏宇昕	吴泽纪	肖徽腾	郑景浩
钟一铭	胡若帆	孟峻霆	孟子博	谭 静	郑桂泓	朱泽广	金梓平	李芳霖	李泽龙	梁庆铧
吴衍侯	张 力	赵芳怡	郑润霖	钟迪欣	付东鑫	郝禹渊	林泓熠	胡文博	杨冠华	赵铭轩
陈新睿	武冠洲	刘月婷	田 敏	田 钊	李静宜	李力佳	孙嘉陶	谭 旭	王晨宇	王 洋
赵小葛	郑荣灿	陈思涛	崔启权	蒋佳若	廖小传	林 杰	林钰淳	柳 鹏	植弘彦	晏惠峰
蔡兆舒	丁文彬	杜龙波	段至浩	冯 韬	何畅允	黄振威	黄 昊	寇金维	匡洪毅	赖成炜
郎璐璐	雷锦鹏	雷芯雨	冷汶锋	李鸿基	李瑞博	李 智	梁华岳	梁耀枫	梁智博	廖丰恺
林立天	凌 力	刘靖南	刘心宇	刘宇婷	鲁啸宇	罗家希	罗奕滔	潘启龙	任家欣	容辉华
邵家俊	沈凯杰	沈 杨	谭志锋	陶俊龙	吴佳恒	谢坤良	许申傲	许文斌	尹 政	曾超宇
张瑞琪	张振权	郑泽彬	郑子顺	郑梓烨	钟泽阳	朱俊龙	邹洁晶	殷良基	陈国木	姜啸风
李晋宇	刘星月	唐 彪	王 然	张 梵	陈坚铭	蒋思铭	李佳蔚	吴宸泽	杨昱村	蔡奕帆
蒋子琮	王 成	陈铨桢	蔡国斌	曹心怡	查冬梅	陈嘉豪	陈洁如	陈茵婷	方 楷	李富端
李昊楠	梁浩明	刘冰倩	聂彬裕	王 喆	谢艺枫	张嘉仪	张考标	郑伟乐	郑晓菊	郑智文
朱康帅	黄华林	刘鸿宇	罗 言	童骏男	杨 浩	张宝彤	何 畏	陈俊豪	宁玉林	彭峰涛

建筑学院

赖坤锐	林 璐	余经伟	蔡霄萌	陈建铭	何可柔	黄之楠	李泽如	李咨睿	梁远航	刘万宵
孙雨菲	魏云沁	吴婧琳	夏湘宜	姚广濠	曾钰峰	赵明嫣	古上民	李佳悦	李梦雨	林若彤
刘晨瑜	龙海燕	时寅雪	孙可意	唐琦婧	王聪明	吴玥玥	姚 洁	钟思琳	黄同悦	潘钰婷
谭淇尹	王嘉颖	余律颖	高雅清	彭佳欣	肖嘉程	林宇栋	刘雨洋	陈佳语	陈可凡	陈 宁
陈舜杰	陈 莹	杜心可	洪 越	黄展辉	刘 玥	卢虹匀	邱苏泓	谭智贤	吴忻雨	俞星瑶

曾　柯	曾令凌	张琬晴	郑向清	陈方韵	李贝欣	刘懿漩	王昊演	魏　嘉	肖铭淇	谢　欢
谢苑仪	张问楚	甄子霈	邹　滢	陈衍臻	杜　宇	莫雨诗	吴怡璇	刘　玥	秦倩琳	杜靖源
段书轩	张　羽	钟　婧	曹　莹	程雨深	邓　捷	雷蕙玮	孟凡宇	邵昆鹏	谢佳彤	张秦华
郑　旭	邹雨恩	柴雯雯	陈凯莉	陈　然	陈　彤	崔嘉丽	刁宇龙	计凌宇	梁景璇	倪立巧
王悦茹	温臻一	文锡祥	邹海宇	岑劲衡	陈楚贤	邓　瑶	费雪阳	李大森	陈帅佳	陈烨璇
丁逸真	胡子琳	李锐萱	李宛仪	李雨谦	梁惠珠	梁学天	刘　邓	刘浩域	刘玉灏	骆　萱
马千里	宋　悦	郑翔书	庄礼嘉	蔡思宇	陈昶霖	成　希	何悦维	刘昶瑶	史罗燕	宋佳训
王宏鹏	黄伊昕	李　赞	卢毅祺	罗丹菁	王时弘	谢炜祺	许明轩	颜端怡	姚雯丽	余　恺
朱宝珠	邓景怡	姜　睿	林凯璐	孟需芸	莫楚涵	余　韵	胡钰滢	刘佳仪	王君予	张诗喆
张雨晴										

土木与交通学院

陈玥霖	陈志学	崔　熙	张嘉讯	曾家乐	黄圣文	石登涌	王　翔	陈雅辉	吕苏磊	王敬谕
夏桂然	曾　好	朱励一	陈梓涵	段心一	晋举飞	刘　晗	王昊翔	温礼静	陈吉彬	张　赫
蔡承远	陈国豪	陈浩龙	陈鸿飞	陈江焓	陈　涛	陈禹儒	邓溢豪	邓　雯	何海东	黄华开
黄铭仁	解晨鲲	雷　浚	黎倍良	黎廷凯	梁锦贤	梁振宇	罗庚鑫	潘洪健	沈焯悦	王润瑞
王　芊	肖一涵	谢沛醒	许勇佩	叶灏睿	张　念	张诺豪	成晔晔	王炜楠	谢嘉康	丁一飞
林陈可	王雯仪	李　涛	王澳庆	罗　炼	吴纪东	孟德胜	李　强	苏　乐	胡惠静	黄旭昊
李帅毅	潘德明	王晨浩	王宇鹏	张兆龙	郑旭文	冼兆权	滕　达	甘展图	谭　天	喻　文
张　晟	苍　杉	陈佳敏	邓晴方	冯宝凤	冯诺谣	何嘉汝	黄才穆	黄志恒	黄子锐	黄子弋
乐羿童	李海宾	李美璇	李舒萍	李田田	李泽贤	李泽彦	李梓环	梁浚轩	梁詠昕	林裕浚
刘钧琳	刘幸存	卢柏树	吕东涛	罗培升	罗伊婷	欧锦盛	王方怡	王　惠	王　力	吴　迪
吴斯栋	伍怡璇	肖林涛	行思成	熊波泉	易　今	余青桦	袁浩然	曾泽宇	张曇诚	张文雄
张雨圻	郑敖腾	郑文昌	郑湘棉	郑宇涛	周　钊	庄净羽	樊舒颖	李　越	刘清扬	罗　玲
谭尧天	王鹤潼	杨世熹	张敏学	张羽涵	张骁乙	陈　韬	侯颖琦	林　璐	甄文至	谢楷琦
杨致远	晋　帅	刘心平	钱　鹏	沈选文	赵文棪	祝　莹	蔡泽喆	雷祖粤	李拓亨	向　前
芮　涵	洪逸康	王　乾	辛俊增	许绮芘	朱力华	朱正沆	陈海峰	陈顺飞	李　峰	陈一木
关津杰	黄嘉怡	黄诗淇	黄思源	黄尹声	黄　颖	江心月	李栋仁	林芸樱	刘梓华	马振凯
聂卓栋	丘　楠	邱汝驰	石子洋	史振峰	孙　莹	孙　琦	田睿曈	王　真	伍晓晴	许知鹏
叶童童	尹美珊	余俊曦	张　柔	张炫凯	宾政皓	陈璐娜	高琧玙	胡世杰	赖紫阳	李宣佑
刘　睿	刘鑫庭	秦一然	杨金鑫	叶忠枝	邬丁娜	戴子淳	黄子欢	刘校言	常　鹏	冯健茜
高新敏	郭佳欣	徐海儒	尹亮泽	于欣彤	朱庭佳	陈梓锋	冯毅彬	何淑霖	余　知	钟毓琦
董　晴	查　倩	张子怡	李峥荣	刘　英	周钱子洋	欧阳宁洁	欧阳启健	蓝图博尔		

电子与信息学院

安富通	叶锦锋	邓　旭	游诗慧	梁子涛	陈鸿杰	顾治鹏	胡锦杰	黄泽豪	贾立博	江健华
李临风	李　越	李仲源	林赋瀚	林锦文	林荣琛	卢宣再	苏沛烁	韦　钰	温润民	吴和茂
吴宇健	许坚城	许洁琳	杨　璐	曾新媛	张雨梃	张正博	赵绮琪	岑敬伦	陈可杰	邓家乐
李政棣	刘嵘彬	卢狄峰	吕玥聪	欧逸怡	许　融	曾广森	张朝语	郑佳纯	周海天	崔继耀
崔舒扬	李宇翔	刘达奇	龙昌隆	石东子	王一凡	向子睿	张天河	褚泽晖	覃　航	陈　凯
邓昊兰煜	李　腾	李昱澍	林泽柠	刘　涛	马　骏	盛泊熹	苏　頔	王睿璐	吴俊宇
吴文轩	吴晓璇	肖沃城	谢甜甜	叶弘川	殷卓文	周品皓	张宇廷	赵国庆	朱建国	李炜瑶
刘知航	李　哲	朱　江	谭清煜	许柏城	杨智文	周　琼	马树洽	阮泉源	刘逸笛	吕奇澹
唐楚昊	辜嵘博	陈　逸	戴粤朝	丁　琪	冯永安	耿杨力	华秋怡	黄创新	黄　瑶	李嘉耀

李俊桦	李沛雯	李颖锋	李兆禧	刘洋	刘煊宜	卢沁海	卢焰辉	吕志滨	罗梓霖	马嘉宏
欧阳杰	彭家荣	史新旭	孙楠	王佳俊	王沁	王伟健	王紫旭	徐嘉炜	许桂涛	许家琨
许维信	颜鹏炜	杨堃	杨展昊	袁丹澜	张子坚	张祉帆	曹家欢	陈柯潼	陈生贤	关烨羿
江佳瑜	李灿华	龙可	龙鹏胜	卢德琨	王子俊	徐浩维	许轩达	杨杰尧	袁文浩	张浩杰
赵任知	郑琦	周冀军	梁恒龙	徐洲	崔永生	徐志鸿	王楚明	史昕武	夏天岚	刘泽亚
吴佳桓	姚喜佳	者昊	涂智瑞	佟一	安崴成	白一然	陈泳先	陈泽璇	陈梓豪	邓智鸿
冯子琪	黄雨帆	赖清钦	赖心怡	李政琛	李梓晴	梁可殷	林泽钦	凌蕴瑜	司徒菠	田源
王振宇	吴骏宇	吴一灵	余博源	詹林璇	郑晓淑	郑志贤	陈冠奇	韩颖	胡子康	李少怡
刘仁俊	王骏宏	薛睿	余庆阳	陈国豪	樊子西	黄逸宁	黎绍垒	梁莉苑	麦轩昊	钟晋
朱恒杲	曹喆	林恩民	周燊兵							

材料科学与工程学院

陈思	侯明玥	罗凌劼	解向仑	蔡铭雅	陈晓鹏	陈心渝	陈亚欣	傅育槟	官航	黄家明
黎琳	李禧琳	林家智	潘建辉	茹思敏	邵楚茵	谭瀚儒	吴振宇	吴政忠	于紫芹	张镇鹏
钟思京	周晶婷	周瑜萱	邓海婷	甘小龙	蒋洪俊	黎灏勤	李华翰	李立忠	林美慧	邵佩珊
王龙龙	吴家畅	徐寒露	薛炳辉	杨佳吉	张远慰	窦悦嘉	陈慧铭	黄思瑜	黄婵琪	苏柏煜
吴可风	胡润东	沈星星	童逸轩	萧克宁	杨会云	张心怡	陈卫东	朱明哲	郑重	邱诺玲
陈涵	陈小真	胡佳佳	李林浩	李悠乐	李昊洋	刘喆	刘晶晶	曲若文	苏彦今	汤睿霖
王舒予	吴彦震	袁鸿杰	张文昺	张琨	范烨	柯俊华	林洛瑶	张哲源	郑汉梓	杨昊天
郭恺悦	洪兴沛	文远帆	臧金宇	梁启燊	林盛钿	陈明庆	李梦瑶	梁可思	何嘉林	练琳
纵李娜	陈康	姚文平	唐焕松	张嘉丰	李世春	易敬霖	陈坤	何梦笛	马国政	汪祥瑞
白梓嫣	王婷婷	姚登明	张铭钰	谢斌	熊徽言	杨欣艺	成宇	冯浩哲	李佳豪	李汐婷
沈圆壹	肖名卉	张宇霖	毕灏轩	陈梓杰	封浩南	冯彬	高执文	何方竞	何广城	何子妍
何倩瑜	侯天骛	黄浩贤	黄佳艺	黄金锁	黄星悦	黄艺嵩	黄镕涛	黄颢	刘楚琪	刘嘉怡
刘笑翀	刘勋漂	刘宇翔	卢启南	罗宇烨	毛子瑶	宁译	潘伯超	潘雅茹	彭程	孙梦晨
王子璇	王炜诚	徐乐丰	徐雨婷	杨佳馨	叶永良	余君诚	张宝贤	张景鸿	赵天柱	周媛欣
周楠思	覃佳微	林瀚	肖怡琳	颜波	刘子奇	邓惠琳	何敏滢	罗文昊	张颖昌	符海玲
罗斌	宋斐	刘美静	谭佳佳	王佳蕊	赵启	周润杰	吴嘉敏	周易	陈奇艺	黄振宇
赖全光	雷子钰	罗睿乔	王骞玥	伊美茜	陈沁铭	黄煜橙	贾泓睿	林永祺	刘斯铭	柳宗言
罗颖	麦凯然	毛钰博	彭雨欣	唐可儿	魏锴涛	闻艺杨	郑欣	郑旭阳	卜俊飞	付强
郭弘烨	龙婷婷	谭娆	王家帅	王覃兮	温浩朋	徐硕声	徐逸飞	张华洋	张瑜璐	祝文涛
刘鲁郁	李一鸣	刘芷淇	闵琛博	欧宁妍	赵庆龙	姬鼎伦	李钰萌	项明缘	杨勇	申畅宇
欧阳慧颖										

化学与化工学院

方惠琳	甘楚楚	李丹婷	卢伟能	邱洁	王梦宇	谢丽君	张星	周为贯	周璇	潘佳丽
陈雅雯	冯潇潇	梅隽彦	王润康	毕春晖	杨颖	袁若	赵艺杰	陈翰灏	陈佳慧	陈晓霏
陈雨弥	蒋天申	廖益秋	林浩	张伟伟	陈子廷	刘光影	杨淇云	朱玥希	林智聪	赵思洋
陈星霖	黄静华	付涵勋	李淇	钟海旭	蔡镇炼	杨怡	郑嘉一	何欣	李洲	兰宇昊
林浩江	武唐翰	蔡洁锋	桂小雨	黄国晋	雷振坤	刘佛杰	南芳	汪钰	巫佳浩	谢艺
周道浩	何婉菝	黄锦图	黎嘉瑶	李保陶	林靖凯	刘嘉宏	刘学峦	罗嘉	苏宇峰	唐正正
万祖锐	吴静怡	杨娜	叶雅婧	尹雪寒	袁江岸	曾莹	郑艳阳	岑丽盈	陈一翰	李承羲
梁瑞君	梁苏杰	欧兆元	钱俊辉	汤婧雯	张晴	陈旭明	郭羽瑶	宋德民	谢信传	曾彬文
刘志宸	陈皓坚	郭锴宾	黄维通	黎美辰	卢景盛	王冰霓	魏凝	吴雨婷	谢昕	杨启琪

袁林青　邓雅丽　胡安谦　黄子楹　梁誉丹　刘嘉怡　吕芊芊　罗佳玉　潘花阳　秦林倩　王晨晨
王天阳　魏欣怡　杨锦滢　杨紫愉　郑群杰　张雅洁　姜佳瑶　林金城　王子安　伍玥彤　许博钧
詹颖姗　张映瞳　郑玉珍　孙晓飞　罗佳怡　李文慧　程　乙　秦　琴　唐晋华　伍昭辉　李开扬
黄婷驿　罗　静　吴芳沥

轻工科学与工程学院

陈斯喆　陈瑾轩　赖斯琦　赖志斌　廖　昊　潘思宇　赵　凯　冯僖雯　刘泽昊　崔锦怡　宋禹澄
林子路　谢敏婷　崔　萌　管尤好　陈佳娜　陈朗谦　黄泳琳　江　柳　李馨怡　马榆羊　吴　峥
杨　璇　张我济　周楚涵　陈钧洛　肖文英　袁齐鸿　曾鹏霖　陈　红　刘思琪　余明辉　陈柯杏
曾抒涵　吴紫璇　朱睿琛　马雯婷　韦　睿

食品科学与工程学院

黄周鹏　赖晓宁　梁明诚　王　露　谢静蓉　张英静　郑键欣　钟　俊　蔡碧芳　顾芷瑜　郝丽莎
康雅娴　宋亚欣　林培靖　谢庆彤　连沐霖　赵晓彤　郑瀚蔚　李柳婷　何　欢　高方阳　赵奇绘
曹　偲　陈光浩　郭思宇　纪昊垚　梁焕茵　刘梦圆　刘扬杰　骆挺豪　麦梓锋　乔胥骥　容欣彤
石楚盈　苏　恒　涂思瑶　王玮衡　谢艾晴　张润妍　朱芷仪　何沛莹　江灏然　柳楚怡　全文彬
尹若甜　张恩恺　张泓涛　蔡明洁　宋佶星　王怡馨　贾若涵　李　晴　李心悦　刘哲城　王诗韵
王　晗　温蔚彤　许　涵　杨曦澜　郑橘辉　陈　杨　李孟轲　陆辉杰　张　鑫　刘芃汐　高亚轩
何昕蔚　刘芳誉　王昕悦　吴敏倩　施金鎏　王丽影　温　馨　杜　婷　何月红　王英杰

数学学院

陈小倩　董洁阳　高雅晴　胡雪纯　赖沛明　梁光飞　梁骏熙　林一鸿　丘健充　王芊喜　王　荻
吴晓童　谢煦缜　杨嘉豪　曾亚军　周紫芸　蔡嘉瑜　杜佳锐　付韵颐　矫　健　刘文嘉　马沛钿
王晓玲　余文婷　张槿杭　庄晓晴　陈晓彤　陈志成　罗那尹　施伟龙　王继研　吴泳潼　杨　嘉
杨祥瑞　于泽睿　植伟海　唐薇靖　陈希敏　谢传龙　陈彦文　龙依依　庄文扬　杨安琪　张椿琪
孙欣悦　赖柏瀛　陈碧瀛　高行健　江　爽　黎俊贤　苏铧杰　杨晞亮　朱巧龙　白旭峻　曹　祺
陈国强　陈佳明　郭子瑜　黄俊霖　黄麒霖　姜笑玥　雷诗怡　李彦慧　林锦珠　林泳怡　林宇晴
林子莹　林睿聪　凌静雯　刘俊坛　罗嘉伟　区文琳　任桐欣　万桀豪　魏　桥　文　楠　吴伟添
谢杰俊　许　妍　杨　磊　张相毓　招伟津　赵　册　周　玥　周沁舣　朱柏安　黎泽榕　黄　颖
康江兵　唐　瑀　魏亚利　祝　焜　傅佳灿　黎星鹏　马　欣　曾春艳　谈昊原　陈晓琳　陈凯旭
陈文辉　陈彦淇　邓步怡　邓深洋　冯晨瑜　洪一嘉　黄涵瑞　简　捷　姜子涵　李劭一　梁颖思
廖晓琪　林韵昕　刘思盈　刘　源　吕岩琦　苏静涵　王冠越　王思桦　吴幸茹　吴雅温　肖子路
谢　淇　尤文莉　曾嘉越　钟思怡　邝灏堃　黄斌和　李洁畅　唐　玺　汪　璐　王音枝　杨　航
尹浩钧　张　惠　胥广洁　张兰烨　宋佳丽　杨艳香　刘妍杞　蒋心语　索瑶芳　杨茜然　翟腾飞
关　盼　许浩楠　李宛宜

物理与光电学院

陈冠华　陈科霖　罗咏诗　骆湘婷　蔡昊恩　黄偲颖　李文韬　刘　瑞　刘维汉　刘　洋　孙焓达
万子航　杨宁宁　庄理淇　冼程曦　晏　梓　黄星照　林　玮　孙弘毅　孙悦怡　王铭龙　伍时彰
朴珠艳　李　婧　侯盛康　陈　镒　陈腾飞　高子涵　徐思宇　杨　兰　周恒志　蔡其宏　陈灿阳
郭家旺　和晓奇　黄嘉轩　黄奕彤　黄昱俊　李嘉锐　李诗弘　李智林　连斯诺　林文欣　裴宇坤
谢芷媛　杨思芳　周思源　朱芷仪　郑　凯　张伟岸　张桂彬　喻　杰　罗海玮　罗业新　唐　函
李红鑫　李培豪　谢布克　喻　巾　陈彦婷　侯锦添　刘凯乐　苏佳漫　田　骏　郑　好　黄靖航
季康杰　王谦益　谢申博　郭瀚文　黄骏杰　严文熙　张芊帆　高　艺　郑雨潇　赖佳宏　孙　畅

经济与贸易学院

蔡耿伟 蔡婉铭 蔡晓涵 傅诗涵 高宇辰 考佳美 雷亚星 李洁妍 李梦蝶 刘倩童 聂慧娟
潘 佳 唐浩翔 余桂燕 周迪雅 周欣儿 白龙钦 陈令欣 陈婉华 陈睿璇 胡 洋 黄津津
黄 珊 李海盈 刘倩茹 刘钊宇 莫敏贤 潘善文 潘 钺 彭 芸 丘 怡 阮施霓 盛泽萱
谭佩佩 王健辰 翁升阳 吴 晔 杨 帆 杨卓然 蚁 晴 袁 子 赵梦娇 郑景元 朱筱琬
孙智敏 任晓敏 卜小清 陈洁琼 陈骏杰 何海如 宋佳晞 吴令珂 叶 军 李鑫鑫 罗阿滢
孙 宇 王依真 叶馨蕊 朱梦园 潘红杏 熊 琪 黄乐瑶 许晓彤 邵 典 李 谨 刘国艳
扶梓航 林紫盈 吴雨夏 吴若瀛 肖力瑞 蔡雨江 陈鸿杰 洪 畅 李妃焱 刘炯敏 刘 倩
王怡倩 杨天宸 袁士然 蔡梓轩 陈海月 陈妍婷 陈昱江 邓海露 冯 纯 高小惠 胡慧琳
黄 丹 黄 飞 黄少玲 黄 煜 焦静娜 柯煜欣 兰玉烽 李步升 李慧钰 李若玫 李炎丽
李炎豫 李雨桓 林少婷 刘佳滢 刘露月 刘殷彤 刘雨佳 龙春宇 龙晓颖 庞建儒 蒲菁菁
朴启玄 普启航 茹靖雯 沈 茜 王梓晴 吴一丹 吴颖欣 吴怡桐 杨美如 叶诗雅 袁 涛
张雅彤 张荟蔚 郑桂荧 郑泽莹 钟君仪 周子钶 卓晓梅 冼荣徽 陈卓彤 吴惠龄 杨佳娜
鄢龙领 唐 璐 林晨辉 赵珈露 李菁滢 任新燚 盛銮莹 赵彦傑 周婉如 李满彤 魏月欣
陈庆泽 陈尚业 陈钰滢 成天琪 杜思琪 龚 睿 郭俊亨 洪喜绵 黄嘉怡 黄丽颖 黄卓辉
赖德豪 彭小译 彭一翎 孙海崴 王焕曦 王金玉 王雨桐 王子龄 许浩桐 颜诗棋 杨惠茹
袁才淇 张蓝月 张路阳 张思敏 朱 怡 曹梦瑶 董小诺 范思怡 胡忠员 黄思涵 刘 琳
刘若冰 马丽雯 牟辰轩 陕 亮 陶泓健 王德兵 谢彦晗 徐瑞雪 许佳玮 叶 钱 喻笑嫣
钟元丽 周宏兴 周艳红 朱思俐 吴心雨 李其蔚 尤大勇 李祥辉 刘维维 吴雪霏

电子商务系

蔡洁颖 何泓漫 汤 馨 王 晶 向雨含 杨敏如 曾艳敏 张子晴 周天怡 冯 炫 洪媛媛
黄雷涛 蒋 曼 苏 玲 郑舒蔚 朱知妍 夏伊恩 黄 澜 林瑜琳 谢函瀚 曾依晴 任紫瑞
魏朋朋 蔡晓莹 陈 尧 陈昊烨 丁浩源 冯 玺 金轩宇 李诗煌 李书荨 林琳琳 刘 琳
刘颖琛 莫慧玲 王雨薇 吴坤彦 杨秀慧 张彩萍 褚馨宇 贺智柳 赖香君 李湘蓉 韩雪丽
侯东江 李 珊 刘 薇 罗娅妮 邱禹濛 唐亮亮 杨小兵 李淇锋 温苏丹 吴 冕 杨欣羽
段 妃 黄郑好 李子菡 陆登雪 帅 瑾 孙华谦 陈天惠 陈惜如 丁 烨 高钦蕙 刘博铭
任纪盈 谢嘉健 覃念祺 梁若琪 龚晓阳 刘文英 徐子航 朱 颖

旅游管理系

钟昊彤 华碧玉 卢芊含 罗 年 周思霄 廖睿智 申亮燕 肖可欣 马钰淇 曹文诗 高菲婧
黄丹丹 贾柠瑞 芦柯欣 余 骏 张舒裕 赵津漪 钟思佳 赖沛枫 朱富豪 杜淑怡 梁炜怡
马明珠 任凯琳 任若雨 宫晴航 刘 璇 吴兮越 杨逸凡 陈思仪

自动化科学与工程学院

郑 晨 徐海鑫 雷 岩 曾鼎皓 李 帅 吕传龙 伍思朗 刘剑豪 陈自在 陈达冠 陈建宇
陈语嫒 陈泽霖 董骐彰 郭二仓 胡柳琪 黄林仪 黄耀斌 雷文捷 梁舒婷 林源鑫 刘炜斌
罗秦薇 施 唯 宋鸿展 文淅宇 伍炽荣 夏思俊 杨佳龙 杨 涛 杨智涵 余政铭 张宗烁
赵飞雨 赵 昕 蔡疏雨 黎展翔 林加烁 王希特 陈俊至 黄静纯 张堡霖 陈紫照 兰泮卜
范泽松 梁健铭 白健儿 段培明 谢熙楠 赖思敏 梁 玮 陈润镔 何宇彬 黄智华 李昌昊
谭 艳 辛君诺 张根鼎 别业泉 陈浩泽 陈强民 范晓萌 方 烁 韩宇翔 何汝恒 何晓睿
胡锦鹏 黄安胤 黄志鹏 季正聪 江嵩铿 黎志毅 李 晨 李爵煜 李羚瑞 李泽诚 李志明
李昱均 梁婉琳 梁 骞 林 源 刘嘉淏 刘洁耿 刘宇轩 刘子玉 罗其昆 彭震山 邱秋彪
全景辉 任思睿 谭 淏 王厚贵 王腊斌 吴光雨 吴佳桐 肖颂霖 邢 娜 杨 晨 尹 航

张晓逊	郑润森	周雅静	冯帅涛	甘 宇	巫奕楠	肖龙女	陈 沛	翟亚峰	何宇森	黄宁韬
黄梓龙	赖莹莹	李佳铮	梁健荣	罗杭菁	王 越	谢 驰	叶梓晴	鲁瑞川	杨灵欣	曹永豪
陈芯婷	陈奕欣	陈梓荣	陈梓妍	郭灿槟	郭尊荣	黄俊荣	旷绍宸	黎 欣	梁家辉	林晖凡
刘若曦	刘文雄	沈浩林	苏 钺	王慧萍	杨 扬	张家瑜	张梓填	钟桂锐	周锴涛	邹倩儒
陈嘉奕	李郅杰	林子杰	罗羽茜	唐 盛	王熙来	谢一平	余延朝	赵梦真	覃彦钧	司徒立文

计算机科学与工程学院

陈 锐	曾宪周	张云博	池慧洋	胡筱曼	黄子浩	梁家榕	马泽原	谭宛儿	云 帆	张佳俊
邓 浩	邓丽丽	郭佳鑫	黄烨明	李家欣	林升升	王锦炫	徐琬玮	蔡启民	蒋 璐	廖淑亦
郑锦龙	蔡芷琪	何馨誉	江宗泽	刘 旸	王晴怡	尤怡璇	章颖瀚	莫文仪	钟子涵	胡程伟
宋哲明	邱 颖	邵雪莹	王子铮	文宇飞	张文华	卢沁旖	王天寅	邓淋戈	钟远婷	芮青云
翁浩瀚	胡卿轩	陈慧文	邓浩斌	洪鹏培	林泽蓬	刘江枫	刘朴淳	刘奕彤	沈 澍	王偲澄
薛 文	姚 禧	郑辰熙	蔡明宸	曹维康	陈俊勤	陈秋吉	陈雨龙	陈妍欣	陈 韬	崔进杰
高怀基	郭新雨	何旭怡	季大双	蓝月健	黎子聪	连泓乔	梁立名	廖海杰	林火青	刘保柱
刘辰曦	刘尚霖	卢科雄	卢艺灵	罗屺西	孟 海	裴 贝	彭国峻	彭郑威	王嘉泽	王清声
吴斌权	吴朝粤	吴家豪	谢洪毅	熊栩浜	余科政	张乐怡	周启航	庄梓龙	王建伟	陈明奕
钱晨炼	王延葵	胡秋越	王育之	何其嫣	陈彦丹	何嘉月	彭增强	王泽豪	王 樾	温哲禧
杨 果	张恭利	黄嘉威	杨雪悦	蔡嘉健	陈翠连	陈嘉容	陈咏腾	陈煜颖	邓楷译	符程添
官耀威	洪奕槐	胡芷乔	黄俊阳	简智彬	李 亨	刘付莹	卢梓锋	邱云中	石雪瑶	汤子韬
吴怡函	谢安棋	叶景熙	曾兆杰	郑瑞成	陈远生	陈锶锶	郭纯妤	黄睿智	李宗泽	刘润臻
欧阳强	任雪卉	汪睿妍	闻 政	张旻宇	张潇予	赵子晗	鄢志宇	徐招军	罗胤仪	郭怀泽

电力学院

罗 涛	王智贤	白 焰	陈南星	陈 渠	陈志威	甘慧辰	龚凌锋	关颖聪	郝博文	何希然
贺健恒	黄林莹	姜业基	李 淳	李凯旭	李 瑞	李晓东	李子锋	廖祖海	林佳灿	林靖淳
刘文昊	刘真锋	刘潇镁	卢燕旋	罗庆全	宁 锐	庞熙聪	秦大林	秦绍基	盛 煊	谭笑宇
唐雨萱	田万兴	王晨希	王 洁	吴承钟	吴锐冰	吴智佳	徐文博	杨杰豪	杨劲扬	杨 军
杨梓晴	袁之歌	湛雨锢	张杰宁	赵楚枫	郑 迪	周泯辛	陈一熙	陈 毓	方 言	冯森永
黄豪江	黄文涛	黄馨仪	霍富铭	劳子卿	李丰能	李加羽	李 威	李 欣	李彦江	李永哲
梁宇涛	梁志泓	林冰颖	刘鎜宏	罗毓豪	任静桐	苏威宇	唐文涛	万思洋	卫子杰	萧文聪
严颖诗	杨联标	袁伟健	曾家炜	曾衍淇	陈钦鸿	陈旭灿	陈永堂	陈梓烽	何健和	江旭韬
李至淳	梁蓝逸	孙子维	卫智中	温福龙	巫方正	谢宇恒	崔嘉雁	赖林华	牛雨禾	汪彦丞
王艺澎	许 可	杨 朕	曾凯乐	李江涵	肖千喜	杨锦琛	刘俊涛	李龙霄	莫增雄	陈乐柯
杨昌昱	刘 洋	刘卓龙	任前永	林思奇	范俊豪	廉俊豪	吴楚钦	岳晨昕	刘 阳	曹轶群
陈胤尧	成于思	冯思博	耿南霞	李 凯	李莹秋	刘 航	卢炳成	陆讯强	潘嘉靖	田茂春
吴 冕	许星原	曾令腾	曾尚鸿	常逸群	陈楚玥	陈欣粤	何子浩	赖浚安	苏辰鸣	吴东昉
殷柯奕	郑焕新	钟浩鸣	周晓静	戴 昱	高新姊	胡诗俊	胡守东	胡宇凡	黄冬杨	黄思泳
黄之嘉	黄妍婷	霍嘉兴	江海荣	赖 信	黎明杰	李佳仪	李文涵	李 霞	李衍江	李梓希
李煜鹏	李 钊	李钊涛	梁秀壮	梁永洲	梁展豪	廖俊杰	刘桓滔	刘仕琦	刘译夫	满超洪
任 欣	宋梦珍	谭睿楷	王佳豪	王禹涿	韦慈航	吴姿莹	谢楚楚	谢 亮	许宏照	颜婉玲
杨明睿	杨清梅	曾灏东	张向荣	周汐嘉	周迦琳	邹咏希	侯丽霞	彭钰茜	汤思楠	田炜业
邵一方	蔡瑞格	陈瑞佳	陈衍秀	龚颖茵	李华韬	梁耀丹	钟国端	庾恒玮	邓 璨	丁晟泽
李东瑞	张浩然	卢嘉铭	沈啟纯	曹鹏宇	陈 可	陈 渠	陈思维	陈文裕	戴英芷	邓乐怡

翟蕴茵	范鹏逸	郭敏嘉	郭晓婷	何深桁	江凯芸	林凯欣	林振宇	卢　颖	麦中昊	曲　倡
施佳煌	温倩怡	吴子盈	许遵楠	杨艺江	张东槟	张钊航	朱雯婧	陈　萌	扶仔铭	高美云
郭子琳	胡泽旭	兰雪萌	李佳怿	李香含	刘晨阳	刘海南	刘桑瑜	欧阳萱	潘　誉	祁子涵
肖德旺	严　雯	袁金涛	袁　雪	赵小楠	眭雨晴	邓嘉欣	刘永杰	向美云	欧阳文华	
周钱雨凡	李湘金雯	王杨雪莹								

生物科学与工程学院

蔡富强	陈佳慧	黄丝颖	雷谨铭	李嘉欣	李梦菲	林　淦	刘　畅	刘　彤	刘睿敏	龙晓璇
吴贝滢	邢艺凝	熊映红	杨　宁	张晓敏	周海玲	陈婉鸿	何梓华	范祖延	王田田	曾　茜
林佳丽	张靖琳	郑长青	蔡兰馨	管育贤	何悦晴	李玮佳	林　冰	刘朝晖	刘　澈	刘耀铭
邱若然	沈秦冲	宋翰淇	孙秋云	孙馨宁	孙　琪	魏　澜	巫景行	杨婧琦	杨　淼	曾　徽
邹天天	覃宇禧	韩宗霖	李书玉	江睿文	吴晓雨	张振洋	张莞桐	汤志龙	闵心宇	李生龙
陶厚羿	陈丽颖	王一帆	陈雅雯	林英杰	林昭锦	刘又萌	卢幸安	汤　毅	铁佳卉	曾　炅
刘薰蔚	罗　元	余卓轩	曾鑫浩	张宇冲	庄镇豪	杜欢欢	何　幸	谭昕怡	李琢涵	李怡佳
戴　军	李函临	彭杨洋	王欣瑶	王珂心	闻钦清	吴彦萱	杨童舒	杨钰莹		

环境与能源学院

王　慧	王竹婷	陈玉婷	陈烨龙	黄秀仪	林昭西	黄芷珊	李心雨	刘　坚	刘敏珊	罗晓瑜
毛昌玉	王凯颖	王　婧	吴　桐	吴烨杭	张　旻	易琮皓	陈怡君	黄芊蕙	牛立山	许珊榕
冯茵蜒	王馨莹	薛珠林	崔博凡	宁海嘉	王纪伦	陈沛彦	江　澜	孔艺莲	李雨辰	廖芷珊
刘圆华	慕春燕	陶红娟	王　涵	王佳兴	伍柏林	许　杰	杨　凡	于晓枫	袁　晋	袁　谅
陈巧雯	陈雨晴	胡宁怡	王卫杭	李松涛	吴梦兰	冯千芮	王旖萱	张　璞	周　悦	王　楠
李璨安	陈存凤	黄伟婵	黄晓洁	简展强	李雅倩	范　浩	胡　涵	井松萍	李全会	廖成强
陆佳莹	谢舒茜	徐　轩	唐欣如	王子淇	叶嘉怡	黄颖坚	陈　萍	董诗语	詹铭玥	张宏瑜
张　敏										

软件学院

叶劲辉	邓景良	彭　程	卢钧亮	杜佳润	陈月文	石　玮	赵若杉	王子成	刘奕鑫	刘　鼎
牛晨旭	万　希	李文轩	陈家栋	陈洁琪	胡炜腾	江罗倩	黎　姿	李沁怡	梁朝垲	林伟东
马纯华	马熙弘	苏晓欣	孙嘉雨	涂　刚	谢玉馨	徐秋露	张晶洁	庄潮丰	陈俊鹏	陈礼枫
戴德键	何宛睿	黄欣怡	霍东健	贾涵溪	姜苑彤	康智波	李晓菲	刘聪平	刘泽辉	马永好
邱雪凝	苏泓嘉	谭越声	吴恩雄	伍华明	严　笑	杨锟鸿	游晓彤	章子寅	周启麟	鄢志豪
邓耀铭	何裕明	李甦举	熊依兰	曾　祎	于也淳	方　慎	陈　潦	梁靖欣	郑小辉	林敏怡
周碧涵	张静怡	廖世晖	蔡沛仕	陈传深	陈义才	陈　曦	邓智秦	付桂多	高　倩	郭尔涛
韩玮坚	何逸凡	洪美婷	李德璨	李捷鸿	李泽伟	李奕锐	李奕桦	李昊轩	梁华倩	梁自龙
廖宇延	林嘉乐	林泽鑫	刘政豪	刘子龙	卢晓智	卢　颖	罗海林	商晓峰	苏若娴	汤之烁
王畅泽	王涌盛	吴雨暄	吴　睿	徐　越	叶芳琳	张飞瑶	张海俊	张洪熙	郑家胜	郑楠峰
周嘉豪	范杰鹏	黄梓衍	雷宝玉	李宗翰	连泽涛	苏胤匡	谭　文	王子龙	韩林昊	叶瑾娴
余铭贤	张泽森	郑子涛	朱荞蔚	庄昊敏	杨　煜	廖鹏霖	陈德宇	郭家鸿	黎根廷	叶浩辉
邱志杰	陈润欢	陈逸飞	方梓阳	关锦权	郭羽龙	郭侦俊	胡雅颖	黄　奕	江咏麟	赖嘉兴
李伟祺	谭嘉展	吴登悟	吴　童	吴子涵	徐若航	叶丰维	叶耀聪	易　靖	尹亚鹏	余绵杰
余泽航	张荣浩	周　林	周治平	朱品立	常霆钰	林怡萍	刘正谦	罗一铭	钱　臻	唐可珂
王子通	周于喆	李云超	邓情文	高宁志	莫　迅	叶振淇	王一秋	毕文轩	陈冠宁	陈正荣
范天予	李　珲	梁耀威	谢俊锋	谢泽凯	李昀阳	钟欣蕾	李茜茜	欧阳浩原		

工商管理学院（创业教育学院）

周银燕	蔡阳	马湛	王凌枫	马驰原	任宇明	徐子涵	陈璐	李意璇	刘婕	罗莹
罗怡婷	王梓珣	吴佳颖	徐沁园	杨馨雅	易宇丹	张欣玥	郑怡	闵思琪	邓惠月	杜智炜
管邓平	郭镱淇	韩若曦	胡鹏	黄家蔚	康陌栟	练晓宁	卢国辉	卢婉媚	罗少扬	麦嘉宝
邱燕薇	史昕蕾	孙若宁	魏晓纯	吴鹏杰	叶芷茵	周百合	蔡纪瑶	陈芷茵	李丽	刘洛
沙维曦	靳乐怡	刘育林	吴心兰	王雨琪	裴晓阳	蔡宇东	赖洁妍	卢辰心	邵缘圆	王沁雅
赵文钰	朱蕴睿	全友翠	董会昌	肖弼壬	李妍	丁雨	王梓铭	陈佳宜	陈珏君	禤宁
高子涵	郭亚巧	郭炫枚	黄盼	李垚	李美娴	李名瑶	梁雨彤	刘莹慧	罗遥	曲荣姗
姚远程	张佳纯	张亦弛	张蕎月	曹馨丹	陈思璇	黄思敏	江燕恒	赖丹芝	赖晓颖	黎思缘
李杜	李娜	李晓	李奕	廖超	刘燕	刘紫萍	罗嘉欣	罗建峰	马秋杏	梅沈样
聂沁玥	朴世元	邱炳鑫	唐佳航	王小涵	温紫睿	文思怡	巫靖凯	徐悦潼	许嫣然	杨明真
杨运红	姚堃	姚瑶	张鸿杰	张巧欣	周卉	邹婷	方安宏	郭堃文	时豪枫	孙明逸
谭巧娅	吴乐龙	吴美茵	武晓钊	胡海波	杨青涛	高若涵	郭晏宁	李楚其	李丹	李毅臻
阮志伟	汪家坤	王滢	吴晗祺	张芷晴	陈婉婷	朱依敏	李晓妹	陈欣	李思璇	李文妍
李正平	刘淇	吕秋榆	沈卓灵	王一帆	王昊天	文宁蔚	肖茵琦	张悦欣	丁家驹	耿金泽
刘嘉毅	邱竟逸	张纡微	陈丽霞	陈宇晴	何百川	李宁馨	梁欣然	刘宸宇	罗媛媛	邱子怡
任甜甜	肖斯匀	张洁	张乐雨	郑钦元	周奕昕	陈一帆	杜佳芮	方思越	葛瑞祺	黄妮娜
黄皙芸	李冬成	李晓凡	李欣怡	梁心怡	刘玲霞	吕丽萍	宋子萌	汪琪	武雪瑶	谢婷
应钰颉	赵文峰	高晨睿	林凯茵	许家壕	张逸凡	朱琦	庄佳璇	姜婕妤	王路	宋青香
刘雅玲	金梓豪	刘晓旭	何焕仪	熊健诚	熊健谦	张酉铃	周伟健	朱炫昊	王雪彤	王芊蘅
朱可瑞	美合日班·达吾提									

公共管理学院

陈慧琴	黄宝珍	金宇函	李浪	李雅轩	梁秀雯	罗兰	邱宇垚	谢媛媛	杨昕辰	尹咏瑜
房思婷	张怡君	蔡荞蔚	蔡梓旸	杜颖彬	韩晶莹	黄艺仪	李媚妮	李思函	李匡宇	林霖
刘雨思	沈嘉玲	谭佳宜	曾可慧	张嘉慧	张芯语	赵烨	郑诗艳	钟康淇	李璇	罗志毅
吴梓欣	陈彦晓	陈周懿	戴小轶	韩欣平	王子瑶	马欣瑶	王芷昀	王姆斯基		
热孜瓦古丽·尼亚孜热合曼										

外国语学院

陈露丹	柳青	肖璐	余雯欣	陈媚	陈思宇	陈睿殷	戴广雪	郭宇馨	何沅瑾	乐亚璐
刘思嘉	马莹	陶诗妍	杨艾琳	杨思滢	杨婧琰	余丹	张怡梦	郑文欣	周为可	闫秀娟
屈莹	杜文俏	韩嘉颖	匡黄煌	熊艺芊	陈露榆	陈雨田	董天戈	黄均瑶	黄诺培	蒋思怡
李彦泽	林可儿	马冰	史雨欣	孙嘉忆	陶明凤	韦力尹	张俏	郑怡霖	周璇	朱乐旖
徐可欣	孙雨殷	李柳融	朱子怡	朱芷茜	陈苑婷	陈钰霏	黄欣瑜	姜美帆	刘思彤	王潇儒
郑文雯	李佳琳	林芊芊	谭雯文	赵可欣	徐思雨	王思俊博				

法学院

崔云慧	陈婉菁	方妍	贺钰	黄烁安	黎绮雯	李一男	林诗晴	马婉祺	莫浣琳	秦语悦
卫冬悦	杨舒淇	杨斯瑾	于一涵	钟先韬	邹海蕾	胡志杰	刘明玥	郭诗妍	孔存思	李彦霖
卢纪元	施雪佳	王诗淇	吴佳娜	徐鸿翔	曾震	全茵	智惠	谢颖昕	宋卓倩	李思琦
唐渊明	杨文慧	蔡浩威	陈乐颖	陈婧	陈婧雯	胡诗佳	胡雪	胡紫妍	黄凯琪	李诗茵
李雨嫣	李珉娴	凌霓	刘畅	刘文婕	刘玉婷	龙柏兵	骆晓岚	桑甜	孙安辰	王琤
王沛涵	魏桐彤	夏韵静	叶婕颖	赵一荻	周悠然	朱庭苇	蔡昱宽	邓洁明	邓昕蕾	韩冰

何雨缦　洪成城　黄福莹　王曌析　王名杰　吴霓敏　肖加乐　徐嘉敏　杨颖童　詹嘉颖　张钰清
白心怡　罗盟邦　麦蔼婷　吕　静　周曼琪　钟佳怡　常舒祺　蓝琳林　刘纪培　刘嘉颖　潘　蕾
唐　颖　吴函潞　刘浉君　谭　靖　伍新宇　张舸洋　郑晓凡　钟雨芹　李　润　李　好　任思念
吴嘉琦　叶锦欣　朱君兰　朱颖枫　缪嘉怡　鲍忻妍　蔡煜权　邓　帆　敬　腾　李方耀　王睿思
余欣阳　黄韵欣　文　馨　谢丰泽　白天照　胡　琪　任国红　魏杨千琳

新闻与传播学院

王　彤　陈玥凝　梁影霞　林炘铭　王星语　徐晓涵　张玉聪　张瑾娜　朱奕锦　宗蔚恩　陈博文
陈雨桢　周琴雪　刘洛冰　梁悦瞳　郑子楠　李小小　谷　艾　龙　雨　陕燕姿　王其超　詹思微
蔡甜甜　陈文潇　陈玉卓　傅婧雯　蒋宓芝　雷乐彬　刘静薇　刘　宇　罗蕊琪　丘　玥　全　祎
孙梦徽　孙　晗　万子琪　王启臻　吴佳奕　许　帆　易笑嫣　于晓雯　章子玥　裘高阳　梁　禧
王渭雯　王雅菲　陈令佳　李明儒　杨静怡　杨伟勋　姚美含　申志杰　顾超冉　林安琪　马庆丽
沈心梅　叶晓彤　应子珺　曾日丽　朱雅泽　冀怡欣　李嘉茵　李悦佳　梁　瑶　汪雨霖　王诗祺
吴静怡　张民阳　赵　楠　祖海晴　康　璇　曾　倩　普思源　乔　畅　陈睿璇　欧阳嘉琪　吕润泽汇

艺术学院

邓相林　黄欣艺　金炫圻　雷晓晴　李爱芳　廖忠尧　刘晓露　申　奥　唐靖晰　谢先儿　谢雯君
薛林杰　黄欣琪　李梦瑶　李泽馨　李　钗　齐盛泽　肖　璋　张惟婷　李　林　常容榕　陈谭淇
丁　畅　郭藻深　黄　淳　李可心　梁钢梁　孙艺轩　唐楚薇　王丹宇　王小雨　杨雅雯　张柏晗
张慧中　张　晓　张　夷　张倬源　周润昂　陈　哲　林小雨　刘　蓉　孙安琪　韦　璐　杨金雪
张　颖　邹静怡　马楚童　程子茵　丁奕斐　巩兆越　欧笛韵　吴星瑶　徐翊铭　叶　祺　吴宇慧
喻鑫艺　周晨怡　范静航　韩心祝　贺辰佳　胡瑾儿　梁嘉雯　刘　颖　聂紫璇　翁　柔　陈泓倪
蒋陈安琪　任香天　汪昕悦　魏晨熙　李湘蕗嘉

体育学院

崔文馨　郭　霖　黄琼熙　江陈健　李佳豪　梁颖欣　穆宇航　童乐东　杨悉妮　赵天宇　邓尧仂
杜丰宝　李梓豪　罗伟红　乔雪雪　孙一喆　谭亿文　王培思　吴卓琳　杨广泽　杨祉怡　张茵茵
张　宇　郑绍红　范燕燕　郭恩如　何昭莹　李嘉文　龙静芝　马　正　屈　扬　孙善臣　王　尧
杨叶凌　钟　炜　朱钰洁　卓银燕　米欧斯琦

设计学院

杨洁琪　吴　琼　李怡琳　卢一苇　吴奕非　吴　潼　张　檬　董欣怡　何昀睿　蒋煜枢　凌诗语
卢润妮　谢雯茜　杨浩浩　杨雨欣　程予沁　谷亚楠　黄敏昕　林哲戎　孙启涵　王一芮　颜好情
杨凌倩　曾祥超　张浩泽　张　鑫　马小瑶　唐玮蔓　吴　漾　严逸晨　严子一　赵儒家　翟卓然
龚仕奇　陈雨旸　丁梦琦　郭心悦　郭梓忻　何昭霖　刘　帆　麦霭文　盘家瑜　谭茜文　王虹蕴
韦旭怡　温杼凡　徐铭清　许赋聪　杨　泽　张明瑞　陈恩典　古格鑫　黄　贝　黄志浩　蒋静含
蒋　欣　李姝琪　刘子渝　陶嘉琪　吴清华　谢智博　丁婉纯　胡怡然　黄嘉颖　李　珍　孙则愉
谭雨璇　唐传奇　王元玥　邹泽銮　林海妮　孙萧笛　汪馨蕊　谢昊延　曾　贻　张萧桐　蔡芷珊
邓朗悦　杜宇琪　黄晓雯　李烁祺　马紫怡　庞　亮　谭家俊　王文煜　吴佳骏　武可心　杨东怡
胡紫琳　刘嘉媛　袁钦楠　曾沁月　余思雪　朱天睿　陈怡凝　成佳怡　江羽婷　葛宜静　金子琪
舒　钰　郑文睿　能一丹　潘佳叶　章　芸　梁　丹　罗婉荧　苏沛琪　田辰琛　万新月　马　琳
唐子茜　徐开来　杨俐燕　黄　蕊

医学院（生命科学研究院）

蒋　琳　刘丹凤　万佳语　谢　开　杨响莹　余委玲　朱乐怡　黄惠贞　张保帅　陈永豪　陈嘉慧

陈雨菲	李晓盈	彭瀛龙	王晓梅	王雅雯	赵庆源	陈子昕	翁 蓓	纪宇彤	程韵婕	洪 锐
黄乐君	周云帆	朱泽均	张宇航	周康怡	蒋文静	杜斓琪	梁 恩	林芷阳	王钰莹	郭思佳
黄佳羽	李 冰	王巧曼	黄雪倩	尹博雅						

生物医学科学与工程学院

邱 璐	张珈绮	陈 颖	李梓毓	王雅欣	代 欣	李明睿	李 唯	李囿贤	林佑师	罗佳芮
王嘉仁	吴晓彤	佘博飞	邓双歌	陈 源	李焕红	刘 淞	卢梓煌	杨雨奇	朱乔娜	蒋徐巍
梁凯芸	刘 晨	徐燕婷	余 栎	胡佳艺	吴诗哲	吴若宣	蒋雨晴	林镁琦	卢雅雯	周珈仪
苏宇程	商 芸	欧阳骏驰								

吴贤铭智能工程学院

徐希辰	宋雨辰	赵宸伟	李金鹏	方 略	王诗淇	严 玮	王天佑	胡睿哲	林 泽	曾嘉龙
田若瑶	王一文	邓靖雯	何 润	邱华燊	宋永懿	余绍蓉	张东彬	徐 淼	叶迪锴	朱浩楷
赵宝柱	张壤圠	丁文华	王舒航	何祖光	杨 浩	姚楷曦	李 佳	杨锦棠	姚森蓝	张凯翔
赵亭宇	李昱德	卢 彬	李颖欣							

分子科学与工程学院

夏 岚	韦 婉	陈 洁	陈咏诗	许 昕	樊逸菲	邝晓怡	唐静远	古雅琪	邓钥文	黄 瑜
蓝 琪	龙浩天	梁钰婷								

微电子学院

彭劲瑜	龙 禧	董雨欣	陈俊吉	胡为腾	黄剑波	梁乐园	梁燕标	熊世杰	姚 允	顾 业
雷宗翰	刘晓蕊	孙羽晗	曾子豪	吕圣哲	薛卫衡	邓登峰	赖美辰	彭碧涛	赵 亮	刘林深
张雅雯	陈浩泽	程志洪	冯 心	冯雨橦	何卓轩	何 皓	黄松桂	霍 勇	罗坤洵	马甜甜
马宇豪	庞迎哲	饶 文	王运芳	杨翰璘	杨永心	赵凌浩	郑逸帆	朱艺璇	朱雯洁	罗智彬
麦俊毅	蔡 炳	邵堃明	曾 涣	卢卓楠	苏晓惠	郑俊泓	缪润琪	林铖威	孙宸毅	周颢思
陈英柯	郝英博	李垚鑫	叶瑞冬	佟可嘉	曹惠钧	王 萌	尹阳源	杨享旻	毛磊鑫	林扬航
傅东琦	赵柏宇	付 怡	钟丰泽	姚佳璐	何弘历	吴子韵	胡 彬			

2020—2021 学年度优秀学生干部

机械与汽车工程学院

王文圻	周昶圻	叶志成	柳俊晨	黄 朴	雷家盛	张钰奇	梁家泳	朱泽广	田 钊	孙嘉陶
谭 旭	蒋佳若	林钰淳	柳 鹏	杜龙波	冯 韬	黄振威	郎璐璐	梁华岳	凌 力	刘靖南
罗家希	谢坤良	张振权	郑泽彬	邹洁晶	吴宸泽	王 成	陈嘉豪	陈英柯	朱康帅	张宝彤

建筑学院

余经伟	刘万宵	夏湘宜	姚广濠	李梦雨	龙海燕	钟思琳	林宇栋	陈可凡	陈舜杰	杜心可
陈方韵	王昊演	张问楚	陈衍臻	钟 婧	程雨深	孟凡宇	邵昆鹏	张秦华	陈 然	倪立巧
王悦茹	邹海宇	史罗燕	颜端怡	姚雯丽	姜 睿	林凯璐	莫楚涵			

土木与交通学院

崔 熙	陈梓涵	陈吉彬	李 涛	王宇鹏	郑旭文	张 晟	陈佳敏	邓晴方	黄子锐	李海宾
李美璇	林裕浚	刘钧琳	刘幸存	吕东涛	行思成	张矗诚	樊舒颖	王鹤潼	杨世熹	张敏学
侯颖琦	林 璐	杨致远	赵文楸	洪逸康	辛俊增	陈海峰	刘梓华	马振凯	马振凯	孙 莹
刘鑫庭	郭佳欣	郭佳欣								

电子与信息学院

邓　旭　　林赋瀚　　曾新媛　　岑敬伦　　邓家乐　　曾广森　　郑佳纯　　崔继耀　　李昱澍　　许柏城　　杨智文
阮泉源　　吕奇澹　　戴粤朝　　耿杨力　　黄　瑶　　李俊桦　　李兆禧　　刘　洋　　刘煊宜　　吕志滨　　欧阳杰
彭家荣　　孙　楠　　王　沁　　许家琨　　袁丹澜　　卢德琨　　张浩杰　　赵任知　　梁恒龙　　白一然　　邓智鸿
冯子琪　　赖心怡　　梁可殷　　田　源　　李少怡　　余庆阳

材料科学与工程学院

罗凌劼　　陈亚欣　　傅育槟　　官　航　　黎　琳　　邵楚茵　　吴振宇　　吴政忠　　周瑜萱　　蒋洪俊　　杨佳吉
黄思瑜　　吴可风　　胡润东　　陈卫东　　陈　涵　　李昊洋　　刘　喆　　苏彦今　　袁鸿杰　　郑汉梓　　洪兴沛
林盛钿　　练　琳　　陈　康　　肖名卉　　毕灏轩　　何子妍　　刘楚琪　　刘笑翀　　刘勋漂　　潘雅茹　　余君诚
赵天柱　　林　瀚　　何敏滢　　刘美静　　黄振宇　　郑　欣　　欧宁妍　　项明缘　　欧阳慧颖

化学与化工学院

甘楚楚　　周为贯　　梅隽彦　　廖益秋　　黄静华　　付涵勋　　蔡镇炼　　桂小雨　　雷振坤　　汪　钰　　巫佳浩
黎嘉瑶　　李保陶　　刘嘉宏　　刘学峦　　唐正正　　吴静怡　　李承羲　　梁瑞君　　汤婧雯　　张　晴　　陈旭明
郭羽瑶　　王冰霓　　林金城　　商　芸　　黄婷驿

轻工科学与工程学院

赵　凯　　谢敏婷　　管尤好　　陈朗谦　　马榆羊　　杨　璇　　曾鹏霖　　余明辉　　朱睿琛

食品科学与工程学院

顾芷瑜　　谢庆彤　　连沐霖　　曹　偲　　陈光浩　　郭思宇　　梁焕茵　　乔胥骥　　容欣彤　　王玮衡　　江灏然
宋佶星　　王怡馨　　李孟轲　　吴敏倩

数学学院

蔡嘉瑜　　矫　健　　刘文嘉　　江　爽　　雷诗怡　　林宇晴　　林睿聪　　区文琳　　万桀豪　　魏　桥　　吴伟添
赵　珊　　姜子涵　　刘思盈　　王思桦　　谢　淇　　尤文莉　　胥广洁

物理与光电学院

李文韬　　刘　瑞　　刘维汉　　徐思宇　　杨　兰　　郭家旺　　黄嘉轩　　李智林　　林文欣　　张伟岸　　唐　函
喻　巾　　郑　好　　郭瀚文　　张芊帆

经济与金融学院

蔡婉铭　　蔡晓涵　　李梦蝶　　胡　洋　　莫敏贤　　翁升阳　　袁　子　　赵梦娇　　任晓敏　　卜小清　　陈洁琼
朱梦园　　邵　典　　刘　倩　　蔡梓轩　　陈昱江　　冯　纯　　高小惠　　黄　飞　　黄　煜　　柯煜欣　　兰玉烽
李步升　　李慧钰　　朴启玄　　王梓晴　　吴一丹　　张雅彤　　郑桂荧　　钟君仪　　冼荣徽　　陈卓彤　　鄢龙领
赵彦傑　　李满彤　　陈尚业　　杜思琪　　龚　睿　　黄丽颖　　赖德豪　　袁才淇　　范思怡　　刘若冰　　尤大勇
刘维维

电子商务系

蔡洁颖　　曾艳敏　　苏　玲　　林瑜琳　　王雨薇　　吴坤彦　　杨秀慧　　李　珊　　唐亮亮　　陈惜如　　丁　烨
刘博铭　　谢嘉健　　覃念祺

旅游管理系

钟昊彤　　卢芊含　　周思霄　　曹文诗　　陈思仪　　任凯琳　　李其蔚

自动化科学与工程学院

梁健铭　　陈泽霖　　梁舒婷　　施　唯　　黄静纯　　陈紫照　　陈润镓　　黄智华　　辛君诺　　季正聪　　李爵煜
林　源　　刘嘉淏　　罗其昆　　全景辉　　邢　娜　　尹　航　　何宇森　　叶梓晴　　鲁瑞川　　陈奕欣　　陈梓荣

郭尊荣　梁家辉　林晖凡　沈浩林　王慧萍　张家瑜　陈嘉奕　林子杰　王熙来　谢一平　余延朝

计算机科学与工程学院
　胡筱曼　梁家榕　云　帆　邓丽丽　郭佳鑫　黄烨明　廖淑亦　胡程伟　刘奕彤　季大双　黎子聪
　连泓乔　梁立名　彭国峻　王清声　吴家豪　熊枢浜　陈彦丹　王　樾　温哲禧　杨雪悦　洪奕槐
　吴怡函　曾兆杰　李宗泽　汪睿妍　闻　政　张旻宇　徐招军　郭　怀

电力学院
　白　焰　陈志威　龚凌锋　李　瑞　林佳灿　吴承钟　吴智佳　黄馨仪　苏威宇　陈钦鸿　陈旭灿
　陈梓烽　赖林华　曾凯乐　任前永　成于思　李莹秋　刘　航　卢炳成　潘嘉靖　曾尚鸿　陈楚玥
　陈欣粤　周晓静　戴　昱　高新姊　黄冬杨　黄妍婷　李佳仪　李文涵　李煜鹏　梁秀壮　满超洪
　任　欣　宋梦珍　谭睿楷　吴姿莹　杨明睿　曾灏东　邓　璨　卢嘉铭　曹鹏宇　陈　渠　陈思维
　范鹏逸　麦中昊　吴子盈　许遵楠　欧阳萱　潘　誉

生物科学与工程学院
　林　淦　熊映红　范祖延　何悦晴　李玮佳　刘朝晖　刘耀铭　沈秦冲　孙秋云　覃宇禧　韩宗霖
　张振洋　余卓轩　庄镇豪　闻钦清

环境与能源学院
　陈烨龙　李心雨　吴烨杭　王馨莹　王纪伦　陈沛彦　杨　凡　袁　晋　胡宁怡　冯千芮　王旖萱
　王　楠　李璨安　黄晓洁　董诗语

软件学院
　彭　程　杜佳润　石　玮　赵若杉　江罗倩　梁朝垲　孙嘉雨　庄潮丰　何宛睿　刘聪平　苏泓嘉
　游晓彤　李甦举　陈　曦　洪美婷　李捷鸿　李奕桦　梁华倩　廖宇延　苏若娴　汤之烁　张海俊
　连泽涛　韩林昊　叶瑾娴　郭羽龙　赖嘉兴　徐若航　易　靖　尹亚鹏　周于喆　邓情文　高宁志
　陈冠宁　李　珲　谢俊锋

工商管理学院（创业教育学院）
　马　湛　王梓珣　徐沁园　闵思琪　管邓平　胡　鹏　周百合　沙维曦　卢辰心　赖成炜　李鸿基
　罗　遥　曲荣姗　姚远程　张佳纯　张亦弛　张霭月　曹馨丹　赖丹芝　黎思缘　李　娜　罗建峰
　马秋杏　朴世元　王小涵　徐悦潼　许嫣然　姚　堃　张巧欣　孙明逸　谭巧娅　吴乐龙　李毅臻
　王　滢　张芷晴　罗文昊　陈婉婷　刘　淇　肖茵琦　邱竞逸　何百川　张乐雨　高晨睿　张酉铃

公共管理学院
　金宇函　李雅轩　林　霖　谭佳宜　赵　烨　钟康淇　王子瑶　马欣瑶

外国语学院
　陈思宇　韩嘉颖　熊艺芊　李彦泽　林可儿　马　冰　韦力尹　周　璇　黄欣瑜　王思俊博

法学院（知识产权学院）
　方　妍　黄烁安　钟先韬　胡志杰　刘明玥　郭诗妍　蔡浩威　李诗茵　李珉娴　龙柏兵　王　琤
　叶婕颖　王名杰　徐嘉敏　詹嘉颖　周曼琪　常舒祺　刘纪培　潘　蕾　吴嘉琦　鲍忻妍　白天照
　胡　琪

新闻与传播学院
　张瑾娜　刘洺冰　李小小　詹思微　蒋宓芝　雷乐彬　孙梦徽　孙　晗　王启臻　易笑嫣　梁　禧
　王渭雯　李明儒　林安琪　应子珺

艺术学院
邓相林　薛林杰　李可心　梁钢梁　孙艺轩　张倬源　孙安琪　张　颖　丁奕斐　吴星瑶　徐翊铭

体育学院
黄琮熙　李佳豪　赵天宇　乔雪雪　王培思　吴卓琳　王　尧

设计学院
吴　琼　张　檬　卢润妮　谢雯茜　杨浩浩　程予沁　张浩泽　赵儒家　韦旭怡　蒋静含　刘子渝
陶嘉琪　丁婉纯　孙则愉　邹泽銮　杜宇琪　马紫怡　成佳怡　江羽婷　舒　钰　梁　丹　徐开来

医学院（生命科学研究院）
周云帆　尹博雅　刘丹凤　张保帅　陈永豪　陈雨菲　翁　蓓

生物医学科学与工程学院
吴晓彤　蒋徐巍　刘　晨　胡佳艺　周珈仪

吴贤铭智能工程学院
宋雨辰　李金鹏　方　略　丁文华　胡睿哲　姚森蓝　赵亭宇

分子科学与工程学院
韦　婉　陈咏诗　许　昕　邝晓怡　唐静远

微电子学院
梁乐园　梁燕标　姚　允　雷宗翰　陈浩泽　饶　文　罗智彬　麦俊毅

2020—2021 学年度优秀共青团干部

机械与汽车工程学院
蔡泽荃　陈锴杰　冯倩铃　张钰奇　洪　星　胡若帆　黄　朴　黄诗婷　李万琦　梁泽健　柳俊晨
邱雨玮　涂承鹭　夏雨鹏　谢廷博　叶志成　袁泽锟　王　楠　朱泽广　王文强　刘靖南

建筑学院
黄　浩　林　璐　孙延莉　王皓哲　王雅杰　王悦茹　王云潇　叶卉芊　袁　月　张问楚

土木与交通学院
陈俊宏　陈　启　崔　熙　邓慧琪　李　强　李智雄　林焕哲　刘译聪　石文瀚　王宇鹏　吴贵贤
吴建亿　徐　语　严浩荣　朱励一　代清源　王　茜　郭俊标　曾学斌　郭　凯　杨垌滔　陈梓涵

电子与信息学院
陈莉茵　陈　明　崔继耀　方　婷　高　尚　郭嘉濠　贺之贤　柯文心　李乐民　韦　钰　温润民
张子轩

材料科学与工程学院
陈卫东　陈亚欣　邵楚茵　谢杰承　杨　帅　魏田霞　林　瀚　李　诺　张　博　谭晓昕　谢欣灵
雷　莹　梁　创　李鸿文　易敬霖　练　琳　余璟雯　张哲源　黄思瑜　陈　康　彭笑芸　赵尉铭
李晓海　张志煌　刘　涛

化学与化工学院
杨鸿滔　谢丽君　雷振坤　汪　钰　陈佳慧　李保陶　苏宇峰　宋玉洁　马鑫宇　梁瑞君　曾　佳
张靖瑶　邹　莹

轻工科学与工程学院
　　董杨瑾　房嘉琪　张海珊　王岑超

食品科学与工程学院
　　张恩恺　张英静　龚琪玲

数学学院
　　付韵颐　赖沛明　梁露之　林睿聪　马沛钿　王明珠　薛　琪

物理与光电学院
　　郭家旺　何彦庆　李东升　李文韬　林文欣　刘维汉　庄理淇

经济与金融学院
　　陈亦新　黄浠咏　黄祖瑶　林耀祥　邵　典　王梓晴　袁　子

旅游管理系
　　刘诗蕊　林家镟　林晓艺

自动化科学与工程学院
　　黄智华　王松波　邢　娜

计算机科学与工程学院
　　邓丽丽　郭佳鑫　黄　璨　梁立名　谭经纬　王宇欣　姚文浩　云　帆　郑锦龙

电力学院
　　劳子卿　曾贵华　陈旭灿　范俊豪　黄妍婷　李乐章　楼航船　卢燕旋　覃梦萍　肖千喜　满超洪
　　邹仕贤　梁秀壮　陈晓宇　周钱雨凡

生物科学与工程学院
　　蔡富强　操建春　陈舒婷　劳嘉文　李梦菲　廖　阔　林　淦　龙晓璇　周海玲　蔡娟云　邹宇扬
　　廖　阔

环境与能源学院
　　陈欣冉　张宇辰　王翊禧

软件学院
　　金信洲　杜佳润　宋世仁　常　睿　冯博政　马梓瀚　汤之烁　陈　滢　陈灿涛　叶瑾娴

工商管理学院
　　康婉琳　胡　雪　曾彦真　陈芷茵　黄梓桐　李　浪　林　涵　罗海婧　罗建峰　闵思琪　王锡浩
　　吴文丽　许彦成

公共管理学院
　　王妍曼　郭行健　郑诗艳　王　玥　罗　兰

马克思主义学院
　　刘　倩　孙　蓉　黄贻凯

外国语学院
　　王奕宸　潘妍如　李彦泽　马　莹

法学院
　　于一涵　沈鸿艺　方　妍　钟先韬　张钰清　李雨嫣　吕　静　刘　畅

新闻与传播学院
刘洛冰　朱奕锦　周力恒　孙　晗

艺术学院
薛林杰　李嘉欣　李梦瑶

体育学院
梁颖欣　苟鹏杰　崔　曦

设计学院
陈岱琳　陈忠伟　程思佳　黄敏昕　蒋沛然　李芊秀　卢润妮　孙萧笛　谢雯茜　谢智博　闫婷玮
张浩泽　赵浩成　王浩潼

医学院
黄　婕　余委玲　翁　蓓　陈泳翰

广州国际校区
颜嘉琪　宋雨辰　许　昕　吕圣哲　彭碧涛　范亚楠

2020—2021学年度优秀共青团员

机械与汽车工程学院
林峻昊　杨俊龙　植弘彦　蔡伟斌　陈博文　陈海文　陈际云　陈佳煊　陈嘉豪　陈嘉琪　陈俊龙
陈兆铮　邓家琳　段渤渤　付东鑫　郭浩锐　何坤阳　贺跃新　洪家威　洪立铭　侯　宁　胡玫妍
胡文博　黄狄伟　黄俊霖　黄享豹　蒋佳若　蒋　檬　赖静骅　雷家盛　雷锦鹏　李大森　李璟慧
李振聪　连伟鹏　梁靖康　梁耀枫　廖元太　林泓熠　林钰淳　林志燃　凌　力　刘博生　刘晨光
刘芳源　刘惠芝　刘心宇　刘星池　卢翀昊　罗宇恒　麦启龙　孟峻霆　彭钰茜　秦圣杰　宋芷晴
唐国梁　田炜业　田　钊　汪　亮　韦梦华　文嘉鑫　吴嘉鸿　肖龙女　谢　骥　谢坤良　谢伟志
许文斌　杨凯龙　张宝彤　张　斌　张鸿儒　张振权　郑靖强　郑　元　郑泽滨　钟泽阳　陶俊龙
谢洁瑜　朱梦璋　吴质彬　丁晓璇　方　楷　方　圆　浮　恒　葛路通　蒋子琮　康鹏飞　李学思
李子涵　刘　超　刘丽莎　刘少坤　潘　威　任家欣　滕　智　王铭琳　吴佳桓　袁云鹏　张虎诚
赵江浩　者　昊　梁家泳

建筑学院
陈崇文　陈　然　胡耀文　黄钰婷　黎　冲　林师伊　刘雨飞　龙海燕　倪立巧　孙雨菲　谭智贤
王小瑜　尉文婕　曾宇健　陈嘉悦　陈　宁　陈心盈　陈亦忆　董奇祯　杜泳曦　古心悦　黄　河
黄同悦　李琴乐　梁远航　倪　佳　邱昕云　邵昆鹏　陈方韵　林宇栋　刘懿漩　王昊演　徐沁园
邹　滢　唐琦婧　王聪明　王嘉颖　吴玥玥　肖羽林　萧靖童　杨馨瑶　杨雨晴　尹亚森　张秦华
赵梓凯　甄子霈　郑向清　钟思琳　邹海宇　曹　莹　曾译萱

土木与交通学院
钟浩川　甄文至　张敏学　张立钿　余嘉炜　闫家智　谢嘉康　闲星年　王　翔　王晨浩　谭尧天
谭　深　邱思杰　梅江鹏　林华生　梁振宇　李兴盛　李　涛　李　奔　郎功誉　蒋俊坚　黄圣文
行思成　冯　鑫　丁一飞　陈志学　陈雅辉　陈佳敏　曾维嘉　魏　能　林万伟　陈　曦　秦梧豪
周振峰　洪书涛　陈珊珊　李福恒　蒋　杰　许　竞　王奕可　陈雅娇　伍茜兰　石惠萌　蔡　磊
许衍彬　彭润杰　马远跃　谢沅琪　姚芝军　袁昌民　李润锋　彭晓铭

电子与信息学院

刘健安	王浩赟	刘宗昊	张淘珊	李南鹏	张庭志	叶禹锋	温 鑫	林子珩	张灿炜	陈帅琦
胡 月	李森昊	宋弘健	帖千枫	李智龙	许志航	李玉辉	郑若茜	李宏洋	吴和茂	陈瑞源
曾新媛	黄泽豪	李泽楷	林荣琛	陈润丰	施永鑫	陈鸿杰	姚兴晨	林赋瀚	陈智炜	何木妹
邓 旭	许柏城	刘知航	黄 凯	叶弘川	李昱澍	张天河	曾广森	卢狄峰	田庚辰	赵绮琪
祝晴晴	冯永安	贝 奕	郭瀚丞	戴粤朝	黄创新	卢焰辉	罗梓霖	刘嘉龙	刘煊宜	孙泓宽
许家琨	王紫旭	袁丹澜	杨 垄	林兴康	王思懿	褚泽晖	杨智文	钟 涛	梁恒龙	韦 钰
刘志鹏

材料科学与工程学院

陈尔荻	张 美	郑炽彬	陈心颐	刘付卫	金雪晴	刘玉琪	符沐燚	于婧雅	曾远东	李育峰
高云鹏	胡松涛	薛炳辉	陈子华	吴彦震	赵乐川	麦文锦	黎灏勤	官 航	吴振宇	傅育槟
胡润东	童逸轩	覃惠杨	赵伟鹏	李梦瑶	杨欣艺	黄星悦	黄 颢	高执文	何子妍	封浩南
何敏滢	沈圆壹	周润杰	周楠思	王好乐	谢丹禹	刘子奇	赖全光	申畅宇	陈希冉	贾泓睿
项明缘	田 雨	蔡佳楷	徐硕声	魏锴涛	刘健康	曾立艳	陈思婷	黄 薇	于贺川	梁宏富
刘旺冠	赖秋坛	黎昌昊	梁维轩	林 桦	陶思哲	江昌乘	吕匡南	黄志祺	李叶密	黄怡萱
林颖欣	王博涵	钟思京	李悠乐	汤睿霖	林洛瑶	唐焕松	刘 喆	王子璇	骆雪松	魏琦琪
赵天柱	刘勋漂	罗文昊

化学与化工学院

刘嘉宏	梅隽彦	庄婉瑜	赵艺杰	王楠舒	周为贯	卢伟能	谭伟权	陈梓宇	李 淇	曾 莹
严恩然	秦 弦	范 媛	陈芬婷	方惠琳	甘楚楚	刘业晨	刘浩然	梁 满	黄静华	王圣汇
冯潇潇	杨 怡	刘宇帆	张 星	周 璇	李元鋆	杜政霖	梁苏杰	王梦宇	何 欣	蔡楚玥
陈 晨	陈润琳	程 宇	段加超	段诗雨	黄圣欣	黄钟全	李俊杰	刘红豆	刘杰淳	刘思聪
陆燕玲	丘文娟	丘荿柔	王 丹	王 洒	武顺杰	余 仪	张 栓	张 娅	周 良	周铭军
周玥晨	朱恒成	蒋太平

轻工科学与工程学院

| 管尤好 | 肖文英 | 景 俊 | 叶 科 | 陈钧洛 | 陈斯喆 | 崔锦怡 | 董杨瑾 | 赖斯琦 | 卢婧雯 | 童 治 |
| 王韵嘉 | 谢敏婷 | 余明辉 | 张嘉琪 | 张我济 | 尼玛曲珍 |

食品科学与工程学院

| 王一杰 | 谢艾晴 | 张恩恺 | 张英静 | 冯炜婷 | 冯泳钰 | 顾芷瑜 | 李海珍 | 柳楚怡 | 莫咏怡 | 牛志程 |
| 容欣彤 | 舒 啸 | 王雅滢 | 尹若甜 | 杨曦澜 | 谢一嘉 |

数学学院

白旭峻	蔡嘉瑜	曾亚军	陈颖怡	董洁阳	杜佳锐	付韵颐	姜笑玥	矫 健	赖沛明	李劭一
梁露之	林睿聪	林泳怡	林子莹	刘文嘉	罗明涛	马沛钿	任桐欣	万桀豪	汪 璐	王 欢
王明珠	魏 桥	胥广洁	薛 琪	杨耀源	尤文莉	赵辰一	钟思怡	付韵颐

物理与光电学院

| 曹琬璐 | 何润枝 | 和晓奇 | 黄偲颖 | 黎嘉杰 | 黎 阳 | 李童恺 | 连斯诺 | 梁子璇 | 骆湘婷 | 马琼瑶 |
| 彭莹莹 | 朴珠艳 | 孙振杰 | 万子航 | 文晓晓 | 徐涌群 | 杨宁宁 | 周昀璐 |

经济与金融学院
蔡婉铭　蔡晓涵　曾梓峰　陈　东　陈昱江　程坤雨　杜思琪　范一迪　方　洪　冯　纯　何婉仪
何雨芹　洪文莎　胡　洋　黄　飞　黄丽颖　黄　榕　黄少玲　黄浠咏　霍颖琪　赖德豪　雷亚星
李步升　李婉茹　林耀祥　刘若冰　刘悦婷　罗嘉雯　朴启玄　丘　怡　任昌松　阮施霓　王　好
王梓晴　闻奕然　冼家进　谢浩城　徐　榛　鄢龙领　尤大勇　袁才淇　袁　子　郑景元　周丹婷

旅游管理系
赵津漪　刘诗蕊　钟思佳　周思霄　肖可欣　钟昊彤　李其蔚　蒋宏林　杜淑怡　吴兮越　吴心雨
杨逸凡　刘家嫚　余茂源　钟佳怡　任若雨　陈叶婧妍

自动化科学与工程学院
陈雨柔　郭泽鑫　韩　旭　雷　岩　李爵煜　林源鑫　刘发政　彭　翔　施　唯　吴光雨　杨昕彤
杨振华　黄杰彬　黄明童　季正聪　李婉莹　林　源　刘洁耿　刘天琪　彭震山　谭　淏　颜洁仪
张堡霖

计算机科学与工程学院
曾宪周　陈泊圻　陈嘉容　陈明奕　陈秋吉　陈泰佑　邓　浩　邓淋戈　高怀基　郭俊豪　韩耀华
何宇航　何梓鑫　胡程伟　胡卿轩　胡婷婷　胡志涛　黄　灏　黄世俊　黄悦斌　黄智权　江宗泽
李家欣　李隆耿　李兆泰　连泓乔　梁竣超　廖淑亦　林火青　林俊毅　林　青　林升升　刘保柱
刘盛豪　刘　韬　刘　艳　刘　玚　卢美如　卢沁旖　罗　欣　马泽君　莫文仪　裴　贝　彭国峻
彭海平　邱圣洁　盛校棋　宋浩瑞　覃紫姗　汤恬恬　万云威　汪睿妍　王建伟　王清声　王少帅
王泽楠　魏烁堃　翁浩瀚　吴朝粤　吴佳欣　谢安棋　谢洪毅　谢文灏　谢文拯　徐招军　徐自华
杨笑笑　姚冠成　叶劲亨　叶静韵　赵天华

电力学院
刘　洋　叶城源　胡宇凡　曹成志　王丹阳　王　洁　苏威宇　陈　可　陈鑫全　陈楚玥　潘铭晖
陈思彤　陈　渠　关颖聪　樊浩然　黎观海　马维喆　谢雪花　张华杰　黄源坤　陈家超　林思奇
刘禹汐　陈伟泽　任前永　梁敏航　黄林莹　吴姿莹　陈星宇　周迦琳　周晓静　易　萍　杨梓楠
梅府贤　姜业基　岑伯维　陈　渠　黄润烽　王佳豪　吴子盈　叶　海　范官盛　甘子莘　何锐金
李思琪　王泽嵩　谢楷俊　于　宙　赵　君　蒋慧敏　邵国栋　肖佳朋　刘致远　易家炜　李明翰
邓　璨　林学豪　李湘金雯

生物科学与工程学院
廖万慈　操建春　曾　徽　陈舒婷　冯子漾　高　焱　黄宝瑶　李梦菲　李　毅　林　淦　林佳丽
刘　彤　梅静怡　孙秋云　覃宇禧　汤志龙　熊映红　徐子涵　赵韵淳　钟婧雯　蔡娟云　杨　宁
刘朝晖　邹宇扬　雷谨铭

环境与能源学院
于晓枫　梁蕴瑶　陈咏思　封雨虹　成苏秦　房　瑾　冯千芮　李心雨　廖衍光　罗晓瑜　牛立山
田煜程　王　婧　王玟瑄　王翊禧　吴梦兰　潘俊贤　文潇静　邓媛丹　徐　东　汪安琪

软件学院
徐秋露　孙嘉雨　黄廉栋　黄文奕　石　玮　张紫怡　方　慎　陈月文　陈品烨　赵若杉　彭　程
李炫志　王金凌　周敏珊　黄禧龙　罗志杰　刘聪平　陈伟龙　唐　润　付尊翔　阳　洪　李　盈
张海俊　郑楠峰　廖霞强　徐　越　林　琪　郭燊为　高　倩　杨　煜　肖云敏　梁华倩　洪美婷
高植林　李奕桦　张洪熙　陈俊铭　许晓桐　张彦超　郑子涛　张泽森　范杰鹏　林泽鑫　蔡成杰
王子龙　李宗翰　黄文奕

工商管理学院

白　双　　蔡纪瑶　　杜智炜　　高子涵　　胡　鹏　　黄家蔚　　黄燕珑　　姜婕妤　　李传举　　李　丹　　李丹妮
李冬成　　李毅臻　　刘莹慧　　卢婉媚　　马驰原　　孟晓帆　　潘鸿秋　　孙明逸　　谭巧娅　　魏晓纯　　余卓斌
俞　芹　　张　博　　张晓敏　　赵熠婷　　朱祥鑫　　沈宝维　　陈佳琪　　陈珏君　　陈鑫洋　　邓惠月　　李　娜
刘耕农　　刘紫萍　　娄倡滨　　陆炜聪　　罗怡婷　　麦嘉宝　　梅沈祥　　聂沁玥　　王梓珣　　文宁蔚　　伍沛婷
肖茵琦　　谢　辉　　徐悦潼　　禤　宁　　杨明真　　杨天宇　　张芷晴　　郑永皓　　钟银斌　　周　卉　　苗天姿
时豪枫　　赵欣美　　曲荣姗　　马　湛

公共管理学院

周晓航　　杨　瑶　　兰雨潇　　程佳圆　　吴楚泓　　李晓君　　杨祎祉　　冯怡硕　　刘雨思　　林　霖　　蔡荞蔚
冉雨涵　　曾可慧　　李媚妮　　马欣瑶　　赵金璞　　郝婉晴

马克思主义学院

崇瀚文　　谢永威　　凌珍珍　　王义真　　杨乐群　　李英娣　　赵烁宇　　石芳兵

外国语学院

杨思滢　　陈　媚　　陈睿殷　　乐亚璐　　罗钦杨　　伍叶子　　张银燕　　易　彤　　林可儿　　周　璇　　李泽园
刘思嘉　　许阳笛　　闫秀娟　　杨婧琰　　余　丹　　王翠华

法学院

耿逸凡　　邹　舜　　龙柏兵　　赵一荻　　胡紫妍　　罗盟邦　　邓洁明　　卫冬悦　　徐嘉敏　　黄福莹　　杜斯敏
杨　露　　叶婕颖　　蒋丽明　　李可昕　　王沛涵　　胡志杰　　胡诗佳　　李晟榕　　凌　霓　　蔡浩威

新闻与传播学院

戴梦雅　　张雯婧　　张玉聪　　宗蔚恩　　刘洛冰　　林炘铭　　高明月　　朱奕锦　　周琴雪　　王艺潼　　蒋宓芝
王雅菲　　王启臻　　孙梦徽　　蔡甜甜　　丘　玥　　刘思韩　　陈妍彤　　曾日丽　　易笑嫣　　杨汶昊　　万子琪
周力恒　　雷乐彬　　张健东　　黄颖妍　　方　园　　雷依洁　　刘　颖

艺术学院

马含笑　　彭慧娴　　彭晓丽　　陈　睿　　唐楚薇　　古巧敏　　吴梓熔　　张　颖　　王嘉宁　　冯小雪　　黄　淳
李可心　　孙艺轩　　杨凯恩　　李泽馨　　王紫溶　　刘　婧　　邓相林　　孙安琪

体育学院

崔　曦　　李佳豪　　杜丰宝　　王小天

设计学院

陈玉容　　邓亿立　　杜宇琪　　高雨晴　　古格鑫　　黄晨昕　　蒋静含　　焦萌琳　　李怡琳　　刘子渝　　卢一苇
麦霭文　　邱桐苗　　冉　康　　谭雨璇　　唐传奇　　汪馨蕊　　王海宇　　王日生　　王泽君　　温杼凡　　吴安琪
吴奕非　　颜妤倩　　杨浩锋　　杨浩浩　　杨洁琪　　杨凌倩　　翟卓然　　张　珂　　周彩淳　　庄雨情　　覃晓宇
翁睿萱　　叶秋莹

医学院

黄　婕　　余委玲　　张保帅　　朱乐怡　　林嘉欣　　陈雨菲　　翁　蓓　　黄乐君　　陈泳翰　　邱宣瑞　　崔珉赫
尹博雅　　蒋文静　　苏　苗　　韩琳程　　杨晶晶　　程　肯　　钟建容

广州国际校区

邓双歌　　李　唯　　李囿贤　　吴晓彤　　胡睿哲　　何　润　　邝晓怡　　陈咏诗　　黄剑波　　梁　辰　　梁乐园
陈浩泽　　雷宗翰　　龙　禧　　刘晓蕊　　邵堃明　　冉合迎　　张　玥　　梁文雅　　徐　宁　　陈欣煌　　杜　桢

2021年获得部省级以上奖励的部分教学科技成果

一、获奖的部分教学成果

获首届全国优秀教材（高等教育类）奖

序号	教材名称	奖项等级	主编	所在学院
1	《建筑声学设计原理（第二版）》	二等奖	吴硕贤	建筑学院
2	《制浆原理与工程（第四版）》	二等奖	詹怀宇	轻工科学与工程学院

2021年中国专业学位案例中心入库案例一览表

序号	案例名称	案例类别	作者	所在学院	案例库
1	"国并民"：混改背景下如何实现长期双赢？	工商管理硕士	李映照 李 环 区楚楚 杨婷婷 许新杰	工商管理学院	中国管理案例共享中心
2	易步的昙花一现：技术专家创业怎么这么难	工商管理硕士	徐 珊 谢 薇	工商管理学院	中国管理案例共享中心
3	危机彰显实力，风险孕育希望——阿里钉钉的品牌危机管理	工商管理硕士	王 创 张艳萍	工商管理学院	中国管理案例共享中心
4	从"臭名昭著"到"明星社区"：多国籍多民族社区管理困局破解之首	公共管理硕士	文 宏 林仁镇 李凤山	公共管理学院	中国专业学位案例中心
5	粤港澳大湾区建设中格格不入的"限外令"——先行示范区深圳的交通治理	公共管理硕士	文 宏 杜菲菲	公共管理学院	中国专业学位案例中心
6	The Spurned Power Station: Confusion between Expert and Public Risk Perception	公共管理硕士	文 宏 李莉芳 林仁镇 陈灼莹 李凤山	公共管理学院	中国专业学位案例中心
7	家在哪里，事业就在哪里——温氏集团"让爸爸回家"责任品牌培育与推广案例	工商管理硕士	陈 明 刘向阳 常 露	工商管理学院	中国管理案例共享中心

二、获奖的部分科技成果

2021 年获广东省科学技术奖

奖种	等级	项目名称	学校完成人	单位
自然科学奖	一等奖	肿瘤微环境响应的纳米生物材料	王　均（1）　杜金志（2） 沈　松（4）　许从飞（5） 杨显珠（6）	生物医学科学与工程学院
技术发明奖	一等奖	动态表面海洋防污材料及配套防护技术	张广照（1）　马春风（2） 谢庆宜（3）　潘健森（4） 陈中华（5）	材料科学与工程学院
技术发明奖	一等奖	高分子生物活性可控接枝技术及其在血液净化中的应用	任　力（1）　王迎军（2） 刘　卅（4）　王　琳（7） 郑　建（15）	材料科学与工程学院
技术发明奖	一等奖	钢－混组合桥梁先进建造关键技术研发与应用	王荣辉（4）　李　周（7） 危媛丞（11）	土木与交通学院（2）
科技进步奖	一等奖	大型体育场馆可持续营建技术及工程应用	孙一民（1）　孙文波（3） 汪奋强（11）　熊　璐（12） 杨　定（13）　潘　望（14） 黄祖坚（15）	建筑学院
科技进步奖	一等奖	高层建筑混凝土结构抗震性能化成套关键技术与应用	韩小雷（1）　季　静（2） 方小丹（3）　吴梓楠（11） 周　靖（12）　黄狄昉（15）	土木与交通学院
科技进步奖	一等奖	道路工程低碳维养及循环利用关键技术与工程应用	虞将苗（1）　于华洋（6） 邹桂莲（13）　张　园（14）	土木与交通学院
科技进步奖	一等奖	酱油和黄豆酱大宗发酵调味品高性能菌种选育与产业升级关键技术	赵谋明（1）　冯云子（3） 崔　春（8）	食品科学与工程学院（2）
科技进步奖	一等奖	单片式高性能车载电容触摸屏关键技术研发及大规模产业化应用	姚若河（2）	微电子学院（2）

注：括号内数字为我校完成单位或者完成人的排序。

续表

奖种	等级	项目名称	学校完成人	单位
科技进步奖	一等奖	基于个体出行推演的城市交通主动管控关键技术及应用	卢 凯（4） 林永杰（12）	土木与交通学院（2）
科技进步奖	一等奖	近运营地铁隧道结构－岩土性能演化机理与地下空间开发成套技术	周小文（8）	土木与交通学院（7）
自然科学奖	二等奖	多重不确定性下的机器人系统精准操控及协同控制理论与方法	杨辰光（1）	自动化科学与工程学院
自然科学奖	二等奖	低碳环保高性能橡胶再生混凝土本构理论研究	谢志红（3）	土木与交通学院（2）
科技进步奖	二等奖	高导互联印刷材料及其大面积显示应用	宁洪龙（1） 姚日晖（4） 彭俊彪（10）	材料科学与工程学院
科技进步奖	二等奖	珠三角地区城市暴雨内涝机理与防控关键技术研究及应用	黄国如（1） 陈文杰（2） 喻海军（4） 张 瀚（10）	土木与交通学院
科技进步奖	二等奖	视觉数据智能分析与理解关键技术及其产业化应用	徐雪妙（1）	计算机科学与工程学院
科技进步奖	二等奖	面向国际前沿的技术预见及创新管理理论研究及其推广应用	张振刚（1） 余传鹏（2）	工商管理学院
科技进步奖	二等奖	高能效无偏差消杀技术在家电产品中的应用及产业化	冯文希（2）	自动化科学与工程学院（2）
科技进步奖	二等奖	面向深度节能和碳减排的电站锅炉智能经济运行关键技术	姚顺春（2）	电力学院（2）
科技进步奖	二等奖	模块化易清洁材料技术及其在厨房电器的应用	韩 悦（7）	前沿软物质学院（2）
科技进步奖	二等奖	暖通空调系统能源流动态优化节能关键技术及产业化应用	刘永桂（6）	自动化科学与工程学院（3）
科技进步奖	二等奖	高效高精高强度机械加工涂层刀具开发与产业化	彭继华（2） 李烈军（9）	材料科学与工程学院（4）

2021年获广东专利奖

专利名称	获奖类别	主要完成人	所在学院
冷场等离子体放电辅助高能球磨粉体装置	金奖	朱　敏　曾美琴　鲁忠臣 王　辉　胡仁宗　欧阳柳章	材料科学与工程学院
高异频隔离宽带双频基站天线阵列	金奖	章秀银　薛成戴　吴裕锋	电子与信息学院
一种基于双环预测控制的切换型控制方法	优秀奖	杜贵平　黎嘉健　柳志飞	电力学院

第六届全国教育科学研究优秀成果奖获奖名单

序号	成果名称	第一作者	所在单位	出版、发表或采用单位	成果类型	获奖等级
1	区域高等教育科技创新能力评价与提升研究	章熙春	公共管理学院	中国社会科学出版社	著作	二等奖

第九届广东省哲学社会科学优秀成果奖获奖名单

序号	成果名称	第一作者	所在单位	出版、发表或采用单位	成果类型	获奖等级
1	中国的文明复兴	郑永年	公共政策研究院	东方出版社	著作	特等奖
2	广东统一战线史（1921.7—2011.7）	莫岳云	马克思主义学院	中共党史出版社	著作	一等奖
3	财政信托论	胡　明	法学院	法律出版社	著作	一等奖
4	文化景观营建与保护	吴庆洲	建筑学院	中国建筑工业出版社	著作	一等奖
5	通胀预期是否对意外盈余做出反应？	孙坚强	经济与金融学院	经济研究	论文	一等奖

续表

序号	成果名称	第一作者	所在单位	出版、发表或采用单位	成果类型	获奖等级
6	Seeking Help from Weak Ties through Mediated Channels: Integrating Self-presentation and Norm Violation to Compliance	芮牮	新闻与传播学院	Computers in Human Behavior	论文	一等奖
7	Resource Pooling and Allocation Policies to Deliver Differentiated Service	钟远光	工商管理学院	Management Science	论文	一等奖
8	Technology Specifications and Production Timing in a Co-opetitive Supply Chain	牛保庄	工商管理学院	Production and Operations Management	论文	一等奖
9	转型期中国企业核心专长构建机制研究	蓝海林	工商管理学院	南开管理评论	论文	一等奖
10	广东省全域旅游发展研究报告	吴志才	旅游管理系	广东省人民政府办公厅	调研报告	一等奖
11	罢工事件原因及对策建议	黄岩	公共管理学院	广东省人民政府办公厅	调研报告	一等奖
12	农村公共产品供需均衡研究：以广东省为例	丁焕峰	经济与金融学院	科学出版社	著作	二等奖
13	英汉虚拟位移构式翻译技巧研究	钟书能	外国语学院	科学出版社	著作	二等奖
14	南越国艺术研究	高占盈	设计学院	文物出版社	著作	二等奖
15	共产主义运动视野中的社会革命化思想及其当代意义——以《共产党宣言》为例	张国启	马克思主义学院	马克思主义研究	论文	二等奖
16	宏观经济政策与股市系统性风险——宏微观混合 β 估测方法的提出与检验	邓可斌	经济与金融学院	经济研究	论文	二等奖

续表

序号	成果名称	第一作者	所在单位	出版、发表或采用单位	成果类型	获奖等级
17	网络群体性事件中舆情导向与政府回应的逻辑互动——基于"雪乡"事件大数据的情感分析	文宏	公共管理学院	政治学研究	论文	二等奖
18	批评性体裁分析：理论、应用与前瞻	武建国	外国语学院	外国语	论文	二等奖
19	大型体育场馆不同服务主体供给产品多样化研究	高晓波	体育学院	体育学刊	论文	二等奖
20	认同的阈限：媒介消费与移民身份的建构——以新西兰报刊广告为镜像	曹小杰	新闻与传播学院	新闻与传播研究	论文	二等奖
21	Push, Pull, and Supply Chain Risk—Averse Attitude	杨磊	电子商务系	Production and Operations Management	论文	二等奖
22	广东省2016—2017年扶贫开发资金支出绩效第三方评价报告	郑方辉	公共管理学院	广东省人大财政经济委员会	调研报告	二等奖
23	生态环境损害赔偿诉讼研究	刘长兴	法学院	中华人民共和国最高人民法院	调研报告	二等奖
24	供应链联盟的运作策略及稳定性	周永务	工商管理学院	科学出版社	著作	三等奖
25	Strategic Choice of Sales Channel and Business Model for the Hotel Supply Chain	叶飞	工商管理学院	Journal of Retailing	论文	三等奖
26	恩宁路历史文化街区保护利用规划	王世福	建筑学院	广州市国土资源和规划委员会	调研报告	三等奖

2021 年学生课外学术科技创新竞赛成果（杰出贡献奖）

华南理工大学学生课外学术科技创新杰出贡献奖

序号	赛事名称	获奖等级	参赛队员				指导老师
1	中国国际"互联网+"大学生创新创业大赛	金奖	赵云峰 姜浩维 房清莹	贾顺衡 蔡吴磊	高天元 白闽娜	韦星兆 兰一博	晋 刚 瞿金平
2		金奖	陈富达 陈彦霖 吴心兰	谢志伟 王鹤潼 苏国城	杨倪坤 罗 遥 Mijash Vaidya	林增耀 孙梦徽	虞将苗 龚 振
3		金奖	陈天一 余永进	郑咏佳 卫浓钰	张云飞 宋全鹏	王 青	许 勇 吴 斯 梁凌宇
4		银奖	范鹏辉 王 文 王其超 刘付玉	李玉婷 王炎骄 高 雅	叶迪锴 洪 鑫 赖姗姗	杨 柳 何沙沙 朱绍棠	苏健裕
5		银奖	吴衍侯 黄狄伟 罗宇恒	周 卉 卢芊含 萧浩坤	何滢政 高婷钰 李 晓	邢昕铨 黄敏昕 华碧玉	黄沿江
6		银奖	罗犇德 朱泽广 廖海鹏	邝应炜 钟楚儿 史昕蕾	吴健文 江东航	李栩延 毕晓阳	王振民
7		银奖	文晓晓 修 昊 王文龙 孙悦怡	陈思璇 练镜扬 陈学文 陈嘉淇	温俊鹏 郭元锴 何 彬	凌 琳 杨 洋 吴经锋	韦小明 杨中民
8		银奖	张 超 何俊毅	王依真 李铭潇	周丹婷	房晓舟	利 锋 周育红
9		银奖	黄义虹 黄 飞 余委玲	陈钧洛 陈鑫洋 李晓敏	陈文庆 卢国辉 冼家进	廖 超 钟嘉瑞	辛学刚 龚 振

续表

序号	赛事名称	获奖等级	参赛队员				指导老师	
10	"挑战杯"全国大学生课外学术科技作品竞赛	一等奖	文晓晓 杨 洋	孙悦怡 练镜扬	陈学文	吴经锋	杨中民	韦小明
11			姚烷梓 胡金红	余泳薏 谢庆彤	王一芮 龚钰凤	黄韦璇 孔秋红	游丽君	
12		二等奖	张一帆	林升升	刘雅玲		张幸林	
13			杨韵怡	付鸿康	张德健		李 擘 方志强	钟林新
14	美国大学生数学建模竞赛和交叉学科建模竞赛	特等奖提名奖（Finalist）	梁 辰	梁燕标	朱明冲		黄 平	
15			方 言	蔡纪瑶	宁 锐		程永宽	
16			陈自在	严梓鸿	唐薇靖		程永宽	
17			兰沣卜	林亿鸿	冯 智		程永宽	
18			张堡霖	邵 典	王天寅		黄 平	
19			严 玮	熊世杰	宋永懿		覃永安	
20			林泓熠	侯嘉俊	张志鸿		覃永安	
21			朱云龙	邓雨阳	任紫瑞		谢 波	
22			朱巧龙	潘 爽	谢洪毅		刘小兰	
23			付涵勋	任继圣	兰宇昊		覃永安	
24			刘奕鑫	郭佳鑫	董洁阳			
25		特等奖优胜奖（Outstanding Winner）	陈 韬	卓晓梅	吴惠龄		黄 平	
26		国际一等奖（Meritorious Winner）	张邵天	王艺澎	陈云汉		刘深泉	
27			王嘉泽	陈泊圻	吴朝粤		刘深泉	
28			张天舒	何梦笛	周子煜		刘深泉	
29			雷宗翰	龙 禧	罗智彬		黄 平	
30			郭浩锐	张 力	马佳煜		黄 平	
31			杨策皓	谷奕勋	向天翼		黄 平	
32			陈永强	张 驰	董祥俊		黄 平	
33			付韵颐	叶劲亨	何泓漫		程永宽	
34			别业泉	谭 淏	周雅静		程永宽	
35			徐希辰	徐 森	王天佑		丁为建	
36			刘逸笛	向雨薇	陈卓彤		丁为建	

续表

序号	赛事名称	获奖等级	参赛队员			指导老师
37			罗庆全	杨迪宇	周 琅	丁为建
38			徐志鸿	陈碧瀛	何 润	刘 清
39			池慧洋	赖沛明	陈伟泽	程永宽
40			张正博	童逸轩	赵乐川	刘小兰
41			吴 鑫	蔡甜甜	黄松桂	刘小兰
42			陈泽霖	彭雄峰	李涵嘉	刘小兰
43			张楚尧	邓靖雯	余绍蓉	刘小兰
44			左一航	龚翰成	李浩诚	刘小兰
45			孙静蕾	桂凌秋	王子扬	刘小兰
46		国际一等奖（Meritorious Winner）	杨宇强	谭锦涛	杨海茵	覃永安
47			王一凡	石东子	马驰原	覃永安
48			朱冠新	张文远		覃永安
49			刘雨佳	陈 东	袁 涛	谢 波
50			许辉辉	谭宛儿	韩耀华	曾才斌
51	美国大学生数学建模竞赛和交叉学科建模竞赛		李金鹏	刘禹辰	李兆禧	程永宽
52			刘洁琼	莫文仪	宋世仁	丁为建
53			范 烨	吴祖泳	郑汉梓	黄 平
54			邓耀铭	袁志琛	蒋宇涛	黄 平
55			李晓菲	何裕明	陈国昊	曾才斌
56			钟子琴	李慧钰	江燕恒	刘小兰
57			姚 禧	王晓玲	姚 允	
58			甘慧辰	白 焰	卢燕旋	刘深泉
59			黄雷涛	黄狄伟	邱俊源	刘深泉
60			陈明奕	胡睿哲	寿一阳	刘深泉
61			苏铧杰	邱圣洁	杨晞亮	刘深泉
62		国际二等奖（Honorable Mention）	赵 凯	林加烁	周楚涵	刘深泉
63			张子昊	何彦庆	潘炜进	黄 平
64			梁宇涛	欧阳文华	樊浩然	黄 平
65			佘博飞	邓双歌	黄 飞	黄 平
66			薛炳辉	梁启燊	莫淳熙	程永宽
67			罗建峰	曾文清	陈婉婷	程永宽

续表

序号	赛事名称	获奖等级	参赛队员			指导老师
68	美国大学生数学建模竞赛和交叉学科建模竞赛	国际二等奖（Honorable Mention）	肖 扬	庞熙聪	曾培杰	程永宽
69			崔永生	黄子峻	夏天岚	程永宽
70			陈 璐	谢静蓉	陶明凤	丁为建
71			徐晓林	郑天翔	李嘉毅	丁为建
72			刘 晗	许银胜	梁振宇	丁为建
73			李心雨	黄逸轩	王 婧	丁为建
74			郑 迪	罗嘉雯	陈际云	丁为建
75			陈皓南	袁之歌	陈 思	丁为建
76			雷 岩	苏铄淼	林 铠	丁为建
77			王 沛	邱壹铧	高心怡	丁为建
78			邓泳锐	郑佳纯	许皓钧	刘 清
79			廖祖海	陈宇棋	李 淳	刘 清
80			吴宇健	林锦文	谢晓强	刘 清
81			周迦琳	林思奇	张椿琪	刘 清
82			冯永安	许轩达	王紫旭	刘 清
83			苏彦今	洪媛媛	林洛瑶	刘 清
84			陈星霖	陈翰灏	褚博瑞	刘 清
85			苏 玲	苏坤明	陈宇阳	刘 清
86			杨煜清	黄林仪	陈旭灿	刘小兰
87			梁立名	陈雨龙	姚文浩	刘小兰
88			费千笑	许晋硕	刘 琳	刘小兰
89			马博文	甄文至	林晓鹏	覃永安
90			李永哲	黄哲涵	李海盈	覃永安
91			曾雨非	夏 星	唐豪育	覃永安
92			王建伟	王心怡	周晓静	覃永安
93			王晨希	谭笑宇	秦大林	覃永安
94			陈 渠	林靖淳	杨佳吉	覃永安
95			梁敏航	李江涵	刘真锋	覃永安
96			梁舒婷	王馨仪	蔡疏雨	茅新晖
97			李国杰	戚鹏炜	周志炫	茅新晖
98			涂维浩	竹泽康	郭泓树	茅新晖

续表

序号	赛事名称	获奖等级	参赛队员	指导老师
99			李晓东　何健和　万　希	茅新晖
100			冼家进　吴鸿铭　邱宇垚	茅新晖
101			李彦江　林子翔　陈　毓	覃永安
102			周紫璇　植伟海　杜佳润	覃永安
103			程淮龙　邓卓颖　张志扬	覃永安
104			李步升　江海荣　张田田	谢　波
105			李诗雯　王子成　陈紫照	谢　波
106			王金凌　张博宁　刘　鼎	谢　波
107			吴晓童　周紫芸　张栩凌	谢　波
108			矫　健　陈志成　陈晓彤	谢　波
109			吕君钰　陈碧仪　雷文捷	谢　波
110			陈海月　徐　洲　杨思瑞	谢　波
111			吴镇鑫　黄　澜　吴宇舟	程永宽
112			王胜艺　刘贤达　吕奇澹	程永宽
113			郑增锐　陈　涵　李沐云	丁为建
114	美国大学生数学建模竞赛和交叉学科建模竞赛	国际二等奖（Honorable Mention）	陈柏熹　徐　榛　杨　煜	丁为建
115			武晓钊　李佳珍　余延朝	丁为建
116			辜嵊博　韩雪婷　梁恒龙	黄　平
117			王　洁　吴智佳　严颖诗	刘　清
118			黄豪江　莫增雄　钟卓霖	刘　清
119			梁光飞　林一鸿　胡雪纯	曾才斌
120			石　玮　金信洲　张任飞	曾才斌
121			李若冲　陈源培　魏　桥	曾才斌
122			赵任知　陆妍筠　史天浩	刘深泉
123			曹　祺　容辉华　郭子瑜	刘深泉
124			谢沛醒　李晓然　张　赫	刘小兰
125			王　元　陈汉错　梁明诚	刘小兰
126			吴嘉杰　李　哲　杨东杰	刘小兰
127			王楚明　傅创生　许桂涛	刘小兰
128			万桀豪　林宇晴　江　爽	覃永安
129			杨雅钦　龙晓颖　陈生贤	谢　波
130			阳　洪　廖宇延　姜苑彤	曾才斌
131			周碧涵　杨鸿萱　吴　铖	
132			王唯一　陈静仪　姜融青	

续表

序号	赛事名称	获奖等级	参赛队员	指导老师
133	国际大学生工程力学竞赛亚洲赛区	特等奖	向　前	杨海兵
134		一等奖	翟乔阳	杨海兵
135			陈　楠	杨海兵
136			马　翀	杨海兵
137		二等奖	邹希言	杨海兵
138			张兆龙	杨海兵
139			王晨浩	杨海兵
140			雷祖粤	杨海兵
141			汪郅杰	杨海兵
142			胡富耀	杨海兵
143			赵子诺	杨海兵
144			向　前　马　翀　翟乔阳	杨海兵
145	全国大学生化工安全设计大赛	特等奖	黄飞凡　宋玉洁　胡安谦　伍泽霖　陈旭明　罗　静	龙新峰
146	全国大学生生命科学竞赛	特等奖	朱芷仪　王玮衡　谢艾晴　王雅滢　童亦韩	刘宏生
147		一等奖	杜可凡　邱若然　董雨竹　王越舟　陈令欣　龙润东	陈春花
148			李柳婷　谢庆彤　郑旭东　刘梦圆　吕柄学	游丽君
149			王一杰　张恩恺　钟航宇　蔡泓泽　叶子充	成军虎
150			吴逸昕　高方阳　陈一鸣　杨　皋　古丽切合热·艾尼瓦尔	郭新波
151			高方阳　陈一鸣　杨　皋　肖灿敏　张　冰　古丽切合热·艾尼瓦尔	郭新波
152		二等奖	雷谨铭　黄　燚　常方圆	周非白
153	全国大学生英语竞赛	特等奖	任晓杨	周娉娣
154			陈洁欣	周娉娣
155		二等奖	李彦霖	周娉娣
156			李炎豫	周娉娣
157			许家壕	周娉娣
158			莫浣琳	周娉娣
159			张芯语	周娉娣
160			凌惠鹏	周娉娣

续表

序号	赛事名称	获奖等级	参赛队员	指导老师
161	IF	Winner	刘溉善	王枫红
162	Winner of Competition on Evolutionary Multi-Task Multi-Objective Optimization	Winner（冠军）	魏廷洋	钟竞辉
163	欧洲产品设计奖	Winner（金奖）	陈 浩　游博方　韦旭怡　张萧桐	廖 丹
164			杨浩浩　冯凯琳　沈 炼　盘家瑜	李育奇
165	全国大学生高分子材料实验实践大赛	一等奖	练 琳	赵 颖　洪良智　刘述梅
166		二等奖	蔡铭雅	赵 颖　洪良智　刘述梅
167			姜博儒	赵 颖　洪良智　刘述梅
168	WUPENiCity 城市可持续调研报告国际竞赛	金奖	姚玥希　王聪明　王祎铭　刘承智	李 昕　赵渺希
169			龙海燕　李梦雨　杨亦茜　吴佩莹	费 彦　李 昕
170			刘晨瑜　唐琦婧　肖丽祺　魏纾晴	魏宗财
171			林师伊　孙可意	
172			刘承智　王聪明	李 昕
173	第二十二届中国专利奖评审	金奖	王瑜新	章秀银
174	马来西亚国际发明创新与技术展览会	金奖	甘小龙　钟思京　何明杰　林正梁 杨佳吉　唐乔杨　窦悦嘉	Boon Kar Yap Chou Yong Tan 杨 柳
175	远洋"探海者"全国大学生社会实践奖	金奖	张峰桦	
176	国际大学生程序设计竞赛	分站赛金牌	李 珲　冼昊明　谢丰泽	陈俊颖
177			莫晓阳　梁宇正　钱晨炼	冼楚华
178			郑炜城　王一帆　潘伟健	冼楚华
179			洪鹏培　张 亮　丁 琪	冼楚华
180			郑炜城　王一帆　潘伟健	冼楚华
181			李 珲　钱晨炼　冼昊明	冼楚华
182			洪鹏培　张 亮　丁 琪	冼楚华
183			洪鹏培　张 亮　丁 琪	冼楚华

续表

序号	赛事名称	获奖等级	参赛队员	指导老师
184	国际大学生程序设计竞赛	分站赛银牌	洪鹏培 张亮 钟思哲	冼楚华
185			黄宗达 王远飞 张芸辉	冼楚华
186			郑炜城 王一帆 潘伟健	冼楚华
187			李珲 冼昊明 谢丰泽	陈俊颖
188			姚焜茗 陈俊铭 张天乐	陈俊颖
189			丘玉刚 吴伟松 柳智烨	杨磊
190			刘泽森 王宸玺 唐古拉	冼楚华
191			许一多 林靖沅 马家俊	冼楚华
192			谢文拯 陈漫璟 余梓灏	冼楚华
193			陈涵 何承哲 曹云舒	陈俊颖
194			姚焜茗 陈俊铭 张天乐	陈俊颖
195	中国大学生程序设计竞赛	分站赛金牌	洪鹏培 张亮 王一帆	冼楚华
196			李珲 钱晨炼 冼昊明	冼楚华
197		分站赛银牌	谢文拯 陈漫璟 余梓灏	冼楚华
198			李珲 钱晨炼 冼昊明	冼楚华
199			张洋 王叶伟 荣思齐	冼楚华
200			郑炜城 王一帆 潘伟健	冼楚华
201	全国大学生混凝土材料设计大赛	特等奖	王龙龙 李泽浩 杨傲雪	李方贤
202		一等奖	韩芸泽 黄子弋 欧阳毅松	王恒昌
203	"认证杯"数学中国数学建模国际赛	特等奖	刘晓蕊 冯心 张雅雯	
204		一等奖	曹祺 郭子瑜 容辉华	
205		二等奖	麦俊毅 邓登峰 马甜甜	
206			王宇飞 龚俊 杨文林	
207			刘发政 施泽龙 杨兰	
208			杨雨泽 张相毓 胡培炎	
209			徐曦冉 梁朝森 麦展豪	
210			李青莲 阮立达 徐彧昊	
211			邵堃明 王岩立 赵亮	
212			刘国豪 董晴 廖志鹏	

续表

序号	赛事名称	获奖等级	参赛队员	指导老师
213	"正大杯"第十一届全国大学生市场调查与分析大赛	一等奖	茹靖雯　邱雪梅　蒲菁菁　焦静娜　杨美如	贺建风
214		二等奖	刘禧欣　陈俊霖　何祖光　陈鸿杰　黄浠咏	贺建风
215	2021"深圳杯"数学建模挑战赛	一等奖	柳莹莹　黄泽康　何旭怡　梁锡贤	
216	2021年第五届普译奖全国大学生翻译比赛	一等奖	阮炜烨	
217	ICDAR 2021 Competition on On-line Signature Verification	一等奖	江佳佳　赖松轩　朱业成	金连文
218	Mathor Cup 高校数学建模挑战赛	一等奖	陈强民　朱士豪　廖鹏霖	
219			刘奕彤　裴　贝　陈际云	
220			杜世安　任桐欣　林泳怡	
221		二等奖	胡若帆　谢廷博　朱泽广	
222			陈海月　杨思瑞　徐　洲	
223			何弘历　魏锐臻　毕昕鹏	
224			蔡思敏　夏伊恩　蔡洁颖	
225			施永鑫　林瀚铭　李翔宇	
226	大学生绿色会展创新创意挑战赛	一等奖	杜淑怡　顾子扬　马明珠　梁炜怡　任若雨	李洁芳
227			蒯钰琳　吴兮越　魏佳慧　艾文淮　万雯立	高克昌
228	第二十三届中国机器人及人工智能大赛全国总决赛	一等奖	李达贤　李雨妮　邱智颖　刘芝帆　邹扬忠	魏　武
229	第十四届"高教杯"全国大学生先进成图技术与产品信息建模创新大赛	一等奖	杨东怡	熊　巍　陈　亮　潘鲁萍　孙　炜
230		二等奖	武可心	熊　巍　陈　亮　潘鲁萍　孙　炜
231			张杰斯	陈　亮　熊　巍　潘鲁萍　孙　炜

续表

序号	赛事名称	获奖等级	参赛队员				指导老师	
232	第五届"英语周报杯"英语读写能力提升行动	一等奖	柯柳俏					
233	集成电路EDA设计精英挑战赛	一等奖	陈 威	王 梅			吴朝晖	
234	全国大学生工业化建筑与智慧建造竞赛	一等奖	黄国贤 骆怡菲	谭智贤 刘 晗	冯泽豪 李沛霖	向如心 林静聪	季 静 苏朝浩	陈庆军
235		二等奖	徐 荧 陈飞豪	罗家梁 罗皓旸	林宇栋 梁振宇	刘志豪 华嘉皓	张海燕 王 帆	熊 璐
236			陈 启 雷 浚	陈 宁 林陈可	刘 玥 陈 涛	帅少璇 冯晓桐	康 澜 王 帆	向 科
237			陈 灏 乐羿童	张 赫 张恒瑞	黄婷婷 闫甲祺	杨博涵	潘建荣	巴凌真
238	全国大学生化工实验大赛	一等奖	何弘浩	姜申婷	莫少鑫		江燕斌 龙新峰	郑大锋
239	全国大学生机器人大赛RoboMaster赛事	一等奖	谢凌梓 何畅允 梁华岳 叶宇轩 李昌昊 宋汉卿 崔桐欣 陈庆伦 林东龙 陈冠桥 何家盛 郑润森	马树洽 李爵煜 段培明 农文勇 许嘉威 朱俊峰 王柏畅 许泽龙 植弘彦 林钜聪 罗鹭涛	肖颂霖 黄振威 张育嘉 韦炯光 徐敬岚 崔启权 胡文博 黄子雄 庞斌文 伍思朗 何政茂	孙傲博 刘宇婷 朱俊龙 张宇浩 韩 寒 陈源培 赵芳怡 钟俊濠 钟一铭 贺健恒 陈泽明	晋 刚 张 东	张宪民 李 琳
240			赵 曦 张广荣 张鑫海 徐悦潼	赵芳怡 邓家琳 李佳珍 王小涵	雷文捷 成 诺 林 杰 张 博	黄明童 黄思婷 刘潇仪	晋 刚 张 东	张宪民 李 琳
241	全国大学生金相技能大赛	一等奖	贺千一				彭成红	朱伟恒

续表

序号	赛事名称	获奖等级	参赛队员	指导老师
242	全国大学生数学建模竞赛	一等奖	张东彬　陈澍浚　冼彬基	刘深泉
243			李金鹏　朱浩楷　钟政希	刘小兰
244			黄思泳　潘旖琳　陈浩斌	覃永安
245		二等奖	高怀基　李若冲　黄凌云	刘深泉
246			冯一凡　彭煜翔　赵秋然	黄平
247			杨志邦　宋凯　肖承栋	丁为建
248			林宇晴　何祖光　陈俊霖	程永宽
249			高赞宏　龚翰成　覃雨涛	程永宽
250			陈明智　黄扶昶　林兆宏	程永宽
251			黄麒霖　朱焌斌　林凯欣	谢波
252	全国大学生数学竞赛（全国赛）	一等奖	何嘉豪	陈志辉
253			潘建辉	陈志辉
254			罗粤清	匡锐
255			姜业基	陈志辉
256			王继研	程永宽
257			姚鑫	陈志辉
258		二等奖	熊志进	陈志辉
259			张伟豪	匡锐
260			黄奕丰	陈志辉
261			谌越	程永宽
262	全国大学生智能汽车竞赛	一等奖	李子锋　赖翔　苏沛烁	陈安　邓晓燕
263			辛君诺　黄智华　张霄羽　陈润镁	邓晓燕　陈安
264			陈金浩　袁浩伦　杨晨	陈安　邓晓燕
265			刘炜斌　陈俊至　谢勇强	陈安　邓晓燕
266			赵嘉浩　廖文晋　何宇彬　李钊　潘鸿飞	陈安　邓晓燕
267	全国高校智能交通创新与创业大赛	一等奖	李敞航　饶斌　王澳庆　钟浩川　董一龙	林永杰
268	全国周培源大学生力学竞赛	一等奖	杨冠华	张晓晴　张红　杨怡　容亮湾　杨海兵
269		二等奖	袁攀	张晓晴　张红　杨怡　容亮湾　杨海兵

续表

序号	赛事名称	获奖等级	参赛队员	指导老师
270	同济大学国际建造节	一等奖	张 羽　刘浩域　刘 邓　梁楚岚　洪楚翔　杨博涵	熊 璐
271	亚太地区大学生数学建模竞赛	一等奖	郑腾龙　钟浚宇　何浩彬	
272			黄 耀　孔 穆　巫家程	
273			费千笑　陈 颖　王 俊	
274			冯雨橦　郑子涛　朴世元	
275		二等奖	王嘉霖　张 正　马道帆	
276			陈明智　黄 颢　吴仁栩	
277			陈家伟　赵成铭　董小诺	
278			赵秋然　施成明　刘颖婷	
279			许嘉爽　梁家浩　苏思哲	
280			谢嘉健　刘正谦　徐子航	
281			肖宇翔　姚森蓝　杨锦棠	
282			王嘉泽　吴朝粤　陈泊圻	
283			姜笑玥　卢 元　王 欢	
284			李睿阳　苏熙宁　谢震燊	
285			陈雅雯　庄镇豪　余祥睿	
286			王汉林　张 翔　李 佳	
287			范思怡　周宏兴　袁 谅	
288	中国高校计算机大赛-微信小程序应用开发赛	一等奖	杨凯涛	
289	中国研究生数学建模竞赛	一等奖	习慈羊　郑泽滨　王洪畅	丁为建
290			梁允舜　黎 杰　黄泳熙	刘深泉
291		二等奖	王博文　秦 甜　胡任峰	刘深泉
292			毛海宽　王德利　赵嘉伟	覃永安
293			文 康　朱志杰　林晓彬	覃永安
294			黄 星　屈可扬　黄梓淦	程永宽
295			李书宏　江 珊　吴 娟	黄 平
296			元志斌　涂远志　郭民城	刘深泉
297			施 洋　何志豪　张有民	曾才斌
298			刘彦汝　杨启帆　杨奕斌	丁为建

续表

序号	赛事名称	获奖等级	参赛队员	指导老师
299	中国研究生数学建模竞赛	二等奖	张晓怡 刘迎春 尹虹艳	刘小兰
300			李雪晴 赵立行 邱智颖	丁为建
301			林坤阳 孙鑫宇 王松波	
302			周晶宇 莫健彬 刘多妮	丁为建
303			魏泽伟 别青芋 阮荣钜	丁为建
304			韩文静 刘藤 吴晓茵	刘深泉
305			李杰章 梁竣超 黄浩淦	丁为建
306	中国制冷空调行业大学生科技竞赛	一等奖	王蕊婷	李泽宇
307		二等奖	陈钦鸿 卫智中 陈庭嵘	许雄文
308			陈梓烽 陈旭灿 温福龙	刘雪峰
309	调研中国——青年领导力公益计划	一等奖(冠军) 最佳人气队伍奖 优秀调研记录奖(冠军)	兰雨潇 朱绍棠 黎祯祯	郑石明
310	Philip C. Jessup International Law Moot Court Competition	一等奖/金奖	郑景雯 欧舒颖 王啸越 林莲颖 李海伶 胡志杰 李彦均 柯鸿森 张晓芳	徐树
311	全国大学生集成电路创新创业大赛	国家级一等奖	谭金锋 吴浩东 陈康平	李斌 李志坚
312			王敬之 杨洋 蔡详珍	周长见
313			贾浩阳 李斯 郑文错	王彦杰
314		国家级二等奖	丰永淳 李光智 方卓	赵明剑
315			叶长青 方佳钦 柯嘉聪	王彦杰 易翔
316			张沛琳 毛丰源 胡晓峰	吴朝晖 李斌
317			古文康 赖书浩 吴泽辉	贺小勇
318	ChaLearn Looking at People Large Scale Signer Independent Isolated SLR Challenge at CVPR 2021	第三名	吴文斌 高翔	张鑫
319	"尖烽时刻"酒店管理模拟大赛	二等奖	黄丹丹 高菲婧 贾柠瑞 顾子扬	杨莹
320	2021年全国大学生英语词汇竞赛	二等奖	叶颖	雷玉桃

续表

序号	赛事名称	获奖等级	参赛队员	指导老师
321	2021世界机器人大赛	二等奖	贾学雨 杨烈 宋永昊 唐晓伟	谢龙汉
322	CCF大数据与计算智能大赛	二等奖	卢晓智 蔡梓博 陈洁林	蔡毅
323	第二届全国高等院校数学能力挑战赛决赛	二等奖	李彦江	
324	第二届铸剑杯·纪念人民军工创建九十周年文化创意大赛学生组	二等奖	侯俊羽	王雁
325	第十三届国际用户体验创新大赛	二等奖	曾凡翔 沈锐 范玉玲 廖峭 叶芊汝	王枫红
326	全国大学生电子设计竞赛	二等奖	陈子文 莫增雄 李俊辉	甘伟明 赖丽娟
327	全国大学生结构设计竞赛	二等奖	李田田 杜雯婕 李泳康	陈庆军 何岸
328	全国大学生结构设计信息技术大赛	二等奖	谢沛醒 陈浩龙 姚妙金	陈太聪
329	全国大学生人工智能知识竞赛	二等奖	施永鑫	
330	全国大学生水利创新设计大赛	二等奖	杨智杰 王龙威 陆俊安 何政茂 马树洽	程香菊 张仙玲
331	全国大学生物理实验竞赛	二等奖	马振深 杨畅 曾斯柯 乔北 姚亦杰	叶晓靖 彭健新
332		二等奖	林文欣	彭健新 叶晓靖
333	全国大学生先进成图技术与产品信息建模创新大赛	二等奖	杨东怡 梁发铎 吴佳桓 武可心 张杰斯	熊巍 陈亮 潘鲁萍 孙炜
334		二等奖	谭家俊	熊巍 陈亮 潘鲁萍 孙炜
335			林迪安	熊巍 陈亮 潘鲁萍 孙炜

续表

序号	赛事名称	获奖等级	参赛队员				指导老师	
336	全国环境友好科技竞赛	二等奖	卢治霖 吴俊晔	邓柏荣 黎俊文	房美佳 张港华	吴文丽 肖梓恩	肖文勋	
337	水科学数值模拟创新大赛	二等奖	廖耀星 都利亚	邓梓锋	何思静	陈佩琪	赖成光	
338	外研社全国大学生系列赛——英语辩论	二等奖	张芮韶				周娉娣	
339			马明珠					
340	溢达全国创意大赛	二等奖	吴衍倓	钟佰禧	黄威远			
341			李泽泓	吴小华	林志燃			
342	中国研究生创"芯"大赛	二等奖	郑家龙	张云龙	陈勇军		李宗涛	
343	中国研究生电子设计竞赛	二等奖	陈晓斌	刘迎春	江曼		舒琳	
344			陈居圣	林楚杭	刘云鹤		舒琳	
345	中国研究生公共管理案例大赛	二等奖	李风山 林彬	朱信富	何绮玲	汪青	文宏 李莉芳	吴克昌
346	中国研究生人工智能创新大赛	二等奖	邹扬忠	李达贤	李雨妮	刘芝帆	魏武	
347	全国大学生网络空间安全精英赛	国家级二等奖	江宗泽 许广跃	劳锦伦 邱宣瑞	黄文锋	王俊海	冼允廷	冼进
348	全国大学生信息安全竞赛	国家级二等奖	王俊海	黄文锋	张以恒	劳锦伦	冼允廷	
349	第十九届"贸仲杯"国际商事仲裁模拟仲裁庭辩论赛	季军（Second-Runner-up）	周悠然 谢楚儿	刘沥君 叶炜康	陈婧雯	胡紫妍	徐树	
350	北林国际花园建造节	竞赛方案设计/实地建造一等奖	罗越 谢宏立	杜宇 陈衍臻	戴璐璐 黄雯雯	冯宇梁 韦灵墨	林广思	熊璐
351	"尖烽时刻"全国商业模拟大赛	国家级二等奖	张鸿杰	王云飞	柳杨	李逸斌	刘小龙	
352			梅烨伟	刘炳骅	陈思璇	徐悦潼	刘小龙	
353			李源	杜锦涛	刘海鹏	李振东	陈羽	

续表

序号	赛事名称	获奖等级	参赛队员	指导老师
354	2021新加坡金沙艺术设计大赛	银奖	李栋强	张卫海
355			侯俊羽	王 雁
356	ICAD国际当代青年美术设计大赛	银奖	张萧桐	李 萌
357	第五届国际环保公益设计大赛	银奖	李栋强	王 雁
358			王宝龙	王枫红
359	国际基因工程机器大赛	银奖	曾 徽　陈钧洛　唐传奇　张萧桐 罗 珊　蔡兰馨　巫景行　刘耀铭 韩宗霖　吴晓雨　杨晨怡　汪伟滨 高怀基	李 爽

毕业生名单

2021 届博士学位获得者

经济学博士

应用经济学
陈智颖　迟　骏　裴　丹　吴桐桐　胡梦非　李文静

法学博士

法学
马　勇

马克思主义中国化研究
范秀娟　李　宏　廖立胜　肖　洒　叶路扬　胡小玉　严云山　黄晓曦　刘小青　刘亚敏　刘　勇

理学博士

数学
申佳昕　刘斯丽　尚　蕾

基础数学
李耀强　黄海华

应用数学
鞠玉君　李远飞　吴伟君　张晓函　潘　悦　王期千　赵雅娟

运筹学与控制论
张东东

物理学
倴靖杰　侯春利　王亚蕊　吴吉恩　熊普先　蒋永林　晋光荣

分析化学
陈宇宇　何　魁　胡　琼　叶融凯

有机化学
陈凤娟　付亚杰　胡　淼　李文婷　廖超强　曹　梁　陈福林　何丹丹　胡新伟　李　蒙　汪　露　谢　蓉　邱韶童　吴　睿

物理化学
李　彬　王枫亮　张嘉熙　邵春风　MUHAMMAD RAFIQ

高分子化学与物理
艾梁辉　陈　烨　胡　杰　刘　珊　胡永静　马利涛　刘中国　黄振恺　彭建萍　尹家福

生物学
魏晋奋　赵　艳

生理学
方金花

微生物学
胡文哲　孔冠楠　林婕婷　李　凡　晏俊伟

生物化学与分子生物学
付姝颖　孙秋丽　齐昊楠

工学博士

固体力学
马东鹏　叶世佳　湛家铭

机械工程
陈　恭　冯俊元　郭莹莹　雷鸿源　李常胜　廖昭洋　林一帆　刘　敏　陆毅华　皮云云　秦　森
王日鑫　王银安　韦　为　吴兆乾　谢卫规　姚　晟　张亚龙　张　原　陈耕潮　郭明军　韩雷刚
黄　坚　黄如意　李　卫　任朝军　魏　波　谢　斌　徐文华　袁　帅　张抱日　张　斌　张俊豪
单译琳　段　勇　付　铎　黄光文　李石朋　刘　远　龙锦川　唐　浩　杨　烈　朱治文

机械制造及其自动化
杨林丰

机械电子工程
刘谦波　周　楠

机械设计及理论
梁骁翃　张爱民

车辆工程
邓志勇　李志杰　韩国胜　许晓通　刘照麟

材料科学与工程
蔡佳楠　陈仲源　戴国雄　范剑锋　韩鹏博　胡德超　胡　桃　黄雄健　解博名　李振业　林　静
林丽婷　刘东明　刘松彬　卢宽宽　路　琳　吕时超　穆　兰　潘健森　丘玉萍　首美花　万月娟
汪　倩　王　荟　王亚飞　王　熠　吴豪忠　谢樂坤　徐静文　鄢　磊　杨述瑞　张　翰　张筱瑾
赵竟成　朱镇南　陈俊杰　刘雪敏　欧阳娟　邱杰东　韩　毅　姜跃平　易文斌　张缓缓　张　林

材料物理与化学
曹　发　陈玉文　何鹏辉　黎振超　刘贤哲　麦超晃　庞　鹏　姚晶文　张　龙　司乙川　罗　宇

材料学
陈健韬　程景伟　郭晓慧　黄小兰　雷雨风　黎振源　李　力　刘功础　刘书奇　罗　鹏　马　娟
潘飞龙　卿乐驰　沈平川　史振国　宋　楠　宋其垒　万　威　汪子芊　王海龙　王良迎　文新博
伍秀英　余兴兴　曾　城　曾嘉杰　张子辰　周　军　庄泽燕　李笑宇　潘小杰　孙立和　孙阳昆
宣承楷　赵　欣　陆特良　陈　曦　任蒙蒙　王　毅

材料加工工程
曹国轩　曹　廷　程　准　甘俊旗　黄嘉荣　黄　晶　陆体文　罗文艳　盛文文　施　青　谭　亮

周峰晨　周晟昊　朱用洋　陈松军　刘锐哲　师星星　吴雅祥　冼业明　许　州　黄海军　彭思远

动力工程及工程热物理

陈丽梅　陈　琳　柯春城　李诗诗　刘家尧　刘　经　魏俊卿　常　建　江政纬

化工过程机械

陈培珠　黄　碧　罗立中　杨运锋　赵　晶　冯　业　何　婧　白石根

电力系统及其自动化

刘　对　牛哲文　潘振宁　秦颖婕　张　通　周　来　李　杰　蔡　煜　林镇佳　张文浩

高电压与绝缘技术

廖一帆　韦　杰　张智敏　洪　涯

电力电子与电力传动

卢楚生　王鹏宇　疏许健

电路与系统

易凯灵

物理电子学

陈仲佳　关先朝　黄春茂　黄家晴　朱震霄　王　珍　余桔颂　刘　瑶

微电子学与固体电子学

谭礼军　谭天弈　徐新兵　尹雪梅　王　静　马渊博

电磁场与微波技术

甘　正　李茜茜　常玉林

信息与通信工程

黄　煜　赖松轩　刘烁炜　秦　越　青　华　王　侃　肖焕侯　杨婉军　钟雪峰　朱　涛　李　猛
赵丽花　付　豪　刘　湛　欧红师　薛艳梅　詹万里　FARHAD BANOORI

控制科学与工程

程洪超　方林普　龚贝利　何树德　黄　丹　李　杰　李俊俊　林杨珺　孙庆华　张天良　刘跃跃
OKAE JAMES

控制理论与控制工程

余孝源　黄金花　王栋梁　罗　国

检测技术与自动化装置

孟凡琨

系统工程

刘小华

模式识别与智能系统

邓晓燕　肖　景　黄海云　余陆斌

计算机科学与技术

彭　宏　陈宗淦　黄　婷　兰宇琳　梁锦秀　刘玉仙　宋　安　王海燕　王　婷　赵甜芳　谭凯文
张长建　施一帆　韦国栋　王　彬　刘　洋　施　雯　夏良昊

建筑学

陈春娇　戴　伟　姜　磊　李　孟　马辰龙　战长恒　黄　凯　许字来　李子昂　卓晓岚　潘　望
王　艺

建筑设计及其理论

邹煜凯　詹峤圣　张　振　向姝胤　葛毅鹏

建筑技术科学
冯旭明　曾嘉钟
岩土工程
陈　建　胡　赫　蒋浩然　欧振锋　郭凌峰　姜海强
结构工程
刘芳芳　冯　帅　邓先琪　林　慰　潘广斌　许　秩　曾繁良
桥梁与隧道工程
陈　木　杨　铮
防灾减灾工程及防护工程
简思敏　臧建波
化学工程
陈建军　陈　政　蒋周阳　李飞云　刘玲煜　史晓斐　宋刘俊　田亚西　温李阳　吴厚晓　夏　欢
颜启明　杨　凯　张　晓　黄华文　宋　阳　王　奕　黄浩炜　彭诗元　胡　进　罗亚茹　徐建昌
左继浩
应用化学
池　滨　刘明瑞　龙桂发　史修东　赵伟悦
工业催化
孔娟花　李函珂　刘运鹏　秦彬皓　何志艳
能源化学工程
李贺勇　林文珠　谭冰琼　谢　宁　杨　茜
制浆造纸工程
林　凤　刘　超　潘政源　张凯丽　邓　卓　方　楷　石聪灿　袁江平　朱朋辉　王　浩　王晓军
朱师云　杜　超　李鹏飞　林志峰　刘晓明　蒙　玲　苑田忠　张　希　张亚增
制糖工程
曹长靓　陈君诚　池承灯　刘小草　罗　珍　唐湘毅　艾　超　徐锦川　祁海平　万力婷　张　涛
发酵工程
程镜蓉　黄滟波　屈春云　卜　杰　冯　坤　郑学云
生物质科学与工程
陈泽虹　李腾飞　朱慧霞　陈　威　李增勇　李　蕊
道路与铁道工程
曾彦杰　鲁　岳　黄继志
交通信息工程及控制
张鹏飞
交通运输规划与管理
吴嘉彬　张　璇
船舶与海洋结构物设计制造
陈晓丽　陈学礼　麦叶鹏　曾照洋　王玮琦
环境科学与工程
陈梅青　丁　苏　段程皓　樊仪旻　高　坤　胡世文　黄开波　靳小虎　梁东辉　梁　胜　梁书杰
王　锐　杨晶晶　周　娟　李志亮　邱　兵　阮　弦　严登峰　黄一峰　贾光林　宋开南　王再盛
吴沂晓　袁海光　朱曼妮　廖松地　韦　聪　吴　康　薛宇宙　叶　翰　张思海

SITTIPRANEE PLOYCHOMPOO　ZUBAIR AHMED

绿色能源化学与技术

杨邻静　陈惠君　马晓双　赵登科　陈海军　刘　厅　刘　亭　牟机熔

生物医学工程

曹紫洋　何友玲　邵　鑫　史　淼　王可伟　赵　可　冯　琦　苗雅丽　钱天宝　王晓岚　王　研　邢　君

食品科学与工程

陈　云　侯传丽　李彦磊　廖兵武　廖　晶　马娟娟　宋学博　席永康　相　欢　辛　璇　詹麒平　赵　婕　郑　茵　陈　冲　胡晓丹　秦新生　胡腾根　刘玲玲　王萍萍　陈孝勇　邓　娜　韩凯宁　胡荣康　黄燕燕　贾　丰　贾浩宇　金泽坤　李　坚　李琳琳　李　雄　王绍康　王文铎　谢　星　赵冰丽　AMAKYE WILLIAM KWAME　AHMED ZAHOOR　MURTAZA ALI　NISAR HUSSAIN

城乡规划学

景　涛　邱君丽　邓春凤　覃巧华　张晓阳

风景园林学

刘国维　罗　曼

软件工程

国　雍　黄清宝　黄振华　刘方青　曾润浩　吴　凤　尹鹏帅　张　睿

网络空间安全

徐洋洋

医学博士

生物医学工程

曹务腾　董卫民　范　磊　刘思阳　唐文洁　王　菲　徐豪明　姚孟宇　曾　妮　张　凯　胡冠松　江骏荣　陈　阳　何尚飞　林冬果

管理学博士

管理科学与工程

陈一华　付志能　李秀章　林殿盛　童　阳　谢泽飞　朱建华　黄光于　王梓萱　崔轶平　刘小茜　刘春会　杨丽芳

会计学

任柳杨

企业管理

陈伟宏　沈　鹤　王　甜　尹剑峰　岳　磊　张建平　钟　熙　刘　航　熊小果　陈玉娇　彭秋萍　张妍妍　周怀康　OSMAN MOHAMED ALI OSMAN

旅游管理

郭　祎　廖珍杰　王明森　黄伟钊

技术经济及管理

李礼旭

公共管理

刘国歌

工程博士

能源与环保
陈琳轶　范　敏　王　磊　许辉勇　朱江林　熊菊霞　钟金平　周华晶

电子与信息
赵　斌　张　滔

材料与化工
邓立康

2021 届硕士学位获得者

哲学硕士

马克思主义哲学
杨利颖

经济学硕士

区域经济学
陈静仪　胡耀宗　黎明钰　鲁倩倩　谯　丽　沈锦江　修佳钰　叶志想

金融学
戴　宇　冯小涛　胡雅朦　黄晓莹　金子琰　李彩燕　李程羽　廖鸿燕　廖诗雨　刘　鑫　孙雅婷
涂芷馨　王傲磊　熊婷慧　杨玉霞　余慧伦　张洲深　周　亢　ALI MOAZ ALI A

产业经济学
傅小敏　王宽亿　谢小咪　朱映坤

国际贸易学
何妍蓓　黄凯欣　汪瑞玥　赵婷婷　朱智成

数量经济学
费潮生　胡际豪　胡芹璐　李宏煜　刘高镝　谢鹏威　曾文君　赵胤新

法学硕士

法学理论
高耀鸿　侯慧芬　李栋怡　龙舒婷　肖玉根　赵　鹏

宪法学与行政法学
方　久　胡　璟　黄敏俐　王　琨　张耀源

刑法学
江诗尹　林佩斐　丘　洁　杨凌智

民商法学
陈逸彤　范　牧　郭　瑶　林诺馨　沈　欣　唐露原　许　莹　叶萍花

诉讼法学
胡菁津　龙兆丰　张泽源
经济法学
蔡志钊　邓翔婷　黄思煦　潘旭东　孙　越
国际法学
冯　平　秦泽琦　汤嫣然　吴文君
知识产权
黄昱延　况　斓　潘韵倩　彭　榕　孙　悦　田宜鑫　余佩诗　张文宜　宗　琛
马克思主义基本原理
陈甜甜　胡芳芳　蒋艳婷　卢　霜　所应洲　王诗瑶　王伟豪　吴思柳　杨瑶伊　张星星　赵烁宇
马克思主义中国化研究
边晨阳　黄艳璋　刘　静　刘　微　张学文　张亦君　赵　鑫　钟　燕
思想政治教育
蔡　丽　郭娟梅　何　霜　黄伟强　刘成兰　孙　蓉　汪丹丹　余健宁
中国近现代史基本问题研究
黄贻凯　陆　菲　王良圣

教育学硕士

教育学
洪　爽　黄海祺　李　偲　李玉枝　彭枚芳　王虹丹　韦瑞瑞　向　灿　叶丽融　易治铭　袁　琴
体育学
陈　斌　陈学铭　简晔珠　蒋训雅　廖楷杰　林碧晖　刘　聪　史成才　孙秋鹏　王碧蓉　王国超
曾俊玮　张萍萍　张瑞轩　朱梦兰　资佳慧

文学硕士

外国语言文学
蔡子婕　陈紫玥　邓伟佩　管嘉嘉　胡彩霞　李京枚　李　妮　廖　婷　刘奇英　罗　晨　宋　玥
孙晓晶　万姗姗　王瑾妍　温　馨　谢贝珊　张赢月　章雅青
英语语言文学
樊丽君
新闻传播学
鲍文华　陈晗航　陈虹宇　陈　锦　陈晓晴　杜金凤　郭雨丽　何代洁　胡婧雯　纪晓玉　雷月媚
李金旭　李俊惠　梁嘉颖　林嘉纯　刘　梅　刘　梅　刘　群　吕　晶　全凌辉　任正雨　孙　琳
陶　梦　汪明伟　邢　卉　炎　琳　杨　洁　詹　恬　张梦漪　张雪婷　赵艺颖　郑雨晨　周　颖
安俊停　李国弘　刘　瑞　HOANG THI KHANH NGOC　ALIEV SAFOMUDDIN　KIM JI SIL
NGUYEN DIEU LINH　PHAM TRU CAN

理学硕士

基础数学
岑正运　常　霞　代　娟　耿亚娜　刘旭瑞　陆狄雷　孙春雨

计算数学
陈致宏　丁晓凤　廖敏瑜　卢锦亮　叶泽慧
概率论与数理统计
曹丕垚　陈创杰　黎炜敏　林影娴　林志萍　卢文浩　王世琳　萧元彬　许芷慧　杨梓健
应用数学
陈硕　韩杰　胡倩　林学好　罗芳琪　阮文静　孙开峰　汪雄　王俊霞　王韦清　文琦翔
吴宝龙　吴锋　熊艳　于田宁　余环宇　张李钦　郑昊昊　郑伊楠　朱贇
运筹学与控制论
张双
理论物理
方毅　李玉玺　刘璐　张靖　王智婷
凝聚态物理
陈婉昱　胡秋霞　黄梦霞　黎小龙　刘威楠　谢慧芳　张科　周智勇
声学
戴宁宁　刘凯倩　杨子晖　周华莉
光学
曹宇　陈家辉　陈文　高建魁　黄觉震　黄麟桓　李尚儒　梁家伟　梁培琛　沈世磊　唐郃钰
夏文飞　游耀堂　张辉　周湘艳　庄素娜
化学
钟文韬
无机化学
陈树煌　杨霜　李睿
分析化学
黎碧珊　李芳　梁煜莹　刘雅雯　王露露　王敏　徐杨彪　杨培培　叶亚飞　钟晓林　殷新意
向鸽　陈华瑞　曾银
有机化学
陈晓俐　丁欢　丁辉　官荣青　孔毅　廖哲慧　林紫薇　刘炽　罗家骏　史秋　吴漾
吴瑶丹　吴紫英　曾浩　朱恒敏　陈星　陈扬
物理化学
关子星　黄欢　黄俊敏　江世杰　赖佳宇　李杰　吕建广　王凤华　武文鹏　肖卓杰　余素云
曾鹏　詹伟腾　卓宝柳
高分子化学与物理
蔡畅　陈欣　冯琦　洪诚琪　纪明升　刘俊　吴梓成　杨佳菲　张强　张向粉　张雪健
韩鸽　黄迎辉　袁瑞糠
生物学
白云梦　曹孟岑　陈嘉鋆　程丽　崔柳　李慧晓　刘惠生　骆晓彤　茅和花　唐湘莲　杨玉连
张汝洁　钟志勇　陈小雁　何敏　洪天添　梁爽　邱思枚　张厚煜　金文彬　杨俊贤　尤姗姗
翟世杨　吴芝伟
生理学
蒋笑嫣　陈用
微生物学
李欢欢　李嘉慧　曲珊珊　喻豆　AMESSO NDENGUE PEGUY PAULIE

生物化学与分子生物学
徐　舜
医药生物学
李　雪　赵崇泽
生物医学工程
陈　慧　陈文祥　崔　越　邓紫薇　郭锟忠　洪丹丹　黄　晓　兰　俊　李佳贤　李　静　李晓东
刘君洁　罗凤琴　罗　曼　牛学涛　潘西满　萧学敏　张敏杰　张正海　郑　锐　周浩浩　井曼曼
雷　帆　李南颖　梁敏铧　吴　琪　鲜梦月　张子聪　莫梓华

工学硕士

力学
丁　榕　段文琪　黄庆洋　李新华　廖焕臣　廖雨田　卢昭明　张　翔　朱孟轩　左泽宇　刘　畅
王亦麟　梁　靖　贺万里　刘梦婷　刘周明　舒沈云浩

机械工程
暴比达　贝泾浩　蔡文伟　蔡绪忠　蔡雨晴　曹宣伟　陈　杰　陈　鑫　陈　炀　陈友升　陈宇林
成　迪　程　斌　党德邻　邓立发　董亦飞　杜佳豪　段家超　范东强　范振辉　方致远　葛培仲
古智超　关焯辉　郭　康　郝　强　何　鑫　何一明　洪培烽　黄本韬　江　鹏　江　平　姜俊杰
康中强　蓝　睿　李国峰　李　胜　李诗成　李小军　李远政　李梓棋　梁铭裕　廖才磊　廖中源
林国志　林煌杰　卢若皓　陆泓洁　马赐文　马永攀　梅远腾　欧永东　欧　宇　庞业忠　秦　瀚
曲希帅　沈小成　宋存江　苏凌丰　孙光湧　谭海亮　唐邕涛　汪曦祥　王　超　王浩楠　王　旭
王智厚　王梓荧　魏婉珠　魏小丰　魏　征　温达旸　翁楚滨　吴淇森　吴永旺　伍嘉乐　冼君琳
谢明友　谢　云　熊承添　熊书春　徐德健　许亚辉　晏　畅　杨　帆　姚侠楠　叶华钊　叶秋金
于永澎　余林峰　曾繁铿　翟家驹　占爱文　张　博　张　昆　张　炜　张晓峰　张欣欣　张新丹
张义龙　张智敏　赵凌云　钟启明　周程辉　周　峰　朱　行　朱许先　朱阳辉　庄梓译　邹银辉
陈辽林　邓鸿信　黄辉龙　黄　宇　秦文韬　王　宁　吴骄任　吴　桐　肖海飞　肖　寻　张建亮
朱　浩　李卓豪　李东阳　李　伟　石　晟　刘杨雪飞

材料科学与工程
安亚楠　岑思谨　陈　琛　陈福瑞　陈嘉韵　陈介焕　陈凯峰　陈　敏　陈明淦　陈　容　陈润泽
陈淑嫔　陈婷婷　陈祥欣　陈修杭　陈奕丹　陈玉娴　陈泽宁　陈泽文　程海鑫　代迎康　戴　毅
邓晓岚　邓智杰　方星磊　方志坤　费久斌　高　姗　韩　杰　何林义　何文艺　何叶青　何张平
洪少峰　洪小哲　胡长远　胡　菲　胡惠祥　胡绮倩　胡文君　黄成成　黄佳美　黄　凯　黄　容
黄若铭　黄学旺　霍永奇　江翎雯　江　婷　江伟辉　江雄灼　姜　刚　金志利　雷　欣　李　邦
李成峰　李贵琦　李　昊　李　佳　李俊云　李妙姿　李牧云　李文琪　李修贤　李育萍　李　钰
李泽坤　练镜扬　梁彩霞　梁好花　梁秋敏　梁若繁　梁依倩　梁志芳　廖婧雯　廖文芳　林敏刚
林晓彬　林泽南　林祚鹏　刘桂榕　刘　静　刘　璐　刘是文　刘鑫妍　刘瑶瑶　刘奕彤　刘益林
刘员环　刘祖妍　陆　岑　罗绮来　吕　憬　麻　乐　马兰香　马淑菲　毛理燕　梅莉琴　蒙华星
闵祖鑫　宁春平　宁珊珊　宁叶玲　牛冬鑫　潘玉敏　庞培元　彭　锦　彭　涛　任　浩　茹　科
石　涛　宋雪敏　苏慧桦　孙佩椰　唐晟阳　唐文栋　唐　月　涂　乐　万　宝　汪　超　王　超
王东明　王键鸣　王凯冬　王　岚　王　林　王林叶　王　梅　王瑞松　王西西　王晓蘅　王毅杰
王银艳　王子超　韦　创　韦海平　魏崇阳　魏雅妮　吴　愁　吴海燕　吴立宇　吴思梦　吴文杰
吴永波　吴　勇　吴助浩　伍海健　肖建华　肖　民　谢佩玲　邢舒婷　熊健翔　熊敬协　熊其鹏
徐　敏　徐延港　闫竹辉　严明保　严思文　杨家辉　杨夕冉　尹镇航　余　立　袁　硕　曾　慧

曾立艳　曾　苗　詹强坤　詹　涛　张斌斌　张峻豪　张可心　张礼慧　张鹏飞　张　帅　张伟达
张　羽　张　悦　张志煌　赵　兵　赵明亮　赵牧之　赵逸飞　郑鹏飞　钟　飞　钟　煌　钟绍信
周嘉会　周亮亮　周　强　周尚雄　周晓沛　朱　军　朱诗梦　邹高鹏　董智豪　方宇煌　黄锦圳
刘红华　秦轩杰　徐经纬　袁良川　张永清　张增辉　李睿锴　王俊程　余永高　杨康乐　邹广锐兴

材料学
钟　俊

材料物理与化学
陈如刚　杨永超　张啸尘

材料加工工程
仝裕如

工程热物理
陈丽尧　范坤乐　李　鑫　刘轶豪　路　坦　唐芳芳　王水安　许永睿　张　璐　张曼玉　张勇升
周　毅　朱丹丹

动力机械及工程
廖小南　林裕旺　孙震宇　鲜　婷　朱展志　祖帅飞

化工过程机械
黄家兴　刘　倩　梅玉坤　石科军　徐志立　喻　葭　MURAD TARIQ MOHAMMED ABDO

核电与动力工程
和思宏　于鸿昊　郑立程

电气工程
李志豪

电机与电器
郭志宇　王紫旖　张　熙

电力系统及其自动化
陈家超　陈琳韬　陈鑫全　陈智豪　程　颖　邓成江　邓伟民　丁天皓　范官盛　范苏纯　古一灿
郭小易　郭泳良　黄晓明　李富盛　李建钊　廖芳群　林　丹　林言泰　刘奕元　陆展辉　罗擎天
孙宇嫣　滕志鹏　文兆新　吴洁璇　夏云睿　杨国康　曾广璇　曾鹏骁　詹浩钦　张毓灵　张志远
钟丹婷　卓映君　邹泽宇　刘天马　赵　雪　ALKHALAF ABDULRAHMAN KHALID O
ALRASHIDI ABDULLAH OBID A

高电压与绝缘技术
曹航宇　陈泽铭　范明明　万海容　许志锋　杨政霖　郑文博

电力电子与电力传动
陈　滢　陈钊亿　范晓芙　黄　伟　林满豪　林尉杰　罗嘉林　沈　栋　汤旭东　文大榕　张健彬
郑伟彬

电工理论与新技术
何启笛　罗　权　张　凯

物理电子学
刘　锐　骆全斌　齐玉鑫　韩青原

电路与系统
鲍文杰　任琪欣　管　健

微电子学与固体电子学
陈柏锦　陈东元　陈睿鹏　陈玉辉　程正山　何嘉俊　黄志强　李红城　林　彤　林奕龙　申　乐

谭华力 王善永 吴雨霏 肖福安 徐　谦 严乐龙 易佳霖 张雪冰 朱宇博

电磁场与微波技术

卞记发 麦健业 舒佩文

信息与通信工程

CHON HO KA　MIR ASIF ALI　MOHAMMED SABER FAHEEM ALI　GOHAR HAYAT KHAN
MOHAMMED ABDULRAHMAN ABDULWADOOD ABDULLAH

通信与信息系统

鲍弘毅 卜红龙 陈　璐 陈帅豪 陈湘杰 陈子豪 邓　康 董庆州 冯浩翔 黄美纯 黄忆君
黄　铮 景广豫 李静娴 李思禹 李　学 李　哲 梁嘉辉 梁可弘 廖皓琳 林舒怡 林晓阳
林子茂 刘　贵 刘名乐 欧炜滨 潘俊宇 潘裕利 彭　铸 沈国焰 孙远发 王戈扬 温成龙
武俊强 肖　蓓 谢树禄 徐叶春 严海康 尹　松 余　钰 袁添文 张志杰 赵　晶 郑淇尹
郑诗敏 周　剑 庄镇东 康　琦 陈汉标 练靖翔

信号与信息处理

陈清睿 陈晓雪 冯群倚 高逸飞 顾国强 何志伟 黄俊阳 黄晓萍 李现峰 李新鹏 廖橹帆
廖宣凯 林育仪 潘俊毅 饶浩波 饶露芳 唐佳鹏 万佳欢 王　恺 王林尧 文　祥 禤韵怡
杨代辉 余泽琼 詹俊瑶 张不已 张　淳 张　伟 朱业成 庄镇州 陈子威

控制科学与工程

艾振东 陈纯玉 陈　枫 陈　杰 陈雄君 陈艺文 邓率航 段　涛 高鹏举 郭子兴 洪　勇
胡启帆 黄　鹏 黄淇松 黄阳灿 简昱颖 李长锋 李奎霖 李日红 林国远 林宏涛 林俊杰
林舒阳 林志东 刘权国 刘小慧 刘智锋 卢永辉 罗家健 磨榕礼 欧峰华 齐嘉欣 区家荣
石昊晨 汤永超 汤永超 涂　墨 王　雨 王志林 王壮鹏 温振群 翁创鸿 吴铭潮 吴少文
许家祥 许练濠 杨舒乔 杨　洋 杨煜霖 叶恒丰 袁凌玲 郑恒裕 钟　铭 周方华 周　翔
朱嘉炜 朱释靖 朱振华 邹林明 汪　磊 张可明 邱　越 黄嚉欣 余健立

电气与计算机工程

ALI FAHAD BIN　TIRTA PUTRA LEONARDI　USMAN MUHAMMAD
ASAD REHMAN MAHMUDUL HASAN NABIN　MUNEER AHMED

计算机科学与技术

陈东培 戴晨欣 邓广昌 邓世杰 段晨阳 傅经邦 桂梦珂 洪瀚思 黄德森 黄钦建 黄士心
黄志敏 黎　枫 黎潇潇 李东华 李冠霖 李冠岳 李思敏 梁　迪 林傲宇 林宏亮 林佳钦
林煜森 刘雨晨 马荣兴 谭艳鸿 王　颖 王志涵 文　强 翁婉琳 吴光欣 吴泽波 肖建平
谢佰洪 闫续冬 叶枫旭 叶　升 尤　瑞 余博西 张旭航 张煜锋 张仲凡 章捷敏 郑柏伦
郑来磊 周浩宏 周淑姿 周　璇 祝　叶 邹秀鸿 黄　豪 孙天立 张绍源 彭　曦 姚秀秀
张心怡 ALI ABDULLAH SALEH AL-FATEMI

建筑历史与理论

蔡为哲 葛鹏飞 黄丽丹 李沃东 凌思琦

建筑技术科学

陈奕安 何春典 黄崇耘 李复翔 廖德妮 吴宇超 肖　遥 徐碧霞 徐　薇 杨　宁 杨玉琦
於　秀 蔡佳成

土木工程

蔡奇霖 蔡　墅 陈健锋 陈熙隆 符景豪 付志旭 郭侯佐 黄甘乐 黄若洋 季长慧 蒋　浩
蒋子润 蓝煜明 李金祥 李绮玉 李之吉 廖　宁 林　琛 凌华明 刘柏龄 刘斌斌 刘昌胜
刘汉藤 刘耀文 卢健东 罗慧文 罗翼锋 吕家美 马铭骏 欧子健 邱智育 盛翔宇 苏泊雅

王　辉　王施涵　王泳康　翁一杰　吴　洁　吴颖谦　吴宇航　徐世杨　严子威　杨　旭　杨钰炜
叶文许　叶振威　袁兆勋　张宇航　赵　晨　郑凯翔　庄朝禄　丁　成　丁　甲　董耀俊　欧　洋
吴卓恒　谢轩晨　罗济杭　张磊源　SHARMA VAISHALI

水利工程
陈家超　陈易偲　韩雨薇　蓝　璇　王尚伟　肖耿锋　杨邦健　姚晓庆

化学工程与技术
陈敬添　吕露茜　潘健聪　潘伟滔　王　洒　吴艳婷　袁意诺　武丰禾

化学工程
蔡俊奇　陈廷露　代国栋　丁　婷　段海鹏　冯锐恒　郭　浩　郭艳琳　郭　岳　洪细鲁　黄晓凤
黄余港　黄子宇　黄梓均　江　升　柯展帆　李义亮　李英泽　刘华章　刘炎昌　刘子涵　鲁　沁
罗　荻　吕李章　吕义辉　牛晓辉　潘　倩　饶睿恒　沈华鑫　苏华坚　孙彦凝　王　琦　王小康
王亚琳　王媛媛　吴洋洋　肖亮锋　杨　路　杨文龙　杨夏怡　杨壮刚　叶丽萍　元　野　袁　祥
曾金祥　曾科霖　曾思君　曾艳娴　张　露　张鑫宇　张雪莲　赵晓圳　朱曼玲　娄瀚文　索米杨子

化学工艺
林雨衍　刘圆敬　磨晓虹　肖　阳　钟定明　冯家成

生物化工
陈炜炽　林兴东　张　金

应用化学
鲍　昱　程曦萌　丁如月　丁婷婷　琚家豪　赖源斌　李　配　廖纪军　林国庆　林芝官　刘　昊
刘玲桂　刘望喜　刘新叶　卢佳铭　彭雨辰　覃飞扬　肖凌寒　谢恒馨　谢倩雅　余思妍　张志敏
周　洁　张可怡　高龙江　诸葛娟萍　孔张一戈

工业催化
李昊天　李　宣　梅智宏　苏泳钊　王夏满　曾永健　张慧敏　郑歆来　柏佳彤

能源化学工程
陈逸明　郭　欣　黄江常　黄晴雯　雷　杨　黎方菊　李璋怡　王　者　吴　亮　吴　熠　徐　健
杨兰香　张　韧　卓楷升　邹子懿　陆锦锋　MOHAMMED ABDULLAHI

制浆造纸工程
陈国政　董凯辉　方　滔　何　骞　侯高远　季姣燕　柯　可　李宏伟　李　圣　李　雪　李映辉
梁馨月　刘青君　刘雅熙　卢慧敏　吕晓萍　田　彦　王彩梦　王佳佳　王　丽　咸喜腾　谢　鸿
徐　科　叶　芳　余　娇　张乾坤　周　静　周思再　刘　波　蔡晓堃　高　莹　万　兴　王芙蓉
陈佳乐　房东君

制糖工程
余安玲　昝胜杰　郑青松　沈少丹

发酵工程
黄文琪　牛亚春　彭思琪　吴有权　熊婧卉　杨善众　张　玲　张益民　陈永安　杭丽雪　兰　洋
陈莉莉　李静文　李雪雯　吴　亮　王晨媛　庄　媛

生物质科学与工程
陈贵娴　陈华泉　陈　亮　韩光达　金旭宸　李丹妮　李铭赛　罗元超　马交交　潘忆乐　邱舒婷
王　晨　姚辰飞　余　杰　张　晓　周　微　朱俏俏　朱兆栋　谢慧慧　曹　山　姜成宇　林敏生
卢　冉

道路与铁道工程
贺玉婷　黄思源　刘品言　刘　勇　苏国城　王景霄　吴孝明　杨倪坤　姚江贝　周　杰　朱贵莹

易子程　MIJASH VAIDYA

交通信息工程及控制

陈　晨　宫云渤　靳雪振　汪　丽　吴　蔚　温俊锐　郝　翊　臧　鹏

交通运输规划与管理

胡蔚旻　林惠文　区俊锋　裴晓航

船舶与海洋工程

王浩天　韦政鹏　杨　军　张　天　邹东波　杨天悦

环境科学与工程

蔡逸洵　陈　云　邓旺德　付飞超　官锦坤　何楚城　何柳青　胡浩林　黄芷嫣　邝海楠　李剑晗
李晶晶　李　敏　李帅帅　李　雪　刘锐源　刘亚鑫　卢　露　邱淑颖　宋佳柠　孙　鑫　孙宇航
王瑞鑫　温嘉怡　许仲轩　闫　慧　杨志林　姚懿娟　叶兴瑶　袁宇航　曾春玲　赵　敏　钟　雯
周季妮　周　晋　朱柳依　朱仝贺　郭依卿　郝鑫瑞　李敏婷　王美娟　许子飚　张立航　何俊衡
李志芳　刘　鹤　谢缘林　颜铭佳

环境工程

马金珍　孟　瑶　邢翊佳　廖子聪　方静静

绿色能源化学与技术

曹　丹　邓力瑜　胡　枭　李　嫚　罗煜翔　麦泽群　母志鹏　秦露冰　覃铭霞　仲　啸　黄宏毫

生物医学工程

高文鹏　孔令茵　潘智林　汪　旸　郑凌翔　肖慧思

食品科学与工程

蔡　颖　曹　晶　车　晶　代杨艳　戴临雪　邓雯婷　董诗婷　方璐怡　龚钰凤　郭玩湘　韩宇琴
何静如　何倩娴　胡金双　胡文娜　胡志顺　胡梓曼　黄如梦　姜莉媛　蒋思琪　蒋依依　蒋玉菡
邝嘉华　赖惠敏　雷长梅　雷介青　李菊名　李　爽　李穗君　李　天　练颖仪　梁慧贤　廖焕新
林婷婷　刘秤利　刘靓赟　刘立煜　刘　爽　刘思宏　刘思雨　卢　凯　罗玮倩　吕　雯　乜晓爽
闵雪珂　欧蓉蓉　潘　博　彭丽萍　苏恩谊　孙媛媛　谭婉静　田宇晨　万文静　王晶雯　王　凯
王　萌　王梦欣　王睿飞　王　甜　王彦硕　伍　磊　向文娟　辛卓霖　熊　磊　许慧娴　许　蓉
杨小雪　杨延清　曾凡珂　张　柯　张尚微　张天祺　张笑薇　张　旋　张　祎　张雨涵　章智华
郑　昕　钟　梨　钟瑞芳　钟舒睿　钟小敏　周　莉　周　婷　周希艺　周晓莉　傅金凤　叶　伟
戴伊繁　王占全　于林海

食品质量与安全

李一鸣

城乡规划学

陈丹彤　陈汝霜　李　依　刘雪冬　魏思静　吴子超　徐　妍　徐　颖　游晓婕　曾冬梅　钟碧珠
武晓霞　姜晓杉

风景园林学

蔡珂依　符冰芬　高金华　古亚宁　何雪莹　蒋璐韩　邝雅星　赖　红　李翠燕　李素衣　李玉婷
梁杰麟　潘麒羽　王逸婷　钟和丽　周子芥　王　蓝　ZILE HUMA

软件工程

曹业伟　陈妙慧　陈巧俊　付懿轩　何振豪　胡　杰　黄朝辉　黄星星　黄　莹　贾俊中　金晓娜
李　理　马文鑫　谢红艳　胥雅雯　许鸿斌　杨晓婷　叶　蒙　尹　凯　张剑涛　张梦雪　张志斌
张秋宏　李泽婷　ABDULMAWLA AKRAM SULTAN AHMED

安全科学与工程
海　云　兰胜男　刘振斌　宋慧怡　吴方根　谢　波　杨　棚　张　浩　张　帅　蔡文倩　李　慧
杨　阳

网络空间安全
艾广锋　何志强　黄宇轩　贾若雁　李婉华　梁　剑　刘书棋　罗　鑫　曾　彪　湛书航　钟　滢

管理科学与工程
杜志峰　王　蓉　冯婉婉　黄锦强　杨柏榆

设计学
迟子媛　邓杏仪　范雅静　黄嘉敏　姜山小　梁　怡　刘　瑜　孙皓晗　王大胜　王佳妮　吴翠莹
伍家豪　谢佳雯　于晓晴　张楚琼　张　泷　邹子午　施　宁

医学硕士

临床医学
查志强　陈　芳　陈冠仲　陈嘉宁　陈绿帆　陈晓文　陈雪芹　陈　醉　程益潞　褚祥鹏　邓宇航
冯会博　何志美　胡晓原　黄河灵　黄嘉怡　黄雪麟　江绍涛　江书奇　经莹华　黎黔琴　黎文锋
黎玉婷　李春艳　李涵笑　李路安　李　倩　李　瑞　李祥梦　李　娅　李　莹　林卡帅　林　雯
刘凤瑶　刘豪圣　刘沛明　罗　琼　马鹏跃　马晓彬　庞迪文　彭德威　首第文　王皓辰　王立涛
王瑞杰　王　帅　王钰超　韦瑞丽　韦小玉　魏　婷　温艺红　席　悦　夏　婷　校振萌　谢　稳
徐　婧　徐　兰　杨潇蓉　姚泽阳　余声欢　张维娅　张文彬　张展舆　郑埕斌　周伟杰　周星贝
周　胤　周宗朴　朱　富　蔡耿鑫　曾高淳　程美灵　黄尚军　简敏桥　姜浩东　宋牧野　谭智霖
吴紫欣　谢　露　周嘉莹　周　瑞　何培坤　刘　畅　王涵敏　梁　涛　罗晓丹　韦光楠　赵俊锋
周俊潇　苏泽大众

管理学硕士

管理科学与工程
曹希雯　陈晓双　陈　怡　邓雨珊　方艳丽　关鑫鑫　胡伟健　胡玥莹　黄枫璇　黄　槿　黄静龙
黄思敏　黄至言　李金金　李静雯　李梦筠　李雨婷　梁芬芬　梁　洁　梁远鹏　林　丹　刘思敏
刘子琪　龙　漂　莫进朝　潘　琪　彭　艳　沈雨辰　苏彩虹　王丽萍　王梦洁　王万吉　王文韬
王秀慧　温嘉颖　吴迪朗　伍健栋　夏翘楚　肖琪敏　谢孟鑫　熊雪颖　徐　沛　叶丽萍　曾德杭
翟可璇　张海璇　张晓晴　张　璇　周与伦　朱晨旎　邹珂欣　程　珂　吴晓婷　高　阳　谢　奇
CONG CONG ZHU

会计学
黄　纯　孙继欣　田　卉　田　珊　夏　婷　张婧宜　付媛琪

企业管理
蔡浩健　蔡颖颖　陈春燕　陈依颖　董少军　龚　丽　郭皑馨　郭劼旋　郭群群　黄昊才　黄泓棱
黄卉卉　孔　潇　旷　珍　李　栋　李语嫣　廖　琳　林坤海　林　璇　刘　文　马盼祎　马若男
潘小莉　彭　程　丘彦强　冉林瓒　唐　悦　田　靖　万佳佳　王　瑾　王雯童　伍雪婷　徐世豪
姚玲洁　袁雅静　张娜娜　张婷婷　张　艳　张伊雯　周梦楠　周榕鑫　杨伶珊　兰骞仁　王晓斌
黎梓生　李大伟　ASADORNBORIKARN WIPALAK　ORYNBAYEVA ASSEL　ULYANOVA ANNA
LATYSH SVITLANA　SILAVIROJ THANAPORN

旅游管理
陈玲玲　陈庆文　韩冰晨　列永莲　罗玉婷　潘　涛　邱惠莹　张競文　张文茜　张阳阳

技术经济及管理
蔡恩娣　陈小丽　侯雨梅　李建辉　李芷珊　潘　敏　彭嘉嘉　秦梓韬　闻媛媛　吴　俊

行政管理
蔡梓成　曹文敏　陈燕玲　陈增瑜　戴安妮　冯增琦　韩运运　胡静仪　雷　婷　李　蓓　李　丞
李瑞娇　李　想　李雨青　吕映南　彭　芮　邱晓卿　区婉仪　唐　林　王妍曼　吴书含　项　芳
谢　昕　徐　强　易　珍　喻　帅　张　榕　朱昌文　KHIMONENKO ANNA

教育经济与管理
陈李熙　卢玉舒　吴明扬　肖　丹

社会保障
闭金燕　程　静　吉文婷　邝焕君　刘采妮　王凯然　朱少瑞　朱晓镭
THIPHOMMACHANH SOULINTHONE

土地资源管理
汤新明　唐春云　张倩茹　张顺瑶

艺术学硕士

音乐与舞蹈学
陈　鑫　冯瑞琪　胡　蝶　黄警师　黄　琪　黄振洪　亢鸿志　刘　浩　刘雪铃　罗孟函　毛福荣
裴婕宇　肖牧青　杨佳祺　郑鑫垚　朱　砂

设计学
蔡云飞　邓一珊　蒋英子　梁之涵　林晓盛　罗龙林　王婧茹　王敏娟　王明仪　闫婷玮　杨雅文
杨知行　鄞　盼　臧谷钰鑫

金融硕士

车文峥　陈浩勋　程紫琳　杜家欣　冯德荣　贺丹琳　黄林茜　江　奕　姜　丰　金晓涵　李映东
李　媛　李智英　梁柏淇　梁献文　林晓滢　林　茵　刘　献　刘　悦　罗　堃　钱　浅　钱昱姣
沙　鑫　孙思源　万　洁　汪倩怡　王哲威　温秋妍　吴伊琳　肖忠瑶　谢晓琳　徐　杰　徐颂凯
杨丽晨　杨路路　杨媛杰　殷亦頔　曾大亮　曾文正　曾奕航　赵作维　祝文彬　冯锦晖

国际商务硕士

陈　彬　范晗馨　冯伟奇　高　冉　高钰祺　龚　程　华　舒　金　鹏　赖建华　李慧鑫　李晓萍
林诗诗　刘长琦　卢淑霞　路　超　罗晓婷　马玉琪　缪金铭　潘焕琳　覃远红　王佳莹　王婕妤
徐如钦　张帼琪　张苑斌　郑锦璇　朱玉希　李长庚

法律硕士

岑汶婕　陈耿婉　陈　莉　陈立培　陈文敏　程　强　褚　智　邓皓月　邓嘉頔　段小强　方　涛
冯　聪　冯颖慧　关海明　郭　徽　郭建华　郭俊声　郭　婷　郭晓东　何家灿　贺　胜　黄俊源
黄　麟　黄晓曼　黄宇宁　黄钰婷　黄泽彬　蒋梦娜　蒋秋鹏　赖凯霖　赖梦珠　李嘉伟　李淑芬
李帅杰　李艳君　梁　凯　廖瑾瑜　林铭钦　林琼霓　林渠萍　刘岗林　刘思妤　刘雪丹　刘　元
刘子蔚　卢光华　陆　嵩　马立洋　莫亚蛟　慕力榕　聂　玲　潘　雨　谭　琳　王君宇　王秋叶
王旺旺　王依凡　王卓君　韦国庆　温晓珠　吴翠晴　吴巧玲　吴　琼　吴胜男　吴燕霞　肖一然
许小平　晏　茹　杨崇文　杨吉安　杨　霞　杨湘杰　杨　懿　叶佳琪　殷瑞洁　余佳琪　余　泳

曾 龙	曾茹贤	曾晓群	曾 茵	张鸿宇	张辉霞	张雪韵	张 芸	章 笑	赵志祥	钟冬明
钟盼盼	朱瑀石	祝国伟	左志迪	蔡诗敏	陈俐陶	陈 盟	陈秋萍	陈诗颖	陈 婷	陈旭婷
邓渝潇	丁艺青	董 清	杜孟洋	方婷婷	顾思婕	何嘉文	何剑锋	黄柏芝	黄龄娇	黄 睿
焦秀秀	兰子青	李春健	李梦园	李诗慧	廖雅静	林冠宇	刘 婧	刘 哲	卢浩洋	陆文凤
罗俊平	罗秀玲	莫素卿	倪慧锋	苏小茵	孙浩森	谭文杰	田兆怡	汪晨曦	王丹丹	王晴雯
吴佩珊	吴思杰	向泽宇	肖玉枝	徐旦旦	徐 宁	闫丹雅	杨雨帆	叶冬竹	张咪宁	张耀权
赵慧琴	庄梦婷	曹珂佳	贺 坚	黄文荣	林洁珊	马小妮	念海龙	沈冰倩	沈熙然	孙 裕
姚淑霞	周 依	邓张一照								

社会工作硕士

蔡梁芬	蔡相婕	蔡义桂	陈安乔	陈 静	陈丽丽	陈 莹	范佳芮	甘 蕾	郭宏洲	何冬怡
黄宝燕	黄斯琪	纪晓璇	李丽群	李司远	李小红	李怡璇	李子豪	林 茵	卢创坤	卢隆生
陆有雄	莫仙珍	欧斯琪	欧阳娜	丘晓娟	全晶晶	孙泳仪	谭琴彩	唐茂琦	涂 佳	王 榕
王禹之	魏熙卓	吴金凤	萧广成	肖天程	肖子琛	谢 雕	徐慧玲	晏斐然	叶锦南	叶耀华
尤银燕	曾千千	曾 蓉	曾杏琦	张佳伟	张九丽	张 娜	张苏娜	张晓娜	张周韵	朱玮荣
崔丹洁	樊要朋	韩宁宁	黄 娟	江淑娴	梁城滨	王志伟	曾君兰	赵彦贻	苏祺彦君	

体育硕士

体育教学

| 陈桂标 | 邓元凯 | 段逸尘 | 李 莹 | 刘 勇 | 苏超怡 | 孙远杰 | 王大玲 | 王 鹏 | 谢爱红 | 熊金涛 |
| 曾 辰 | 张怡宁 | 朱 东 | 陈楷文 | 卢亚男 | 唐艺源 | 张亦勋 | | | | |

翻译硕士

英语笔译

陈安娜	陈 耿	陈国浩	陈思宇	陈彦彤	陈 媛	程 斯	邓炜静	葛 清	关毅恒	黄新宇
黄亚宁	黄一凡	黄 莹	黄永程	李镜如	李时橘	李晓丹	梁炜欣	刘 迪	唐艺嘉	涂闽怡
吴洁仪	吴翘仪	吴小卅	徐 晗	许乐华	薛丹妮	鄢海燕	杨 柳	叶美琳	叶如锦	余在洋
曾 媛	张宏珊	张伟岸	郑康茵	朱佳缘	兰洪敏					

日语笔译

| 陈 意 | 扈庆兰 | 蒋 敏 | 李超滢 | 李金阳 | 李小蕾 | 刘褩楠 | 谢 豆 | 薛 蓁 | 张真真 | |

新闻与传播硕士

巴羽婷	曹天露	陈晓琳	邓显宽	杜 平	郭洁琼	何东颖	胡 涛	胡晓天	胡雅楠	胡云华
华凯纯	江 颖	李维娜	李 新	李 烨	石云霞	孙宵博	唐 宇	王 颖	王雨思	吴 琼
肖 田	谢嘉琪	杨剑光	余 宁	袁嘉莉	张彤云	郑刚诚	郑雅琴	周玉婷	朱 梦	

建筑学硕士

毕旭伟	蔡梦凡	蔡 宁	陈东宇	陈泓宇	陈 丽	陈 茜	陈冉鹏	陈咏雯	戴明琪	方翔锋
方逸真	高坤铎	葛天琪	宫闻笛	何岸绮	贾永达	姜晓艳	赖杨婷	赖志勇	雷艺池	李 聪
李晖浩	李 民	李芊熠	李松松	李贤泽	李香兰	梁佳佳	林 琳	林玲宇	林孟蓉	林紫珊
刘墨渲	刘月月	陆俊衡	路 涵	骆佳荣	孟 瑶	彭 瑾	彭天奕	沈敦煌	舒 嫣	孙润中

孙穗萍	孙亚峰	覃思源	谭洁芳	谭　婧	陶　涛	王　丹	王俊聪	王　玲	王思远	武梦宇
向荟琳	肖　玲	谢　添	徐　鹏	徐　晴	徐晓曼	徐子航	许凯强	许哲嘉	薛长瑜	严鉌文
姚　汉	余文婷	张珂铭	张洺瑜	张人泽	张　银	赵　婕	郑建潮	郑欣欣	周艳琼	朱燕梅
朱逸文	庄晓彬	陈嘉晖	陈嘉欣	陈　帅	范正午	方　素	何嘉颖	何麟治	胡　芳	黄水力
李欣媛	廖岳骏	刘婧娟	蒲宏宇	田皓元	王　舟	肖家琪	徐慧丹	徐　彤	严钧澄	杨泽慧
应秉佐	袁晶晶	章滋其	郑一婷	周　俊	何晓茜	黄泰安	李威亚	李小灵	唐莱茜	王诗曼
魏　冉	巫　丹	吴思汗	徐小娟	张丽娜	郑　晨	戴方舟	何蒙蒙	林誉婷	路　洲	王　京
黄建韬	林佳昕	汪燎宇	朱光蠡	王若瑾希						

工程硕士

机械工程

曹　凯	陈金荣	陈境钰	陈李桃	陈　儒	陈威明	陈沃城	陈晓君	陈逸维	陈云可	段龙华
方　波	冯泽锋	龚炷任	郝煜亚	何耀强	何子聪	胡亮亮	胡明龙	胡宇虹	胡岳霖	黄焯晖
黄　键	黄　尧	黄泽琼	黄智鹏	姬学欢	计诗轩	柯春鹏	乐晓亮	李　辉	李　昆	厉鸿韬
刘　明	刘　雾	龙健宁	卢彪武	卢衍成	卢泽东	罗宜毫	马广才	聂　聪	戚天天	卿　涛
邱　浩	邱伟平	苏晓晴	唐　鹏	唐雪婷	田鹏飞	田　然	万理平	王云浩	魏晌阳	吴彩成
吴凌峰	肖　卓	许　盼	薛栋栋	严　嵩	杨　帆	杨丽华	杨世凡	于　松	余　昆	余志坚
岳　凡	曾德政	曾伟国	詹家通	张　飞	张康帅	张　柳	张心言	张英贤	赵亚萌	郑东州
郑嘉伟	周　波	朱　谦	庄庭达	邹金虎	陈　峰	方　嵩	柯荜正	李　帅	梁长球	潘田华
农金进	李康明	欧阳叶	魏宏鸣	翁丰强	杨筱坤	曾家荣				

仪器仪表工程

何沛燊	黄令苇	黄振华	凌　泉	饶　杰	任　兵	唐嘉健	王慧芳	杨　晨	张　瑜	赵　迪
朱坤财	子文江	蔡柳依婷								

材料工程

白　熠	鲍文亮	岑　旭	陈健伟	陈锦琛	陈鹏然	陈少伟	陈晓军	陈雪阳	陈振江	陈梓鑫
陈紫烨	程辉华	仇慧子	丁　盼	杜婧娜	杜星阳	方思远	方奕畅	封曦翔	冯伟强	付　朗
苟　智	郭　标	郭凌虹	郭晓萍	韩文芳	何　畅	何家键	何雪峰	何昱昌	侯　睿	胡婉兵
黄楚云	黄奶兴	黄仕文	黄泽辉	江　涛	江　喜	蒋淑媛	金圣桥	荆怀帅	匡增城	邝树浓
赖佳明	赖晓翔	黎群杰	李冠泽	李海华	李炯轶	李　朋	李　普	李庆民	李伟培	李越颖
李政东	李志航	李卓群	连家伟	梁永懿	林　浩	刘滨滨	刘广宇	刘　娇	刘君易	刘瑞普
刘　涛	刘文军	刘鑫军	刘旭东	刘志鹏	卢婉霞	罗　干	罗南辉	罗　盘	罗文斌	马　诚
毛　敏	莫家亨	聂家达	庞欢欣	彭俊杰	祁海生	钱　宇	秦佳琛	邱玲玉	邱日杭	申金来
盛叶明	史沭杨	宋舒航	孙　力	唐　鑫	滕晓丹	田　浩	汪博昆	王　超	王成业	王富增
王浩天	王欧白	王　玮	王　宣	韦　拢	魏　卢	魏梦瑶	邬子龙	吴　凡	吴　飞	吴子奇
伍垚屹	肖　昂	肖森森	熊灿光	徐兴毅	徐自鹏	许晓庆	薛汶青	闫光明	颜　鹏	杨方奇
杨豪杰	杨　虹	杨巨标	杨　连	姚珑涛	易　斌	易宗鑫	臧　越	曾炜炜	曾运生	湛　博
张丁山	张文强	张云翔	赵雪枫	郑凌波	朱　坤	朱翔宇	宗　艺	邹培安	丁光信	何王美
汤培源	姚尹城	洪旭潮	李庆昌	冯　越	黄汉浩	李依妮	蔺笔雄			

动力工程

蔡俊斌	陈宏铠	邓　瑶	郭子申	何林峰	何祺东	黄　涛	黄昭惠	蒋航航	李文庆	李　洋
卢　炯	彭成熙	彭远超	齐　寒	沈　康	王方恒	邬俊楠	夏雨晴	闫　睿	姚夏阳	张超越
张　也	赵伟豪	周友坤	朱业铭	邹丽昌	哈尔散巴依·努拉合买提					

电气工程

鲍克磊	蔡苏斌	岑德海	陈重辰	陈付强	陈锦涛	陈静川	陈思敏	陈 威	陈武涛	陈养华
邓 京	范纹郡	冯诺旼	高 双	郭嘉华	郭珊珊	郭 野	何健明	何伟冬	何伟明	胡皓翔
胡家健	黄家杰	黄杰栋	黄艺英	黄泽恩	江金群	蒋宗祺	况志强	赖庆波	兰金晨	黎炳坤
黎浩庭	黎寿涛	李 帆	李 欢	李江荣	李洁雯	李 坤	李明琪	李舒佳	李 帅	李松奕
李堉鎜	李运龙	李志华	李中兴	李卓环	梁 波	梁芯瑜	廖碧英	廖一帆	林谷烨	林剑平
林增健	刘庆楷	刘润鹏	刘 煜	刘 源	刘 昭	卢 操	卢治霖	陆进威	陆昭杨	罗成鑫
罗 璇	骆守康	吕宇桦	马旭聪	毛健琨	莫鳃旻	聂 程	欧国平	欧阳瑾	潘锐健	彭家豪
秦璧勋	丘子岳	邱菱洁	石 颖	宋雨浓	孙淑彬	孙艺杰	唐勇军	唐智强	童 铸	王从龙
王 奖	吴 悔	吴为聪	吴照裕	吴卓伦	夏 晨	肖瑞超	肖异瑶	谢小瑜	谢业强	熊 能
徐嘉欣	徐铭康	徐子弘	许伟东	严志星	杨宸瑄	杨 晨	杨晓春	杨 银	杨悦勇	姚程文
姚蔚琳	易婷婷	余宏晖	袁昌海	袁煜文	岳国强	曾 兴	张 舸	张 健	张经纬	张龙威
张文倩	张晓薇	张宇涵	张子仪	赵 晨	郑文成	郑燕宾	郑智峰	钟佳宇	周泰霖	周翔宇
周 杨	周子凯	朱翰鑫	朱惠玲	曹 榆	郝苓羽	黄芷寓	梁海镇	林 帆	夏铭聪	肖宇东
邹定琛	龚素素	黄 加	田 蒙	王路遥	王翔宇	吴东名	徐泽森	杨 涵	蔡 燕	陈 舸
陈 琳	黄 辉	黎海祥	汤清权	汪 帆	许宇华	闫 伟	叶 飞			

电子与通信工程

敖少鹏	蔡德利	陈 昊	陈 亮	陈 琦	陈润泽	陈香全	陈向乐	陈奕毅	陈增群	陈 浙
程朝益	戴土旺	邓胜军	邓婷婷	邓伟芬	丁新尧	傅继承	傅钎栓	龚 欣	郭玉清	韩志松
贺驰宇	胡聪聪	胡小东	黄灿群	黄丹阳	黄仕鑫	黄 韬	贾智焱	姜茗耀	康雪艳	柯李顺
赖 敏	黎 鑫	黎璎萱	李冰莹	李广伟	李虹萍	李俊璋	李 旺	李先禄	李宇威	李振豪
梁 静	梁燕慧	林凯彬	林 彤	凌 茜	刘浩帆	刘佳佳	刘堃钤	刘文顺	路程栋	路林生
罗朝辉	罗泽文	马学东	潘伯桑	潘松林	彭敏生	彭陶峰	钱 鑫	丘金光	宋静茹	苏健彬
谭 茜	唐伟登	涂华辉	汪 华	王成强	王 龙	王天玮	王 伟	王文娟	王武城	王怡凡
温竣文	吴俊朗	吴凯鑫	吴 悦	伍泽科	谢 扬	徐 超	许晓燕	颜琦锐	杨 洁	杨 菊
杨民杰	杨伟健	杨小淞	杨协宜	杨镇川	曾群期	张家鑫	张 健	张键驰	张 锟	张 权
张 鑫	赵 耀	周镓杰	周 橦	朱晓晴	朱远志	洪炜妍	黄英杰	贾佳炜	宁沛明	王 毓
韦钟嵘	周 杰	何万利	武智斌	谢裕麟						

集成电路工程

曹清波	陈东侨	陈东文	陈 强	陈善日	陈文卓	邓家风	范厚波	范齐升	傅清锋	关建刚
关志鹏	何宗航	胡文龙	胡亚伟	黄鹏程	黄奕铭	江兰兰	黎宝柱	李翠雯	李嘉鑫	李晋宇
李智鹏	连 杰	廖 阳	刘佳文	刘明鑫	刘乃漳	龙思屹	鲁广盼	吕 喆	马凯斌	梅术聪
裴泽徐	邱 青	邵建波	涂永鑫	王孝牛	王雨晨	温海阳	谢斯雅	徐文星	杨博睿	杨 琛
杨建伍	杨晓东	杨紫琪	油孝凯	余鹏飞	曾丁元	曾庆华	曾泽楠	翟 瑀	张海彬	赵 明
郑弋鹏	周 颖	曾赞云	曾昭松	杨 凡	张亮文	邹 坚				

控制工程

蔡珠清	曹贞辉	陈定权	陈鹏飞	陈石杰	陈 涛	陈兴发	陈雄彬	陈 洋	陈逸东	程 艳
邓 成	邓 炜	邓远志	丁凌崧	范宇恒	费艳玲	冯志鹏	付江华	高天毅	高 熠	郭文俊
郭泽辉	胡昊杰	胡 锐	黄嘉扬	黄倩颖	黄盛钊	康 睿	李璐斓	李伦康	李 颖	李玉婷
林灿光	林灯亮	林 枫	林铭捷	林玮源	林文蔚	林裕峻	刘 畅	刘 杨	刘 震	柳仕浩
罗程方	罗浩远	罗炜儒	罗 哲	吕国刚	麦锦海	倪妙玲	欧建永	潘文钊	齐军军	邱海涛
任 闯	任连新	容叶枫	史扬艺	水凯凯	宋高高	宋 爽	宋逸凡	孙丹莹	覃 杰	唐伟顺

童　俊　涂思强　王　博　王聪聪　王林丰　王明阳　王腾飞　王雨蕾　吴牧仑　吴　爽　肖文煜
熊　彪　徐　桦　徐　伟　许宏韬　杨璞光　杨　松　叶迪金　叶　思　易义辉　应仲乾　曾锦秀
詹金峰　张佳豪　张俊明　张庆丰　张文彬　张晓枫　张　旭　张雨涵　张泽华　章　臻　郑春斌
郑雅迪　钟　飞　周嘉杰　周鑫东　周　延　邹文应　邹宇骏　鲍耀明　冯　挺　黄壮壮　黎镇培
鲁启洋　潘文俊　吴志远　伍期哲　姚华升　张剑豪　陈宗兰　于晓婧　张振宇

计算机技术

蔡承平　陈楚阳　陈郭钱　陈暄群　陈奕健　陈英祺　从　瑶　代沧澜　邓兆基　董观就　樊建业
范志豪　方　文　傅汝佳　谷　典　顾绍元　顾学成　关智豪　郭　宇　何　扬　胡超杰　黄　捷
黄远成　黄圳铭　姜春瑶　蒋金峰　赖　畅　黎志豪　李闰民　李　森　李　韬　李腾辉　李　鑫
李杨辉　李毓睿　李志群　梁海聪　梁天保　梁　远　林继强　林金福　林均豪　林立明　林培康
林少川　林镇溪　刘　康　刘　欣　刘洋量　刘永拓　龙帅英　卢承宇　卢云圣　陆　涛　罗杰庭
马振江　毛冠文　莫晚成　聂宏蓄　欧阳鹏　潘雪苗　潘志广　彭　兵　彭超群　彭明辉　钱　昆
丘　林　邱智韬　屈　玮　容文滔　邵逸臻　宋禹辰　谈力滔　田岑熙　王滔滔　王雅轩　王钊越
王致尧　吴烘锐　吴文豪　肖　萌　谢浩钦　谢家亮　许环测　闫江月　羊　坤　杨婕婷　杨垲泓
杨漫瑶　杨韫韬　姚慧敏　姚令冰　游德光　余姗姗　余天豪　余　甜　余智星　袁文广　曾静文
曾祥平　曾　行　翟俊杰　张　芳　张思卓　张文玉　张晓玲　赵秉超　赵　扬　周晋昭　周绍煌
周泽洋　朱戈仁　朱韦琳　庄振威　禚冠军　邹浩阳　陈　爽　陈亚妹　黄志深　黄子亮　康云鹏
李　欣　梁观鑫　潘　琼　潘宇琳　谢锦粮　张　蒙　杨文星　顾均勇　虢鲁新　黄尹星　梁籍云
卢钟鹏　阮智辉　郑巍巍

软件工程

曹奕飞　陈聪颖　陈芳宇　陈靖宇　陈玮鑫　陈晓腾　陈尧庚　池伟城　崔本飞　丁　宁　丁琪琪
丁一凡　丁泽坚　符　钵　巩光乾　郭丹依　何文栋　洪　吟　洪裕珉　黄亨利　黄俊杰　黄立星
黄伟民　黄　鑫　姜　军　蓝朝浩　雷　昶　黎玲敏　黎泽聪　李　超　李宏彬　李宏韬　李金城
李　俊　李俊晖　李敏丽　李文凯　李晓君　李昱成　梁创闰　梁俊鹏　梁展宁　廖　勇　林国盛
林　捷　林　玮　刘宸铄　刘丁榕　刘广源　刘惠航　刘　群　刘伟杰　刘一鸣　刘雨瑶　刘　展
刘　净　卢永豪　罗佩瑶　聂思丞　齐海涛　邱伟轩　饶晨娣　施红宇　苏雨晴　孙梦托　王必权
王　华　王佳纯　王振宇　魏一鸣　魏云轩　吴兰兰　吴溢豪　吴宇轩　吴宗谚　向阳芬　肖　丰
谢赛东　谢　政　熊海涛　徐建康　徐　雪　许光辉　许君杰　许　悦　严伊彤　阳　然　杨穗珠
杨泽宇　叶嘉永　叶文彬　尹泽豪　于　洋　詹　苗　张保华　张焕明　张佳庆　张凯文　张　涛
郑昌萌　郑东发　郑家伟　郑凯婕　钟胜杰　钟志成　周　蓓　周宏晨　周佳鹏　祝　颂　庄少阳
庄毓兴　陈　吉　杜育明　李纯如　吴俊贤　张绪昌　何久帅　金　茁　刘　莉　郑煜佳

建筑与土木工程

蔡晓明　陈嘉宝　陈嘉雷　陈俊霖　陈仕洪　陈思威　陈伟兴　陈文霞　陈友浩　陈昱宏　陈　振
崔　威　邓　亮　杜立凡　段　鹏　范枝波　冯润平　冯腾飞　付　豪　高天驰　郭超海　郭富康
何远威　贺少驰　黄明壕　黄逸锋　黄志亮　江培睿　江少坤　赖国良　雷向东　李俊庆　李铭玮
李　宛　李　忠　李卓勋　梁国立　梁艳青　林金龙　林延城　林益伟　林益新　刘发梁　刘光爽
刘惠艳　刘健成　刘俊君　刘　颖　刘中欢　卢思攀　卢　瑜　陆栢坚　罗　亮　马平川　毛星航
倪　嘉　潘久贵　潘灶林　邱文科　宋建炜　苏　延　苏志鹏　谭健成　唐永锋　唐　勇　田　壮
王　涵　王仁凯　王斯颖　王武军　王　雨　王　煜　王紫峰　韦　涛　韦增挺　巫博璘　吴雨琪
吴志伟　吴智辉　肖舒元　谢三秀　胥竞航　许芳念　许　庭　薛皓文　闫文涵　杨锦权　杨　阳
杨越鹏　杨正宁　曾繁盛　曾华明　曾颖妍　詹洪润　张　超　张　淇　张淞棋　张祖宁　郑文丽
钟宏伟　钟森麟　周勇臣　周　洲　朱奕曜　邹志勇　祖琨奥　黄奕霖　寇耀文　赖江涛　黎世源

毕业生名单

刘思梦	柳 钦	唐艳玉	万珂玥	王瑾怡	王俊杰	许国忠	杨树森	张文雨	赵国伟	李一鸣
蔡文锋	曹坤迪	陈翠云	程麒霏	杜 健	范志东	冯菲菲	郝国郡	何天朗	黄 旭	孔繁兴
黎 慧	黎 璇	梁菲菲	刘春繁	刘 芳	彭文蔚	阮 豪	沈而亦	唐久林	杨树辉	张茂诚
郑艺城

化学工程

毕宛莹	曹铭隆	柴秋改	陈嘉宇	陈 晴	陈正松	代 肖	代 益	戴琼斌	邓碧欣	董德轩
范文俊	范振华	范周祥	方俊佳	付丽丽	龚玲珍	韩 凯	韩淑镁	何智辉	胡 玲	黄金泽
黄文杰	柯 杰	来家威	赖锦锋	赖新巧	雷 瑜	雷宇飞	李 翔	李 新	刘 超	刘 超
刘朝阳	刘 夺	刘 海	刘腾飞	刘卫霞	刘以银	刘志朋	刘智丽	刘中生	罗俊君	罗鸟梅
罗时梓	梅运来	孟凡坤	欧蔼新	彭迎辉	屈云锋	沈牧原	宋 杨	苏鹏文	孙 浩	谭永鹏
唐向春	陶 玲	滕 浩	田婉群	汪辉辉	王 杰	王 开	王 猛	王 铭	王 鹏	王显华
王 言	吴博文	吴加加	吴硕琮	伍博文	谢阳恺	熊家帅	徐兰芳	徐伟杰	杨朋飞	杨奕涛
叶传珍	叶志光	庾明茂	张荣泽	赵文源	赵 莹	钟 庆	钟 益	周 菲	周嘉铭	朱郑婷
王 艳	涂聪荣	俞 彬

轻工技术与工程

丁 宁	范圣楠	高 艺	顾 彬	贺礼龙	胡 松	黄 瑾	黄文锋	江 凯	雷 珺	李 方
刘文涛	陆丽莉	沈 欢	沈子建	舒 瑶	田晓杭	汪威武	汪文雄	王 涛	夏堃宇	熊海平
张旻昊	张 洋	张永利	钟雨晗	朱文祥	贺 涛	王开鹏

交通运输工程

蔡志炜	邓钦原	宫曼琳	郭亨聪	郭云飞	何伙华	何祉栋	黄紫林	李慢飞	李 潇	李雨恒
梁晨磊	廖荣凯	林世城	刘羽航	柳 坤	吕 清	马华清	麦裕灿	孟庆坤	蒲华乔	沈 斌
斯 李	宋文通	苏 楠	涂海清	万 莉	王杰聪	魏金涛	吴晓强	夏 雨	夏元波	肖佳将
谢志鹏	忻磊迪	姚泽瑞	张彬辉	张杰华	张子豪	周 传	周文理	邹星宇	曹 正	何 迪
廖 清	陶玥琛	颜钰婷	袁 帅	朱俊锋	卓 荣	姚尹杰	覃镇林

船舶与海洋工程

梁炳贤	潘宏冠	王嘉希	张 旋	周长科	程赵德	葛 帅	罗天翔	潘选任	张 杰

安全工程

范金华	何默涵	候 群	雷尚鹏	梁 旭	刘 萃	刘蔚霖	牛琦锋	沈彬彬	孙 平	田逸凡
田 雨	王格格	杨 琴	杨 婉	杨颖仪	张 聪	邹志豪

环境工程

蔡文婷	陈鸿毅	陈倩阳	成海荣	段乐君	范 斌	范梦娜	郝钰琦	胡 凡	黄秋云	吉绪新
江 钰	蓝培泳	李俊辉	李秋月	李彦成	刘长远	刘 娟	刘 勤	刘彦禧	刘元向	陆嘉晖
毛梦绮	梅振显	宁顺莲	裴 赟	彭小倩	邱 郴	饶中庭	宋岭河	苏 明	孙晓雪	孙新丽
覃俊玲	汤 钊	唐 义	田丰源	王 珂	王思龙	王 颖	王毓铮	魏子梁	温子宁	吴称龙
徐 伟	徐小闽	杨 收	杨婷婷	杨振湘	于 垚	袁健淇	张 维	张文嘉	张宇扬	张允玲
周含峰	周婷婷	周 鑫	周 园	周子迁	朱和鹏	曾百言	何春求	胡志霖	黄齐真	李 鑫
李艳霞	李宗强	刘子赫	彭 港	石渝婷	苏春景	崔晓珍	胡克强	毛扶林	钟 中	周璐莎
程祖琴	胡军红	李 毅	刘 博	舒 焱	王鲁湘	王玮筠	吴国东	许谭顺	阳博倩	叶晓倞
喻 乔	钟姝姝	欧阳晓芳

生物医学工程

鲍凯扬	陈筱宇	戴 翔	戴 欣	冯伟伟	何 闲	雷炳业	李有镇	李泽远	林佳义	冉合迎
施王子	徐铭健	许永川	余雪贵	余中航	张流芳	周海艳	蔡夏雨	兰东旭	陶红艳	王雨诗

张国良　杨向璟

食品工程

蔡　洁　曹家宁　常　旭　陈　彬　陈　才　陈思越　陈　涛　陈　曦　陈　雄　陈雪梅　程　潜
程　瑶　崔飞鹤　邓光都　杜安林　高楠曦　耿春阳　古晋典　郭明威　郭思源　韩　宇　郝　玲
郝泽洲　贺非凡　胡心怡　黄嘉仪　黄　亮　黄雅婷　黄艳蓉　黄耀成　黄依敏　黄玉婷　孔秋红
黎先锋　李秋锦　李婉颖　李雯倩　李　想　梁婉玲　刘嘉盈　刘平利　刘　琪　刘启君　刘星汶
刘志鹏　柳方方　罗思媛　罗伟斌　罗湘湘　骆玉婷　骆兆娇　吕啸野　莫舒欣　潘绮婷　潘雅雯
潘药银　庞　赫　沈艺楠　覃柳微　谭康维　谭诗敏　汪腾飞　汪　卓　王　辉　王家琛　王建博
王立爽　王　珊　王为浩　王雨晴　魏文静　文雨欣　吴芳纯　吴　娟　吴睿晴　谢　红　徐逸文
杨　欢　叶宇娴　尹　霞　应　帆　余苗苗　张　平　张维捷　张　莹　赵云鹏　周　丹　周倩雯
周玉静　周圆圆　诸德斐　何贤蓉　叶安徒　梁志聪　黄　淋　卢　晓　罗福民　吕秉霖　涂　园

车辆工程

程仁杰　程勋凤　代金坤　邓　铮　杜丽君　冯秉潜　甘　伟　洪　顺　黄　芦　黄　禹　黄志坚
蒋金华　李继文　李升明　李伟良　李永升　林楚键　罗　健　舒孝雄　孙新勇　王　冰　王　程
王程侠　王　辉　王　震　王志彬　肖　兵　薛国号　阴法国　殷　康　尹钟辉　余鑫磊　张俊伟
张　岳　张　越　赵思杰　郑丽嫦　钟　琪　周健威　周文超　陈如飞　崔伟丹　郭绍良　雷　超
彭　捷　吴纯福　叶日良　张　睿　黄秀成

工业工程

陈明霞　陈琪琪　陈伟贤　陈玉君　邓永杰　高　晗　呼雪芳　黄婉姿　康婉琳　李家敏　刘怀志
刘铭涛　史文君　孙海港　汪　杨　王朝怡　王学敏　王亚林　杨　勤　曾　欣　张　洁　张俊杰
周家华　周　睿　蒋银满　张铭良　王颜腾飞

工业设计工程

常萧雯　常奕嘉　邓祥洪　方雪莲　甘湛文　高海涛　韩　蕾　姬　茹　江志奇　雷　奕　李付乐
李　妮　李　强　李沁雨　李　泽　林钊然　刘昌贵　刘玉肖　马鸥鹏　阮丽敏　邵志远　苏文盛
孙璐雨　童　灵　汪　琦　王文洁　韦　玉　吴丹颖　吴　华　徐智煜　杨晓宇　杨宇飞　杨　芸
杨忠邑　周晓晗　周祖安　彭　鹏　徐蒙蒙　王珍珠

生物工程

陈书容　邓彭花　高　松　黄凯堂　黎长美　李　凤　刘海情　刘慧静　刘思颖　刘　洋　卢　挥
罗钧文　王卢田　魏浩林　俞方舟　曾君瑞　张建华　张　灵　张细珍　张　旭　赵伟斌　曾　鑫
黄婧文　黄怡琳　姜真辣　万　佳　何　岚　刘孟凡　张　烨　周　壮

项目管理

张成宝　石　越　洪　帅　邱春燕　区浩然　吴穗松

物流工程

陈斯敏　范　晶　付小康　龚丽萍　郭　铎　何昱廷　洪晓琪　胡雨鋆　胡子玮　蒋安骞　刘春林
牛雨晴　王　莉　王　艳　钟　平　周鹭莹　尹祖军　陈　丽　李　楠

城市规划硕士

曹庭脉　陈晓雨　陈卓伟　邓理璇　邓明霞　付诗韵　龚亚男　黄海燕　黄绮琳　黄永贤　李怡颖
廖辉辉　林晋宇　刘奕君　卢泽全　区锐威　苏佳耀　唐　璇　汪家粤　王　斐　王　祯　王　震
王祖祥　吴若晖　吴中伟　邢维逸　杨　伊　杨宇翔　赵丽洁　周书琼　陈　阳　蒋定哲　林钰涵
席若溪　陈乐焱

风景园林硕士

陈静文	陈梦媛	怀 露	黄志杰	江伟康	赖 敏	李家康	李银洁	梁家豪	刘 瑶	陆小曼
宋 轶	王 锟	王琳婷	王雨佳	王玉雪	吴 浩	吴若宇	谢倩阳	谢诗祺	张梦蝶	周宇超
朱雪蓓	李 岐	吴晓辉	肖乾瀚	徐 琼						

药学硕士

邓育辉	段烨红	甘丽琴	黄良琪	黄宇晴	廖雨琪	刘丹阳	刘金胜	刘 坤	刘宇倩	苗瑞娟
缪玮珉	石玉松	苏金芬	汪 静	王家彬	王依凡	王子贤	巫佳思	徐艳仁	羊凤铃	杨 莹
杨自严	姚 芬	要潇雅	易芷瑶	张 利	郑丹琳	周梦园	左月婷	洪淏民	刘慧杰	刘 微
杨冬梅	陈康智	李 彤	乔卫林	朱欣颖	韩 倩	任堂梅	王福香	曾春梅	赵海碧	

工商管理硕士

敖 蕾	蔡冰瑜	蔡英华	蔡育升	蔡卓苹	车敏贤	陈本立	陈 诚	陈 翠	陈丹丹	陈桂娜
陈 华	陈 健	陈 霖	陈佩玲	陈钦龙	陈 颖	陈宇亮	陈玥辛	陈泽贤	陈增婷	陈哲川
陈振城	程 亮	程 文	仇 悦	崔晓龙	代安恬	邓伟颖	邓 裕	邓卓森	段 浩	段文训
樊 伟	方武彬	冯琳芸	冯文晓	冯 园	付从强	付 婷	高海宇	高杰伟	高 正	郭宏宇
郭家昌	郭 雷	郭启利	郭思恒	郭斯婷	郭 维	韩尚家	韩淑仪	郝佩蓉	何翠敏	何红林
何 欢	何文健	何志欣	胡碧乾	胡 林	胡文飞	胡燕君	黄爱岚	黄碧钧	黄海群	黄洁怡
黄 婧	黄俊彬	黄凯琪	黄 雷	黄礼黎	黄舒琴	黄舒然	黄 帅	黄伟英	黄晓珊	黄哑萍
黄湘凌	姬 勉	吉仁康	江家强	江淑婧	姜伟明	蒋洁蕾	蒋施婷	揭梦珊	康 慧	雷丰科
雷 鹏	雷 琼	雷 声	黎 雄	李必君	李晨光	李春雨	李鸿霖	李 荆	李菁华	李 黎
李立建	李丽珠	李鹏森	李仕锋	李婉清	李 为	李 伟	李伟丰	李亚玲	李一羽	李政文
李智高	梁彩凤	梁彩英	梁菊艳	梁思华	梁素素	梁伟坚	廖胜君	廖 宇	林铖志	林国恒
林炯宾	林培群	林培元	蔺强强	凌宇锦	刘 晨	刘宏煊	刘 瑾	刘丽宁	刘 林	刘 娜
刘 琦	刘绍卫	刘盛贤	刘万佳	刘星瑞	刘宇擎	刘宇颖	刘雨杉	卢志华	陆伟波	陆伟汛
罗传明	罗 航	罗俊杰	罗佩文	罗伟光	罗雪莲	罗玉军	吕慧新	吕 莉	吕美龙	马光进
马 军	麦桂萍	麦嘉敏	麦伟男	孟凡伟	孟 帅	缪王芳	莫宇明	欧阳泉	潘桂滋	潘 翔
潘 燕	潘志恒	彭 娟	彭 娜	彭淑方	彭 涛	彭艳霞	亓 哲	秦敬伟	秦 仪	丘 健
邱雷恒	邱一富	区宝瑜	区秀雯	区子豪	邵加鑫	沈昱宏	盛凤景	施珊珊	石 坤	宋 鑫
苏倩瑶	孙名宇	孙香莲	孙 毅	谭卓之	陶可可	佟成武	万 呈	万思敏	王蓓蓓	王 锋
王贵军	王赫赫	王鸿雁	王 辉	王继强	王俊涵	王立平	王 萌	王梦丽	王 娜	王诗宁
王文杰	王颖舒	王雨婷	王韵如	魏建科	魏洲玲	翁丹丹	吴保玉	吴必学	吴 蝉	吴 昊
吴建娜	吴沛坚	夏朝雄	冼铨基	向 艳	谢 竞	谢 静	熊海辉	熊丽丽	徐晓娜	徐昕薇
许丹妮	许 翔	许振兴	薛少敏	薛万青	燕留方	阳 勇	姚开楠	姚仙丽	姚 彦	叶美英
余嘉诚	余松明	余智坤	虞德君	袁韵怡	曾彩霞	曾丽仪	曾 鸣	曾小星	曾晓鹍	曾志亮
翟汝南	詹丹虹	张怀兮	张家宁	张 立	张 茜	张闰晨	张伟波	张雯姝	张 艳	张艳萍
张永军	张 越	张振宇	赵冬梅	赵利霞	郑 婕	郑乃通	郑晓君	钟礼文	钟文超	钟玉怡
钟育佳	仲 璐	周 波	周考胜	周敏娟	周 甜	周泽飞	周振军	朱江帆	朱柯语	朱 莉
朱莉卿	朱文静	左红星	丁新燕	董劲光	高燕平	郭 彤	郭志鹏	黄文均	姜雨含	蒋烨芳
匡 鹏	李鹏举	廖 威	林晋琦	凌益华	刘 昶	刘德海	刘 海	刘 岚	刘思明	吕 萌
彭柳絮	王 博	王明莉	王延达	许银清	张召良	赵锦屏	赵思莹	周 航	周婧丹	蔡 璇

陈昭霞　付寒蕾　黄爱梅　黄　涛　蒋钦福　刘　洪　刘旭霞　罗旭东　马炳艺　王　莹　王　瑜
王　宇　萧洪玲　肖金金　辛树彬　徐冬梅　许　青　薛　康　杨　眉　游峥琦　张世虎　庄军龙
欧阳伟贤　沈陆翔旻　张琼丹杰优　DROUET JOHANNA ESTEFANIA
MUNKHJARGAL URANCHIMEG　SOHAIL AHMED FAZLANI　KYAW　ZAY YAR LIN

高级管理人员工商管理硕士

刘　阳　苏东海　张剑锋　陈　瑜　柳　芳　王秀芳　蔡宏杰　曹红杰　黄始兴　蒋　晟　刘智慧
曾　勋　郑卫平

公共管理硕士

敖　榜　蔡　丽　蔡锐彬　蔡锶桁　柴　琳　陈　瀚　陈红梅　陈慧妍　陈嘉雯　陈健华　陈　力
陈　炼　陈林波　陈木春　陈　暖　陈平平　陈　强　陈少蕊　陈淑婷　陈思婷　陈婉薇　陈晓兵
陈旭君　陈　勇　陈媛媛　陈　玥　陈志敏　陈左义　程也希　戴艳梅　邓杰中　邓靖甫　邓境轩
邓婉婷　杜嘉怡　段帅强　方佩佩　丰梅玲　冯晓诗　冯一鸣　符嘉欣　高　建　高　琪　郭秋雯
何尕玲　何晓熹　何云华　贺雅枝　洪　琛　洪东杰　胡唐祎　胡宇轩　黄　晨　黄德芬　黄冬梅
黄　峰　黄观毅　黄海彪　黄惠芳　黄洁怡　黄结英　黄凯琳　黄楷琳　黄敏慧　黄润胜　黄诗卉
黄诗俊　黄伟伦　黄　蔚　黄文定　黄晓婷　黄　莹　黄苑杰　黄　珍　黄振兴　简溦力　解　东
柯鹏洲　孔敏宜　黎华容　黎经纬　黎婉颖　黎颖静　李丹丹　李纪珍　李嘉慧　李建维　李金玲
李黎丽　李　穗　李亭玉　李　想　李晓明　李　昕　李耀东　李一隆　李意君　李悦佳　李泽文
李　真　李子逦　李子龙　梁博烨　梁　枫　梁颢川　梁梦诗　梁淑怡　梁顺萍　梁雪平　梁智聪
廖桂艺　廖逸诗　林惠沛　林静怡　林　凯　林　立　林临霖　林　梦　林淑雯　林韦因　林晓红
林晓瑜　林杨阳　林依敏　林芷静　刘　佳　刘家维　刘　杰　刘经伟　刘璐娜　刘敏雅　刘秋群
刘亚男　刘宇渊　刘玉婷　刘振云　刘志成　柳　萌　龙婉璐　卢　纯　陆子颖　罗德智　罗鸿婧
罗晶晶　罗天伦　罗文范　罗远青　罗志雄　骆九生　骆清风　吕　亮　马婷婷　麦彬球　莫映乔
牛洺洺　欧理芹　欧思敏　欧应机　潘伟珍　潘秀玲　彭佳丽　彭艳敏　綦晟杰　钱　宇　邱国富
邱洁玲　区志亮　饶钰玮　任泽举　沈慕烁　石宝欣　石晶晶　石咏怡　舒　欣　苏惠璇　苏克丰
谭碧华　谭朝中　谭　轲　谭立婷　谭丽华　谭映映　汤　敏　涂雪元　万彦卿　王蓓蓓　王利玲
王玲芬　王清华　王晓丽　魏　来　魏　炫　温志涛　文鹏宁　吴聪聪　吴烨菁　吴奕轩　吴　越
吴智鄞　伍思豪　肖　辉　肖　佳　肖展杰　谢嘉琪　谢启航　谢思韫　谢天齐　谢宇星　谢　苑
徐　剑　徐莉莉　杨娟娟　杨英楚　姚祁裕　姚铸斌　叶振聪　余舒敏　余　政　袁冠勋　曾　颖
曾志锋　张　虹　张慧婕　张家琪　张梦婕　张勤琴　张庆琦　张　唯　张文莉　张宇龙　张泽鸿
赵程程　赵汝孟　赵婉菲　赵兴军　赵亚奇　赵　艺　郑　凡　郑凯彬　郑亚健　郑倚天　郑志鸿
钟丹丹　钟　斐　周锦霞　周　韬　朱　慧　朱巧冬　朱思平　朱　韬　朱宜韬　朱梓豪　邹娄玲
邹晓卉　邹雅容　曹希越　陈　莉　陈宇燕　陈　赟　成玉斌　杜晓敏　冯　刚　冯敏怡　冯晓军
付　禹　高小莉　郭敏斐　郭逸枭　黄秋玲　黄永健　黄振宇　柯小乔　赖宇姬　赖自立　李　艺
李月玲　梁　好　廖　寒　林浩颖　林烁彬　刘洪州　卢振迪　罗雅泉　马盛强　麦海棋　米　增
莫颖颖　阮裕靖　余铎泓　盛孝瑜　施榆菘　宋　荣　苏　倩　唐卉芳　王佳玉　王　赟　温家赞
翁雅怡　吴东雄　吴婷婷　伍绍金　席　佳　冼盛森　冼秀梅　谢潮炜　熊　昀　徐青仪　徐韦峰
徐　映　严亚琳　杨雅兰　杨泽滔　叶　林　曾怡欣　曾友发　曾政凯　张　弘　张培智　赵　果
赵荣伟　郑　鑫　黄琴凌扬

会计硕士

蔡颢琳　陈　彬　陈　淳　陈　汉　陈浩丰　陈嘉键　陈　婕　陈　快　陈梦凡　陈苹萍　陈　烁

陈思敏 陈彦晓 陈志豪 邓 寒 邓 琴 邓文娟 杜金鸽 段淇涛 樊俊宏 范 佳 范书毓
高 菲 龚 威 郭经敏 侯茹鑫 侯颖琪 胡依人 黄锡洋 黄旭彪 黄 苑 江欣怡 焦淑芳
劳宏婷 黎 景 黎 瑶 李 睿 李文佳 李颖欣 李友达 林燕初 刘春燕 刘嘉玲 刘璟怡
刘婉青 刘伟啸 刘 雪 刘卓菲 柳汝佳 卢佳楠 罗毓韬 马千然 欧楚楚 潘敏玲 邱俊轩
屈于朝 石逸菲 时 婕 苏炜烽 谭寿铭 谭雯婷 王景宜 王梦琳 王耀芳 吴丰舒 吴娇梦
吴沛璇 吴思洋 吴奕靖 吴茵茵 夏 悦 肖子俏 谢翊璇 许 萌 许新杰 薛璐瑶 杨 刚
杨曼婷 杨婷婷 杨智龙 叶巧仪 叶淑怡 游必易 袁 尧 张 晨 张海霞 张佳敏 张 强
张 莹 章意宏 钟皓辉 朱婧琳 朱 咪 卓美辰 卓索格 胡 嵘 胡霜蕾 李倩文 李 杨
闫宗杰 陈 曦 胡雪婷 苑慧敏 李许意东 努尔加玛丽·麦提图尔荪

工程管理硕士

陈 杰 陈 昕 高捷琼 龚蕾蕾 黄海科 蒋 全 李 晨 李清燕 李小烜 刘宝琪 刘志华
倪冬如 覃广灿 王丹霞 王晓东 谢景智 严伟明 杨文浩 杨 欣 郁园园 袁思军 张文杰
张小磊 郑国祥 包 倩 陈海文 陈绿华 范兆挺 贾清清 江泽武 蒋荣杰 雷廷其 李艾娟
林 帅 刘钊明 孟凡际 潘 波 彭 龙 沈 婕 孙 蓉 王晶晶 王雪莎 肖娟丽 谢 欢
赵 轩 周姗姗 陈广灵 陈梓枫 冯远亮 何同浚 黄 威 老国健 刘晓之 刘烨昊 苑丁杰
张优东 郑渊虬

2021 届同等学力硕士学位获得者

经济学硕士

金融学
官道平 何吓心 黄卫开 纪泽锴 李倩瑶 刘善童 陆群儒 石 娟 王 玮 谢 菁 许 妹
张 谦 张宗宁 陈娜娜 冯彩芸 刘娟娟 许新发

法学硕士

民商法学
吴志威 杨 裔 陈家明 梅术华 谢伟健 杨 洋

知识产权
姜 楠 刘 丹 杨红柳 胡 岚 张 莉

管理学硕士

会计学
钟佩玲

企业管理
陈 群 陈 英 程昶瑜 黄晓虹 李东瑞 李明喆 李斯明 李伟军 梁智凯 林忆芬 田晓霞
王 璇 熊艳婷 詹陈杰 张 璧 郑文韬 唐金炼 王之慧 吴志强 薛江波 赵 鹏 陈丽明
陈倩倩 邓 婷 黄靖锋 赖艳芳 宋海琳 苏哲麟 汪泳波 吴洁丽 许芝颖 杨鹤铭 杨 婧

叶婉芬　曾　菊
技术经济及管理
黄天翔　蒋　磊　林晓婷　刘舜铭　苏东生　王文豪　吴　莹　杨乐彬　黄恒乐　谭建荣　梁钊荣
刘旭昭　倪丽君　吴学龙　郑　娇　周　璇

2021届全日制本科毕（结）业生名单

机械与汽车工程学院

蔡典仑	岑志伟	曾国立	曾梓峰	陈　锋	陈佳泓	陈俊杰	陈焜杰	陈史弘	陈宜瑶	陈湧鑫
陈泽涛	陈梓威	邓炜安	邓　翔	关庆霖	郭伟成	何　旋	胡骏飞	黄　浩	黄嘉豪	黄金森
黄　攀	贾昕冉	黎杰荣	李晨曦	李城宏	李嘉瑞	李景熙	李　敏	李蔚东	李栩延	李智涛
梁　瀚	梁嘉潮	梁启航	林劭成	林誉涵	刘冠亨	刘煌桦	刘　森	刘晓锋	刘长建	刘振宇
龙振聪	卢瑞祥	卢子泓	罗　炜	梅兆峰	莫鸿麟	聂嘉宏	潘楷文	潘琪琪	邱子昱	区树晖
阮清华	施鋆炜	唐仰光	童煜凯	涂千禧	王瀚广	王矿岩	王子睿	王梓聪	魏蜀昊	魏宇航
温　伦	吴镇锋	吴子乾	向志昆	徐锦明	徐　勇	徐智聪	许锦泽	杨　波	杨　超	姚鸿翔
姚　欢	姚文博	叶锐华	叶可峰	余涛涛	云宇齐	张　超	张楚妍	张　南	张耀中	赵　欢
赵　然	赵　威	周照文	毕晓亮	寸小云	戴鹏智	杜洁欣	方灿能	高晨霏	高义朋	郭垂嘉
郭佐志	黄　鑫	吉　威	贾胜利	姜昊呈	李佳玲	李松明	林浩俊	刘俊成	刘尚诗	蒙成斌
盛　昊	宋　滔	苏　燊	覃万良	谭雨欣	万子健	汪　涛	王梦琪	王启玄	伍靖怡	许　梦
杨浩锋	郑益然	蔡槟灿	蔡吉祥	蔡伟斌	蔡泽荃	曹镇洋	陈泊羽	陈国智	陈浩强	陈浩钦
陈计宏	陈佳鑫	陈康祺	陈　乾	陈钦蘡	陈庆辉	陈　冉	陈少豪	陈沃松	陈锡贤	陈志宏
戴家乐	丁湘洋	杜灿杰	杜良俊	范杰鹏	冯杰寅	冯倩铃	冯一凡	龚劲至	关帅帅	关则星
郭斌辉	郭丰瑞	郭苏蒙	郭钊奇	郝新凯	何浩翔	何坤阳	洪舟洋	侯峥嵘	胡华辉	胡刘晨
胡　跃	黄庚铧	黄永宏	黄兆楠	蒋　亮	邝展扬	赖乙文	乐　天	李璟慧	李琳丹	李天舒
李振聪	励文竑	练秋西	梁广昌	梁立信	梁其煜	梁伟添	廖志鑫	廖　祝	林耿煌	林文晟
刘浩琪	刘　姣	刘卓荣	娄高鸣	罗文烨	马常青	马　骏	马文强	马哲昊	裴　铮	彭　宸
彭昊南	皮宇帆	秦圣杰	沈钰洲	石腾岳	石小磊	宋　鑫	苏洪彬	唐　豪	田景尧	童远航
王楚博	王　楠	王　平	王　帅	王暄琪	王奕翔	温金锋	吴嘉鸿	吴小明	吴智康	夏纯钞
谢　昊	谢军苹	谢炜屿	许银胜	薛志成	杨江鸿	杨俊文	杨李健	杨泽理	尹泽裕	游家顺
庚颖进	张建城	张　嫚	张　爽	张宇轩	张镇泉	赵智君	郑　元	郑智文	钟宇婷	周健聪
周　旋	周颖婷	周忠鹏	朱　朗	祝隽永	邹　珂	左佳敏	包小双	邓国威	何俊轩	胡金鑫
季秋莹	李中辉	廖雨欣	刘成龙	刘丽岐	刘婷婷	刘元瑞	罗志海	吕　剡	齐博文	舒志恒
谭奕彬	汪玉虎	王正亮	闫子劼	燕雨姚	杨运春	叶红樟	张希捷	张展博	赵　伟	陈国庆
陈俣宏	程传锐	崔霆飞	戴佳明	底潇丰	关永杰	洪　星	洪愿足	黄荣祥	黄宇慧	姜力玮
李伟杰	李雪吟	廖　颖	廖元太	廖梓岑	刘乔木	楼天宇	卢翀昊	卢子健	罗宇恒	马英雪
麦南敬	肖紫欣	萧浩坤	杨志颖	姚志强	袁天健	詹森宏	张毅明	周　涛	安胜洋	曾国豪
曾祥灏	曾叙燃	曾子蕊	柴　铮	陈惠达	成海东	成　佳	程宇轩	单文俊	都峻巍	范传融
方殷锴	费康康	冯俊钧	冯万欣	冯贤明	郭　燕	郭　游	郝延龙	何　放	何景辉	何瑞贤
胡雨玲	胡增海	黄博文	黄楚坚	黄浩舟	黄纪均	黄杰钢	黄晓锋	黄泳铠	江国湘	蒋安邦
雷嘉欣	黎泽明	李保航	李伯佳	李家宁	李嘉毅	李建艇	李兆瑞	李振杰	李重阳	梁健锋

梁明坚	梁 鹏	梁文俊	梁熙浩	梁子凌	林嘉铭	刘 聪	刘江峰	刘 鑫	刘泳洲	龙德志
卢致敬	鲁兴琦	罗浩德	罗永康	马明辉	倪伟民	聂一凡	欧鉴涛	欧阳竞	欧子鸣	乔泽顿
阮庆爵	沈 洋	史常宏	苏以鉴	唐锦荣	唐世纪	唐 耀	陶亮亮	田棋文	屠柯玮	王博伟
王江云	王煜辉	王志萌	韦文斐	温俊杰	吴木伦	冼鉴昭	谢瀚霆	徐洪烨	徐少杰	徐武宁
徐晓林	许铭鑫	杨宇轩	杨中得	叶金胜	于佳骏	余焯成	余晨锐	袁耿城	詹润钦	张丁山
张宏伟	张竞颖	张敬琨	张强伟	张伟俊	张 玮	张 啸	张 鑫	张修胤	张 政	赵时湛
赵伟迦	郑天翔	郑兴旺	郑泽雄	郑镇飚	钟铠鸿	周善为	朱国栋	朱昱钢	陈明月	崔耀威
费 娆	侯 宁	黄泽钦	姜子恒	康 力	李万琦	李意浓	梁靖康	刘博生	刘佳鑫	刘新力
罗漪雄	邱雨玮	石恒维	宋芷晴	王厚斌	王其鑫	吴潮祥	谢晓峰	杨奕斌	袁泽锟	张楚乾
张明敏	朱宏赐	岑锐鸿	陈成亨	陈禹行	杜梓钧	高 威	胡秋辉	黎宗智	李卓昊	林楷焯
刘子越	罗伟锋	莫浩华	彭宛儿	彭 宇	盛宇轩	孙可宁	唐涯天	王钰慧	向绍真	杨 煜
郑永烁	陈 鑫	陈怡婷	邓荫泓	邓宇霆	方淑芹	胡心怡	黄华杰	柯希鹏	雷 松	李锦程
梁济峰	刘恒滔	刘 奕	马 煜	任一泓	宋照鹏	苏泽宇	田 策	王 畅	温凌翔	吴臻锋
薛建伟	严 谨	阳 旭	杨敏嘉	周渝霖	陈浩洋	陈思齐	陈卫国	戴 维	冯雨佳	郭佳敏
黄俊斐	江洺锋	乐 珂	李博涵	李卓航	刘杰鹏	刘子彬	欧 宁	齐佳杰	吴广能	吴小华
徐 力	严仲伟	叶添华	翟楚寒	张辉坤	张世帆	张镇华	赵科炜	周晓宇	胡杨泽宇	

艾沙·克依木　伊尔斯·巴尼西　喀哈尔·麦提图尔苏　哈那提江·赛依提简　麦麦提萨力·阿卜杜拉
艾力库提·买买提吐达吉　依尔夏提·阿布都热西提

建筑学院

蔡治文	曾译萱	陈澔晴	陈泓岳	陈佳欣	陈晓雨	邓善坚	丁开源	董一杞	杜嘉瑶	范子钿
方文靖	冯首锐	冯文俊	付佩瑜	傅振荣	高一飞	郭璞若	郭 童	何璐琳	贺弈铭	胡博源
胡雪晴	黄 晨	黄承佳	黄家鑫	江逸妍	焦钰钦	黎宜峰	李浩铭	李嘉明	李健成	李俊毅
李相灵	李阳畅	李颖玥	李玉焕	林 川	林 凡	林建辉	林 腾	刘璟彦	罗雨然	马亦鸣
麦洁鸣	明 健	聂 畅	乔默涵	区启铖	谭希南	谭俊升	陶 阳	万 琪	王 琼	王榕润
王文宇	王文政	王雪新	王宇欣	王子安	翁扬华	翁一鸣	吴承峻	吴 颉	吴佩珊	伍彦蓁
伍兆琳	向思钰	谢姗珊	谢婉怡	修文文	徐凌芷	许依琳	闫 瑾	杨 浩	杨 喆	杨紫依
张海潮	张 晶	张凯帆	张蔚杰	张艺璇	张志京	赵 帅	周 劼	周星宇	周卓宏	毕宇萱
曹林熹	陈桂宇	陈杰灿	陈 思	陈伟灏	陈晓彤	陈 欣	陈增德	成晓琪	邓能涛	邓思华
高劲远	高婷婷	郭 羽	何健钊	侯思佳	黄敬亨	黄晓格	黄益锋	金易非	康立琦	雷于萱
黎斯斯	李超华	李嘉俊	李一鸿	李 莹	林芮欣	林思仪	刘东媛	刘谦勋	刘诗茹	龙翔涛
芦嘉慧	陆奕霖	陆宇权	罗欣霖	彭安琪	彭程遥	秦西贝	史健豪	汤雪儿	王嘉钰	王严晞
王智萱	吴佳玘	吴艺涵	杨庭宇	杨宗睿	叶鸿任	殷子昭	于斯一	余筱萱	袁卓铭	张慧岚
张慧颖	张敏诗	钟龙杰	钟潇洋	周煊祥	朱佳学	陈淑雯	程倩彤	邓美慧	董以诺	杜 森
方晨蓉	黄明铉	黄小倩	蒋若旻	金仕萌	雷 宁	黎瀚霜	李佳雨	刘小琳	刘益帆	卢 奕
陆韵璇	罗 诚	吕博文	马禾冉	潘雅琴	潘映月	潘紫薇	邱籽健	时晨乔	宋夏童	汤凯婷
王玮晴	韦雨萌	翁广瑶	吴荣源	吴宇凡	杨泽林	张玥琪	肖刁凌云			

土木与交通学院

陈浩源	陈嘉熙	陈启翰	陈新创	党丽清	董 超	冯智杰	何嘉睿	何松烜	胡耿城	胡宪睿
李军锋	李天林	李智雄	林捷鑫	林 毅	刘锡月	刘运韬	龙家龙	龙云昊	卢 宁	马 兼
马文千	潘世屹	皮涛涛	邱柏霖	申天杰	覃文倩	谭子龙	田 森	涂 鉴	王佳庆	王琦琦
韦晓鹏	翁胜伟	吴乐斌	吴彦儒	闲星年	萧明强	谢卓峻	徐沈康	杨创勋	杨昕宇	叶国纬
叶心成	尹 力	余德祺	张楚宏	张偌嘉	张文睿	赵 毅	曾维嘉	程禹铭	池 胜	邓昱聪
丁煜鑫	甘天若	高 越	何宝俊	侯 峰	黄超铄	李秦羽	梁倬源	刘 浩	刘洪州	刘一锦

刘译聪 卢 涵 马思维 区泳霖 饶 斌 覃潘宇 汪 祺 吴家俊 许明朗 杨敬姗 杨彦青
叶志宏 詹煜清 赵峻伟 钟浩川 周易潭 朱彦辰 朱志峰 蔡源泰 巢文慧 程俊柏 迟 月
董运通 段贤森 付 奇 何春杉 何子文 孔祥晖 邝伟浚 梁 浩 刘俊杰 刘 涛 陆星宇
罗佳熙 马嘉淦 宋志飞 谭 扬 王 宇 谢子依 阎丽文 杨 令 杨逸航 张丽阳 张 莉
郑嘉俊 郑 值 庄梓跃 包 婧 陈俊华 陈玉海 段正明 符天仪 贺科智 胡竞吾 黄达鑫
黄思倩 黄益银 蒋志贤 李乐洋 李炟宇 李 余 李宇涵 刘家顺 罗浩鸿 罗淞文 彭小川
任虹宇 沈子康 时乐宇 王华鹏 王嘉丰 吴文礼 肖芷雅 谢文艺 谢竺津 徐 涛 杨祝奎
叶冠宏 蔡炜程 陈 洋 陈卓琛 程亚天 邓杰仁 侯丹阳 金子力 李 洋 李 治 林姗虹
林振宇 刘 欢 刘文康 刘芝帆 罗俊哲 倪 萍 邱乙哲 覃源坤 王 妙 文 宸 吴树勋
伍镓荣 许嘉杰 许雅丹 章雨欣 钟联杰 朱贤煜 陈飞豪 陈华儒 陈麟君 陈奕年 程茶花
丁 迅 方岂愿 方淇臻 郭肇伦 韩超倩 韩 翌 何 树 何之秋 李腾鹍 林浩然 林志威
刘志豪 马建峰 马逸敏 任续锋 邵 威 王 萌 王韬珥 王一迪 魏金沂 魏永琪 吴承治
吴志涛 伍良富 谢博岩 谢睿杰 谢宇轩 熊 莹 徐健聪 许伟鹏 杨溟华 张 彬 张钜健
周腾飞 朱家旭 朱旻业 安常君 蔡 凡 蔡锋涵 曹钰帆 陈梦韬 陈 玺 代志伟 邓慧琪
杜佳锴 杜 伟 段政岐 冯嘉晋 冯 鑫 符 鹏 关梦瑶 胡 涛 江 武 蒋乐欣 孔 亮
雷英群 李广鸿 李佳玥 李文希 李小樟 李泽辉 林 凯 林铠山 林勇勋 刘 琳 刘志鹏
龙 艺 卢义亮 罗流钦 马振康 苗 苗 沈梓隽 孙皓炜 汪宇星 王千帆 温锐新 谢雨钊
熊腮敏 徐梓舒 许峻宁 扎 朗 张立飞 钟威城 周天晨 安栋阳 曾锦鑫 曾欣哲 陈顾元
陈 铃 戴劭彬 杜瑞媛 段嘉斌 方一君 傅宝仑 高鑫泽 高艳琪 葛霖锐 何婷恩 何晓晴
黄 浩 金洪星 李楚婷 李晓瑶 李郁环 梁静美 梁小妮 林映含 柳顺尧 彭康毓 彭宇诗
秦学正 涂业煌 温晓程 吴思思 肖奕翔 许杏燊 杨思雅 张春节 周庆科 曹鑫光 曾庆瀚
曾志淳 陈 锋 陈润洋 陈宇轩 陈再俊 邓达彦 邓海盛 邓景升 丁 思 冯天帆 冯泽豪
高 可 谷若凡 黄国贤 黄锦辉 黄 爵 黄倩仪 黄梓铭 蒋文健 李国鹏 李钧铭 李俊维
李伟成 李伟聪 梁伟淳 廖 薇 林富东 林钧昊 林南裕 林锡铬 刘沐奇 刘 淞 陆滨信
罗兆津 吕秋成 马耀华 梅江鹏 彭 毅 邱思杰 饶 城 覃永豪 汤怀鼎 唐家文 唐培鑫
韦欣怡 文光威 吴宏耿 肖嘉欣 谢 霖 谢志燊 杨辉泰 杨嘉鸿 杨坤洋 姚妙金 叶绍伟
叶泽源 尹 屏 尹中正 余锦城 张嘉明 张梦达 张绍轩 张 韬 张曦月 张学华 张 煜
张卓恒 赵子彤 郑铭泽 郑乔辉 郑荣浩 周梓杰 朱 祥 曹诗聪 曹天政 陈洛彬 陈炜铎
陈 雪 陈梓贤 方楷灿 洪奕祥 黄菁菲 靳铭楷 李博涵 梁瀚文 梁嘉明 廖汉阳 林华生
林 森 刘剑峰 刘荣照 罗家豪 麦胜文 宋尚岳 覃江裕 王鹏程 许嘉显 张丰雨 张伟伦
钟旭鸣 朱 超 邹子谦 司徒坚文 巴桑德吉 金美旺青 格松多吉 扎西尼玛

电子与信息学院

蔡志豪 曾嘉豪 曾鑫鹏 曾雨涵 车其洲 陈佳乐 陈家杰 陈嘉聪 陈 键 陈莉茵 陈鹏宇
陈书樵 陈帅琦 陈星点 陈杏仪 陈雪松 陈奕纯 陈永兴 陈宇锋 陈远夏 陈梓莹 陈自强
谌宣锜 单紫珏 邓克豪 邓 霖 邓宇飞 丁安迪 杜雨薇 范孝帅 方泽蕊 傅 婕 高 翔
顾睿璇 郭铭涛 郭 阳 何铭贤 何淇昌 贺克远 洪权豪 侯健炫 胡日欣 胡 月 黄昌磊
黄东璐 黄光耀 黄慧懿 黄家健 黄静樑 黄开桐 黄玲慧 黄鎏丰 黄明鑫 黄 秀 黄 璇
黄 寅 黄 禹 黄泽健 黄张金 简 晟 江文煊 孔宇昕 赖瀚钊 赖慧莹 黎文俊 黎 源
黎泽慧 李炳鹏 李凤梅 李海洋 李焕欣 李陆斌 李森昊 李南鹏 李星冶 李卓明 利彦博
梁栋儿 梁瑞峰 林 超 林沛东 林锐聪 林润锋 林树绵 林心琪 林 谖 林泽桐 林志枫
林志辉 林子珩 凌军伟 刘健安 刘李阳 刘绍军 刘 维 刘晓升 刘雨潇 刘雨扬 刘志鹏
刘宗昊 龙晓婷 卢宏程 卢建宇 卢晓珠 罗杰延 罗啓中 罗倚轩 罗宇鹏 罗智斌 吕庆霖
马睿涵 马苏武 马 婷 孟嘉铭 孟文祺 莫晓颖 倪 欢 牛彦朝 潘耿欣 潘杰辉 彭巧妍

彭子瑶	齐笠智	秦泽深	沙佳欣	佘依娜	宋佳一	苏佳棋	苏琦	苏淑芬	苏永怡	孙晓漫
覃昊	谭鸿健	谭嘉文	谭荣鑫	谭育玫	谭煜枫	唐泽嘉	陶进凡	汪洪竹	王宸	王浩赟
王骁行	王叙翔	王芸翡	王忠英	王子豪	王子阳	魏懋誉	魏子婧	温鑫	巫嘉鑫	吴春月
吴涵	吴昊	吴昊	吴柳欣	吴棋焕	吴锐煌	吴一凡	吴宗铭	肖金明	谢法杰	谢隽
谢茂伟	谢倩苗	谢文伟	谢晓岚	谢旭庞	谢育锋	谢泽垄	谢钊铭	徐灏	徐艳玲	许博
许策	许皓钧	许若薇	许文燕	严俊杰	杨嘉镕	杨杰	杨润威	杨颜冰	杨阳	杨镒彰
叶宝崙	叶碧莹	叶铭威	叶禹锋	叶智丰	余广	袁方平	张伯伦	张灿炜	张海强	张家乐
张淘珊	张庭志	张文浩	张轶超	张逸伦	张子晗	章小会	章孝文	赵雨彤	赵毓健	郑平飞
郑锐佳	钟永殷	周方同	周松毅	周通	周鑫	周彦廷	朱博琳	朱泽华	陈迪琳	陈荣炎
陈天乐	陈炜东	邓永健	郭思聪	韩文静	何锦浚	李海峰	李宏洋	李捷磊	廖妮艳	刘睿孜
陆瀚玉	罗英杰	潘俊杰	潘俊伟	芮程路	孙宁政	唐梓晨	翁培错	杨文韬	叶子阳	张海
张思玮	张琬璐	张伟东	张鑫杰	赵江江	郑若茜	邹永图	蔡宏炜	曾天钰	陈宝生	陈冠文
陈家琳	陈建维	陈力	陈鹏博	陈舒仪	陈铜	陈文锐	成泽森	程光琮	程云卉	程泽浩
邓志邦	方嘉聪	甘海全	高翔	贺浸林	胡全	黄泓键	黄胤	黄展峰	黄展鸿	金重光
黎鸿毅	李昊	李华炯	李佳鑫	李锐标	李玉辉	梁瑛钜	林海松	林炜丰	林政东	刘浩臣
刘文昕	刘禹岐	卢扬	马蓉鑫	孟瑞涛	倪自超	庞俊	彭蔚	彭杨铮	邱楚周	佘建民
孙家豪	唐新杰	王安捷	王沛	王硕	王续森	魏志巍	吴华崇	吴圣杰	吴朱羽	肖晓鹏
辛铄浩	徐开红	许志航	薛睿杰	阎广瑜	阳思民	杨钊明	杨铮	叶朕源	俞斌	张航
张靖业	张慕言	张泰岳	张懿辰	赵飞兰	郑俊凯	郑文杰	钟可欣	周卓毅	朱明杰	邹育栋
左文涛	陈柏伶	陈楚钧	邓圣衡	方瑞妍	方婷	黄方	黄家荣	黄毓敏	赖隽恒	雷浩东
李弘洋	李鸿亮	李杰章	李智龙	李梓平	梁海峰	梁烨新	廖雨桐	林灏森	林晓聪	刘诗雨
骆美鸽	马芷晴	梅雨婷	戚冠豪	宋弘健	帖千枫	王熙柱	王玉杰	吴清茹	吴晓茵	肖鸿昭
谢本明	许杰智	杨国栋	杨苏鹏	叶逸翱	张天起	赵源发	郑晓雯	周泽南	欧阳锦浩	李杨欧文

材料科学与工程学院

卜章民	蔡瑞璟	蔡振鹏	曾炎城	陈键涛	陈丽纯	陈路平	陈旭钊	陈宇飞	成卓煌	傅童
谷胜寒	郭军伟	郭晴	韩佳珠	黄敏	黄庆怡	纪沫	姜俊宇	姜雨	蒋秋妹	金昊
金雪晴	柯灵逸	雷莹	黎俊泉	黎晓彤	李成凯	李国豪	李浩明	李嘉欣	李凯	李睿
李淑莹	李炜乐	李文彬	李炎	李艺基	利敏銮	梁创	梁伟杰	梁煜澄	林曾越	林华
林俊杰	林威	林韦达	林晓亮	刘付卫	刘嘉铨	刘孟阳	刘鑫智	刘玉琪	刘玥	卢尚开
罗葳期	马恒甲	彭琳	彭湘秦	彭震宇	丘福良	丘俊铭	区昊林	饶涛英	宋文琪	宋俞越
谭磊	谭晓昕	陶家兴	王立韬	王沁池	韦鸿原	温声忠	文新铭	吴朝加	吴铭泓	肖杨
许俊煌	许斯佳	闫雪凌	杨润	杨雨骁	叶嘉伟	叶子豪	殷琬莹	游昕	喻永奇	袁照炜
张浩	张弘仕	张伶枫	张仕泰	张亚楠	张怡	张正雄	张子华	赵文萱	郑俊丰	郑梓欣
钟火宏	钟禹	周鑫	邹涛	邹展涛	陈尔荻	陈佳铭	陈晓锋	邓文婷	董文浩	范峻昇
冯劲	顾仁杰	关富友	何国豪	何展涛	胡炳奎	胡智凯	黄江夏	黄书文	黄新杰	康鸿远
黎镇康	李华健	梁钦伟	林楚杭	林嘉鸿	林晓辉	刘丞	刘鸿鑫	娄宇涵	卢兴煌	马点秋
莫熙虹	潘铠杰	区朗曦	水生攀	宋志邦	谭轩逸	王奥博	王为	魏思危	吴文伟	吴子健
肖一鸣	谢欣灵	徐艺	杨昱辉	杨梓熙	袁晨浩	张美	张中帅	钟越豪	白祎琦	曾嘉乐
曾禧涛	车婧	陈挺	陈心颐	陈旭炜	陈子卿	丁树铭	范炜明	关智聪	何钦为	黄模康
火煜	李卉然	李佳熙	李靖	李昕	梁敬晗	廖丽铭	林铨华	刘灏珺	刘俊杰	刘森铨
潘玉玲	邵卓荣	石瑞超	宋雄飞	孙宇轩	覃楚卉	覃寿清	唐敏萍	唐忠宇	王佳睿	卫睿珊
魏田霞	吴晓姗	肖锐博	肖天佑	幸泽佳	杨望明	叶昇达	袁健铭	张杰	张晶萃	张云喜
张智浩	郑炽彬	郑家朝	郑礼尚	钟昌坤	邹易霖	曾璇	陈泓印	陈逸杰	成昊隆	邓冰杉

邓志成	冯昌国	何秉哲	何国灏	何镇濠	贺彪	贺祥云	黄朝	贾昀奇	李鸿文	李双艺
李育峰	李元峰	李振邦	林潇龙	刘佳美	申翰豪	王齐森	乌云古	詹耀钊	张浩楠	张诗雨
周宁	曾博	陈俊霖	陈艺	陈运	初琦	高云鹏	何冬	何田田	解沸以	金宇峰
李萌	林宸锋	刘金杨	刘文强	刘文馨	刘笑冰	吕惠敏	彭笑芸	浦仕恒	石徐帆	谭博文
唐家瑞	王艳	吴玉瑾	冼清越	徐清华	许静蓉	杨锦	杨少秋	杨文慧	张品蕊	周名建
周添姣	祝原福	樊译颉	符沐燚	洪欣	侯丹清	胡希旺	黄良欣	黄玮钊	黄泽凡	江曼
姜雅思	蒋世杰	焦飞宇	李聪昊	李非凡	李锦雄	李婉婉	李小飞	李雪琪	李永康	李子昭
梁紫维	林雯欣	林子棉	刘帆	刘锦祥	刘宇奇	潘逸旸	申子昂	苏国平	汪俊锐	王绪平
王翌鑫	向镜宇	谢俊安	谢斯航	熊鑫	徐聿智	严梓豪	杨柔柔	叶倩楠	于婧雅	张博
张睿博	周吕	周悦	朱星	左文财	保楠楠	曾海荣	曾远东	陈曦	陈小莉	陈宗杰
程晓东	邓晓锋	付锦咏	金世奇	雷诺	李挺	李炜聪	梁伟海	闵焕轩	王晶晶	肖关佑
熊俊凯	叶洵	郑海勋	曹云皓	范澈	冯钊鸿	冯子琦	龚晨	郭铠闻	郝晨竹	郝运
华佳	李霁原	李松懋	李幸晗	梁明佐	毛雨	欧家琦	时建和	汤雯晶	王雅韵	邢朝晖
熊兴宇	徐昌文	许田田	闫文博	杨玺霖	杨跃鑫	余海涛	张玮琦	赵基臣	甄嘉华	钟欣蓉
衷天一	周宇倩	周志升	朱景霖	陈元霜	丁芮	段宏	胡睿	胡松涛	李佩珊	李兆丰
马少伦	石佳鑫	谢金鹏	辛晓明	于致远	周琅	李所当然	马泓文捷	李曼文志	单增卓玛	
上官厚谦	旦增旦久	桑木哈尔·努尔兰		艾力帕特·吐尔洪		美丽努尔·买买提江				

化学与化工学院

蔡焕炜	蔡毓敏	岑松	曾嘉恒	曾乐	曾严	曾智锋	陈财吉	陈芬婷	陈建威	陈培练
陈任熙	陈彦光	陈宜颢	陈雨鑫	陈志斌	陈子博	邓铭哲	丁茂峰	费小龙	宫紫轩	郭宝明
郭家星	郭嘉艺	何婉莹	何哲宇	洪晓雯	胡海彬	胡和蔬	胡健洋	黄盼	黄青青	黄炜杰
黄文豪	黄亚容	简嘉彤	江毓尧	赖永隆	劳润滨	雷敏聪	黎雨沁	李达恒	李柯雨	李伟阔
李孝凯	李新颖	李志鹏	廖波	林耿烨	刘峻	刘强	刘荣财	刘少婷	刘术俊	刘文强
刘萱	刘迎盈	刘泽君	倪薪一	宁友晨	牛宝银	庞于薇	任剑博	宋加琪	苏皓	孙丹婷
孙可	陶思哲	涂院华	王柳青	王业辉	王雨茹	王元浩	王志衡	魏煊	魏智涛	魏子豪
吴颖然	吴直康	邢崇礼	徐月莲	许茹枫	颜闻哲	杨振杰	袁淑婷	张健	张思琪	赵红琴
赵亚鹏	郑可儿	郑肖禾	朱龙安	邹欣懿	陈钰莹	冯钰婷	郭秋雨	何杰锋	何泽伟	胡烊
李庚源	林广源	刘冬滢	刘魁	刘企濠	刘晓燕	刘兆镇	吕东昊	马鑫宇	莫子锋	沈佳其
苏伟轩	唐浩	王麒睿	吴娱	雪艺琼	易克炜	余俊生	袁文羽	张睿光	赵熠	柏礼剑
岑林肯	陈宝荣	陈炳智	陈杰鹏	陈清萍	程晓晗	崔倍源	戴雨润	杜明涵	封晓宁	龚晓婷
何顺意	胡洁	胡倩	黄进	黄俊杰	黄廉湛	黄秋华	黄炜诚	节恒斌	李昂	李博
李志鹏	梁祎然	梁苑欣	梁镇山	林丹霞	林劲君	林志豪	刘针莹	龙玉章	卢浩超	卢蕾
陆海宇	马玮廷	马宇乔	任雪筠	施庆博	石早晨	苏欣键	孙艳萍	唐家豪	田锦衡	王锦贤
王晓腾	王宇阳	魏东冬	吴昊天	武晨昊	许迪渝	杨冰铃	杨旭东	杨孟茹	叶润泽	张诚谦
张昊晴	张凯杰	张柱钦	钟志婷	周铭恩	周子潇	曹翔宇	陈春秀	陈林涛	陈伟政	陈梓宇
成泽华	崔梦阳	丁梁	古宇祥	郭佳豪	何潇	何学浩	胡喻晓	黄国铭	黄立基	黄志豪
吉英明	金永杰	蓝静	李鑫	刘萌	麦睿	莫金洁	莫依婷	聂境朗	潘晓康	邵誉钧
沈若尘	苏建伟	谭钧	谭伟权	谭宇轩	唐玉亮	王芳瑞	王瑞	王志鹏	吴可	吴奕钢
谢天明	杨鸿滔	杨利国	姚嘉诚	叶志斌	余凌峰	张晨瑞	张传俊	张炎	朱翔宇	郭炯恺
郭晓双	李彬和	李恒源	李建锋	林雪敏	刘博翔	刘健康	罗声豪	戚晓雯	苏佳生	汤磊
王楠舒	谢艾琳	杨蓉	叶穗鹏	余佩敏	张一鸣	赵子言	赵子昱	郑楚楚	郑智勇	关芝芮
李研	欧阳思学	阿拉法特·阿布力米提								

轻工科学与工程学院

毕红富	曾佑活	陈家贤	陈锦涛	陈师聪	陈姝旭	陈述龙	陈泽瑞	崔梓森	邓喻璇	付鸿康
付艺晶	何一笑	黄绍裕	黄世祥	黄涌森	黄梓恒	姜尚勤	李南星	李姗姗	廖思锽	刘 娟
罗尉玹	聂江波	彭 翼	商子奇	孙泽宇	谭泰炎	谭 鑫	汤 浩	汪力生	王 聪	吴子宇
肖 川	肖启东	谢东源	辛 晴	徐小虎	颜梦星	杨福来	杨 桐	杨 喆	张德健	张诗曼
张烨琳	赵诗婷	周浩楠	朱冠宇	朱兰萍	艾敬博	冯秉权	龚家瑜	黄韵晴	江仕鹏	李俊彦
李茂安	李潜龙	刘 派	罗浚荣	蒙鹏飞	魏利华	吴钰铭	徐言章	杨迪宇	杨韵怡	由 凯
张锦涛	欧阳熙宇	欧阳宇林								

食品科学与工程学院

阿 珍	曾俊富	陈佳伶	陈锦璇	陈雁妮	迟佳琪	刁思颖	丁洛慧	丁术轩	方 波	郭 璐
郭水连	何大伟	何 敏	何若岚	黄敏辉	黄晓月	黎汉燊	李慕然	李 暄	梁嘉恩	梁可欣
梁颖渝	廖思敏	林如歌	林思思	刘柯岑	刘镇濠	刘质清	骆俊杰	毛雨竹	欧志荣	潘倩倩
饶 翔	申宏伟	盛倩茹	石 帆	苏 婷	孙熹珣	孙晓宇	孙雪岩	涂家霖	王国钰	王先知
王晓平	王征征	王 竹	温浩辉	吴大军	吴 扬	肖弘毅	谢诺意	闫世星	姚家锐	于秉林
余静孝	詹倩怡	张思锐	张松晗	张钘演	赵碧荷	赵东升	赵靖宇	赵晓晴	庄钰蓉	曹沐曦
常方圆	陈立涛	郭颖希	韩卓芮	胡 颖	黄隽光	赖惠念	李嘉慧	林子男	刘泽瑾	刘芷晴
龙创一	彭瑞欣	沈晓琦	史一白	宋 歌	万瑜婧	王 胜	吴晨李	吴正翼	叶子充	张 冰
张 雷	张 彦	周泓江	朱凤艳	字 画	蔡子梵	陈宇星	冯远鑫	郭懿芳	黄 燚	姬健菲
寇瑞心	赖文琪	李翰良	李 鹭	梁丽斯	梁 莹	罗怀楠	孙祈祺	万媛媛	王一杰	吴逸昕
杨丹尹	叶佳然	张峥岩	赵键文	周奕辰	邹歆媛	次仁顿珠	黄盼超男	扎西卓玛		
胡尔西代姆·阿洪		阿迪力·阿卜杜喀迪热			艾尼卡尔江·艾斯卡尔					

数学学院

曾渝峻	曾 玥	陈名景	陈启睿	邓加新	董泽瀚	甘政杰	管 诺	郭 鑫	黄海乘	黄少轩
黄轩宇	黄钰凯	纪晓林	李昊洪	李文康	李 源	梁元锴	凌佳欣	刘 军	刘艺心	卢声赫
陆亦蕊	孟婵娟	孟 嵩	蒲晓伟	全虹历	孙明睿	孙 睿	孙宇鹏	王明珠	王擅文	王右奖
巫俊达	吴佳骏	吴宇昊	伍玉婷	席克洋	熊逸飞	徐雨竹	薛祎诺	叶佳宁	张瑞昕	郑陈翠
郑丹璐	周 晗	安文姣	包 宇	曾 月	陈绘祺	陈佳铭	陈建宇	陈晓璇	陈彦聪	陈 源
陈子仪	冯家铭	高 鹏	桂 敏	何思锐	黄 超	黄冠诚	黄 慧	雷巧怡	李维健	李先菊
李粤海	梁思颖	梁添娣	林荣湛	林曰柳	罗夏媛	罗 烨	罗逸鸿	蒙 岚	彭清桦	彭 文
钱钇志	饶淦龙	司 源	谭思哲	吴 江	吴舜晖	吴小钰	吴珍谦	肖振粉	徐 宽	许心怡
杨文雄	杨 武	杨晓宇	杨胤瑾	叶典东	易琪瑶	易文博	张 博	张楚楚	赵泽欣	钟林君
周凡伟	周文星	朱咏仪	邹婧雯	陈俊泽	陈硕鹏	陈思桥	刁光明	董督凯	何翰恒	何丽渝
胡文鹏	黄点典	焦嘉裕	李贺杰	李日新	李尉衔	梁佑康	林嘉北	刘昆伦	刘裕斌	卢新昌
陆 鑫	骆恒安	吕傲然	欧晓雯	潘 堃	丘明姗	石敏然	汤韵怡	汪浩诚	王 浩	王思思
吴彦醒	席江超	谢 阳	徐青影	颜钦彬	张清林	招 鹏	周 斌	周 帆	周鹏彪	周泽华
庄培水	邹瀚林	蔡焯然	蔡泽霞	常 峥	陈龙泉	陈美延	陈帅先	陈炎琛	陈钰营	陈志升
陈智妍	狄成铎	董 适	范晓阳	高 山	葛宸希	何嘉慧	黄 成	黄 君	黄业鸿	霍洁珠
霍商贤	晋 宁	李佳晟	李建新	李 可	李茂松	李世哲	李文杰	李逸汶	李芷颐	林艺伟
林芷琪	刘华山	刘田发	路国国	麦锐聪	宋航名	孙 健	唐伟康	唐晓兰	唐 原	田郁文
王安妮	王伟鹏	王晓威	王 尧	王一帆	吴佩怡	吴子睿	肖 碑	肖海立	谢巧琳	熊家逸
杨昊辰	杨建鑫	杨伟锋	张泰伟	张元译	张志杰	郑会鹏	钟子峰	钟子稀	周菁媛	周晓睿
朱 正	邹嘉鑫	董文博	董鑫喆	冯伟坚	何同立	胡壮壮	李明畅	李依洋	梁昶烨	梁凌睿

357

林泽豪　武燕茹　谢晓靖　尹筱玮　张华富　张铭华　张伟豪　张子烨　赵津瑶　郑诗剑

物理与光电学院

陈国荣　陈杰宜　陈乐涛　程子齐　单昊坤　冯腾燕　高　健　黄俊鸿　黄礼彬　姜庆兴　黎俊铭
李　旭　林箭回　林智涵　刘　超　刘铎涵　刘俊威　罗晨勇　罗杰星　罗文璟　麦健儿　莫宇蔓
彭　率　祁　波　秦韬锐　孙文杰　王俊华　王文迪　吴　潇　徐　锋　徐浩博　杨昊天　杨子灏
翟文熙　蔡智清　曾泓燊　曾慧玲　曾美薇　陈　城　陈泓樾　陈家威　陈李益　陈世乐　董兆辉
范怡衡　冯泽林　冯梓豪　桂　兵　郭绍伟　郭宇翔　郭钰滢　胡晨阳　胡　旭　黄铭锐　黄润琳
黄文城　康芯仪　李芳耀　李晓彬　李心培　李彦潼　梁楚君　梁健珊　梁雅琦　林灿滨　刘朝铸
刘春霖　刘家炜　刘金鹏　刘峻铭　刘清心　刘笑洋　龙　翔　卢振毅　罗　杰　罗　韬　马兴艳
马乙平　毛宪良　梅永昌　米　穗　宁晨曦　唐天蓝　唐　毅　王树鑫　翁雨荷　翁正一　吴边喆
吴　双　徐嘉伟　许柏涛　严轩宇　颜国锋　杨烨爽　余淇睿　战子钰　张　弛　张　帆　张伟坤
郑楚鑫　郑俊杰　周　伟　周兴俊　朱铉彪　朱志照　何沛德　蒋剑坤　李冠良　李虹烨　李云博
李哲铭　刘　畅　刘圆圆　么雨禾　潘锦诚　齐卓豪　任俊豪　谭靖宇　王　珏　王　瑀　吴俊熙
谢舒文　于欣悦　张桓彬　郑义栋　朱杰诚　莫合买提·吐鲁洪

自动化科学与工程学院

毕　韬　别远山　蔡炳铨　蔡丹鸿　蔡泽凯　岑晓林　曾维琨　柴文超　陈博杰　陈金铭　陈荣威
陈山娇　陈史睿　陈一凡　陈园园　陈泽广　陈展文　陈震寅　陈志乐　陈周成　陈卓铭　成炽荣
崔　策　邓皓月　邓斯琪　邓心迪　董芝强　杜骏羽　杜　阳　方泽龙　房慧宗　冯　实　冯展能
郭一丹　何　彪　何海洋　何　嘉　何宇恒　何泽辉　贺亦欣　华建超　黄狄林　黄港鑫　黄观禹
黄俊锋　黄钰柱　黄裕源　江　鹭　江曼彤　江沛明　江雪峰　金晓洁　赖洪昊　黎恒钊　李呈辉
李国璋　李佳晓　李伟立　李伟钊　李　玮　李　欣　李雪晴　李耀康　李宇航　李泽铭　李紫雯
连增杰　梁　泓　梁景麟　梁泽人　梁　正　廖晓俊　林灿杰　林丹淇　林健峰　林坤阳　林望炯
林泽锋　凌　冰　刘安安　刘成龙　刘豪达　刘满喜　刘奇浩　刘思成　刘文硕　刘欣茹　刘　宇
刘　卓　卢浩明　卢展宏　吕金劲　马颢源　马奕然　闵中伟　莫创辉　莫文韬　潘国平　潘浩洋
潘佳卉　潘文豪　庞小虎　彭文杰　祁　锐　乔义滔　丘浩良　邱强清　邱智颖　区智杰　饶弘毅
任晴宜　邵泽雄　施伟钊　舒润秋　宋耀锋　苏锴南　苏泳诗　孙　昊　孙兴华　孙　哲　谭欣隽
谭颖诗　谭郅昊　唐仁鑫　唐雨潇　万燊晴　汪建之　王国琛　王锴欣　王敏杰　王麒景　王松波
王维镛　王薪皓　王鑫舜　王　言　王　宇　王云峰　吴宏泰　吴嘉豪　吴钰滢　吴钊明　肖睿宏
肖声宇　肖煜琛　谢联湘　徐广树　徐　婷　许创鸿　许恒瑞　许嘉锋　许永凌　严方正　杨豪杰
杨佳楠　杨金满　杨俊杰　杨昕彤　杨　鑫　杨沂霖　叶德禧　叶浩杰　叶林东　叶凝婧　叶星显
叶运弢　庾文博　张健钊　张　坤　张　磊　张　宁　张泰源　张义双　张钰妍　章泽涛　赵冠懿
赵黄婷　赵　钶　郑　安　郑浩言　郑灏峰　周　林　周士超　周天海　周　威　朱位锋　陈俊辉
陈　凯　付传铭　韩　旭　何正达　黄圣峰　黄勇佳　李　浩　李锦阳　李雅雯　刘付斌　潘华杰
丘俊荣　孙鑫宇　王贤枥　吴锦全　谢坤浩　徐地石　张　昊　张伟斌　郑书航　朱澧湘　朱永彬
蔡　翔　曾译萱　陈力希　陈炜星　陈文昊　谌　浩　成　明　杜辰翔　谷文聪　黄济懿　黄三航
黄雅轩　姜晓东　靳文超　赖丰祥　赖浩宇　黎禹昕　李钟希　李宗展　梁淮光　廖昊旻　林一晓
罗小倩　罗运钦　莫文棋　潘鸿飞　钱　植　秦冠羿　宋皓楠　苏树才　孙锦晖　谭泽群　谭泽威
汪益民　王嘉伟　王　洋　王耀楚　温昊伦　吴梓浩　徐典緰　姚瞻楠　余　菲　袁思菡　张皓荣
赵　鹏　郑东润　郑力铭　钟俊彦　朱　松　欧阳浩铭　司徒曼豪

计算机科学与工程学院

高怀泽　何　特　康伟乐　李江伟　李文刚　李仲元　林英骢　刘邦镇　刘炳秀　刘海奇　刘嘉麒
刘如意　罗宇杰　吕　曼　潘绍辉　彭彰彤　邱文锦　宋全鹏　孙铭泽　田嘉琪　王宏锐　魏庭瑞

吴梓聪	杨惟贤	姚欣捷	余嘉祺	张学颖	郑炜城	周洋	周子昕	鲍梓安	蔡斌锋	曾俊城
常淇禹	陈达	陈建良	陈键伦	陈靖龙	陈炯晖	陈帷	陈文辉	陈新瑜	陈星辰	陈炫勋
陈杨	邓可欣	范滔	方泽锐	冯成宇	凤漪文	甘金	顾芷钊	郭彬涛	郭传鈜	郭俊豪
郭俊煜	郭智伦	何崇氾	何梓鑫	胡志涛	黄川	黄存炳	黄德明	黄勇志	黄志轩	劳文耀
李岑昊	李超然	李冬梅	李峰	李浩彬	李嘉鹏	李林昊	李隆耿	李乔楠	李荣灿	李泰稷
李亦梁	梁竣超	梁伟岸	梁馨元	梁宇正	林达	林浩	林佳豪	林青	林义钦	林子健
刘耿雄	刘敏仟	刘婷榕	刘玉薇	刘哲生	龙宇翔	龙致烨	卢嘉骏	卢美如	卢涛谡	卢钊鑫
陆伟鹏	罗琳峻	马芊愉	莫晓阳	潘伟健	潘子非	彭妍婷	任赞佐	任志豪	孙博	汤铭峰
汤恬恬	王锦鸿	王齐宣	韦宏晟	韦玮	魏琪	吴冰莹	吴绮梦	吴义波	吴悦豪	肖冰
肖朝辉	肖志宇	许浩志	许君立	许娉宁	许艺涵	颜泉发	颜羽圻	晏易茂	杨纪超	杨伟程
杨笑笑	杨雅健	姚为一	叶俊朗	叶绍崇	余家平	余志伟	袁海桃	詹伟滔	张炳元	张汉林
张捷惠	张桔	张立维	张蔚文	张协涛	张一帆	张逸帆	张泽涵	张志	郑灿龙	郑捷恒
钟浩祺	钟镇炽	周德宇	周全平	周瑞东	周始昊	周长隆	朱润凡	陈冠豪	陈广雄	陈浩昇
陈明睿	丁有轩	冯华文	高健峰	郭耿微	郭泽淋	黄颖	黄子良	江煊璐	金育妍	李俊龙
李志铭	梁玮泓	廖芃权	廖伟杰	林俊成	林俊毅	林颖欣	刘天洪	刘秀艳	罗诗琪	农金娜
潘正源	秦翼翔	邱霆锋	饶梓阳	任奕	沈晓燕	谭壮伦	韦志炫	吴佳鋆	徐寅鑫	杨豪
杨家权	杨思易	叶嘉颖	余嘉彤	詹成波	张博	张建业	张耀斌	郑延华	朱小媚	蔡宛承
蔡仰涵	曹馨	陈颖卿	龚林杰	郭恩待	贺欣然	黄竞智	黄婉仪	黄伟	江声	金祥
李彬	李昌檬	李雪峰	林菁	凌月莹	刘楚才	刘鹭扬	卢嘉东	卢宗源	罗云花	马翠欣
马燕	莫溢荣	彭乐怡	彭少辰	舒惠瑶	谭家杰	谭耀康	王琳钰	王怡琦	翁煜浩	吴洁航
吴宗威	严钰翔	杨超杰	杨天文	张聪聪	郑炜颖	郑子岳	钟权浩	邹晓越	蔡烁玮	查仕成
陈曦	崔雅琦	邓璟	方霆正	冯世龙	耿明灿	霍东硕	李立尧	李明阳	李悦新	梁德品
梁泽权	罗海明	潘嘉晋	任君雨	唐宇轩	王蕊	吴子昂	余玺龙	钟伟杰	邹静思	何倪凯杰
阿丽亚·吉恩斯										

电力学院

白颖	蔡清淮	蔡锱涵	曹成志	曾贵华	曾恺	曾庆彦	曾宇楷	曾俣	曾振航	曾子健
陈澳华	陈晨民	陈蝶丽	陈广金	陈昊林	陈浩维	陈焕璋	陈嘉徽	陈建峰	陈俊宏	陈良仪
陈明丽	陈沛润	陈润琳	陈霆威	陈锡聪	陈小强	陈艺泓	陈逸儒	陈宇恒	陈增杰	程小雨
戴晨皓	戴文轩	邓柏荣	邓成文	邓鹏	邓鑫驰	邓卓峰	邓紫君	丁巧宜	范朝森	范宇航
范志宇	房瑜仪	冯祥勇	高豪健	高泽宏	龚秀雯	巩浩然	关荃文	关晓羽	郭可亭	郭胜厚
郭思雅	郭元强	韩志鸿	郝一鸣	何纬坤	贺德辰	洪圣泽	胡辰	黄贝思	黄创基	黄耿豪
黄海彬	黄剑伟	黄健豪	黄凯敏	黄康盛	黄润烽	黄善超	黄世杰	黄司宇	黄天炜	黄小威
黄新雨	黄溢斌	黄莹	黄宇航	黄展鸿	黄政霖	黄仲民	黄祖波	江凌峰	蒋鹏程	井子琪
柯远辉	邝可盈	蓝天航	黎观海	李柏樑	李博雯	李晨涛	李丹旭	李鸿	李建明	李健
李锦辉	李俊杰	李乐章	李梦嫣	李荣俊	李舒亮	李水生	李伟瑞	李相辉	李弋升	李颖斌
李志鹏	李卓恒	利勇乾	梁铭湛	梁文浩	梁宇浩	梁梓涛	林国豪	林佳煌	林楠	林桐
林伊杰	林钇	林志鹏	凌芸	刘尔嘉	刘剑华	刘孟达	刘培然	刘万彬	刘文展	刘熙鹏
刘正清	龙铁文	楼航船	卢林峰	卢伟炼	吕国强	吕华波	马成元	马海杰	马锐	毛植坚
梅府贤	宁佳怡	潘彦宋	彭宇博	普正斌	齐缘	邱睿	瞿颖	茹俊景	沙雨润	申朋鑫
施晴	石俊发	史昊天	史磊	宋元浩	苏炳榕	苏阳	苏泳	孙淳浩	谭新东	谭烨发
陶文娟	涂培宇	万蕾	王昌鹏	王成龙	王开泽	王康德	王珮沣	王秋杰	王书圣	王思琦
王永恒	王子鹏	韦钟茂	魏思毅	吴臣钊	吴承虎	吴贵君	吴浩明	吴佳润	吴家扬	吴鉴鹏
吴善姝	吴松颖	吴愉宁	吴肇坚	肖天保	谢集宇	谢铠骏	谢祥豪	熊珂铮	熊志进	徐小圣

徐一洋 许崇治 许永治 严金东 晏维亮 杨朝栋 杨航 杨焕 杨漫 杨世国 杨智超
杨梓楠 叶城源 易锦旋 易双宏 殷悦 尹梓良 于寿恒 余菲 余盛田 余震霄 詹杰淮
张朝键 张禾琪 张弘强 张嘉扬 张俊涛 张丽贤 张森 张世平 张思毅 张伟杰 张扬
张洋 张雨晨 张玉洁 张远齐 章家竣 赵浩宇 赵莉莉 赵棚 赵少华 郑畅 郑烨琼
钟耿钦 钟康 钟占鼎 周浩然 周新镇 周鑫 周禹廷 周子翔 朱念曜 朱文凯 卓泽滨
邹林海 邹志霖 曾青山 陈智奇 邓家炜 龚嘉文 黄磊雄 李言 刘迈 罗匀骏 庞秋雄
秦子力 屈可扬 时晨晰 王怀怀 王嗣超 王永昊 王玉龙 伍聪烜 徐京港 杨逸 杨长江
叶红模 蔡伟钧 曾雨萌 陈裕泰 陈子瑞 丁程鸿 耿昕玥 胡嘉铭 胡晓源 黄晟 江山
焦志成 李凯航 李文曦 李煜 廖杰佳 林伟光 林子惠 卢冠华 潘鑫朝 屈径 阮艺源
沈佳程 施贤权 史鑫鑫 谭皓天 万佳奇 王俊豪 王雨 魏春宇 文日臻 吴宇航 谢钰
徐征 杨子江 叶海 朱运俊 邹瑜灿 包钲言 蔡东升 陈光瑞 陈鹏宇 陈侨沛 陈珍燕
邓均锐 冯鹏飞 韩承霖 胡玮辰 黄翰 黄俊轩 黄泳如 黄泽凯 赖周艳 黎启炫 李晨晨
梁程凯 梁证隆 廖珊 廖伟洪 林卓奇 刘凯 刘沐宁 刘振炯 龙碧莹 罗润铎 马维喆
莫沅睿 宁景云 潘铭晖 邱铭贤 史方哲 苏晗辰 苏晓晴 童琪 王子璇 温景浩 温玥琳
熊博 颜涛 杨海川 杨润钿 杨煜焱 杨宗霖 叶光伟 叶明曦 余争晓 岳元茂 张超波
张行健 张华杰 张庆 张尉诗 张禹琨 赵凯 郑海虹 郑月 周世春 付雨函 何宇浩
洪权炜 胡乐遥 李子凡 刘祎峰 刘映雪 罗裕聪 谢晗 严冬 叶思麟 尹晨航 钟哲为
周欣缘

生物科学与工程学院

蔡伟栋 曾艺州 陈绮晴 陈婉桐 陈维奇 陈晓诗 陈逸希 陈昱东 范闻睿 冯淑娴 郝方润
黄浩 黄泽林 李恒润 李欣 梁伟彬 林雯炀 刘嘉豪 刘明悦 龙润东 卢竑奕 罗宏涛
彭启睿 汪伟滨 王宝如 王衡臣 王鹏强 王晓庆 王馨宜 翁烨天 吴逸轩 向昇 向韬
谢子峰 杨思蔓 杨鑫 杨拥军 张盼 张为 张艳 赵承湉 周雯慧 蔡菲菲 曹贺铭
陈舒婷 陈晓敏 冯永盛 郭超越 郭武臣 何晓敏 洪斯沛 胡家豪 黄浩正 黄若柱 蓝雨盈
李文曦 李岳樵 林颖 刘帅猛 刘涛 刘威 马剑春 潘昊 邱钰泰 申雪纯 石云鹏
谭潇璟 王小琴 邹嬿祺 席彬彬 许荣松 杨国傲 杨佳硕 杨婕 张凌蔚 张颖 张宇翔
郑灵钰 钟炳旭 钟晓蕴 邹弘毅 曾浩锋 陈锋 陈宏明 何江 黄诗筠 姜照宁 李标顺
李富林 李极寒 李炫洁 李雨诺 廖阔 刘湘 龙清 龙锐凯 路云清 彭俊诚 瞿素怡
万延斌 文易 吴汉山 武鹭婷 向明珠 许超杰 姚映苗 张乐乐 张诗佩 赵梅 赵思思
郑艺圆 吾提格尔·艾尼瓦 耐菲莎·帕力哈提 地里努尔·帕尔汗德 布丽德尔青·哈德尔别克

环境与能源学院

包仁盛 何浩文 胡彤 梁智晖 刘雨乔 覃琪玉 王嘉伟 杨涛 叶家乐 钟文烨 周琰
陈一意 程源璟 邓红填 杜捷晖 甘丽萍 黄依宁 李登瑚 梁铧文 林琳 林奕敏 刘镇培
罗雨恬 罗智丰 莫健彬 彭新媛 饶朔之 盛惠琳 王琅 王玉琢 吴春雅 吴想成 吴梓辉
谢绍豪 杨静媛 杨俊杰 余聪聪 余心乐 张璧洁 张建易 张琳琳 张志健 钟荧宜 周禹名
安文轩 陈楹锴 戴宗仁 付钰 付粤成 何婧嫘 洪玖 黄佳婷 柯怡欣 梁姝玲 刘海琳
刘杰煜 裴瑶 彭容 蒲秋若 宋梓峰 谭拓 王思博 王文譞 肖佳娜 薛鹏图 杨眉
袁冉 岳皓钰 陈建洪 陈礽录 陈旭钧 甘乐 葛泽西 黄嘉顾 康睿杰 蓝欣 李欣玥
梁皓 林璐 林庞墅 刘强 刘雨奇 罗顺顺 罗予彤 欧力荣 裴飞科 彭德彪 王世华
王梓菁 吴静怡 谢斌 叶志诚 余嘉梓 余蔚 张一帆 庄叶游 卓振江 陈予耿 黄嘉鑫
梁恺琪 刘睿涵 王添炜 温静 叶嘉澍 张峰赫 张昊森 张宇良 张珍妮 朱志淳 白玛央金
朗杰措姆 西绕旺姆 巴力·库尔班江

软件学院

蔡俊亮	蔡松江	蔡译贤	蔡泽莎	蔡镇锋	蔡子钗	曹隽逸	曾 越	曾志豪	陈安之	陈潮宇
陈国山	陈嘉奖	陈俊言	陈楷婷	陈勒基	陈立健	陈 亮	陈其乐	陈若邻	陈 思	陈思炀
陈思源	陈宋佳	陈廷纬	陈 希	陈 扬	陈逸超	陈泳欣	陈泽森	陈镇平	成子谦	戴家豪
戴兆添	邓海鹏	邓栩恒	丁洋楠	杜坤霖	樊宇航	范文虎	方峰锐	方思政	方文浩	冯超瑜
冯嘉俊	高 昊	高启恒	龚昊鹏	郭柏良	郭俊炜	郭 禧	郭蕴雪	韩靖怡	何牧华	何志威
贺方舟	洪子民	胡策昊	胡可怡	胡映鑫	胡致远	胡子游	黄安祥	黄浩淦	黄 浪	黄明月
黄树炫	黄伟华	黄秀萍	黄宇翀	黄煜林	黄振业	黄政鸿	黄子浩	姜明炎	金能征	孔令钊
孔一涵	邝碧霞	赖迪霖	赖钧生	雷光宇	李海涛	李浩津	李鸿飞	李鸿强	李佳展	李嘉乐
李其蓬	李秋月	李 爽	李婉静	李伟玲	李伟忠	李霞芳	李先华	李 扬	李 颖	李兆坤
李振宇	李正昊	李枝健	李志豪	李梓然	梁峻瑜	梁 凯	梁 涛	梁文俊	梁耀楷	梁云浩
梁兆璋	廖惠康	廖礼鸿	林灿源	林海峰	林 晖	林嘉轩	林俊涛	林良新	林墨馨	林庆晓
林晟熠	林 添	林威良	林晓炜	林叶桐	林勇儒	林志伟	刘登科	刘皓贤	刘家辉	刘金朋
刘骏明	刘林炙	刘润生	刘生乾	刘书沁	刘莹灿	刘玉琪	刘泽昕	刘 壮	鲁 茜	罗英杰
罗 圆	马宝勋	马登科	马晓轩	孟庆宇	莫梓梁	倪成文	欧锦焕	欧思涛	潘镛圳	彭宁新
彭天祥	彭万山	彭晓轩	彭伊杰	秦卓睿	冉为天	赛炜城	邵笛桐	申 浩	石 宇	宋彦明
宋雨杭	苏 恒	苏佳鑫	苏建涛	苏尚燊	苏希炯	孙 彪	孙津梁	孙敏哲	孙 麒	孙午安
孙泽钦	覃乔松	谭剑嵘	谭绍昕	谭宇帝	谭煜谦	唐雨璐	田仁杰	王 昊	王昊翔	王 宏
王 翔	王子霖	魏一戈	吴滨峰	吴国楷	吴岚锋	吴佩津	吴思聪	吴 婷	吴晓雨	吴宇鹏
伍文杰	武云峰	夏锐航	夏 霜	冼汶婷	肖广源	萧伟豪	谢睿熙	谢伟明	谢晓民	谢颖媛
谢振轩	熊景涛	熊 峥	徐迪凯	徐庭锋	徐夏诺	徐烨威	许珉棐	薛青田	杨杰逊	杨世立
杨添麟	杨喻棋	杨泽杭	杨泽宇	杨宗霖	姚晨豪	姚楷炫	叶子繁	尹文彪	游建津	余佳倩
余旭枥	誉丞江	张冠杰	张家铭	张柯帆	张 磊	张力丹	张 敏	张淑珩	张轩译	张业鸿
章可馨	招浩楷	赵飞鸿	赵文松	赵宜哲	赵卓然	郑东润	郑炯豪	郑炜俊	郑星如	郑泽明
钟健文	钟妍苑	钟志远	周 翔	周 瑶	朱宣霖	朱咏涛	祝 昊	庄培溪	庄子聪	左子梁
曾声云	陈锐铭	陈以勒	邓炜韬	丁鹏城	冯俊界	郭晓凡	何嘉颖	胡冬础	黄尚昕	旷鸿章
李光耀	李俊辉	李文础	李宇虹	李毓彪	利俊安	连梓豪	林润庚	刘昊华	刘立钊	刘子畅
卢开书	卢中天	罗富文	罗湘月	马诚志	毛裳裳	孙瑞洲	温嘉校	吴 宁	吴欣桐	谢铭心
徐浩洋	徐季源	张迪翔	张景维	赵煜新	钟颖龙	周耘辉	邹博韬	曾祥鑫	陈 渤	黄富彬
黄荣燊	李 洋	梁 耀	梁永辉	刘根生	宋佶明	唐 浩	杨涵哲	路徐鹏凯	申杨静之	

工商管理学院

陈韦彤	段晨旭	冯 悦	高 超	黄蓝钰	黄夕纯	赖婉琳	李洁惠	刘博文	刘树豪	刘逸君
刘煜华	刘子珈	罗育庭	骆凯鹏	史 佳	唐莹莹	田 浪	王耀庆	温 铎	文 越	邬奕雯
熊 倚	杨 琪	张家铭	张 晏	张 漾	赵 浩	赵熠婷	郑慧媛	钟天宇	钟银斌	庄妍妍
蔡依妮	陈彦霖	段安澜	方国旗	冯 欣	高 畅	关玉连	黄欣然	黎 杰	李欣暲	李滢煊
李紫莹	林 烨	林咏言	林玉玲	林正泰	陆炜聪	麦紫琪	唐嘉敏	王立蓉	吴广海	吴家杰
吴静龄	吴思艺	伍思杰	许婉婷	禤洁明	张绮芸	张仁香	张燚涵	张志强	赵汗青	赵渟钰
郑欣如	郑永皓	周国光	曹芮文	曹睿杰	常洢林	陈晓洁	陈筱露	陈艺丹	程晓婷	邓洁婷
邓可宁	邓晓枫	都晓薇	甘翠清	宫晓睿	郭慧霖	黄家辉	黄 深	黄舒琦	黄 颖	黄泽玲
黄庄桐	蒋 丹	赖 鑫	黎倩君	凌雪瑶	李嘉渝	李 鸣	李珊珊	李 双	李晓敏	梁嘉淇	梁 颜
廖如瑶	林燊梓	林 思	凌雪瑶	刘芳洲	刘仲玺	娄倡滨	陆舒琪	罗 敏	罗 强	罗颖仪

马润青	庞彩容	余菲怡	谭旭嵘	汪 琦	王晓萱	王鑫鑫	王紫辰	魏筱昀	吴敏吉	肖雪灵
谢逸劼	辛杨淳	薛培凌	闫 茜	叶诗颖	叶文慧	余金桐	袁士超	张曼迪	张素平	张滢滢
郑霄晓	郑玉莹	卓俊豪	许雨田	周雅健	蔡 可	董坤泽	高 畅	郭玉龙	胡凯欣	金钰川
李朋臻	李智健	李梓睿	刘祖辰	罗永滨	吕 璐	王浩宇	韦淇耀	吴 琼	吴阳菲	余 俊
臧昱程	詹宇森	张涵智	赵仲旭	陈佳钰	陈美晶	陈艺萍	陈钰荃	崔 艺	邓天科	豆梦琪
樊孟奇	方绍淇	郭权霖	韩晨曦	何惠乔	何斯美	胡晓宁	黄铭思	黄梓桐	赖咏茵	廖佳楷
林国冰	刘提健	马宇期	欧妙玲	潘勇霖	苏 泰	田梦萍	王映熹	吴晓青	萧浩彬	谢楚乔
谢芳芳	徐艺文	易采云	张 霞	赵莹莹	郑丽素	白天语	蔡文蕙	曾嘉园	曾彦真	陈天欣
陈雯琦	陈笑阳	陈 艺	丁 瑞	冯子枫	弓娜娜	何玢欣	胡苗苗	黄冯英	黄君懿	黄智颖
黄梓森	吉庆一	孔维科	赖栩楠	李丹妮	李恒基	李红瑜	李景辉	李伟嘉	李 瑜	李云露
梁蓓欣	梁恺铭	梁可莹	廖建贤	林慧琪	林乐童	林文旋	林芷铭	凌恺童	刘溥佳	刘玉伶
罗静嘉	罗双梦	吕晓颖	马卉宁	莫艺芳	潘逸飞	皮媛媛	苏婉琳	孙博文	王敏涵	王秋楠
王晓萱	王雪笮	吴文丽	吴 禽	吴雪瑶	伍沛婷	谢辰欣	辛久东	徐一丹	许敏娜	许曦芸
许彦成	许 颖	杨舒雅	杨雨静	易 欣	余文蕙	俞 芹	张敏禧	张 婷	张晓敏	张雅婷
张 颖	赵子豪	郑顾丰	钟万琳	周嘉琪	周文韬	宗舒文	柏鹏程	蔡凯铃	蔡镇广	陈润生
都昱辰	刚 柔	郭文俊	胡志祥	李昀姬	凌 莹	刘建芳	卢 芮	莫文湖	莫永才	彭中阳
佘逸琦	石文婧	覃宇翠	谭永鑫	汪 浩	王月婷	韦家健	吴嘉琪	吴敏琪	伍明慧	徐 烨
叶敏瑜	张楚然	张建华	张 楠	张 泉	张 艺	郑佳燕	钟荣苗	庄崇奕	司徒蔼贤	
欧阳宇绵	茹扎·木黑亚提		萨妮娅·吉爱提		牙力坤·木旦力甫					

公共管理学院

曾 艳	陈允坤	程雅丽	储 鑫	单 阳	单 支	房一妹	付 磊	何雨泽	何月君	侯洁琪
黄海杰	黄嘉梁	黄永城	姜晓瑜	蒋 灵	蓝嘉婷	蓝小佳	雷乐康	黎叶然	李秋澍	李桐昕
李 武	李晓君	梁炯豪	刘 芳	刘舸洋	刘语思	陆 瑶	罗书敏	马万群	米小燕	莫 淇
聂鹏程	宁 童	庞 磊	裴 钰	沈玖玖	舒 辉	宋子一	孙超然	陶向红	王维维	王香凝
王云博	韦小敏	吴梦梦	肖 洋	谢 琦	谢汝欣	闫卓然	杨惠雯	杨 澜	杨祎祉	叶俊芝
衣 芃	余嘉锆	元凯凌	袁志朋	翟 灿	张浩洋	张天昀	张子怡	张文慧	赵清纯	赵伟娜
周林枫	周伊敏	周怡君	朱博宇	邹咏玮	格桑德吉	仁钦达娃	肉先古丽·依明		吾尔肯·吐尔逊	
阿曼古力·阿布来提		阿依达娜·艾拜都拉		阿卜杜热合曼·麦麦提图尔荪						

外国语学院

曹 晶	高天霖	果 欢	洪晶晶	黄嘉晋	李思翰	李怡然	李 元	刘佳瑶	隋 昊	吴佚莹
熊星皓	张陈鹭	张书玥	安柳薇	毕俊睿	蔡居辰	曾 鸿	陈艾佳	陈 婕	陈荣权	陈自康
邓诗蓓	高煜航	高 越	耿一卜	郭晟东	郭童戈	韩皓玮	何雨婷	胡博城	贾晓寒	江佳雯
江 悦	金 田	敬奕晓	李明昊	李 涛	李 泳	李育静	廖昕仪	林若希	刘晋裕	刘诗琦
刘欣怡	刘胤佑	刘卓然	路东沅	罗琬莹	罗哲安	宁 曦	秦艺铭	丘苑妮	饶博文	苏 珊
唐楚童	唐佳雨	王景辰	王晓敏	王欣瑶	王艺超	魏雨欣	谢佳蕊	谢佳英	谢淑君	邢 睿
徐玮杰	许思睿	薛 恒	颜伟燊	晏方琪	杨慧娴	杨镇嘉	叶芬妮	余 逸	喻鑫鹏	袁子喻
张博颖	张 妮	张启航	张书涵	张玉洁	张煜辰	赵一瑾	郑珮珊	郑婉君	郑一菲	周可欣

法学院（知识产权学院）

曹 颖	陈丹婷	陈甲荣	陈洁丹	陈名芮	陈思懿	陈晓茵	陈梓钦	陈祖夷	谌 妍	崔雯婕
邓妍琰	方怡欣	冯健辉	冯齐威	甘正浩	高 菲	高忆辰	耿逸凡	顾天齐	关 儒	关天惠
郭瑞珊	贺子鑫	洪彤彤	胡李灵	胡雪霏	黄碧珊	黄 炎	孔景暄	雷 婧	雷 雯	黎文嘉

李昊峰	李纪超	李金泇	李偲祺	李向前	李 鑫	李雅婷	李雅雯	李益丰	厉铖铖	梁馨书
林 珺	林诺津	林思颖	林雨晴	林泽炜	令狐菲	刘嘉炜	刘莹璠	刘宇琪	刘泽妍	马烨琪
倪丽敏	牛辰宁	潘伊亭	彭奇峰	且思萍	邱绮琪	沈鸿艺	石鑫玲	苏如拓	苏芷微	孙雨芊
谭志炜	涂钰洁	汪靖欢	王 杰	王俊琦	王潇洒	王雁蓉	魏佳康	魏 昕	文沅銮	吴佳敏
吴江婷	吴金漫	谢楚儿	徐丹砾	徐瑞琦	徐悦歌	许嘉琳	许鑫元	薛轶伟	杨蝶妃	杨岚羽
杨 睿	姚安祥	殷瑞轩	余澳东	岳子祺	张晨曦	张惠梅	张仁和	张圆月	赵甜静	赵豫宁
朱静璇	朱丽博	祝佳敏	卓 玛	邹江南	邹 舜	陈廷曜	陈诣宸	单 浩	邓新杰	黄启航
黄雯馨	金 涛	赖清彦	李佳妮	李演斌	梁楚晖	林 健	林敏英	罗钧瀚	秦蕾蕾	涂文锋
王思琴	吴雨静	向欣宇	谢裕康	徐 梦	杨麒民	张淡钿	张会心	张 玲	郑永杰	朱昱霏
陈丽霞	陈雪莹	崔馨元	杜斯敏	何玉梅	胡润钊	黄湘媛	黄燕鸣	李良卫	梁海燕	刘梓欣
闵惠惠	邱国翃	曲昭怡	王鸿捷	王啸越	王园园	吴晓祺	杨 龙	叶炜康	张璟垚	张琬卿
张雨欣	赵源鑫	尼玛金宗	桑吉卓嘎	欧阳铭斯	阿依曼·巴叶肯		加米娜·加吾拉			
阿力木江·麦麦提		木斯塔巴·海米提		叶斯哈提·黑力力		麦合巴克孜·阿布力米提				

新闻与传播学院

查宛昕	陈厚燃	陈慧婷	陈杰梅	陈琳琳	陈 滔	陈心怡	杜悦童	房清莹	傅逸轩	郭访冰
胡 林	黄佳兰	黄敏锐	黄一哲	季思岑	蒋治中	黎蕴诗	李汉清	李惠文	李天昊	李桐蕙
梁菁洪	凌小婕	刘 蓉	刘欣欣	刘予璇	鲁 帆	陆彦衡	马晴朗	潘 颖	蒲韵莎	邱 雯
石佳宜	唐文青	王冠璞	王隽睿	王靓萍	王龄艺	王锐欣	王若楠	王 薇	王 潇	王馨笛
王钰欣	王泽生	文 婕	吴铉鹏	冼佩佩	熊思琪	杨佳妮	杨柳青	姚怡恬	叶 晴	俞灵燕
张焕政	张 静	张静文	张美婷	张真婷	张紫玥	钟 心	周 颖	邹邦国	曾 倩	陈惠琳
陈姝芃	何 尔	何 漫	贺晨星	黄嘉宝	靳思嘉	李 欣	练伟杰	刘仪菲	邱学慧	孙 果
谭艳丽	谭燕怡	唐诗韵	王雪玲	王渝卓	王羽梦	王雨希	王越东	夏 妍	谢 舒	徐 仪
赵 岚	周博雯	蔡俊如	曹 睿	曹诗琪	曾 静	陈译迅	陈 泽	陈子琪	储召云	戴梦雅
单佳宁	范祯如	葛玉珍	何婉盈	李金蔓	李珏莹	廖睿聪	刘馨琳	刘裕仁	邵 津	苏经俐
王鹤潼	王 帅	席 靖	袁 艺	占晨雯	张琦琦	钟涵羽	周轩羽	庄再春	陈晓康	赖奕成
刘希婷	钱怡文	杨思意	钟 璇	欧阳馥绚	索朗德吉	妥勒哈尼	易杨东芳	卓玛拉吉	李昌慧颖	

艺术学院

曾沁怡	陈 涵	陈秋彤	陈瑞森	陈 睿	陈天宇	戴奕超	邓文元	范可裕	范睿宇	范余奥
范俞辰	范韵绮	官任禄	何俊昊	何心宇	胡培媛	黄茹霖	黄天羽	黄心怡	雷斯雨	李 聪
李佳恩	李 澜	李 玟	李松旌	李钊贤	刘 欢	刘嘉昊	刘昕宇	刘韵枫	柳君宜	罗美灵
马含笑	彭慧娴	彭晓丽	齐 晶	秦瑞峰	瞿超男	苏颖欣	唐羽洲	汪彦希	王 悄	王梓麟
王梓璎	王紫溶	吴丽萍	徐佳玥	徐 健	许露云	薛佩源	颜睿婕	颜奕昕	杨凯恩	杨瑞铭
袁 涛	张靖萱	张静颐	张冉莹	张舒婷	张文敏	张智瑜	张祖怿	赵 涛	郑晓欣	周子毅
曾秀可	陈开艳	陈丽珍	段星余	傅启远	何 欢	何佳璐	金聪哲	雷光宇	李文晴	刘艾拉
刘芳君	刘茹男	刘雅芳	苏晓虎	王兰欣	杨岩石	赵 明	郑天妍	周才峻	蔡思宇	黄尹泠
李浩宏	李美玉	李欣瑜	叶嘉怡	章凯媛	郑婉纯	张嘎桑坚赞				

体育学院

车 萌	陈彦璋	陈义翔	崔 曦	戴雪亮	冯一秦	高振杰	郭 昊	韩治成	何志林	胡宇晨
姜卓孜	蒋坤志	黎昊霆	李鸿晨	李旺君	李 想	刘雅妮	刘 峥	罗 丹	潘耀昊	王慧娟
王 楠	王诗曼	王小奇	王小天	王子康	温斯丞	吴文莱	谢於倍	辛博薇	许春蕾	许皓翔
叶德杭	叶峻羽	叶婉芬	殷淑怡	喻咏聪	连非宇	张译文	钟牧迪	郭美琪	孔令葳	李予冬

梁　诺　骆文熠　赵嘉琪

设计学院

蔡子轩　曾　伶　曾　嵘　陈岱琳　陈　麓　陈锐涵　陈泳文　陈玉容　陈忠汇　程宇婷　方文刚
方文琦　冯韵司　葛冰骑　顾灼梵　黄梦沂　劳若蘅　李兰欣　李沐航　李文琪　梁荐桐　梁君遥
林秋萍　林维健　林伊霞　刘安杰　刘若萱　刘珊珊　刘晓琦　刘彦羽　陆闻捷　吕君妍　吕明慧
马文萃　彭炜琳　邱可昕　邱升艺　邱桐苗　区世恒　王婷婷　王卓婷　伍雨晴　薛　芹　杨承天
杨淇轩　杨瑞棋　姚予涵　叶玺玺　叶　韵　余兆铿　张露元　张一凡　张仪萱　张羽蔚　张　玥
张梓健　朱穗权　毕文晗　蔡楷楷　蔡泽铭　陈诗宜　陈妍筠　陈　悦　程思佳　崔唯佳　方锦明
方紫薇　高雨晴　龚小榆　龚莹莹　顾静宜　顾智豪　郭志富　洪海超　洪小钧　胡雪妮　黄梓琪
鞠沛宸　李明阳　凌天宇　刘靖鹏　罗　文　沈慧尔　宋晨瑶　宋文青　孙嘉澍　孙钰钊　唐倩雯
唐旖柔　童路琳　王格维　王金华　王静戈　王丽萍　王平钫　王胜男　王泽君　王梓懿　冼铮岚
谢盛迪　熊雯炯　徐　嘉　徐芷晗　严卓婷　杨怡媛　易　澳　袁露露　张芳洁　张　浩　张宏亮
张乃中　周　敏　祝嘉伦　陈思言　陈天乐　陈欣格　邓　皓　范天叶　龚楚婷　郭嘉伟　何纪澄
何思佳　贺佳媛　侯代亮　黄荟儒　黄骏逸　江莹莹　乐宁宁　李诚禧　李　佳　李　俊　李雨欣
李子莹　林　霓　林惟满　刘　蔚　刘　璇　刘雅玲　陆钥凝　罗雅琼　毛久久　毛铭瑶　庞天雅
彭光辉　彭　瑶　乔　仪　申梦雅　沈　骏　沈诗铭　时敏睿　苏　威　孙思闻　田　涛　童培杉
王海宇　王皓玥　王宏奕　巫俊彦　吴佩艳　吴菀琛　许学坤　杨理政　于浩真　越咏妍　詹淑嵋
张芷菡　郑沈健　周驰誉　蔡　煜　陈吉婷　陈文杰　陈　西　范易歆　郭秀源　黄莞淇　黄　炯
林　达　刘嘉歆　刘　琼　刘思嘉　刘盈莹　刘珠海　孙宇红　王仟惠　王亚铷　吴雁兰　冼俅锟
徐　翙　杨文静　俞静荷　张惟实　张智松　赵继匡　朱　芮　蔡梓盼　方玮绚　付长玖　郭佳蕾
胡仪璇　胡致远　李澳玮　李旭纯　李育纯　梁宇威　卢雨薇　孟思薇　沈　炼　施　岸　史睿凯
苏展弘　王庆岩　谢荣耀　谢昭杭　许轩铃　燕俐涵　杨　帆　赵　晶　赵泽锐　周沛汶　朱芮妍
欧阳一可

电子商务系

蔡婉佳　曹敏钰　曾　堃　陈洪谅　陈鸿倩　陈锦鹏　陈俊朋　陈晓伟　丁小珏　郭　旭　何劲松
虎　奎　黄　杰　黄俊凯　黄锐敏　黄训虎　江兆鹏　姜观尚　蒋格洋　蒋啸宇　柯　靖　孔杰平
李吉利　李润东　李亚兵　梁威东　梁倚朝　梁永熙　刘　梦　麦永乐　彭文勇　彭振威　蒲　立
丘润文　苏香轩　谭　峰　汤健僖　唐文彪　涂梦珍　温晨涛　吴　琴　吴青宸　吴一帆　肖江森
肖凯展　杨颖颖　杨泽龙　叶楚仪　叶绍锦　易　青　张　恒　张盼盼　郑海霞　郑怀义　钟梓文
周思鑫　陈　娟　陈婉佳　陈伟钊　丁　铭　丁雅雯　董　亮　冯毅成　符迪愚　甘洁莹　耿艺轩
何德勤　何书影　洪逸飞　黄金铭　黄雨嫣　吉　江　赖启乾　蓝　利　雷明天　黎韵馨　李白根
李彩畅　李浩瀚　李文龙　梁贵浦　梁卓行　刘杰斌　刘利森　刘诗韵　刘　彤　刘伟韬　刘　啸
罗维德　米剑骐　欧东艳　欧佩生　石昊天　滕　达　田　爽　王程湛　王美华　蔚　越　吴　恒
吴瑞建　谢嘉聪　邢雨馨　许珮娴　杨昊东　杨清汶　杨　勇　叶　淇　尹志坚　于心怡　余艳春
张　瑶　张义涛　赵悦晴　周鸿旭　朱铠泽　朱子健　丹增央珍　王柳絮梓　伊尔番江·艾斯凯尔
光其克加甫·欧丽扎提

经济与金融学院

蔡梦晴　岑冰华　曾佳佳　常博硕　陈润锋　陈　玮　陈玉慧　陈志鹏　程　榕　初雨晴　段忠南
房佳梁　桂子琪　郭佳莹　何　东　何佳秋　何婉仪　洪文莎　黄浩贤　黄衡衡　黄　琦　柯俊宇
匡校君　李靖颖　李诗然　李松蔚　梁漫滢　梁渠华　梁致远　廖永霜　林绍良　林玉玲　林悦雯
林子月　刘嘉怡　刘亦飏　刘泽嘉　卢　哲　罗鸣浩　麦宁暄　蒙以华　莫靖彤　牛一雯　邱歌洋

谭文君 唐金凤 王 干 王惠丹 王恺田 王思齐 王 媛 邬晓裕 吴冬晓 吴家聪 吴舒妍
吴玮琪 吴钰莹 吴韵贤 冼 亮 向 煌 寻 蕾 杨素清 杨雪玉 姚静飞 游巧稚 袁 美
袁雨卉 张曼瑜 张蒙蒙 张 雪 赵旭涛 赵彦纯 郑宇彤 钟梦洁 钟绮虹 周丹曼 朱秋玲
艾俊其 艾芷欣 安维宁 蔡艳妙 蔡燕琼 曾绪彬 曾泽玲 陈慧珊 陈建诚 陈锦葵 陈施婷
陈诵惟 陈坛辉 陈辛愉 陈雅兰 陈彦岳 陈怡婷 陈芷莹 程昕昱 代 露 方希婧 冯罗媛
冯晓颖 高 源 桂瑞雪 郭嘉晖 郭亚飞 郭鹰洁 郝玉洁 何江燕 何柯稼 何明靖 何清倩
何晓彤 洪 戈 洪晓萱 黄俊波 黄林庆 黄钦龙 黄文焕 黄晓璇 黄泽钦 姜嫱焱 金烨昕
康钰婕 赖书玥 蓝清清 黎嘉慧 李昶晟 李晨崴 李 楚 李嘉君 李润钿 李天祥 李 洋
李悦可 梁昌曜 梁 烨 廖启兴 廖星星 林可欣 林文敏 林 欣 刘芳敏 刘国鹏 刘杰峰
刘 可 刘 玮 刘 旭 刘宇韬 刘韵婷 刘子琦 罗嘉曦 罗翘楚 罗文娜 莫带娣 莫慧敏
莫阳斐 莫子豪 倪天和 聂金秋 宁 玲 欧阳啸 潘柏蕙 潘怀远 彭子茵 瞿 婕 邵昉晖
佘嘉倩 申致远 沈鑫杰 宋嘉萍 孙艺函 唐 烨 王 丹 王 璐 王璐娜 王婉钰 王 欣
王予宁 王禹涵 王之雯 魏家琪 邬宝仪 吴海洲 吴启瑶 吴文琦 吴栩茵 吴泽仪 向英特
肖琪颖 肖 璇 谢明峻 谢 雨 徐子淇 许 玫 薛舒阳 薛雨芙 阳上程 杨馨懋 杨越雯
叶仁杰 叶桃红 易思瑛 游婷月 袁安琪 袁瑞怡 詹茵怡 张宝琳 张皓辰 张洪槟 张沛尔
张瑞真 张欣冉 张子艺 张紫函 赵海珊 赵 屾 郑亦凡 郑蕴含 郑智元 钟 霖 周华晋
周 庆 周雨雁 周泽鑫 朱汉威 庄广松 卓彦弟 宗君之 蔡硕锋 晁 炜 陈嘉健 陈润锋
成思昕 邓 丹 范启旋 龚子安 郭恒仪 黄海华 黄嘉琪 黄恋婉 黄悦铃 黄智鑫 李嘉庆
李诗琪 李思乐 李苑馨 李智凝 林浩然 林剑颖 刘雅欣 卢耕雨 马东南 农海君 庞皓阳
秦世琪 石桂英 孙久人 覃海华 王子葳 向湘宜 徐嘉营 杨淑婷 张珏涵 郑暖宜 钟 昊
周海琦 周婧然 周逸凡 朱 丹 朱芳平 卓韩希 曾灿樱 郭家琪 黄诗晴 李婉茹 林枫华
刘晴阳 刘志强 牛紫珩 秦佳慧 任欣雨 沈雯钰 石小惠 司 娜 汪侃侃 游家伟 詹文鑫
张 程 张静旖 张泽坤 郑屹宏 周思明 朱彤丹 曹畅琪 陈奕凯 范云杰 高诗雨 高永轩
何 梵 黄凯璇 黄智勇 黄卓恒 金思远 赖集炫 李洁滢 李润森 林梓成 刘熙博 刘子桥
卢佑聪 陆莉玲 马铭骏 庞子翔 权文江 汪思琪 王飘鸿 王偲昊 王晓芙 王鑫彤 王阳妹
吴丽莎 向 念 谢海婷 谢 欢 袁登亚 张懿媛 司徒炜麒 赵陈泽霖

旅游管理系

安若莲 岑紫秋 陈泰亘 陈钰妤 陈梓璇 崔艺潆 崔 祯 邓滢钰 龚佳妮 何锹渝 胡志文
黄文婕 蒋 聪 李 垚 李钰潇 梁诗奇 刘博宇 刘行健 刘家熳 刘胜伟 刘曦钰 罗谙棋
蒙凯睿 邱定原 任婉轻 沈连婧 施辰怡 司 孟 宋 窈 汪志春 王博文 王诗淇 王 璇
王一帆 韦紫薇 杨 浩 杨亚男 余茂源 张静月 张萌原 赵 准 周 涛 陈冬蔚 陈祥泰
陈雪玲 陈彦冰 方文昊 房美佳 高宇宁 郭可欣 何钰琴 黄思禹 金小翔 雷艳彤 李鉴岚
李翼萌 廖勤华 刘沣娆 刘苏慧 刘 星 刘旭义 秦亚宁 王姮力 王文潇 王淅玥 王毓玮
文思莉 杨舒婷 张建昊 张敬文 张紫涵 张紫晴 赵昱嫣 赵子淼 黄颖嘉 拉增曲珍 扎西央金

医学院

陈美希 陈思勤 杜鑫聪 高华萍 郭梦婷 郭煜升 何康文 贾沁枫 李建孙 梁 红 林伟源
林子扬 罗晓雯 潘 杰 彭俊崴 唐宋涵 王冠璎 王蔓雯 王渝茜 王越妍 吴雨恒 吴 越
徐承天 杨丽芳 张晓彤 赵 赟 周 琪

2021届辅修学位毕业生名单

工商管理学院

程晓东　董督凯　方灿能　谷胜寒　姜俊宇　李伯佳　李博雯　李思翰　廖　珊　王启玄　王一杰
许雅丹　张书涵　张松晗　张中帅　邹易霖　喀哈尔·麦提图尔荪

法学院（知识产权学院）

毕俊睿　曾佳佳　常泖林　陈　婕　陈秋彤　陈彦霖　程　榕　崔　曦　单　阳　葛玉珍　顾静宜
桂子琪　郭嘉晖　郭童戈　韩皓玮　何惠乔　黄悦铃　李冠良　李姗姗　梁可莹　林慧琪　刘裕仁
罗琬莹　欧佩生　彭慧娴　唐倩雯　唐羽洲　王　干　王兰欣　王云博　韦小敏　邬晓裕　吴丽萍
吴文丽　席　靖　谢汝欣　袁子喻　翟　灿　张煜辰　郑天妍　周伊敏

新闻与传播学院

曾　嵘　陈　睿　陈　西　陈彦璋　陈玉容　范可裕　范易歆　何佳璐　姜晓瑜　蓝　欣　雷光宇
李　佳　李金洳　李欣瑜　李雨欣　林惟满　刘艾拉　刘芳君　刘茹男　刘雅玲　刘韵枫　毛久久
彭晓丽　乔　仪　沈诗铭　石　宇　孙超然　童培杉　王仟惠　王园园　吴莞琛　徐　健　杨凯恩
杨淑婷　叶嘉怡　殷淑怡　张译文　张紫涵　张祖怿　章凯媛

设计学院

安柳薇　曾　静　陈　泽　邓　皓　房清莹　郭嘉伟　侯代亮　鞠沛宸　宋晨瑶　苏　威　唐旖柔
王海宇　王梓懿　谢於倍　周可欣　朱杰诚

经济与金融学院

蔡居辰　蔡依妮　曹隽逸　曹沐曦　曾嘉园　柴　铮　陈洁丹　陈荣权　储　鑫　崔　艺　崔雅琦
寸小云　戴劲彬　邓慧琪　邓洁婷　刁思颖　丁小珏　丁雅雯　房美佳　付艺晶　高　威　高振杰
弓娜娜　龚佳妮　郭可亭　何　漫　何　树　何婉盈　胡　辰　胡　彤　胡　颖　胡培媛　黄　浩
黄夕纯　黄晓月　黄依宁　黄梓桐　江佳雯　江毓尧　蒋　灵　柯怡欣　赖　鑫　雷乐康　李　欣
李　欣　李　垚　李　泳　李彩畅　李光耀　李浩瀚　李极寒　李纪超　李佳玲　李明昊　李珊珊
李桐蕙　李桐昕　李文晴　李晓敏　李雅婷　李卓昊　梁　莹　梁丽斯　梁文俊　梁祎然　梁子凌
廖如瑶　林秋萍　林燊梓　林思颖　林文旋　林芷铭　凌　莹　刘沣娆　刘行健　刘晋裕　刘尚诗
刘树豪　刘苏慧　刘昕宇　刘欣怡　刘馨琳　刘雅芳　刘仪菲　刘玉伶　刘卓然　陆炜聪　罗书敏
罗双梦　吕东昊　马含笑　马烨琪　蒙凯睿　潘倩倩　潘逸飞　庞于薇　裴　钰　彭瑞欣　乔泽顿
且思萍　佘菲怡　沈鸿艺　史　佳　史方哲　苏经俐　苏晓晴　孙皓炜　唐佳雨　王　帅　王鹤潼
王衡臣　王俊琦　王若楠　王诗淇　王香凝　王啸越　王鑫鑫　王雁蓉　王一帆　王志衡　吴广海
吴国楷　吴佳敏　吴梦梦　吴思艺　吴晓青　吴子昂　萧浩坤　谢楚儿　徐丹砾　徐少杰　许　颖
许思睿　杨静媛　杨柳青　杨思蔓　杨彦青　杨煜焱　杨镇嘉　叶　淇　叶炜康　叶志斌　衣　芃
殷　悦　俞灵燕　喻鑫鹏　袁　艺　占晨雯　张　婷　张　艳　张惠梅　张琦琦　张诗佩　张诗雨
赵清纯　赵伟娜　赵一瑾　郑婉纯　钟文烨　钟银斌　钟志婷　周怡君　祝佳敏　卓俊豪　邹江南
欧阳铭斯　妥勒哈尼

2021 届成人教育毕业生名单

本科

财务管理

曾婷婷	曾秀芳	陈　丹	陈华萍	陈淑坤	程结英	崔艳芳	戴宝华	范宇婷	高　倩	何燕清
黄丽君	赖子玉	李　婷	李秀梅	梁伟芳	梁秀萍	林　婷	刘　贵	刘　建	龙江雪	吕舒华
彭　轶	唐　梅	王丹娜	王文文	伍棉龄	伍棉旸	向　双	谢超文	谢　莹	徐晓玲	詹　赛
张绮曼

车辆工程

白平生	陈井桂	陈景昆	高文钊	桂佩佩	江通明	李秀明	梁艺冲	马　奔	潘俊航	潘文宏
吴秀玲	吴永锋	杨树鹏	杨　宵	张　凯	张远俊	朱陈东	朱瑞京

电气工程及其自动化

蔡彬杰	蔡敏娜	曾春明	曾　杰	曾　萍	曾启亮	曾文聪	曾玉彦	陈　栋	陈发林	陈海岸
陈海铭	陈　浩	陈弘志	陈鸿熙	陈嘉俊	陈嘉明	陈建城	陈金辉	陈立坤	陈启麟	陈秋蒙
陈锐明	陈育宾	陈誉灿	陈柱能	程官平	程国宝	邓杰凡	邓毅文	方铭豪	符熙绪	龚小东
关迪海	郭　宫	郭红波	郭　慧	郭建宁	郭可臻	韩佳悦	何伯坚	何家勇	何建权	何民志
何桥平	何雅洁	胡　勇	黄俭豪	黄杰鹏	黄鹏兴	黄　仁	黄如生	黄艳红	黄永邦	黄永锋
黄勇辉	黄自强	江磊林	江展雄	蒋海龙	孔龙玲	孔维锋	孔炜玮	赖洪波	赖君森	蓝学明
雷冠祺	黎建志	黎晋亨	李　博	李　丹	李汉彬	李后生	李俊标	李明橙	李　强	李树文
李文乐	李幸彬	李炀荣	李　义	李泽辉	梁翠媛	梁嘉键	梁嘉裕	梁静直	梁武举	梁信学
林　航	林嘉濠	林烙东	林　祥	林永生	林　宇	刘　博	刘朝胜	刘翠瑜	刘　华	刘华明
刘健恒	刘平宇	刘榕林	刘锐杭	刘　珊	刘熙有	刘跃伟	龙菁菁	龙浏澎	陆锦勇	陆文华
罗吉松	罗炜健	骆勇富	莫幸泽	潘佛民	庞国安	邱海泉	沈立煌	宋　爽	苏兆波	田留杰
魏茂青	温桂雄	温祖陵	文汉卫	吴楚宇	吴海宇	吴培钿	吴志坚	谢华安	谢　科	谢晓军
谢一鸣	谢　勇	谢越鹏	谢志星	辛仙才	徐　晟	徐镜池	徐　磊	徐志达	徐智健	徐子毅
许海涛	许合庆	鄢俊峰	严明正	杨　光	杨惠添	杨嘉伟	杨　瑞	姚　勇	叶柏泳	叶潮建
余　诒	袁霆舜	张健宇	张劲峰	张俊杰	张平平	张胜勇	张永雄	郑　捷	钟杰梁	钟振江
周碧荣	周俊宏	周志帆	朱健鸿	朱林琼	朱铁飞	宗茂伟	邹楚源

电子科学与技术

陈永亮	陈云锋	崔小康	邓　永	冯爱亮	甘智聪	贺　彬	胡　鑫	黄楚炎	黄敏杰	黄日升
黄泽铜	李天恩	梁　健	林炜炜	卢炜文	陆泰恒	潘善锦	苏宇亮	王锦贤	夏星贤	谢开城
杨智瀚	余家标	邹慧英

电子商务

曾燕妮	陈小翠	程　鹏	方壮荣	黄嘉明	黄健霞	黄泽华	荆彩彩	赖进仙	梁柏莹	刘宝珠
刘永标	陆梓杰	莫　妙	欧丽芳	区建伟	谭连娣	唐慧娟	肖尊剑	袁　伟	詹嘉丽	郑少鸿
郑晓生	周文兵	朱贤武	宗丽欣

电子信息科学与技术

成建宇	何宏亮	林　旭	刘　睿	宛明强	郑素贞

工程管理

蔡碧霞	蔡翠灵	蔡国雄	蔡佳颖	蔡兰清	蔡晓群	蔡泽城	曹炯亮	岑强高	曾宝银	曾汉祥
曾剑杰	曾　卿	曾威铭	曾祥津	曾祥周	曾轶婕	柴怡蓉	柴　英	陈灿侠	陈超伟	陈楚民
陈丹丹	陈芳露	陈奋宏	陈冠杰	陈　贵	陈国辉	陈国强	陈华飞	陈华伟	陈焕林	陈慧眉
陈家亮	陈家明	陈　健	陈杰能	陈锦钊	陈静文	陈　康	陈丽敏	陈丽英	陈林荣	陈梅燕
陈敏生	陈南标	陈启明	陈　琼	陈权生	陈仁光	陈瑞彪	陈瑞壮	陈淑馨	陈素敏	陈土生
陈伟就	陈伟鹏	陈　霞	陈晓滨	陈晓韵	陈彦君	陈　瑶	陈瑶瑶	陈耀司	陈莹莹	陈远辉
陈　芸	陈泽彬	陈泽如	陈振辉	陈志阳	陈智乐	陈仲贤	陈子杰	陈籽儒	成智强	程铭坤
程宇宽	程禹曹	邓　锋	邓华轩	邓如虹	邓瑞茵	邓雄添	邓永聪	邓志明	翟永康	刁小丽
董　佩	方松杰	方文振	房演姿	冯春霞	冯景常	冯丽芳	冯培杰	冯文燕	冯文意	冯武勇
冯湘浩	冯　冶	傅必执	甘洁妮	高冠龙	高小惠	高梓健	龚倩雯	辛妃变	顾鹏程	官大明
郭佳欣	郭嘉迎	郭亚男	何凯威	何美兴	何少欣	何小红	何宇明	何志森	何忠晓	贺卫明
洪诗伟	胡少杰	胡晓萍	胡雪梅	黄霭霆	黄翠娟	黄德鑫	黄定全	黄冬玲	黄宏猛	黄宏鹏
黄嘉翔	黄丽花	黄利辉	黄隆杰	黄钦章	黄秋蓉	黄　润	黄思玲	黄伟涛	黄炜霖	黄希哲
黄小燕	黄晓容	黄晓薇	黄雄达	黄雅君	黄彦杰	黄宇明	黄韵仪	黄振辉	黄智涛	黄洲旭
黄子恩	黄梓聪	江健伟	江敏贤	江庆亮	江　鑫	姜　曼	蒋　倩	蒋思楠	金　晶	金友芳
柯翠花	柯国江	柯业鑫	孔龙丛	孔维鹏	赖燕玲	赖泽琼	劳慕洁	雷文飞	黎晓文	黎耀豪
黎智豪	李陈羡	李崇枫	李础濠	李楚荣	李楚云	李丹丽	李德培	李冬亮	李光英	李广斌
李国模	李嘉慧	李健思	李锦城	李俊华	李俊霞	李俊毅	李　立	李灵浩	李罗基	李鹏飞
李倩玉	李秋华	李秋敏	李权城	李树勋	李思慧	李　涛	李旺民	李晓生	李雪君	李艳兰
李一新	李振威	李志辉	连秋茂	梁富仪	梁光民	梁浩联	梁鸿儒	梁嘉晓	梁健华	梁丽玲
梁妙琼	梁绮翘	梁巧欣	梁俏熙	梁秋秋	梁仍橄	梁诗华	梁伟杰	梁文丽	梁文星	梁晓红
梁孝耀	梁　旭	梁雁亭	梁耀豪	梁游顺	梁　振	廖国泰	廖嘉斌	廖历平	廖伟佳	廖伟通
廖秀仕	廖艳珊	廖志巧	林　鼎	林广森	林海文	林浩锐	林介全	林锦昌	林静彬	林俊杰
林楷滨	林丽玲	林良菊	林　玲	林龙标	林猛涛	林琼妹	林秋耿	林润和	林淑霞	林水源
林伟生	林文怡	林小燕	林晓菊	林晓君	林尹璇	林友谦	林育科	林振雄	林镇强	林卓敏
凌南焕	凌奇春	凌文飞	凌远和	刘宾雁	刘丹丹	刘丁胜	刘　峰	刘嘉彬	刘　杰	刘俊峰
刘俊延	刘美云	刘其铨	刘尚永	刘胜军	刘文平	刘文婷	刘希观	刘小佩	刘学海	刘洋洋
刘　莹	刘志刚	刘自芳	卢桂宏	卢逸伦	罗家鉴	罗　君	罗丽莉	罗　曼	罗秋婷	罗少辉
罗　星	吕　涵	马嘉辉	毛楚荣	孟炜浩	孟祥龙	莫家怡	莫天勇	欧翠玲	欧杰锦	欧　琳
欧韶娜	欧志豪	潘慧希	潘嘉琪	潘嘉仪	潘小妹	盘荣振	彭定军	彭小菊	彭英豪	戚广明
钱均进	邱彩莲	邱加泰	邱贤进	邱晓杰	区锐标	阙永辉	容美梦	阮雯敏	邵碧仪	邵文彬
沈　理	沈泽楠	石俊富	宋金泰	苏日煜	苏如林	苏汝佳	苏　英	苏玉敏	粟　辰	孙英梅
孙志鹏	台　鑫	覃美兰	谭道勇	谭德林	谭　迪	谭家怡	谭建军	谭　亮	谭荣欣	谭晓芳
谭姚琦	谭梓安	汤秋飞	汤思婷	唐光辉	唐静慧	唐雪敏	唐燕飞	童志明	王邦林	王　超
王丹凤	王德坤	王光后	王　豪	王　惠	王　娜	王瑞慧	王肖霞	王雅翠	王月婷	王泽丹
韦菲菲	魏晓峰	魏宇婷	魏泽标	温丽敏	温清杰	温芝爱	翁世盛	吴　锋	吴庚辛	吴海燕
吴华才	吴佳佳	吴佳月	吴俊杰	吴柳苑	吴秋敏	吴世雄	吴澍欣	吴遂云	吴小彬	吴炎全
吴燕君	吴燕玲	吴毅锋	吴园伟	吴泽鑫	吴志垡	冼祖思	萧凤英	萧焕锐	萧杏芳	肖　芳
肖　杏	肖玉婷	肖泽铭	谢东静	谢福浩	谢计林	谢健月	谢小琴	谢欣陶	谢昭全	谢珍丽
谢志刚	徐宝生	徐楚欣	徐　富	徐　南	徐　义	许朝洋	许功倾	许洁宏	许洁芝	许聚华
许凯伟	许楷校	许洽波	许荣章	许汝璇	许素芹	许秀芬	严建彬	严秋玲	杨广文	杨华达
杨景钧	杨君伟	杨　清	杨清伟	杨雯婷	杨香玲	杨晓鹏	杨欣宁	杨长春	姚　剑	姚键塔

姚庆开	叶乘风	叶楚涛	叶丹微	叶建娣	易方亮	尹　璐	余芳翠	余俊钦	余凯锋	余庆沐
余泽辉	庾春薇	袁销丽	袁秀君	袁燕琳	詹德栋	詹玉莹	张倡铭	张冬成	张海槟	张汉钦
张加旋	张嘉芯	张剑泉	张　娟	张　磊	张莉君	张　宁	张少珊	张诗旗	张诗彤	张同秀
张婉琪	张文娟	张文清	张小群	张晓龙	张晓怡	张亚兰	张研辉	张雁秀	张耀明	张业瑶
张　勇	张雨龙	张招鹏	张卓韬	招观宝	赵国浩	赵丽明	赵振中	赵芝键	郑春秀	郑峰东
郑　红	郑宏伟	郑家耀	郑楷涛	郑林徐	郑人铭	郑松龙	郑晓滨	郑晓娜	郑泽栋	郑泽隆
郑志豪	植晓宇	钟　浩	钟慧珊	钟美好	钟思韵	钟　尾	钟文展	钟信炳	钟泳珊	钟珍泉
周大峰	周　皓	周慧妍	周　建	周　然	周太辉	周婷婷	周锡权	周星荣	周许烽	周燕玲
朱迎凯	朱玉棋	庄梦蝶	庄伟彬	卓海能	宗兆椿	邹　冲	邹廷俊	邹婉明	欧阳浩鑫	
欧阳选东	司徒利利									

工程造价

陈珠丽	崔洪俊	何嘉杰	何　倩	黄美兰	黄　涛	黄子乔	赖森香	李春梅	李　洁	李汝坤
林杰城	罗　超	彭明富	冼慧华	萧艳玲	周钰敏					

工商管理

鲍思琪	毕惠美	蔡妙玲	蔡人敏	蔡荣敏	蔡莹莹	蔡钰桥	曹炜南	曹伊婷	曹　颖	曾龙科
曾宇淇	曾宇洋	曾玉洁	曾裕恒	曾　煜	曾运喜	曾　韵	陈葆琮	陈碧君	陈碧燕	陈　滨
陈灿伟	陈楚倩	陈达超	陈道恒	陈德健	陈　峰	陈凤群	陈冠杏	陈桂瑜	陈海燕	陈红梅
陈洪辉	陈慧灵	陈慧敏	陈继华	陈家豪	陈家亮	陈家求	陈嘉韵	陈　健	陈健炜	陈俊衡
陈凯凡	陈利萍	陈利珠	陈敏欣	陈木良	陈　倩	陈琼琳	陈诗韵	陈　时	陈思洁	陈思君
陈天翔	陈　文	陈细妹	陈小娟	陈晓玲	陈晓欣	陈晓燕	陈　旭	陈艳丽	陈燕霞	陈奕华
陈逸楷	陈殷健	陈永康	陈有菲	陈钰姿	陈悦珊	陈志杰	陈智坚	程嘉颖	程　逸	程玉凤
崔春连	崔晓盈	单镜文	单林健	邓国标	邓骅蓝	邓黄斌	邓剑铭	邓健辉	邓丽娜	邓丽仪
邓漫亭	邓青文	邓书文	邓燕娥	邓泳锋	邓志文	邓子健	刁秋霞	丁振钊	董冠中	董咏仪
杜倩茹	杜思敏	段俊杰	段颖欣	樊家宇	樊廷辉	范丽丽	范裕森	方春霞	方佳娜	方立珊
方梓桐	房希凡	费春玲	丰军生	冯嘉敏	冯绮文	冯婉婷	冯伟杭	冯彦珺	冯燕红	冯逸健
甘水勤	甘卫国	高金琼	高俊莎	高雪莹	高之光	高志红	龚庆雄	关上胜	关兴煌	关燕珊
郭冬丽	郭尔婷	郭福洲	郭沛东	郭宇业	韩嘉敏	何凤明	何桂荣	何皓莹	何嘉慧	何健华
何俊锋	何坤源	何佩玲	何巧儿	何钦华	何瑞安	何珊花	何树锋	何维康	何泽俊	何志杰
何子凌	胡碧雄	胡焕满	胡　俊	胡俊梅	胡可嫣	胡利国	胡文浩	胡　行	黄辰珍	黄桂欣
黄家伟	黄嘉宝	黄丽芬	黄琳婷	黄　隆	黄　璐	黄敏婷	黄　娜	黄日明	黄瑞殷	黄诗雅
黄顺标	黄　涛	黄夏铎	黄衍滨	黄英俊	黄颖嫦	黄映瑜	黄玉金	黄育莹	黄苑娟	黄泽群
黄振兴	黄智贤	黄壮恩	贾大伟	江慧慧	江丽芹	蒋红玲	蒋永奇	揭京桦	金　焱	孔祥汇
孔志锋	邝颖杰	邝志霞	赖城涛	赖唐生	赖炜祺	赖晓莉	蓝如冰	黎海伦	黎汉明	黎惠文
黎秋婵	黎婉华	黎文杰	黎子瑜	李财良	李彩婵	李程程	李弹生	李　根	李广根	李国杰
李惠姿	李嘉倩	李嘉伟	李嘉意	李洁莹	李金顺	李俊杰	李康敏	李丽慧	李丽娟	李美娇
李明强	李世淼	李沃聪	李晓珊	李杏梅	李杏桃	李艳霞	李艳银	李永航	李远雷	李召钦
李志鸿	李智远	利恒辉	练杰华	练倩娴	梁凤燕	梁高峰	梁广添	梁火燕	梁继聪	梁剑敏
梁洁嫦	梁　敏	梁敏怡	梁世聪	梁贤娜	梁晓君	梁亦强	梁玉玲	梁兆君	梁正鹏	梁智聪
梁智生	梁梓健	廖嘉颖	廖江泽	廖燕容	列映君	林宝青	林传欣	林纯斌	林广平	林　鸿
林锦城	林俊惠	林康平	林莲清	林敏茹	林绮琪	林日青	林荣华	林润康	林善荣	林圣瑛
林钰淇	林　铮	林志强	凌腾飞	凌　媛	刘碧欣	刘　超	刘翠霞	刘达财	刘广成	刘汉宇
刘家华	刘嘉莉	刘嘉玲	刘剑斌	刘静仪	刘俊玲	刘俊明	刘　凯	刘　蕾	刘丽玲	刘　玲
刘沛豪	刘鹏飞	刘秋茶	刘汝娟	刘诗楠	刘十红	刘伟林	刘雯妍	刘祥雷	刘燕霞	刘扬创

刘 影	刘永杰	刘紫敏	龙春艳	卢灿坚	卢恩锋	卢福林	卢慧荧	卢嘉俊	卢键辉	卢金红
卢秋燕	卢孙灿	卢伟杰	卢信帮	卢奕飞	卢圳钊	卢智远	卢梓欣	陆燕清	路 璐	罗春美
罗东旭	罗嘉敏	罗 坤	罗美君	罗秋云	罗锐朋	罗仕国	罗晓媛	罗秀玲	罗秀珍	罗煜辉
罗志光	罗志雯	罗宗蔚	骆健儿	吕翠莲	马莉莲	马施萍	马菽羚	马雪玲	马颜莲	麦玉娜
米健开	欧 芳	潘建民	潘俊巨	潘骏龙	潘丽娟	潘素娜	潘晓婷	潘修发	潘永明	潘志行
裴船宝	彭芳芳	彭桂萍	彭清华	彭桂惠	彭永玲	皮学兵	戚梦君	祁玉冰	祁玉婷	秦伟杰
邱 曼	曲鹏飞	任肖明	尚祎怡	沈嘉威	沈 逊	史先健	史毓娴	宋景引	宋远锋	苏春花
苏平萍	孙少伟	覃 凯	谭功科	谭嘉俊	谭晓君	汤汉均	汤婉梅	汤源想	唐小花	唐小军
童良军	涂婷婷	王 斌	王昌军	王楚君	王 芳	王 慧	王嘉宝	王健坤	王力强	王仁杰
王晓铃	王 燕	王颖茵	王友朋	王又娇	王云鹏	韦秀影	魏 帆	魏思雄	温 静	温绮华
温彦彪	文莉红	翁钰沛	吴嘉禧	吴 娟	吴俊杰	吴乐儿	吴 柳	吴 鹏	吴琦华	吴 睿
吴善仪	吴文科	吴晓瑾	吴毅聪	吴宇洋	吴湛波	吴钟坤	吴子玲	吴宗柱	伍尚斌	武任林
夏艳芳	冼玉婷	萧文斐	肖文伟	肖献平	谢柏添	谢华盛	谢华艳	谢嘉骏	谢君陶	谢荣佳
谢熄芸	谢晓仪	谢雁兵	谢燕珊	谢 莹	谢堉鑫	谢振鸿	幸国柱	徐 慧	徐婉娴	徐子珊
许曼婷	许绍毅	许炜聪	薛天下	严 艺	颜如凤	杨健斌	杨金娣	杨倩莉	杨 扬	杨 智
叶灿斌	叶汉兴	叶 鹏	叶 洋	叶志茵	余洪冰	余思维	余卓伦	袁仲强	张浩权	张浩轩
张 杰	张 军	张君瑞	张亮英	张玲慧	张明惠	张绮源	张秋婵	张思琦	张婷婷	张文槛
张小燕	张晓光	张秀娟	张旭民	张雪甄	张燕芳	张耀深	张颖怡	张志烽	招燕珊	赵佩洁
郑碧蓉	郑 静	郑 霖	郑庆国	郑秋莲	郑少玲	郑泽文	钟德亮	钟荣海	周德健	周凤连
周焕萍	周慧琳	周锦萍	周堪雄	周丽萍	周文斌	周 稳	周亦秋	周裕平	周湛洪	周智标
朱代军	朱小丽	朱杏芬	朱颖恩	邹家宇	邹梅君	邹沛悠	邹水斌	欧阳耀荣		司徒静仪

会计学

柏 海	蔡丹虹	蔡瑞贤	蔡燕燕	蔡益纯	曹晓桐	曹雪华	曾梦丹	曾雪萍	陈彩凤	陈楚苗
陈春玲	陈鸿霞	陈惠兰	陈惠玲	陈佳妮	陈家贝	陈洁丽	陈洁瑜	陈金秀	陈静怡	陈娟珠
陈李清	陈丽花	陈丽娇	陈 琳	陈 璐	陈琪岚	陈锐敏	陈晓莲	陈晓霞	陈笑娟	陈雪吟
陈艳瑜	陈燕欢	陈燕明	陈毅然	陈英纯	陈颖欣	陈雨轩	陈玉红	陈悦容	陈韵玲	陈泽华
陈志连	成金彩	程 佩	程 文	崔晓娴	邓翠芳	邓晶晶	邓柳燕	邓美珊	邓少梅	邓雯敏
邓玉青	邓月明	邓 蕴	邓志晴	丁艳兰	杜淑琪	方 舒	方周燕	封德琴	冯秋桂	符洪如
甘超花	高晴欣	高雯雯	龚敏婷	顾家豪	郭虹琼	郭丽珠	郭银笑	何爱珠	何炳如	何翠媚
何敏琪	何绮婷	何欣颖	何珍珍	贺美花	侯春媚	侯 莉	胡菜林	胡 慧	华 菁	华舒会
黄楚红	黄楚鎏	黄春丽	黄春秀	黄海欣	黄 虹	黄华香	黄会香	黄慧旋	黄洁榕	黄靖原
黄静敏	黄俊英	黄 雷	黄丽环	黄 梦	黄秋英	黄书芬	黄淑妍	黄水碧	黄思莉	黄素真
黄穗芳	黄琬茹	黄小霞	黄小芝	黄晓晖	黄晓娇	黄艳丽	黄玉丽	黄运梅	黄志成	简颖欣
江嘉琳	江敏怡	江秋燕	江艳玲	蒋佩华	蒋玉玲	邝嘉媚	邝莉娜	邝映红	赖会雅	赖洁莹
蓝嘉琪	蓝小燕	雷 瑶	黎彩云	黎静娴	黎思谊	黎晓雯	黎泳仪	黎玉贞	李彩萍	李楚欣
李春笋	李 丹	李丹丹	李凤娇	李桂苹	李辉燕	李惠霞	李佳慧	李嘉慧	李嘉敏	李洁颖
李金红	李静怡	李俊缘	李利嫦	李蔓仪	李眉眉	李梅香	李美婷	李淑芳	李 爽	李太祥
李 滔	李晓敏	李燕君	梁 冰	梁彩萍	梁翠莲	梁飞燕	梁环玲	梁隽贤	梁梅清	梁美活
梁晓晖	梁用燕	廖 亮	林 芳	林丽华	林丽丽	林梦婵	林温婷	林晓敏	林晓云	林燕玲
林园园	林悦煌	林卓妍	刘 芳	刘佳艳	刘美仪	刘梦莹	刘绮微	刘巧玲	刘淑娟	刘晓君
刘秀娟	刘艳英	刘燕君	卢凤英	卢会莲	卢美蓉	罗海珊	罗 拉	罗桐栩	罗 英	罗玉珍
马 晓	马月娟	麦丽欣	蒙辉兰	缪利容	欧惠君	潘丽冰	潘志霞	盘嘉欢	彭翠萍	彭嘉丽
彭美群	彭 腾	秦凯莉	秦 意	丘崇慧	丘秋萍	丘愉欢	邱小婷	邱晓珊	饶 婷	任宇婷

邵冬梅	邵妍钰	史健豪	苏凯玲	孙楚瑜	孙 殿	孙浩燕	孙文超	孙希胜	谭宝丽	谭丹凤
谭海燕	谭 林	谭雪梅	谭叶玲	谭志荣	汤嘉敏	汤瑜海	王楚铭	王洁娜	王胜宇	王伟君
王晓敏	王 燕	王颖琪	韦冰云	魏兰兰	吴 菲	吴岚岚	吴妮蔓	吴 蕊	吴肖颜	伍雪君
武 爽	夏誉珊	肖蓝蓝	肖雁燕	谢雪芬	谢杨华	谢雨廷	谢育兵	徐东梅	徐孟峰	徐晓虹
徐雪薇	许静华	许诗敏	许月平	严宇平	颜文晓	颜志威	杨春环	杨鹏榕	杨佩如	杨湘怡
姚佳男	姚玲君	姚沛枝	叶铭铭	叶秋梅	叶晓珊	叶颖欣	殷彩灵	尹芙容	余翠红	余 蜜
庾芳婷	袁斌波	詹晓媚	张春婷	张韩龙	张晶晶	张丽群	张利娟	张美玲	张世博	张司红
张巍蕾	张伟杰	张晓丽	张乙妹	张银华	张 勇	赵海燕	赵红亲	赵小丹	郑嘉萍	郑 琴
郑炜彬	郑晓华	钟春娥	钟丽花	周锦泉	周明明	周少燕	周文丽	周晓婷	周芷均	朱晋铿
朱美玲	卓青梅									

机械电子工程

蔡勋科	曹勇华	曾思昌	陈 伟	陈泽安	邓皓铭	封荣贵	冯志康	傅 钴	何锦辉	何永安
何志强	黄焕杰	黄惠汉	黄建鹏	黄绵坤	黄尚立	李孔兵	李强松	李 宣	梁继静	林青云
林伟文	林志聪	刘金刚	刘泽岳	吕 贤	马建彬	毛武兵	苏建明	王树威	王忠建	吴其锋
吴裕钊	肖绍飞	谢广乐	叶杰文	尹志群	赵 磊					

计算机科学与技术

曹钜潮	曹炜桉	曾凯敏	曾 伟	陈爱文	陈柏先	陈斐飞	陈冠鹏	陈嘉怡	陈俊杰	陈明龙
陈铭杰	陈强浩	陈万里	陈秀锴	陈学湾	陈元祺	陈跃浩	陈展铧	陈镇杰	邓豪贤	邓鹏鹏
段小勇	樊昆仑	樊廷健	甘金成	甘俊杰	古宗明	关 淼	郭伟俊	何兵兵	何健明	何耀文
胡雯婷	黄超浩	黄 聪	黄海恩	黄华元	江集聪	江 强	蒋颖兴	柯伟平	赖远强	李道荣
李 海	李 豪	李家俊	李 锦	李文通	李武瑞	李殷熙	李宗宪	梁成源	梁 浩	梁锦杰
梁启健	梁雄福	廖慧霞	林俊旭	林培伟	林世友	林武彬	凌志清	刘海诚	刘杭州	刘俊杰
刘清河	刘胜军	卢智聪	陆健龙	罗喜强	罗艺中	吕润佳	莫观湖	潘 波	潘锦添	庞俊颖
彭新媚	蒲慧萍	丘金城	邱健豪	石茂廷	谭金水	谭识佳	陶亚巍	王玉华	吴伯杰	吴健林
吴书恒	吴文杰	伍海超	萧智文	肖武宇	肖尊武	谢汉东	谢浩鹏	谢伟忠	谢志枫	徐静静
颜振隆	杨 杰	杨 锟	杨元生	叶国辉	叶浩霖	易梓锋	余海锋	张 超	张穗芬	张志均
郑富华	郑康源	郑召明	钟素虹	周景祥	周喆昂	朱 凯	朱玲玲	祝雷皓	邹伟雄	

建筑学

蔡其贵	蔡紫璇	曹 思	岑浩华	曾健勇	曾鹏毅	曾思佳	曾祥强	柴有为	陈碧欣	陈广辉
陈海珍	陈建晓	陈 婕	陈锦培	陈 明	陈娜娜	陈佩梅	陈瑞志	陈少贤	陈月萍	陈长凯
陈智聪	陈智文	程绍林	崔宁宁	戴少杰	邓红婷	邓君灿	邓俊程	邓 鹏	邓智辉	杜文娟
段鹏飞	方韵怡	冯 熙	冯禧艺	符 双	古文昌	郭 峰	韩 杰	何林生	何先美	洪智焜
胡 裕	黄超武	黄 东	黄洁华	黄敏珠	黄思宏	黄 桃	黄伟恩	黄孝冰	黄雪云	简勇坤
简钊全	江楚彬	江俊华	蒋健兴	金 欢	邝 玲	李 冰	李炽彬	李福建	李国良	李林玲
李舒敏	李文平	利绮文	利新培	梁润棋	梁天尚	梁纬祺	梁炜豪	梁相君	梁毅文	林大东
林惠威	林嘉韵	林建斌	林 杰	林力斌	林 强	林 爽	林燕明	林智鸿	凌秋宇	刘利伟
刘 玲	刘瑞生	刘 炜	刘智毅	龙嘉俊	娄敬辉	卢 睿	卢旭升	陆骏佳	陆伟雄	罗培浜
麦家瑜	潘海燕	庞昌秀	彭桂锐	邱国威	邱嘉敏	容嘉俊	阮信艺	申 林	沈锐栋	孙 悦
谭焯元	谭剑辉	谭毅刚	谭玉婷	汤智韬	王海霞	王佳纯	王迅杰	王 子	魏焓立	魏 涛
温舒程	温蕴斯	邬家富	吴 杰	吴乐文	吴梨军	吴 妹	吴 伟	吴祖熙	肖育鑫	熊韶莹
徐家丽	徐磊烨	许俊兵	许俊杰	许永东	严传凤	严志敏	颜晓天	杨家宏	杨念翰	杨佩怡
杨淑楣	杨宗健	叶伟通	叶永祥	尹叶子	尤舒媚	余桂妃	余荣栋	余晓珍	袁文帆	张冬廷

张竞旺　张举志　张丽祺　张　明　张齐旺　张贤君　张　雄　张志桦　赵丹丹　郑海恩　郑浩杰
钟晃婷　钟建辉　钟绵镋　周杰龙　周梅英　周晓鹏　周　旋　卓力文　欧阳嘉荣　欧阳宇蓓

金融学

蔡炳鑫　陈富群　陈　颖　褚　徽　褚志学　邓小吉　古丽苹　黄创生　黄海清　李剑锋　梁玲玉
马　宁　马庭友　毛洪佳　彭世灿　文　静　伍贺瑜　谢仕华　徐罂莹　杨俊吉　杨　潇　尹万成
余俊海　余思敏　袁惠眉　赵明花

人力资源管理

班李娇　蔡丹媛　蔡馥蔓　蔡喜娜　曾家乐　曾燕秋　曾韵怡　巢枝玲　陈桂标　陈浩兴　陈美凤
陈培容　陈倩珊　陈俏恒　陈秋兰　陈　述　陈欣仪　陈旋吟　陈妍熹　陈　懿　陈渝川　陈钰莹
陈梓聪　程锦华　程　琳　池颖烽　戴俊伟　戴晓珊　丁燕梅　丁映云　董国骏　董玛利　杜灼杰
段慧芝　冯嘉慧　冯业君　冯玉甜　甘嘉维　高嘉耀　顾婷婷　关卫贞　关　莹　官　蔚　郭能威
韩昆兴　何惠明　何慧敏　何洁莹　何静雯　何树锋　何雅珩　侯诗晴　胡敏瑶　胡双燕　黄楚颖
黄丹花　黄嘉伟　黄嘉怡　黄嘉泳　黄　靖　黄菊榕　黄莉敏　黄荣彬　黄　榕　黄少华　黄思敏
黄思雯　黄伟强　黄小燕　黄燕娴　黄跃富　简健成　简　婕　柯成德　柯丹萍　邝霭文　赖晓君
赖晓玲　劳梓茵　黎壁莹　黎桂琴　黎静文　黎扬莹　黎宇婷　李　程　李国钊　李健威　李　立
李丽燕　李　娜　李清梅　李锐恒　李诗影　李　婷　李灶琼　利翠如　连小凤　梁碧怡　梁春姿
梁嘉敏　梁靖雯　梁佩怡　梁淑华　梁伟尧　梁　雯　梁欣然　梁星杰　梁雪影　梁懿蕴　梁泳仪
梁钰荧　梁灶连　梁志恒　廖淑怡　廖韵怡　林加婷　林靖昕　林励蓉　林世钢　林小捷　林颖佳
刘德花　刘虹谷　刘　娟　刘莉莉　刘妙华　刘茵瑜　刘玉翘　陆紫樱　罗佳璇　罗结红　罗丽诗
罗喻淳　吕彩芬　吕静雯　马　洁　梅晓庆　潘嘉欣　潘　玮　潘为欢　彭　晶　彭文艳　彭小凤
邱淑平　容晓珊　沈佩珊　盛吴丹　石利崇　宋　磊　苏奕文　苏咏莹　孙唯希　孙文敏　覃丹亭
谭惠琪　唐　磊　唐秋露　汪向春　王媛君　王柳燕　温琳琳　吴凤基　吴嘉雯　吴莉琼　吴雅云
吴杨榆　吴志斌　伍惠英　冼杏仪　肖宝仪　谢冰瑜　谢春秀　谢平波　谢颖诗　谢镇锋　熊伊倩
徐大可　徐　意　许鲜艳　许　云　薛　燕　杨春英　杨丽婵　杨　平　杨秀娥　杨育文　叶慧莹
叶肖希　游四妹　于　典　余诗慧　余晓霞　袁楚欣　袁欣怡　张春梅　张德汇　张满玉　张青琳
张婉君　张伟杰　张　燕　张玉凤　张玉珊　张泽炜　招炫桃　赵立群　赵若楠　郑曼苗　郑萍萍
郑思敏　郑晓静　周彬裕　周小群　周泽玲　朱彩叶　朱举兰　朱梦侠　庄希妍　邹　君　邹丽娟
邹志学

软件工程

蔡晓东　蔡　宗　陈海斌　陈林聪　陈炜彬　陈杨健　陈银华　陈玉麟　范建辉　范少伟　冯坚平
郭太富　郭志远　何文山　何玉锋　黄海灿　黄焕扬　黄亮天　简祥雄　邝松振　赖钟华　黎　德
黎嘉恒　黎俊聪　李广俊　李金杰　李晓锋　梁宏基　梁智斌　廖国愉　廖宏丽　廖嘉蔚　廖文西
林广平　林泓达　林坚涛　林宗富　刘　博　刘明泽　刘伟锐　罗广章　欧阳杰　区汇君　苏志强
苏治才　覃华杰　覃盛江　谭君笙　唐小月　王　杰　王晓明　温炜烨　吴秋立　吴泽凯　向伟业
谢欣荣　熊莎莎　徐亲明　徐治锚　许怡君　严剑威　杨　军　杨晓斌　杨　扬　余俊杰　余素莲
张叠超　张浩鹏　张锦明　张蓉蓉　张腾斌　郑少鹏　郑桢才　周福权　周小燕　朱志业

商务英语

蔡绮媚　曾晓钐　陈建伟　陈倩君　陈秀红　陈颖妍　戴嘉欣　邓诗琪　丁晓明　冯晓跃　高　婵
郭汉财　郭可欣　黄慧怡　黄　丽　柯文鑫　邝茵瑶　赖美琪　雷佳蓉　李欣桐　梁丽香　梁永达
刘　花　刘惠璇　刘婉仪　刘旖旎　龙凯宁　卢嘉敏　卢伟杰　卢秀咏　罗倩怡　罗忠盼　任乐彤
茹伟鹏　阮泳媚　施苏南　苏智鹏　巫玉红　吴锡伟　吴宇灏　萧淑贤　徐彩珠　徐惠丹　许永华
晏　媚　杨绮舒　叶斯娜　余伟强　钟志萍　周婉琼　周宇桐　司徒慧敏

食品质量与安全

陈绪超　何易菲　李　靖　刘晓欣　吕金环

市场营销

曾骊歌　陈慧慧　陈　捷　陈俊鹏　陈俊戎　陈晓涛　邓妃妹　高英杰　关劲恒　关永浩　何　杰
胡嘉良　黄莉雯　劳兰花　劳梦醒　黎　娟　黎诗韵　李加艺　李嘉宁　李瑞生　李文杰　李卓君
梁建清　林　达　刘慕杰　卢嘉敏　骆映璇　马　昭　马振豪　宁浩钧　彭荣彬　邱绮雯　茹碧瑶
石秋勤　宋婉薇　谭世掌　王焕华　王　磊　吴绮晴　谢秀华　杨　倩　姚璇文　叶永健　张靖峙
张雅静　张周煌　郑丹纯　郑秋妙　钟文波　司徒晓昕

土木工程

蔡莹莹　蔡宗霖　曾立伟　曾龙森　曾　祥　陈华秋　陈嘉杰　陈嘉升　陈健龙　陈金伦　陈静映
陈娘顺　陈鹏若　陈树敏　陈土富　陈小燕　陈燕妹　陈洋庭　陈艺壬　陈颖谊　陈勇良　陈有硼
陈远强　程钦儿　程之放　崔成艇　崔思彬　邓明飞　邓　毅　冯永杰　付婉怡　高尔芬　官　昇
郭继文　郭起宁　郭文勇　郭子维　何　健　何健华　何梓彤　洪伟斌　胡利敏　胡茂松　胡添友
胡伟锐　黄健超　黄　科　黄善玲　黄玮红　黄晓敏　黄新金　黄应生　黄远城　黄振创　黄振锋
江永发　柯顺和　赖云山　赖正萌　兰海燕　兰　剑　劳成超　劳银平　黎大钊　黎敏雄　李　博
李　城　李昊锋　李　健　李金玲　李进伟　李留棒　李龙安　李南生　李日光　李土荣　李小勇
李永连　李玉升　李　悦　李泽灿　李泽鑫　李哲辉　李　真　梁健斌　梁洁才　梁金城　梁　静
梁满华　梁佩珊　梁旭新　梁扬振　廖国威　廖海涛　廖宏杰　廖虎登　廖明浩　廖天雄　廖伟龙
林才天　林陈锋　林佳文　林建阳　林俊廷　林立东　林晓丽　林　颜　林永旭　林钟宁　刘　嘉
刘开银　刘敏俊　刘启婵　刘　群　刘　勇　刘梓燕　龙土佳　龙　园　龙云飞　卢东东　卢星宇
卢志源　罗智森　骆秋风　吕　丹　吕伟鸿　马　帅　马翊中　麦静朗　莫凤婷　莫进盛　牛林林
欧文机　庞海玲　彭锦杰　彭宇翔　秦志森　邱裕雄　权晓丽　容伟初　邵伟祥　史志威　宋　洋
孙金虎　孙伟宏　谭群鑫　唐文德　陶余龙　王德智　王家林　王茂凯　王志强　魏俊通　温国霞
吴飞旭　吴海玲　吴建成　吴建宇　吴美玲　吴沛红　吴彤君　吴伟杰　吴武强　吴晓聪　吴晓虹
吴逸超　吴远彬　武泉雅　夏广熙　夏启航　肖仁波　谢达俊　谢贵彬　谢锡文　谢兴顺　谢燕花
谢昭坤　徐生律　徐晓聪　许健升　许锦盛　许土金　许小林　许燕华　薛大炼　颜定钊　杨灏翰
杨丽菊　姚展谋　叶锟鸿　叶绮珊　叶延广　殷志伟　余　秋　郁伟仁　袁文明　袁莹莹　詹耿辉
张国桥　张国柱　张惠秀　张津铨　张利霞　张　强　张少聪　张　威　张文杰　张雪莲　张燕燕
张志凡　张宗毅　郑光杰　郑毅明　郑泽荣　钟燕玲　钟英丽　周明强　周铭濠　周小青　周旭辉
朱晓霞　庄友兴　慕容志杰

网络工程

陈森进　李瑞峰　刘嘉良　路红亮　周　楠

项目管理

彭柳森　吴多利　许炜东

行政管理

敖德文　黎忠南　李海威　刘晓廷　杨　就

专科

城市轨道交通运营管理

邓远辉

电子商务

李卓妍　马　全　王达津　伍晓燕

工程造价
蔡丽红　段泽华　黄乙洪　金一帆　李志达　林灿彬　林浩东　林玲玲　林钦鸿　林显银　邱雪山
肖艳玲　杨周敏　叶奕然　张晓楠　周英豪

工商管理
高　栋　梁　强　徐红鹏

工商企业管理
蔡紫云　曾　婷　陈佳立　陈有荣　丁文花　董志莹　郭嘉宜　何　敏　柯亚琪　林锡雄　刘丽娜
马东婷　麦家铭　苏俊乐　吴可敏　向思玉　谢敏静　辛永康　徐莉芗　薛东茗　薛金花　易书安
张丽秋　赵娜娜　钟炳斌

工商行政管理
陈惠杰　方晓群　方植葵　封文敏　黄启坛　黄志雄　廖炎基　列永星　谭春龙　汤银艳　夏小雄

会计
曹叶欣　黄　炎　江晓雯　罗嘉欣　吕柔风　石子豪　史佳漫　巫婉慈　杨碧婷

会计电算化
何丹虹　覃海英　朱紫文

会计与审计
夏　娜　许汝梅

机电一体化技术
贝　奇　曾广技　曾伟强　陈爱靖　陈贵胜　陈海荣　陈康松　陈子俊　戴礼鸿　邓志峰　狄子翰
冯嘉辉　冯伟烨　郭焯强　郭永生　何英才　何振兴　侯林愿　胡征奇　黄家伟　黄嘉振　黄　凯
黄联嵩　黄添权　黄先兴　黄映明　邝方灿　赖嘉浩　黎钜宣　李　斌　李　超　李朝阳　李传兴
李辉勇　李昆鹏　李寿宇　梁嘉伟　梁小龙　列海彬　林国联　林兴忠　刘晨晖　刘铠铭　卢元若
罗嘉豪　罗宇锋　罗智彬　缪思泰　潘嘉宏　彭启沅　阮铖坚　唐天翔　吴海亮　许景钊　杨国熙
姚卓鸿　张仙本　郑桂波　钟德焕　司徒冲竞　周高源　周怀聪　朱智达

计算机网络技术
彭永然

计算机应用技术
蔡承锦　曹自玲　岑彩莹　曾　冬　曾思敏　曾祥源　曾梓豪　陈宏贤　陈宏裕　陈佳颖　陈　坚
陈少滨　陈世宗　陈　仪　陈章欢　陈臻耀　崔　保　戴文崧　戴宇通　邓逸辉　丁世豪　董兆毅
范明发　冯嘉慧　冯耀鸿　甘展成　龚家阳　古佛君　何家靖　何利明　何淑蓉　何炜臻　何耀新
何　铮　侯容梅　胡　蒙　黄桂娜　黄金文　黄楒超　黄　现　黄英翘　黄宗琪　江铭杰　柯兆合
黎子杨　李嘉俊　李俊乐　李美珊　李伟源　李晓微　练俊金　练耀云　梁淇杰　梁婷婷　梁志辉
廖慧敏　林泽智　凌　志　刘杰洪　刘　君　刘伟津　刘义仁　龙衍权　卢润龙　陆嘉进　罗炳活
罗　恒　罗宇辉　罗裕恒　麦鸿宇　毛熙铭　潘炜鹏　潘宗华　全林辉　沈嘉庆　沈少坡　石佳鑫
孙泽阳　覃盛桥　唐　娜　王　虹　王倾绿　王侠松　王　尹　魏文娜　温丽彤　吴东昇　吴华养
吴惠娟　吴敏娜　吴尚武　吴小浩　吴卓颖　肖华福　谢颍诗　许佳萍　杨静云　杨　楠　姚泓铨
叶博基　叶达钦　叶灏勋　叶绿洲　叶宇腾　叶镇源　张金洲　张　敏　张　荣　张舒婷　张小莉
张阳平　张泽伟　赵烜振　郑雪银　周林川　周荣均　周　艺　朱屹嵘　庄铭淳　邹嘉欢

建筑工程管理
蔡洁文　林煜东　郑汉龙

建筑工程技术
蔡晓霞　曾俊明　陈爱隆　陈海丹　陈浩源　陈华寅　陈金炎　陈经豪　陈梦婷　陈明寿　陈颂铭

陈伟全	陈晓燕	陈旭佳	陈湛源	邓宏粤	邓凯平	邓小剑	邓志峰	范丹丹	冯佳才	冯志龙
符海翔	何 彬	何成周	何海棠	何军华	何玉贞	胡晓健	黄炳基	黄承元	黄楚铠	黄国强
黄捷宏	黄丽君	黄声健	黄淑香	黄义胜	黄永佳	黄裕明	黄治来	简丹婷	焦建钧	赖伟洋
黎进财	李耿立	李佳霖	李 娟	李俊斌	李柳珍	李日浩	李水良	李雨桥	梁思婷	梁小明
梁晓林	廖 仲	林春枫	林海佳	林宏华	林明珠	林培鑫	林维灿	林雯斌	林晓婷	凌麦菊
刘妙怡	刘雪梅	刘 颖	柳 彪	卢锦球	马 煜	茅伟易	莫富森	莫黎颖	欧阳冬	彭柳富
彭文华	彭小凤	彭小坤	钱博武	瞿 颖	谭传敏	谭 浩	唐俊伟	汪粤西	王志桁	翁立岳
翁能鹏	邬伟龙	巫云铃	吴雨霞	吴月娥	吴治炳	伍景新	谢雷雷	幸志鸿	许志浩	杨广锋
姚诚刚	姚志雄	叶春杏	叶伟壮	叶耀钊	袁康发	张兰培	张柳彬	赵华林	赵俊杰	甄卫强
郑齐杰	郑鑫涛	郑兴捷	钟 东	钟建昌	钟林娜	周楚冰	周迷迷	周 欣	周阳明	朱文杰
庄为望										

建筑学

陈光龙　陈锡源　黄铭清　李炜龙　谢美兰　叶用发　郑其祥

建筑学（室内环境设计）

郑克加　郑振东

金融管理与实务

朱镇科

经济管理

李春安　严　敏

汽车检测与维修技术

郭金其　韩鸿钊　梁宇捷　翁燕芬　张澳明

人力资源管理

方偲岳　孔建月　林智财　刘敏仪　谢　盈　章雅蕙　郑佩敏

商务英语

梁焱婷

行政管理

钟秀鸣

学前教育

马诗云

2021届网络教育毕业生名单

本科

电气工程及其自动化

包佳雯	包芯雨	边思远	卞 慷	蔡 豪	蔡杰生	蔡伟东	蔡延磊	蔡耀康	曹 斌	曹李文
曹榕华	曹志敏	曾冬娜	曾方平	曾 金	曾 珂	曾普英	曾祥团	车玉杰	陈承礼	陈丹娴
陈德森	陈德文	陈东杰	陈东营	陈二松	陈 凤	陈福文	陈海波	陈海波	陈海文	陈浩杰
陈华辉	陈键桦	陈珏树	陈均润	陈俊安	陈俊浩	陈俊实	陈楷煜	陈利兴	陈 莉	陈 亮

陈 亮	陈 敏	陈敏辉	陈明英	陈启旅	陈 强	陈庆锟	陈如超	陈锐鸿	陈尚林	陈绍团
陈 酥	陈文潭	陈向荣	陈杏洁	陈 选	陈彦燕	陈艺华	陈奕涛	陈 寅	陈永庆	陈召凯
陈振荣	陈志豪	陈志辉	陈志明	陈治军	陈中婷	陈自基	成学敏	程晓健	崔 虎	崔小明
崔晓燕	邓海彬	邓霍飞	邓荣兰	邓 贤	邓志金	翟奥凯	翟梅宏	翟小林	丁边阅	董 琴
董文康	董泽军	董直诚	范亚楠	方立俐	封顺利	冯德军	冯家其	冯振超	甘乐章	古文锋
顾敏柔	关永雄	郭海峰	郭锦沐	郭满光	郭伟荣	郭志强	韩泽民	何宝来	何楚琪	何 峰
何海威	何继来	何腾恩	何晓靖	何尧东	何蕴柔	何展鸿	何子晔	侯昌昊	侯兰英	侯智勇
胡峰辉	胡海鹏	胡 猛	胡铭鸿	胡锡武	胡振华	黄碧霞	黄常光	黄传文	黄冬柳	黄国森
黄华赟	黄吉葵	黄佳媚	黄家明	黄家荣	黄洁青	黄洁莹	黄均炽	黄骏然	黄 璐	黄玫鑫
黄庆辉	黄思诗	黄 涛	黄同森	黄 伟	黄文华	黄晓玲	黄耀辉	黄 易	黄志刚	黄卓文
黄梓阳	霍少冰	纪健峰	纪林余	江永亮	蒋冬生	蒋敦懔	蒋富裕	蒋 杭	焦晨曦	揭周神
解炜卫	景文虔	康健恒	柯俊同	孔慧虹	寇城瑶	邝志彬	赖恺晖	赖瑞祺	赖夏生	蓝金勇
蓝婉嫦	郎 灿	黎华宝	黎惠恩	黎敬堂	黎 俊	黎梓杰	李 成	李弟华	李东杰	李 刚
李国霖	李 瀚	李继荣	李铠炜	李浪华	李 莉	李龙辉	李 梅	李乃栋	李念东	李 强
李巧洪	李泉华	李仁居	李瑞铭	李森龙	李 珊	李世雄	李水河	李文栋	李晓嫦	李秀枝
李亦芬	李毅生	李拥铨	李跃发	李 赟	李政兵	李智勇	李 仲	李作堂	梁碧玲	梁楚君
梁玳瑜	梁海强	梁 靖	梁伟权	梁永华	梁永晖	梁在中	梁 钊	梁中棚	梁竹翠	廖碧斐
廖宏宏	廖检华	廖仕其	林白川	林铖杰	林 繁	林富坤	林佳燕	林 嘉	林嘉鸿	林楷航
林明泽	林少平	林少芸	林世聪	林 烁	林添成	林晓立	林晓玲	林 燕	林岳洲	林哲楠
刘阿康	刘 博	刘布雷	刘广森	刘豪辉	刘鸿友	刘华山	刘建新	刘建勇	刘金钢	刘 晶
刘俊山	刘俊宇	刘丽清	刘 明	刘 念	刘秋蕾	刘世源	刘伟松	刘蔚娴	刘旭纯	刘 娅
刘 艺	刘勇威	刘余庆	刘振洪	柳军豪	柳梓航	龙子衍	卢建超	卢建华	卢健聪	卢少填
卢世荣	卢素婷	卢伟彬	卢梓漾	陆继荣	陆秋玲	陆洄颖	罗翠萍	罗怀彬	罗健铭	罗峻诚
罗励佳	罗文超	罗小红	罗永强	罗志付	罗志雄	罗智勇	骆 健	骆小羊	吕正艳	马保林
马保银	马瑞东	马 涛	马 滔	马天军	马文波	马修鲁	麦嘉浩	莫积活	莫运德	聂如豪
聂相川	宁元浩	牛 平	欧德华	欧德就	欧 杰	欧玲思	欧亚军	欧阳浩	欧阳伟松	潘国强
潘显聪	潘英笠	潘郁德	庞成超	庞子健	彭红娜	彭嘉穗	彭 捷	彭 阳	彭章添	丘志聪
丘志钧	邱海锋	邱慧萍	区炜荣	瞿 钢	冉 诚	任梦垚	阮 朋	阮子平	申明慧	沈晓群
沈祖祥	石金星	宋超林	宋正伟	宋志远	苏存柯	苏纪东	苏宋城	苏婉婷	苏 星	苏 允
孙广苗	孙文华	孙小波	孙雪花	孙卓睿	台鸿亮	谈怀明	谭必敬	谭健良	谭 论	谭启江
谭 倩	谭 伟	谭志辉	唐军成	唐素娟	唐摇冰	陶红安	陶 静	陶泳朗	田宾彬	童翔宇
涂建明	万旋华	汪彩霞	王 邦	王必成	王成均	王成忠	王崇远	王飞飞	王广尧	王 宏
王胡强	王锦洪	王 景	王 娟	王开应	王 领	王诗敏	王 旺	王晓兵	王新友	王鑫鑫
王瑜隆	王玉婷	王子鹏	韦 福	韦懿珊	韦祚武	魏志宏	温广文	文建培	吴海军	吴建华
吴 杰	吴锦源	吴柳基	吴庆新	吴水清	吴 伟	吴艺斌	吴正康	吴自强	伍伟锋	武 阳
奚俊加	冼叙良	向兵兵	萧柏泉	萧宏健	肖尔龙	肖 磊	肖尚昆	肖紫莹	谢翠萍	谢桂丽
谢红伟	谢 健	谢健龙	谢 南	谢万锋	谢钰琳	辛希见	邢广许	熊炽豪	熊 捷	熊雪莹
徐光强	徐己辛	徐建仁	徐亚琴	徐 媛	徐智勇	许海锋	许 鹏	许 强	许少锋	许泽坤
薛 达	薛灵云	荀 浪	颜得喜	颜 龙	阳燕辉	杨 超	杨 翠	杨 刚	杨 航	杨家强
杨柳青	杨天柱	杨 卫	杨文燕	杨永强	杨永忠	杨志伟	杨 智	姚龙华	姚婉丽	姚耀锦
叶 菁	叶六允	叶伟权	叶文才	叶文勇	叶晓君	叶学彬	易 斌	易春蓝	易 芹	应菲菲
雍 友	游锦泉	游晓霞	于会武	余炳波	余 波	余平东	喻 运	袁 博	袁牛强	袁塾贵
袁志权	袁子嘉	张邦住	张超强	张 成	张传阅	张法勤	张凤仙	张贵昌	张 海	张惠仪

张建晓	张俊程	张俊鹏	张竣杰	张 科	张丽秀	张庆铖	张 甜	张 玮	张小飞	张小婷
张 冶	张意明	张莹莹	张永飞	张有思	张宇驰	张雨龙	张 震	张志泳	张仲挺	赵 杰
赵克伟	赵 亮	赵鹏飞	赵仕儒	赵艳丽	赵占朋	郑班航	郑浩源	郑洁鹏	郑 敏	郑钦泽
郑清河	郑荣华	郑伟庆	郑先明	郑志英	植映文	钟炳坚	钟建兴	钟美玲	钟巧玉	钟晓晖
周 豪	周康湛	周 磊	周 佩	周 韬	周玮康	周卫桐	周晓春	周永洪	周泽民	朱磊明
朱士贵	朱伟锋	朱香帅	朱笑萱	朱雅婕	朱应祥	朱永明	朱跃辉	邹攀炫	邹诗霖	邹卓霖

电子科学与技术

| 曾 令 | 黎岳鹏 | 刘传进 | 娄美霞 | 施观明 | 时义军 |

法学

阿仙姑·艾海提	毕应勋	蔡洁武	蔡洁莹	蔡伟南	蔡奕琴	蔡志锋	蔡子文	曹 琦	曾显超
陈 晨	陈大岍	陈丹娜	陈 丰	陈汉峰	陈慧妍	陈佳如	陈金强	陈净韵	陈俊宇	陈 凯
陈 刊	陈 可	陈乐儒	陈妙霞	陈 敏	陈芍因	陈伟娜	陈细丽	陈盈盈	陈宇彬	陈 玉
陈卓敏	陈子聪	陈子瑛	程瑞萍	池鸿钊	崔彩丽	崔茹霞	戴训舟	邓健莹	邓倩文	邓瑞英
邓顺伟	董伟华	窦静雯	杜 雷	杜文康	杜圳灿	段利祥	伢永菊	范秋勤	范文力	方 羽
冯永明	冯振锋	傅兵香	高朝祥	高家豪	耿 超	古春巳	古兆盛	关添华	关秀容	郭良伟
何力恒	何丽萍	何新燕	何玄玄	胡惠琳	黄飞达	黄华权	黄嘉文	黄建文	黄敏儿	黄铭宇
黄诗瑶	黄 仕	黄维达	黄伟康	黄文雅	黄晓玲	黄浴丰	黄 跃	黄志钊	纪慧慧	纪倩绵
纪潇玲	江 川	蒋 芳	蒋杨彬	邝倩玉	赖婷婷	赖忠望	黎嘉晓	黎绮华	黎 野	李 波
李海燕	李华楠	李焕东	李嘉良	李建聪	李洁媚	李敬业	李 岚	李 乐	李 龙	李敏婷
李 庆	李舒维	李 涛	李 尉	李文莉	李现明	李旭光	李艳玲	李勇理	李月娴	廉 爽
梁浩翔	梁洪健	梁素琴	廖超凤	廖屏瑶	林壁伟	林秋霞	林锡侠	刘柏年	刘广彬	刘慧云
刘建党	刘伟明	刘曦彤	刘新权	刘艳英	刘英杰	刘永权	刘 宇	刘志强	龙海玲	龙锦宁
卢富年	卢泓桦	卢嘉惠	卢嘉伟	卢 娟	卢 亮	卢敏儿	卢湘娴	鲁祎旻	罗海艳	罗嘉欣
罗金英	骆 健	骆洁媚	马 超	马冬润	马兆明	马贞龙	麦永健	麦泳琪	钮春彬	欧嘉辉
潘 莲	潘月嫦	庞 琨	彭 晴	彭学辉	齐克宁	秦存刚	丘奇智	区健濠	饶 垚	任嘉浩
盛宇明	施仕算	史晓尧	舒冬梅	苏坚辉	苏 峻	苏逸成	索妮娅	覃丹凤	覃华伟	谭健文
谭 洁	谭 燊	谭英豪	谭颖仪	汤凤婷	唐海燕	王丞珈	王德扬	王 飞	王光旭	王 坚
王俊峰	王荣慧	王雁琳	王燕丰	王友菊	王于航	王照婷	韦国梅	韦文媛	魏小婉	温锦名
吴成津	吴美萍	吴沛霖	吴 荣	吴少强	吴思媚	吴伟鹏	吴小强	吴燕平	伍银霞	武玉华
肖玲珑	谢嘉诚	谢倩珉	谢巧逢	谢润苗	谢 炜	邢志强	徐方娟	徐鹏程	徐耀董	徐艺文
许纯子	许国成	薛北辉	严杰锋	杨梦真	杨木文	杨润杰	杨宪锋	杨 滢	杨玉钦	杨育平
杨泽元	姚绮雯	叶嘉祺	叶局冬	叶 莉	叶女纯	叶芮伶	叶万福	叶宇林	余缦桃	余素惠
余衍超	张启航	张启圻	张 倩	张 爽	张文祥	张雪兰	张 彦	张云杰	赵丹琦	赵 芹
赵悦含	甄杏媛	郑健锋	郑晴方	植丽岚	钟沃林	钟 喆	钟周颖	周昊棕	周 倩	周先慧
周咏妍	庄伟强	邹淑君	甫拉提江·克力木		哈里木拉提·卡孜		吐鲁娜依·吐尔洪		
依拉木江·吐尔逊		张飞一郎

高分子材料与工程

安小革	安旭进	曾超宇	曾回回	曾梅秀	常晓娜	陈 超	陈华芳	陈 亮	陈世珍	陈宇田
陈 志	范 磊	房绘芳	贺巧梅	胡琳红	纪凯文	江大伟	江福长	李福宏	李冠豹	李 花
李锦松	李姗姗	李 炎	李永新	李支松	梁志敏	林嘉定	刘 刚	刘江涛	刘栩鹏	刘智辉
卢朝军	路 凤	吕立钊	孟祥明	莫紫云	宁 峰	潘贵亮	潘 炜	邱嘉杰	区俊杰	阮秋原
舒红伟	宋刘杰	孙华丽	孙文凯	谭剑宁	谭艳兰	陶水云	田运启	童贻忠	汪秋宏	王 娟

王晓芳 吴定赞 吴晓莉 吴子坚 武 云 谢华萍 许相茹 杨 凡 姚润高 于 蒙 张大聪
张利梅 张维虎 张 文 张小林 张 勇 钟国辉 周乾桃 庄梓涵 欧阳韩露

工程管理

敖 雪 毕健华 毕靖仪 卜宇锋 蔡槟炀 蔡耿明 蔡 晖 蔡佩伟 蔡启凡 蔡瑞祺 蔡土基
蔡怡安 蔡智杰 曹光岩 曹俊业 曹康盛 曹 倩 岑楚莹 岑汉雄 曾德海 曾嘉莉 曾建明
曾锦涛 曾经晃 曾令炜 曾璐瑶 曾庆德 曾秋萌 曾伟瀚 曾祥凯 曾祥腾 曾 旋 曾延晖
曾叶涛 曾泳贤 陈朝伟 陈成凯 陈春莹 陈 聪 陈光焰 陈国凤 陈国建 陈国良 陈国新
陈海林 陈华珍 陈 晖 陈慧萍 陈 坚 陈建宇 陈洁宇 陈瑾熹 陈进军 陈 凯 陈兰红
陈良良 陈龙彪 陈路明 陈敏航 陈敏泉 陈盘龙 陈琼斯 陈汝锦 陈瑞彬 陈瑞升 陈润贤
陈世桦 陈水旺 陈水贤 陈伟梁 陈文君 陈文宇 陈贤豪 陈贤志 陈晓娟 陈晓婷 陈 协
陈耀强 陈业辉 陈艺凌 陈永亮 陈 勇 陈泽民 陈泽源 陈 志 陈梽宏 陈智坚 陈子君
陈梓佳 陈祖鹏 成小明 程 靖 程 萍 褚玉瑜 戴德恒 戴飞宇 戴佳研 邓斌才 邓华丽
邓 敏 邓敏锋 邓 萍 邓巧玲 邓思敏 邓 永 邓泽华 邓仲彬 丁 超 丁晓漫 丁泽恒
董玉华 杜泽明 段吉鸿 段怡雯 段战非 樊家敏 范俊达 范利军 范 倩 范如梅 范松森
范云霞 方海新 方 娟 方 翔 方中锐 符海平 付桃杰 傅晓江 高 猛 高小娟 高晓红
古敏燕 关建明 郭菲菲 郭嘉仪 郭 亮 郭 陆 郭 其 郭晓仪 韩 敏 何 婵 何桂龙
何欢豪 何家安 何 健 何健聪 何 苗 何启迪 何绮琳 何绮玲 何汝骏 何少明 何淑芬
何泫志 何炎祥 何 杨 何颖达 何永舜 何 源 何卓尔 贺 慧 贺益文 洪晓云 洪艳秋
侯宝金 侯炜亮 侯 璇 呼春安 呼献卫 胡衡宾 胡 金 胡锦洲 胡敏乐 胡倩雯 胡文杰
花远佳 黄灿霖 黄成杰 黄崇懿 黄楚旋 黄达成 黄芳燕 黄贵秋 黄海翠 黄昊雯 黄 河
黄华清 黄会英 黄嘉海 黄建标 黄建梅 黄金源 黄锦湖 黄 瑾 黄瑾娜 黄娟秀 黄开立
黄乐云 黄丽云 黄丽贞 黄美香 黄 敏 黄倩荧 黄秋菊 黄秋荣 黄树荣 黄思威 黄苏霞
黄穗丰 黄文乐 黄新均 黄学文 黄一洪 黄永会 黄 宇 黄毓程 黄远明 黄 苑 黄月容
黄长培 黄钲杰 黄 正 霍晓英 姬孟歌 纪锐煜 江健南 江 珂 江绮珊 江清镇 姜灿辉
姜燊辉 蒋楚楚 蒋云燕 解方方 康福军 康晓丹 柯振铎 邝浩彬 邝俊浩 赖家德 赖延恺
赖永能 赖勇彬 赖智军 兰 帆 兰利阳 兰胜平 蓝玉笛 雷永恒 黎晋铭 黎菊燕 黎俊明
黎圣兰 黎曙光 黎媛媛 黎允沛 黎志铭 李灿鹏 李婵君 李 畅 李 超 李海燕 李浩填
李 慧 李建停 李健昌 李杰成 李金泳 李菊兰 李娟秀 李可盈 李丽敏 李 龙 李勉标
李明慧 李少梅 李时周 李淑媚 李顺风 李 思 李思婷 李 涛 李田秀 李伟清 李 炜
李文锦 李雯诗 李先觉 李晓林 李 学 李雪欣 李雅斯 李颖仪 李颖怡 李永华 李 媛
李兆良 李镇新 李志华 李灼平 梁谷履 梁慧妍 梁家椲 梁嘉辉 梁江兴 梁凯然 梁丽婷
梁 强 梁斯欣 梁炜拿 梁夏奥 梁小卫 梁雪珍 梁燕媚 梁颖娴 梁泳海 梁泳欣 梁梓豪
梁祖科 廖广任 廖红梅 廖基玉 廖 珊 廖 坤 廖絮玉 廖亚国 林海升 林 浩 林 获
林家平 林俊首 林明府 林 锐 林伟雄 林炜晟 林卫民 林小嫩 林小旋 林旭阳 林 尧
林映雪 林泽嗣 林子芳 林子杰 刘保军 刘迪民 刘二妹 刘桂成 刘汉华 刘华清 刘嘉琪
刘俊坚 刘礼富 刘立志 刘丽军 刘丽明 刘林林 刘默傲 刘 瑞 刘润南 刘绍富 刘 通
刘 伟 刘 伟 刘伟钢 刘小强 刘杏梅 刘杨阳 刘义皓 刘 莹 刘永丹 刘玉溪 刘玉星
刘志芬 刘子健 刘子麟 刘子荣 龙 颖 卢楚勇 卢传福 卢昉颖 卢仁雄 卢 舜 鲁顺华
鲁月静 陆 博 陆华兴 陆建全 陆 琳 罗嘉烽 罗浚雯 罗丽嫚 罗 亮 罗 琦 罗三二
罗炜龙 罗小军 罗艳艳 罗永恒 罗永桓 吕北海 吕 行 吕雄宇 吕延斌 马 彬 马灏涵
马 坤 马晓兵 马雪莲 马雨骞 马 云 马泽佳 马长香 马智杰 马忠云 麦洁欣 麦穗恬
麦泽贤 毛嘉鑫 莫彬权 莫楚鹏 莫 金 莫佩欣 莫若婷 莫伟荣 莫熙维 欧建伟 欧诗霞
欧仕霞 欧文伟 欧燕玲 欧阳桂凤 欧阳嘉雯 欧阳先鹏 欧玉婷 潘丹峰 潘国华 潘欢欢

潘巧妮	潘庆兰	潘锐锋	潘永瑶	庞国超	庞维恩	裴蕾	裴汝丽	裴禹涵	彭冬	彭健生
彭苏丹	彭腾	彭炜雯	彭文锋	彭晓君	彭焱	彭益敏	彭勇	齐京克	乔勇	秦剑
邱程辉	邱文涛	区艳婷	区蕴仪	任龙	任孟婷	容火明	阮胜家	桑潇	沈志坚	盛冠花
石青贵	石莹	石展强	宋立仁	苏春霖	苏桂荣	苏田银	苏显鑫	苏小芬	苏晓彬	苏炎基
苏志鸿	苏钻芬	孙发	孙磊	孙磊宇	孙林烽	孙明国	孙陕	孙艳艳	孙耀庭	谈兆伟
覃垚程	谭富元	谭浩俊	谭欢欢	谭炯元	谭凯	谭恺	谭明	谭仕红	谭秀帆	谭越聪
唐春梅	唐国朝	唐文思	田亿宏	汪嘉敏	汪建明	王羿	王冲	王春耀	王德华	王菲
王枫燃	王桂容	王海	王华	王辉华	王吉滨	王嘉明	王建英	王建勇	王健仪	王钧
王凯璇	王康荣	王可	王丽花	王琳	王满泓	王美容	王孟杰	王敏	王明丰	王奇
王斯聪	王西峰	王晓隆	王兴祥	王宜公	王贞	王智彬	王仲兵	王壮壮	韦见	魏洁
魏绵锋	魏勇平	魏志杰	温建超	温景开	温景汪	温文茜	文春光	文羿权	翁紫丹	吴春艳
吴国健	吴辉文	吴佳明	吴绵鸿	吴少卿	吴涛	吴伟雄	吴文生	吴文雅	吴小专	吴校坚
吴兴梅	吴奕龙	吴煜	吴岳鑫	吴泽南	吴志明	伍嘉玮	伍盛欣	伍晓君	伍育珂	武来生
夏耀辉	萧丽华	肖鸿	肖诗森	肖璇娟	谢海燕	谢金文	谢锦锵	谢俊楷	谢仕庄	谢树健
谢思伟	谢绪杰	谢颖玉	谢媛	谢湛伟	谢樟树	谢智贤	谢智勇	幸坚强	熊国祥	胥鹏飞
徐昌龙	徐栋华	徐美华	徐明亮	徐热琼	徐旋	徐义威	许成欢	许达超	许佳敏	许小珍
许晓朗	许旭文	许译元	许永超	许哲环	薛延武	严继登	严结玲	严万君	严文机	杨彬
杨晨	杨传林	杨冬妮	杨帆	杨浩光	杨焕芬	杨辉	杨慧	杨嘉慧	杨健	杨进容
杨梅	杨敏辉	杨庆杰	杨仕森	杨土兴	杨伟	杨薪颖	杨雪萍	杨亚玲	杨艳	杨永豪
杨苑妮	杨振宇	杨子杰	姚国宁	姚裕伟	姚章镇	叶瀚	叶慧	叶家裕	叶俏雯	叶诗瑛
叶小勤	叶泽彬	叶子贤	易超	游之锋	于淼	余国斌	余丽平	余培侠	余晓波	喻政文
袁炳剑	袁大江	袁志伟	岳兵	岳昌穗	臧清	詹娟	詹松林	张彪	张丙钊	张成日
张春苗	张聪	张国良	张海刚	张海晴	张浩然	张宏发	张欢欢	张焕勤	张嘉恩	张健
张健华	张鉴培	张杰盛	张捷	张凯珊	张李	张琳琳	张森	张楠	张培萍	张顺
张思琪	张伟博	张香娣	张小玲	张秀容	张言言	张燕	张尧延	张耀元	张奕彬	张玉标
张玉霞	张月	张振东	张志勇	张智华	张智杰	章苗文	招洋	赵江伟	赵姣	赵杰
赵金龙	赵锦洋	赵双运	赵彦勇	赵媛媛	郑楚琼	郑锋华	郑华	郑嘉骏	郑洁慧	郑俊宏
郑美虹	郑铭豪	郑庆浩	郑秋华	郑荣洲	郑顺城	郑婉萍	郑炜	郑文弟	郑武才	郑晓勤
郑肖群	郑映忠	郑有成	郑育思	郑灶亮	郑振林	郑仲楷	郑子惠	钟翠媚	钟锋	钟佳佳
钟佳燕	钟丽霞	钟瑞君	钟文娴	钟燕珍	钟永兴	钟玉兰	周福清	周积尚	周健杰	周锦标
周康	周敏	周巧彬	周巧花	周庆	周晓婷	周雄辉	周育锟	朱耿福	朱国伟	朱国新
朱海丽	朱明钰	朱文琴	朱秀桃	朱雪梅	朱应刚	祝智升	资业鹏	左丹	左军	

工商管理

安欣宇	白璐	白雪莹	包臣	包飞生	包世强	贝秋贤	蔡宝然	蔡冠贤	蔡红媚	蔡键颖
蔡丽莹	蔡佩颖	蔡杏屏	蔡瑶	蔡泽曼	蔡泽宇	蔡振福	蔡卓伟	曹慧霞	曹金玉	曹穗燊
曹先爵	曹英	曾凤频	曾格丽	曾宏勇	曾健	曾健贤	曾金辉	曾龙	曾绮华	曾谦
曾婉娴	曾栩润	曾远强	曾智琴	常鸿燕	陈彩英	陈彩云	陈楚循	陈聪	陈翠丽	陈登建
陈芳盛	陈锋远	陈凤明	陈奉兰	陈刚	陈国华	陈国深	陈海兵	陈汉阳	陈华楷	陈华珠
陈慧娟	陈慧娜	陈嘉俊	陈健	陈杰	陈洁萍	陈金锋	陈金花	陈进	陈晶	陈俊杰
陈俊宇	陈丽娟	陈丽文	陈丽英	陈亮	陈玲玲	陈美祥	陈娜	陈钦	陈庆文	陈秋弟
陈秋萍	陈秋燕	陈荣光	陈锐	陈润伟	陈劲昱	陈竖锋	陈舜	陈思丽	陈思诗	陈斯彧
陈松林	陈松泳	陈卫	陈文	陈文灿	陈文谦	陈熙	陈先浩	陈享华	陈小英	陈晓帆
陈晓岚	陈晓蕾	陈晓丽	陈雪娟	陈亚尽	陈燕玲	陈燕媚	陈燕云	陈倚君	陈奕彤	陈颖

陈颖丽 陈余梅 陈 瑜 陈宇婷 陈禹霖 陈玉华 陈玉婷 陈育美 陈运始 陈兆熙 陈枝沛
陈志恒 陈卓豪 谌倡任 成少彬 程嘉奋 程建莹 程金连 程智豪 池钰莹 池蓁源 崔成志
崔腾腾 崔增建 戴桂芳 戴远瞻 戴媛婷 单 青 邓焯祯 邓桂东 邓海常 邓华荣 邓 辉
邓嘉毅 邓建辉 邓杰鸿 邓 洁 邓丽芳 邓丽萍 邓 培 邓佩贤 邓诗韵 邓应飙 邓展鹏
迪娜·沙吾列提 刁 翔 丁浩荣 丁 好 董大维 董丽婷 董 明 段键华 段庆丰 凡静静
范华劲 范剑武 范健豪 范美伶 方洪彬 冯浩东 冯健龙 冯丽萍 冯 励 冯齐泳 冯秀玲
冯轩轩 冯 洋 冯一典 奉楚俊 符 德 符莲娣 符文星 付 张 傅 荣 富凯娟 甘莎莎
甘月军 高雪峰 龚 希 古恒青 古家庆 关海燕 关锦明 关敬成 关润文 关松亮 关志文
官雪娇 贵海涛 桂俊祥 郭桂萍 郭浩贤 郭佳宁 郭 静 郭 嫚 郭 胜 郭伟福 郭彦祺
郭 莹 郭 珍 郭梓健 韩金泉 韩军伟 韩晓凤 韩晓清 郝伟伟 何 兵 何春兰 何 凤
何光洪 何光耀 何吉祯 何佳豪 何 健 何健华 何 江 何金梅 何昆池 何丽华 何美侠
何 泊 何树斌 何树流 何晓艳 何秀媚 何燕如 何梓晴 洪建辉 洪 莲 洪晓妍 胡博成
胡此琦 胡 宏 胡会景 胡济兰 胡健聪 胡健朋 胡丽花 胡陆华 胡文彬 胡文杰 胡晓玲
胡勇辉 胡中泉 黄爱玲 黄朝辉 黄翠铧 黄格格 黄 冠 黄海杰 黄 浩 黄恒宇 黄红霞
黄家烽 黄家驹 黄嘉颖 黄洁施 黄敬旺 黄 娟 黄路明 黄漫漫 黄美灵 黄森鑫 黄敏瑜
黄 明 黄绮玲 黄巧震 黄庆超 黄 蓉 黄锐鸿 黄瑞芬 黄婉桃 黄婉雯 黄 伟 黄伟辉
黄炜亮 黄文敏 黄小东 黄小宇 黄 旭 黄 玄 黄 雪 黄雪琴 黄雪文 黄 彦 黄燕君
黄燕燕 黄 扬 黄耀明 黄耀晴 黄义锋 黄 艺 黄奕彬 黄银凤 黄永康 黄宇佳 黄振雄
黄志伟 黄梓灿 黄梓豪 霍美静 霍晓阳 纪 帆 纪林彤 纪植辉 江宝钧 江庆燕 江伟杰
江文俊 江洋明 江 宇 江雨晴 姜 桓 姜银莲 蒋 剑 蒋 玮 焦银升 康程琳 康晓璐
柯成波 柯宇宏 柯源浩 孔维钊 孔徐雨 孔云奔 邝绮筠 赖春燕 赖丹萍 赖红君 赖漫妮
赖巧华 赖振中 劳家明 黎国杰 黎己怡 黎琪芳 黎少培 黎盛沛 黎淑琴 黎烨俊 黎 园
黎月媚 黎振聪 黎志恒 黎智达 李柏汉 李 彬 李 斌 李 丹 李迪初 李 飞 李功蓝
李光辉 李国辉 李国威 李海红 李辉文 李惠婷 李 慧 李 佳 李嘉辉 李嘉琪 李嘉锐
李建军 李剑豪 李 健 李洁琼 李金凤 李锦全 李锦垣 李进健 李敬夫 李 驹 李俊芳
李俊华 李俊涛 李 凯 李康英 李利利 李 璐 李美婷 李孟格 李铭星 李 宁 李绮琪
李倩宜 李秋蓉 李秋燕 李 润 李上容 李石英 李世烜 李斯亮 李苏明 李天龙 李土凤
李 维 李伟乐 李卫喜 李文浩 李 雯 李小青 李小燕 李芯怡 李 欣 李雅祥 李 杨
李奕成 李 胤 李 颖 李颖丝 李颖欣 李颖仪 李泽恩 李泽建 李子杰 李宗颖 李祖飞
李左车 栗 莹 练榕榕 梁昌雄 梁炽彬 梁楚君 梁春丽 梁达军 梁国声 梁华海 梁家辉
梁家铭 梁嘉晋 梁建文 梁建秀 梁建钊 梁健璋 梁杰华 梁静贤 梁俊通 梁柳弟 梁明钰
梁佩仪 梁琪聪 梁琪欣 梁淑玲 梁孙纬 梁文驱 梁武松 梁晓曼 梁雪敏 梁雪琴 梁雪莹
梁耀祖 梁益品 梁英毅 梁 滢 梁颖欣 梁祖贤 廖富兰 廖桂兵 廖浩潼 廖嘉辉 廖静柔
廖文婷 廖学昆 廖乙蓉 廖英华 廖玉婵 廖玉婷 林楚彪 林冠洲 林洪滨 林淮鸿 林 晖
林惠晓 林嘉健 林 捷 林克锋 林坤生 林丽丽 林良侨 林 鸣 林琪芳 林 潜 林 青
林田辉 林婉娟 林婉思 林喜丹 林贤虎 林 晓 林兴选 林于蓝 林钰钦 林镇坤 林政杰
林志敏 林志勇 凌道勇 凌 欢 凌志华 刘宝维 刘灿霞 刘 冲 刘春皞 刘慈东 刘德胜
刘 芬 刘付莹 刘贯仪 刘广涛 刘海欧 刘 恒 刘慧苑 刘佳能 刘家耀 刘建斌 刘 洁
刘 娟 刘俊康 刘俊毅 刘 侃 刘 奎 刘黎滨 刘立鎏 刘丽珠 刘 念 刘培文 刘青凌
刘清廷 刘秋萍 刘三妹 刘少武 刘淑芬 刘双程 刘松林 刘 威 刘维聪 刘伟开 刘 翔
刘晓斌 刘晓冰 刘晓明 刘晓强 刘筱帆 刘新益 刘鑫玲 刘栩昌 刘学科 刘学平 刘 炎
刘艳娟 刘燕红 刘宇弘 刘玉婷 刘玉雯 刘 元 刘媛祺 刘允诗 刘仔才 刘志伟 刘紫玲
龙华秀 卢冠威 卢鸿超 卢慧君 卢键杨 卢俊超 卢 丽 卢丽华 卢 璐 卢敏仪 卢颂铭

卢卫强	卢韵仪	卢镇丰	卢梓浩	陆凤茵	陆韦	陆忻灵	陆野	陆业霖	陆翼飞	陆柱良
罗贵清	罗焕海	罗惠玲	罗鉴明	罗兰香	罗玲	罗硕	罗维芳	罗文婷	罗欣鑫	罗雪虹
罗燕	罗燕勤	罗玉兰	罗志锋	骆碧霞	骆德威	骆港梨	骆腾	吕娟	吕美君	吕书永
吕雪婷	吕颖霞	吕玉娟	马卉琪	马林	马曼妮	马明	马晓龙	马宇涛	马子昆	麦凤霞
麦康贵	麦少锋	麦锡元	麦毅贤	毛玲琴	蒙达源	蒙丹燕	苗佳	莫锋	莫俊颖	莫伟宏
农桂春	欧海勇	欧健恒	欧露丝	欧阳嘉欣	欧阳智峰	欧阳梓锋	欧中海	潘蝶云	潘东卉
潘富乾	潘淑桦	潘尾凤	潘子威	盘涛	庞文华	彭东玲	彭鸿艺	彭可政	彭昆昆	彭倩婷
彭庆龙	彭维	彭炜能	彭文东	彭秀珍	彭颖妍	彭永亮	彭永强	彭勇灵	彭玉翠	彭振兴
彭志华	彭治归	齐业威	钱诗欣	秦道胜	秦伟	秦炜烨	秦希	丘波	丘考琴	丘阳美
邱剑辉	邱小曼	邱学敏	区嘉怡	区群姬	瞿燕	瞿义坤	全宏亮	任海健	任洪玉	戎保军
容显国	茹冰冰	茹荣熙	阮小梅	阮智伟	邵柏萌	余燕婵	沈丽丽	沈璐	沈伦伦	沈倩欣
沈杨	史剑兵	史权威	舒敏清	宋崇军	宋捷	宋沛成	宋涛	宋亚	宋燕燕	苏浩华
苏欢欢	苏惠冰	苏惠娟	苏慕容	苏姗姗	苏师学	苏文斌	苏小红	苏韵婷	苏章玉	苏昭恩
苏志倩	苏子铭	粟显	孙定伟	孙俊楷	孙培高	孙玮	孙小群	孙晓文	孙征明	谈晓霞
覃亚飞	谭建业	谭镜洪	谭善莹	汤华权	汤俊豪	汤清	唐嘉丽	唐金兴	唐锦城	唐柳
唐倩	唐思敏	唐途远	唐武	唐贤栋	唐洋	田翠	田磊鹏	涂为云	万致威	汪贵琴
汪浩	汪岩	汪振华	王爱玲	王大乐	王德中	王华	王家敏	王俊鸿	王莉莉	王美欣
王妙芬	王铭静	王默冉	王培旭	王日鸿	王荣	王蓉	王汝常	王少卿	王文彬	王向生
王小林	王晓宇	王新源	王亚妮	王艳飞	王燕辑	王英文	王钰骞	王元芬	王月	王志强
王志炸	韦柳建	魏倩颖	魏蓉	魏天翔	魏晓洁	魏晓玲	温杜娟	温观娣	温文嘉	翁建都
翁怡美	巫倩怡	巫旺和	吴超华	吴潮波	吴东琴	吴桂花	吴国炜	吴基立	吴嘉纯	吴捷丽
吴锦程	吴京凤	吴晶莹	吴林玻	吴龙珍	吴美凤	吴敏	吴佩娜	吴荣辉	吴瑞全	吴诗美
吴曙光	吴添	吴婷婷	吴伟绵	吴文娟	吴晓霞	吴晓仪	吴艳华	吴耀忠	吴莹	吴羽玲
吴昭玲	吴振锋	吴智超	伍军	伍欣欣	伍奕阳	伍志茵	伍仲均	武千焱	武少宁	郗飞霞
夏伟良	夏茵茵	冼碧峰	冼明阳	冼亚女	向春梅	向阳	萧海淋	萧丽芳	萧满恩	萧文姬
肖尔东	肖虹霞	肖丽	肖妙玲	肖婷婷	肖小荣	肖艳	肖友	肖柳文	谢海丽	谢海暾
谢健勇	谢明水	谢楠	谢沛儿	谢秋喜	谢日新	谢蓉蓉	谢文斌	谢向荣	谢鑫	谢云丽
邢亮	幸福琛	熊海燕	熊宇昕	熊志强	徐安移	徐碧云	徐国华	徐家圣	徐嘉琪	徐嘉宇
徐强	徐瑞英	徐婉雯	徐伟敏	徐小雁	徐艳	徐兆文	许立豪	许丽芳	许赛	许文杰
许艳妮	许燕妮	许有春	薛丹霞	严家升	严丽容	严敏	严燕平	严洲洋	颜胜	颜振聪
阳慧利	阳小娟	杨爱科	杨宝怡	杨楚明	杨德祺	杨冠锋	杨海琼	杨寒优	杨华志	杨慧敏
杨家宝	杨家瑶	杨杰	杨洁	杨金梅	杨锦彪	杨晶晶	杨俊儒	杨兰花	杨乐星	杨敏婷
杨坡	杨琪	杨倩怡	杨仕芬	杨淑婷	杨天芬	杨维	杨维文	杨武月	杨贤娜	杨向东
杨兴琴	杨艳	杨一凡	杨玉雯	杨誉	杨正欣	姚慧珍	姚剑辉	姚洁	姚勇鑫	叶碧波
叶冠杰	叶海莲	叶家茵	叶军明	叶培华	叶珊珊	叶文婷	叶笑琳	叶永均	叶钰婷	叶肇元
叶芷彤	叶志玲	叶志明	义平	易嘉卫	易建军	阴晓春	殷玉娥	尹辉	尹珊	游春林
于豪	于省	于相振	余安廷	余春颜	余东浩	余静	余静琼	余妙凤	余琴宝	余文业
余笑妮	余秀丽	余元凤	喻小军	袁惠逢	袁凯靖	袁倩雯	詹姣	詹妙婷	詹霞珍	张秉华
张灿荣	张发坤	张慧清	张佳俊	张嘉宝	张嘉浩	张健华	张津荣	张锦伟	张俊芳	张竣杰
张磊	张黎	张丽	张柳柳	张茂芝	张敏星	张启鹏	张骞	张茜	张倩	张巧琳
张秋娴	张赛龙	张尚欣	张树畅	张韬	张薇	张伟源	张雯雯	张星月	张雪银	张艳
张一波	张伊莎	张艺飘	张映君	张永钊	张友雄	张瑜婕	张宇	张雨晴	张玉婷	张远东
张媛	张泽	张章	张志国	张重阳	张子康	赵娟	赵立燕	赵盼龙	赵绮文	赵婉君

381

赵小翱	赵雪珊	赵 永	赵勇辉	赵云飞	赵政春	郑常亮	郑创政	郑海燕	郑鸿吉	郑佳玲
郑杰飞	郑丽静	郑美银	郑 容	郑珊珊	郑韶洋	郑文彬	郑振超	郑志杰	郑梓欣	植奇信
钟 德	钟方炯	钟菲菲	钟国晟	钟惠敏	钟捷兰	钟劲龙	钟俊豪	钟妙文	钟敏仪	钟日照
钟思敏	钟伟顺	钟炜良	钟雪媛	钟燕冰	钟映芹	钟子融	周凤娟	周惠莹	周 娟	周俊健
周瑞湘	周小菊	周小强	周燕艳	周玉英	周昭宏	周昭屏	周志伟	周中明	朱碧娜	朱碧玉
朱和志	朱火燊	朱可歆	朱 琳	朱倩雯	朱庆威	朱燕红	朱政华	朱钟琼	祝智敏	庄启良
卓少芬	邹洁萍	邹金平	邹丽鹏	邹世鑫	邹小华	邹 颖	左 敏	古孜努尔·吐尔洪		刘傅麟琦

国际经济与贸易

白江波	曹雨怡	岑碧懿	曾 俊	陈聪聪	陈 萍	陈顺先	陈思龙	陈燕旋	陈 颖	陈煜宇
陈转英	程友彪	邓联军	邓茹玉	邓淑怡	邓思敏	丁得涛	杜碧莹	段海珍	冯雪莹	桂 申
郝晓敏	何慧雯	何婧瑜	何卫林	何笑颜	洪文杰	胡凤云	黄承健	黄海娇	黄敏粧	黄奴伟
黄培娟	黄文静	黄莹华	黄月丽	冀泓辛	贾海彦	邝礼东	赖秋伶	兰胜敏	蓝晓明	李家庆
李 洁	李 奎	李小敏	李晓慧	李燕薇	李志梅	李志敏	梁翠珊	梁嘉雯	梁美玲	梁影香
廖春雨	廖燕庭	林良机	林媛芳	刘 岭	刘小利	刘小青	龙焕仪	陆斯敏	罗红梅	罗美宝
罗诗韵	罗仕琼	罗 婷	马利娜	莫钰欣	宁德权	潘盈敏	潘志恩	阮建斌	苏俊钊	覃宇恒
汤将颖	唐艳丽	汪丽华	王 红	王红娟	王佳惠	王家乐	王 丽	王晓琴	王 鑫	王 轶
吴观凤	伍海霞	谢诗力	熊艳明	徐 凡	徐芳亭	徐小又	许慧仪	许少敏	许秀娟	颜晓丽
杨 涛	杨秀娟	杨以琳	叶小意	尹双萍	俞立清	袁欢欢	张 浩	张家鸿	张军容	张雷雨
张冶情	张玉芝	张月苓	郑楚贤	郑俊奎	钟楚明	钟家欢	钟木钦	周奕玲	周宇红	朱丽晶
朱丽娟	朱 萍	朱文静	邹春艳	邹志娟						

化学工程与工艺

白建辉	陈 海	陈杰生	陈俊卿	陈乐斌	陈烁光	陈益萍	陈 悦	陈云波	高健怡	何依玲
黄洁仪	黄良桂	黄凌海	黄武萍	黄 越	黎坤韬	李珠玲	梁碧云	梁慧敏	梁雪杰	廖国俊
林黛莎	林巧娟	陆水明	罗锦容	邱琳琳	邱荣怡	苏洁莹	苏伊婷	苏银燕	王锦珊	王丽珠
吴少如	谢雅琳	徐泽祥	颜玉丹	杨深鹏	叶晓锋	张小敏	周梅候			

会计学

白柏林	白 凤	白石姐	白 雪	班秋玲	蔡 超	蔡佳凤	蔡剑城	蔡剑琴	蔡敏仪	蔡婉珍
蔡惜珍	蔡晓芳	蔡彦纯	蔡依真	曹爱娟	曹晓婷	岑敏怡	曾春艳	曾会洁	曾惠榕	曾 静
曾 琪	曾石英	曾晓君	曾雪霞	曾 雅	曾雅妮	柴 辉	柴 源	巢燕芬	陈碧仪	陈彩媚
陈朝阳	陈 冲	陈 绸	陈丹琳	陈东慧	陈海珊	陈焕玲	陈 慧	陈佳晗	陈嘉敏	陈嘉文
陈嘉雯	陈李霞	陈 丽	陈丽静	陈丽燕	陈 玲	陈 露	陈美玲	陈美玲	陈美玲	陈 媚
陈勉萍	陈敏珊	陈沛娟	陈钦英	陈荣莲	陈少静	陈素娟	陈素云	陈庭婷	陈樟欣	陈 薇
陈希雯	陈小慈	陈小玲	陈小梅	陈小密	陈心愉	陈 星	陈雪燕	陈妍慧	陈妍妍	陈艳斯
陈怡君	陈易萍	陈奕苗	陈映宇	陈泳茵	陈 瑜	陈玉娟	陈玉旋	陈悦芸	陈云雯	陈志锋
陈智育	成丰丽	成金霞	程 丰	程 鹏	程先群	程小丽	池漫华	崔模娟	崔 雪	戴惠婷
戴美华	戴 媛	单丹红	邓春霞	邓富妹	邓海荣	邓静梅	邓敏霞	邓年彤	邓秋桦	刁雪玲
刁致楷	丁晓春	杜惠平	杜 慧	杜结敏	杜李娜	段碧仙	段 芳	范惠敏	范君君	范秋玲
方少真	方晓芳	房秋梅	冯纯彩	冯翠琴	冯惠雄	冯 蕾	冯林铭	冯 娜	冯品慧	冯平梅
冯绍贞	冯树娟	冯晓敏	甘敏仪	甘燕珍	高海林	高家如	高 央	葛岳丹	顾沿芳	关惠婷
关少仪	郭斯敏	郭婉萍	郭隐芳	郭钰婷	郭展鹏	韩东升	何彩霞	何春梅	何翠兰	何华文
何洁文	何君玲	何丽琼	何琳恩	何美欣	何妙嫦	何敏华	何铨英	何汝杰	何艳玲	何艳妍
何燕仪	何月红	何月连	和玉女	贺红娟	洪月薇	侯云霞	胡超杰	胡海花	胡结玲	胡晋源

黄宝仪	黄碧君	黄彩妮	黄 芳	黄菲铃	黄凤梅	黄桂如	黄佳红	黄佳娜	黄嘉敏	黄建娜
黄 锦	黄乐欢	黄丽倩	黄丽媛	黄 玲	黄柳凤	黄曼娜	黄美巧	黄妙云	黄佩珍	黄绮锢
黄伟成	黄文霞	黄小凤	黄小燕	黄杏婷	黄旭璇	黄雪勿	黄艳梅	黄 雁	黄 燕	黄怡晴
黄 莹	黄颖华	黄宇萍	黄玉妍	黄苑琳	黄再发	黄珍梅	霍宝莹	霍彩梅	霍焕枝	霍嘉碧
霍嘉雯	纪桂虹	季 娟	季雨婷	简立惠	江宝葵	江冠婵	江敏飞	江水媚	蒋 琳	金春红
金 辉	匡政军	赖灿华	赖利智	赖晓燕	蓝丽君	蓝佩然	雷贤友	黎碧开	黎慧芳	黎嘉熙
黎韶威	黎晓君	黎晓莹	黎颜红	黎泳珊	李翠云	李 丹	李邓妙	李飞燕	李桂玲	李国怡
李海英	李红梅	李 花	李花花	李惠婷	李洁迁	李 静	李境怡	李柳珊	李 梅	李梅梅
李梅香	李 美	李美芳	李敏华	李 娜	李绮雯	李青雁	李情花	李绍荣	李淑仪	李涛英
李婷婷	李伟豪	李小静	李晓珊	李 新	李雪球	李烨莹	李奕发	李颖茹	李友春	李云丽
李哲平	李智晔	李紫婷	梁春凤	梁凤仪	梁桂园	梁焕平	梁嘉莉	梁嘉敏	梁健斯	梁金凤
梁晶晶	梁凯诗	梁坤仪	梁丽婵	梁丽媛	梁柳静	梁梅花	梁敏聪	梁少琴	梁诗琪	梁思敏
梁祥和	梁肖弟	梁 艳	梁 燕	梁燕秋	梁泳欣	梁展鹏	梁志鹏	梁子欣	梁紫韵	廖飞苑
廖慧雯	廖梦诗	廖全能	廖颖群	林彬娜	林嘉茵	林锦慧	林 娟	林丽珍	林明琼	林舜娜
林晓玲	林晓勤	林晓彤	林艳芳	林玉平	林 芸	林泽辉	凌福云	凌敏莹	凌银平	刘婵妹
刘 丹	刘东妮	刘冬梅	刘芳英	刘凤平	刘福英	刘伙妹	刘继伟	刘金莲	刘静演	刘 俊
刘 琳	刘敏儿	刘琴超	刘清霞	刘珊珊	刘淑娟	刘思华	刘伟玲	刘文花	刘文婷	刘文燕
刘 霞	刘小华	刘晓敏	刘亚南	刘燕萍	刘 洋	刘怡妮	刘友章	刘郁霞	刘运来	刘忠菊
柳 松	龙慧珍	龙柳红	龙 梅	龙圆媛	龙珍珠	卢嘉健	卢军龙	卢 敏	卢思婷	卢 玮
卢艳华	卢 韵	陆嘉怡	陆晓芳	罗彩霞	罗春艳	罗 纯	罗海艳	罗宏浩	罗嘉琪	罗嘉文
罗蕾蕾	罗美凤	罗美君	罗绮雯	罗淑莺	罗思静	罗永杏	罗泳仪	罗媛媛	骆丽霞	骆兆琴
吕旺意	马芳娥	马海鸟	马静君	马泽娜	麦嘉雯	毛红娟	梅琼锐	孟小云	苗宇晖	明瞿瞿
莫小芳	莫雪娴	聂姗姗	欧泗童	潘桂雯	潘 莉	潘兴陈	潘毅博	潘银钗	潘玉娣	庞玉梅
彭燎安	彭露珠	彭小芹	彭燕玲	秦燕梅	丘翠兰	丘日威	丘文霞	丘越芳	邱蒙蒙	邱云凤
任效承	容春海	容金莲	阮秋怡	阮群芳	沈佳仪	沈金裕	沈亚娟	沈亚荣	石晓营	司小杰
宋晴晴	宋文娟	宋晓英	苏靖斯	苏 鹏	苏 倩	苏倩茵	苏婷婷	苏晓霞	苏转明	孙 凯
覃爱花	覃欢先	覃仁盘	覃小春	谭彩霞	谭春红	谭冬香	谭 静	谭钧宇	谭丽欣	谭媚凤
谭水平	谭有丽	谭远梅	汤海欣	汤庆双	汤素贤	汤子雯	唐家骏	唐 敏	唐新梅	唐玉蓉
陶满兰	陶 瑞	万梅妮	汪梦丹	王春燕	王 丹	王惠飞	王凌霄	王美玉	王 宁	王 琦
王文莉	王文平	王小赞	王晓娟	王幸秋	王 垚	王一荣	王 宜	王玉华	王竹君	魏 红
魏淑英	魏素梅	温俊峰	温裕洁	邬海妮	邬婷玉	巫文娜	吴彩玉	吴春苗	吴凤琴	吴 惠
吴慧妍	吴佳玟	吴嘉嘉	吴锦芬	吴 琳	吴美光	吴清丽	吴淑萍	吴舒婷	吴思敏	吴燕燕
吴银清	吴泽丹	吴展芳	吴招弟	吴志强	伍楚星	伍令银	伍倩影	伍诗颖	冼美芳	冼敏华
萧韵仪	肖 丹	肖 芳	肖家雯	肖 凯	肖 黎	肖 铭	谢毕纯	谢 冰	谢桦地	谢慧琴
谢京芯	谢 竞	谢敏英	谢清华	谢秋萍	谢 荣	谢晓婷	谢叶芝	谢 瑜	熊森凤	徐石妹
徐向林	徐晓如	徐伊凌	许 静	许永媚	颜梦莹	颜玉珧	阳丽君	阳 萍	杨爱华	杨碧霞
杨 斌	杨博健	杨丹霞	杨 虹	杨鸿志	杨 慧	杨 洁	杨 静	杨林霞	杨满桂	杨模兵
杨俏霞	杨 群	杨善建	杨胜娟	杨思源	杨晓觉	杨雪芬	杨雪梅	杨燕珊	姚海红	姚浩棉
姚映愉	叶金花	叶灵玲	叶敏英	叶影枝	叶长远	叶照坤	易 丹	殷爱环	殷毅敏	银小云
尹 波	尹 丽	尹淑婷	尹婷婷	尹 燕	应晓玲	尤小玲	游思婷	于 聪	于 静	于燕峰
余桂金	余桂莲	余淑敏	余天锡	余志英	俞 静	庾 姬	庾婉珊	袁 冰	袁 环	袁靓霞
袁俊霞	袁 圆	臧奕钦	张安妮	张朝群	张春玲	张 丹	张冬兰	张付丽	张国芳	张华梅
张欢欢	张惠波	张景春	张 娟	张丽敏	张廖桃	张 淼	张 娜	张 盼	张瑞都	张少敏

张伟杰	张文秀	张小勤	张小燕	张晓娜	张肖银	张旭旋	张雪	张亚玲	张艳	张杨燕
张瑜芬	张裕灵	张越	张云	张志娟	章佳佳	赵灿	赵翠梅	赵娟	赵丽娥	赵美玲
赵韶丽	赵小玲	赵亦雯	赵芸	甄宝瑶	郑宝楹	郑贝诺	郑竣	郑新秀	郑雪明	郑燕婧
郑奕凤	郑卓晖	植月美	钟超素	钟淡花	钟荟彬	钟惠琼	钟嘉如	钟嘉文	钟健鸿	钟娟
钟伟丽	钟丽琴	钟玲	钟罗珊	钟婉群	钟晓燕	钟学敏	钟昱	周碧玉	周枫	周海娟
周海燕	周海燕	周洁玲	周琼纯	周婉青	周晓琴	周岩岩	周志敏	朱国丽	朱军林	朱丽银
朱梦然	朱炜钊	朱香莲	朱欣	朱雅瑜	朱燕贞	朱永红	朱兆华	朱珍	祝立娜	庄婷婷
庄晓玲	资明香	邹百安	邹丽君	邹文涛	欧阳丽京	欧阳龙凤	欧阳淑仪	巴·嘎兰		

机械电子工程

巴红兵	毕华	蔡阿宁	蔡洪标	蔡鹏	蔡雪娥	曹品品	岑德豪	曾向耘	曾益丰	曾映
曾昭毅	曾正国	车文伟	陈春武	陈国龙	陈浩	陈宏权	陈洪	陈建进	陈剑勇	陈键恒
陈均林	陈攀攀	陈钦培	陈伟超	陈晓亮	陈振龙	陈政	陈志军	程博	邓崇凯	邓昆钰
邓林	范足华	冯健文	冯跃	冯章良	龚曲才	郭劲洪	郭伟杰	郭之君	何飞雪	何锋
何剑斌	何锦荣	何少华	何伟楚	何信庆	何俞画	贺高强	胡志强	黄宝应	黄藏	黄东彬
黄汉	黄红渊	黄计许	黄景童	黄军营	黄俊旭	黄强	黄唐	黄伟昌	黄文强	黄小静
贾伟三	江龙腾	姜勇	焦龙	揭新平	靳文明	蓝汝华	黎广聪	黎家杰	李才政	李超群
李春豹	李灏然	李唤军	李健	李杰铃	李锦波	李锦茵	李兰生	李启健	李伟姣	李毓乾
李兆中	练思伟	梁炳恒	梁国玲	梁炬暖	梁伟杰	梁志鹏	林国晓	林立桂	林振龙	刘富铭
刘天灵	刘田喜	刘婷	刘伟	刘晓庆	刘晓艳	龙泽鑫	卢球	陆家兆	罗成邦	罗宏强
罗维志	罗章桓	罗智芳	骆永川	吕海燕	马秋菊	麦鸿彬	毛强	毛志伟	莫少峰	莫毅良
潘加煜	潘嘉麟	潘九宾	庞剑宏	彭德庆	彭发明	彭杭洲	彭继华	彭舜波	彭祖粟	邱少华
邱永中	区世锟	屈显勇	任浩	苏东峰	苏静	孙亮亮	孙文威	陶钶	万信远	汪安灿
王锋	王广瑞	王海平	王利清	王润芝	王少鹏	王伟	王骁智	温伟艺	吴雄能	吴叶利
吴质坚	伍尚毅	伍政夫	夏炜	夏应文	向磊	肖汉宁	谢滨	谢旭明	谢振南	徐世泉
徐耀坚	许家庆	轩洋	严昌兴	颜上钧	杨火建	杨佩玲	杨世石	姚昌龙	姚汉成	叶冠文
余汉文	余志培	袁维凯	袁艺平	张桂花	张火杰	张楷钰	张力	张雄辉	张焱焱	张耀华
张远高	张泽浩	赵辉	郑锦成	郑其森	郑文杰	植中洪	钟桂威	钟海昌	钟俊聪	钟小祥
周景凡	周梓炜	朱成佳	朱亚彬	邹远祥						

计算机科学与技术

鲍斌	毕伟明	蔡丁琦	蔡海记	蔡洪泉	曾锋	曾科	曾钦明	曾涛	曾妍	曾雨丝
曾志谦	陈安钦	陈柏均	陈畅亮	陈超平	陈东	陈福君	陈冠	陈桂和	陈桂欣	陈国祥
陈海清	陈浩	陈和民	陈桦赏	陈佳	陈佳玲	陈佳霞	陈家豪	陈家如	陈家政	陈嘉玮
陈嘉毅	陈建	陈锦发	陈锦胜	陈瑾	陈经键	陈俊豪	陈康	陈麒敏	陈荣杰	陈润华
陈胜立	陈诗惠	陈世锋	陈滔滔	陈威	陈伟钢	陈文锋	陈文乐	陈霞	陈祥辉	陈小燕
陈雄斌	陈虚钦	陈旭海	陈诒亮	陈永超	陈勇	陈玉梅	陈育东	陈悦	程美	崔家强
崔兆刚	崔志强	代华明	戴英勃	邓赐宏	邓浩基	邓皓恩	邓启志	邓瑞洁	邓伟立	邓晓华
邓煜明	邓志超	邓志明	邓志锐	邓子健	翟丹慧	丁泽鹏	董亚亚	董翼安	杜国成	杜锦辉
杜靖远	朵俊林	范焯华	方冠然	方镇海	冯佳浩	冯嘉荣	冯健林	冯景平	冯锐明	冯艳平
付乐	傅泽斌	高浩阳	高建国	高敏	高权	高亭	高志维	古杏利	古志谋	关培雨
关子泳	官国理	郭海升	郭润峰	郭宇涛	郭玉龙	郭照威	韩楚华	韩飞翔	何超群	何东润
何广健	何家钊	何锦流	何柳	何平	何其	何日东	何雪英	何毅斌	何宇森	何振仪
何芝文	何子文	洪楚焕	洪凌	洪润峰	侯连洋	胡广精	胡诗英	胡为军	胡文灏	胡小雪
黄波	黄博	黄迪熙	黄迪宇	黄帆	黄光合	黄贵锋	黄国维	黄浩翔	黄和华	黄基础

毕业生名单

黄坚宏	黄建武	黄锦洪	黄锦鸿	黄进武	黄敬堂	黄俊皓	黄俊鸿	黄凯	黄琪	黄少敏
黄淑欣	黄苏	黄伟华	黄炜岐	黄魏娜	黄文韬	黄兴荣	黄银德	黄玉兰	黄欲升	黄粤
黄真想	黄志灵	黄志庭	黄智	黄忠德	黄祖乐	贾丽鹏	简炜杰	江国栋	江锐生	江永杰
江志坚	姜德洋	姜宇	蒋昊南	蒋吉金	蒋嘉莉	蒋兴科	蒋雨珍	敬连松	柯明余	柯宇标
孔俊豪	赖三发	兰博海	蓝斌	雷清文	雷政威	黎建禅	黎均杰	黎绍映	黎云飘	黎招鸿
黎正燃	黎仲能	李保华	李碧涛	李昌丞	李达斌	李广宁	李国飞	李海涛	李浩榛	李焕欣
李嘉爵	李建新	李鉴吾	李俊波	李俊良	李俊强	李堪阶	李丽芳	李林海	李柳军	李龙鸣
李路	李梦龙	李萍	李启煌	李秋青	李荣曦	李少涛	李树泽	李特元	李挺	李伟
李伟杰	李玮	李炜城	李宇龙	李文彬	李晓燕	李星桂	李星海	李阳珊	李耀智	李银亮	李永光
李永祥	李宇斌	李宇龙	李元强	李玥霖	李韫仪	李湛华	李兆宁	李志聪	李志刚	李志荣
梁斌勇	梁观富	梁广学	梁嘉辉	梁建龙	梁锦豪	梁锦辉	梁俊祺	梁连章	梁培锋	梁其勇
梁升平	梁伟波	梁文贵	梁文雄	梁艺华	梁颖莹	梁永慧	梁政才	梁志明	廖国文	廖统宇
廖伟蝶	林丹	林冬生	林广谦	林洪丞	林家乐	林隽杭	林庆华	林文舜	林湘	林晓聪
林宇敏	林远灯	林钊	林钊斌	林志杭	林志坤	林志升	刘本乾	刘德荣	刘东水	刘高东
刘光耀	刘国锋	刘海波	刘海涛	刘杰明	刘晶	刘景辉	刘军轶	刘开健	刘奎麟	刘明钊
刘石峰	刘腾飞	刘应聪	刘勇	刘玉婷	龙海	龙其名	龙涛	卢荣健	卢伟峰	陆健华
陆金	陆笑芬	陆亿	罗冬阳	罗津	罗凯	罗鹏	罗生希	罗世铭	罗伟挺	罗锡铃
罗兴志	罗卓祺	吕光强	吕培新	吕鑫	马浩骏	马金国	麦世能	蒙春燕	莫丹磊	莫海锋
莫佶肤	莫秋晨	倪铭伟	欧昌文	欧汉镇	欧晋	欧啟生	潘家静	潘鉴聪	潘侨开	潘涛
潘伟佳	潘文钊	潘永杰	庞日海	庞文杰	裴海啸	彭洪波	彭家兴	彭力	彭立权	彭小意
彭泽森	彭中瑜	秦嘉豪	丘红兵	丘美	丘书汉	邱传安	邱云	全学	饶家沧	任万里
沙吉征	申飞	申燕鑫	沈木兰	沈士强	沈兴东	石玉龙	宋闯	宋江超	宋子强	苏立果
苏丽	苏泽恩	孙发	孙宏伟	孙峤	孙启邦	覃卓仪	谭鸿兴	谭江虎	谭娇丽	谭鑫
谭志鹏	汤灿文	汤丽霞	唐驰东	唐杰	唐秋雅	唐绍征	汪恒荣	王昌烁	王桂和	王江
王洁珊	王洁珣	王洁云	王介龙	王娟	王茂伟	王梦波	王鹏	王启懋	王瑞	王水清
王天文	王威	王晓熙	王新浩	王应超	王玉鑫	韦建涛	魏鹏辉	魏文彬	温德平	温士元
温雄飚	邬明华	巫宏伟	巫金洲	吴成波	吴峰峰	吴豪杰	吴浩恩	吴建辉	吴健锋	吴景龙
吴林青	吴明德	吴其成	吴秋麒	吴斯	吴伟津	吴耀洪	吴义梅	吴泳聪	吴勇洲	吴志军
吴卓惠	伍荣达	伍绍明	武丽婷	武星妍	奚传平	冼家俊	冼俊铭	向鑫旭	萧泳欣	肖成辉
肖福松	肖军勇	肖文国	谢泓升	谢家杰	谢锦荣	谢文浩	谢小斌	谢旭华	谢逸	谢勇强
谢政德	熊少良	熊志远	胥开京	徐波	徐佳乐	徐晶芳	徐文旺	徐晓芳	许昉	许培培
许旺	许泽彪	薛岩	严浚恒	杨波	杨晟峰	杨利城	杨柳	杨柳	杨文波	杨西
杨新月	杨志龙	姚健康	姚敬文	姚梓燊	叶丽莎	叶满潮	叶鸣鸣	叶启杰	叶水添	叶泰
叶文祺	叶宇波	叶志华	殷运生	尹金香	游辉	余德亮	余国成	余茜媚	余升	余依锋
虞达府	袁付芝	袁嘉文	袁建红	袁日光	袁锐涛	岳威	岳文	詹佳鸿	詹益伟	张帮钱
张彬彬	张宸宇	张城明	张春帆	张旦煜	张东亚	张帆	张丰义	张奉生	张关明	张衡
张红源	张鸿旭	张家超	张剑文	张杰璇	张楷煌	张磊	张润宇	张文杰	张文利	张英坚
张玉婷	张育浩	张哲	张志廷	张重光	赵斌	赵界瑛	赵锦娟	赵晶晶	赵永壮	甄羽
郑楚州	郑桂城	郑鸿钦	郑环	郑俊彬	郑彤	郑伟	郑伟威	郑小燕	郑小勇	郑永生
郑有为	郑紫萍	植梧培	钟国良	钟立宇	钟亮	钟伟棠	钟燕燕	钟永辉	钟宇斌	钟正贤
周何龙	周嘉颖	周坚勇	周菁	周天宝	周天鹏	周威	周小鹏	周亚伦	周宇晗	周玉博
周照东	周佐才	朱博	朱国聪	朱辉	朱嘉豪	朱嘉辉	朱建军	朱锦城	朱享兵	祝运佩
庄凯宏	庄伟新	庄义鸿	庄奕滔	邹大崑	邹佳铚	邹耀武	邹耀雄	阿力木江·麦麦提		

欧阳润明　欧阳顺娜　买买提·吐松

金融学

蔡东源	蔡洁萍	蔡琴玲	曹娟	曹琳	曹晓慧	曹晓媚	曹艳育	岑健敏	曾凡洪	曾欢明
曾恺衔	曾妙仪	曾庆昌	曾绍强	曾宪榕	曾香玲	曾祥辉	曾译仪	柴毅	常炜坚	陈炳根
陈春兰	陈芳	陈红梅	陈浣琦	陈建梅	陈捷航	陈金锋	陈炯康	陈炯旭	陈珺	陈凯杰
陈考英	陈赛	陈盛萍	陈晓明	陈晓燕	陈晓燕	陈雪莉	陈亚南	陈艳	陈义洋	陈莹
陈玉娟	陈苑妮	陈月琴	陈运民	陈展琦	陈志强	陈旭林	成姜雄	程良芹	程露露	崔剑明
崔状	代珍一	戴文智	戴燕	邓东燕	邓继恩	邓晶	邓俊杰	邓楷祥	邓茗	邓小芳
邓芯芸	邓正丹	邓志红	丁育林	董珉敏	董晓楠	范灿彬	范楚键	范娜	范炜炜	房银龙
房志圭	冯杨峻	甘婵	甘仕林	甘小英	高财喜	高娜	龚思斌	龚一慧	关淑仪	管江飞
管敏	郭丽行	郭瑞杰	郭小慧	郭晓鸣	郭艳玲	郭云霞	韩俊杰	韩林城	韩沁芸	郝冬花
何华辉	何静雯	何灵芝	何玉梅	何裕文	何卓新	何梓贤	洪丹侨	侯晓生	侯颖珍	胡海娟
胡佳佳	胡丽娟	胡舜茹	胡艳冰	胡志恒	黄鼎旭	黄海森	黄河源	黄嘉锐	黄嘉雯	黄嘉雄
黄礼婷	黄丽舒	黄美仪	黄明威	黄秋韵	黄少玲	黄少瑛	黄诗晴	黄为	黄曦	黄晓燕
黄笑琼	黄屹婷	黄银英	黄映萍	黄泽珊	黄增福	黄仲权	黄子发	江满霞	姜英梅	蒋辉
蒋群丽	金云	邝均盛	赖雅清	兰育松	蓝慧芳	劳梓浩	黎嘉明	黎镜伟	黎茂林	黎雅诗
黎玉香	黎洲成	李彬	李春红	李端艳	李方晔	李鸿楷	李焕玲	李健	李靖仪	李均
李绿欣	李梦萦	李秋萍	李瑞芳	李水芳	李思林	李思敏	李伟强	李文富	李文俊	李仙杰
李小敏	李晓婷	李新宁	李鑫蕾	李学为	李耀权	梁碧珊	梁彬	梁灿民	梁海波	梁海玲
梁华	梁辉良	梁嘉雯	梁嘉怡	梁建达	梁就锋	梁丽芬	梁路琪	梁露萍	梁敏治	梁汝芬
梁淑怡	梁伟铭	梁伟珍	梁文晶	梁漪婷	梁宇	梁智东	廖辉登	廖枚香	林碧云	林冰雄
林伯坚	林传佳	林春漫	林栋	林丽娣	林妙	林山东	林少玲	林先颖	林秀玲	林业涛
林云香	凌碧霞	刘彬	刘灿斌	刘超艳	刘楚琴	刘飞霞	刘广福	刘广西	刘海霞	刘汉杰
刘浩波	刘嘉伟	刘利媛	刘美华	刘萍平	刘强	刘秋娟	刘世景	刘武雄	刘小林	刘晓宙
刘杨春	刘洋	刘莹莹	刘御	龙飞鹏	龙静雯	卢爱华	卢利华	卢映庄	罗琛琛	罗恒健
罗洪珠	罗嘉华	罗诗婷	罗伟红	罗晓霞	罗志海	骆冰峰	马嘉权	马铭欢	马智航	麦剑鸣
麦金莲	麦晓颖	莫剑文	莫志强	农晓说	潘爱玲	潘雯洁	潘晓虹	潘秀洪	潘韵然	潘兆平
彭贵芳	彭河瑜	彭锦雄	彭雪君	彭毅芬	钱海英	秦炜杰	邱迪苑	邱婉莹	邱月	区邦志
全靖科	任秋各	任仕良	阮文杰	沈进凤	石亮	石炜健	宋金良	孙志远	谭嘉慧	谭俊维
谭仕超	谭宛仪	谭学明	谭育麟	汤坚文	汤杰	唐晶晶	田继尧	童淞	汪华	王柏强
王春草	王东兰	王慧玲	王龙	王美好	王闪闪	王少凤	王亚丽	王周雄	温小艳	温秀霞
文锦辰	翁千毅	翁源	吴华武	吴嘉铷	吴杰林	吴焜尧	吴丽冰	吴佩珊	吴燕花	吴瑶君
吴业浩	吴玉燕	吴泽宾	吴泽涛	吴志敏	吴智良	吴紫涵	伍燕玲	伍智斌	武娜	冼惠玲
向玲	萧梓荣	肖焕清	肖琴	谢冬燕	谢福昌	谢海婷	谢珊珊	谢晓君	谢卓斯	幸椒芬
熊惠敏	徐丹	徐海群	徐惠镁	徐新花	徐子文	许爱娣	许国坤	许铭何	许颖	禤明俊
薛惠琼	闫红艳	严斌泉	严嘉斌	严菊芬	严丽香	严舒婷	颜波	颜建金	阳美玲	杨彩兰
杨锐洪	杨水镇	杨天军	杨晓琴	杨秀红	杨忆文	杨益明	杨永才	杨志强	姚晓芳	姚耀豪
叶滨	叶锦朋	叶丽仪	叶敏婷	叶志立	易凡	尹贵秀	游冠旺	游佳琪	余丹芸	余惠
余静	余玉翠	余远婷	袁达麒	袁敏	张春华	张春丽	张二梅	张惠珊	张家明	张健辉
张娇	张杰	张洁宜	张丽萍	张利金	张楠	张培根	张琴	张荣伶	张太林	张涛
张婉玲	张旭	张学智	张雁玲	张燕冰	张燕青	张英城	张颖	张玉泉	张月慧	张泽林
张泽玲	张振玲	张志玲	章佳平	赵必汛	赵丹妃	赵雯馨	赵晓燕	郑淳榕	郑坚铭	郑清华
郑榕韵	郑润苗	钟昊桥	钟嘉奇	钟蕊蔓	周从娥	周锦盘	周立鹏	周萍	周奇志	周世斌

周晓纯	周晓霞	周奕娜	朱丰平	朱昊旻	朱鸿飞	朱凯彬	朱　琳	朱小华	朱晓琳	朱　燕
朱　英	朱泽芳	祝小国	邹惠娟	邹漫菁	伊力亚斯·燕忠					

人力资源管理

艾睿娜	包嘉铭	蔡哈妹	蔡惠玲	蔡绵燕	蔡晓君	曹焯权	曹丹红	曹开泉	曹思燕	岑财珍
岑　卉	曾繁红	曾桂兰	曾惠玲	曾　洁	曾靓婷	曾丽娥	曾丽丽	曾佩珊	曾少敏	曾晓莹
曾　欣	曾燕丽	曾梓萱	陈宝怡	陈彩兰	陈楚楚	陈淳东	陈恩恩	陈　芳	陈凤娟	陈凤婉
陈凤艳	陈官旻	陈宏浩	陈　华	陈家艳	陈金浪	陈　静	陈　军	陈克范	陈丽婷	陈　莉
陈林娟	陈　玲	陈刘燕	陈森清	陈　萍	陈其美	陈绮桦	陈倩茵	陈　清	陈琼霞	陈秋玲
陈　锐	陈诗恩	陈婷婷	陈婉仪	陈蔚滔	陈　文	陈雯静	陈晓婷	陈笑儿	陈雪瑜	陈艳媛
陈燕玉	陈银爱	陈　英	陈宇轩	陈　玉	陈远辉	陈　真	陈镇伟	成　华	崔　冰	崔嘉欣
崔梦蝶	崔小平	戴嘉骏	邓春梅	邓海权	邓惠结	邓梅珍	邓小燕	邓　燕	邓蕴仪	翟嘉颖
董春飞	董晓君	窦振强	杜建齐	杜瑞燕	樊彩霞	樊嘉惠	范　丹	范苏红	方　坤	冯静怡
冯素华	冯　曦	符艺馨	付新凤	甘云婷	高冬艳	高炜森	龚文娟	关穗婷	管婷婷	郭存海
郭东文	郭丽萍	郭敏娜	韩嘉豪	韩　艳	韩羽晴	郝素娟	何碧妍	何春淑	何嘉惠	何嘉荣
何侥璇	何景辉	何诗敏	何天朗	何燕芬	何志斌	何忠原	何子进	和桥伟	和玉泉	洪悦明
胡　健	胡梦娜	胡婉君	黄蔼玲	黄国凤	黄海琳	黄　浩	黄惠敏	黄慧玲	黄慧研	黄嘉俊
黄剑锋	黄靖仪	黄军平	黄　侃	黄梅丽	黄　茜	黄　乔	黄　琴	黄青燕	黄秋霞	黄汝琼
黄　睿	黄诗蓓	黄淑敏	黄思颖	黄细娜	黄小林	黄　晓	黄晓君	黄晓青	黄晓雯	黄晓意
黄　鑫	黄雪钟	黄艳灵	黄燕玲	黄燕清	黄钰辉	贾丽霞	江恩贻	江鸿欣	江佳如	江　萍
江婉霞	康丽华	孔俏烽	孔容芳	孔艳斋	邝慧雯	赖奇珍	赖香财	兰　妮	蓝伟强	蓝子颖
劳　宇	雷华兰	雷金凤	黎静文	黎小梅	黎炎群	黎逸昇	黎韵莹	黎梓骏	李宝琳	李碧珊
李　彪	李德华	李　芳	李富浩	李鸿朝	李慧婷	李佳君	李嘉辉	李间开	李　娇	李景怡
李　静	李丽宽	李丽雯	李　娜	李　盼	李佩珊	李　萍	李绮琪	李盛辉	李淑娟	李伟强
李晓芹	李　欣	李秀雯	李亚妹	李　炎	李艳娜	李艳萍	李　莹	李　莹	李颖君	李玉英
李韵怡	李卓政	李子杰	连佳婷	梁碧镱	梁翠如	梁哈哈	梁嘉龙	梁敬梅	梁秋菊	梁秋瑜
梁瑞云	梁诗茗	梁思彤	梁王耀	梁伟玲	梁小玉	梁晓琳	梁晓婷	梁艳芳	梁颖琪	梁颖珊
梁玉珊	梁　志	廖菲靖	廖颖仪	廖永悦	林宝莹	林碧珊	林超娴	林楚丽	林翠丹	林达森
林丹萍	林逢春	林海佳	林嘉琪	林建桃	林锦培	林俊芬	林科英	林玲玲	林梦清	林其挺
林容惠	林思丽	林武胜	林锡鹏	林晓莹	林　鑫	林颖晖	凌匡曦	刘宝荃	刘　波	刘朝伟
刘东霞	刘丰燕	刘海荣	刘　佳	刘　嘉	刘建娣	刘金儿	刘　错	刘丽坤	刘　明	刘　青
刘琼琼	刘仕贤	刘文颖	刘小婷	刘秀葵	刘雪芳	刘雪婷	刘永明	刘玉珍	刘远玲	刘子扬
刘宗艳	卢嘉文	卢静仪	卢尚仪	卢婉雯	卢韵怡	鲁思慧	陆彩玲	陆建辉	陆伟杰	陆晓茵
陆歆瑶	罗惠敏	罗慧雅	罗健辉	罗敏仪	罗　群	罗艳蓉	罗以婷	罗咏梅	罗子君	吕文清
马东仪	马嘉敏	马丽姗	马文娟	马秀梅	麦瑞怡	麦淑玲	莫启健	缪穗杰	缪雅杰	聂小辉
牛　娜	欧楚敏	欧金花	欧斯维	潘灿锦	潘春艳	潘翠琪	潘　凤	潘能华	潘秋菊	潘施敏
潘晓军	潘燕琼	庞秋敏	彭　劲	彭丽敏	彭秋梦	彭善儿	彭水玲	彭雪鹏	彭雅诗	彭燕芬
彭有彬	彭　珍	乔艳菊	钦卓明	秦丽媛	邱丽欢	邱晓丹	邱志锋	饶梦湘	汝文倩	佘敏红
沈琳嫔	沈思颖	盛晴晖	石秋香	史梦嫄	宋敏华	苏晓春	苏雪连	苏　垚	孙红丽	孙　涛
孙燕璇	覃海城	谭　芳	谭昊然	谭莲蓉	谭　倩	谭绍聪	谭淑娟	谭淑然	谭伟骏	谭小韵
谭晓慧	谭志伟	汤继华	汤小勇	唐　婕	唐　龙	陶　欢	陶文霞	田永杰	田云云	佟柢诺
童欢欢	涂华静	王博文	王　红	王　佳	王　佳	王洁秋	王　婧	王　静	王　娟	王　军
王蓝彬	王丽珍	王梦莹	王　绵	王苗苗	王　茹	王思欣	王婷婷	王银霜	王颖舒	王钰燕
王泽楠	王张保	魏丽霞	魏厅华	魏艳梅	温达舒	温思寒	温婉莹	温秀兰	温智斌	文　译

巫丽珍 吴彩瑛 吴冬梅 吴 慧 吴健燕 吴杰锋 吴柳艳 吴敏华 吴奇缘 吴俏琦 吴声湖
吴舒婷 吴思琪 吴穗麟 吴伟锋 吴伟鹏 吴小芳 吴晓鑫 吴章兰 吴祖现 伍德良 伍广业
伍 娟 伍兴华 夏 芳 夏予斌 夏志坤 冼前坤 向 菊 向利华 肖春兰 肖 俏 肖 琼
肖鑫娜 肖玉娇 肖梓华 谢 博 谢春霞 谢 娟 谢 兰 谢岚然 谢 婷 谢雪华 谢阳媛
熊 健 熊停芳 熊新川 徐少钦 徐淑贤 徐 滔 徐巍娥 徐衔涵 徐衍晶 徐园园 徐紫麟
许 亮 许柳萍 许纳璇 许 婷 许旋如 许英花 许 莹 许玉婷 颜 霞 阳冬梅 杨超军
杨冬梅 杨冬宜 杨妃儿 杨记娟 杨进珠 杨敏仪 杨清云 杨秋婷 杨秋霞 杨 婷 杨 薇
杨韦凤 杨 霞 杨晓怡 杨 妍 杨 莹 杨梓权 姚江华 姚巧巧 叶海萍 叶俊杰 叶满红
叶淑深 殷雯敏 尹为梁 游姣琳 游瑞容 游晓怡 余 超 余冬玲 余美珍 余 秦 余少屏
郁开智 袁丽丽 袁晓艺 袁秀姗 袁 雁 袁燕丽 詹盼盼 詹晓珊 湛家传 湛绮晴 张爱明
张灿斌 张成益 张冬梅 张芙蓉 张海燕 张红花 张红瑜 张晶晶 张靖喻 张 莉 张美琳
张 茜 张 琼 张 婷 张文斌 张武装 张晓彤 张新芝 张亚磊 张雁雁 张银填 张玉燕
张玉莹 张梓淇 招冠芳 招志乐 赵凡非 赵海莲 赵思颖 赵迎迎 郑丽娟 郑 林 郑玲珊
郑 茹 郑婉娜 郑小美 郑妍蓉 郑盈盈 郑有金 郑韵怡 郑孜孜 钟楚婷 钟嘉琪 钟姗姗
钟淑君 钟思敏 钟伟良 钟 源 仲泉泉 周俊兰 周 露 周 萌 周敏君 周 鹏 周汝芳
周伟江 朱宝萍 朱彩嫦 朱海舲 朱 丽 朱 丽 朱丽玲 朱丽亚 朱珊珊 朱少敏 朱 委
朱文静 朱香玫 朱泳钰 朱玉婷 朱 元 朱志杰 庄幸福 邹碧芳 邹培培 邹永锋 司田阳子

商务英语
陈诗婷 苏诗韵

食品科学与工程
曾秋霞 曾燕娇 陈华飞 陈曼娜 陈敏而 陈敏婷 陈南球 陈倩欣 陈少波 陈铜旭 陈香巧
陈艺华 邓康贤 何美裕 黄柏浓 黄蓓佳 黄丽娟 黄培烽 黄琼红 黄秋娟 黄仁财 黄小倩
黄煜桐 江燕玲 江昇展 康颖彤 孔明伟 黎美娇 李健俊 李敏敏 李 俏 李素金 梁 杰
梁誉文 林素萍 林 熹 林晓敏 刘家敏 吕善进 莫秋婷 欧增宝 彭家乐 彭文丽 苏钧培
孙晓燕 王金梅 吴惠创 吴建钦 吴文光 谢映婷 许宇静 杨良敏 杨晓敏 易慧华 郑雪红
钟海美 朱育波

土木工程
蔡宏标 蔡宏耿 蔡振华 蔡中旺 曾文凯 曾晓群 曾晓挺 曾志彬 陈炳作 陈超兵 陈诚聪
陈桂芝 陈红雨 陈泓灏 陈华四 陈继普 陈嘉乐 陈嘉文 陈俭超 陈境儒 陈凌云 陈龙劲
陈楼蔚 陈培凯 陈培侠 陈佩仪 陈其乐 陈桥恩 陈清辉 陈庆虎 陈荣鑫 陈榕华 陈尚礼
陈尚言 陈锡红 陈小平 陈晓阳 陈雪莹 陈雅艳 陈永彬 陈宇晖 陈宇俊 陈 芸 陈志枫
陈志刚 陈志文 陈 治 崔剑宵 崔英文 戴斌鹏 戴启军 戴树铭 戴 婷 邓 飞 邓福能
邓 亮 邓宇震 刁焕新 丁代金 杜惠明 杜家洪 段守朋 樊博科 范庆镇 方 敏 冯杰滔
冯进锐 冯柱恒 馮康俊 高军成 高 婷 高伟明 高晓青 高 杨 葛健聪 龚燕娟 关伟成
关伟江 官炎俊 桂许元 郭常青 郭嘉良 郭珮珊 郭 战 韩春红 何彩平 何 超 何超亮
何程熙 何国达 何嘉豪 何浚洋 何伟强 何秀芬 何永豪 何远卓 洪朝伟 洪笃涛 洪佳纯
洪明耀 洪群佳 洪晓青 胡 彪 胡红波 胡建坤 胡俊伟 胡宁亭 胡 平 黄彩红 黄 超
黄冬梅 黄芳群 黄谷杨 黄关水 黄国进 黄海峰 黄海燕 黄浩驱 黄 杰 黄锦生 黄景法
黄菊斌 黄钧贤 黄俊龙 黄俊铭 黄凯鸿 黄李丽 黄丽芳 黄日传 黄锐韬 黄宋辉 黄伟佳
黄炜森 黄文强 黄小璇 黄雪霞 姜惠文 姜 昆 焦雄刚 康佳俊 康正安 劳浩杰 雷彦林
贾江宁 江锐鑫 江嵩榆 江永阳 姜惠文 姜 昆 焦雄刚 康佳俊 康正安 劳浩杰 雷彦林
黎思蓝 黎 婷 黎卓文 李 斌 李 波 李楚然 李 春 李东军 李芙英 李耿明 李海洋

李浩贤 李辉 李辉 李佳 李建豪 李娟英 李凯 李敏杰 李铭强 李琦 李榕根
李睿麟 李少武 李望民 李贤英 李晓兰 李叶汉 李奕霖 李颖 李永林 李勇强 李玉萍
李真诚 李志鹏 李志勇 李中玉 李舟彤 利宝仪 梁冰 梁福清 梁鸿安 梁辉华 梁嘉泳
梁景恩 梁乐夫 梁敢超 梁维晋 梁为广 梁晓锋 梁艳芬 梁煜健 梁展铭 梁子洁 廖嘉龙
廖文腾 廖盐辉 廖泽璇 廖振鸿 林彬彬 林朝颖 林冬冬 林枫韵 林恒 林健 林进谦
林龙 林茂华 林敏丽 林佩芝 林萍萍 林澍铭 林心怡 林怡珊 林荧洁 林玉芝 林远怀
林展升 林昭强 林震轩 刘富达 刘富桥 刘国龙 刘昊林 刘浩敏 刘浩源 刘赫男 刘华泉
刘欢 刘嘉彭 刘景昊 刘俊晖 刘俊杰 刘俊跃 刘康林 刘乐乐 刘乐怡 刘磊 刘丽瑕
刘敏 刘荣业 刘少航 刘树圻 刘思珍 刘学鹏 刘雪进 刘颖馨 刘志成 刘志航 刘志宏
刘志钧 刘志威 刘志远 刘智彬 龙腾 卢伟龙 卢燕云 陆金龙 陆敏婷 罗琼燕 罗秋平
罗珊珊 罗婉玲 吕国华 吕文卓 吕钰珍 马超 马靖楷 马君汉 马永恒 麦宝华 麦家荣
麦锐洪 莫家俊 莫燕明 聂金富 欧峰玮 欧素珍 欧雄时 潘楚蓉 潘霞 潘鑫 盘敏琪
庞飞龙 彭铧 彭盛华 戚小敏 戚泽棋 钱程 丘秀兰 邱文骏 冉凌瑞 饶莉 任锋
任希洪 阮钰儿 商涛 尚志梁 师宇鹏 宋丹丹 宋家祥 宋新辉 苏碧仪 苏观强 苏家杰
苏雪清 苏艳婷 苏远东 苏志颖 孙超 孙东 孙明浩 谭国辉 谭鸿飞 谭堂满 谭智韬
谭梓华 汤燕芝 唐波 唐华 唐家健 唐健 唐乐云 唐玲 唐勋健 陶朗生 陶彰文
田成剑 田野 王德富 王剑锐 王康斌 王睿钦 王文超 王小丰 王阳 王志峰 王志鸿
王智斌 王柱深 韦志坤 魏峰 魏精 魏育权 温春欢 温哲 邬琴 吴奔智 吴波
吴彩连 吴彩霞 吴楚宏 吴达理 吴海蓝 吴华斌 吴华海 吴佳慧 吴健斌 吴淑桢 吴树武
吴文杰 吴小川 吴小星 吴羊 吴真龙 吴镇国 伍国乔 伍远波 伍子鑫 武应军 夏麟华
冼妃敏 乡沛兴 项宗宇 肖冠斌 肖嘉瑜 肖腾彬 肖伟东 肖新华 肖燕妮 谢冬冬 谢帆
谢开晋 谢圣辉 谢文峰 谢玉 熊丽 徐翀 徐嘉仪 徐可 徐连兵 许峰 许冠明
许颢毅 许滔 薛华通 闫泽旭 严彬高 颜焯全 杨国宏 杨剑锋 杨康乐 杨时贤 杨松
杨威 杨小莉 杨兴军 杨学军 杨振文 姚华明 姚利仁 姚文滔 叶桂江 叶华靖 叶俊茂
叶伟钟 叶炜 叶晓科 叶鑫添 叶星扬 叶樟丽 叶志卿 叶智全 尹浩民 游安健 余健钧
余启文 余卫雄 臧猛 张昌喜 张楚辉 张东楠 张海湾 张金雨 张津裕 张俊平 张明君
张少捷 张顺 张松涛 张天泽 张伟豪 张伟岳 张玮 张新英 张鑫 张宇清 张煜功
张远康 张振业 张梓烨 章巧媛 赵婧薇 赵权林 郑贵平 郑生宪 郑顺明 郑伟纶 郑秀萍
钟炳财 钟楚敏 钟国城 钟俏红 钟求 钟晓君 周慧军 周剑辉 周洁仪 周楠 周锐洁
周炫 周亚亮 周郁娟 周煜 周泽锋 周展鹏 周智勇 朱方美 朱汉北 朱铝才 朱荣深
朱锐 朱雪峰 庄凯鹏 邹晟 邹灵灵 邹帅男 邹泽基 左瑞环 吐尔逊那依·吐尔地
王玮瑛瓒

物流工程

闭秀平 蔡红梅 陈敏贤 陈如明 陈伟 陈志权 程盟盟 崔慕琪 崔慕仪 戴宗宇 邓杰行
董萌萌 杜国良 冯楚茵 付文杰 高小梅 关永成 郭剑森 何彬浩 何华安 何艳华 胡经纬
胡玉琼 黄海彬 黄庆威 贾琪黎 江鹏飞 江文静 江镒鑫 康花红 康全会 黎亮亮 李佳杰
李连蓉 梁科 廖家亮 林雨鸿 刘晓倩 刘章恩 刘镇业 麦广源 沈承佳 苏朝雷 孙清会
谈鹏 覃浅 唐玉军 王澄雄 王莹 温志坚 吴天基 吴雪芬 吴泽飞 向前 谢美娟
谢晓冬 熊兴平 徐德锋 徐辉 徐月英 杨世轩 杨艳雷 杨智全 张青 张卓铭 赵彬
赵岚桢 钟飞帆 钟健 钟润生 周文涛 周映辉 朱伟冬 邹沛明

行政管理

白俊杰 毕婉婷 宾建霞 蔡海蓝 蔡铭娟 蔡清清 蔡荣坤 蔡锐伦 蔡伟敬 蔡艳荣 曹露露
曹运红 曾丹丹 曾庆军 曾小榕 曾燕苑 曾运军 曾志坚 柴莉 柴振海 陈彬 陈翠芳

陈翠珠 陈德光 陈 芳 陈赣香 陈海虹 陈家进 陈嘉丽 陈健明 陈锦研 陈晶宝 陈举严
陈 军 陈俊杰 陈 浚 陈丽敏 陈莉诗 陈 亮 陈玲玲 陈美美 陈美琼 陈妙芳 陈明辉
陈木生 陈佩珊 陈俏男 陈神军 陈添花 陈伟添 陈 熹 陈小玲 陈小芹 陈晓慧 陈晓琼
陈秀娟 陈秀敏 陈雪瑜 陈 亚 陈亚兰 陈颜燕 陈 扬 陈银学 陈迎珍 陈映婷 陈 勇
陈勇良 陈詠诗 陈玉燕 陈 昱 陈钰芝 陈泽锐 陈志强 陈子聪 陈子情 程 晨 崔广亮
戴宝莲 戴明飞 戴秋雨 邓娟娟 邓丽萍 邓荣臻 邓润志 邓晓君 邓颖媚 丁秋媛 董冰冰
董 枫 董 涛 杜燕斐 樊佳晟 樊晓云 范家恩 范苗苗 范 岳 范志健 方小妹 方 烨
方泽君 冯检花 冯结齐 冯景林 冯 震 符之勇 傅瑞清 傅瑜玲 高 昂 高光明 高美华
高婉冰 高文铭 高祥云 高永燊 龚 敏 龚玉冰 龚玉立 关立强 关敏如 关敏枝 关茜尹
关伟强 关志刚 官秋萍 郭嘉威 郭铠淳 郭鹏远 郭群英 郭伟华 郭文凯 郭星求 郭燕伟
郭一峰 郭咏荷 何浩亮 何杰萍 何诗琪 何添弟 何维宝 何咏琪 何梓欣 洪 亮 洪美乐
洪 叶 胡 敏 胡倩婷 胡晓纯 黄斌旋 黄彩芹 黄晨伟 黄崇生 黄楚红 黄达亮 黄 帆
黄桂丽 黄浩权 黄惠雯 黄嘉淇 黄建豪 黄建林 黄建雄 黄举云 黄考智 黄可彬 黄铭辉
黄启邦 黄倩怡 黄瑞花 黄少恩 黄少霞 黄诗敏 黄颂杰 黄穗彤 黄 涛 黄天保 黄伟佳
黄伟雄 黄伟璇 黄曦彤 黄晓敏 黄雄斌 黄耀生 黄烨烨 黄伊婷 黄 亿 黄泳婷 黄毓星
黄苑萍 黄 粤 黄哲权 黄芷婷 霍文杰 霍雪华 贾馥榕 江 宛 姜文浩 焦 瑞 景少锋
孔宪德 孔祥发 匡胜国 邝家和 邝家浚 赖志群 蓝佰顺 蓝伊琪 劳少菁 黎金灵 黎 丽
黎小丹 黎旭帆 黎艳丽 黎懿坤 李 晨 李 成 李城欢 李 聪 李 芳 李芳芳 李浩杰
李红娟 李嘉彬 李嘉玲 李剑锋 李晶晶 李 科 李乐乐 李 磊 李立煌 李丽燕 李龙飞
李美怡 李妙玲 李敏聪 李铭钊 李镕铭 李青华 李 蓉 李润诚 李尚林 李 婷 李伟煌
李伟鹏 李文凯 李文熙 李欣媛 李雅枫 李沂龙 李艺文 李泳佳 李志平 李紫茵 梁皓文
梁华丽 梁焕环 梁嘉敏 梁嘉欣 梁健伟 梁茂婷 梁媚笑 梁 敏 梁淑华 梁舒欣 梁雯静
梁晓晖 梁晓明 梁艺雯 梁宇恒 梁灶连 梁兆娴 梁卓宗 廖丹丹 廖美美 廖衍逊 廖艳梅
廖燕香 廖意珠 廖长旺 林 东 林华基 林丽婉 林漫容 林妙芬 林倩敏 林庆滨 林秋婵
林师尧 林思敏 林思宁 林伟群 林文道 林晓博 林旭莉 林泽锋 林子韵 林紫君 凌荣信
凌子红 刘冰山 刘珈维 刘家豪 刘嘉慧 刘 娟 刘丽英 刘满洲 刘美艳 刘美苑 刘明成
刘佩文 刘少华 刘素素 刘伟权 刘雪芳 刘倚彤 刘 艺 刘奕轩 刘永滔 刘元杰 刘炤仪
刘圳华 刘志强 刘忠芳 刘梓阳 娄智勇 卢翠英 卢惠洪 卢晓晴 卢颖锋 罗桂花 罗红芳
罗武敏 罗永晖 罗 宇 罗章霞 罗梓源 骆健婷 吕 成 吕嘉莉 吕建武 吕 鉴 吕 萌
马 杰 马进敏 马 娟 马蓉慧 马晓雁 麦春雅 梅基坤 孟 海 明永可 莫振文 聂梅花
欧培铭 欧清霞 欧惟仲 欧阳丰 潘昌喜 潘珊珊 潘小英 潘 颖 彭海英 彭思燕 彭婉姗
戚大海 祁月菊 乔纳新 丘佩娟 区少姬 区芷君 任 参 阮念恩 阮一峰 神妙思 沈 欢
石福利 石劲松 石秀儒 史娇苑 宋家亮 宋江培 宋 亮 宋万里 苏 麟 苏楠楠 苏万丽
苏志雄 孙宝城 孙功群 孙红新 孙 俭 孙建红 孙 静 孙 雯 覃建瑶 覃洁影 谭宏杰
谭杰铭 汤月锋 唐晨曦 唐 镭 唐丽诗 唐淑艳 唐 雪 陶毅泉 田国胜 万美娜 万 栓
万园园 汪瑜瑾 王曾杰 王楚才 王登山 王广文 王佳锡 王 建 王 剑 王景梅 王景群
王 静 王 磊 王丽博 王 莉 王龙一 王梦雄 王妮妮 王 平 王群方 王荣娟 王 婷
王 薇 王晓丹 王晓敏 王秀清 王雪丹 王茵蓓 王 莹 王映秋 王咏欣 温华锋 温小冰
温延乐 温战花 邬颖红 巫雪媚 吴彩秀 吴 冬 吴 帆 吴家侠 吴嘉恩 吴 敏 吴婉华
吴细船 吴细玲 吴湘瑶 吴晓琪 吴欣婷 吴燕珊 吴耀华 吴奕云 吴志香 吴志毅 伍洁仪
伍卫华 伍昭宝 夏俊锐 冼瑞珍 冼文浩 冼雪琪 萧焕欣 萧诗琳 肖丹霖 肖建宇 肖杰耀
谢定元 谢海刚 谢嘉敏 谢佩延 谢小华 谢妍君 谢振文 邢文娥 熊嘉敏 熊嘉荧 胥 洋
徐恩茜 徐丽春 徐志刚 许和龙 许炯豪 许锡梅 许秀霞 薛玉莲 薛政佳 闫 霞 颜博城

杨宝莹	杨 晨	杨伏芬	杨嘉惠	杨 杰	杨洁东	杨丽敏	杨 娜	杨 鹏	杨若冰	杨淑敏
杨婉怡	杨微微	杨雯霞	杨小翠	杨晓薇	杨智卿	杨 周	姚佳莹	姚璇君	姚子宁	叶海欣
叶 磊	叶少兴	叶少玉	叶毅全	叶卓恩	伊马木·	马力克	易华欣	易元浩	殷 欢	银中伏
尹 春	游玉华	于洪涛	余慧智	庾倩仪	袁丹婷	袁红志	袁继英	原绮君	张宝紫	张彩凤
张 栋	张桂玲	张海棠	张红梅	张红禹	张焕平	张 辉	张嘉仪	张 静	张凯宁	张龙辉
张慕子	张 屏	张 萍	张思婷	张伟玲	张霞生	张小玲	张效徽	张永扬	张宇涛	张钰莹
张志斌	张宗梓	赵 晨	赵大为	赵 莉	赵 维	郑 芬	郑乔夫	郑树扬	郑斯静	郑维珍
郑雯雯	郑泳茵	郑泽君	郑志阳	钟洪庆	钟惠珊	钟健鸿	钟健森	钟熔高	钟淑婷	钟鲜华
钟辛妹	钟咏茵	周凤恩	周靖涵	周凯歌	周丽蓉	周美瑶	朱彩丽	朱 惠	朱米学	朱早平
朱智聪	庄潍维	庄子琦	宗俊安	邹家琪	邹群英	左汶龙	WONGIOFEI	高陈惠贞	欧阳效源

专科

财务管理

高远静　黄菁菁　林冰敏　杨桂英

城市轨道交通运营管理

揭广云　李浩勇　李 璇　林广乾　万琳琳　许鸿远

电气自动化技术

安崇庚	蔡华新	曹 彪	曹景新	曹艳波	曹烨敬	曹镇江	岑建豪	曾国鸿	曾辉和	曾锦新
曾庆隆	曾 蔚	曾小勇	曾雄飞	常 斌	陈北城	陈 滨	陈东杰	陈锋国	陈海航	陈 宏
陈宏盛	陈洪波	陈惠明	陈家成	陈家伟	陈嘉霖	陈景泉	陈俊强	陈康信	陈孔杰	陈鹏飞
陈汝锦	陈锐华	陈绍滨	陈 深	陈顺前	陈伟坚	陈伟军	陈卫平	陈沃霖	陈锡浩	陈小军
陈小龙	陈雅伦	陈杨发	陈泽宇	陈振生	陈 智	程永剑	崔德平	崔国欢	崔兆伦	邓乐智
邓奕发	邓志威	丁 立	丁 亮	董何波	董何文	范书庆	范耀韦	方天杰	方 义	封升文
冯承源	冯桂中	冯国欣	冯杰良	冯志良	付 斌	付孝杰	甘布伦	甘燚平	甘政岚	高 伟
古汝盛	顾春平	郭健强	郭俊成	郭绍安	郭盛豪	郭思颖	郭 勇	郭兆恒	韩年养	韩学良
何超杰	何 锋	何建胜	何健伟	何锦伟	何俊杰	何铭辉	何铭联	何绍明	何文鸦	何 勇
何元光	何志辉	何志伟	何智东	贺德志	侯朝阳	胡 刚	胡俊涛	胡朗坤	胡 亮	胡洽凯
胡志龙	黄彩兵	黄灿贤	黄达寅	黄帝锋	黄发初	黄海明	黄宏清	黄进兴	黄榕玲	黄斯杭
黄伟鹏	黄伟祥	黄位学	黄武锋	黄 焱	黄业清	黄 泳	黄泽贤	黄 卓	惠军辉	纪伟斌
简振鹏	江 亮	姜学丰	姜 勇	蒋崇伟	蒋家浪	蒋 靖	蒋小平	蒋云军	柯昌征	雷海银
黎冠星	黎明辉	黎永亮	黎韵肩	李 宝	李 斌	李大将	李地长	李东飚	李 飞	李国标
李国林	李宏亮	李华轩	李继伟	李剑明	李俊杰	李俊佗	李立达	李良杰	李满康	李民胜
李明乐	李年军	李其权	李儒森	李少龙	李 胜	李石勇	李世德	李素方	李文杰	李沿志
李 音	李永强	李雨航	李元元	李志沛	李志雄	李智豪	梁 锋	梁光赞	梁国荣	梁华吉
梁建华	梁锦棠	梁立辉	梁 青	梁伟明	廖汉能	廖美州	廖顺波	廖雪森	廖瑶辉	林浩灿
林金水	林锦233	林进青	林景筹	林景强	林铭轩	林思宁	林伟健	林文滔	林锡熙	林展雄
刘大胜	刘官辉	刘光辉	刘广平	刘建业	刘利锋	刘亮平	刘隆高	刘 敏	刘 然	刘声伟
刘思明	刘伟权	刘文旺	刘晓波	刘 杨	刘中南	刘自贵	龙 林	卢海珊	卢家金	卢 亮
卢泳强	陆炳秋	陆庆彬	罗 锋	罗镜锋	罗可飞	罗力华	罗丽舟	罗荣华	罗振辉	吕庆镇
吕向东	马建军	马 军	马吴龙	马晓婧	麦德坚	麦锦超	麦子浩	蒙健东	秘登武	莫志标
聂学文	宁召林	潘丽华	潘忠平	庞振泰	彭凤贤	彭 刚	彭先斌	皮文宇	齐 飞	秦长松
丘国雄	丘 平	丘学轩	邱 东	邱日成	邱小伟	冉 箭	任朝阳	余松芝	沈 洁	沈孟其

沈昱玮 盛利 石换红 石维飞 史亮刚 宋锦军 苏炳基 苏富满 苏杰辉 苏丽仙 苏伟健
孙华勋 孙进川 孙梦红 孙随清 孙学兵 谭国平 谭良宁 谭志杰 田坤 田世坤 王朝
王贵豪 王红莉 王加海 王军茂 王逵 王磊 王梦娇 王朋辉 王前进 王润生 王文博
王文其 王潇 王雄 王续 王周军 王自华 韦耀柏 魏宏丽 魏霆锋 魏永胜 温智忠
吴城 吴广志 吴海平 吴声北 吴先武 吴晓明 吴兆基 吴志坚 吴志领 伍时敏 伍峥嵘
夏嘉健 冼东生 肖琳 谢家亮 谢旺 谢赞辉 胥胜栋 徐南湾 徐森 徐苏 许兵
许成浩 许多辉 许伟任 许永祝 许跃森 许中学 薛伟忠 闫涛 颜小硕 阳东臣 杨乘坤
杨恩 杨发明 杨发泽 杨鸿 杨魁 杨丽昌 杨培赞 杨平 杨添裕 杨燕权 杨易帆
杨再春 杨忠才 姚宣兆 叶高敏 叶国华 叶友华 于朝华 余前辉 喻俊 袁德健 袁铭浩
詹锡豪 詹植侨 张国强 张国云 张亮 张明智 张平 张强 张伟健 张翔 张小虎
张效祖 张艺清 张永菲 张玉山 张展文 张志全 赵春妮 赵杰华 赵俊 赵明辉 赵旭生
郑聪贤 郑乐英 郑名填 郑世橙 郑迎炮 郑志伟 邹春芳 钟健宇 钟丽思 钟炼行 钟容贞
周桐 周汉宁 周宏伟 周华 周连惠 周龙 周伟 周伟杰 周信培 周燕 周志萍
朱海 朱明豪 朱尤朋 邹接灵 邹世清 巴合塔尔·哈尔肯

法律事务

曾华龙 丁旭 杜家杰 韩婉霞 胡红让 林青 林少芳 刘敏洁 刘宗美 楼帅 卢嘉
罗沛诗 马小龙 欧健宏 唐龙 王珏 韦旺平 萧嘉进 张冬 赵敏锐 周超
艾麦提·喀斯木 迪里木拉提·努尔买买提 肖开提·吾甫尔

法学

梁健銮

高分子材料应用技术

柏春城 曹亮 陈华 郭祖喜 李嘉添 李金朵 李文森 刘绍兴 冼培均

工商企业管理

安巧兰 白东启 白红杰 白娟娟 白立爽 白晓倩 白秀珍 白亚芬 白卓杰 柏彩艳 柏松林
柏秀燕 班金清 包华洋 包明卉 贲兴好 毕家宁 毕锐威 毕爽 毕伟轩 毕志聪 卜亚玲
才丽丽 蔡朝勇 蔡承杰 蔡嘉琪 蔡健富 蔡久平 蔡玲玲 蔡美婷 蔡敏 蔡明友 蔡青霞
蔡然 蔡尚林 蔡淑兵 蔡淑静 蔡婷婷 蔡万豪 蔡文陆 蔡西敏 蔡夏婵 蔡潇枫 蔡小兵
蔡小红 蔡晓媚 蔡晓燕 蔡心如 蔡忻颖 蔡燕钗 蔡燕华 蔡奕曼 蔡玉花 蔡玉萍 蔡政敏
蔡梓豪 蔡紫茵 操龙华 曹必大 曹昌生 曹晨曦 曹福新 曹吉红 曹洁 曹洁贤 曹莉芳
曹龙飞 曹淇桐 曹青 曹求文 曹书波 曹思琴 曹婷 曹文燕 曹晓东 曹杏芳 曹勇
岑嘉浩 岑梅菊 岑莹敏 岑智勇 曾兵 曾才麟 曾超文 曾程 曾德财 曾耿杰 曾国成
曾国良 曾浩贤 曾红梅 曾厚华 曾焕华 曾焕萍 曾辉 曾惠敏 曾嘉欣 曾嘉怡 曾建
曾健辉 曾金花 曾进 曾俊梁 曾黎明 曾林华 曾漫婷 曾美珑 曾敏 曾平衡 曾启贤
曾庆博 曾群芳 曾瑞环 曾仕霞 曾淑琼 曾维健 曾伟 曾伟经 曾伟康 曾伟生 曾伟文
曾文 曾细妹 曾夏菊 曾先武 曾宪宝 曾献炳 曾晓君 曾晓敏 曾新苗 曾兴鑫 曾秀婷
曾雪花 曾艳玲 曾燕冰 曾燕萍 曾燕珠 曾艺玲 曾艺勤 曾益通 曾永平 曾泳池 曾玉亭
曾韵平 曾紫如 曾自航 查玉磊 柴春光 常晓敏 巢伟鸿 陈爱连 陈爱莲 陈邦闯 陈碧丽
陈碧如 陈彩红 陈灿明 陈常香 陈朝露 陈成斌 陈承永 陈崇岚 陈楚芳 陈楚明 陈楚倩
陈传镇 陈春燕 陈翠霞 陈丹 陈丹群 陈单仪 陈东苗 陈冬梅 陈栋彪 陈敦林 陈芳荷
陈菲凡 陈翡艳 陈凤 陈凤玲 陈凤萍 陈凤霞 陈刚 陈刚华 陈港成 陈庚年 陈光辉
陈桂成 陈国辉 陈国来 陈海东 陈海杰 陈海岚 陈海莲 陈海琪 陈海怡 陈海云 陈汉成
陈昊 陈浩 陈浩 陈浩文 陈红芳 陈红玉 陈虹妙 陈鸿伟 陈华 陈华婵

陈华泉	陈焕壮	陈惠芬	陈慧聪	陈慧芳	陈慧岚	陈慧莹	陈继兰	陈佳慧	陈家乐	陈家琪
陈家升	陈嘉灵	陈嘉威	陈嘉仪	陈俭华	陈建	陈建飞	陈建锋	陈建均	陈建美	陈建美
陈建荣	陈建威	陈建毅	陈建玉	陈剑峰	陈健威	陈杰	陈杰民	陈杰明	陈金华	陈金鹏
陈金玉	陈金运	陈锦锋	陈锦华	陈锦庆	陈进南	陈晶	陈静	陈静娴	陈娟梅	陈俊
陈俊杰	陈俊棋	陈俊阳	陈俊源	陈柯	陈兰兰	陈黎明	陈丽	陈丽红	陈丽娇	陈丽君
陈丽丽	陈丽梅	陈丽妹	陈丽蕊	陈丽珍	陈利红	陈莉娟	陈连金	陈烈	陈林	陈林波
陈琳欣	陈玲	陈柳红	陈龙	陈泷豪	陈隆杰	陈美娟	陈美娟	陈美君	陈美玲	陈媚
陈梦	陈梦如	陈梦茹	陈梦珍	陈敏辉	陈敏捷	陈敏玲	陈敏琪	陈明广	陈明豪	陈明月
陈铭杰	陈南宇	陈年发	陈娘华	陈柠威	陈培波	陈佩仪	陈佩莹	陈朋朋	陈绮梦	陈潜毅
陈倩	陈倩雯	陈俏同	陈俏彤	陈庆玲	陈秋洁	陈秋娜	陈秋童	陈秋雅	陈泉	陈任新
陈瑞	陈润菊	陈少娜	陈设	陈胜桦	陈诗映	陈诗韵	陈世杰	陈淑玲	陈舒婷	陈舒艺
陈树林	陈思敏	陈思英	陈思盈	陈斯君	陈锶韵	陈苏妹	陈天福	陈廷俊	陈婷	陈婉丽
陈伟华	陈伟健	陈伟兰	陈伟明	陈伟雯	陈伟欣	陈炜贤	陈卫召	陈文标	陈文浩	陈文杰
陈文俊	陈文林	陈文明	陈文文	陈雯	陈稳瑜	陈锡俊	陈锡明	陈细燕	陈显基	陈香花
陈小腊	陈小兰	陈小敏	陈小明	陈小清	陈晓芳	陈晓明	陈晓莎	陈晓霞	陈晓燕	陈孝明
陈新平	陈兴兴	陈杏珍	陈秀娟	陈璇燕	陈雪芳	陈雪梅	陈雪梅	陈艳艳	陈燕	陈燕飞
陈燕敏	陈燕平	陈燕珊	陈洋财	陈晔	陈益萍	陈莹莹	陈映君	陈永翰	陈永明	陈泳婵
陈湧娜	陈渝匀	陈宇	陈宇妹	陈宇童	陈雨欣	陈玉敏	陈玉荣	陈玉燕	陈裕华	陈煜祺
陈圆圆	陈媛	陈月菊	陈月婷	陈悦	陈泽杰	陈泽娟	陈泽霓	陈泽泉	陈泽伟	陈泽旋
陈展程	陈展云	陈珍	陈振东	陈振文	陈振忠	陈震泽	陈志宝	陈志彪	陈志豪	陈志红
陈志强	陈志权	陈志荣	陈志勇	陈志勇	陈志钏	陈治珍	陈智铿	陈智勉	陈梓豪	陈梓滢
陈紫欣	陈紫茵	谌加莉	成继伙	成林涛	成萍	成优莲	成梓键	成自斌	程斌斌	程兵
程锋利	程慧	程明辉	程启峰	程受宝	程素萍	程小青	程学梅	池方伟	池奕平	迟燕
仇豪贤	褚胜	褚永钊	椿敏	崔东敏	崔静梅	崔美花	崔瑞瑞	崔文丝	崔晓玲	崔雅
崔智超	代当	代宏司	代霜	代雪容	代焱涛	戴春利	戴辉	戴娟	戴俊强	戴丽娟
戴丽云	戴绿议	戴镇凌	戴志章	戴子琼	单珂	单艳红	邓澄仁	邓川	邓春玉	邓翠玲
邓飞	邓富家	邓国云	邓海荣	邓洪华	邓洪英	邓家贝	邓家宽	邓健聪	邓健恒	邓锦霖
邓坤良	邓丽梅	邓丽苏	邓丽旋	邓林锋	邓满优	邓美婷	邓美霞	邓妙燕	邓敏敏	邓敏镕
邓明辉	邓明义	邓萍	邓秋霞	邓如锦	邓瑞芳	邓润东	邓书钰	邓丝丝	邓思思	邓泗文
邓伟彬	邓伟明	邓伟明	邓文飞	邓文忠	邓湘旺	邓小曼	邓小婷	邓学青	邓雪晶	邓炎豪
邓燕嫦	邓颖	邓泳仪	邓勇贤	邓悠	邓玉山	邓云英	邓贞梅	邓振明	邓正汉	邓知新
丁爱均	丁宝玲	丁丹丹	丁俊齐	丁舒会	董定会	董娟玲	董世杰	董显益	董潇妃	董晓静
董钰欣	杜勃勃	杜加诚	杜加宏	杜静	杜开益	杜伟	杜文英	杜艳丽	杜燕婷	杜映娇
杜幼玲	杜幼娜	杜幼芝	段方方	段广红	段海元	段辉群	段惠玲	段景桐	段荣真	段涛
段玉霞	樊小凤	范海波	范剑锋	范奇朗	范锐均	范三峰	范晓维	范远航	方得焕	方东奇
方富泉	方赣平	方坚顺	方建梅	方蕾	方留志	方美秀	方杪琪	方巧玲	方士英	方小惠
方宣龙	方映芬	方云虎	房银凤	房卓淮	冯爱花	冯彬远	冯楚婷	冯妃琴	冯国贞	冯海燕
冯华丽	冯家伟	冯捷玲	冯钜锋	冯乐怡	冯丽芳	冯丽容	冯利娟	冯利强	冯玲	冯敏仪
冯明华	冯荣辉	冯锐坚	冯少霞	冯盛开	冯世文	冯婉君	冯谓柱	冯文彬	冯小燕	冯晓敏
冯阳	冯怡雯	冯志进	冯志立	冯志强	符栋栋	符清俊	符月珠	付帮虎	付保生	付常龙
付小丹	傅炎波	傅英娇	甘春风	甘达聪	甘华坛	甘剑军	甘杰	甘丽欣	甘亚湘	甘益平
高奔祥	高大勇	高定然	高浩	高惠敏	高嘉莹	高丽丽	高丽梅	高亮杰	高林青	高梦燕
高铭	高庆才	高文丽	高晓萌	高晓欣	高学杰	高艺聪	高奕	高智	高卓彬	郜志阳

葛淑吟 葛树正 葛亚非 葛衍西 耿梦玲 耿瑞雪 宫已振 龚达 龚冠超 龚欢 龚辉波
龚淑芬 龚婷婷 龚伟华 龚艳 龚颖 龚照伟 龚正琴 龚志杰 苟勇军 苟忠波 古国雄
古建丽 古进堂 古永娣 顾华娇 关静雯 关晴晴 关思爽 关天芸 关小翠 关燕红 关燕婷
关祉玙 管子乔 桂福禛 桂健源 桂立平 滚彩云 郭宝儿 郭成胜 郭楚贤 郭春富 郭春艳
郭聪聪 郭大涛 郭凤 郭广强 郭家欣 郭嘉辉 郭嘉棋 郭嘉添 郭进杰 郭亮亮 郭玲俐
郭柳红 郭敏锋 郭培芝 郭朋 郭倩婷 郭清 郭汝海 郭树宇 郭思妮 郭思雅 郭寺康
郭伟健 郭锡华 郭小娜 郭新明 郭旭鳞 郭艳 郭艳丽 郭毅 郭有洋 郭玉珍 郭展业
郭战波 郭芷欣 郭子桦 郭梓琪 郭梓晴 郭梓莹 郭作云 韩曾像 韩春梅 韩菲 韩凤真
韩嘉昊 韩路 韩庆 韩瑞敏 韩少刚 韩淑琪 韩雯绮 韩旭 韩亚朋 韩燕婷 郝敏
郝智炜 郝宗建 何宝愉 何斌 何炳权 何灿华 何凤仪 何冠乐 何冠雄 何桂梨 何华民
何华鹏 何惠连 何惠琪 何慧珍 何嘉富 何嘉祺 何建航 何建强 何剑明 何杰强 何杰镇
何洁运 何金凤 何锦玲 何菁 何君俊 何俊鹏 何俊怡 何可可 何磊 何理昌 何丽棠
何玲 何玲 何柳燕 何龙平 何梦蕊 何敏宁 何敏棋 何绮婷 何茜茜 何秋凤 何秋杏
何铨南 何荣芳 何如林 何蕊怡 何生琪 何世源 何水妹 何天华 何婷 何婉玲 何婉明
何微 何伟 何炜聪 何炜梅 何文彬 何文辉 何文锐 何汶恩 何伍梅 何香连 何翔
何晓娇 何晓愉 何昕阳 何欣娜 何醒同 何兴娣 何秀盈 何雅倩 何燕琪 何应东 何英东
何荧珍 何永博 何永兰 何勇全 何玉源 何媛英 何长江 何振威 何志红 何忠华 何珠
贺炽煌 贺芳明 洪丹 洪俊乐 洪蜀珊 洪文敏 洪湘怀 洪有成 洪跃娜 侯妹兰 侯梦霞
侯晓丹 侯玉婷 侯珠丽 候昆阳 忽雪 胡彩红 胡昌民 胡翠玲 胡光信 胡和平 胡红燕
胡佳 胡佳林 胡建 胡建升 胡杰豪 胡金平 胡静如 胡俊芳 胡丽萍 胡美珍 胡敏
胡树林 胡树生 胡素祯 胡婉丽 胡显佳 胡向煌 胡小雨 胡学文 胡毅敏 胡颖怡 胡永育
胡玉婷 胡媛 胡紫徽 华洁霞 化兴岗 黄爱宾 黄宝成 黄宝仪 黄倍书 黄碧辉 黄炳辉
黄炳生 黄才 黄彩红 黄彩暖 黄彩霞 黄彩燕 黄彩玉 黄称莲 黄楚贤 黄春霞 黄春香
黄岱玲 黄丹 黄登春 黄东丽 黄冬林 黄冬妮 黄恩健 黄芳 黄芬 黄凤妮 黄峰泰
黄凤玲 黄凤珍 黄高智 黄广琳 黄广强 黄广炜 黄广文 黄桂平 黄滚桃 黄海涛 黄海霞
黄海英 黄浩宗 黄皓贤 黄河平 黄烘芬 黄宏江 黄虹娟 黄洪芝 黄鸿腾 黄华荣 黄欢
黄惠花 黄慧婷 黄积颖 黄佳琦 黄家超 黄家攀 黄嘉豪 黄嘉联 黄嘉炜 黄嘉星 黄剑锋
黄交亮 黄金菲 黄金凤 黄金凤 黄金华 黄瑾 黄京京 黄娟 黄娟 黄俊铭 黄骏业
黄凯东 黄磊 黄立文 黄丽芬 黄丽华 黄丽娟 黄丽娜 黄丽群 黄利友 黄莉 黄连萍
黄亮 黄林云 黄玲 黄柳娟 黄柳萍 黄龙 黄龙辉 黄梅连 黄美 黄美丽 黄美玲
黄美欣 黄美珍 黄美珍 黄妹仔 黄媚 黄孟结 黄梦琪 黄梦欣 黄敏 黄敏仪 黄明帆
黄明娟 黄明英 黄模寿 黄木佳 黄宁壮 黄佩霞 黄鹏 黄鹏 黄平 黄启伦 黄强
黄琴 黄清洪 黄清萍 黄清香 黄秋华 黄秋金 黄秋梅 黄秋萍 黄权科 黄容芳 黄汝威
黄珊珊 黄绍天 黄声权 黄胜财 黄仕根 黄淑新 黄舒敏 黄舒婷 黄树文 黄舜耀 黄思曼
黄思媚 黄思敏 黄太均 黄天芬 黄婷婷 黄威瀚 黄维锋 黄维佳 黄伟凤 黄卫兰 黄文
黄文浩 黄文鸿 黄文婷 黄文耀 黄小芳 黄小芬 黄小劲 黄小丽 黄小平 黄小强 黄小霞
黄小燕 黄晓花 黄晓琪 黄心怡 黄鑫鑫 黄秀丽 黄秀梅 黄秀秀 黄秀珍 黄学敬 黄学谦
黄雪兰 黄雅君 黄雅爽 黄雅雯 黄彦特 黄艳 黄艳红 黄艳清 黄艳群 黄燕 黄燕玲
黄燕楠 黄燕瑞 黄阳娣 黄瑶 黄耀锋 黄耀光 黄耀明 黄耀平 黄业民 黄怡婷 黄宜高
黄艺杰 黄奕彬 黄逸轩 黄茵裕 黄银瑛 黄迎柱 黄颖涛 黄映叶 黄永红 黄永新 黄泳恩
黄勇 黄勇 黄勇强 黄有兴 黄宇彬 黄羽菡 黄玉宝 黄育萍 黄钰 黄月娥 黄月清
黄月荣 黄玥 黄云燕 黄泽良 黄泽宇 黄增埔 黄湛军 黄章聪 黄长武 黄振海 黄振仁
黄志成 黄志宏 黄志坚 黄志林 黄志强 黄智海 黄钟益 黄子荣 黄紫筠 黄自强 霍海燕

毕业生名单

霍伟文	姬蒙蒙	计阳朋	纪海强	纪捷敏	季发业	贾斌文	贾素珍	简金俊	简康平	简丽萍
简耀泉	江安娜	江宝珊	江春兰	江国根	江焕光	江嘉宝	江洁泓	江景智	江静文	江静雅
江菊发	江峻弘	江乐婷	江丽丽	江柳婵	江敏智	江瑞芳	江思琪	江 涛	江婉文	江 伟
江伟锋	江晓珍	江鑫龙	江有浩	江右好	江玉婵	姜妙连	姜淑慧	姜 文	蒋达玲	蒋 丹
蒋丹丹	蒋芳丽	蒋吉红	蒋立云	蒋满红	蒋清海	蒋素金	蒋天楠	蒋田新	蒋韦荣	蒋 瑛
蒋云兵	焦康迪	焦秀娟	焦 艳	焦云飞	金 娇	金庆容	金晓燕	金晓燕	靳笑笑	景文艳
具书强	康鸿浩	康丽萍	康清华	康伟麟	康 湘	康志强	柯柏明	柯兰美	柯佩言	柯天豪
柯锡澄	孔德红	孔德林	孔剑明	孔杰彬	孔丽霞	孔丽珍	孔令俊	孔梦雅	孔青青	孔 秋
孔少连	孔思惠	孔伟灿	孔逸美	孔智荣	匡海娥	邝建霖	邝丽娟	邝绮莉	邝婉媚	邝文秀
旷艳娥	赖 彬	赖斌媚	赖春芳	赖春锋	赖桂花	赖华倩	赖惠茵	赖家英	赖娇娇	赖奎霖
赖立明	赖丽岸	赖刘智	赖美霞	赖梦雨	赖明玉	赖能活	赖沛良	赖淑媛	赖天伟	赖婷婷
赖小珍	赖颖贤	赖永琪	赖展春	兰 庆	蓝楚乔	蓝寒秋	蓝家杰	蓝金群	蓝科锋	蓝美玲
蓝敏考	蓝师财	蓝秀韶	蓝学科	蓝伟财	劳权英	劳夏霞	劳业顺	乐嘉民	雷 斌	雷翠婷
雷冬利	雷梅勤	雷 威	雷文武	雷小妮	雷艳红	雷燕玲	雷勇华	黎柏香	黎标成	黎 彬
黎 彩	黎超英	黎飞挂	黎凤秋	黎河如	黎花妹	黎家辉	黎嘉豪	黎嘉杰	黎金威	黎 坤
黎 敏	黎明辉	黎明慧	黎沛福	黎清霞	黎汝霞	黎瑞冰	黎思华	黎伟瀚	黎伟俊	黎伟平
黎炜怡	黎 欣	黎星星	黎秀连	黎 雪	黎艳凤	黎 燕	黎永开	黎永培	黎咏诗	黎勇辉
黎玉娟	黎玉宜	黎育余	李爱芳	李柏含	李宝珍	李保娣	李 斌	李 冰	李彩垄	李彩敏
李 超	李 朝	李晨华	李成龙	李楚君	李楚文	李 川	李传章	李春萍	李春萍	李春燕
李翠霞	李 丹	李 丹	李 丹	李丹敏	李丹婷	李丹霞	李德鸿	李东升	李冬菊	李冬梅
李冬明	李凡容	李凤茵	李馥宇	李冠珂	李冠洲	李觀蘭	李 广	李贵海	李桂华	李桂寅
李桂珍	李国宾	李海凤	李海林	李海媚	李海鹏	李海燕	李汉鹏	李汉森	李汉云	李 昊
李 红	李红艳	李洪艳	李洪珍	李鸿烨	李会枝	李惠娟	李惠霞	李积信	李佳佳	李佳灵
李家波	李家金	李家星	李嘉豪	李嘉杰	李嘉丽	李嘉麟	李嘉敏	李嘉明	李镓宝	李建辉
李剑良	李健成	李江德	李江林	李江林	李娇艳	李杰明	李洁仪	李金芳	李金玲	李锦绣
李景盛	李 静	李静雯	李 菊	李 娟	李 娟	李俊东	李俊生	李俊纬	李俊燕	李 珂
李克群	李克中	李 兰	李 兰	李兰慢	李兰英	李朗贤	李乐平	李 磊	李黎明	李立亮
李丽红	李丽玲	李丽萍	李丽萍	李丽丝	李丽珍	李利俊	李利梅	李 俐	李 莉	李莉文
李 梁	李亮彬	李林蓉	李 玲	李陆贵	李绿山	李茂林	李美娟	李美兰	李美玲	李美玲
李美玲	李美清	李美如	李美珍	李妙红	李 敏	李明芳	李明凤	李明曦	李铭槟
李铭深	李 娜	李 攀	李 佩	李佩珍	李 强	李 荣	李荣耀	李茹秋	李儒锐	李锐楠	李锐鑫
李清连	李庆智	李秋莲	李秋霞	李秋夏	李 荣	李荣耀	李茹秋	李儒锐	李锐楠	李锐鑫
李 瑞	李瑞华	李瑞美	李润霞	李珊珊	李韶锋	李少芳	李社文	李生成	李盛宁	李世昌
李世杰	李世洲	李守丽	李书贵	李淑红	李双娇	李水连	李顺添	李思华	李思思	李思思
李四妹	李松斌	李松梅	李素雯	李天生	李添梅	李婷婷	李晚霞	李婉珊	李婉仪	李万红
李伟南	李伟枰	李炜德	李文杰	李文骏	李文平	李文生	李文娴	李汶锖	李汶婷	李 武
李西惠	李 霞	李 娴	李香香	李 享	李 响	李小明	李小芹	李小勤	李小章	李晓风
李晓辉	李晓坚	李晓静	李晓敏	李晓萍	李晓彤	李晓霞	李晓欣	李晓宇	李孝荣	李欣华
李欣欣	李 新	李新如	李 兴	李秀东	李秀梅	李 旭	李旭晖	李旭明	李绪鹏	李烜璿
李 雪	李雪鹏	李 雅	李亚辉	李亚姣	李亚丽	李亚轩	李延斌	李 艳	李 艳	李艳飞
李艳兰	李燕娥	李燕玲	李燕霞	李 烨	李烨延	李伊玲	李怡斐	李怡萍	李 颐	李应婷
李 英	李 英	李 迎	李颖聪	李颖怡	李永华	李永坚	李永杰	李永通	李泳欣	李有贵
李有森	李余艳	李宇成	李雨佳	李玉葵	李玉梅	李钰莹	李苑倩	李月明	李月廷	李芸锋

395

李泽森	李 珍	李振宏	李振莹	李志广	李志鹏	李志武	李治容	李中宇	李子荣	李梓清
李梓阳	李宗建	李宗月	连 彪	练小悦	梁安贤	梁柏豪	梁碧珊	梁 冰	梁灿文	梁翠玲
梁翠妍	梁东毅	梁 芳	梁奋强	梁丰宝	梁桂彬	梁海生	梁海欣	梁浩铭	梁红丹	梁华芬
梁惠欣	梁惠珍	梁家帆	梁家健	梁家宁	梁嘉怡	梁杰斌	梁杰钲	梁金泉	梁锦汉	梁敬焯
梁靖宇	梁静雯	梁均雄	梁开颖	梁丽漫	梁丽英	梁 莉	梁 玲	梁露梅	梁美玲	梁美珍
梁铭怡	梁沛棠	梁锴予	梁巧燕	梁清萍	梁荣坚	梁少芬	梁少洁	梁绍荣	梁士岭	梁淑芬
梁淑贤	梁水明	梁顺妹	梁思琪	梁嵩毅	梁太华	梁婷妹	梁宛婷	梁伟聪	梁伟雄	梁魏峰
梁文彬	梁文浩	梁文辉	梁文津	梁文文	梁文园	梁显诚	梁小慧	梁小玲	梁小倩	梁小桢
梁晓惠	梁晓君	梁新萍	梁秀娟	梁秀梅	梁雪平	梁勋寿	梁炎文	梁艳静	梁燕华	梁燕京
梁燕雯	梁倚华	梁银欢	梁应超	梁莹莹	梁颖猷	梁永江	梁永雄	梁泳恩	梁有材	梁宇翔
梁玉君	梁远丹	梁振声	梁志光	梁志华	梁志华	梁智健	梁智荣	梁灼贤	梁卓成	梁子铭
梁子欣	梁梓琪	廖伯强	廖聪辉	廖福杨	廖果成	廖洪科	廖会燕	廖金师	廖丽平	廖凌锋
廖马龙	廖明昊	廖树涛	廖腾龙	廖婷婷	廖 望	廖小碧	廖小丹	廖秀英	廖永平	廖有余
廖 源	廖运梅	廖振娟	廖芝木	列杰明	林爱情	林宝欣	林宝章	林贝莉	林昌宏	林 晨
林楚婷	林楚玉	林创桂	林春花	林冬霞	林凡艳	林方钰	林 芳	林飞飞	林桂香	林国荣
林国鑫	林海芳	林海松	林海燕	林杭锋	林衡初	林宏歆	林洪梅	林鸿玉	林华新	林继鹏
林佳群	林家枝	林嘉明	林嘉鹏	林嘉怡	林建清	林健明	林金涛	林君华	林李明	林立晓
林丽芳	林丽君	林丽霞	林丽仪	林 莉	林莲旋	林良政	林龙飞	林美园	林梦花	林 敏
林明强	林 能	林佩珊	林 鹏	林棋宁	林契荣	林秋凤	林荣军	林森森	林少丽	林升科
林 胜	林 胜	林石养	林仕金	林淑芳	林淑洵	林淑银	林四美	林松加	林 桃	林土娣
林伟斌	林伟东	林伟佳	林伟珍	林文飞	林希纯	林喜华	林喜中	林小兰	林晓娥	林晓华
林秀玲	林秀媚	林秀云	林旭琼	林雅美	林 燕	林 燕	林燕苹	林易坤	林永聪	林永胜
林永耀	林勇贤	林榆茵	林宇潮	林语凡	林泽鹏	林 珍	林志康	林志鹏	林致远	林仲强
林卓欣	林子群	凌建森	凌丽娟	凌倩璧	凌晓妮	凌志聪	凌仲雄	刘蓓蓓	刘碧婵	刘 斌
刘彩云	刘超炎	刘成贤	刘崇成	刘楚宏	刘楚君	刘春兰	刘 聪	刘定志	刘东兰	刘东平
刘冬林	刘端勇	刘恩薇	刘恩友	刘 芳	刘丰华	刘 锋	刘福昌	刘福华	刘 刚	刘 高
刘 阁	刘观平	刘广新	刘桂花	刘国兴	刘海帆	刘海诗	刘 豪	刘和珍	刘红华	刘红梅
刘华东	刘 欢	刘焕娣	刘 辉	刘惠娇	刘慧冰	刘纪新	刘 佳	刘家进	刘家权	刘家维
刘家卫	刘家枝	刘嘉玲	刘嘉伟	刘嘉蔚	刘嘉燕	刘嘉仪	刘 建	刘建东	刘娇兰	刘 杰
刘金情	刘金涌	刘锦荣	刘菊娥	刘俊莉	刘俊梅	刘俊新	刘凯衍	刘 轲	刘李权	刘立华
刘 丽	刘 丽	刘丽莎	刘丽婷	刘丽云	刘莉红	刘 亮	刘林波	刘 璐	刘美兰	刘美丽
刘铭安	刘 培	刘 培	刘佩仪	刘鹏飞	刘 萍	刘 钱	刘 强	刘 强	刘巧云	刘 钦
刘 琴	刘琴琴	刘 青	刘清华	刘 琼	刘琼玉	刘荣柱	刘瑞斌	刘瑞龙	刘沙沙	刘社养
刘施汝	刘 帅	刘斯蕴	刘松菊	刘穗玲	刘 婷	刘文林	刘希锋	刘锡宇	刘喜军	刘先亮
刘现强	刘湘惠	刘小龙	刘小青	刘小文	刘小武	刘晓科	刘晓玲	刘晓璐	刘晓琴	刘孝树
刘 欣	刘欣儿	刘秀丽	刘秀霞	刘学芳	刘学勤	刘 雪	刘严错	刘 艳	刘燕霞	刘燕云
刘阳利	刘 杨	刘 洋	刘伊玲	刘义强	刘颖琳	刘永福	刘永恒	刘勇华	刘优兰	刘又瑞
刘雨青	刘语杭	刘苑玲	刘展翀	刘长明	刘兆俊	刘 贞	刘珍珍	刘振城	刘振华	刘振霖
刘振涛	刘震龙	刘 志	刘志洁	刘智华	刘子旋	刘宗武	柳爱英	柳长虎	龙宝珠	龙传勇
龙东梅	龙 骥	龙 杰	龙丽芳	龙美玲	龙赛男	龙文浩	龙艳艳	龙颖仪	龙 玉	龙允溪
龙子健	卢 爱	卢浩泉	卢慧芬	卢嘉恩	卢金棋	卢锦辉	卢锦蕊	卢静怡	卢 俊	卢丽云
卢 琳	卢玲玲	卢苗珠	卢倩仪	卢善娴	卢少真	卢思海	卢伟健	卢伟杰	卢星明	卢雪萍
卢泳宜	卢 玉	卢裕欣	卢展浩	卢长河	卢芷妮	卢志诚	卢子盈	鲁锦添	鲁永亮	陆朝军

陆楚灏	陆凤婷	陆冠健	陆冠杰	陆浩宇	陆家栋	陆结梅	陆丽萍	陆诗兵	陆诗婷	陆文昊
陆显英	陆晓霞	陆燕银	陆毅荣	陆永良	陆 芸	陆灶烟	陆枝庭	陆子鑫	路栋樑	路 伟
罗彩微	罗菜卓	罗成豪	罗春莲	罗春英	罗德金	罗 登	罗 东	罗东明	罗东祥	罗冬甜
罗飞苑	罗 丰	罗凤华	罗冠钿	罗光荣	罗桂香	罗国栋	罗国光	罗海兰	罗海欧	罗海涛
罗宏东	罗鸿威	罗华丽	罗华伟	罗华芝	罗会敏	罗己莹	罗家俊	罗家炼	罗家伟	罗嘉妍
罗坚弥	罗建成	罗建华	罗江福	罗教忠	罗 杰	罗洁怡	罗洁云	罗金铃	罗婧雅	罗敬仪
罗巨森	罗俊键	罗俊杰	罗理娜	罗丽燕	罗良生	罗隆平	罗美英	罗敏霞	罗明伟	罗年幸
罗宁轲	罗沛乐	罗睿伶	罗 莎	罗少填	罗诗婷	罗书梅	罗淑怡	罗舒怡	罗穗生	罗 涛
罗庭杰	罗伟婵	罗文凤	罗锡哪	罗小婷	罗信锆	罗秀珍	罗绪琴	罗雪丽	罗 艳	罗 艳
罗 艳	罗颖诗	罗友良	罗玉强	罗展麟	罗章琴	罗志聪	罗忠田	罗梓豪	罗邹明	骆弟亚
骆飞飞	骆观羽	骆冠荣	骆 欢	骆嘉成	骆嘉仪	骆杰河	骆康文	骆锐树	骆 瑞	骆伟荣
骆秀玲	骆雪艳	骆月婵	骆云英	骆展冬	骆芷茵	吕 彪	吕嫦青	吕 超	吕 丛	吕锦霞
吕梦琪	吕明智	吕瑞生	吕卫军	吕杏彬	吕亚红	吕扬清	吕永涛	吕 珍	麻凯莉	马冬燕
马 锋	马庚翠	马光英	马海媚	马海燕	马浩锋	马金平	马 静	马俊伟	马昆杰	马良兄
马绮雯	马 睿	马胜男	马双双	马 婉	马问书	马骁腾	马新芝	马永红	马永行	马志军
马志理	马智慧	麦春琼	麦翠霞	麦海标	麦浩成	麦浩宁	麦家桓	麦健球	麦锦威	麦 泉
麦晓欣	麦志毅	毛从佳	毛江勤	毛晓莲	毛旋骅	枚少强	梅宏玲	梅慧丽	梅雅怡	梅 云
蒙国兰	蒙青平	蒙小娟	闵永帮	闵 宇	莫必奋	莫壁企	莫家来	莫锦芳	莫景丽	莫丽姐
莫敏青	莫谋锋	莫儒崧	莫淑丹	莫文武	莫晓琪	缪冬燕	缪志明	穆贵银	聂桂焕	聂 红
聂建华	聂垲烨	聂梅萍	聂秋月	聂雅琴	聂紫墨	宁彩云	宁文静	宁小珠	宁晓英	牛保亮
牛付闯	农明华	农乃涛	欧春燕	欧改新	欧桂萍	欧家丽	欧嘉惠	欧禄宏	欧淑军	欧雪华
欧 鹏	欧阳佩	欧阳滔	欧凤国	欧阳艺	欧阳娟	欧志峰	潘朝彬	潘芬裕	潘惠欣	潘佳鑫
潘嘉豪	潘嘉耀	潘 洁	潘金伟	潘 祺	潘启亮	潘晴朗	潘胜华	潘思慧	潘 婷	潘 伟
潘武科	潘小玲	潘小梅	潘小霞	潘晓玲	潘秀森	潘展鹏	潘正华	盘金飞	盘丽琴	盘秋霞
庞凤香	庞俏如	庞小明	庞煜佳	裴秋华	彭成斌	彭东梅	彭 枫	彭桂芳	彭涵玉	彭家兆
彭剑军	彭剑平	彭健业	彭 锟	彭丽彩	彭玲丽	彭罗华	彭敏婷	彭鹏鹏	彭尚班	彭绍林
彭石宁	彭世龙	彭 帅	彭婷婷	彭先龙	彭小立	彭欣怡	彭新菊	彭玉燕	蒲兴展	戚颖琳
齐之轩	祁辉洁	钱丽娜	钱新喜	谯 鑫	秦秀坚	秦雅惠	秦 瑜	丘春枚	丘国健	丘海涛
丘建南	丘绍家	邱桂英	邱国辉	邱宏滔	邱 虹	邱家强	邱开通	邱 玲	邱敏霞	邱明芳
邱强基	邱巧娟	邱全德	邱小清	邱燕旋	邱雨婷	邱 玥	邱长梅	邱长艳	邱振宇	区方铭
区剑波	区展权	屈腊梅	屈智甜	瞿 维	瞿仙杰	全 琼	全婴姿	阙玉威	冉季岩	冉志军
饶凤霞	饶济民	饶路花	饶培锋	饶泽荣	任 波	任定基	任斐琳	任 龙	任妙娟	任启标
任毅强	任 瑛	任永强	任玉芬	任允宁	容显朝	容永松	阮洁静	阮绮琪	阮缇花	阮尉志
阮 振	尚志慧	邵灿文	邵丹丹	邵锦梅	邵琼珍	邵伟杰	邵云诗	佘 冰	佘 磊	沈红梅
沈谱英	沈荣峰	沈少君	沈宛静	沈文珍	沈小莲	沈晓亭	沈秀慧	沈 阳	沈媛珍	沈章芹
盛隆凤	盛 茂	施婵丽	施丽告	施丽珍	施伟明	施显怀	施效东	施洋嵘	施颖峰	石东和
石宏伟	石 静	石静梅	石菊梅	石 密	石平平	石 琴	石全忠	石 涛	石文峰	石玉快
石跃龙	时晓明	史宇健	史玉翠	史志刚	舒 豪	双艺伟	宋丽华	宋琳琳	宋 鹏	宋 卫
宋 轩	宋 萱	宋雅煊	宋燕燕	宋永长	宋 勇	宋长华	宋振培	苏楚君	苏杜娟	苏广鹏
苏海静	苏海明	苏皓林	苏江波	苏金练	苏梦瑶	苏妙霞	苏佩友	苏 奇	苏奇达	苏水财
苏婉君	苏伟华	苏伟梅	苏小凤	苏小姬	苏银湘	苏永科	苏赞树	苏泽荣	苏兆禧	苏振兴
苏芷萤	孙得琴	孙丁颖	孙刚强	孙广涌	孙贵娟	孙海伟	孙昊天	孙晋芳	孙 静	孙坤红
孙林浩	孙潞洋	孙楠楠	孙 宁	孙榕攀	孙书锐	孙文辉	孙西锋	孙艳艳	孙煜峻	孙泽龙

孙子龙	邰子渝	谈惠琼	谈倩雯	覃桂优	覃家志	覃锦敏	覃俏霞	覃叶萍	覃勇菊	覃智慧
谭炳幸	谭 丹	谭方净	谭国辉	谭海荣	谭汉伟	谭何意	谭宏星	谭华栋	谭嘉敏	谭教林
谭金秋	谭 军	谭丽丽	谭丽琴	谭利志	谭 敏	谭 宁	谭鹏辉	谭清强	谭荣伟	谭石路
谭顺子	谭婷婷	谭小玲	谭小英	谭彤杰	谭妍铭	谭秀滢	谭雅倩	谭艳芳	谭英英	谭有波
谭玉凤	谭志铖	谭忠菊	谭梓锋	汤蔼怡	汤海燕	汤洁婷	汤君鸿	汤美甄	汤绍宗	汤穗昌
汤 婷	汤文娟	汤小玲	汤雪婷	汤颜佳	汤燕基	汤颖茵	汤钊华	汤芷晴	唐 安	唐焯森
唐春林	唐 芳	唐国杰	唐海媚	唐 欢	唐慧萍	唐建深	唐丽华	唐丽婷	唐玲玲	唐 铃
唐流杰	唐明龙	唐庆兰	唐瑞香	唐少亮	唐 涛	唐 涛	唐炜龙	唐卫兰	唐 熙	唐湘华
唐小君	唐晓君	唐新燕	唐 雄	唐秀美	唐亚宁	唐艳丽	唐耀敏	唐圆圆	唐 源	唐跃滔
唐 云	唐志辉	唐珠玉	唐梓莹	陶晨红	陶凤香	陶 琳	陶玉香	陶智宽	滕俊仙	田 芳
田观英	田光福	田 俊	田露华	田茂贵	田茂园	田沐桑	田佩灵	田 琼	田晓东	田兴旺
童海叶	童康政	童志荣	涂 锦	涂伟梅	万基财	万 莉	万林远	汪 芳	汪菲菲	汪 晶
汪开达	汪 姗	汪晓兰	汪晓露	汪 燕	汪 银	王安妮	王柏河	王斌容	王波霞	王 昌
王超祥	王炽樊	王春雨	王大为	王 丹	王凡靖	王 芳	王 芳	王风雨	王冠潮	王冠达
王光平	王海力	王海林	王 豪	王豪贤	王浩东	王华年	王华燕	王积运	王佳丽	王 建
王剑霞	王娇凤	王洁丽	王界飞	王锦凤	王景琪	王局鹏	王 菊	王 娟	王 君	王 康
王可佳	王坤明	王 力	王丽芬	王 莉	王 路	王璐琳	王美珍	王孟栾	王妙红	王铭谦
王 娜	王宁宁	王 妞	王岐亮	王绮兰	王 茜	王 强	王 琴	王琴娟	王青芳	王秋霞
王润兴	王箬楠	王 森	王 师	王世刚	王淑玉	王 帅	王帅宾	王 爽	王水丽	王 硕
王 婷	王婷婷	王婉芝	王 伟	王伟浩	王伟艳	王伟英	王炜耀	王 文	王文兵	王文秀
王 武	王 向	王 霄	王小雄	王 晓	王晓莉	王晓娜	王肖芬	王笑珍	王 行	王杏妮
王秀芬	王 旭	王 旭	王衍淮	王 艳	王燕珊	王 叶	王 义	王毅志	王 英	王映斌
王永超	王 勇	王有勇	王玉欢	王铔欣	王远妃	王芸丽	王泽璋	王 珍	王振国	王芝梅
王芷凌	王卓豪	王子涵	王子晴	危彩红	危志深	韦春燕	韦兑芬	韦广柳	韦傢耀	韦洁媚
韦君基	韦力僧	韦小艳	韦星宇	韦修辉	韦雅莲	韦泳珍	韦 云	卫嘉荣	卫晓瑜	卫志东
魏 丹	魏丹丹	魏东媚	魏桂玲	魏力珑	魏利丽	魏柳连	魏 萌	魏少中	魏世昌	魏祥成
魏学娜	魏振煌	魏子剑	魏梓超	温宝儒	温宝燕	温滨斌	温楚龙	温春燕	温東颖	温桂香
温欢兰	温惠萍	温慧静	温家裕	温嘉都	温丽鹃	温 玲	温梅青	温美环	温朋朋	温蓉华
温尚莲	温太金	温享宝	温小燕	温晓霞	温秀丽	温艳芳	温永华	温苑涛	温子晴	温紫岚
温足婷	文红艳	文华倩	文 杰	文金昌	文维珍	文志江	闻 丽	翁洁浩	翁小芳	翁小莉
翁源源	翁镇权	邬永丰	巫东玲	巫丽娇	巫秀芳	巫亚其	吴佰承	吴彩群	吴成志	吴翠红
吴达科	吴 丹	吴丹凤	吴道权	吴德邦	吴东晓	吴飞红	吴冠杰	吴桂珍	吴国强	吴海技
吴海兰	吴海梨	吴海权	吴海文	吴海燕	吴汉梅	吴 豪	吴和堂	吴惠珍	吴慧娴	吴基良
吴加乐	吴 佳	吴家宝	吴家诚	吴建亮	吴娇英	吴洁宾	吴洁文	吴锦霞	吴 俊	吴俊成
吴俊杰	吴俊星	吴楷淑	吴珂尘	吴 坤	吴 乐	吴琳菁	吴灵仙	吴美华	吴敏华	吴娜君
吴平文	吴秋菊	吴秋茹	吴秋霞	吴秋月	吴 锐	吴升芝	吴胜儒	吴淑芬	吴淑娟	吴淑清
吴思敏	吴思敏	吴思能	吴素英	吴 婷	吴文武	吴小波	吴小娜	吴小琴	吴晓琳	吴晓宇
吴新华	吴新强	吴星亮	吴杏花	吴秀梅	吴秀如	吴选兵	吴雪霜	吴雁红	吴贻亮	吴永芳
吴泳琳	吴勇林	吴佑梅	吴裕雄	吴沅泰	吴 跃	吴 跃	吴云君	吴泽新	吴肇忠	吴志均
吴珠平	吴子杰	吴紫敏	伍 瑰	伍国辉	伍嘉欣	伍建中	伍剑霞	伍锦华	伍丽明	伍 满
伍然亮	伍少恩	伍绍成	伍水燕	伍苏科	伍晓川	伍雪莹	奚兰芳	席 灿	葸志勇	夏红霞
夏志军	冼 标	冼聪聪	冼 芳	冼芳芳	冼仲恒	相呈灵	向 灵	向 森	向诗会	向艳坪
项朝霞	肖 兵	肖彩平	肖 超	肖 珲	肖纯丽	肖寒枚	肖皓瑜	肖红梅	肖 辉	肖家宜

肖建刚	肖健宏	肖 娟	肖 丽	肖梁平	肖 玲	肖美红	肖美君	肖明媛	肖 娜	肖文春
肖文均	肖汶汶	肖湘泥	肖晓丹	肖 杨	肖英健	肖雨霏	肖远锋	肖紫微	谢保文	谢彩冰
谢彩玲	谢彩云	谢超超	谢 丹	谢栋深	谢 芬	谢凤仪	谢 嘎	谢国鹏	谢国强	谢海滨
谢海媚	谢汉明	谢 瀚	谢洪燕	谢焕洁	谢 辉	谢惠娜	谢嘉敏	谢建名	谢杰华	谢金培
谢 拉	谢丽红	谢美红	谢美兰	谢明娟	谢鹏飞	谢 庆	谢秋华	谢仁杰	谢 莎	谢少娟
谢绍惠	谢水英	谢素平	谢太平	谢伟凯	谢文凤	谢 霞	谢小君	谢小林	谢晓华	谢晓玲
谢晓婷	谢 心	谢欣悦	谢鑫添	谢幸红	谢秀飞	谢学胜	谢燕晖	谢燕平	谢玉宏	谢玉昆
谢月凤	谢泽芬	谢泽童	谢兆娟	谢志妮	谢中明	邢国冰	邢国东	邢利雄	邢 鹏	邢卫珍
邢月蒙	熊带弟	熊静雯	熊李燕	熊 敏	熊 伟	熊雪峰	熊宇娟	熊运华	胥 鹏	徐爱华
徐道欢	徐广涛	徐广源	徐 和	徐佳斌	徐嘉灿	徐嘉晖	徐嘉欣	徐锦霞	徐 瑾	徐 静
徐 娟	徐灵思	徐 秘	徐慕祯	徐 青	徐秋锦	徐 蓉	徐绍作	徐腾煌	徐婉芬	徐卫丽
徐文静	徐文涛	徐小成	徐晓洁	徐晓明	徐晓倩	徐言会	徐燕丽	徐燕萍	徐永新	徐玉带
徐 云	徐运详	徐樟峰	许安贤	许 超	许惠婵	许家锐	许嘉茵	许健萍	许江丽	许洁婷
许经梅	许君如	许满凤	许庆深	许秋裕	许少娟	许首添	许 婷	许伟杰	许雯婷	许贤君
许晓璇	许雪洪	许 杨	许逸波	许永秀	许裕琼	许远斌	许悦韵	许振峰	许镇山	许志成
许志雄	褟家亮	褟永雄	薛 琪	鄢 浩	闫 丽	闫丽霞	闫英豪	严东生	严 健	严锦机
严丽君	严少龙	严少梅	严思敏	严文丽	严雪婷	严 勇	严玉姣	严韵琳	言春碧	颜单凤
颜晓梅	颜子林	晏德林	晏 丽	晏玲玲	晏巍巍	阳 斌	阳昊峻	阳 剑	阳 军	杨必进
杨彬彬	杨炳树	杨 波	杨楚仪	杨登婵	杨登玲	杨登铄	杨定霞	杨 芳	杨飞飞	杨冠英
杨光冬	杨桂文	杨浩志	杨洪臻	杨华芳	杨华强	杨 欢	杨 惠	杨慧婷	杨集凯	杨建斌
杨 舰	杨 江	杨金国	杨金英	杨 晶	杨 军	杨 军	杨李阮	杨丽娟	杨丽君	杨丽平
杨丽萍	杨 利	杨利平	杨恋恋	杨 玲	杨 玲	杨 玲	杨 梅	杨明欣	杨模德	杨 娜
杨能坤	杨淇迪	杨 琦	杨 青	杨庆朋	杨秋平	杨荣辉	杨 赛	杨森赟	杨 莎	杨诗琳
杨诗玲	杨诗琪	杨 爽	杨水波	杨思惠	杨 婷	杨伟斌	杨伟强	杨伟文	杨文静	杨文娟
杨文珊	杨文伟	杨武勇	杨希宜	杨小琴	杨晓丽	杨晓伟	杨晓莹	杨晓玉	杨新艳	杨新转
杨秀存	杨雪洁	杨雪枝	杨燕霞	杨 洋	杨永红	杨幼娜	杨佑容	杨宇梅	杨宇倩	杨 雨
杨玉梅	杨 园	杨云婷	杨正艳	杨枝丸	杨 周	杨积伟	尧慧珍	姚 丹	姚 丹	姚东旭
姚端荣	姚国维	姚 惠	姚嘉仪	姚 妮	姚 宁	姚培洁	姚培姿	姚 倩	姚伟璇	姚文强
姚 英	姚泽华	姚梓烨	叶 冬	叶冬升	叶飞飞	叶甫坤	叶海雄	叶桦杰	叶嘉俊	叶健青
叶 江	叶 姣	叶俊杰	叶俊贤	叶丽平	叶玲玲	叶梅凤	叶敏玲	叶其锋	叶启照	叶绮玲
叶清明	叶锐洪	叶舒莹	叶王京	叶晓桐	叶兴连	叶秀华	叶秀玲	叶秀纹	叶亚玲	叶 遥
叶衣丹	叶永发	叶志坚	叶志伟	叶子颖	叶紫萱	易海燕	易建勋	易杰铭	易金熙	易 静
易龙根	易奇林	易巧莉	易清锋	易仁忠	易 容	易小珍	易娅琴	易 勇	易 云	殷德超
殷先海	殷雅霖	殷银银	尹 灿	尹桂钊	尹 禾	尹怀兵	尹佳丽	尹进鹏	尹俊强	尹骏健
尹绍军	尹 树	英利男	尤来穆	游春美	游海风	于娇娇	于 杰	于文文	于永换	余凤娣
余赋成	余华华	余济富	余 佳	余金凤	余金龙	余金隆	余 倩	余 琴	余秋兰	余荣昇
余绍煜	余盛春	余望秋	余伟铖	余文娇	余小芳	余小梅	余晓鹏	余欣亮	余艳群	余依帆
余奕杰	余映红	余映珊	余宇源	余媛媛	余梓洋	俞剑萍	俞 勇	虞莹丽	虞至冰	羽秀梅
禹建辉	庾明婷	庾伟欣	郁海萍	喻竹林	袁春波	袁翠英	袁国祥	袁海航	袁佳华	袁家红
袁健彰	袁俊豪	袁丽玲	袁铃诗	袁美英	袁 萍	袁 双	袁思蜜	袁素英	袁田良	袁万年
袁伟健	袁文娟	袁文苑	袁小琴	袁欣嫦	袁新磊	袁学莉	袁炎松	袁颖茵	袁 媛	袁云开
袁芷晴	袁智聪	袁 舟	袁子杰	岳田田	岳园园	岳跃亮	詹凤娟	詹贵平	詹姆斯	詹文瑜
詹晓琳	詹泽权	湛莹莹	张宝光	张宝鸿	张碧春	张碧云	张 彪	张冰英	张炳桃	张层层

张成源 张诚 张楚雄 张春 张春涛 张春燕 张翠 张翠婷 张丹 张定才 张朵
张帆 张方就 张菲菲 张纲 张格荣 张冠宜 张桂娜 张海灵 张海艳 张海珠 张晗
张汉永 张翰斌 张红峰 张红玲 张洪珲 张后俊 张华 张华莲 张欢欢 张慧 张蕙莹
张际平 张家娴 张嘉诚 张嘉诚 张嘉玲 张嘉文 张嘉欣 张洁梅 张金保 张金雪 张娟
张俊 张俊豪 张俊宏 张俊杰 张俊琪 张俊强 张俊宇 张开美 张开元 张来 张乐丹
张乐乐 张礼斌 张立立 张吏欣 张丽强 张丽文 张丽珍 张良兴 张琳君 张敏 张楠楠
张能财 张柠 张平香 张青松 张清清 张琼丹 张秋祝 张权 张荣森 张蓉 张锐龙
张锐李 张森 张世炜 张舒琪 张帅帅 张顺莹 张斯斯 张婷 张挺锋 张万红 张伟
张伟鹏 张文彬 张文超 张文健 张文杰 张文婷 张文霞 张文意 张仙娥 张贤 张小凤
张小静 张小兰 张小平 张小青 张小员 张小珍 张晓 张晓 张晓芳 张晓芬 张晓灵
张晓婷 张晓艺 张晓云 张欣 张雄伟 张徐雄 张学海 张雪南 张雅茹 张严 张言楷
张艳 张燕 张燕河 张燕君 张燕青 张阳 张杨梅 张耀 张一雷 张益华 张银爱
张银翠 张英 张映婷 张永健 张永强 张永银 张玉 张玉蓉 张育辉 张钰 张钰莹
张钰莹 张裕豪 张裕娟 张越 张云龙 张云仙 张泽琳 张展繁 张展宏 张珍丽 张振
张振燊 张志超 张志东 张志健 张志强 张志勇 张智成 张灼绍 张紫如 张紫云 章磊
張建连 招洁贞 招小灵 赵爱璇 赵春莲 赵春燕 赵丹 赵端端 赵国全 赵海翠 赵洪
赵静雯 赵镜 赵娟 赵柳英 赵培妃 赵强 赵瑞星 赵姗姗 赵生全 赵世伟 赵爽
赵霞 赵小春 赵小赛 赵晓燕 赵亚璇 赵延宝 赵岩 赵岩 赵彦彬 赵燕 赵洋洋
赵颖洁 郑楚棠 郑春鹏 郑法利 郑桂滨 郑海辉 郑嘉成 郑剑平 郑锦鸿 郑军 郑开仙
郑凯 郑康林 郑坤城 郑坤镇 郑黎红 郑丽铭 郑丽贤 郑亮亮 郑棉炎 郑敏君 郑秋妹
郑秋明 郑秋霞 郑诗娴 郑锶潯 郑泰仪 郑文静 郑晓聪 郑晓琪 郑晓霞 郑晓昕 郑晓玉
郑新丽 郑兴旺 郑燕花 郑燕珊 郑扬贵 郑阳艳 郑艺新 郑奕鸿 郑有林 郑裕昕 郑远明
郑远望 郑泽萍 植彩连 植楚涯 植嘉骏 植锦南 植静华 植秋香 钟超 钟春雷 钟飞龙
钟凤 钟富金 钟光辛 钟广军 钟桂春 钟国强 钟海波 钟海玲 钟海平 钟华 钟嘉敏
钟健宜 钟炯江 钟娟 钟君陶 钟俊华 钟礼方 钟丽丹 钟琳 钟梅芬 钟美燕 钟妮
钟钱英 钟秋耘 钟深 钟声兆 钟伟霞 钟文彪 钟文涛 钟文芝 钟小珊 钟晓媚 钟欣
钟轩 钟学彬 钟雪玲 钟雅婷 钟燕芬 钟毅 钟宇杰 钟裕珊 钟泽熙 钟志杰 钟志鹏
钟智钊 钟著和 钟子恒 钟梓欣 周爱平 周春乐 周存义 周丹 周芳 周丰成 周锋
周光和 周海军 周海珊 周海艳 周汉辉 周浩然 周红梅 周辉龙 周家欣 周嘉成 周嘉慧
周建民 周建松 周键 周金波 周锦毅 周军 周俊华 周蕾 周玲玲 周茂泉 周念永
周盼 周琴 周青 周琼 周上添 周声万 周淑英 周淑贞 周顺玲 周苏琼 周谭林
周廷余 周婷 周万茂 周炜洪 周煊武 周霞杏 周贤华 周小宝 周小芳 周小兰 周小云 周筱乔
周肖莲 周昕 周秀慧 周煊武 周雪年 周亚玲 周燕玲 周阳春 周翼 周英琪 周永泉
周永站 周泳森 周云 周再秀 周泽萍 周泽贤 周昭宇 周志刚 周志军 周重炉 周灼源
周子亨 朱楚楚 朱春超 朱春燕 朱飞云 朱凤娴 朱桂芝 朱国秀 朱金华 朱景湖 朱静
朱静静 朱俊荣 朱焌文 朱凯欣 朱丽 朱丽敏 朱玲凤 朱禄平 朱娜玉 朱齐好 朱青松
朱琼东 朱上华 朱世焕 朱世运 朱树铨 朱思佳 朱素军 朱婉婷 朱伟坚 朱文佳 朱武
朱向龙 朱小金 朱小婷 朱小娅 朱孝俊 朱新宇 朱炫璇 朱雅桃 朱艳景 朱泳伊 朱泳仪
朱远韬 朱昭辉 朱珍婷 朱正平 祝合辉 祝贺巍 祝廷旺 祝阳威 庄彬彬 庄帝康 庄君鼎
庄君瑶 庄梦瑶 庄妙玲 庄爽爽 庄水源 庄炜勉 卓汉场 卓惠儒 卓培烽 卓小红 卓秀兰
邹帮容 邹成龙 邹春凤 邹次雄 邹广欢 邹贵试 邹会波 邹健聪 邹景文 邹娟 邹军华
邹珂珂 邹茂辉 邹梅 邹敏 邹秀丽 邹艳 邹雁辉 邹燕 邹燕君 邹依惠 邹意
邹珍 邹志霞 左桑贤 左玉妍 左重庭 戴裴柳植 林胡永诚 欧阳小波 司徒齐优 欧阳键华

欧阳小飞　欧阳紫晴　欧阳永学　帕尔哈提·图尔荪　吴余晓钒　LIUANA

国际经济与贸易

陈翠平	陈日霞	邓丽芬	杜国城	冯浩伟	黄孟聆	赖素芬	李金雷	李懋川	李诗华	李珍爱
梁国储	梁淑君	梁远瀚	刘 瑜	骆倩文	沈丽宜	王苗苗	王水仙	杨杰燊	臧术婷	张 磊
张甜甜	张 阳	章 平								

航空服务

陈虹君	邓淋元	方丽丹	古海滨	黄达豪	李 圣	李泽涌	梁家锐	廖伟滢	刘杰华	罗忠孝
吕梦凯	麦云清	毛芷晴	秦健儿	杨灿一	张俊贤	郑 焘	周润杰	左 薇		

会计

艾美利	白素微	白喜英	柏 丹	贝伟新	毕雪早	蔡彩明	蔡丹丹	蔡丹莉	蔡佳楠	蔡建连
蔡金娥	曹丹琪	曹秀群	曹燕珊	曾惠霞	曾金莲	曾丽丽	曾麓盈	曾 玲	曾玲燕	曾刘霞
曾绮梅	曾庆炎	曾少华	曾小凤	曾晓立	曾秀群	曾裕琴	曾志芳	常碧盈	常吉菊	常丽琼
常青青	车语姻	陈安琪	陈榜洁	陈彩丽	陈楚美	陈慈玲	陈方圆	陈凤镁	陈凤英	陈桂斌
陈海燕	陈 红	陈 焕	陈惠宁	陈佳琳	陈家凤	陈 坚	陈 杰	陈结贞	陈金凤	陈丽冰
陈丽华	陈丽琴	陈柳云	陈妹二	陈妙霞	陈妙旋	陈敏仪	陈楠楠	陈巧婷	陈 权	陈汝芬
陈赛男	陈思丹	陈思云	陈婷婷	陈伟仪	陈文静	陈文静	陈文妹	陈文欣	陈武国	陈先容
陈小慧	陈小俭	陈新娣	陈衍彤	陈艳灵	陈 燕	陈燕珠	陈 瑶	陈烨纯	陈依婷	陈 莹
陈泳媚	陈 于	陈玉燕	陈育萍	陈 圆	陈月妹	陈梓瑶	成伟华	成招娣	程慧婷	程 梅
程 娜	程云芳	仇惠爱	储朝霞	戴春秀	戴 丽	刁成欢	邓春燕	邓国兰	邓华娟	邓丽芬
邓玲枝	邓 满	邓妙明	邓如家	邓素灵	邓婷婷	邓文静	邓细兰	邓小八	邓小妙	邓颖琳
邓长凤	丁振缘	董冬梅	董立芳	董琼燕	董润银	董少寒	杜 燕	杜志红	段耀辉	凡 黎
范佳文	范金会	方鸽娴	方鸽娜	方桂华	方丽娟	冯焕仪	冯辉霞	冯 静	冯丽芳	冯丽华
冯少芬	冯婷婷	冯伟英	冯燕婷	冯英艳	冯玉娟	奉 兰	符卫珍	付 滔	付小玲	付艳春
傅瑜雯	甘晓妮	甘亚杯	高春凤	高俊华	高 露	高清滢	高燕珍	龚观清	龚玉冰	苟丽群
顾城燕	顾少英	关春枚	关丽梅	关婉贞	官小敏	管文桃	郭碧姣	郭村玲	郭丹芹	郭 芳
郭华斌	郭金倩	郭莉春	郭少芬	郭胜宁	郭 媛	郭祝英	郭子琦	韩健荣	韩婷雅	韩 湘
韩昀希	何碧云	何 刚	何红萍	何家明	何建勋	何 晶	何兰兰	何兰英	何丽文	何 茂
何孟飞	何 娜	何瑞丹	何润桃	何晓娟	何雁英	何艺璇	何友清	何镇铭	和彩芸	和 芬
贺 琼	赫蕊蕊	洪芳婷	侯国莹	胡海漫	胡海宁	胡红英	胡欢欢	胡 娟	胡淑芬	胡细然
胡应坤	胡宇飞	胡智丽	华永财	黄碧仁	黄冰丽	黄彩凤	黄承英	黄楚婷	黄春梅	黄春如
黄翠凤	黄 丹	黄丹玫	黄丹霞	黄 迪	黄冬玲	黄 芳	黄海丽	黄 皓	黄慧君	黄佳纯
黄家有	黄嘉丽	黄嘉怡	黄洁雯	黄金玲	黄静琪	黄 娟	黄凯玲	黄丽芬	黄丽清	黄柳青
黄梅青	黄 媚	黄敏娜	黄铭成	黄默寒	黄 琼	黄秋花	黄秋荣	黄秋燕	黄群惠	黄润杰
黄姗姗	黄少媚	黄少研	黄诗敏	黄淑娟	黄舜燕	黄粟英	黄婉玲	黄 薇	黄香梅	黄小红
黄小莉	黄小美	黄晓冰	黄啸怡	黄新英	黄秀惠	黄雪峰	黄 艳	黄艳华	黄燕玲	黄燕珍
黄 怡	黄裔爵	黄瑛梓	黄映奎	黄钰珊	黄月华	黄月丽	纪惠容	纪晓和	冀红俭	简结燕
简 琴	江桂连	江桂香	江颖仪	江幼蕊	姜 伟	姜小丽	姜雅婷	蒋 婧	金潇潇	开美玲
康 辉	康 莉	柯丽娜	柯晓燕	孔祥旺	赖楚婵	赖芳芳	赖海玲	赖洁婷	赖金月	赖丽虹
赖明莉	赖珊珊	赖晓君	赖秀霞	蓝翠虹	蓝丽妃	蓝丽华	蓝晓敏	乐梦妹	雷 琼	黎 婵
黎桂清	黎良梅	黎秋裕	黎艳平	李安婷	李成艳	李楚珊	李翠玲	李飞燕	李观弟	李桂芬
李海妹	李 昊	李河丹	李鸿彬	李 辉	李 辉	李会茹	李惠娇	李慧聪	李慧慧	李嘉琪
李江云	李金菊	李静怡	李娟平	李凯玲	李丽玲	李丽秀	李 莉	李 玲	李 铃	李柳葵

李梦娟	李敏莹	李 娜	李 培	李 清	李 莎	李少佳	李水娇	李思琪	李思婷	李斯漫
李斯婷	李 雯	李先荣	李晓欣	李晓轩	李欣欣	李新新	李秀容	李秀玟	李艳梅	李 燕
李燕清	李阳飞	李阳阳	李宜芳	李莺莺	李永红	李 勇	李雨珊	李玉婷	李 钰	李苑青
李媛媛	李云荟	李 湛	李梓华	李紫怡	梁嫦娥	梁端仙	梁海兰	梁欢颜	梁嘉蕴	梁健儿
梁健玉	梁洁芝	梁可欣	梁丽珍	梁灵真	梁敏婷	梁敏婷	梁 曦	梁雪梅	梁雪仪	梁钰钊
梁泽娜	廖春萍	廖飞洪	廖国书	廖惠芬	廖金菊	廖少华	廖文秀	廖霞坤	林楚微	林春凤
林国英	林海强	林海珊	林惠明	林家凤	林剑雄	林洁宏	林丽娜	林 琳	林美君	林妙凤
林巧君	林秋华	林世红	林小清	林小小	林晓佳	林晓诗	林燕香	林奕芬	林奕芝	林玉娜
林育荃	林远萍	林銮亮	林 韵	林志良	凌海芬	凌丽彩	凌晓婵	凌燕梅	刘碧莲	刘彩云
刘彩珍	刘春梅	刘棣儿	刘 芳	刘芬芳	刘瀚娟	刘红梅	刘红英	刘焕基	刘佳敏	刘家欣
刘嘉潮	刘锦连	刘考红	刘美希	刘美燕	刘 萍	刘巧姿	刘 蓉	刘盛珠	刘淑敏	刘 霞
刘 香	刘小会	刘晓丹	刘秀玲	刘艳娟	刘 燕	刘燕璇	刘迎晓	刘玉兰	刘玉贤	刘玉玉
刘玥汕	刘梓秀	刘紫霞	龙建萍	龙婉仪	卢慧清	卢菊芳	卢丽洁	卢良清	卢水兰	卢伟连
卢燕珊	卢颖仪	芦晓霞	鲁秋艳	陆冬梅	陆文丽	陆燕梅	路联联	路 瑶	罗春丽	罗鸿群
罗华平	罗黄妮	罗敏华	罗少虹	罗婷婷	罗婉如	罗幸贤	罗 艳	罗艳芳	罗艳芳	罗燕静
罗 英	罗玉萍	罗月红	罗 云	吕超萍	吕焕樱	吕健珍	吕 蕾	马文娟	马细英	马香英
马艳玉	马 燕	马云芳	麦丽金	麦秋桃	麦伟梅	麦晓飞	麦英兰	莫海玲	莫慧妍	莫丽飞
莫丽媚	莫妮云	莫小芳	莫新羽	母小琦	聂翠玲	宁元媛	牛会兵	欧飞燕	欧慧玲	欧嘉敏
欧思梅	欧燕玲	欧志娟	潘冬梅	潘海琪	潘青霞	潘燕媚	潘玉莹	潘月婵	彭凤群	彭 华
彭 杰	彭礼华	彭莉莉	彭 容	彭秀娟	彭烨珍	彭银燕	浦艳琼	钱燕妃	丘秀锋	邱丽纯
邱良洁	邱美华	邱文菊	邱 怡	邱祖来	冉晓艳	任凤玲	任梦杰	任水兰	尚继风	尚 霞
邵彩珍	邵继文	沈文娟	沈燕飞	沈有香	施李萍	施显娜	施晓霞	石 红	石燕玲	宋 双
宋颖怡	苏彩玲	苏 晴	苏淑欣	苏银梅	眭文华	孙丽丽	覃芳华	覃红秀	覃龙江	谭凤梅
谭丽娟	谭林涛	谭佩岚	谭清华	谭少平	谭鑫鑫	汤丽君	汤祝英	唐丽娟	唐 清	唐伟玲
唐晓菊	唐映霞	唐玉茂	陶 明	陶新丽	田茂娟	田宜玲	田玉平	王彩凤	王丹丹	王 迪
王方方	王 菲	王晗宇	王嘉欣	王 姣	王洁华	王金花	王开梅	王丽梅	王丽莎	王莉莉
王梦娜	王秋梅	王锐娜	王少芸	王淑玲	王思媛	王素珍	王 婷	王文浩	王文辉	王文秀
王香丽	王晓莉	王晓燕	王雪军	王雅君	王燕琼	王 毅	王颖颖	韦超清	韦凤辉	韦铃涛
韦小桃	温佳丽	温李虾	温巧灵	温善茹	温秀丽	翁晓丹	邬利霞	巫达生	巫健明	吴柏燊
吴碧君	吴楚敏	吴楚婷	吴道垓	吴凤霞	吴惠霞	吴 慧	吴佳丽	吴嘉丽	吴键敏	吴丽敏
吴良丽	吴琳婷	吴佩娜	吴勤娣	吴青云	吴素云	吴伟萍	吴伟怡	吴文娟	吴晓楠	吴亚敏
吴燕玲	吴颖微	吴颖妍	吴映丽	吴玉梅	吴 泽	吴芷晴	伍芬萍	伍会林	伍 敏	伍荣花
伍素琴	伍月梅	冼桂瑛	冼志娴	向艳艳	肖春梅	肖 凤	肖佩欣	肖仙琴	肖向华	肖小委
肖小珠	谢 妃	谢凤香	谢海岸	谢红霞	谢惠兵	谢佳君	谢家珍	谢丽凤	谢丽君	谢丽媚
谢丽萍	谢绮君	谢斯茹	谢雪婷	谢意玲	谢意怡	谢悦敏	辛 歌	邢理娜	熊芬琦	徐海英
徐见好	徐杰明	徐良荣	徐敏玲	徐文倩	徐艳梅	徐珍珍	许春娟	许桂华	许敏琪	许鲜艳
许晓虹	许炎群	许燕妮	许瑜熔	薛敏娜	严其英	严小雅	严韵琪	阳天霞	阳艳婷	杨翠婷
杨 丰	杨 辉	杨金仪	杨莉莉	杨漫妮	杨梅娟	杨能石	杨 萍	杨 萍	杨 珊	杨淑娇
杨水兰	杨晓利	杨 艳	杨 燕	杨一敏	杨 义	杨益霞	杨玉灵	姚 芳	姚惠铜	姚羽萍
叶碧莹	叶惠喜	叶惠玉	叶嘉毅	叶丽平	叶孟芳	叶淑华	叶素芳	叶幸华	叶紫玲	弋凯铭
易艳红	易子培	尹丹琼	尹薏雅	尹永光	游 艳	游玉珠	余 华	余佳瑶	余嘉雯	余丽莎
余 苗	余淑清	余仙敏	余晓玲	余玉华	虞小叶	玉小婷	袁洁起	袁丽冰	袁 霞	袁消婷
原嘉伟	詹碧君	张东兰	张妃展	张光良	张桂平	张海琳	张海云	张焕群	张惠珠	张健锋

张 锦	张 静	张 丽	张丽娟	张 梅	张敏娜	张敏琪	张琴仙	张瑞冰	张瑞燕	张婷婷
张伍妹	张 仙	张小青	张晓倩	张兴秀	张秀红	张秀平	张雪丽	张雅雯	张燕萍	张业玲
张 晔	张玉燕	张裕玲	张正芬	张宗醒	招杏香	赵成梅	赵崇丽	赵嘉晖	赵蜀源	赵香荣
赵晓丹	赵学勇	赵艳秀	赵喆鹏	郑冰冰	郑广琳	郑红苗	郑惠东	郑静群	郑静贤	郑静璇
郑境妹	郑丽华	郑利娇	郑榕珠	郑宋燕	郑卫林	郑晓静	郑晓敏	郑晓琼	郑晓时	郑晓雯
郑燕君	郑莹莹	郑映璇	郑宇连	郑卓敏	植美芬	钟春霞	钟 恒	钟华丽	钟美平	钟兴贤
钟银珍	钟莹莹	钟远花	钟 媛	钟子云	周成萍	周 芬	周 凤	周凤屏	周凤燕	周海华
周辉艳	周惠冰	周慧慧	周婧丽	周利萍	周淑平	周思杏	周晓敏	周云娟	周祝君	朱爱朋
朱 春	朱春燕	朱洁玲	朱莉莉	朱 玲	朱 媚	朱敏芝	朱名燕	朱少珠	朱香香	朱秀丽
朱艳芬	朱燕嫦	诸伟坤	祝小伟	祝晓晴	祝孝文	庄徐敏	茌碧莲	卓丽华	卓旭梅	邹大容
邹花香	邹淑丽	邹玉兰	艾克白尔·买哈买提		欧阳丹华	欧阳丽华				

机电一体化技术

白万龙	毕洁炜	毕 业	蔡巴生	蔡碧辉	曹 飞	岑 敬	曾 兵	曾德祺	曾海水	曾庆贤
曾 伟	曾文东	曾宪卫	曾 勇	曾智文	查敬德	柴常胜	常文强	陈本丽	陈炳雄	陈方林
陈广全	陈 豪	陈 洪	陈惠敏	陈嘉强	陈江东	陈金锐	陈锦琨	陈林贵	陈明锋	陈阮军
陈诗选	陈仕先	陈水燕	陈添桂	陈维江	陈显彬	陈小礼	陈小明	陈笑璟	陈修凤	陈永华
陈泳强	陈 勇	陈玉贤	陈玉政	陈元元	陈肇兴	陈振塬	陈志兵	陈志焕	成金权	程灿雄
程永争	崔远文	但移红	邓海丰	邓金云	邓隆建	邓民耿	邓顺勇	邓学强	刁显标	董来富
杜咸阳	范洪彰	范 杨	方大新	方继康	方佳斌	方 林	方 强	方志冲	冯昌浩	冯铨恩
冯志坛	付 松	甘昌昊	甘 迁	高会会	高 静	高 军	高乔雄	龚锦图	贡维勇	古汝兴
关海雄	关胜潮	关志尧	关子源	关梓良	郭东峰	郭富慧	郭高阳	郭海民	郭建伟	郭宽玉
郭树益	郭志坚	韩文智	何海斌	何浩强	何合佳	何建力	何 进	何经伟	何奇成	何 强
何庆华	何师荣	何寿星	何伟焰	何兴达	何梛灵	何 焱	何 勇	何泽明	何仲宏	贺进成
洪建明	洪梓锐	侯杰飞	侯 宇	候福伢	胡熙广	胡新华	华应江	黄 宝	黄 标	黄 彬
黄炳豪	黄炳权	黄川山	黄东华	黄辉光	黄吉宁	黄嘉明	黄健龙	黄 杰	黄林健	黄名烘
黄 平	黄 乔	黄清锋	黄秋焰	黄少斌	黄思甜	黄伟潮	黄文均	黄文晓	黄亿春	黄毅硕
黄永健	黄永军	黄永志	黄增强	黄志红	黄志明	纪嘉伟	季 强	贾 鹏	江昌悦	江展猛
蒋进伟	蒋景康	蒋 俊	蒋苏龙	蒋幸成	蒋银兵	赖东强	赖镓振	赖洁科	蓝纯洁	冷小辉
黎德玺	黎弘栋	黎铭毅	黎晓锋	黎振艺	李宝雄	李冰良	李 兵	李博伟	李 超	李程光
李德荣	李发生	李国顺	李海林	李豪思	李红兵	李 辉	李济新	李建伟	李金成	李康艺
李可创	李良玑	李玲玲	李 龙	李孟轩	李 明	李啟立	李 荣	李树生	李天剑	李文滔
李小锋	李 孝	李 岩	李颖鹏	李 源	李远忠	李振干	练 婷	梁国坚	梁海凡	梁锦彪
梁锦滔	梁进辉	梁锐均	梁树奇	梁涛标	梁文健	梁文伟	梁新立	梁长晶	梁志滔	廖德豪
廖势光	廖艺文	廖忠科	林达健	林国明	林焕宁	林家乐	林剑雄	林健初	林 科	林少伟
林仕展	林守亿	林伟杰	林伟良	凌日洁	凌小辉	刘灿龙	刘春亮	刘海晏	刘汉成	刘浩雄
刘黄辉	刘 慧	刘吉彦	刘 健	刘金奇	刘 俊	刘 培	刘鹏智	刘 奇	刘少辉	刘威成
刘细文	刘耀良	刘育红	刘钊平	刘照超	刘志丹	刘志东	刘钟鸣	龙福铭	龙华林	龙 涛
卢惠基	卢锦堂	卢永钳	卢振明	陆剑豪	栾克东	罗发军	罗 浩	罗杰恒	罗娟娟	罗明昌
罗秋福	罗少平	罗盛超	罗伟献	罗学文	罗志城	罗志龙	吕章林	马 俊	马镇业	马志远
毛庆海	明 义	莫淦尧	聂浩楠	聂 俊	农建通	欧浩安	欧贻留	潘登旺	潘 伊	彭铭杰
钱锦文	邱昌富	邱福元	屈农非	任 超	任路广	荣名华	邵达文	邵杰强	申 健	沈灼彬
石将能	石开仁	史登星	宋苗苗	宋卓然	苏坚强	苏剑荣	苏其海	苏雄宇	孙 林	孙 满
孙 明	覃丁才	谭小建	汤建彬	汤志均	唐成贵	唐宏卓	唐立飞	唐绍泉	唐 伟	田红杨

田志刚	仝忠林	汪幸励	王宝英	王　超	王记闯	王家富	王　进	王开勇	王　潞	王　普
王书铨	王文锦	王湘博	王小波	王小军	王晓震	王星钧	王勇杰	王勇军	王宇坤	王照南
韦秀锐	魏晋山	魏其彬	温艳红	文　辉	文耀宇	吴高凌	吴浩权	吴宏发	吴焕明	吴剑源
吴明祥	吴旁元	吴培俊	吴心义	吴展鹏	伍尚宁	夏长安	夏志勇	夏子佳	冼权华	向德忠
向国财	项小东	肖芳华	肖红生	肖怡荣	肖永稳	肖芝芳	肖志强	谢家琪	谢铭清	谢群欣
谢　婷	谢文键	谢兴冠	谢有榕	谢智超	辛俊达	熊　龙	熊志炜	徐广信	徐建飞	徐杰文
徐　阳	徐志刚	许桂鹏	许国强	许国荣	许海荣	许浩凡	许宏帆	许华磊	许煌育	闫德玉
闫　伟	闫　莹	严思敏	颜尚平	杨帮海	杨敦成	杨　帆	杨凤伟	杨桂林	杨国强	杨金朝
杨锦全	杨凯云	杨木春	杨　平	杨　强	杨仕林	杨　添	杨维乐	杨伟雄	杨　义	杨　勇
杨　宇	杨远强	杨志文	杨志祥	姚　鹏	业伟俊	叶冬文	叶　飞	叶汉林	叶　辉	叶家发
叶卫才	叶兆伦	易　民	尹林均	尹顺娣	尹学谋	游超军	余保强	余洪亮	余小锋	余小鹏
余永雄	袁宏伟	张佰华	张成绩	张承军	张晟铭	张东林	张　冬	张国权	张海鑫	张　浩
张　鸿	张建辉	张　杰	张　军	张立恒	张亮枝	张龙送	张明明	张胜群	张　威	张　伟
张炜炎	张　雄	张　杨	张　耀	张永兵	章熙江	赵孝贤	赵　云	赵　运	赵志善	郑焕亮
郑　雷	郑新颜	钟而清	钟杰辉	钟明亮	钟麒龙	钟水清	钟水升	钟振权	周春华	周国建
周　宋	周　韬	周托真	周伟锋	周伟玉	周晓庭	朱国富	朱恒辉	朱克波	朱孟凡	朱敏星
朱润勤	朱晓东	朱亚文	朱卓彬	祝志洪	卓朝林	邹木新	阿地力江·吾斯曼		肖合来提·买买提	

机械电子工程

金　伟

机械制造与自动化

黄富松　李芙蓉　袁章洪

计算机应用技术

白　杰	白志伟	柏　飞	蔡金城	蔡书帆	蔡维涛	蔡佑园	曹志恒	曹梓健	岑　晶	曾继祖
曾婷婷	曾佑天	曾宇辉	陈卜暖	陈丁胜	陈定芳	陈冬泽	陈飞平	陈耿彦	陈观静	陈管明
陈国晖	陈海东	陈汉卿	陈汉松	陈皓天	陈红霞	陈会冬	陈惠燕	陈嘉安	陈金英	陈锦辉
陈景秋	陈景图	陈　静	陈俊成	陈礼明	陈李源	陈　莉	陈　鹏	陈琪琪	陈秋燕	陈日英
陈润泽	陈盛洲	陈世力	陈述文	陈太明	陈伟洪	陈伟佳	陈伟民	陈小豪	陈　泳	陈玉如
陈运忠	陈展平	陈长任	陈　真	陈　正	陈志坚	陈志涛	陈柱坚	陈宗海	褚曼宏	崔应慧
刀所芳	邓建辉	邓凯元	邓明翔	邓奇特	邓书桂	邓文阳	邓一帆	邓展鹏	邓志豪	丁广南
丁　哲	董　斌	董楚德	董建凡	窦燕红	杜　平	杜志炜	樊晓喻	樊增波	范广钊	范　英
方闵恺	方　勇	冯　丹	冯建成	冯敏怡	冯　庆	冯文彬	冯雪琼	付俊杰	付松林	甘杰兴
高　晶	高敏纯	高　婷	龚补军	顾小辉	郭亮军	郭鹏安	郭信明	郭燕珊	郝新哲	何春勇
何高炽	何嘉威	何健锋	何　捷	何俊雅	何礼杰	何　力	何铭彬	何启鹏	何永亮	何泽宇
侯伯玮	胡灿光	胡汉彬	胡纪红	胡丽容	胡敏萍	胡　枭	胡　杨	胡运森	黄宝玲	黄　兵
黄春龙	黄聪慧	黄飞阳	黄浩津	黄家娟	黄家龙	黄　坚	黄金凤	黄锦平	黄进飞	黄进钦
黄俊智	黄坤振	黄丽花	黄　钦	黄生淼	黄　思	黄伟聪	黄伟新	黄向武	黄晓东	黄心雨
黄兴龙	黄艳伟	黄燕霞	黄义立	黄永聪	黄宇恒	黄宇文	黄元威	黄智浩	黄子彪	黄作燊
贾永源	江光乐	江镜波	江　越	蒋家普	揭育栋	解会龙	邝晓蕴	赖泽波	赖正海	蓝雪云
雷建锋	雷明航	黎汉杰	黎嘉泳	黎　坤	李　博	李曹杰	李朝俊	李从艳	李　丹	李德凤
李国彪	李华明	李嘉昌	李嘉诚	李嘉辉	李建国	李建生	李杰龙	李　竟	李镜全	李　俊
李俊材	李坤宇	李丽娟	李莉红	李良龙	李明福	李　清	李　舒	李双成	李宪成	李　鑫
李旭堂	李绪浩	李亚仔	李钊郁	李兆亿	李志洪	李志扬	李志泳	梁宝泉	梁桂锋	梁海龙

梁锦传	梁锦豪	梁俊杰	梁凯彬	梁 娜	梁润星	梁绍斌	梁雪宁	廖飞良	廖 鸿	廖江波
廖经峰	廖凯锋	廖兰纬	廖瑜林	廖振秀	林冰冰	林恭介	林汉文	林宏强	林 杰	林锦美
林凯贤	林楷昭	林坤铨	林素兰	林伟虎	林炜玲	林晓峰	林兴裕	林 永	林志腾	凌呈祥
刘炳聪	刘东昌	刘福成	刘广东	刘 欢	刘辉煌	刘嘉敏	刘建怡	刘健全	刘 杰	刘景瑜
刘俊生	刘 侃	刘 良	刘 玲	刘敏错	刘强强	刘 腾	刘腾飞	刘 威	刘 晓	刘晓彦
刘 艳	刘 杨	刘 毅	刘宇生	刘 源	刘政博	刘志斌	刘志斌	刘志超	刘志青	刘子昂
龙家乐	龙嘉正	龙 科	卢 斌	卢浩贤	卢俊寿	卢文豪	卢小华	陆开润	罗海波	罗俊达
罗 利	罗启先	罗绮婷	罗瑞智	罗 威	罗伟聪	罗映平	罗卓夫	骆健铧	骆田伟	吕晓东
马灿耀	马国庆	马金凤	马 娟	马冷玉	马少强	马泽晨	麦欣然	毛水然	梅蓝平	明平基
莫东雨	莫戈野	莫丽燕	莫清妹	莫旭瑞	莫梓成	牟 彬	倪嘉骏	倪 健	聂新颜	潘浩儒
潘 胜	潘玮豪	潘梓丹	庞增意	彭建峰	彭利辉	彭 洋	彭云川	丘俊源	丘显发	阙开华
任 飞	任健英	任小勇	任永杰	尚 勇	尚志锋	沈洪宇	沈明德	沈学辉	沈正强	沈志鹏
石太辉	史晓宇	史真鸿	宋嘉栩	宋琦思	宋 伟	宋伟杰	宋文霞	苏柏汉	苏嘉宏	苏锦宗
苏水记	孙秀苹	覃春艳	覃月炎	谭菁华	谭文源	谭武林	谭晓锋	谭艳锋	唐 芳	唐国标
唐 敏	唐诗金	唐 文	唐晓鹏	唐洋金	唐 渝	屠新松	汪俊达	汪申东	王 彬	王村庭
王关林	王国宏	王海其	王 涵	王华玲	王煌坤	王佳建	王建龙	王景光	王净杰	王 科
王 雷	王 磊	王立欣	王 强	王琼慧	王绥霞	王维国	王文青	王 稳	王小兰	王砚君
王燕伟	王英杰	王勇利	王运桃	王 振	王镇章	王志飞	韦家庆	魏婵叶	魏家祺	魏甲凡
魏琪颖	魏梓雄	温 汤	温杏亿	温泽华	文 静	巫双艳	吴 超	吴广珍	吴 浩	吴佳恩
吴嘉诚	吴 谨	吴进波	吴堃恺	吴树麦	吴婷婷	吴 宇	伍俊安	夏红烂	夏奇勋	夏友功
鲜宇航	乡嘉俊	向 涛	项冬琴	肖广英	肖金学	肖 熠	肖志德	谢岸清	谢 冰	谢发易
谢嘉颖	谢卫明	谢宇虹	徐存锋	徐海莲	徐魁魁	徐文军	徐 舟	许爱云	许浩成	许立夫
许先众	许宜锐	严金文	严晓冠	杨博文	杨 丰	杨国荣	杨红伟	杨 健	杨健聪	杨杰邦
杨杰文	杨 洁	杨凯宇	杨连芳	杨 彭	杨 淞	杨文晋	杨 娴	杨向吕	杨旭彪	杨 叶
杨义兴	杨 育	杨远秀	杨长智	姚穗坚	叶伟成	易冠军	易锦洋	殷 霞	尹 兴	余佳源
余杰康	余 磊	余 宁	余小红	袁浩龙	袁居洋	袁 夔	袁丽萍	袁振中	岳俊杰	詹欢欢
詹磊鑫	占翠华	湛怀敏	张安能	张博夫	张 川	张海娟	张建民	张健威	张健源	张晋华
张卡迪	张 立	张烈文	张吕杰	张 敏	张清敏	张帅荣	张婷婷	张伟良	张温涛	张 娴
张亿墩	张英达	张永东	张育贵	张运权	张志敏	赵 波	赵文龙	郑韩如	郑洪健	郑金灏
郑黎寒	郑伟洁	钟乐新	钟铭洪	钟佩琳	钟文浩	周冠雄	周金焕	周金涛	周俊洋	周连飞
周荣斌	周斯铭	周徒毛	周 旭	周 元	周志洋	朱明国	朱云锋	庄玲艳	卓剑亮	资忠云
邹 敏	邹志强	左碧莲	左志雄	艾孜海尔·热扎克		开尔散·土尔洪		欧阳晓鹏	王靖圆真	

建设工程管理

巴鹏宇	鲍 婷	毕伟钊	毕尧铛	蔡承博	蔡春燕	曹占文	曹志华	岑枝二	曾春明	曾广耀
曾 昊	曾康民	曾勤龙	曾文顺	曾玉凤	曾泽伟	曾昭发	曾芷茵	曾治兵	曾子宁	陈国雄
陈豪安	陈浩泓	陈鸿基	陈家升	陈景成	陈名旭	陈明斌	陈鸣强	陈培东	陈 鹏	陈鹏飞
陈启桢	陈 强	陈少波	陈书林	陈文海	陈小波	陈小静	陈小云	陈晓燕	陈星光	陈旭彬
陈友宪	陈泽和	陈泽汕	陈卓远	陈梓敏	程国红	崔 阔	戴东波	戴俊杰	戴美玲	戴文杰
邓建金	邓 良	邓唐玖	刁佳棋	董俊锋	董利凡	段 文	段星浩	段艳泉	樊善祥	范梅芝
方 煜	冯斐彦	冯景豪	冯峻华	冯志杰	付佩军	付圣方	傅崧谕	高楚斌	高 锋	高健烨
高景武	高梦康	高 敏	高 尚	龚 涛	古风妹	郭博博	郭飞燕	郭 鹏	郭渔喜	郭志强
韩 华	韩学坤	何兵峰	何 蒋	何秋颜	何小英	洪细聪	洪晓中	侯 彬	胡 停	胡永成
黄 斌	黄楚鑫	黄芳庆	黄 飞	黄桂明	黄火得	黄佳闻	黄健生	黄凯龙	黄 磊	黄铭锋

黄佩敏 黄上凤 黄婷梅 黄武志 黄湘杰 黄秀霞 黄赞发 黄泽汕 黄展群 黄真华 黄梓楠
江思维 姜 伟 蒋介华 蒋石岗 蒋淑平 决加群 柯宗延 孔春花 赖俊星 蓝诚新 蓝建廷
劳奇卓 黎嘉奋 黎木云 黎灼林 李 宾 李彬霆 李昌华 李唱泽 李创勇 李富波 李富强
李家喜 李嘉豪 李林海 李 玲 李芊芊 李 强 李 清 李权超 李全争 李任华 李上福
李寿军 李烁彬 李 涛 李田锦 李文湛 李 孝 李衍辉 李耀球 李一波 李振伟 练戈路
梁国升 梁华锋 梁金铭 梁锦发 梁锦龙 梁景华 梁丽娜 梁庆剑 梁日成 梁旭辉 梁宜军
梁永刚 梁志雄 梁子健 廖大双 廖升艳 廖文静 林富华 林宏东 林建宏 林金贝 林金梅
林金庭 林楷然 林丽娇 林锐芝 林森润 林少芬 林少玲 林腾贤 林伟超 林伟铭 林亚兴
林泽滨 林泽钦 刘 兵 刘秉寿 刘彩群 刘成林 刘 浩 刘家毅 刘 杰 刘均超 刘露露
刘民友 刘明辉 刘启宏 刘山文 刘 涛 刘 婷 刘维娟 刘小青 刘晓红 刘雪峰 刘玉琪
刘越华 刘智铨 卢海识 卢文朋 卢志炬 陆桂阳 陆泽军 罗 军 罗 飘 罗书河 罗燕梁
骆少娟 吕马成 马强华 马绍蔚 马玉秀 马 铸 麦允添 莫佳黎 莫爵敬 缪艳彬 聂伟明
农文功 欧阳婷婷 欧玉芳 潘凤媚 潘月凤 潘仲明 彭奥 彭碧丽 彭对文 彭继业 彭丽珍
彭秀丽 彭准发 皮一帆 乔智洋 丘雄斌 全树禁 阮学炜 阮雅洁 申璐璐 师帅军 石雨薇
时 晓 史傲然 史呈羽 苏欧利 苏芝兰 孙兰兰 孙元振 覃献葶 谭国强 谭锦良 谭 仕
谭伟锋 谭忠元 汤海州 汤 欢 唐佩林 唐 文 唐新平 唐 震 陶伟健 田祎明 涂伟强
汪博欢 王博华 王 朝 王 达 王 迪 王东阳 王 菲 王耿勇 王观元 王光辉 王国锋
王 辉 王家齐 王梦元 王申申 王 双 王雄标 王赵翔 魏 龙 魏荣钊 温丽丽 文 博
文莎莎 文 鸷 巫彦澄 吴达成 吴桂河 吴 军 吴林炎 吴美华 吴倩清 吴少鑫 吴亚北
吴云峰 吴允标 吴泽标 伍永洪 夏 宇 鲜其冰 冼洧祺 肖加丙 谢再叠 熊维良 徐浩鑫
徐金加 徐润栋 许 根 许进标 许康炳 许叙松 许峣航 严子铭 杨柏基 杨超文 杨丰铭
杨国兵 杨金水 杨楷青 杨丽香 杨 林 杨培奇 杨腾远 杨旭东 杨燕妃 杨 赞 杨赵廷
杨 准 杨祖超 姚 芳 姚奋生 姚刚昌 姚汉顺 叶传武 叶嘉文 叶剑峰 叶珊珊 叶志生
乙敏龙 易美玲 易庆林 游瑞福 余绮琳 余文锋 余祥春 袁 娜 张海源 张明星 张 青
张炜杰 张杏子 张 旭 张旭辉 张雪梅 张 燚 张泽民 章镇波 赵 凤 赵璐璐 赵铭均
郑灿坤 郑耿豪 郑耿楠 郑海标 郑海红 郑金浩 郑 珊 郑伟杰 郑裕双 钟 斌 钟地生
钟丽丽 钟镪威 钟 森 钟书祺 钟永锋 钟灼强 周 艳 周永辉 周 勇 周致云 朱灿城
朱冬冬 朱吉锋 朱妙好 朱敏香 朱晓梅 朱晓敏 朱兴东 朱 妍 朱映珊 庄石柳 卓海庭
邹丽彬 邹少春 邹绍文 邹 文

建筑工程管理

蔡 超 曾少坤 曾永机 常俊峰 陈本学 陈嘉欣 陈 敏 崔广桂 邓瑞霞 丁 凯 方 静
冯彩霞 弓锁成 韩秀娟 何其钦 何香凝 黄创武 黄凤华 黄俊铨 黄 龙 黄水华 孔吉祥
李积安 李文君 李阳林 梁海婷 廖穗军 林奇佳 林伟新 刘恩熙 刘政扬 罗中坚 邱毅然
石 鑫 苏海潮 孙清亮 谭福祥 田国柱 王秀荣 吴志明 肖佳孟 徐细辉 许继仁 薛贤玲
叶良丽 易康田 尹才兵 尹利华 尹利华 张 强 张全海 郑伟涵 郑应森

建筑工程技术

白胜利 蔡嘉俊 蔡锦德 蔡绍江 蔡晓军 蔡新功 蔡堉标 蔡振华 蔡宗任 曹海刚 曹 雄
曾继洪 曾君浩 禅高善 畅晓甫 陈超良 陈 诚 陈春晖 陈迪豪 陈辅绵 陈 钢 陈高飞
陈 戈 陈国镇 陈 浩 陈 佳 陈建宏 陈建辉 陈江源 陈杰鹏 陈康娣 陈 亮 陈沛漳
陈 佩 陈 强 陈瑞杰 陈 少 陈世坤 陈斯敏 陈伟健 陈伟铭 陈伟能 陈业文 陈永桥
陈友珊 陈有桓 陈宇金 陈玉冰 陈玉山 陈玉霞 陈育广 陈云奋 陈志国 陈志佳 谌彩枝
程嘉铭 戴 坤 戴万福 戴 祯 戴志雄 邓俊勋 邓连平 邓亮亮 邓汝群 邓晓霞 邓展达
邓臻盛 邓仲桢 丁梦圆 丁庆达 范科平 范晏耀 方进恒 冯 强 冯颖超 冯宇坤 冯云龙

符福昌	符孙泽	甘志焕	高诚鹏	高阳	谷青杰	顾晓清	郭波	郭凤玲	郭家明	郭杰
韩贵川	韩廷	韩艳	何川江	何春霖	何道康	何锋	何杰辉	何凯杰	何孟秋	何振柯
贺福胜	洪凛	洪秀怡	洪泽斌	洪泽锋	胡小艳	胡晓婉	胡勇	黄冰蓉	黄鸿鑫	黄火旺
黄李娣	黄林斌	黄林祥	黄明凤	黄盼盼	黄飘雪	黄庆鸿	黄韦雄	黄祥衍	黄晓敏	黄洋
黄永强	黄远城	黄泽浩	黄湛濠	黄志强	黄志义	黄子颢	霍炽东	江缇	江铁贤	江梓康
蒋锦丽	蒋志雄	柯文雅	赖嘉浚	劳伟健	雷冬梅	黎飞	李昌松	李楚锋	李楚源	李贺杰
李惠彬	李嘉杰	李甲梅	李建康	李剑锐	李健	李菁	李康明	李括	李兰红	李雷钦
李美荃	李萌	李铁成	李炜良	李小斌	李晓荣	李主杰	连文涛	练思明	梁柏山	梁国山
梁浩坤	梁惠琳	梁嘉豪	梁嘉祺	梁嘉正	梁建保	梁健明	梁鉴辉	梁娟	梁巧如	梁任恒
梁小江	梁晓威	梁英群	梁永安	梁卓斌	林国飞	林坚泉	林江水	林俊辉	林俊康	林凯腾
林康泽	林玲燕	林潘耿	林强	林全海	林仕青	林伟明	林子东	刘春光	刘格媚	刘红
刘厚川	刘欢	刘军	刘磊	刘青云	刘姗姗	刘胜洲	刘文龙	刘祥华	刘小利	刘晓丹
刘兴龙	刘怡锋	刘勇	刘泽鑫	刘长青	龙嘉良	娄波浪	卢俊葵	卢三永	卢伟	陆光照
罗古森	罗国行	罗海忠	罗瑞	罗云飞	骆婉明	骆艺光	吕晓江	马飞华	马海波	马驯
马亚飞	马志宏	麦文锋	梅宜乐	莫泽文	牟方坪	欧俊成	潘学英	潘治平	庞均莹	彭敏
彭永亮	彭振苇	钱宇宁	邱国雄	邱星科	区彦高	任萍	沈浩凯	沈智能	石士东	水华建
宋柱元	苏广州	苏少丽	苏石英	苏章立	孙立军	谭耀俊	谭裕兴	谭振斌	谭柱斌	汤汶熹
唐国平	唐海燕	唐俭国	唐剑欣	唐自信	涂桂德	王发东	王豪杰	王浩	王惠鹏	王军武
王均云	王凯声	王路	王上上	王水胜	王文专	王向友	王旭	魏敬伟	温达志	温丰华
温秀云	邬子龙	巫玉婷	吴标正	吴波	吴德澎	吴冠德	吴华培	吴嘉华	吴建峰	吴建军
吴琼	吴锐聪	吴世玉	吴伟波	吴文杰	吴文龙	吴贤长	吴秀娟	吴业军	吴玉博	伍春华
冼宏键	肖雪芳	谢加璞	谢江	谢廷雷	谢应武	徐飞	徐之岱	许俊宝	许科	轩华美
薛桂松	严彬	严杰	严琼发	严素敏	颜宏伟	晏松波	杨大虎	杨东海	杨广辉	杨怀境
杨建成	杨柳	杨柳昕	杨雪霞	杨云	杨志伟	杨智	杨柱	姚帮伟	姚楚辉	姚棉丰
姚述端	叶娣	叶仟丰	叶涛	叶天德	易培升	游美平	余翠翡	余满发	余战略	袁龙华
云惟仲	张宸源	张多翔	张贵棋	张桓瑜	张家宏	张健锐	张珑瀚	张庆飞	张万峰	张晓凡
张绪淦	张选	张译毅	张元顺	张兆晰	张智安	张卓豪	赵典	赵俊杰	赵玲	赵益生
赵勇斌	赵有恒	赵云超	赵忠明	郑邦钦	郑碧娜	郑灿雄	郑凤娇	郑海彬	郑龙波	郑木生
郑楠滨	郑顺景	郑晓平	钟建军	钟新文	钟远添	周斌	周汉新	周俊	周立飞	周莉莉
周胜兵	周天明	周伟明	周文光	周月锋	周云	周志	朱报轮	朱兵	朱建国	朱炎
庄海升	庄鸿彬	庄晓光	邹芳华	邹光耀	邹双					

建筑设计技术

陈旭威	陈泽锋	邓银	弘惠生	胡紫健	李羽峻	梁伟秋	廖湘湘	王诗铭	文诗诗	吴钦勇
吴伟民	吴永锋	钟玮								

建筑学

林伟润　区启隆

金融管理与实务

蔡锡彬	曾云湘	陈玲	陈妙雅	陈启康	陈斯斯	陈婷玫	陈雪丽	邓秋玲	段俊合	樊剑兰
高银枝	郭妙册	何慧欣	洪广东	黄婉娜	李国毅	李海凤	李红琳	李洪	李环	李林东
李玲	李秋	梁桂瑜	梁建华	廖旭花	林晓红	凌彬彬	刘林棋	刘秀芝	龙海巍	陆丽芳
宋正国	孙继承	王晶	王宁	王盼	王书香	王怡人	魏丽婷	吴超鹏	谢绍文	辛响丽
杨霞	杨芝芝	姚龙丹	叶文岳	于俊	郑彩蝶	周国栋	周铁军			

汽车检测与维修技术
朱铭峰
人力资源管理

岑丹仪	曾德志	曾 潼	陈金芸	陈丽娟	陈太慈	陈文丽	陈泳丞	陈志华	陈子洋	党芯彤
邓 冠	邓晓丹	段荣聪	樊庭璞	郭俊谦	郭紫晴	韩洁莹	何嘉慧	胡祖荣	黄伟俊	黄芷妤
黄祖儿	姬 惠	江诗茹	蒋娇娇	赖水华	李博文	李 丹	李明珠	梁炳杰	梁房花	梁嘉伟
梁诗婷	梁诗文	梁小侠	梁咏康	廖华龙	廖华权	林洁娜	林少镟	林映雪	林子韩	凌东兰
刘 鹏	刘倩文	刘秋叶	吕健霞	潘铭科	潘杏玲	盘美铃	阮淑仪	史永茹	宋涛涛	苏志福
粟义丽	汪 萍	王 娥	王佳莹	王健恩	王 丽	王晓霞	韦泽祥	吴 晶	吴秋丽	吴晓云
冼焯华	肖华忠	谢利军	谢斯雅	徐碧丹	徐嘉韵	严诚斌	严昊鹏	杨秀美	杨宇轩	姚华玉
冶思凝	英高豪	余 雪	袁亚贤	张碧平	张海容	赵嘉静	赵振娜	郑立琴	郑胜馆	钟 鑫
周洁玉	周 敏	朱健民	古再来依·海木拉江								

商务英语
葛子佳 李嘉杰
物流工程技术

白俊义	陈捷娜	陈 赟	胡梦杨	黄德松	江文键	林少英	刘明星	刘婉贞	陆丹丹	马 强
莫品学	宋家文	王小平	叶荣涛	易勇坤	詹华翔	张昆鹏	张艳娇	张志强			

行政管理

奥家伟	白焕圆	班效贤	包少菊	鲍凌枫	毕国彬	卜仁鹏	蔡楚妍	蔡凤琴	蔡海英	蔡佳萍
蔡嘉盈	蔡丽燕	蔡秋生	蔡秋易	蔡少云	蔡思思	蔡贤国	蔡晓锐	蔡秀妲	蔡璇璇	蔡雅君
蔡焰焙	蔡艺艺	蔡梓宏	曹程铭	曹春联	曹得占	曹慧芳	曹建飞	曹敏怡	曹瑞娟	曹 帅
曹亚可	曹艳丹	岑宝华	岑 勇	岑祉霭	岑志明	岑志勇	曾 斌	曾彩玲	曾彩莹	曾翠婷
曾翠享	曾国辉	曾国盛	曾浩廉	曾宏景	曾惠珍	曾 慧	曾慧贞	曾结珍	曾凯驿	曾兰兰
曾莉莉	曾 琳	曾路桂	曾 琪	曾如意	曾少平	曾声青	曾婷婷	曾维伍	曾无瑕	曾小丽
曾 涯	曾志云	曾紫燕	曾钻仪	常 堰	车志荣	陈安娜	陈宝葵	陈彬悦	陈彩花	陈灿升
陈畅文	陈超群	陈楚烁	陈丹萍	陈丹雪	陈娣娟	陈 栋	陈 帆	陈富兵	陈柑红	陈关梅
陈冠中	陈国芳	陈汉林	陈红玲	陈洪顺	陈华丽	陈焕兴	陈辉醒	陈惠玲	陈惠娴	陈惠英
陈慧洁	陈慧琴	陈慧颖	陈火平	陈家和	陈家丽	陈家伟	陈家伟	陈家欣	陈嘉琪	陈嘉禧
陈嘉欣	陈建森	陈建文	陈健群	陈洁莲	陈洁萍	陈洁珊	陈结方	陈锦云	陈 娟	陈俊富
陈开心	陈楷忠	陈乐平	陈 磊	陈 丽	陈丽芳	陈丽萍	陈丽萍	陈丽欣	陈丽珍	陈连玉
陈林康	陈 柳	陈 龙	陈梅辉	陈美棋	陈铭扬	陈 娜	陈宁宁	陈培夫	陈佩宜	陈绮雯
陈清平	陈庆苗	陈秋杰	陈秋莹	陈秋云	陈 权	陈汝娟	陈瑞宏	陈瑞余	陈润芳	陈少宏
陈少英	陈绍付	陈沈俊	陈史进	陈书文	陈淑玲	陈 舒	陈双静	陈水兵	陈思慧	陈思敏
陈思如	陈思妍	陈思祯	陈素珍	陈童童	陈婉纯	陈唯贤	陈伟娟	陈伟龙	陈伟鹏	陈伟文
陈炜暖	陈文舒	陈 晰	陈小鹤	陈小曼	陈晓杰	陈晓龙	陈晓霞	陈晓璇	陈鑫磊	陈学科
陈雪媚	陈雪萍	陈雅晖	陈雅婷	陈延皆	陈艳仪	陈艳影	陈燕飞	陈燕娟	陈业广	陈奕胜
陈羿源	陈英愉	陈 盈	陈颖娉	陈永扬	陈咏珊	陈雨彤	陈玉华	陈玉珊	陈裕棠	陈园芳
陈远姨	陈月兰	陈云清	陈泽鑫	陈志峰	陈志强	陈智云	陈紫玲	陈自强	成嘉宝	成 娟
成雪芳	成远奔	程洪伟	程家俊	程 萍	程兴丽	程 振	仇培东	崔盼盼	崔晓雅	崔永生
崔智杰	代应琅	戴海英	戴立宗	戴猛龙	戴倩倩	戴曲慧	戴亚文	刀会仙	邓宝谊	邓超群
邓奉权	邓海英	邓怀均	邓金娣	邓金刚	邓金萍	邓美娟	邓明妮	邓秋雨	邓汝兰	邓 伟
邓蔚翔	邓香娥	邓亚丽	邓艳平	邓燕妮	邓一帆	邓一民	邓映斌	邓元坚	邓志宏	翟俊强

翟仲斌	翟仲文	丁　浩	丁小琴	丁晓辰	董　鹏	董权锋	窦紫雄	杜宝珊	杜炳玉	杜翠翠
杜鸿笙	杜洁仪	杜金玲	杜巧燕	杜顺发	杜燕婷	杜玉成	杜园萍	段冬青	段富强	段　丽
段正杰	樊　容	樊思伟	范保稼	范　超	范高婷	范家汝	范文清	方丹炯	方国权	方鹏富
方伟敏	方小明	方雁璇	封冬梅	冯常会	冯晁玮	冯翠宜	冯惠玲	冯嘉笑	冯　景	冯可晴
冯可怡	冯丽华	冯千城	冯秋平	冯瑞霞	冯淑娟	冯添贵	冯文皓	冯晓君	冯雅琪	冯艳芬
冯永茂	冯　瑜	冯赞宇	冯卓辉	冯卓然	冯子莹	冯梓杰	奉　琴	符海燕	符可芬	符泽达
符致虎	付存心	付尚波	傅华英	傅万河	富海燕	甘瑞嫦	甘世钦	甘伟能	甘伟荣	甘杏娜
甘志伟	高翠兰	高进进	高璐妍	高秀玲	高艳琼	高依娜	龚　辉	龚双凤	龚　霞	古庆美
古文彪	古小龙	关浩祥	关佳欣	关静雯	关佩莹	关世濠	关添花	关威豪	关英仪	关智颖
郭道冲	郭福森	郭桂霞	郭皓琪	郭嘉星	郭金浩	郭小玲	郭敬亮	郭玲平	郭毛宁	郭梅芳
郭敏仪	郭佩玲	郭三妹	郭尚辉	郭思卉	郭武豪	郭小红	郭　婧	郭雄鹰	郭业城	郭兆龙
郭志斌	韩培培	韩擎宇	韩源敏	郝军杰	何安仪	何炳带	何晨昌	何芳妹	何鸿华	何鸿坤
何焕松	何家诚	何健鹏	何　洁	何洁华	何金容	何　俊	何凯雯	何莉兰	何满金	何美琼
何启阳	何倩婷	何　强	何青荣	何升朗	何淑贤	何斯敏	何维良	何　玮	何文瑞	何汶亭
何　鑫	何　鑫	何　星	何旭峰	何延苹	何艳霞	何燕容	何艺萍	何雨格	何玉玲	和丽云
和松华	和伟华	贺泓滔	贺佳文	贺丽英	洪成园	洪桂妹	洪惠琴	洪经纶	洪宛真	洪晓宜
洪幼竹	侯昆山	侯秀琳	侯泳欣	侯玉玲	侯姿琪	候楠楠	胡传闻	胡　华	胡　晖	胡火林
胡建龙	胡健嘉	胡金银	胡铭轩	胡绮珊	胡绮雯	胡　睿	胡少龙	胡威波	胡新华	胡耀豪
胡奕敏	胡颖敏	胡卓燎	华红媛	黄碧荣	黄　彬	黄　冰	黄冰川	黄才胜	黄　婵	黄楚玲
黄楚珊	黄楚维	黄春连	黄大伟	黄德凤	黄弟蜜	黄东旭	黄丰森	黄凤贤	黄高杨	黄耿烨
黄桂圆	黄国书	黄国鑫	黄海燕	黄海莹	黄汉平	黄豪晖	黄浩明	黄红华	黄鸿芳	黄华丽
黄华女	黄惠仪	黄惠珍	黄　姬	黄继军	黄家文	黄家詠	黄嘉欣	黄建好	黄剑龙	黄　健
黄健成	黄江南	黄杰飞	黄杰龙	黄洁虹	黄金蓉	黄金玉	黄锦华	黄锦思	黄静文	黄凯彬
黄奎敏	黄　磊	黄　丽	黄丽斯	黄丽仪	黄　莉	黄柳诗	黄明娟	黄明泉	黄明威	黄沛秋
黄佩芬	黄其骆	黄桥燕	黄　青	黄秋敏	黄群娣	黄荣海	黄荣军	黄茹芳	黄润晨	黄世芬
黄仕雄	黄水彬	黄思玲	黄涛威	黄婷兰	黄玩霞	黄万昆	黄伟杰	黄为琼	黄文德	黄文慧
黄文集	黄小佳	黄晓涛	黄晓瑜	黄秀欢	黄秀薇	黄旭晖	黄雪妹	黄雪芹	黄姣娜	黄艳芬
黄燕芬	黄仪云	黄怡君	黄怡璐	黄逸彬	黄泳琴	黄玉河	黄玉兰	黄玉灵	黄玉婷	黄育辉
黄月华	黄越超	黄昭强	黄芷菲	黄志聪	黄志鹏	黄志鹏	黄　竹	黄柱楷	黄子嘉	黄梓华
黄紫盈	霍春琴	霍剑霞	姬　静	纪　辉	季怀治	贾天天	贾艳敏	贾艳英	贾永琦	简德发
简健炜	简敏聪	简俏娟	简小娟	简焰辉	简永浩	简　勇	简志亮	江柏椿	江　丹	江卉儿
江家凤	江健生	江俊业	江巧萍	江小林	江晓琳	江育珊	江振华	姜爱青	姜典层	姜　磐
姜　伟	蒋春霞	蒋东妮	蒋桂文	蒋红丽	蒋建梅	蒋丽丽	蒋丽萍	蒋美凤	蒋团情	蒋伟强
蒋文龙	蒋学友	蒋志广	金俊芬	金莲花	金亚丹	巨佳伟	阚光瑞	柯聪颖	柯楷龙	柯永标
柯卓伶	孔　慧	孔雷雨	孔　帅	孔水妹	邝健鸿	邝小林	赖德丹	赖飞凤	赖庆先	赖婷婷
赖文静	赖小甜	赖晓帅	赖银新	赖育辉	兰小军	蓝嘉敏	蓝美琼	蓝其权	劳美玲	雷　芳
雷静蕾	雷　利	雷　婷	雷桐环	雷小丽	雷兆媛	黎海玲	黎慧坚	黎嘉仪	黎健新	黎金池
黎美冯	黎清林	黎日冰	黎瑞欣	黎挺杰	黎艳姚	黎志明	李爱玲	李爱荣	李　晨	李成倍
李成林	李从双	李德军	李德祥	李东萍	李东旭	李都好	李朵廷	李国标	李海飞	李海明
李海青	李　红	李红鹏	李洪梅	李洪英	李花红	李华斌	李焕英	李　辉	李惠芳	李惠晶
李惠贤	李　慧	李慧虹	李慧敏	李吉祥	李家和	李家权	李家英	李嘉兴	李嘉怡	李嘉洲
李建成	李洁如	李洁荧	李金霞	李敬强	李　静	李静好	李菊香	李俊威	李凯儿	李凯江
李　丽	李丽萍	李　铃	李露瑶	李茂熠	李美金	李孟寅	李梦然	李　敏	李敏仪	李明璇

李木秋	李　娜	李培培	李佩琼	李奇男	李　琪	李绮文	李　乾	李倩莲	李倩婷	李　箐
李秋华	李群富	李人杰	李荣广	李如峰	李如祥	李世梅	李仕瑶	李淑辉	李淑英	李　帅
李双双	李顺兴	李　婷	李婉文	李维康	李　伟	李伟宇	李文健	李文俊	李文威	李文霞
李小宝	李小翠	李小菊	李小群	李小霞	李小真	李晓蕊	李晓霞	李晓贤	李新宇	李馨敏
李杏梅	李秀春	李学玉	李　雪	李雪芳	李亚龙	李演思	李　艳	李　燕	李燕平	李　洋
李亦文	李盈盈	李永春	李永辉	李永政	李玉琴	李玉清	李玉新	李育勤	李裕彤	李　芸
李振皖	李　震	李志娴	李　智	李智薇	李卓豪	利佳璇	利曼淇	练盈月	练玉兰	梁爱华
梁春燕	梁纯子	梁　翠	梁翠红	梁东坚	梁　栋	梁芳群	梁活英	梁家辉	梁嘉慈	梁嘉玲
梁嘉卿	梁嘉欣	梁建宝	梁健东	梁洁妍	梁锦昌	梁经伟	梁俊豪	梁丽园	梁丽珠	梁妙冰
梁敏华	梁敏玲	梁倩婷	梁青源	梁淑妍	梁树刚	梁统淋	梁婉霞	梁伟德	梁伟江	梁伟康
梁纬雯	梁文丽	梁小梅	梁欣琳	梁欣瑜	梁雄飞	梁秀仪	梁艳嫦	梁咏嘉	梁瑜菁	梁玉文
梁煜明	梁志彬	梁志铭	梁志文	廖嘉俊	廖杰英	廖金成	廖里强	廖丽珍	廖良辰	廖树雄
廖夏萍	廖学文	廖莹莹	廖羽婷	廖远梅	林阿庭	林彩霞	林嫦苗	林楚雄	林恩辉	林凤金
林凤兰	林国平	林国琪	林国旺	林浩佳	林华英	林活康	林加丽	林佳燕	林家琪	林家松
林家希	林建峰	林建岗	林剑伦	林洁涛	林解暖	林金泰	林金婷	林凯涛	林康荣	林丽鹏
林良东	林律言	林　茂	林妙慈	林　敏	林敏玲	林明铭	林倩华	林青燕	林晴晴	林权眉
林　莎	林少群	林少滢	林思玲	林统泉	林伟清	林伟雄	林文海	林文贤	林贤程	林晓滨
林晓鲲	林晓珊	林晓霞	林晓霞	林晓云	林雪滨	林艳玲	林贻康	林　勇	林玉艳	林圆圆
林云辉	林泽雄	林志锋	林周英	林子波	林子荣	刘　斌	刘斌敏	刘　超	刘　朝	刘楚君
刘　川	刘春波	刘翠连	刘翠萍	刘东维	刘国峰	刘国利	刘　浩	刘　浩	刘　洪	刘　欢
刘辉玲	刘吉祥	刘家荣	刘嘉诚	刘嘉玲	刘嘉敏	刘建辉	刘剑威	刘江平	刘　杰	刘洁斐
刘洁梅	刘捷凯	刘锦涛	刘　静	刘　娟	刘娟娟	刘俊珊	刘俊书	刘凯珠	刘　科	刘丽宏
刘丽丽	刘丽英	刘莉莉	刘莉萍	刘　亮	刘　玲	刘梦兰	刘敏芳	刘明飞	刘其彬	刘绮琪
刘　乾	刘倩彤	刘青春	刘荣裕	刘瑞芳	刘淑君	刘双双	刘思行	刘颂勤	刘　涛	刘腾达
刘天宝	刘　伟	刘伟健	刘小芳	刘晓兰	刘晓玲	刘欣宜	刘杏文	刘秀芬	刘秀红	刘　选
刘艳锋	刘燕清	刘　阳	刘颖菲	刘永娟	刘玉丹	刘玉清	刘玉珊	刘　振	刘振超	刘志伟
刘中杰	刘自金	柳文杰	龙　丹	龙　戈	龙健成	龙　楹	龙元清	卢财杰	卢彩敏	卢春谊
卢桂添	卢家兴	卢健庭	卢洁丽	卢敏橙	卢敏晴	卢庆丽	卢日平	卢诗晴	卢婷婷	卢文娟
卢　莹	卢咏茵	卢宇莹	卢钰文	卢志明	卢梓杰	芦　荷	陆嘉欣	陆斯敏	陆艳娟	陆玉妹
路　佳	罗翠芳	罗国财	罗宏洲	罗嘉诚	罗嘉康	罗嘉婷	罗　军	罗丽如	罗敏桦	罗　鸣
罗　倩	罗少勤	罗　伟	罗文斌	罗文盛	罗细妹	罗序典	罗永志	罗钰莎	罗云才	罗云霞
罗泽鸿	罗振西	罗志辉	罗志坤	骆丽珍	骆伟玲	吕辉凡	吕满冰	吕　婷	吕小海	吕燕麟
吕扬扬	吕　永	吕兆麟	马　超	马成娴	马国南	马　娟	马　俊	马　亮	马　强	马　瑞
马　祥	马　欣	马欣怡	马亚江	马宗涛	麦詠娥	麦志洪	麦子钊	麦梓彦	麥震宇	毛晨鑫
毛东伟	毛小龙	梅丽华	梅胜强	孟丽航	孟王军	米合日古丽·阿不来克木		莫彩霞	莫　道
莫华花	莫伟业	莫吾拉·尼曼克		莫小宝	莫小青	莫晓云	莫孝刚	莫艺丹	莫益芳	莫颖琳
莫尤列	莫再磊	莫子清	缪灵灵	沐　霏	穆　健	聂　川	聂福萍	聂小山	农　飞	农小梅
侬堂玲	欧玲峯	欧沛华	欧珮玲	欧启华	欧少红	欧淑仪	欧树妹	欧小宝	欧美玲	欧阳珊
欧阳甜	欧颖仪	欧玉忠	潘　彬	潘东海	潘凤琼	潘家豪	潘　坤	潘敏虹	潘平生	潘诗婷
潘素丽	潘艳娟	潘燕珍	潘芷妍	庞楚莹	庞观弟	彭春雨	彭锦新	彭　利	彭　玲	彭铭恩
彭　韬	彭湘安	彭小花	彭小婷	彭玉香	皮　帅	戚明霞	齐　静	齐茂臣	钱文君	强文科
秦　漫	秦帅丽	秦　巍	秦晓萱	丘平杰	丘雪锋	丘裕龄	邱　翠	邱剑宗	邱仕贵	邱逸能
邱溢灵	秋　红	区贤熙	区泽平	全　丽	饶晓燕	任秀雯	容宝莹	容海梅	容洁怡	容妙茵

容燕仪	容悦兴	容芷怡	阮嘉雄	阮伟杰	阮文强	阮燕芬	赛衣丁艾合买提·吾守尔	沙海娃		
沙仁娜	沙文龙	尚嘉彬	尚玉龙	邵雪	邵月容	佘少青	佘淑芬	沈冬梅	沈海江	沈鉴鹏
沈洛轩	沈明琼	沈少鸿	沈少敏	施玲志	施婉玲	施叶文	施语桐	石家华	石秋玲	石亚楠
石义冲	石永红	石玉兰	史贺帅	释耀纯	帅晓亚	司徒智轩	宋东伟	宋豪磊	宋慧娜	宋金夏
宋晶	宋俊	宋强	宋怡珍	宋愿玲	苏财芳	苏国东	苏惠娥	苏慧珍	苏剑菲	苏锦荣
苏珏媚	苏龙	苏思华	苏婉怡	苏万青	苏小珍	苏晓敏	苏永裕	苏煜炜	苏昀	苏芷媚
苏芷滢	苏智欣	粟兰芳	孙丹	孙龙	孙鹏飞	孙彦军	孙愿武	孙志强	谈施	覃昌意
覃芳盛	谭彩冬	谭桂强	谭国锋	谭海华	谭健龙	谭景涛	谭美艳	谭清	谭荣仪	谭诗雨
谭西玲	谭秀丽	谭永健	谭永麒	汤咏欣	汤招儒	汤智诚	唐彩华	唐海英	唐婧婧	唐乐涵
唐亮	唐蟠	唐伟贞	唐祥聪	唐亚萍	唐玉琴	唐源	陶江谊	陶奇	陶瑞	陶永华
田栋梁	田会杰	田加	涂启瑞	万昊哲	万乐泉	万启芳	万锐	汪毫	汪金芝	汪修娥
汪毅楠	王城燕	王楚键	王丹	王冬晨	王芳	王冠豪	王国娇	王国鹏	王浩	王浩轩
王家豪	王建林	王建龙	王健康	王江泽	王捷永	王晶晶	王娟	王开琪	王立旗	王丽贞
王凌赟	王美选	王明	王佩	王鹏飞	王晴	王润芝	王韶峰	王少强	王胜涛	王帅
王素娟	王万霞	王伟	王炜嘉	王小平	王晓博	王晓敏	王笑锋	王修玉	王雪姣	王亚朝
王彦军	王艳	王艳	王阳	王艺	王艺	王奕龙	王逸慧	王永博	王玉婷	王云宝
王云明	王泽	王泽洋	王兆刚	王志程	韦逢英	韦乐甜	韦丽飞	韦美玲	韦倩玲	韦雪秀
韦叶青	魏爱庭	魏春普	魏吉兰	魏俊孟	魏丽婷	魏旗东	魏再群	魏珍	温傲麟	温慧欣
温家慧	温敏英	温明芬	温瑞祥	温淑一	温正好	文博	文洪英	文家成	稳小荣	邬开梅
邬咏珊	巫世超	吴碧珠	吴斌	吴彩霞	吴焯东	吴丹	吴丹	吴桂常	吴桂幸	吴国辉
吴国之	吴海冰	吴昊蓉	吴浩俊	吴焕荣	吴恢霞	吴惠霞	吴慧霞	吴继泉	吴加丽	吴家乐
吴家棋	吴家兆	吴嘉雯	吴嘉业	吴嘉愿	吴建新	吴恺恩	吴可人	吴丽英	吴莉	吴娜丽
吴巧格	吴清华	吴锐标	吴瑞娟	吴若群	吴世林	吴仕兰	吴思华	吴婉晶	吴伟森	吴伟璇
吴炜晶	吴文婷	吴细芬	吴祥灿	吴小莲	吴晓玲	吴晓勇	吴亚增	吴延定	吴燕冰	吴毅琼
吴颖妍	吴悠	吴玉香	吴泽润	吴振荣	吴志锋	吴志学	伍焯珊	伍嘉怡	伍齐笑	伍潼熙
伍伟铭	伍晓晴	习静	夏慧平	夏莉	夏曼青	夏敏英	夏志刚	冼秀雯	冼永诚	冼咏贤
冼玉梅	冼玉珊	冼月玲	向阳	萧计力	萧燕妮	萧智远	肖蓓	肖航	肖金元	肖乐
肖利明	肖启俊	肖庆飞	肖润华	肖淑芬	肖淑媛	肖婷婷	肖晓碧	谢国强	谢浩军	谢华竹
谢坚	谢姣	谢婕	谢娟娟	谢军芳	谢丽华	谢丽娜	谢丽娜	谢丽蓉	谢利玲	谢柳清
谢美新	谢妙玉	谢敏	谢佩欣	谢鹏	谢小兵	谢小龙	谢晓桂	谢晓玉	谢笑辉	谢燕玲
谢依辉	谢奕藩	谢雨婷	谢云	熊帮义	熊慧	徐刚晴	徐观莲	徐桂华	徐红	徐慧华
徐建林	徐金泉	徐琼敏	徐思恩	徐涛	徐婉娴	徐伟峻	徐先林	徐艺源	徐颖	徐幼琪
徐自川	许超	许惠琪	许建亮	许洁燕	许君明	许郡球	许美榕	许秋明	许群豪	许珊珊
许婉文	许晓虹	许晓漫	许肖仪	许笑	许仪满	许银鹏	许玉婷	薛洁旋	薛秀东	闫丽娜
闫亚琴	严昌美	严金群	严旭	颜宇华	阳燕	杨兵	杨超群	杨春辉	杨丹	杨德春
杨国英	杨海华	杨海全	杨红亮	杨辉春	杨惠华	杨惠华	杨吉庆	杨嘉琦	杨健雄	杨洁
杨洁	杨金燕	杨金营	杨锦雪	杨敬敬	杨浚谦	杨雷	杨琼	杨礼锋	杨良萍	杨良望	杨路成
杨茂琴	杨明梅	杨铭欣	杨佩珊	杨琪	杨琴	杨琼	杨荣强	杨善程	杨少芬	杨婉琴
杨炜仪	杨文婷	杨文伟	杨小朋	杨晓明	杨秀娟	杨阳	杨耀芳	杨颖	杨勇易	杨玉
杨远韬	杨增博	杨展慧	杨支亮	杨志荣	杨子龙	杨子文	姚海铃	姚剑琴	姚巧琳	姚少喜
姚哲卿	叶桂花	叶红玲	叶惠锋	叶惠兰	叶金福	叶丽霞	叶梦捷	叶仕凌	叶伟嫦	叶永锶
叶宇浩	叶裕婷	易海旭	易丽霞	易晓平	殷石明	尹丹	尹海庭	尹美艳	尹荣波	尹少贞
雍沙沙	尤莉莉	尤秋红	尤若菲	游成	游兰芳	于娟	于泽芮	余丹平	余建华	余健豪

余锦平　余兰妹　余　宁　余庆威　余秋玉　余瑞静　余世轲　余欣桐　余泽涛　郁国山　袁　波
袁春兰　袁翠华　袁　方　袁　浩　袁花秀　袁锦华　袁进忠　袁净雅　袁静瑶　袁　坤　袁　玲
袁平华　袁世浩　袁文莉　袁晓秋　袁　泽　原浩良　岳江涛　宰　星　臧婷婷　詹兵华　詹楚玲
詹　梅　张宝珍　张　彬　张　斌　张彩会　张彩霞　张得良　张方科　张　芳　张　峰　张凤静
张谷娣　张海蓉　张海文　张　恒　张　恒　张　红　张红霞　张鸿辉　张欢欢　张惠生　张佳春
张佳佳　张家斌　张建梅　张靖雯　张静杰　张静怡　张　君　张　俊　张丽冰　张丽莎　张　莉
张　龙　张美虹　张梦薇　张　敏　张　慕　张鹏翌　张　琪　张　琦　张晴晴　张少华　张属宝
张双娇　张　腾　张婷芳　张婷丽　张万华　张　伟　张伟杰　张　文　张文飞　张雯雯　张献鼎
张小明　张晓婷　张晓燕　张　欣　张锌海　张新红　张秀榕　张秀毅　张雪莹　张亚峰　张　艳
张艳桂　张艳芹　张艳艳　张钇钐　张优优　张玉玲　张玉珊　张　毓　张远弘　张月娇　张增好
张昭阳　张志捷　张志娟　张智全　张子龙　赵百麒　赵宝刚　赵超奇　赵朝传　赵德志　赵凤楼
赵贵生　赵红英　赵　欢　赵嘉豪　赵建波　赵健雯　赵金源　赵娟娟　赵俊华　赵兰香　赵苓钰
赵　柔　赵腾波　赵腾科　赵雄峰　赵学基　赵耀凯　赵燚达　赵永兴　赵宇轩　赵裕漫　赵智灵
郑安娜　郑宝群　郑碧芳　郑超明　郑春玲　郑发强　郑　峰　郑浩楠　郑鸿亮　郑嘉尧　郑嘉意
郑俊杰　郑凯诗　郑凯文　郑绮婷　郑悄棣　郑日升　郑　生　郑　斯　郑婷婷　郑婉婷　郑相平
郑懿玲　郑玉婵　郑玉娜　郑振文　植美珍　钟翠红　钟得平　钟慧芳　钟慧君　钟金容　钟静文
钟林秀　钟美军　钟　媚　钟绮媚　钟庆娟　钟燃震　钟思丽　钟思敏　钟思韵　钟　伟　钟小甜
钟晓华　钟延红　钟颖瑶　钟咏诗　钟远香　周朝瑞　周贵英　周海劲　周健铭　周　梅　周美霞
周敏慧　周敏宜　周沛娴　周　平　周秋兰　周　荃　周世耀　周　葶　周　婷　周小梅　周　鑫
周秀丽　周艳国　周　燕　周　燕　周燕娇　周　营　周永刚　周永基　周永志　周　瑜　周志成
周志礼　周子勤　朱波豪　朱桂华　朱鸿文　朱家博　朱嘉诚　朱嘉玲　朱洁媚　朱靖雯　朱敏超
朱启华　朱淑欢　朱思诚　朱天赦　朱　巍　朱晓良　朱晓燕　朱衍利　朱　燕　朱颖心　朱永美
朱雨曦　朱月香　朱蒸敏　朱志娴　祝　建　祝炜坚　祝永娟　庄国飘　庄晓慧　卓淑苗　邹翠玲
邹　丹　邹芳艳　邹伟娟　邹宇杰　左宇飞　阿布地热西提・马木提　阿尔成・叶里保鲁
艾尔帕提・吐尔孙　艾尼・居苏普　汗克孜　阿不都热西提　卡哈热曼　库瓦尼　欧阳佩仪
欧阳宝玉　欧阳鹏达　巫玉燕　吾斯曼・依斯拉木　西尔扎提・塔依尔　西那尔别克・木拉力别克
孜德古力・胡马尔别克
学前教育
戴文颖　李婉琴

大事记

2021 年大事记

1月8日 学校计算机科学与工程学院陈俊龙教授团队的学术论文"Stacked Broad Learning System: From Incremental Flatted Structure to Deep Model"在 IEEE *Transactions on Systems, Man, and Cybernetics: Systems* 会刊上发表。华南理工大学为第一研究单位和唯一通讯单位,博士后人员刘竹琳(计算机科学与工程学院)为第一作者,陈俊龙教授为通讯作者。

1月11日 中央宣传部、教育部联合发布2020年"最美高校辅导员""最美大学生"先进事迹。学校第21届研究生支教团成员李莎入选。

1月11—16日 国务院联防联控机制2021年春节期间新冠肺炎疫情防控专项督查组组长、教育部副部长钟登华一行来校调研,并看望慰问中国工程院院士何镜堂。督查组对学校疫情防控工作取得的成效表示充分肯定。

1月12日 华南理工大学与佛山市南海区人民政府合作办医工作座谈会举行。双方将合作共建华南理工大学附属第六医院(南海区人民医院),共同推进华南理工大学综合癌症中心建设。

1月14日 根据《广东省教育厅关于对2020年高校网络安全演练及IPv6推进工作成效明显单位予以表扬的通报》(粤教信息函〔2021〕1号),学校获评"IPv6推进工作特殊贡献单位"和"网络安全演练工作成效明显单位"。

1月15日 学校领导班子成员、党委常委在笃行楼召开党史学习教育专题民主生活会。教育部人事司副司长、一级巡视员吕杰同志,教育部第十二督导组成员、教育部直属高校党建工作联络员喻世友同志,教育部人事司高校领导干部二处副处长张军伟同志,以及广东省委教育工委组织处副处长叶祝秋同志出席会议。教育部第十二督导组组长刘伟同志对民主生活会取得的成果给予肯定。

1月17日 华南理工大学六大重点民生项目开工暨区校全面合作框架协议签署仪式举行。广州市市长温国辉、常务副市长陈志英等市区领导参加仪式。仪式上,学校与天河区共同签署《广州市天河区人民政府与华南理工大学全面合作框架协议》。六大重点民生项目分别是广州科技图书馆、人才公寓、长江路隧道、逸夫科学馆和27号楼改扩建、广园东-五山路交通枢纽工程。

1月26日 学校与广州交通投资集团签订合作协议,启动建设道路工程联合创新中心。

1月27—29日 由华南理工大学、广东省大湾区华南理工大学聚集诱导发光高等研究院和 Wiley 出版集团合办期刊 *Aggregate*（《聚集体》）发布会暨聚集体科学研讨会举行。

2月10日　根据《广州市城建领导小组办公室关于公布广州市精品工程（房屋建筑工程和人居环境综合提升工程）项目库的通知》，学校医学院综合楼、广州国际校区（二期）项目入选广州市精品工程（房屋建筑工程）项目库。这是学校基本建设领域首次入选。

2月22日　教育部办公厅公布2020年度国家级和省级一流本科专业建设点名单。学校新增国家级一流本科专业建设点16个、省级一流本科专业建设点13个。

2月25日　全国脱贫攻坚总结表彰大会举行。学校驻惠来县隆江镇孔美村扶贫工作队获评全国脱贫攻坚先进集体，是广东省唯一入选的高校驻村工作队。

2月25日　全国妇联公布2020年度全国三八红旗手、全国三八红旗集体的名单。学校食品科学与工程学院王永华教授被授予"全国三八红旗手"荣誉称号。

2月26日　东莞市松山湖高新区2020年度工作总结会议召开。学校华南协同创新研究院获评"2020年度园区先进新型研发机构及科研机构"。

3月2日　教育部召开第八届高等学校科学研究优秀成果奖（人文社会科学）颁奖会。学校11项成果获奖，其中，著作论文奖二等奖5项、三等奖2项，青年成果奖4项。

3月5日　学校与华为技术有限公司举行人才联合培养签约仪式，并为"智能基座"产教融合协同育人基地揭牌。

3月10日　国际木材科学院院士增选结果公布。学校环境科学与工程学院万金泉教授当选为国际木材科学院院士。

3月11日　华南理工大学广州学院校长调整宣布会召开。经学校提名，学校土木与交通学院院长吴波受聘担任华南理工大学广州学院转设为广州城市理工学院后的首任校长。

3月12日　学校2021年全面从严治党工作会议举行。学校党委书记章熙春总结2020年学校推进全面从严治党工作情况，部署安排2021年重点任务。校长高松对学习领会会议精神、推进学校全面从严治党工作提出要求。

3月12日　全校党史学习教育动员部署会举行。学校党委书记章熙春对学校开展党史学习教育进行了动员部署。校长高松就学校各级党组织和广大干部师生学习领会会议精神、抓好贯彻落实提出要求。

3月12日　学校和深圳市豪鹏科技股份有限公司战略合作及捐赠签约仪式举行。双方将深化在产学研、人才基地建设、人才引进等方面的合作。

3月26日　学校、茂名市人民政府和华能集团成员单位在茂名签约，签署在茂名共建"碳中和新乡村"、共同推动乡村新能源一体化综合示范建设以及"碳中和新乡村"发展模式与技术研究等系列项目的战略合作协议。

3月26日　学校与蚌埠市禹会区人民政府、安徽粤智徽源生物科技有限公司签约共建"蚌埠－华南理工大学生物材料先进制造研发中心"。

3月26日　教育部公布2020年度高等学校科学研究优秀成果奖（科学技术）获奖名单。学校3项成果获奖，其中一等奖2项。

3月30日　广东省教育厅、阳江市政府、广东海洋大学、华南理工大学四方签署共建广东海洋大学阳江校区工作协议，探索跨地区高教帮扶新模式。

3月31日　2021年学校年度工作会议召开。学校党委书记章熙春强调做好2021年工作要以党史学习教育为抓手，强化五种意识。校长高松总结2020年办学发展情况，从人才培养、队伍建设、学科发展3个方面强调2021年度重点工作。

4月1日　上海证券交易所监事长潘学先一行来校调研。双方就校企合作进行深入交流。

4月14日　学校广州国际校区E3图书馆主体正式封顶。

4月14日　科技部科技监督与诚信建设司司长戴国庆一行来校调研。戴国庆对学校的办学成绩和广州国际校区建设的新路径表示充分肯定，并希望学校积极探索创新型高等教育新范式。

4月19日　学校2021年本科教学工作会议召开。会议总结了学校2020年本科教学工作取得的成绩，并对2021年本科教学工作提出了新的要求。学校将全力抓好"十四五"开局和年度重点任务落实，做好"631"综合评价招生录取、百步梯创新学院建设等工作。

4月21日　教育部科技发展中心副主任张拥军一行来校调研。张拥军对学校科技工作取得的成绩表示充分肯定。

4月23日　学校纪委第三次全委会（扩大）会议召开。会议审议通过学校纪委2020年度工作情况、2021年工作要点和《华南理工大学纪委委员联系二级党组织工作办法（试行）》。

4月24日　2021年美国大学生数学建模竞赛和交叉学科建模竞赛（MCM/ICM）成绩揭晓，学校学子获得大赛最高奖项Outstanding Winner 1项。

4月28日　教育部留学服务中心党委副书记、纪委书记方永生一行来校调研。方永生对学校广州国际校区在地国际化办学范式，以及"平安留学"工作取得的成效表示充分肯定。

4月29日　广东省庆祝"五一"国际劳动节暨劳模表彰大会举行。学校土木与交通学院吴波教授获"广东省五一劳动奖章"。

4月29日　国家知识产权局与教育部联合举办国家知识产权试点示范高校高级研修班。会上，学校获首批"国家知识产权示范高校"授牌并作主题发言。

5月6日　学校和佛山市南海区人民政府签署合作办医协议，双方将把学校附属第六医院打造成华南地区以肿瘤和急危重症诊疗研究为特色的一流大学直属附属医院，携手建设世界一流的综合癌症中心。

5月7日　学校与广州市建筑集团有限公司战略合作框架协议暨企业股权划转协议签订仪式举行。双方将就共建产学研合作基地等方面开展深入合作。

5月10日　粤港澳高校工科联盟成立仪式暨新工科建设与发展研讨会举行。学校作为创盟高校代表致辞。

5月20日　广东省科技创新大会召开。学校28项成果获2020年度广东省科学技术奖，其中，一等奖9项、二等奖19项，获奖总数及获一等奖数量均居广东省首位。

5月20日　根据《教育部办公厅关于公布首批未来技术学院名单的通知》（教高

厅函〔2021〕16号），学校未来技术学院成功入选。

5月20日　华南理工大学乡村振兴与发展研究院粤西分院在茂名高州揭牌。

5月20日　国家知识产权局副局长赵刚一行来校调研并召开知识产权运用促进座谈会。赵刚对科技创新和知识产权运用促进工作成效表示充分肯定。

5月21日　广州市天河区委书记陈加猛一行来校调研，考察指导五山校区部分重点民生项目建设。

5月26日　上海软科发布2021"软科世界一流学科排名"，学校共有26个学科上榜。其中，3个学科跻身全球前10，并列中国内地高校第6位；9个学科全球排名前50，并列中国内地高校第15位；18个学科进入全球前100，并列中国内地高校第11位。

5月26日　广东省科学技术协会公布第十六届广东省丁颖科技奖获奖者名单，学校环境与能源学院党志研究员和材料科学与工程学院李国强教授入选。

5月30日　中国科协第十次全国代表大会闭幕。中国科学院院士、校长高松当选中国科协第十届全委会副主席。

6月1日　教育部正式公布课程思政示范项目名单，学校2门课程入选普通本科教育课程思政示范课程，学校课程思政教学研究中心入选教育部课程思政教学研究示范中心。

6月2日　泰晤士高等教育发布亚洲大学排名，学校首次跻身50强，列中国内地高校第15位。

6月10日　学校校长高松为学生作题为《赓续红色血脉，投身科技创新——让科学家精神引领未来前行之路》的"思政第一课"，勉励学子们肩负历史使命，坚定前进信心，立大志、明大德、成大才、担大任，不辱时代使命，不负人民期望，让科学家精神引领未来前行之路。

6月16日　国务院联防联控机制综合组广东工作组组长、国家卫生健康委副主任雷海潮一行来校调研。雷海潮对学校疫情防控、师生健康管理、相关科研工作表示充分肯定。

6月24日　国家知识产权局公布《关于第二十二届中国专利奖授奖的决定》（国知发运字〔2021〕18号），学校获中国专利金奖1项、银奖1项、优秀奖4项。自2009年以来，学校以第一专利权人获奖总数38项（含2金3银），获奖总数居全国高校首位。

6月29日　学校"光荣在党50年"纪念章颁发仪式举行。学校为397位老党员颁发"光荣在党50年"纪念章。

6月29日　广东省"两优一先"表彰大会召开。学校驻孔美村扶贫工作队队长、机关党委苏秋斌和马克思主义学院教授王晓丽分别获评广东省优秀共产党员、广东省优秀党务工作者，建筑学院党委获评广东省先进基层党组织。

6月30日　学校党委书记章熙春为青年学生作题为《把握"两个大局"，认清历史方位，在学习党史中走好新时代长征路》的"思政第一课"，勉励青年学生在实现第二个百年奋斗目标的新征程中，培养自己的学习力、思考力和行动力，用所学报效国家、贡献世界。

7月1日 学校庆祝建党100周年升旗仪式暨红色基因传承工程启动仪式举行。全体校领导共同启动红色基因传承工程，学校党委书记章熙春发表讲话，希望广大青年学子早日成长为"大栋梁"，广大教师努力成为"大先生"，全校上下以红色基因滋养精神，全力推进"大事业"。

7月1日 学校召开庆祝中国共产党成立100周年表彰大会。学校党委书记章熙春强调要落实学校第十七次党代会决策部署，坚定不移、坚持不懈推进中国特色、世界一流大学建设。校长高松通报学校获得广东省、广东省教育系统表彰名单，宣读学校党委表彰决定。

7月2日 学校举行2021届"云"毕业典礼暨学位授予仪式。校长高松作题为《未来，从今天出发》的毕业致辞，党委书记章熙春为服务科技强军、乡村振兴毕业生代表和"李莎支教团"出征授旗。全体毕业生实现"云"参与，在线观看人次达50余万。

7月2日 学校第四十次学生代表大会暨第三十二次研究生代表大会举行。大会全面总结过去一年校学生会和研究生会的各项工作，选举产生校学生会和研究生会新一届主席团成员。

7月2日 学校庆祝中国共产党成立100周年交响音诗《唱支山歌给党听》活动举行，在线观看人数超3万。

7月7日 学校教师思想政治和师德师风建设工作会议暨师德专题教育部署会举行。学校党委书记章熙春围绕"支持和引导教师成为'大先生'，构建教师队伍建设新格局"提出明确要求。校长高松就学习贯彻会议精神提出要求。

7月12日 学校和广州市文化广电旅游局举行战略合作框架协议签约仪式，并为"华南理工大学—广州市文化广电旅游局南方文旅产业研究院"揭牌。

7月14日 学校发展座谈会暨校友捐赠仪式举行。广东省省长马兴瑞、广东省副省长王曦、广州市市长温国辉、广东省政府秘书长叶牛平出席座谈会。马兴瑞对学校为广东经济社会发展所提供的人才和科技支撑表示充分肯定，表示省委、省政府将全力支持华工建设发展，全面落实各项保障措施，希望广大华工校友积极回馈母校。会上，学校校友李东生、刘石伦、李华、李永喜分别与学校签订捐赠协议，各向母校捐赠1亿元。

7月15日 学校召开党史学习教育工作推进会。学校党委书记章熙春强调，要把学习宣传贯彻习近平总书记"七一"重要讲话精神作为党史学习教育的重中之重，从百年党史中汲取源源不断的智慧和力量，以学校高质量发展成绩和安全稳定大局检验学习教育成效。校长高松就学习贯彻会议精神提出要求。

7月15日 学校召开党委全委扩大会议，传达学习习近平总书记在庆祝中国共产党成立100周年大会上的重要讲话精神，全面部署学校学习宣传贯彻工作。

7月27—30日 首届全国高校教师教学创新大赛举行，学校设计学院教师熊巍获部属高校（含部省合建高校）赛道副高组教学大赛二等奖。

7月27日 医学院金鑫研究员课题组联合华中科技大学同济医学院和深圳华大生命科学研究院的学术论文"The Trans-omics Landscape of COVID-19"在 *Nature Communications* 杂志在线发表。学校医学院金鑫研究员为共同通讯作者。

7月31日　学校与广州市花都区人民政府举行战略合作框架协议签约仪式。双方将共建华南理工大学乡村振兴与发展研究院湾区分院。

8月31日　根据《广东省民政厅关于公布2020年度全省性社会组织评估结果的通知》（粤民函〔2021〕389号），学校教育发展基金会获评5A等级（最高级别）。

9月3日　瞿金平院士工作室揭牌暨美的-华南理工大学战略合作签订仪式举行。活动上，双方为"瞿金平院士工作室""美的-华南理工大学绿色高效空调器技术联合研发中心"揭牌。

9月9日　广东省庆祝2021年教师节暨表彰优秀教师大会召开。学校5人获"南粤优秀教师"荣誉称号，1人获"南粤优秀教育工作者"荣誉称号。

9月10日　华南理工大学举行2021级新生开学典礼。学校党委书记章熙春为学生代表佩戴校徽并赠送入学礼。校长高松发表题为《自主学习，自信成长》的致辞，希望学生学会合理选择，构建面向未来发展的知识体系；学会提出问题，培养助力成长的批判性思维；学会学以致用，锻造服务家国的干事创业本领。

9月13—17日　在教育部直属高校服务乡村振兴培训班上，发布了第六届"教育部直属高校精准帮扶典型项目"推选结果。学校《首创"碳中和新乡村"构建生态资源资产化乡村绿色发展新模式》成功入选。这是学校连续五年入选。

9月17日　学校作为依托单位的人工智能与数字经济广东省实验室（广州）（琶洲实验室）党委负责人任职宣布会举行，宣布了关于成立琶洲实验室党委和琶洲实验室党委负责人任职的文件。

9月23日　学校党委召开十七届三次全体会议，专题学习贯彻第二十七次全国高校党的建设工作会议精神，审议通过学校"十四五"发展规划。

9月24日　根据《广东省社会科学界联合会关于认定广东省人文社会科学普及基地的通知》（粤社科联通〔2021〕31号），学校4家科普基地获批广东省人文社会科学普及标准基地，获批数量在全省高校中位居第3位，这是学校首次入选广东省人文社会科学普及基地。

9月25日　教育部党组书记、部长怀进鹏，广东省副省长王曦一行来校调研。怀进鹏高度肯定学校办学发展成绩和态势，希望学校把握广州国际校区在地国际化办学探索契机，聚焦党建工作、立德树人、服务国家重大战略等方面，深化高等教育改革创新，努力发挥示范引领作用。怀进鹏一行还参观广州国际校区实验平台、创新工场、"一站式"学生社区等。

9月28日　第四届中国智库建设与评价高峰论坛暨《中国智库综合评价AMI研究报告（2021）》发布会举行。学校获"2021年中国智库综合评价研究项目组织参与奖"，获2021年中国智库"咨政建言""内部治理创新"参考案例各1项。

9月29日　全国普通高校毕业生装备制造行业就业创业指导委员会成立大会暨2021年全员大会召开。学校党委书记章熙春任首届主任委员，就指委秘书处设在华南理工大学。

9月30日　学校召开深入学习贯彻习近平总书记在中央人才工作会议上的重要讲话精神师生代表座谈会。学校党委书记章熙春围绕贯彻落实习近平总书记重要讲话精神，对做好学校下一步人才工作，尤其是服务师生成长成才，提出具体要求。

10月4日　学校材料科学与工程学院、国家人体组织功能重建工程技术研究中心任力教授课题组的学术论文"Biomimetic Cartilage-lubricating Polymers Regenerate Cartilage in Rats with Early Osteoarthritis"在 *Nature Biomedical Engineering* 杂志上发表。华南理工大学为第一通讯单位，论文通讯作者为华南理工大学材料科学与工程学院刘卅教授、任力教授以及 Chuanbin Mao 教授。

10月4—7日　美国化学会橡胶分会主办的国际弹性体大会在美国匹兹堡举行。学校材料科学与工程学院郭宝春教授获年度 Sparks-Thomas 奖。

10月9日　学校2021年本科招生工作总结暨宣传动员会举行。会议总结了2021年招生工作，布置了下半年工作计划，提出了2022年工作思路。会上宣读了《关于表彰2021年本科招生工作先进集体和个人的决定》。

10月12日　全国教材工作会议暨首届全国教材建设奖表彰会举行。学校获首届全国优秀教材高等教育类二等奖2项，黄石生教授获全国教材建设先进个人。

10月12日　学校与交通银行股份有限公司广东省分行共建的大数据与智慧银行产教融合基地揭牌仪式举行。双方共同为大数据与智慧银行产教融合基地揭牌，并签订战略合作协议。

10月12—15日　第七届中国国际"互联网+"大学生创新创业大赛总决赛举行。学校获金奖3项、银奖6项，并获颁发"先进集体奖"。学校推荐的4个国际项目获3金1银，并获颁发"国际项目优秀组织奖"。

10月13日　学校和意大利都灵理工大学"云签约""云揭牌"仪式举行。会上，双方共同签署两校校级合作、学生项目等合作协议，并为互设的海外交流基地揭牌。

10月13日　学校土木与交通学院姚小虎教授研究组的学术论文"Role of Local Chemical Fluctuations in the Shock Dynamics of Medium Entropy Alloy CoCrNi"在金属材料顶级期刊 *Acta Materialia* 上发表。华南理工大学为论文的第一署名单位，学校土木与交通学院博士生谢卓成为第一作者，合作作者还包括学校土木与交通学院张晓晴教授。

10月15日　学校党委书记章熙春作题为《弘扬伟大建党精神，赓续百年红色血脉，争做新时代红色传人》的"思政第一课"，勉励学子们做坚定理想信念的传承者、砥砺家国情怀的担当者、勇于披荆斩棘的奋斗者、永远忠诚于党和人民的奉献者，牢记习近平总书记的殷殷嘱托，弘扬伟大建党精神，赓续百年红色血脉，坚定初心使命，争做新时代红色传人。

10月16日　IEEE 系统、人机与控制理论协会公布2021年 IEEE 系统、人机与控制理论协会获奖情况。学校计算机科学与工程学院陈俊龙教授获2021年度 IEEE Joseph G. Wohl 终身成就奖。

10月20日　学校广州国际校区工作座谈会举行。学校党委书记章熙春对广州国际校区建设情况进行通报并提出要求。会议宣读了《关于成立广州国际校区管委会的通知》。

10月27日　碳中和世界大学联盟成立大会举行，学校成为创盟成员。

10月27日　华南理工大学造纸与污染控制国家工程研究中心工程化实验基地落成仪式举行。会议上，中心与丸红（上海）有限公司、安德里兹（中国）有限公司和 Voith Paper 等三家公司签订国际战略合作协议。

10月28日　广州国际校区管委会会议召开。会议宣布广州国际校区管委会副主任分工安排。学校党委书记章熙春对国际校区管委会工作和校区发展提出具体要求。

10月29日　广东省社会科学界联合会公布《省社科联研究基地2020年度检查结果通报》，学校3家基地获评为优秀，优秀数量居全省第一。

10月29日　第十二届中日大学校长论坛在线举办。学校作为观察员首次参加论坛，深入开展中日教育交流。

10月29日　学校与日本大阪大学副校长河原源太举行视频会谈。双方就学生互换、师资交流、科学研究等方面进行深入交流。

11月2日　广东省省长马兴瑞来校讲授思政课。广东省政府秘书长、办公厅主任叶牛平，广东省教育厅党组书记朱孔军，广州市副市长王东出席。马兴瑞希望学校立足理工特色、推动内涵式发展，进一步做强做优做大，努力建设中国特色、世界一流大学。希望青年学子把握历史机遇，树立远大理想，勇担时代重任，积极投身伟大实践，努力成为实现中华民族伟大复兴的先锋力量。

11月2日　全国哲学社会科学工作办公室公布2021年度国家社科基金冷门绝学研究专项立项名单。学校建筑学院吴庆洲教授学术团队的项目获立项。这是学校首次获批该类别项目，也是广东省唯一获批的学术团队项目。

11月3日　学校2021年安全工作会议召开。学校党委书记章熙春对学校安全稳定工作作全面总结部署。校长高松指出要将会议精神全面深入地落实到各项工作中。

11月3日　校长高松作题为《勇立潮头 勇担重任 勇于创新，奏响粤港澳大湾区的青春最强音》的"思政第一课"，勉励学子们坚定理想信念，筑牢精神之基；坚守科学精神，勇于跨界学习；增强创新意识，做到理性批判；敢于担当作为，锻造过硬本领。

11月4日　学校和西班牙加泰罗尼亚理工大学举行"云签约"及"云会谈"活动。双方共同签署两校学生交换项目协议，并就在计算机等工科领域开展师生交流和科研合作进行深入讨论。

11月5日　粤港澳大湾区孔子学院合作大学联盟成立仪式暨大湾区国际中文教育高端论坛召开。学校被选为联盟理事单位。

11月5—6日　学校举办领导班子党史学习教育专题读书班，教育部党史学习教育高校第九巡回指导组组长路钢、副组长刘永章一行到校指导。教育部党史学习教育高校第九巡回指导组对学校党史学习教育阶段工作给予肯定，并就下一步开展好党史学习教育提出指导性意见。

11月13日　中共广东省委教育工作领导小组发布《关于广东省深化新时代教育评价改革试点名单的通知》。学校入选深化新时代教育评价改革试点校，2个项目获批单项试点。

11月15日　学校和英国兰卡斯特大学举行"云签约"仪式。双方共同签署两校海外访学及暑期项目协议。

11月15日　"马克思主义在广东早期传播"研讨会召开。会上发布校史著作《广东工业专科学校校史考（1910—1952）》。

11月18日　中国科学院、中国工程院公布2021年新当选的中国科学院院士和中国工程院院士名单。其中，学校材料科学与工程学院马於光教授当选中国科学院院士，傅正义校友、王双飞校友当选中国工程院院士。

11月23日 国际电气与电子工程师学会（IEEE）公布2022年Fellow名单，学校电子与信息学院车文荃教授、章秀银教授当选。

11月29日 教育部公布2021年度基础学科拔尖学生培养计划2.0基地名单。学校入选化学拔尖学生培养基地、计算机科学拔尖学生培养基地。

11月29日 广东省人民政府发布表彰通报，学校第二十二届中国专利奖6项获奖专利及第八届广东专利奖3项获奖专利受到表彰。

11月30日 根据《中共广东省委宣传部 广东省社会科学界联合会关于表彰第四届广东省优秀社会科学家的通知》（粤宣发〔2022〕4号），学校工商管理学院张卫国教授获"广东省优秀社会科学家"。

11月30日 学校和国家知识产权局专利局专利审查协作广东中心签署战略合作协议。双方将围绕促进科技成果高水平创造和高效率转化、加强知识产权保护等方面进行合作。

12月2—4日 由学校承办的2021年对台交流重点项目"两岸城乡社区服务交流互鉴活动"举行。

12月9日 全国政协原副主席、中国企业联合会会长王忠禹一行来校调研。王忠禹对学校在科学研究、人才培养、科技成果转化等方面取得的成绩表示充分肯定。

12月9日 根据《广东省人民政府关于颁发第九届广东省哲学社会科学优秀成果奖的通报》（粤府函〔2021〕365号），学校26项成果获奖，其中，特等奖1项、一等奖10项、二等奖12项、三等奖3项。

12月17日 根据《广东省科学技术厅关于公布2021年度广东省科技企业孵化载体的通知》（粤科函高字〔2021〕1533号），学校创新创业孵化基地获认定为省级众创空间。

12月21日 中美青年创客交流中心交流活动举行。活动颁布了2021年中美青年创客交流中心年度评估结果，学校获"创新赋能示范奖"。

12月28日 "华为杯"第十八届中国研究生数学建模竞赛公布获奖名单。学校学生团队获一等奖2个、二等奖15个、三等奖16个、成功参与奖60个。